U0576675

明帝永平十一年，漅湖出黄金，廬江太守取以獻。

章帝建初二年，詔齊相省冰紈、方空縠、吹綸絮。舊齊有三服官，今省。

和帝詔太官勿受遠國珍羞。

舊南海獻龍眼、荔枝，十里一置，五里一候，奔騰險阻，死者繼路。時臨武長汝南唐羌，縣接南海，乃上書陳狀。詔曰：「遠國珍羞，本以薦奉宗廟〔五〕。苟有傷害，豈愛民之本！其敕太官勿復受獻。」

安帝永初五年，詔省減郡國貢獻太官口食。

和熹鄧后詔蜀、漢釦器九帶佩刀〔六〕，並不復調。釦音口，以金銀緣器也。

順帝永建四年，詔曰：「海内頗有災異，朝廷修政，太官減膳，珍玩不御。而桂陽太守文礱，不惟竭忠，宣暢本朝，而遠獻大珠，以求幸媚，今封還之。」

晉武帝時，太醫司馬程據獻雉頭裘，帝焚之於殿前，乃敕内外敢有獻奇技異服者罪之。

隋煬帝龍舟幸江都，所過州縣，五百里外皆令獻食，多者一州至百轝，極水陸珍奇，後宮厭飫，將發之際，多棄埋之。帝至江都，江、淮郡官謁見者，專問禮餉豐薄，豐則超遷丞、守，薄則率從停解。江都郡丞王世充獻銅鏡屏風，遷通守；歷陽郡丞趙元楷獻異味，遷江都郡丞。由是郡縣競務刻剥，以充貢獻。民外爲盗賊所掠，内爲郡縣所賦，生計無遺。

唐制：州府歲市土所出以爲貢，其價視絹之上下，無過五十疋。異物、滋味、名馬、鷹犬，非有詔不獻。有加配則以代租賦。

中宗時，大臣初拜官，獻食天子，名曰「燒尾」，蘇瓌獨不進，及侍宴，宗晉卿嘲之，帝默然。瓌曰：「宰相燮和陰陽，代天治物，今粒食踴貴，百姓不足，臣誠不稱職，不敢燒尾。」

玄宗開元二十四年千秋節，群臣皆獻寶鏡。張九齡以爲以鏡自照見形容，以人自照見吉凶〔七〕，乃述前世興廢之源，爲書五卷，謂之千秋金鏡録上之。

代宗時生日端午，四方貢獻至數千萬者，加以恩澤，諸道多尚侈麗以自媚。

德宗既平朱泚之後，屬意聚斂，藩鎮常賦之外，進奉不息。劍南西川節度使韋臯有「日進」，江西觀察李兼有「月進」，他如杜亞、劉贊、王緯、李錡皆徼射恩澤，以常賦入貢，名爲「羨餘」，至代易又有「進奉」。户部財物，所在州府及巡院皆得擅留，或矯密旨加斂，或減刻吏禄，或販鬻蔬果，往往私自入，所進纔十二三，無敢問者，刺史及幕僚至以進奉得遷官。

李德裕爲浙西觀察使，敬宗立，侈用無度，詔浙西上脂盝妝具，德裕奏：「比年旱災，物力未完。乃三月壬子赦令，『常貢之外，悉罷進獻。』又赦令禁諸州羨餘無送使。今歲經費常少十三萬，軍用褊急。所需脂盝妝具，度用銀二萬三千兩，金一百三十兩，物非土産，雖力營索，尚恐不逮。願詔宰相議，何以俾臣不違詔旨，不乏軍興，不疲人，不斂怨，則前敕後詔，咸可遵承。」不報。時罷進獻不閲月，而求貢使足相接於道，故德裕推一以諷他。又詔索盤條繚綾千疋，復奏言：「太宗時，使至涼州，見名鷹，諷李大亮獻之，大亮諫止，賜詔嘉嘆〔八〕。玄宗時，使者抵江南捕鵁鶄、翠鳥，汴州刺史倪若水言之，即見褒納。皇甫詢織半臂、造琵琶捍撥、鏤牙筩於益州，蘇頲不奉詔，帝不之罪。夫鵁鶄、鏤牙，微物也，二三臣尚以勞人損德爲言，豈二祖有臣如此，今獨無之？且立鵝天馬，盤絛掬豹，文彩怪麗，惟乘輿當御，今廣用千疋，臣所未諭。」優詔爲停。

憲宗禁無名貢獻，而至者不甚却。翰林學士錢徽懇諫罷之〔九〕。帝密戒後有獻毋入右銀臺門，以避學士。

宣宗時，右補闕張潛奏：「藩府代移之際，皆奏『羨餘』爲課績，朝廷因爲甄奬。夫財賦有常，非重取於民，刻削軍士，則安得『羨餘』？南方諸鎮不寧，皆由此也。變故一生，所蓄既遭焚掠，發兵費又百倍，然則朝廷何利焉？乞自今藩府長吏不增賦斂，不減糧賜，獨節游宴、省浮費而能致羨者，然後可賞也。」上嘉納之。

致堂胡氏曰：「憲宗喜進奉，上承乃祖代、德之弊，然當朝多賢，相繼論列，雖寔不能革，猶文爲之禁。穆、敬而後，遂無復諫者，非無進奉也，蓋以爲常例矣，故李德裕收諸道助軍錢帛入備邊庫。然因私獻以爲公家費，策之次也。觀張潛疏，則益信『羨餘』之進，累朝相襲明矣。雖然，潛之言曰：『長吏不增賦斂，不減糧賜，獨節游宴、省浮費而能致羨，然後賞之。』審如是，將安取餘？且方鎮專制境內，其倚法剥削，朝廷何自而稽之？『羨餘』之名存，而甄奬之令在，彼必曰：『此皆節省所得，而非增削所致也。』悦其名，不去其實，病源曷瘳？不若禁絶『羨餘』，無得進奉，則民瘼庶乎其少損矣。」

唐天下諸郡每年常貢：

通典：按令文，諸郡貢獻，皆盡當土所出〔一〇〕，準絹爲價，多不得過五十疋，並以官物充市。所貢至薄，其物易供，聖朝常制，在於斯矣〔一一〕。其有加於此數者，蓋修令後續配〔一二〕，亦折租賦，不別徵科。

京兆府貢葵草席、地骨白皮、酸棗仁。

華陰郡貢鷂子十聯、烏鶻五聯、茯苓三十八斤、細辛四斤、茯神三十八斤。今華州。

馮翊郡貢白裏皺文皮二十一領〔一三〕。今同州。

扶風郡貢龍鬚席十領。今岐州。

新平郡貢剪刀十具、蛇膽十斤、蓽豆澡豆五石、白火筯二十具。今邠州。

安定郡貢龍鬚席十領。今涇州。

彭原郡貢五色龍鬚席十領、莞菁、菴蕳子、亭長、假蘇、荆芥。今寧州。

汧陽郡貢龍鬚席六領。今隴州。

中部郡貢龍鬚席六領。今坊州。

洛交郡貢龍鬚席六領。今鄜州。

朔方郡貢白氈十領。今夏州。

安化郡貢麝香二十五顆。今慶州。

靈武郡貢鹿角膠、代赭、花蓯蓉、白鵰翎。　今靈州。

榆林郡貢青鹿角兩具〔一四〕、徐長卿十斤、赤芍藥十斤。　今勝州。

延安郡貢麝香三十顆。　今延州。

咸寧郡貢麝香一顆。　今丹州。

銀川郡貢女稽布五端。　今銀州。

平涼郡貢九尺白氈十領。　今原州。

九原郡貢野馬胯皮二十一片、白麥麪、印盛鹽〔一五〕。　今豐州。

會寧郡貢駝毛褐兩段。　今會州。

五原郡貢鹽山四十顆。　今鹽州。

新秦郡貢青地鹿角二具〔一六〕、鹿角三十具。　今麟州。

單于都護府貢生野馬胯皮總十二片。

安北都護府貢生野馬胯皮二十一片。

太原府貢鋼鏡兩面〔一七〕、甘草三十一斤、礬石三十斤、龍骨三十斤、蒲萄粉屑、柏子仁。

上黨郡貢人參三百小兩〔一八〕、墨三梃。　今潞州。

河東郡貢綾絹扇四面、龍骨二十斤、棗八千顆、鳳栖梨三千五百顆。　今蒲州。

絳郡貢粱穀二十石、墨千四百七十挺、白縠五百疋、梨三千顆。　今絳州。

平陽郡貢蠟燭三十條。　今晉州。

西河郡貢龍鬚席十領、石膏五十斤、消石五十斤。　今汾州。

弘農郡貢麝香十顆、硯瓦十具〔一九〕。　今虢州。

高平郡貢白石英五十小兩、人參三十兩。　今澤州。

太寧郡貢胡女布五端。　今隰州。

昌化郡貢胡女布五端。　今石州。

文城郡貢蠟二百斤。　今慈州。

陽城郡貢龍鬚席六領。　今沁州。

定襄郡貢豹尾十枚。　今忻州。

樂平郡貢人參三十兩。　今儀州。

雁門郡貢白鵰翎五具、熟青二十兩、熟緑二十兩。　今代州。

樓煩郡貢麝香十顆。　今嵐州。

安邊郡貢松子一石。　今蔚州。

馬邑郡貢白鵰翎五具。　今朔州。

河南府貢瓷器十五事。

陝郡貢柏子仁、瓜蔞根各三十斤。　今陝州。

陳留郡貢絹二十疋。今汴州。

滎陽郡貢絹二十疋、麻黄二十斤。今鄭州。

臨汝郡貢絁二十疋。今汝州。

睢陽郡貢絹二十疋。今宋州。

靈昌郡貢綾二十疋並方文。今滑州。

潁川郡貢絹十疋、蕉心席六領〔二〇〕。今許州。

譙郡貢絹二十疋。今亳州。

濮陽郡貢絹二十疋。今濮州。

濟陰郡貢蛇床子二十斤、絹二十疋。今曹州。

北海郡貢棗兩石、仙文綾十疋。今青州。

淮陽郡貢絹十疋。今陳州。

汝南郡貢鸂鶒綾十疋。今豫州。

東平郡貢絹二十疋。今鄆州。

臨淄郡貢絲葛十五疋。今齊州。

淄川郡貢防風五十斤、進理石五斤。今淄州。

魯郡貢鏡花綾十疋、紫石英二十二兩〔二一〕。今兖州。

彭城郡貢絹二十疋。　今徐州。
臨淮郡貢綿二十屯、貲布十疋。　今泗州。
汝陰郡貢綿二十屯。　今潁州。
東海郡貢楚布十疋。　今海州。
濟陽郡貢阿膠二百小片、鹿角膠三十小片。　今濟州。
瑯琊郡貢紫石英二十兩。　今沂州。
高密郡貢貲布十端、牛黄一斤、海蛤二十兩。　今密州。
東牟郡貢牛黄百二十八銖〔三〕、水葱席六領。　今登州。
范陽郡貢綾二十疋。　今幽州。
河内郡貢平紗十疋。　今懷州。
魏郡貢白綿紬八疋、白平紬八疋。　今魏州。
汲郡貢綿三百兩。　今衛州。
鄴郡貢紗十疋、鳳翮席六領、胡粉百團。　今相州。
廣平郡貢平紬十疋。　今洺州。
清河郡貢氈十領。　今貝州。
信都郡貢絹二十疋、綿二十屯〔三〕。　今冀州。

平原郡貢絹二十疋。　今德州。

饒陽郡貢絹二十疋。　今深州。

河間郡貢絹三十疋。　今瀛州。

東萊郡貢牛黄百二十二兩。　今萊州。

常山郡〔二四〕貢梨六百顆、羅二十疋。　今恒州。

景城郡貢細簟四領、細柳箱八十合、糖蟹二十三坩、鱧鮬三百五十挺。　今滄州。

博陵郡貢細綾千二百七十疋、兩窠細綾十五疋、瑞綾二百五十五疋、大獨窠綾二十五疋、獨窠綾一十疋。　今定州。

趙郡貢綿五十疋。　今趙州。

鉅鹿郡貢絲布十疋。　今邢州。

博平郡貢紬十疋。　今博州。

文安郡貢綿三百兩。　今莫州。

上谷郡貢墨三百挺。　今易州。

樂安郡貢絹十疋。　今棣州。

北平郡貢蔓荆子四斤。　今平州。

密雲郡貢人參五斤。　今檀州。

嬀川郡貢麝香十顆。　今嬀州。

漁陽郡貢鹿角膠十斤。今薊州。

柳城郡貢麝香十顆。今營州。

歸德郡貢豹尾三枚〔二五〕。今燕州。

安東都護府貢人參五斤。

武威郡貢野馬皮五張、白小麥十石。今涼州。

天水郡貢龍鬚席六領、芎藭四十斤。今秦州。

安西都護府貢硇砂五十斤〔二六〕、緋氈五領。

北庭都護府貢陰牙角五隻、速霍角十隻、阿魏截根二十斤。

交河郡貢氎布十端。今西州。

晉昌郡貢草鼓子、野馬皮、黄礬、絳礬、胡桐淚〔二七〕。今瓜州。

西平郡貢羖羊角十隻〔二八〕。今鄯州。

隴西郡貢麝香十顆、秦膠。今渭州。

燉煌郡貢棊子二十具、石膏。今沙州。

酒泉郡貢肉蓯蓉二十斤、柏脉二十斤〔二九〕、野馬皮兩張。今肅州。

金城郡貢麝香十顆、鼧鼥鼠六頭。今蘭州。

安鄉郡貢麝香二十顆。今河州。

同谷郡貢蠟燭十條。　今成州。
和政郡貢龍鬚席六領並青黄色。　今岷州。
武都郡貢蠟燭十條、蜜蠟、羚羊角。　今武州。
臨洮郡貢麝香十顆。　今洮州。
懷道郡貢麩金十兩、散金十兩。　今宕州。
寧塞郡貢麩金六兩、大黄、戎鹽。　今廓州。
合川郡貢麝香二十顆。　今疊州。
張掖郡貢野馬皮十張、枸杞子六斗、葉二十斤〔三〇〕。　今甘州。
伊吾郡貢陰牙角五隻、胡桐淚二十五斤。　今伊州。
廣陵郡貢藩客錦袍五十領、錦被五十張、半臂錦百段、新加錦袍二百領、青銅鏡十面、莞席十領、獨窠細綾十疋、蛇床子七斗、蛇床仁一斗、鐵精一斤、兔絲子一斤、白芒十五斤〔三一〕、空青三兩、造水牛皮甲千領并袋。　今揚州。
安陸郡貢青紵十五疋。　今安州。
弋陽郡貢葛十疋、生石斛六十斤。　今光州。
義陽郡貢葛十疋。　今申州。
廬江郡貢絲布十疋、石斛六十斤。　今廬州。
蘄春郡貢白苧布十五端、烏蛇脯。　今蘄州。

同安郡貢蠟五十斤、石斛六十斤。今舒州。

歷陽郡貢麻布十疋。今和州。

鍾離郡貢絲布十疋。今濠州。

壽春郡貢絲布十疋、生石斛五十斤。今壽州。

齊安郡貢紫苧布十端、䖟蟲二斤。今黄州。

淮陰郡貢貲布十疋。今楚州。

漢陽郡貢麻貲布十疋。今沔州〔三二〕。

江陵郡貢白方文綾二十疋、橘皮九十斤、梔子五斤、貝母七斤〔三三〕、覆盆子三斤、石龍芮一斤、烏梅肉十斤。今荆州。

永陽郡貢苧練布十五疋。今滁州。

襄陽郡貢五盛碎石文庫路真二具〔三四〕、十盛花庫路真二具。今襄州。

南陽郡貢絲布十疋。今鄧州。

淮安郡貢絹十疋〔三五〕。今唐州。

上洛郡貢麝香三十顆。今商州。

安康郡貢麩金五兩、乾漆六斤、杜仲二十斤、椒目十斤、黄蘗六斤、枳實六斤、枳殼十四斤、茶芽一斤、椒子一石、雷丸五兩。今金州。

武當郡貢麝香二十顆。今均州。

房陵郡貢麝香二十顆、雷丸、石膏、蒼礬石。　今房州。

漢東郡貢綾十疋、葛五疋、覆盆子。　今隋州〔三六〕。

南浦郡貢金五兩。　今萬州。

澧陽郡貢柑子四百顆、橘子七百顆、龜子綾十疋、五入簟四領、恒山八斤〔三七〕、蜀漆一斤。　今澧州。

雲安郡貢蠟百斤。　今夔州。

竟陵郡貢白苧布一端。　今復州。

武陵郡貢紵練布十端。　今朗州。

夷陵郡貢茶二百五十斤、柑子二千顆、五加皮二斤、杜若二斤、芒硝四十斤、鬼臼二斤、蠟百斤。　今峽州。

南賓郡貢蘇薰席四領、綿紬五疋。　今忠州。

富水郡貢白苧布十端。　今郢州。

巴東郡貢蠟四十斤。　今歸州。

漢中郡貢紅花百斤、燕脂一升。　今梁州。

通川郡貢綿紬三疋、蜂香五斤、藥子二百顆。　今通州。

順政郡貢蠟六十斤。　今興州。

巴川郡貢牡丹皮十斤、藥子二百顆。　今合州。

清化郡貢綿紬十疋。　今巴州。

洋川郡貢白交梭十疋〔三八〕。　今洋州。

河池郡貢蠟百斤。　今鳳州。

益昌郡貢絲布十疋。　今利州。

咸安郡貢綿紬十疋。　今蓬州。

盛山郡貢蠟四十斤、車前子一升。　今開州。

始寧郡貢綿紬十疋。　今壁州〔三九〕。

南平郡貢葛五疋。　今渝州。

符陽郡貢蠟五十斤、藥子二百顆。　今集州。

潾山郡貢紬一十疋，買子木十斤、子一升。　今渠州。

丹陽郡貢方文綾七疋、水文綾八疋。　今潤州。

晉陵郡貢細青苧布十疋。　今常州。

吴郡貢絲葛十疋、白石脂三十斤、蛇床子仁三升〔四〇〕、鯔魚皮三十頭、鲅魚鯌五十頭〔四一〕、墜胞七斤、肚魚五十頭、春子五升〔四二〕、嫩藕三百段。　今蘇州。

餘杭郡貢白編綾十疋、橘子二千顆、蜜薑二石〔四三〕。　今杭州。

會稽郡貢朱砂十兩、白編綾十疋、交梭十疋〔四四〕、輕調十疋。　今越州。

餘姚郡貢附子百枚。　今明州。

東陽郡貢紙六千張、綿六百兩、葛粉二十石。今婺州。

新定郡貢交梭三十疋、竹簟一合。今睦州。

信安郡貢綿百屯、紙六千張。今衢州。

吴興郡貢苧布三十端。今湖州。

臨海郡貢鮫魚皮百張、乾薑百斤、乳柑六千顆、金漆五升三合。今台州。

永嘉郡貢鮫魚皮三十張。今温州。

新安郡貢苧布十五端、竹簟一合。今歙州。

長樂郡貢蕉二十疋、海蛤一斤。今福州。

清源郡貢綿二百兩。今泉州。

建安郡貢蕉二十疋、練十疋。今建州。

臨汀郡貢蠟燭二十條〔四五〕。今汀州。

漳浦郡貢鮫魚皮二十張、甲香五斤。今漳州。

潮陽郡貢蕉十疋〔四六〕、蚺虵膽十枚、鮫魚皮十張、甲香五斤、石井、銀石〔四七〕、水馬。今潮州。

宣城郡貢白苧布十疋。今宣州。

豫章郡貢葛十五疋、柑子六千顆。今洪州。

鄱陽郡貢麩金十兩、簟一合。今饒州。

長沙郡貢葛十五疋。今潭州。

南康郡貢竹布二十疋。今虔州。

零陵郡貢葛十疋、石鷰二百顆。今永州。

臨川郡貢葛布十疋、箭簳百萬莖。今撫州。

桂陽郡貢白苧布十疋。今郴州。

廬陵郡貢白苧布二十端、陟厘十斤。今吉州。

潯陽郡貢葛十疋、生石斛十斤。今江州。

江華郡貢零陵香百斤、白布十端。今道州。

衡陽郡貢麩金十四兩。今衡州。

江夏郡貢銀五十兩。今鄂州。

宜春郡貢白苧布十疋。今袁州。

巴陵郡貢白苧布十疋。今岳州。

邵陽郡貢銀二十兩。今邵州。

蜀郡貢單絲羅二十疋、高苧衫段二十疋。今益州。

唐安郡貢羅二十疋。今蜀州。

濛陽郡貢交梭二十疋。今彭州。

德陽郡貢彌布十疋、紵布十疋。今漢州。

通義郡貢麩金八兩、柑子不限多少。今眉州。

梓潼郡貢綾十六疋。今梓州。

巴西郡貢雙紃二十疋。今綿州。

普安郡貢絲布十疋、蘇薰席六領。今劍州。

閬中郡貢重連綾二十疋。今閬州。

資陽郡貢麩金七兩、柑子不限多少。今資州。

臨邛郡貢絲布十疋。今邛州。

通化郡貢麝香六十枚、扇香十枚、齊香十枚、顆香二十枚〔四八〕。今茂州。

交川郡貢麝香三十枚、當歸七斤、羌活五斤、野狐尾五枚。今松州。

越嶲郡貢絲布十疋、進刀子靶六十枚。今嶲州。

南溪郡貢葛十疋、六月進荔枝煎。今戎州。

遂寧郡貢樗蒲綾十五疋、乾天門冬百一十斤。今遂州。

南充郡貢絲布十疋。今果州。

仁壽郡貢細葛五疋。今陵州。

犍爲郡貢麩金五兩。今嘉州。

盧山郡貢金、落雁木。　今雅州。

瀘川郡貢葛十疋。　今瀘州。

陽安郡貢綿紬十疋、柑子不限多少。　今簡州。

安岳郡貢葛十疋、天門冬煎四斗。　今普州。

洪源郡貢蜀椒一石。　今黎州〔四九〕。

陰平郡貢麝香二十顆、白蜜一石。　今文州。

同昌郡貢麝香十顆。　今扶州。

江油郡〔五〇〕貢麩金六兩、羚羊角六具。　今龍州。

臨翼郡貢麝香三十四顆、氂牛尾五斤、當歸十斤。　今翼州。

歸誠郡〔五一〕貢麝香六顆、氂牛尾五斤、當歸二十斤。　今悉州。

静川郡貢麝香六顆、當歸十斤、羌活十斤、氂牛尾五斤。　今静州。

恭化郡貢麝香十五顆〔五二〕、當歸十斤、羌活十斤。　今恭州。

維川郡貢麝香二十顆、氂牛尾十斤。　今維州。

和義郡貢班布六疋。　今榮州。

雲山郡貢麝香十顆、黑氂牛尾二斤〔五三〕。　今奉州〔五四〕。

蓬山郡貢麝香十顆、當歸十斤、羌活十斤。　今柘州。

黔中郡貢蠟五十斤〔五五〕。　今黔州。

盧溪郡貢光明砂四斤。　今辰州。

靈溪郡貢朱砂十斤、茶芽一百斤〔五六〕。　今溪州。

潭陽郡貢麩金八兩。　今巫州。

盧陽郡貢光明砂一斤。　今錦州。

清江郡貢黄連一斤〔五七〕、蠟十斤、黄子二百顆。　今施州。

涪陵郡貢連頭獠布十段。　今涪州。

寧夷郡貢蠟五十斤。　今思州。

義泉郡貢蠟燭十條。　今夷州。

龍標郡〔五八〕貢蠟二十斤。　今業州。

南川郡貢布五端。　今南州。

南海郡貢生沉香七十斤、甲香三十斤、石斛二十斤、鼊皮三十斤、蚺蛇膽五枚、蒼糖香二十五斤〔五九〕、藤簟二合、竹簟五領。　今廣州。

始安郡貢銀百兩。　今桂州。

安南都護府貢蕉十端〔六〇〕、檳榔二千顆、鮫魚皮二十斤〔六一〕、蚺蛇膽二十枚、翠毛二百合。

普寧郡貢朱砂二十斤、水銀二十斤。　今容州。

始興郡貢鍾乳二十四斤十二兩二分、竹子布十五疋、石斛二十斤。　今韶州。

臨賀郡貢銀三十兩。　今賀州。

連山郡貢細布十疋〔六二〕、鍾乳十兩。　今連州。

高要郡貢銀二十兩。　今端州。

平樂郡貢銀二十兩。　今昭州。

新興郡貢銀五十兩、蕉五疋。　今新州。

南潘郡貢銀二十兩。　今潘州。

陵水郡貢銀二十兩。　今辯州。

高涼郡貢銀二十兩、蚺蛇膽二枚。　今高州。

海康郡貢絲電四疋。　今雷州。

臨江郡貢銀二十兩。　今龔州。

潯江郡貢銀二十兩。　今潯州。

蒙山郡貢麩金十兩。　今蒙州。

開江郡貢斑布五端。　今富州。

修德郡貢銀二十兩。　今嚴州。

臨封郡貢銀二十兩、石斛十小斤。　今封州。

南陵郡貢銀二十兩、石斛十小斤。　今春州。

招義郡貢銀二十兩。　今羅州。

日南郡貢象牙二根、犀角四根、沉香二十斤、金薄黄屑四石。　今驩州。

定川郡貢銀二十兩。　今牢州。

懷德郡貢銀二十兩。　今竇州。

寧浦郡貢銀二十兩。　今横州。

象郡貢銀二十兩。　今象州。

開陽郡貢石斛三斤、銀二十兩。　今瀧州。

感義郡貢銀二十兩。　今藤州。

平琴郡貢銀二十兩。　今平琴州。

合浦郡貢銀二十兩。　今廉州。

連城郡貢銀二十兩。　今義州。

玉山郡貢玳瑁二具、鼊皮六十斤、翠毛三百合、甲香二斤。　今陸州。

寧仁郡貢銀一十兩。　今黨州。

懷澤郡貢細白苧布十端。　今貴州。

龍城郡貢銀二十兩。　今柳州。

銅陵郡貢石斛二十小斤、銀二十兩。今勤州。

海豐郡貢五色藤鏡匣一具、蚺蛇膽三枚、甲煎二兩、鯅魚皮三〔六三〕、箋臺一。今循州。

晉康郡貢銀二十兩。今康州。

恩平郡貢銀二十兩。今恩州。

珠崖郡〔六四〕貢銀二十兩、真珠二斤、玳瑁一具。今崖州。

萬安郡貢銀二十兩。今萬安州。

延德郡貢藤盤一〔六五〕。今振州。

右通典所載唐朝諸郡土貢物件，比唐書地理志所言各郡土貢微有不同。又宋史地理志及會要亦各有土貢物件，與唐亦小異。今除土産已見地理考，餘不悉録，而罷免蠲除之詔旨與其名物，則不容不悉著之云。唐天寶前土宇廣於宋，舉唐則可以見宋矣，故不悉著。宋史所載，詳見地理考。

後周太祖命王峻疏四方貢獻珍美食物，下詔悉罷之。詔略曰：「所奉止於朕躬，所損被於甿庶。」又曰：「積於有司之中，甚爲無用之物。」

宋太祖皇帝建隆二年，詔文武官及致仕官、僧道、百姓，自今長春節及他慶賀，不得輒有貢獻。

自唐天寶以來，方鎮屯重兵，多以賦入自贍，名曰留使、留州，其上供殊鮮。五代方鎮益强，率令部曲主場院〔六六〕，厚斂以自利；其屬三司者，補大吏臨之，輸額之外輒入己，或私納貨賂，名曰貢奉，用冀恩賞。上始即位，猶循前制，牧守來朝，皆有貢奉，及趙普爲相，勸上革去其弊。是月，申命諸州，度支給費外，凡金帛悉送都下，以助軍實，無得占留。方鎮闕帥守，命文官權知，所在場院，間遣京朝官廷臣監臨。又置轉運使通判，條禁文簿漸爲精密，由是利歸於上，外權削矣。

乾德四年，罷光州歲貢鷹鷂，放養鷹户。

開寶五年，詔罷荆襄道貢魚腊。

太宗太平興國二年，容州初貢珠。

自廢「媚川都」，禁民采珠，未幾，官復自采。容州海渚亦産珠，仍置官掌之。至是，加貢珠百斤，賜負擔者銀帶、衣服。

真宗咸平二年，内侍裴愈因事至交州，謂龍花蘂難得之物，宜充貢，本州遂以爲獻。上怒黜愈，隸崖州，仍絶其貢。

是歲，又減罷劍、隴、夔、賀等五十餘州土貢。又罷三十餘州歲貢茶。

仁宗天聖四年，却川峽獻織繡。

又詔罷夔州玳瑁、紫貝等貢。

神宗元年（六七），上出諸州貢物名件，自漳州山姜花萬朵以下，至同州榅桲二十顆，凡四十三州七十種，慮其秏蠹民力，詔罷之。

諸路進奉金銀錢帛共二十七萬三千六百八貫、疋、兩。金二千一百兩。銀一十六萬五千四百五十兩。折銀錢一萬八千二百五十九貫七十七文。疋帛八萬七千八百疋。

同天節進奉一十二萬七百四十三貫、疋、兩。京東路金二百兩，銀五千五百兩，折銀錢四千三百二十四貫七百文，絹七千三百疋。京西路金一百兩，銀七千一百兩，折銀錢二千六百九貫四百七十五文。淮南路銀九千二百五十兩，折銀錢一千七十九貫二百二十一文。兩浙路銀一萬一千八百兩，絹五千五百疋。江南東路金一千兩，銀六千兩，折銀錢五百八十貫，絹四千疋。江南西路銀一萬四千五百兩，絹二千五百疋。荆湖南路銀九千三百兩。荆湖北路銀八千一百兩。福建路銀一萬四千兩。廣南東路銀四千兩。江、淮、荆、浙發運使副銀各五百兩。江、淮等路提點鑄錢司銀一千兩。

南郊進奉一十五萬二千八百六十五貫、疋、兩。京東路金七百兩，絹一萬三千疋，折銀錢六百五貫文。京西路金二百兩，銀一千三百兩，絹一萬五千五百疋，折銀錢二千一百一十貫。淮南路銀三千五百兩，折銀錢六千一百三十九貫五百一十二文，絹一萬五千疋。兩浙路銀九千五百兩，絹八千五百疋，羅一千疋。江南東路銀五千五百兩，折銀錢五百八十一貫一百六十九文，絹九千疋。江南西路銀一萬五百兩，絹四千疋。荆湖南路銀一千三百兩。荆湖北路銀七千八百兩，絹五百疋。福建路銀二萬三千兩。廣南東路銀三千兩。廣南西路銀五百兩，錢二百三十貫文。

右係畢仲衍中書備對所述元豐間諸路聖節、南郊進奉金帛之數，内同天節江南東路進奉金一千兩，即乾道間洪文敏公奏乞蠲減饒州聖節貢金，而壽皇特旨減七百兩者是也。蓋承平時，聖節天下進奉通該金二千三百兩，而江東路獨當一千兩，而江東之一千兩則又止饒州一郡所出云。

徽宗政和七年，置提舉御前人船所。時東南監司、郡守、二廣市舶率有應奉〔六八〕，又有不待旨，但送物至都計會，宦者以獻。大率靈壁、太湖、慈口溪、武康諸石，二浙奇竹、異花、海錯，福建荔枝、橄欖、龍眼，南海椰實，登、萊文石，湖湘文竹，四川佳菓木，皆越海渡江，毁橋梁、鑿城郭而至，植之皆生，而異味珍苞則以健步捷走，雖甚遠，數日即達，色香未變也。乃作提舉淮浙人船所，命内侍鄧文浩領之。蔡京以囊備東封船二千艘及廣濟兵士四營，又增制作牽駕人，乞詔人船所比直達綱法，自後所用，即從御前降下，使係應奉人船所數貢入，餘皆不許妄進。

高宗建炎元年，詔：「諸路常貢時新口味果實之類，所在因緣更相饋送，騷擾爲甚。其令禮部措置，除天地、宗廟、陵寢薦獻所須外，餘並罷。」又詔：「天下土貢如金銀、匹帛，以供宗廟祭享之費用，以贍官兵之請給，不可闕者依格起發外，其餘藥材海錯、邠州火筯、襄陽府漆器、象州藤合、揚州照子之類，一切罷之。」

紹興四年，先是，和州言：「本州殘破之餘，乞蠲免大禮銀絹。」户部奏展半年。中書舍人王居正言：「生辰及大禮進貢，乃臣子饗上之誠，初非朝廷取於百姓。若民力無所從出，合預降詔，曲加慰諭，止其進奉，則君臣恩禮兩盡。既不能然，至使州縣自乞，蓋已非是，矧又不許，臣竊以爲過矣。望特與蠲免，仍詔户部，淮南諸郡如合行除放，不須令本處再三申請，庶使恩意自出朝廷，人知感悦。」乃詔淮南州軍進奉大禮銀絹並蠲之。

紹興二十六年，詔罷臨安府歲貢御服綾一百疋。又詔罷連州歲貢珠子，其籍定蜑丁並放逐便。

二十七年，宰執奏四川便民事，上曰：「蜀製造錦繡帟幕，以充歲貢，聞十歲女子皆拘在官刺繡。朕自即位以來，不欲土木被文繡，首爲罷去，後來節次科敷多所蠲減，想民力稍寬矣。」

三十二年，孝宗登極赦：「諸路或假貢奉爲名，漁奪民利，果實則封閉園林，海錯則强奪商販，至於禽獸、昆蟲、珍味之屬，則抑配人户，致使所在居民以土産之物爲苦。太上皇帝嘗降詔禁約貢奉，竊慮歲久，未能遵承，自今仰州軍條具土産合貢之物聞於朝，當議參酌天地、宗廟、陵寢合用薦獻及德壽宫甘旨之奉，止許長吏修貢外，其餘一切並罷，州郡因緣多取，以違制坐之。」

校勘記

〔一〕錦綺之屬　「綺」原作「繡」，據尚書禹貢注、通典卷四食貨典四改。

〔二〕茅以縮酒　「縮」原作「爲」，據尚書禹貢注、通典卷四食貨典四改。

〔三〕非徒有豫養導擇之勞　「擇」原作「澤」，據後漢書卷一下光武帝紀下改。

〔四〕其令太官勿復受　「太」字原脱，據後漢書卷一下光武帝紀下補。

〔五〕本以薦奉宗廟　「薦」字原脱，據後漢書卷四和帝紀補。

〔六〕和熹鄧后詔蜀漢釦器九帶佩刀　「九」原作「凡」，據元本、慎本、馮本及後漢書卷一〇上皇后紀上改。

〔七〕以人自照見吉凶　「以」原作「如」，據馮本改。

〔八〕賜詔嘉嘆　「賜」字原脱，據新唐書卷一八〇李德裕傳補。

〔九〕翰林學士錢徽懇諫罷之　「徽」原作「微」，據新唐書卷一七七錢徽傳改。

〔一〇〕皆盡當土所出　「盡」原作「取」，據校點本通典卷六食貨典六改。

〔一一〕在於斯矣　「在」原舛在「斯」下，據校點本通典卷六食貨典六乙正。

〔一二〕蓋修令後續配　六字原脱，據校點本通典卷六食貨典六補。

〔一三〕貢白裹皺文皮二十一領　「二」原作「三」，據校點本通典卷六食貨典六改。

〔一四〕貢青鹿角兩具　「鹿」原作「龍」，據校點本通典卷六食貨典六改。「青鹿角」，新唐書卷三七地理志一作「青他鹿角」。

〔一五〕白麥麵印盛鹽　新唐書卷三七地理志一無「麵」與「盛」二字。

〔一六〕貢青地鹿角二具　「地」，新唐書卷三七地理志一作「他」。

〔一七〕貢鋼鏡兩面　「鋼」原作「銅」，據校點本通典卷六食貨典六改。

〔一八〕貢人參三百小兩　「三」原作「二」，據校點本通典卷六食貨典六改。

〔一九〕硯瓦十具　「硯瓦」，新唐書卷三八地理志二作「瓦硯」。

〔二〇〕蘼心席六領　「蘼」原作「蔗」，據新唐書卷三八地理志二改。

〔二一〕紫石英二十二兩　「石」字原脱，「英」下原衍「白」字，據校點本通典卷六食貨典六補删。

〔二二〕貢牛黄百二十八銖　「銖」原作「株」，據校點本通典卷六食貨典六改。

〔二三〕綿二十屯　「二」原作「一」，據校點本通典卷六食貨典六改。

〔二四〕常山郡　校點本通典卷六食貨典六本條在下條景城郡之後。

〔二五〕貢豹尾三枚　「豹」，馮本作「豺」。

〔二六〕貢硇砂五十斤　「硇」原作「碙」，據新唐書卷四〇地理志四改。

〔二七〕胡桐淚　「淚」，新唐書卷四〇地理志四作「律」。

〔二八〕貢羖羊角十隻　「羖」原作「牸」，據校點本通典卷六食貨典六改。

〔二九〕柏脉二十斤　「柏」原作「相」，「斤」字原脱，據校點本通典卷六食貨典六改補。

〔三〇〕葉二十斤　「葉」原作「藥」，據新唐書卷四〇地理志四、通典卷六食貨典六改。

〔三一〕白芒十五斤　疑「芒」爲「芷」之誤。

〔三二〕今沔州　「沔」原作「汚」，據新唐書卷四一地理志五改。

〔三三〕貝母七斤　「七」原作「十」，據校點本通典卷六食貨典六改。

〔三四〕貢五盛碎石文庫路真二具　「石」原作「古」，據新唐書卷四〇地理志四改。「盛」，同書作「乘」。

〔三五〕貢絹十疋　「十」原作「千」，據校點本通典卷六食貨典六改。

〔三六〕今隋州　「隋」原作「隨」，據通典卷六食貨典六改。

〔三七〕恒山八斤　「八」原作「一」，據校點本通典卷六食貨典六改，並據同書移於下條「五入簟四領」之後。

〔三八〕貢白交梭十疋　「交梭」原作「棱」，據新唐書卷四〇地理志四改。

〔三九〕今壁州　「壁」原作「璧」，據新唐書卷四〇地理志四改。

〔四〇〕蛇床子仁三升　「仁」字原脱，「升」原作「斤」，據校點本通典卷六食貨典六補改。

〔四一〕鮍魚鰭五十頭　「鰭」原作「腊」，據校點本通典卷六食貨典六改。

〔四二〕春子五升　「春」，新唐書卷四一地理志五作「魚」，疑是。

〔四三〕蜜薑二石　「二」原作「十」，據校點本通典卷六食貨典六改。

〔四四〕交梭十疋　「梭」原作「椶」，據校點本通典卷六食貨典六改。下同。

〔四五〕貢蠟燭二十條　「蠟」字原脱，據新唐書卷四一地理志五、通典卷六食貨典六補。

〔四六〕貢蕉十疋　「蕉」下原衍「布」，據新唐書卷四三上地理志七上、通典卷六食貨典六删。

〔四七〕銀石　「銀」原作「鈔」，據新唐書卷四三上地理志七上、通典卷六食貨典六改。

〔四八〕顆香二十枚　「二」原作「三」，據校點本通典卷六食貨典六改。

〔四九〕今黎州　「黎」原作「當」，據新唐書卷四二地理志六改。

〔五〇〕江油郡　「江油」二字原倒，據新唐書卷四二地理志六乙正。

〔五一〕歸誠郡　「誠」原作「城」，據新唐書卷四二地理志六改。

〔五二〕貢麝香十五顆　「十五」原作「二十」，據校點本通典卷六食貨典六改。

〔五三〕黑氂牛尾二斤　「黑」原作「墨」，據校點本通典卷六食貨典六改。

〔五四〕今奉州　「奉」原作「秦」，據新唐書卷四二地理志六、通典卷六食貨典六改。

〔五五〕貢蠟五十斤　「蠟五」原作「朱砂」，據校點本通典卷六食貨典六改。

〔五六〕茶芽一百斤　「一」原作「二」，據校點本通典卷六食貨典六改。

〔五七〕貢黄連一斤　「一」原作「十」，據校點本通典卷六食貨典六改。

〔五八〕龍標郡　「標」原作「溪」，據舊唐書卷四〇地理志三、通典卷一八三州郡典十三改。

〔五九〕蒼糖香二十五斤　「糖」原作「沉」，據校點本通典卷六食貨典六改。

〔六〇〕貢蕉十端　「蕉」下原衍「布」，據新唐書卷四三上地理志七上、通典卷六食貨典六刪。

〔六一〕鯅魚皮二十斤　「鯅」字原脱，據校點本通典卷六食貨典六補。

〔六二〕貢細布十疋　「細」原作「綼」，據通典卷六食貨典六改。

〔六三〕鯅魚皮三　「鯅」原作「綎」，據通典卷六食貨典六改。

〔六四〕珠崖郡　「珠」原作「朱」，據舊唐書卷四一地理志四、通典卷一八四州郡典十四改。

〔六五〕貢藤盤一　「一」字原脱，據校點本通典卷六食貨典六補。

〔六六〕率令部曲主場院　「令」原作「今」，據馮本改。

〔六七〕神宗元年　按此下所叙爲治平四年四月庚午事，見續資治通鑑長編紀事本末卷八一聖德，時神宗已即位，尚未改元。

〔六八〕時東南監司郡守二廣市舶率有應奉　「守」字原脱，據元本、慎本、馮本補。

卷二十三　國用考一

歷代國用

王制：「冢宰制國用，必於歲之杪，五穀皆入，然後制國用。用地小大，視年之豐耗，以三十年之通，制國用，量入以爲出。通三十年之率，當有九年之蓄。出，謂所當給爲。祭用數之仂，算今年一歲經用之數，用其什一。喪用三年之仂，喪，大事，用三歲之什一。喪祭，用不足曰暴，有餘曰浩。暴，猶耗也。浩，猶饒也。祭，豐年不奢，凶年不儉。國無九年之蓄曰不足，無六年之蓄曰急，無三年之蓄曰國非其國也。三年耕，必有一年之食；九年耕，必有三年之食。以三十年之通，雖有凶旱水溢，民無菜色，然後天子食，日舉以樂。」

周官：太宰以九賦斂財賄，一曰邦中之賦，二曰四郊之賦，三曰邦甸之賦，四曰家削之賦，五曰邦縣之賦，六曰邦都之賦，七曰關市之賦，八曰山澤之賦，九曰幣餘之賦。財，泉穀也。鄭司農云：「邦中之賦，二十而稅一〔一〕，各有差也。幣餘，百工之餘。」玄謂：「賦，口率出泉。卿大夫歲時登其夫家之衆寡，辨其可任者征之，遂師征其財，皆此賦也。邦中，在城郭者。四郊，去國百里。邦甸，二百里；家削，三百里；邦縣，四百里；邦都，五百里。此平民也。關市、山澤，謂占會百物。幣餘，謂占賣國中之斥幣。蓋百官所用官物不盡者歸之職幣，職幣得之，不入本府，恐久藏朽蠹，則有人占賣，依國服出息，謂之斥幣，謂指斥與人也〔二〕。此三者皆末作當增賦者，若今賈人倍算矣。自『邦中』至『幣餘』，各入其所有穀物，以當賦泉之數。」

按：「此九賦，先鄭以爲地賦，後鄭以爲口賦。然關市即邦中之地也，山澤即四郊以下之地也，一地而再税之可乎？關市即邦中之人也，山澤即四郊以下之人也，一人而再税之可乎？後鄭雖有末作增賦之説，然於『幣餘』一項尚覺牽强，且居關市及山澤之民，未必皆能占會百物以取利者也，盡從而倍征之可乎？愚以爲自『邦中』至『邦都』，皆取之於民者，其或爲地賦，或爲口賦，不可知也；關市以下，則非地賦，亦非口賦，乃貨物之税也。關市者，貨之所聚，故有賦，如後世商税是也；山澤者，貨之所出，故有賦，如後世榷鹽、榷茶之類是也。幣餘則如後世領官物營運之類，故取其息。息即賦也，故名之曰九賦，而太宰總其綱焉。」

以九式均節財用，一曰祭祀之式，二曰賓客之式，三曰喪荒之式，四曰羞服之式，五曰工事之式，六曰幣帛之式，七曰芻秣之式，八曰匪頒之式，匪，分也，謂頒賜也。九曰好用之式。燕好所賜予。式謂用財之節。

大府掌九貢、九賦、九功之貳，以受其貨賄之入，頒其貨於受藏之府，若内府也。頒其賄於受用之府，若職内也。凡官府都鄙之吏及執事者受財用焉。凡頒財，以式灋授之：關市之賦以待王之膳服，邦中之賦以待賓客，四郊之賦以待稍秣，家削之賦以待匪頒，邦甸之賦以待工事，邦縣之賦以待幣帛，邦都之賦以待祭祀，山澤之賦以待喪紀，幣餘之賦以待賜予。凡邦國之貢以待弔用，此九貢之財。凡萬民之賦以充府庫，此九職之財。凡式貢之餘財以供玩好之用，謂先給九式及弔用，足府庫而有餘財，乃可以供玩好，明玩好非治國之用。凡邦之賦用取具焉，歲終則以貨賄之入出會之。

先公曰：「周官，天下之財只有三項：九貢是邦國之貢，據經以待弔用；九賦是畿内之賦，以給九式之用；九職萬民之貢，以充府庫。三者餘財，以供玩好。雖然，邦國之貢多矣，弔用之費幾何，愚恐其有餘；畿内之賦有限矣，九式之費何廣也？愚恐其不足。」

玉府掌王之金玉玩好，凡良貨賄之藏。凡王之獻金玉、兵器、文織、良貨賄之物，受而藏之。凡王之好賜，供其貨賄。

賈山至言：「昔者，周蓋千八百國，以九州之民養千八百國之君，用民之力不過歲三日，什一而籍〔三〕，君有餘財，民有餘力，而頌聲作。秦皇帝以千八百國之民自養，力罷而不能勝其役，財盡而不能勝其求。一君之身耳，所以自養者馳騁弋獵之虞，天下弗能供也。」

漢興〔四〕，接秦之弊，民失作業，而大饑饉。天下既定，民亡蓋藏，自天子不能具醇駟，醇，不雜也。而將相或乘牛車。上於是約法省禁，輕田租，而山川園池市肆租税之入，自天子以至封君湯沐邑，皆各爲私奉養〔五〕，不領於天子之經費。漕轉關東粟以給中都官，歲不過數十萬石。文帝即位，賈誼説上曰：「漢之爲漢幾四十年，公私之積猶可哀痛。」云云，上感誼言，開籍田，躬耕以勸百姓。

鼂錯説上募民入粟，邊支五歲則入粟郡縣，支一歲則時赦，勿收農民租。見田賦門。

武帝時，太倉之米紅腐而不可食，都内之錢貫朽而不可校〔六〕，乃外事四夷，内興功利。用度不足，乃募民入奴婢得以終身復，及入羊爲郎，又令民買爵，置武功爵，見鬻爵門。造皮幣、白金，見錢幣門。置鹽、鐵、均輸官，算商車，緡錢，榷酒酤。見征榷門。

西漢財用之司凡三所：大司農，官庫。少府、水衡。二者天子之私藏。故桑弘羊言「山海天地之藏，宜屬少府，陛下勿私，以屬大農」，毋將隆言「大司農錢自乘輿不以給供養，供養勞賜一出少府」。蓋不以本藏給末用，不以民力供浮費，別公私，示正路也。又宣帝本始二年，以水衡錢爲平陵民起第宅。應劭注：「縣官公作當仰司農，今出水衡錢，宣帝即位爲異政也。」

王莽末，邊兵二十萬人仰縣官衣食，用度不足，數橫賦斂。又一切稅吏官，訾三十而取一。又令公卿以下至郡縣黄綬吏，皆保養軍馬，師古曰：「保者，不許其死傷。」吏盡復以與民。轉令百姓養之。民摇手觸禁，不得耕桑，繇役煩劇，旱蝗相因。上自公侯，下至小吏，皆不得奉禄，而私賦斂，民無以自存，盜賊蜂起。

漢兵攻莽，時省中黄金萬兩者爲一匱，尚有六十匱，黄門、鉤盾、藏府、中尚方處處有數匱。長樂御府、中御府及都内、平准帑藏錢帛珠玉財物甚衆，莽愈愛之。拜將軍九人，皆「虎」爲號，將精兵而東，納其妻子宫中以爲質。賜九虎士人四千錢，衆重怨，無鬬志。

更始都長安，居長樂宫〔七〕，府藏完全，獨未央宫燒，攻莽三日，死則安堵復故。更始至，歲餘政教不行。明年，赤眉入關，立劉盆子，遂燒長安宫室市里，害更始，長安爲虚，城中無人行。

東漢大司農掌諸錢穀金帛諸貨幣〔八〕，郡國四時上月旦見錢穀簿〔九〕，其逋未了，各具别之。邊郡諸官請調度者爲報給，損多益寡，取相給足。部丞一人主帑藏，太倉令一人主受郡國傳漕穀。

世祖建武六年，詔田租三十稅一如舊。見田賦門。

肅宗時，張林請置鹽、鐵、均輸官。見征榷門。

舊大官湯官給用歲且二萬萬，鄧太后詔殺省珍費〔一〇〕，自是裁數千萬。漢故事，供給南單于歲一億九十餘萬，西域歲七千四百八十萬。

桓帝時，段熲言：「永初中，諸羌反叛，十有四年，用二百四十億；永和之末，復經七年，用八十餘億〔一〇〕。今若以騎五千〔一一〕，步萬人，車三千兩，三冬二夏，無慮用費五十四億。」

靈帝光和元年，初開西邸賣官，自關内侯、虎賁、羽林，入錢各有差。私令左右賣公卿，公千萬，卿五百萬。

中平二年，斂修宫錢。

中常侍張讓、趙忠説帝斂天下田畝税十錢〔一二〕，以修宫室。又令西園騶分道督趣，恐動州郡，多受賕賂。刺史、二千石及茂才、孝廉遷除，皆責助軍、修宫錢，大郡至二三千萬，餘各有差。當之官者，皆先至西園諧價，然後得去，其守清者乞不之官，皆迫遣之。時鉅鹿太守司馬直新除，以有清名，減責三百萬。直被詔，悵然曰：「爲民父母，而反割剥百姓，以稱時求，吾不忍也。」辭疾，不聽。行至孟津，上書極諫當世之失，即吞藥自殺。書奏，帝爲暫絶修宫錢。又造萬金堂於西園，引司農金錢繒帛，仞積其中。又還河間買田宅，起第觀。帝本侯家，宿貧，每嘆桓帝不能作家居，故聚爲私藏，復藏寄小黄門、常侍錢各數千萬。

帝多蓄私藏，收天下之珍，每郡國貢獻，先輸中府，名爲「導行費」。中府，内府也。導，引也，貢獻外别有所入，以爲所獻希之引導也。

吕强上疏諫曰：「天下之財，莫不生之陰陽，歸之陛下。歸之陛下，豈有公私？而今中尚方斂諸郡之實〔一四〕，中御府積天下之繒，西園引司農之藏，中厩聚太僕之馬，而所輸之府，輒有導行之財。調廣民困，費多獻少，姦吏因其利，百姓受其弊。」書奏不省。

獻帝即位，董卓劫遷長安，卓誅死，李傕、郭汜自相攻伐〔一五〕，於長安城中爲戰地。時穀一斛五十萬，豆麥二十萬，人相食啖，白骨盈野。帝出太倉米豆爲饑民作糜，於御前自加臨給。及東歸至安邑，御衣穿敗，唯以野棗、園菜以爲糇糧，長安坵墟。建安元年，駕至洛陽，百官披荆棘而居。州郡各擁强兵，委輸不至，尚書郎官自出採稆，或不能自反，死於墟巷。

晉武帝平吴之後，世屬升平，物流倉府，宫闈增飾，服翫相輝。於是王君夫、武子、石崇等更相誇尚，輿服鼎俎之盛，連衡帝室，布金埒之泉，粉珊瑚之樹。物盛則衰，固其宜也。永寧之初，洛中尚有錦帛四百萬，珠寶金銀百餘斛。惠后北征，蕩陰反駕，寒桃在御，隻鷄以給，其布衾兩幅、囊錢三千，以爲車駕之資焉。懷帝爲劉曜所圍，王師累敗，府帑既竭，百官饑甚，比屋不見煙火，饑人自相啖食。愍皇西宅，餧饉弘多〔一六〕，斗米二金，死人大半，劉曜陳兵，内外斷絶，拾餅之麴屑而供御，君臣相顧揮涕。

元帝渡江，軍士創草，蠻陬賧布，不可恒準，中府所儲，布四千疋。於時石勒勇鋭，挻亂淮南，帝懼其侵逼，乃詔方鎮能斬勒首者，賞布千疋云。

蘇峻既平，帑藏空竭，庫中唯有練數千端，鬻之不售，而國用不給。王導患之，乃與朝賢俱製練布單衣，於是士人翕然競服之，練遂踴貴，乃令主者出賣，端至一金。

晉自元帝寓居江左，僑立郡縣，諸蠻陬俚洞霑沐王化者，各隨輕重收其賧物，以裨國用，歷宋、齊、梁、陳，皆因而不改。見田賦門。

後魏自孝明帝正光後，國用不足，乃先折天下六年租調而徵之，百姓怨苦，有司奏斷百官當給之酒，計一歲所省米穀麴有差。見榷酤門。爾後寇賊轉衆，諸將出征，相繼奔敗，帑藏空竭，有司又奏內外百官及諸蕃客廩食、肉悉二分減一〔一七〕，計歲終省肉百五十九萬九千八百五十六斤、米五萬三千九百三十二石。

魏自永安之後，政道陵夷，寇亂寔繁，農商失業。官有征伐，皆權調於人，猶不足以相資奉，乃令所在迭相糾發，百姓愁怨，無復聊生。六鎮擾亂，相率內徙，寓食齊、晉之郊，齊神武因之以成大業。魏武西遷，連年戰爭，河、洛之間，又並空竭，遷都於鄴。時六坊之衆從武帝而西者，不能萬人，餘皆北徙，並給常廩，逐豐稔之處，折絹糴粟，以充國儲。於諸州緣河津濟，皆官倉貯積，以擬漕運；於滄、瀛、幽、青四州之境，傍海置鹽官以煮鹽，每歲收錢，軍國之資，得以周贍。

北齊武成時，用度轉廣，賜予無節，府藏不足以供，乃減百官之祿，徹軍人常廩，併省州郡縣鎮戍之職；又制刺史守宰行兼者並不給幹。南齊以有僮幹，若今驅使門僕之類。以節國用之費焉。

隋文帝開皇時，百姓承平漸久，雖遭水旱，而户口歲增，諸州調物，每歲河南自潼關，河北自蒲阪，至於京師，相屬於道，晝夜不絕數月。帝又躬行節儉，益寬徭賦，平江表，師還，賜物甚廣，其餘出師命賞，莫不優崇。十二年，有司上言庫藏皆滿，帝曰：「朕既薄賦於人，又大經賜用，何得爾也？」對曰：「用處常出，納處常入，略計每年賜用至數百萬段，曾無減損。」乃更開左藏之院，構屋以受之。詔曰：「既富而教，方知廉耻，寧積於人，無藏府庫。」乃蠲河北、河東今年田租，三分減一，兵減半，功調全免。煬帝即位，户口益多，府庫盈溢，乃除婦人及奴婢、部曲之課。其後征伐巡遊不息，租賦之入益減，百姓怨叛，以至於亡。

按：「古今稱國計之富者莫如隋，然考之史傳，則未見其有以爲富國之術也。蓋周之時，酒有榷，鹽池、鹽井有禁，入市有税，至開皇三年而並罷之。夫酒榷、鹽鐵、市征，乃後世以爲關於邦財之大者，而隋一無所取，則所仰賦税而已。然開皇三年調絹一疋者減爲二丈，役丁十二番者減爲三十日，則行蘇威之言也。繼而開皇九年以江表初平，給復十年，自餘諸州並免當年租税。十年，以宇内無事，益寬徭賦，百姓年五十者輸庸停防〔一八〕。十二年，詔河北、河東今年田租三分減一，兵減半，功調全免，則其於賦税復闊略如此。然文帝受禪之初，即營新都徙居之，繼而平陳，又繼而討江南、嶺表之反側者，則此十餘年之間，營繕征伐未嘗廢也。史稱帝於賞賜有功，並無所愛，平陳凱旋，因行慶賞，自門外夾道列布帛之積，達於南郭，以次頒給，所費三百餘萬段，則又未嘗嗇於用財也。夫既非苛賦斂以取財，且時有征役以糜財，而賞賜復不吝財，則宜用度之空匱也，而何以殷富如此？史求其説而不可得，則以爲帝躬履儉約，六宫服澣濯之衣，乘輿供御有故敝者，隨令補用，非燕享不過一肉，有司嘗以布袋貯乾薑，以氈袋進香，皆以爲費用，大加譴責。嗚呼！夫然後知大易所謂『節以制度，不傷財，不害民』，孟子所謂『賢君必恭儉禮下，取於民有制』者，信利國之良規，而非迂闊之談也。漢、隋二文帝皆以恭履朴儉富其國，漢文師黄老，隋文任法律，而所行暗合聖賢如此。後之談孔孟而行管商者，乃曰『苟善理財，雖以天下自奉可也』，而其黨遂倡爲『豐亨豫大，惟王不會』之說，飾六藝，文姦言，以誤人國家，至其富國强兵之效，則不逮隋遠甚，豈不繆哉！」

唐貞觀時，馬周上疏曰：「隋室貯洛口倉，而李密因之；東都積布帛，而王世充據之；西京府庫亦爲國家之用，至今未盡。向使洛口、東都無粟帛，則王世充、李密未能聚大衆。但貯積固有司之常事，要當人有餘力而後收之，若人勞而强斂之，更以資寇，積之無益也。」

唐天寶以來，海内富實，天下歲入之物，租錢二百餘萬緡，粟千九百八十餘萬斛，庸、調絹七百四十萬疋，綿百八十餘萬屯，布千三十五萬餘端。天子驕於佚樂而用不知節，大抵用物之數，常過於所入，於是錢穀之臣始事朘削。太府卿楊崇禮句剥分銖，有欠折漬損者，州縣督送，歷年不止。其子慎矜專知太府，次子慎名知京倉，亦以苛刻結主恩。王鉷爲户口色役使〔一九〕，歲進錢百億萬緡，非租庸正額者，積百寶大盈庫，以供天子燕私。及安禄山反，楊國忠以爲正庫物不可以給士，遣御史崔衆至太原納錢度僧尼、道士，旬日得萬緡而已。自兩京陷没，民物耗弊，肅宗即位，籍江淮富商訾，見訾算門。時第五琦以錢穀得見，請於江淮置租庸使。明年，宰相裴冕建議〔二〇〕，以天下用度不足，諸道得召人納錢，給空名告身，授官勳邑號；度道士、僧尼不可勝計；納錢百千，賜明經出身；商賈助軍者，給復。

故事，天下財賦歸左藏，而太府以時上其數，尚書比部覆其出入。時京師豪將假取不能禁，第五琦爲度支鹽鐵使，請皆歸大盈庫，供天子給賜，主以中官。自是天下之財爲人君私藏，有司不得程其多少。

楊炎既相德宗，上言曰：「財賦，邦國大本，生人之喉命，天下治亂輕重係焉。先朝權制，以中人領其職，五尺宦豎操邦之柄，豐儉盈虛雖大臣不得知，無以計天下利害。臣請出之，以歸有司，度宫中給費一歲幾何，量數奉入，不敢闕。」帝從之，乃詔歲中裁取以入大盈庫，度支具數先聞。

初，轉運使掌外，度支使掌内。永泰二年，分天下財賦、鑄錢、常平、轉運、鹽鐵，置二使。東都、畿内、河南、淮南、江東西、湖南、荆南、山南東道，以轉運使劉晏領之；京畿、關内、河東〔二〕、劍南、山南西道，以京兆尹、判度支第五琦領之。及琦貶，以户部侍郎、判度支韓滉與晏分治。時回紇有助收西京功，代宗厚遇之〔三〕，與爲婚，歲送馬十萬疋，酬以縑帛百餘萬疋，而中國財竭，歲負馬價。魚朝恩、元載擅權，帝誅朝恩，復與載貳，君臣猜間不協，邊計兵食置而不議者幾十年。諸鎮擅地，結爲表裏，日治兵繕壘，天子不能繩以法〔三〕，專留意祠禱，焚幣玉，寫浮屠書，度支稟賜僧巫，歲鉅萬計。時朝多留事，經歲不能遣，置客省以居，上封事不足采者，蕃夷貢獻未報及失職未叙者，食度支數千百人。德宗即位，用宰相崔祐甫，拘客省者出之〔四〕，食度支者遣之，歲省費萬計。

自至德以後，天下兵起，因以饑厲，百役並興，人户凋耗，版圖空虚。軍國之用，仰給於度支、轉運使，四方征鎮又自給於節度、都團練使。賦斂之司數四，莫相統攝，綱目大壞，朝廷不能覆諸使，諸使不能覆諸州。四方貢獻，悉入内庫，權臣巧吏因得旁緣，公託進獻，私爲贓盜，動萬萬計。河南、山東、荆襄、劍南重兵處，皆厚自奉養，王賦所入無幾。科斂凡數百名，廢者不削，重者不去，新舊仍積，不知其涯。百姓竭膏血，鬻親愛，旬輸月送，無有休息。吏因其苛，蠶食於人，富者得免，貧者丁存，故課免於上，而賦增於下。楊炎爲相，乃請爲兩税法以均之，自此吏不能容姦，權歸朝廷。詳見田賦門。

初，德宗居奉天，儲蓄空窘，嘗遣卒視賊，以苦寒乞襦，不能致，剔親王帶金而鬻之。朱泚既平，乃屬意聚斂，常賦之外，進奉不息。劍南西川節度使韋皋有「日進」，江西觀察使李兼有「月進」，他如杜亞、劉贊、王緯、李錡皆徼射恩澤，以常賦入貢，名爲「羨餘」。至代易又有「進奉」。户部錢物，所在州府及巡院皆得擅留，或矯密旨加斂，或減刻吏禄，或販鬻蔬果，往往私自入，所進纔什二三，無敢問者。刺史及幕僚至以進奉得遷官。繼而裴延齡用事，益爲天子積私財，生民重困，又爲宫市。見征榷門。

朱泚僭位長安，既據府庫之富，不愛金帛，以悦將士。公卿家屬在城者皆給月俸，神策及六軍從車駕及哥舒曜、李晟者皆給其衣糧。加以繕完器械，日費甚廣。及長安平，府庫尚有餘蓄，見者皆追怨有司之横斂焉。

裴延齡領度支，奏：「左藏庫司多有失落，近因檢閲使置簿書，乃於糞土之中得銀十三萬兩，其疋段雜貨百萬有餘，此皆已棄之物，即是羨餘，悉應移入雜庫，以供别敕支用。」太府少卿韋少華不伏，抗表稱此皆每月申奏見在之物，請加推驗。執政請令三司詳覆，上不許，亦不罪少華。

司馬温公有言：「天之生財止有此數，不在民則在官，譬如雨澤，夏潦則秋旱。」善哉言也。後世多慾之君、聚斂之臣，苛征横斂，民力不堪而無所從出，於是外則擅留常賦以爲進奉，内則妄指見存以爲羨餘，直不過上下之間自相欺蔽耳。德宗借軍興用度不足之名，而行間架、陌錢諸色無藝之征斂，乃復不能稍豐涇原軍士之廪餉，以致奉天之難，至委其厚藏以遺朱泚。泚平而府庫尚盈，人皆追怨横斂，而帝方懲奉天儲蓄空窘，益務聚蓄，不知所以致難之由非因乏財，蓋知聚而不知散，乃怨府也。不明之君可與言哉？

憲宗時，分天下之賦以爲三：一曰上供，二曰送使，三曰留州。宰相裴垍又令諸道觀察、節度調費取於所治州，不足則取於屬州，而屬州送使之餘與其上供者皆輸度支〔二五〕。時因德宗府庫之積，天子頗務儉約。及劉闢、李錡平，貲藏皆入内庫。方鎮于頔、王鍔進獻甚厚，帝受之，李絳言其非宜，帝喟然曰：「誠知非至德事，然兩河中夏貢賦之地，朝覲久廢，河、湟陷没，烽候列於郊甸。方刷祖宗之耻，不忍重斂於人也。」然不知進獻之取於人重矣。其後皇甫鎛、王遂、李翛、程异用事，益務聚斂，諸道貢獻尤甚。

會昌末，置「備邊庫」，收度支、户部、鹽鐵錢物。宣宗更號「延資庫」。初以度支郎中判之，至是以宰相，其任益重。户部歲送錢帛二十萬，度支、鹽鐵送者三十萬，諸道進奉助軍錢皆輸焉。

元和中，供歲賦者，浙西、浙東、宣歙、淮南、江西、鄂岳、福建、湖南八道，户百四十四萬，比天寶四之一。兵食於官者八十三萬，加天寶三之一，通以二户養一兵。京西北、河北以屯兵廣〔二六〕，無上供。至長慶，户三百三十五萬，而兵九十九萬，率三户以奉一兵。至武宗即位，户二百一十一萬四千九百六十。會昌末，户增至四百九十五萬五千一百五十一。宣宗既復河、湟，天下兩税、榷酒茶鹽錢，歲入九百二十二萬緡〔二七〕，歲之常費率少三百餘萬，有司遠取後年乃濟。及群盗起〔二八〕，諸鎮不復上計云。

李吉甫爲元和國計簿及中書奏疏，以天下郡邑户口財賦之入，較吏禄、兵廩、商賈、僧道之數，大率以二户而資一兵，以三農而養七游手。

後唐莊宗既滅梁，宦官勸帝分天下財賦爲內、外府，州縣上供者入外府，充給費；方鎮貢獻者入內府，充宴游及給賜左右。於是外府常虛竭無餘，而內府山積，及有司辦郊祀，乏勞軍錢。郭崇韜頗受藩鎮饋遺，或諫之，崇韜曰：「吾位兼將相，禄賜巨萬，豈藉外財？但僞梁之世，賄賂成風，今河南藩鎮皆梁舊臣，主上之仇讎也，若拒其意，能無懼乎？吾特爲國家藏之私室耳。」至是，首獻勞軍錢十萬緡，因言於上曰：「臣已傾家所有，以助大禮。願陛下亦出內府之財，以賜有司。」上默然久之，曰：「吾晉陽自有儲蓄，可令租庸輦取以相助。」於是取李繼韜私第金帛數十萬以益之。繼韜時以誅死。軍士皆不滿望，始怨恨有離心矣。

潞王之發鳳翔也，許軍士以入洛人賞錢百緡。既至，閱府庫實金帛不過三萬疋、兩，而賞軍之費應用五十萬緡，乃率京城民財，數日僅得數萬緡。執政請據屋爲率，無問士庶，自居及僦者預借五月僦直，百方斂民財，僅得六萬。帝怒，下軍巡使獄晝夜督責，囚繫滿獄，貧者至自經死，而軍士遊市肆皆有驕色。時竭左藏舊物及諸道貢獻，乃至太后、太妃器服簪珥皆出之，纔及二十萬緡。帝患之，李專美言於帝曰〔二九〕：「竊思自長興之季賞賚亟行，卒以是驕。繼以山陵及出師，帑藏遂涸。雖有無窮之財，終不能滿驕卒之心，故陛下拱手於危困之中而得天下。夫國之存亡，不專係於厚賞，亦在修法度、立紀綱。陛下苟不改覆車之轍，臣恐徒困百姓，存亡未可知也。今財力盡於此矣，宜據所有均給之，何必踐初言乎？」帝以爲然。軍士無厭，猶怨望。

宋太祖皇帝乾德三年，詔諸州支度經費外，凡金帛悉送闕下，無得占留。自唐末兵興，方鎮皆留財賦自贍，名曰留使、留州，其上供殊鮮。五代疆境迫蹙，藩鎮益强，率令部曲主場、院，厚斂以自奉。太祖周知其弊，後藩郡有闕，稍命文臣權知所在場務，或以京朝官廷臣監臨，於是外權削而利歸公上，條禁文簿，漸爲精密。

六年，詔諸州通判、糧料院官至任〔三〇〕，並須躬自檢閱帳籍所列官物，不得但憑主吏管認文狀。

是歲〔三一〕，置封椿庫。國初，貢賦悉入左藏庫，及取荆、湖，下西蜀，儲積充羨，始於講武殿别爲内庫，號「封椿庫」，以待歲之餘用。

帝嘗曰：「軍旅、饑饉，當預爲之備，不可臨事厚斂於人。」乃置此庫。太宗又置景福殿庫，隸内藏庫，揀納諸州上供物，嘗謂左右曰：「此蓋慮司計之臣不能約節，異時用度有闕，當復賦率於民耳。朕終不以此自供嗜好也。」自乾德、開寶以來，用兵及水旱賑給、慶澤賜賚，有司計度之所缺者，必籍其數，以貸於内藏，俟課賦有餘則償之。淳化後二十五年間，歲貸百萬，有至三百萬者。累歲不能償，則除其籍。

止齋陳氏曰：「國初平僭僞，盡得諸國所藏之賦入内藏。是後，時時以州縣上供揩撥入庫，而不齊集，守藏之臣每以爲言，上亦不察察也。蓋祖宗盛時，内藏庫止是收簇給費之餘或坊場課利，不以多寡，初無定額。熙寧二年，始命三司户部判官張諷核實，諷取自嘉祐至治平十年以來輸送之數，見得川路金銀，自皇祐三年並納内庫，餘福建、廣東、淮南、江南東則各有窠名分隸。而十年之間所入殊不等，乃詔今後並令納左藏庫，逐年於左藏庫撥金三百兩、銀五十萬兩入內藏，遂爲永額。然諷元奏治平以前諸路所進坑冶、山澤、河渡課利，悉在其中，既合爲元額矣，在後中書再取旨，以諸路提點銀銅坑冶司所轄金銀場冶課利並依久例，盡數上供入內庫，則坑冶之入不理爲左藏庫年額之數。自是條制益嚴密，皆王安石之爲也。元豐元年，敕諸路上供金銀錢帛令赴內藏庫內者，委提刑拘催，擅折變、那移、截留者徒二年，不以赦原。元祐詔令諸路坑冶課利七分起發赴內藏庫，三分充漕計，靖康改元，三分復盡輸內藏矣。」

開寶元年，詔諸道給舟車輦送上供錢帛。

止齋陳氏曰：「國初上供隨歲所入，初無定制，而其大者在糧、帛、銀、錢、諸路米綱。會要：開寶五年，令汴、蔡河歲運江淮米數十萬石赴京充軍食；太平興國六年，制歲運三百五十萬石；景德四年，詔淮南、江、浙、荆湖南北路，以至道二年至景德二年終十年酌中之數，定爲年額，上供六百萬石。米綱立額始於此。銀綱，自大中祥符元年詔五路糧儲已有定額，其餘未有條貫，遂以大中祥符元年以前最爲多者爲額，則銀綱立額始於此。錢綱，自天禧四年四月三司奏請立定錢額，自後每年依此額數起發，則錢綱立額始於此。絹綿綱，雖不可考，以咸平三年三司初降之數，則亦有年額矣。然而前朝理財務在寬大，隨時損益，非必盡取。上供增額起於熙寧，雖非舊貫，尤未爲甚。崇寧三年十一月，始立上供錢物新格，於是益重。宣和元年，户部尚書唐恪稽考諸路上供錢物之數：荆湖南路四十二萬三千二百二十九萬疋、兩，利州路三萬二千五百一十八貫、疋、兩，荆湖北路四十二萬七千二百七十七貫、疋、兩，夔州路一十二萬三百八十九貫、疋、兩，江南東路三百九十二萬四百二十一貫、疋、兩，福建路七十二萬二千四百六十七貫、疋、兩，京西路九萬六千三百五十一貫、疋、兩，河北路一十七萬五千四百六十四貫、疋、兩，廣西路九萬一千九百八十貫、疋、兩，京東路一百七十七萬二千一百二十四貫、疋、兩，廣南東路一十八萬八千三十貫、疋、兩，陝西路一十五萬七百九十貫、疋、兩，江南西路一百二十七萬六千九十八貫、疋、兩，成都路四萬五千七百二十五貫、疋、兩，潼川路五萬二千一百二十貫、疋、兩，兩浙路四百四十三萬五千七百八十八貫、疋、兩，兩淮南路一百一十一萬一千六百四十三貫、疋、兩，而斛斗地雜科不與焉，其取之民極矣。方今版圖僅及承平之半，而賦入過宣和之數，雖曰饟軍，出不得已，要非愛惜邦本之道，此寬民力之説所以爲最先務也。」

按：止齋此段足以盡宋朝上供之委折。上供之名始於唐之中葉，蓋以大盜擾亂之後，賦入失陷，國家日不暇給，不能考覈，加以强藩自擅，朝廷不能制，是以立爲上供之法，僅能取其三之一。宋興，既已削州鎮之權，命文臣典藩，奉法循理，而又承平百年，版籍一定，大權在上，既不敢如唐之專擅以自私，獻入有程，又不至如唐之隳亂而難考，則雖按籍而索，錙銖皆入朝廷，未爲不可。然且猶存上供之名，取酌中之數，定爲年額，而其遺利則付之州縣椿管，蓋有深意：一則州郡有宿儲，可以支意外不虞之警急；二則寬於理財，蓋陰以恤民，承流宣化者。幸而遇清介慈惠之人，則上供輸送之外，時可寬假以施仁；不幸而遇貪饕縱侈之輩，則郡計優裕之餘，亦不致刻剥以肆毒，所謂損上益下者也。嗚呼，仁哉！

六年，令諸州舊屬公使錢物盡數係省，毋得妄有支費。以留州錢物盡數係省始於此。

止齋陳氏曰：「自唐末方鎮厚斂以自利，上供殊鮮，或私納貨賂，即名貢奉，至是始盡係省。按，後唐天成年宣命，於係省麴錢上，每貫止二百文充公使。同光二年，庸租院奏，諸道如更妄稱簡置官員，即勒令自備請給，不得正破係省錢物，則係省之名舊矣，然初未嘗立拘轄鈎管之制，要不使妄費而已。淳化五年十二月，初置諸州應在司，具元管、新收、已支、見在錢物申省。景德元年，復立置簿，拘轄累年應在。雖有此令，不過文具。三司使丁謂奏立轉運司比較聞奏，省司進呈增虧賞罰之法。然承平日久，國家蓋務寬大〔三〕，諸郡錢物往往積留，漕臣靳惜，吝於起發，而省司殊不究知其詳。魏羽在咸平則言淳化以來收支數目攢簇不就，名爲主計而不知錢出納。王隨在景德則言咸平以來未見錢物着落，諸州受御指揮，多不供申，或有申報多是鹵莽，以致勘會勾銷了絕不得。范雍在天聖則又言自太平興國以來未嘗除破，更有椿管，倍萬不少。天聖至嘉祐四十年間，理財之令數下，徒有根括驅磨之文，設而不用，以此見得開國以來訖於至和，天下財物皆藏州郡。祖宗之深仁厚澤，於此見矣。熙寧五年，看詳編修中書條例檢正五房公事、判司農寺曾布奏：『伏以四方財物，乾没差謬，漫不可知，三司雖有審覆之名，不復省閲，但爲空文。自天聖九年，上下因循，全無檢點，縱有大段侵欺，亦無由舉發，爲弊滋多。』遂乞專置司驅磨天下帳籍。自專置司，繼以旁通目子，而天下無遺利，而公使錢始立定額，自二百貫至三千貫止。州郡所入，鏹醋息、房園、祠廟之利，謂之『收簇』，守臣窘束，屢有奏陳。謂如本州額定公使錢一千貫，則先計其州元收坊場、園池等項課利錢若干，却以不係省錢貼足額數。然諸項課錢逐年所收不等，或虧折不及元數，而所支不係省貼足之錢更不增添，則比額定數有不及一半者，此其所以窘束也。後又以在州諸色錢類爲一體，封樁入便，以便不盡錢起發。初，嘉祐茶通商，於是以六路茶本錢、茶租、茶稅錢封樁入便，若輒有支動，即當職黜降，不以自首、還官、去官、赦降原減之限。至是，遂以七路諸色錢並依通商茶法矣。元豐五年，又以上供年額外，凡瑣細錢定爲無額上供。謂坊場稅錢、增添鹽酒錢、賣香礬錢、賣秤斗錢、賣銅錫錢、披剃錢、封贈錢、淘尋野料錢、額外鑄到錢、銅鉛木脚錢、竹木稅錢、誤支請受錢、代支失陷賞錢、贓罰錢、户絶物帛錢。蓋自係省而後有應在司，有應在司而後有封樁，有封樁而後起發。蓋至熙、豐係省，初無窠名，應在司最爲冗長，此元祐群臣所以深罪王安石之紛更也。」

又詔諸州守臣，非聖節進奉，自餘諸般進奉錢物並留本州管係，不得押領上京。聖節進奉始此。

止齋陳氏曰：「謹按李燾續通鑑、熊克九朝要略，皆於乾德三年三月平蜀後書：詔諸州計度經費外，凡金帛悉送闕下，於是外權削而利歸公上矣。蓋約本志修入，而實録不著。竊考建隆以來，凡上供綱皆有元降指揮，獨不見上件條貫，唯至道四年二月十四日，敕川陝錢帛令本路轉運司計度，只留一年支備，其剩數計綱起發上京，不得占留，蓋平蜀後事也。自餘諸州常切約度，在州以三年準備爲率外，縣鎮二年，偏僻縣鎮一年，河北、陝西緣邊諸州不在此限。江、浙、荆湖、淮南西六路自來便錢，州月帳内將見錢除半支遣外，並具單狀申奏。諸州應係錢物合供文帳，並於逐色都數下，具言元管年代，合係本州支用申省，候到省日，或有不係本州支用及數目浩大，本處約度年多支用不盡時，下轉運司及本州相度，移易支遣。三司據在京要用金銀錢帛諸般物色，即除式樣遍下諸州府，具金銀錢帛糧草收、支、見在三項單數，其見在項内開坐約支年月，省司即據少剩數目下諸路轉運司移易支遣，及牒本州般送上京。如有約度不足去處，許以收至諸色課利計置封樁，以此參考是歲進奉約束。并景德元年李燾所奏，足見國初未嘗務虛外郡，以實京師，今從實録。」

按：「乾德三年有諸州金帛悉送闕下之詔，今復有此詔，疑若異同，而止齋遂以實録不載前詔爲疑。蓋唐末而方鎮至於擅留上供之賦，威令不行故也；宋興而州郡不敢私用留州之錢，紀綱素立故也。既欲矯宿弊，則不容不下乾德之詔；然紀綱既已振立，官吏知有朝廷，則不妨藏之州郡，以備不虞，固毋煩悉輸京師而後爲天子之財也。」

詔官受倉場頭子錢之半。頭子錢本末，見田賦門。

校勘記

〔一〕二十而稅一　「而」原作「之」，據周禮太宰疏改。

〔二〕謂指斥與人也　「與」原作「興」，據周禮太府疏改。

〔三〕什一而籍　此四字原脱，據漢書卷五一賈山傳補。

〔四〕漢興　「興」字原脱，據漢書卷二四上食貨志上補。

〔五〕皆各爲私奉養　「爲」原作「有」，據元本、慎本、馮本及漢書卷二四上食貨志上改。

〔六〕都内之錢貫朽而不可校　「校」原作「授」，據馮本及漢書卷二四上食貨志上改。

〔七〕居長樂宫　「長」原作「安」，據漢書卷九九下王莽傳下改。

〔八〕東漢大司農掌諸錢穀金帛諸貨幣　「農」原作「馬」，據局本及後漢書百官志三改。

〔九〕郡國四時上月旦見钱穀簿　「郡國」二字原脱，據後漢書百官志五補。

〔一〇〕鄧太后詔殺省珍費　「鄧」原作「竇」，據後漢書卷一〇上皇后紀上改。

〔一一〕復經七年用八十餘億　「經」原作「給」，「餘」下原衍「萬」字，據後漢書卷六五段熲傳改刪。

〔一二〕今若以騎五千　「千」原作「十」，據後漢書卷六五段熲傳改。

〔一三〕中常侍張讓趙忠説帝斂天下田畝税十錢　「税」字原脱，據後漢書卷七八張讓傳補。

〔一四〕而今中尚方斂諸郡之寳　「今中」二字原脱，據後漢書卷七八吕强傳補。

〔一五〕李傕郭汜自相攻伐　「傕」原作「淮」，據慎本、馮本改。

〔一六〕餒饉弘多　「弘」原作「仍」，據晉書卷二六食貨志改。

〔一七〕有司又奏内外百官及諸蕃客廩食肉悉二分減一　「二」原作「三」，據魏書卷一一〇食貨志改。

〔一八〕百姓年五十者輸庸停防　「防」原作「放」，據隋書卷二四食貨志改。

〔一九〕王鉷　「鉷」原作「洪」，據元本、慎本、馮本及新唐書卷五一食貨志一改。

〔二〇〕宰相裴冕建議　「建議」二字原脱，據新唐書卷五一食貨志一補。

〔二一〕河東　「東」原作「南」。按舊唐書卷四九食貨志下載，永泰二年，第五琦爲關内、河東、劍南三川轉運常平鑄錢鹽鐵使，大曆五年以後，劉晏與户部侍郎韓滉分領關内、河東、山、劍租庸青苗使，既第五琦原掌有河東而無河

〔二二〕南，劉晏與韓滉分領亦然，此處「南」顯爲「東」之誤，據改。

〔二三〕代宗厚遇之　「之」字原脱，據新唐書卷五一食貨志一補。

〔二三〕天子不能繩以法　「以」原作「其」，據新唐書卷五一食貨志一改。

〔二四〕用宰相崔祐甫拘客省者出之　疑「甫」下有脱文，「拘」疑爲「居」之誤。

〔二五〕而屬州送使之餘與其上供者皆輸度支　「而屬州」三字原脱，據新唐書卷五二食貨志二補。

〔二六〕京西北河北以屯兵廣　「兵」原作「田」，據新唐書卷五二食貨志二改。

〔二七〕天下兩税榷酒茶鹽錢歲入九百二十二萬緡　「錢歲」二字原倒，據新唐書卷五二食貨志二乙正。

〔二八〕及群盜起　「群」原作「郡」，據慎本、馮本及新唐書卷五二食貨志二改。

〔二九〕李專美言於帝曰　「美」字原脱，據資治通鑑卷二七九後唐紀八潞王清泰元年四月庚寅條補。

〔三〇〕詔諸州通判糧料院官至任　「官」原舛在「糧」上，「料」原作「科」，據長編卷九開寶元年五月末條乙改。

〔三一〕是歲　按置封樁庫在乾德三年，見長編卷六，此處易使人誤爲乾德六年。

〔三二〕國家蓋務寬大　「蓋」疑爲「益」之誤。

卷二十四　國用考二

歷代國用

宋興而吴、蜀、江南、荆湖、南粤皆號富强，相繼降附，祖宗因其畜，守以恭儉簡易。方是時，天下生齒尚寡，而養兵未甚蕃，任官未甚冗，佛老之徒未甚熾，外無夷狄金繒之遺，百姓各安其生，不爲巧僞放侈，故上下給足，府庫羡溢。承平既久，户口歲增，兵籍益廣，吏員益衆。佛老、夷狄耗蠹中國，縣官之費，數倍昔時，百姓亦稍縱侈，而上下始困於財矣。

仁宗承之，給費寖廣。天聖初，始命有司取景德一歲用度，較天禧所出，省其不急者。初，自祥符天書既降，齋醮縻費甚衆，至是，始大省齋醮宴賜，及減諸宫觀衛卒。自是，道家之奉有節，土木之費省矣。至寶元中，陝西用兵，調度百出，縣官之費益廣，賈昌朝上言：「江、淮歲運糧六百餘萬石〔一〕，以一歲之入，僅能充期月之用，三分二在軍旅，一在冗食，先所畜聚，不盈數載。天下久無事，而財不藏於國，又不在民，倘有水旱軍戎之急，計將安出？」於是議省冗費，減皇后及宗室婦郊祠所賜之半，著爲式。於是皇后、嬪御、宗室、刺史，各上俸錢以助軍，帝亦罷左藏庫月進錢千二百緡。公卿、近臣亦減郊祠所賜銀絹，著爲式。時三司使王堯臣取陝西、河北、河東三路未用兵前及用兵後歲出入財用之數，會計以聞。寶元元年未用兵，陝西錢帛糧草入一千九百七十八萬，出一千一百五十一萬；用兵後，入三千三百六十三萬〔二〕，出三千三百六十三萬有奇。蓋視河東、北尤劇，以兵屯陝西特多故也。元昊請臣，西兵既解，而調用無所減，即下詔切責邊臣及轉運司趣議蠲除科率，稍徙屯兵還内地，汰其老弱，官屬羡溢則并省之；又命較近歲天下財賦出入之數送三司，取一歲中數以爲定式。初，真宗時，内外兵九十一萬二千，宗室、吏員受禄者九千七百八十五。寶元以後，募兵益廣，宗室蕃衍，吏員歲增。至是，兵百二十五萬九千，宗室、吏員受禄者萬五千四百四十三，禄廩俸賜從而增廣。又景德中，祀南郊，内外賞賚緡錢、金帛總六百一萬。至是，饗明堂，增至一千二百餘萬，故用度不得不屈。范鎮上言：「古者宰相制國用，今中書主民，樞密院主兵，三司主財，各不相知。故財已匱而樞密院益兵不已，民已困而三司取財不已。中書視民之困，而不知使樞密減兵、三司寬財者，制國用之職不在中書也。願使中書、樞密院通知兵民財利大計，與三司量其出入，制爲國用，則天下民力庶幾少寬。」至英宗治平二年，内外入一億一千六百一十三萬八千四百五，出一億二千三十四萬三千一百七十四，非常出者又一千一百五十二萬一千二百七十八。是歲，諸路積一億六千二十九萬二千九十三，而京師不與焉。

蘇軾策别曰：「人君之於天下，俯己以就人，則易爲功，仰人以援己，則難爲力，是故廣取以給用，不如節用以廉取之爲易也。臣請得以小民之家而推之。夫民方其困窮時，所望不過十金之貲，計其衣食之費，妻子之奉，出入於十金之中，寬然而有餘。及其一旦稍稍畜聚，衣食既足，則心意之欲，日以漸廣，所入益衆，而所欲益以不給，不知罪其用之不節，而以爲求之未至也。是以富而愈貪，求愈多而財愈不供，此其爲惑，未可以知其所終也。盍亦反其始而思之？夫嚮者豈能寒而不衣，飢而不食乎？今天下汲汲乎以財之不足爲病，何以過此？國家創業之初，四方割據，中國之地至狹也。然歲歲出師，以誅討僭亂之國，南取荆楚，西平巴蜀，而東下并潞，其費用之衆，又百倍於今，可知也。然天下之士，未嘗思其始，而惴惴焉患今世之不足，則亦甚惑矣！

夫爲國有三計：有萬世之計，有一時之計，有不終月之計。古者三年耕，必有一年之蓄；以三十年之通，則可以九年無飢也。歲之所入，足用而有餘，是以九年之蓄，常閒而無用，卒有水旱之變，盗賊之憂，則官可以自辦，而民不知。若此者，天不能使之災，地不能使之貧，四夷盗賊不能使之困，此萬世之計也。而其不能者，一歲之入，纔足以爲一歲之出，天下之産，僅足以供天下之用，其平居雖不至於虐取其民，而有急則不免於厚賦，故其國可静而不可動，可逸而不可勞，此亦一時之計也。至於最下而無謀者，量出以爲入，用之不給，則取之益多，天下晏然，無大患難，而盡用衰世苟且之法，不知有急則將何以加之，此所謂不終月之計也。

今天下之利，莫不盡取；山陵林麓，莫不有禁；關有征，市有租，鹽鐵有榷，酒有課，茶有算，則凡衰世苟且之法，莫不盡用矣。譬之於人，其少壯之時，豐健勇力，然後可以望其無疾以至於壽考。今未五六十，而衰老之候具見而無遺，若八九十者，將何以待其後邪！然天下之人，方且窮思竭慮，以廣求利之門，且人而不急，則以爲費用不可復省，使天下而無鹽鐵酒茗之税，將不爲國乎？臣有以知其不然也。天下之費，固有去之甚易而無損，存之甚難而無益者矣，臣不能盡知，請舉其所聞，而其餘可以類求焉。

夫無益之費，名重而實輕，以不急之實，而被之以莫大之名，是以疑而不敢去。三歲而郊，郊而赦，赦而賞，此縣官有不得已者，天下吏士數日而待賜，此誠不可以卒去。至於大吏，所謂股肱耳目，與縣官同其憂樂者，此豈亦不得已而有所畏邪！天子有七廟，今又飾老佛之宫而爲之祠，固已過矣，又使大臣以使領之，歲給以鉅萬計，此何爲者也？天下之吏爲不少矣，將患未得其人，苟得其人，則凡民之利莫不備舉，而其患莫不盡去。今河水爲患，不使濱河州郡之吏親行其災，而責之以救災之術，顧爲都水監。夫四方之水患，豈其一人坐籌於京師而盡其利害？天下有轉運使足矣，今江、淮之間又有發運，禄賜之厚，徒兵之衆，其爲費豈可勝計哉？蓋嘗聞之，里有畜馬者，患牧人欺之而盜其芻菽也，又使一人焉爲之廐長，廐長立而馬益癯。今爲政不求其本而治其末，自是而推之，天下無益之費不爲不多矣。臣以爲凡若此者，日求而去之，自毫釐以往，莫不有益，惟無輕其毫釐而積之，則天下庶乎少息也。」

曾鞏議經費曰：「臣聞古者以三十年之通制國用，使有九年之蓄，而制國用者必於歲杪，蓋量入而爲出。國之所不可儉者祭祀也，然不過用數之仂，則先王養財之意可知矣。蓋用之有節，則天下雖貧，其富易致也。漢、唐之始，天下之用嘗屈矣，文帝、太宗能用財有節，故公私有餘，所謂『天下雖貧，其富易致也。』用之無節，則天下雖富，其貧亦易致也。漢、唐之盛時，天下之用常裕矣，武帝、明皇不能節以制度〔三〕，故公私耗竭，所謂「天下雖富，其貧亦易致也。」宋興，承五代之敝，六聖相繼，與民休息，故生齒既庶，而財用有餘。且以景德、皇祐、治平校之：景德户七百三十萬，墾田一百七十萬頃；皇祐户一千九十萬，墾田二百二十五萬頃；治平户一千二百九十萬，墾田四百三十萬頃。天下歲入，皇祐、治平皆一億萬以上，歲費亦一億萬以上。景德官一萬餘員〔四〕，皇祐二萬餘員，治平并幕職州縣官三千三百有餘，總二萬四千員〔五〕。景德郊費六百萬，皇祐一千二百萬，治平一千三百萬〔六〕，以二者校之，官之衆一倍於景德，郊之費亦一倍於景德。官之數不同如此，則皇祐、治平入官之門多於景德也〔七〕；則皇祐、治平用財之端多於景德也。誠詔有司按尋載籍而講求其故，使歲之數入，官之多門可考而知，郊之費用、財之多端可考而知。然後各議其可罷者罷之〔八〕，可損者損之，使天下之入如皇祐、治平之盛，而天下之用、官之數、郊之費皆同於景德，二者所省者蓋半矣。則又以類而推之，天下之費，有約於舊而浮於今者，有約於今而浮於舊者。其浮者必求其所以浮之自而杜之，其約者必本其所以約之由而從之。如是而力行，以歲入一億萬以上計之，所省者十之一，則歲有餘財一萬萬，馴致不已，至于所省者十之三〔九〕，則歲有餘財三萬萬。以三十年之通計之，當有餘財九億萬，可以爲十五年之蓄。自古國家之富，未有及此也。古者言九年之蓄者，計每歲之入存十之三耳，蓋約而言之也。

今臣之所陳，亦約而言今，其數不能盡同，然要其大致必不遠也。前世於凋弊之時，猶能易貧而爲富，今吾以全盛之勢，用財有節，其所省者一，則吾之一也；其所省者二，則吾之二也。前世之所難，吾之所易，可不論而知也。伏惟陛下冲静質約，天性自然，乘輿器服，尚方所造，未嘗用一奇巧，嬪嬙左右，掖庭之間，位號多闕，躬履節儉，爲天下先，所以憂憫元元，更張庶事之意。至誠惻怛，格於上下，其於明法度以養天下之財，又非陛下之所難也。」

按：「東坡、南豐二公之論，足以盡昭陵以來國計之本末。然大概其所以疲弊者，曰養兵也，宗俸也，冗官也，郊賚也。而四者之中，則冗官、郊賚尤爲無名，故二論特詳焉。所謂『去之甚易而無損，存之甚難而無益』，所謂『其浮者必求其所以浮之自而杜之，其約者必本其所以約之由而從之』，誠名言也。」

神宗以國用不足，留意理財。熙寧元年，謂文彦博等曰：「當今理財，最爲急務，養兵備邊，府庫不可以不豐，大臣宜共留意節用。」乃命翰林學士司馬光、御史中丞滕甫同看詳裁減國用制度。帝曰：「宫中如私身有俸及八十千者，嫁一公主至費七十萬緡，如沈貴妃月俸八十萬，皆浮於祖宗之時。」帝以勤儉率天下，詔龍圖、天章閣及禁中諸殿欄俱不用氈覆，勵精爲治，大修憲度，内自百司府寺，外薄四海，事爲之制，物爲之法，雖藏冰、治竈、畜羊之小事，亦思有以節省。

帝患增置官司費財。王安石反謂增創官司，所以省費。中書言諸倉主典、役人增禄不厚，不可責其廉，謹請增至一萬八千九百緡，復盡增選人之禄。三司上新增吏禄數：京師歲增四十一萬三千四百餘緡，監司、諸州六十八萬九千八百餘緡。時主新法者皆謂吏禄既厚，則人知自重，不敢冒法，可以省刑。然良吏實寡，賕取如故，往往陷重辟，議者不以爲善。

帝謂輔臣曰：「比閲内藏庫籍，文具而已，財貨出入，初無關防。前此嘗以龍腦、真珠鬻於榷貨務，數年不輸直，亦不鈎考。蓋領之者，中官數十人，惟知謹扃鑰、塗牕牖，以爲固密，安能鈎考其出入多少，與所蓄之數？乃令户部、太府寺，於内藏諸庫皆得檢察。」置庫百餘年，至是始編閲焉。

初，藝祖嘗欲積縑帛二百萬易胡人首，又别儲於景福殿。元豐元年，帝乃更景福殿庫名，自製詩以揭之曰：「五季失圖〔一〇〕，玁狁孔熾，藝祖肇邦〔一一〕，思有懲艾，爰設内府，基以募士，曾孫保之，敢忘厥志。」凡三十二庫。後積羨贏爲二十庫〔一二〕，又揭以詩曰：「每虔夕惕心，妄意遵遺業；顧予不武姿，何日成戎捷。」

哲宗元祐元年，議者謂熙寧以前，上供無額外之求，州縣無非法之斂，自後獻利之臣，不原此意，惟務刻削以爲己功。事有所減，如禁軍闕額與差出衣糧、清汴水脚、外江綱船之類，例皆賫轉運司封樁上供；即用度有增，又令自辦上供名額，歲益加多。有司財用，日惟不足，必至多方以取於民。非法之征，其原於此，因請罷。熙寧以來，舊上供額外所創封樁錢物，及内外封樁、禁軍闕額奉給等，樞密院議悉罷封樁。慮諸路觀望，於蒐鋪兵備或闕緩急之事，乃詔三路、嶺南被邊勿封樁，仗帥臣以占募，餘路封樁仍舊。

詔曰：「邦賦之入，蓋有常制，若不裁減浮費，量入爲出，深慮有誤國計。宜令户部尚書、侍郎同相度裁減，條析以聞。」

右司諫蘇轍奏：「臣竊聞熙寧以前〔一三〕，天下財賦文帳，皆以時上於三司。至熙寧五年，朝廷患其繁冗，始命曾布删定法式。布因上言，三部胥吏所行職事非一，不得專意點磨文帳，近歲因循，不復省閲，乞於三司選吏二百人，顓置一司，委以驅磨。是時朝廷因布之言，於三司取天下所上帳籍視之，至有到省三二十年不發其封者。蓋州郡所發文帳，隨帳皆有賄賂，各有常數，常數已足者，皆不發封，一有不足，即百端問難，要足而後已。朝廷以其言爲信。帳司之興，蓋始於此。張設官吏，費用錢物，至元豐三年，首尾七八年間，帳司所管吏僅六百人，用錢三十九萬貫，而所磨出失陷錢止一萬餘貫。朝廷知其無益，遂罷帳司，而使州郡應申省帳皆申轉運司，内錢帛、糧草、酒麴、商税、房園、夏秋税管額納畢，鹽帳、水脚、鑄錢物料、稻糯帳，本司别造計帳申省，其驛料、作院欠負、修造竹木雜物、舟船、柴炭、修河物料、施利橋船物料、車、驢、草料等帳，勘勾訖架閣。蓋謂錢帛等帳，三司總領國計，須知其多少虚實，故帳雖歸轉運司，而又令别造計帳申省。至於驛料等帳，非三司國計虚贏所係，故止令磨勘架閣。又諸路轉運司，與本部州軍地里不遠，取索文字，近而易得，兼本道文帳數目不多，易以詳悉，自是内外簡便，頗稱允當。

今户部所請收天下諸帳，臣未委爲收錢帛等帳邪？爲并收驛料等帳邪？若盡收諸帳，爲依熙寧以前不置帳司，不添吏人邪？爲依熙寧以來復置帳司，復添吏人邪？若依熙寧以前，則三二十年不發封之弊行當復見；若依熙寧以來，則用吏六百人，磨出失陷錢一萬餘貫，而費錢三十九萬貫之弊亦將復見。臣乞朝廷下户部令仔細分析聞奏。然竊詳司馬光元奏：『自改官制以來，舊日三司所掌事務散在六曹及諸寺、監，户部不得總天下財賦，帳籍不盡申户部，户部不能盡天下錢穀之數。欲乞令户部尚書兼領左右曹，其舊三司所管錢穀財用事有散在五曹及諸寺、監者，並乞收歸户部。』推其本意，蓋欲使天下財用出納卷舒之柄，一歸户部，而户部周知其數而已。今户部既已專領財用，而元豐帳法〔一四〕，轉運司常以計帳申省，不爲不知其數也，雖更盡收諸帳，亦徒益紛紛，無補於事矣。臣謂帳法一切如舊甚便，乞下三省公議，然後下户部施行。」

蘇轍元祐會計録收支叙曰：「古者三年耕，必有一年之蓄，以三十年之通制國用，則九年之蓄可跂而待也。今者一歲之入，金以兩計者四千三百，而其出之不盡者二千七百；銀以兩計者五萬七千，而其出之多者六萬錢；以千計者四千八百四十八萬，除末鹽錢後得此數。而其出之多者一百八十二萬；并言未破應在及汎支、給賜得此數。紬絹以疋計者一百五十一萬，而其出之多者十七萬；穀以石計者二千四百四十五萬〔一五〕，而其出之不盡者七十四萬；草以束計者七百九十九萬，而其出之多者八百一十一萬；然則一歲之入，不足以供一歲之出矣。故凡國之經費，折長補短，常患不足，小有非常之用，有司輒求之朝廷，待內藏、末鹽而後足。臣身典大計，以爲是媮歲月可也，數歲之後，將有不勝其憂者矣。是以轍嘗推原其故，方今禁中奉養有度，金玉錦繡不逾其舊，宮室不修，犬馬不玩，有司循守法制，謹視出入之節，未嘗有失也，而其弊安在？天下久安，物盈而用廣，亦理之常也，顧所以處之如何耳。

臣請歷舉其數：宗室之衆，皇祐節度使三人，今爲九人矣；兩使留後一人，今爲八人矣；觀察使一人，今爲十五人矣；防禦使四人，今爲四十二人矣；百官之富，景德大夫三十九人，景德爲諸曹郎中。今爲二百三十人矣；朝奉郎以上一百六十五人，景德爲員外郎。今爲六百九十五人矣；承議郎一百二十七人，景德爲博士。今爲三百六十九人矣；奉議郎一百四十八人，景德爲三丞。今爲四百三十一人矣；諸司使二十七人，今爲二百六十人矣；副使六十三人，今爲一千一百一十一人矣；供奉官一百九十三人，今爲一千三百二十二人矣；侍禁三百一十六人，今爲二千一百一十七人矣；三省之吏六十人，今爲一百七十二人矣。其餘可以類推，臣不敢以遍舉也。昔者郎止前行，卿有定員；今之大夫、朝議皆無限法。尚書、侍郎歷改三曹，而今之正議、銀青合而爲一。官秩并增，不知其義。夫國之財賦，非天不生，非地不養，非民不長，取之有法，收之有時，止於是矣，而宗室、官吏之衆，可以禮法節也。祖宗之世，士之始有常秩者，竢闕則補，否則循資而已，不妄授也。仁宗末年，任子之法，自宰相以下無不減損。英宗之初，三載考績，增以四歲。神宗之始，宗室袒免之外，不復推恩；袒免之內，以試出仕。此四事者，使今世欲爲之，將以爲逆人心、違舊法，不可言也，而況於行之乎！雖然，祖宗行之不疑，當世亦莫之非。何者？事勢既極，不變則敗，衆人之所共知也。今朝廷履至極之勢，獨持之而不敢議，臣實疑之。誠自今日而議之，因其勢，循其理，微爲之節文，使見任者無損，而來者有限，今雖未見其利，要之十年之後，事有間矣。賈誼言諸侯之變，以爲失今不治，必爲痼疾。今臣亦云苟能裁之，天下之幸也！」

左司郎中張汝賢復請下諸路轉運司，會計自熙寧以前一歲出入之數，及常供泛用之差，并熙寧復參考焉。且條畫某事之費，因某法而用，今某法既改，則某費可罷。要亦省不急之用，量入爲出，則無不足之憂。從之。

元豐初，作元豐庫，歲發坊場百萬緡輸之。大觀時，又有大觀東西庫。徽宗崇寧後，蔡京爲相，增修財利之政，務以侈靡惑人主，動以周官惟王不會爲説，每及前朝愛惜財賦減省者，必以爲陋。至於土木營造，率欲度前規而侈後觀。元豐官制既行，賦禄視嘉祐、治平既優，京更增供給食料等錢，於是宰執皆增。京又專用豐亨豫大之説，諛悦帝意，始廣茶利，歲以一百萬緡進御，以京城所主之，於是費用寖廣。其後又有應奉司、御前生活所、營繕所、蘇杭造作局、御前人船所，其名紛如，大率皆以奇侈爲功。歲運花石綱，一石之費，至用三十萬緡。牟取無藝，民不勝弊。時用度日繁，左藏庫異時月費緡錢三十六萬，至是衍爲一百二十萬緡。又三省、密院吏員猥雜，有官至中大夫，一身而兼十餘俸者，故當時議者有「俸入超越從班，品秩幾於執政」之言。吏禄濫冒已極，以史院言之，供檢吏三省幾千人〔一六〕。蔡京又動以筆貼於榷貨務支賞給，有一紙至萬緡者。京所侵私，以千萬計，朝論益喧。

户部言：「本部歲用六百餘萬緡，悉倚上供。官吏違負者，請以分數爲科罪之等，不及九分者，罪以徒，多者更加之。歲首則列次年之數，聞於漕司，考實申部。」從之。是年，以無額錢物督限未嚴，乃更一季爲一月。

靖康元年，言者論天下財用，歲入有常，須會其數，宜量入爲出。比年以來，有御前錢物、朝廷錢物、户部錢物，其措置裒斂、取索支用，各不相知。天下常賦多爲禁中私財，上溢下漏，而民益重困。欲以命户部取索、措置其事目曲折〔一七〕，得以周知大數，而不失盈虚緩急之宜。上至宮禁須索，下逮吏卒廩餼，一切付之有司，格以法度，示天下以至公。詔從其請。

高宗建炎元年，詔諸路無額上供錢依舊法，更不立額，自來年始。

紹興五年，川陝宣撫司奏：「四川上供錢帛乞依舊留充贍軍，俟邊事寧息如舊。」上曰：「祖宗積儲内帑，本以備邊陲緩急之用，今方多故，軍旅未息，宜從所請。」

龍圖閣學士、四川都轉運使李迨言：「唐劉晏理財，謂亞管、蕭。是時天下歲入緡錢千二百萬，而莞榷居其半。今四川一隅之地，榷鹽榷酒，并諸色窠名錢已三倍晏數，彼以千二百萬貫贍六師恢復中原而有餘，今以三千六百萬貫贍一軍屯駐川陝而不足。計司雖知冗濫，力不能裁節，雖知寬剩，亦未敢除減，但日夜憂懼歲計不足而已。」

十一年，始命上供羅復輸内藏庫，其後綾、紗、絹亦如之。

三十年，户部奏，科撥諸路上供米斛，内外諸軍歲費米三百萬斛，而四川不與焉。

巽岩李氏曰：「唐分天下之賦爲三，曰上供、送使、留州。及裴垍相憲宗，更令諸道觀察調度，先取於所治州，不足，乃取於屬州。送使之餘，與上供者，悉輸度支。當時兵費皆仰度支，未嘗别爲之名，凡度支錢悉係省也。今所謂係省，特唐留州及送使錢耳，送使錢既無幾，其上供錢則往往移以贍軍。移上供以贍軍，此天子之甚盛德也。」

孝宗乾道二年，詔：「孫大雅奏漢制上計之法，朕以爲可行於今。令侍從、臺諫參考古制進呈。」

先是，知秀州孫大雅置本州拘催上供錢格目來上〔一八〕，且言：「漢制：歲盡，郡國詣京師奏事。至中興，則歲終遣吏上計，於正月旦，天子幸德陽殿臨軒受賀，而屬郡計吏皆覲，以詔殿最。今也不然，未嘗有甘泉上計之制，而臣始爲之，蓋法漢之大司農，郡國四時上月旦見錢穀簿，其逋未畢，各具別之之意以爲書也〔一九〕。」於是監察御史張敦實、劉貢言：「一縣必有一縣之計，一郡必有一郡之計，天下必有天下之計，天下之計，總郡縣而歲考焉。三代遠矣，方册可得而知者，自禹別九州〔二〇〕，成賦中邦，因南巡狩，而至大越，登茅山而會諸侯，號其山曰會稽，後立會稽郡。漢書注云：『以其會諸侯之計於此也。』逮至周官所載，最爲詳悉。天官冢宰之屬，理財居其半，掌財用而言『歲終則會』者凡十。又太府之職，歲終則以貨賄之入出會之。小宰之職，歲終則令郡吏致事。鄭氏注云：『若今之上計也。』漢承秦後，蕭何收其圖籍，知張倉善算，於是令以列侯居相府，領郡國上計者，此則漢初之制，專命一人以掌天下所上之計也。至武帝元光五年〔二一〕，詔吏民有明當世之務，習先聖之術者，縣次續食，令與計偕。注云：『計者，上計簿使也，郡國每歲遣詣京師上之。』元封五年三月，朝諸侯王、列侯，受郡國計。太初元年十二月，又受計於甘泉。天漢三年，又受計於泰山之明堂。太始四年三月，又受計於泰山之明堂。是則終武帝之世五十餘年之間，一受計於帝都，三受計於方岳，或以三月，或以十二月之不同也。至宣帝黃龍元年正月，下詔曰：『方今天下少事，而民多貧，盜賊不止〔二二〕，其咎安在？上計簿，文具而已，務爲欺謾，以避其課。令御史察計簿，疑非實者，案之，使真僞無相亂。』是則在宣帝之時，郡國所上計簿已不能無弊矣。光武中興，歲終遣吏上計，遂爲定制。正月旦，天子幸德陽殿臨軒受賀，而屬郡計吏皆在列，置大司農掌之，其逋未畢，各具別之〔二三〕。今孫大雅所陳者是也。然西漢言郡國上計，東漢言屬郡計吏，則遠方者在東漢未必偕至矣。漢之大司農則今之户部也。竊見户部掌天下之財計，有上限、中限、末限之格法。有月催、旬催、五日一催之期會。每於歲終，獨以常平、收支、户口、租稅造册進呈，而於州郡諸色窠目尚略焉〔二四〕。是於三代歲終則會，與兩漢上計之法爲未備也。然而去古逾遠，文籍愈煩，在西漢已不免文具之弊，況今日能盡革其僞乎？在東漢止於屬郡之內，況今日川、廣之遠，能使其如期畢至乎？以臣等愚見〔二五〕，莫若歲終令户部盡取天下州郡一歲之計，已足、未足、虧少、虧多之數，並皆造册，正月進呈；兼採漢初之制，丞相選差一人考覈户部所上計，而明州郡之殿最，則三代、兩漢之制皆兼該而無不足之處矣〔二六〕。」詔户部措置。

其後，户部言：「諸路州軍，歲起上供諸色窠名錢帛，各有條限。年額數目，本部每年預期行下，逐路監司及州軍，依限催納。其歲終具常平收支，并稅租、課利旁通，係取前一年數〔二七〕，户口本年數造册進呈〔二八〕，內不到路分，次年附進。今來張敦實等奏陳，歲終令户部盡取天下州郡一歲之計，已足、未足、虧少、虧多之數造册，正月進呈。緣諸路州軍，地里遠近不同，竊慮次年正月未能盡實申到，若候取會齊足，攢造亦恐後時。今欲立式，遍下諸路州軍，各以本州每歲應干合撥上供窠名錢帛糧斛數目置籍〔二九〕，照條限鉤考撥納〔三〇〕，歲終開具造册，須管次年正月了畢，詣闕投進，降付户部參考；將拖欠州軍，取旨黜責施行。」上曰：「如此措置，甚善。」從之。

是年，宰執進呈户部收支細數，見管只四十二萬，而未催之錢乃二百八十餘萬。是知乾道仁民之政，不盡斂以歸國，而財賦之藏於州縣如此。

淳熙十年，詔左藏南庫撥隸户部。

嘗試考昔驗今：至道中，歲入一千二百餘萬。天禧末，歲入三千六百餘萬。嘉祐歲入三千六百八十餘萬。熙寧歲入五千六十餘萬。寧宗時，歲入六千餘萬。然則土地之廣狹，財賦之多少可以考矣。司版曹之計者，尚忍求詳生財之方乎〔三一〕？

葉適應詔條奏財總論曰：「財用，今日之大事也，必盡究其本末而後可以措於政事。欲盡究今日之本末，必先考古者財用之本末。蓋考古雖若無益，而不能知古則不能知今故也〔三二〕。夫財之多少有無，非古人爲國之所患，而今世乃以爲其患最大而不可整救，此其説安從出哉？

蓋自舜、禹始有貢賦之法以會計天下之諸侯，比於堯、舋以前爲密矣，今禹貢之所載是也。然總、秸、米、粟，不及於五百里之外；九州之貢入，較於今世〔三三〕，乃充庭之儀品，蓋千百之一二耳。周公之爲周治其財用，視舜、禹則已詳，然王畿千里之外，法或不及，千里之内，猶不盡取。蓋三代之所取者，正天下之疆理而借民力以治公田，爲其無以阜通流轉，則作幣鑄金以權之。當是之時，不聞其以財少爲患而以財多爲功也。雖然，此其事遠矣。

鹽筴末利，起自春秋；魯之中世，田始有税；然諸侯各以其國自足，而無煎熬逼迫之憂。蓋漢文、景之盛，而天下之財不以入關中，人主不租税天下；而諸侯若吴人者，亦不租税其田。光武、明、章，未聞其以財少自困，而中年常更盜賊夷狄之難，内外征討，亦不大屈。惟秦始皇豪暴，有頭會箕斂之譏；漢武帝奢侈，有均榷征算之政，而西園聚錢，大鬻天下之官爵以致之。蓋兩漢雖不足以言三代，而其以財爲病，非若今世也。雖然，此其事遠矣。分爲三國，裂爲南北，無歲不戰，無時少安。且其運祚迫蹙，禍變繁興〔三四〕，至於調度供億，猶自有序，而亦豈若今日之貧窘漏底哉！此皆具載册書，可即而見者。雖然，此其事遠矣。隋最富而亡，唐最貧而興。唐之取民，以租，以庸，以調，過此無取也。而唐之武功最多，闢地最廣，用兵最久，師行最勝。此其事則差近而可知矣。致唐之治，有唐之勝，其不待多財而能之也決矣。然則其所以不若唐者，非以財少爲患也。故財之多少有無，非古人爲國之所患，所患者，謀慮取捨，定計數，必治功之間耳。非如今日以一財之不足而百慮盡廢，奉頭竭足以較錙銖，譬若慵夫淺人，劫劫焉徒知事其口腹而已者也。

以財少爲患之最大而不可整救，其說稍出於唐之中世，盛於本朝之承平，而其極甚乃至於今日。其爲國之名物采章，精神威望，一切銷耗。內之所以取悅其民，外之所以示威於敵者，一切無有。習爲寬緩迂遠之常說以文其無用，而盡力於苟且督迫，鞭撻疲民，舞役小吏〔三五〕，而謂之有能。陛下回顧而加聖慮，必有大不可安者。故臣以爲不究古者財之本末，循而至於本朝，以去其錯謬而不合於常經者，則無以知財之多少有無不足爲國家之患。此而不知，則天下之大計皆不可得而預論，而況望其有所施行以必成效哉！」

又曰：「唐末藩鎮自擅，財賦散失，更五代而不能收，加以非常之變屢作，排門空肆以受科斂之害，而財之匱甚矣。故太祖之制諸鎮，以執其財用之權爲最急。既而僭僞次第平一，諸節度伸縮惟命，遂强主威，以去其尾大不掉之患者，財在上也。至於太宗、真宗之初，用度自給，而猶不聞以財爲患。及祥符、天禧以後，內之蓄藏稍以空盡；而仁宗景祐、明道，天災流行，繼而西事暴興，五六年不能定。

夫當仁宗四十二年，號爲本朝至平極盛之世，而財用始大乏，天下之論擾擾，皆以財爲慮矣。當是時也，善人君子，以爲昔之已取者固不可去，而今之所少者不可復取，皆甘心於不能。所謂精悍駔儈之吏，亦深自藏抑〔三六〕，不敢奮頭角以裒斂爲事。雖然，極天下之大而無終歲之儲，愁勞苦議乎鹽茗、榷貨之間而未得也。是以熙寧新政，重司農之任，更常平之法，排兼并，專斂散，興利之臣四出候望，而市肆之會，關津之要，微至於小商、賤隸什百之獲，皆有以征之。蓋財無乏於嘉祐、治平，而言利無甚於熙寧、元豐，其借先王以爲説而率上下以利，曠然大變其俗矣。

崇、觀以來，蔡京專國柄，託以爲其策出於王安石、曾布、吕惠卿之所未工，故變鈔法，走商賈，窮地之寶以佐上用，自謂其蓄藏至五千萬，富足以備禮，和足以廣樂，百侈並鬭，竭力相奉。不幸黨與異同，屢復屢變，而王黼又欲出於蔡京策畫之所未及者。加以平方臘則加斂於東南，取燕山則重困於北方，而西師凡二十年，關、陝尤病，然後靖康之難作矣。

方大元帥建府於河北，而張慤任饋餉之責者，鹽鈔數十萬緡而已。及來維揚而黄潛善、吕頤浩、葉夢得之流，汲汲乎皆以榷貨自營，而收舊經制錢之議起矣。况乎大將殖私，軍食自制，無復承統。轉運所至，刻刷攫拏。朝廷科降，大書文移，守令丞佐，持巨校，將五百，追捉鄉户，號痛無告，贓貪之人又因之以爲己利。而經總制之窠名既立，添酒、折帛、月樁、和糴，皆同常賦，於是言財之急，自古以來，莫今爲甚，而財之乏少不繼，亦莫今爲甚也。自是以後，辛巳之役，甲申之役，邊一有警，賦斂輒增，既增之後，不可復減。

嘗試以祖宗之盛時所入之財，比於漢、唐之盛時一再倍；熙寧、元豐以後，隨處之封樁，役錢之寬剩，青苗之結息，比治平以前數倍；而蔡京變鈔法以後，比熙寧又再倍矣。王黼之免夫至六千餘萬緡，其大半不可鈎考；然要之渡江以至於今，其所入財賦，視宣和又再倍矣。是自有天地，而財用之多未有今日之比也。然其所以益困益乏，皇皇營聚，不可一朝居者，其故安在？

夫計治道之興廢而不計財用之多少，此善於爲國者也。古者財愈少而愈治，今者財愈多而愈不治；古者財愈少而有餘，今者財愈多而不足。然則善爲國者〔三七〕，將從其少而治且有餘乎？多而不治且不足乎？而況於多者勞而少者逸，豈惡逸喜勞而至是哉？故臣請陳今日財之四患：一曰經總制錢之患，二曰折帛之患，三曰和買之患，四曰茶鹽之患。四患去則財少，財少則有餘，有餘則逸。有餘而逸，以之求治，朝令而夕改矣。」

右水心外藁所上財總論二篇，足以見歷代理財之大概，及中興以後財愈多而事愈不立之深病，故備載之於國用考之終。至其所言經總制、和買、折帛錢，則各具本門。

左藏庫者，國家經費所貯。係幫支三衙、百官請給，及宗廟宮禁非泛之費。并將校、衛卒、閤門、醫職、近侍請給，皆出焉。

左藏南庫，本御前樁管激賞庫。紹興休兵後，秦檜取户部窠名之可必者，盡入此庫。户部告乏則與之，由是金幣山積，士大夫指爲瓊林、大盈之比。高宗嘗出數百萬緡以佐調度。淳熙末，始併歸户部。

左藏封樁庫，孝宗所創。其法，非奉親，非軍需不支。至淳熙末年，往往以犒軍或造軍器爲名，撥入内庫，或睿思殿，或御前庫，或修内司，有司不敢執。

内藏庫，即祖宗時舊置元豐三十二庫。崇寧後爲大觀東西庫。秦檜用事時，每三宫生辰，及春秋内教、每年寒食節〔三八〕，與諸局所進書，皆獻金幣〔三九〕，由是内帑山積。紹興末，詔除太后生辰及内教外，餘並減半。孝宗初，又併進書禮物罷之。紹熙中〔四〇〕，始數取封樁錢入内藏。

御前甲庫者，紹興中置。凡乘輿所需圖畫、什物，有司不能供者，悉於甲庫取之，故百工伎藝之巧者，皆出其間，日費毋慮數百千。禁中既有内酒庫，而甲庫所釀尤勝，以其餘酤賣，頗侵户部課額，以此軍儲常不足〔四一〕。臣僚以爲言，乃罷之。

三省樞密院激賞庫者，渡江後所創。自建炎龍興，堂膳始減〔四二〕，至維揚及臨安又減。紹興四年秋，趙元鎮爲川陝、荆襄都督，既而不行，遂以督府金錢入此庫。十年，秦會之當國〔四三〕，以兀术畔盟用兵，須犒賜之物，乃計畝率錢，徧天下五等，貧民無免者。然兵未嘗舉，而所斂錢盡歸激賞庫。其後歲支至三十八萬緡，堂厨萬五千，東厨萬二千，玉牒所，日歷、敕令所，國史院，尚書省犒設，中書門下、密院支費，各有差。議者指爲冗費，後減二十萬緡。孝宗時，再減十萬緡。

合同憑由司者，宫禁所由取索也〔四四〕。歲取金銀錢帛，率以百萬計，版曹照數除破，不能裁節。

修内司，掌宫禁營繕，歲輸緡錢二十萬，以給其費，後減其半。

榷貨務都茶場者，舊東京有之。建炎二年，始置於揚州。明年，置於江寧〔四五〕。紹興三年，置於鎮江及吉州。五年，省吉州務，而行在務移於臨安場〔四六〕，歲收茶、鹽、香息錢。

豐儲倉者，紹興二十六年始置。韓尚書仲通在版曹，請別儲粟百萬斛於行都，以備水旱，號「豐儲」。其後，鎮江、建康、關外、四川皆有之。

東南三總領所，掌利權皆有定數。然軍旅飢饉，則告乞於朝，惟四川在遠，錢幣又不通，故無事之際，計臣得以擅取予之權，而一遇軍興，朝廷亦不問。

諸州軍資庫者，歲用省計也〔四七〕。舊制，每道有計度轉運使，歲終則會諸郡邑之出入，盈者取之，虧者補之，故郡邑無不足之患。自軍興，計司常患不給，凡郡邑皆以定額窠名予之，加賦增員，悉所不問，由是州縣始困。近歲離軍添差，大爲州郡之患，紹興十一年四月己未，初用張循王奏，離軍將佐並與添差，州郡患無以給。二十七年六月丙辰，兵部奏大郡毋過百人，次郡半之，小郡三十人爲額。從之。而宗室、戚里、歸明、歸正、甚至於樂藝賤工、胥史雜流，亦皆添差。慶元一郡而添差四十員，盡本府七場務所入，不足以給四員總管之俸，其間有十五年不徙任者，計其俸入，錢二十餘萬緡，米十餘萬斛。揚州會府也，歲輸朝廷錢不滿七八萬，而本州支費乃至百二十萬緡，民力安得不困？紹熙初，議者請裁定朝廷經費，然後使版曹盡會一歲之入，正其舊籍，削去虛額，擇諸路監司之愛民而知財計者，俾之稽考調度，蠲其煩重，以寬民力，朝廷未克行。今之爲郡者，但能撙節用度，譏察滲漏，使歲計無乏，已號過人，無復及民之政矣。

公使庫者，諸道監、帥司及州軍邊縣與戎帥皆有之。蓋祖宗時，以前代牧伯皆斂於民，以佐厨傳，是以制公使錢，以給其費，懼及民也。然正賜錢不多，而著令許收遺利，以此州郡得以自恣。若帥、憲等司，則又有撫養、備邊等庫，開抵當、賣熟藥，無所不爲，其實以助公使耳。公使苞苴，在東南爲尤甚。揚州一郡，每歲饋遺，見於帳籍者，至十二萬緡。江、浙諸郡，每以酒遺中都官〔四八〕，歲五六至，至必數千瓶。淳熙中，王仲行尚書爲平江守，與祠官范致能、胡長文厚，一飲之費，率至千餘緡。時蜀人有守潭者，又有以總計攝潤者，視事不半歲，過例饋送，皆至四五萬緡，供宅酒至二百餘斛，孝宗怒而絀之，九年正月戊子、三月乙未。然其風蓋未殄也。東南帥臣、監司到罷，號爲上下馬，鄰路皆有饋，計其所得，動輒萬緡。近歲蜀中亦然。其會聚之間，折俎率以三百五十千爲準，有一身而適兼數職者，則併受數人之饋，獻酢之際，一日而得二千餘緡，其無藝如此。頃歲陳給事峴爲蜀帥，馮少卿憲爲成都漕，就以所遺元物報之。陳怒，奏其容覆贓吏，朝廷移之，逮陳敗乃得直。時芮國器侍郎、趙子直丞相，相繼爲江西漕，凡四方之聘幣，皆不入於家，斥其資，置養濟院於南昌以養貧者。朱少卿時敏爲潼川守，受四方之饋，每以其物報之。趙德老鎮成都，受而别儲之，臨行以散宗室之貧者，此皆廉節之可紀者也。惟總領所公使錢，以料次取於大軍庫，故斂不及民。然正賜不多，而歲用率十數萬，每歲終，上其數於户部，輒以勞軍、除戎器爲名，版曹知而不詰也。所謂公使醋錢者，諸郡皆立額，白取於屬縣，縣斂於民吏以輸之，小邑一歲亦不下千緡，人尤以爲怨，謂宜罷互送而捐遺利〔四九〕，使上下一體，而害不及民，則合祖宗制公使之意矣。

右左藏庫以下，皆建炎以來朝野雜記所載宋朝渡江後帑藏之大概，而其制多承東京之舊，至軍資庫、公使庫，則皆財賦之在州郡者也。夫以經總制、月樁錢觀之，則其徵取於州郡者，何其苛細！

以軍資、公使庫觀之，則其儲蓄之在州郡者，又何其寬假也！夫其徵取之苛細，則民宜痛受椎剥之苦；儲蓄之寬假，則吏宜大肆侵盗之惡，而俱不然，何也？蓋國家之賦斂雖重，而所以施於百姓者，常有惨怛忠利之意，故民無怨讟。州郡之事力雖裕，而所以勵士大夫者，壹皆禮義廉恥之維，故吏少貪汙。又宋承唐之法，分天下財賦爲三：曰上供，曰送使，曰留州。然立法雖同，而所以立法之意則異。唐之法起於中葉之後，蓋版籍隳廢，體統陵夷，藩方擅財賦以自私，而朝廷不知。人主又多好殖私財，節鎮刺史往往取經常之賦，以供内府之所進奉，上之人因而利之，遂不復能究其歲入之數，而苟爲是姑息之舉，則其意出於私也。宋之法立於承平之時，蓋拊民以仁，馭吏以禮，而人主未嘗有躭慾黷貨之事。雖内藏之蓄積，常捐以助版曹，則州郡之財賦固已其不必盡歸之京師。又使爲監司、郡守者，厨傳支吾，官給其費，則不取之於民，而因以行寬裕之政，則其意出於公也。然此法沿襲既久，得失相半。其得者則如前所云；而其失者，蓋自中興以來，朝廷之經費日夥，則不免於上供之外，别立名色，以取之州郡，如經總制、月樁錢之類是也。州郡之事力有限，則不免於常賦之外，别立名色，以取之百姓，如斛面米、頭子錢之類是也。蓋其所以倚辦責成於州郡者，以其元有樁留之賦，然有限之樁留，不足以給無藝之徵取。又其法立於倥傯之時，州郡利源之厚薄，事力之優劇，不能審訂斟酌，而一概取之。故郡計優裕，幸而長吏又得廉幹之人，則撙節奉上之外，其餘力又可代輸下户之逋懸，對補無名之窠額。若郡計凋弊不幸，而長吏又值貪庸之輩，則經常之賦入，不登於版曹，而並緣之漁獵，已遍及於閭閻矣！愚常備論其事於經總制錢之末，雖然，仁厚之澤所以著在人心者，何也？蓋雖愧於取民有制之事，而每有視民如傷之心，故奉行之者不敢亟疾，所謂不從其令而從其意者是也。雖不免季世征斂之法，而能行之以士君子忠厚之心，故蒙被者不見其苛嬈，所謂不任法而任人者是也。

校勘記

〔一〕賈昌朝上言江淮歲運糧六百餘萬石　「朝」原作「期」，「石」字原脱，據元本、慎本及宋史卷一七九食貨志下一改補。

〔二〕入三千三百六十三萬　「六」，宋史卷一七九食貨志下一作「九」。

〔三〕武帝明皇不能節以制度　「以」原作「其」，據元豐類稿卷三〇議經費改。

〔四〕景德官一萬餘員　「官」原作「宮」，據元本、慎本、馮本、局本改。

〔五〕總二萬四千員　「總」上原衍「其」字，據元本、慎本、馮本删。「二」原作「三」，據元豐類稿卷三〇議經費、山堂群書考索後集卷六三財用門數目條改。

〔六〕治平一千三百萬　「百」原作「十」，據元豐類稿卷三〇議經費、山堂群書考索後集卷六三財用門數目條改。

〔七〕則皇祐治平入官之門多於景德也　此十四字原脱，據元豐類稿卷三〇議經費補。

〔八〕然後各議其可罷者罷之　「各」原作「合」，據元豐類稿卷三〇議經費改。

〔九〕所省者十之一則歲有餘財一萬萬馴致不已至于所省者十之三　「所省者十之一則歲有餘財一萬萬馴致不已至于」二十字原脱，據元豐類稿卷三〇議經費補。

〔一〇〕五季失圖　「圖」原作「固」，據馮本及宋史卷一七九食貨志下一改。

〔一一〕藝祖肇邦　「肇」，宋史卷一七九食貨志下一、玉海卷一八三食貨門府庫元豐庫元祐庫作「造」。

〔一二〕後積羨贏爲二十庫　「爲二十庫」四字原脱，據宋史卷一七九食貨志下一補。

〔一三〕臣竊聞熙寧以前　「前」原作「來」，據欒城集卷三九論户部乞收諸路帳狀改。

〔一四〕而元豐帳法　「法」原作「發」，據欒城集卷三九論户部乞收諸路帳狀改。

〔一五〕而其出之多者十七萬穀以石計者二千四百四十五萬　此處二十二字原脱，據元本、慎本、馮本補。

〔一六〕供檢吏三省幾千人　「吏」字原脱，據宋史卷一七九食貨志下一補。

〔一七〕欲以命户部取索措置其事目曲折　「目」原作「且」，據宋會要食貨五六之三九改。

〔一八〕知秀州孫大雅置本州拘催上供錢格目來上　「目」原作「自」，據元本、慎本、馮本及宋會要食貨五六之三九改。

〔一九〕各具别之之意以爲書也　「别」原作「列」，下一「之」字原脱，據元本、慎本、馮本及宋會要食貨五六之三九改補。

〔二〇〕自禹别九州　「别」字原脱，據宋會要食貨一一之二一補。

〔二一〕至武帝元光五年　「元光五年」原作「建元三年」，據漢書卷六武帝紀改。

〔二二〕盜賊不止　「止」原作「畢」，據漢書卷八宣帝紀改。

〔二三〕各具别之　「别」原作「列」，據元本、慎本、馮本及宋會要食貨一一之二二改。

〔二四〕而於州郡諸色窠目尚略焉　「州」原作「諸」，據元本、慎本、馮本及宋會要食貨一一之二三改。

〔二五〕以臣等愚見　「以」字原脱，據宋會要食貨一一之二三補。

〔二六〕則三代兩漢之制皆兼該而無不足之處矣　「足」原作「舉」，據宋會要食貨一一之二三改。

〔二七〕係取前一年數　「一」原作「二」，據宋會要食貨一一之二三改。

〔二八〕户口本年數造册進呈　「口」原作「部」，據宋會要食貨一一之二三改。

〔二九〕各以本州每歲應干合撥上供窠名錢帛糧斛數目置籍　「干」原作「於」，「撥」原作「發」，據馮本及宋會要食貨一一之二三改。

〔三〇〕照條限鈎考撥納　「撥」原作「發」，據宋會要食貨一一之二三改。

〔三一〕尚忍求詳生財之方乎　疑「求詳」爲「詳求」之誤。

〔三二〕而不能知古則不能知今故也　下「能」字原脱，據葉適集水心别集卷一一財總論一補。

〔三三〕較於今世　「較」原作「貢」，據馮本及葉適集水心别集卷一一財總論一改。

〔三四〕禍變繁興　「繁」原作「煩」，據葉適集水心别集卷一一財總論一改。

〔三五〕舞役小吏　「役」字原脱，「吏」原作「文」，據葉適集水心别集卷一一財總論一補改。

〔三六〕亦深自藏抑　「抑」字原脱，據葉適集水心别集卷一一財總論一補。

〔三七〕然則善爲國者　「則」字原脱，據葉適集水心别集卷一一財總論一補。

〔三八〕每年寒食節　「每」原作「冬」，據建炎以來朝野雜記甲集卷一七内藏庫改。

〔三九〕皆獻金幣　「金」原作「令」，據建炎以來朝野雜記甲集卷一七内藏庫改。

〔四〇〕紹熙中　「中」原作「初」，據建炎以來朝野雜記甲集卷一七內藏庫改。

〔四一〕以此軍儲常不足　「軍」原作「庫」，據建炎以來朝野雜記甲集卷一七御前甲庫改。

〔四二〕堂膳始減　「堂」原作「賞」，據建炎以來朝野雜記甲集卷一七三省樞密院激賞庫改。

〔四三〕秦會之當國　「會」原作「檜」，據元本、慎本、馮本改。

〔四四〕宫禁所由取索也　「由」字原脱，據建炎以來朝野雜記甲集卷一七合同憑由司補。

〔四五〕置於江寧　「寧」原作「陵」，據建炎以來朝野雜記甲集卷一七榷貨務都茶場改。

〔四六〕而行在務移於臨安場　「場」字原脱，據建炎以來朝野雜記甲集卷一七榷貨務都茶場補。

〔四七〕歲用省計也　「計」原作「記」，據元本、慎本、馮本及建炎以來朝野雜記甲集卷一七諸州軍資庫改。

〔四八〕每以酒遺中都官　「每以」二字原舛在「酒」字下，「遺」字上原衍「歲」字，據建炎以來朝野雜記甲集卷一七公使庫乙删。

〔四九〕謂宜罷互送而捐遺利　「捐」原作「損」，據建炎以來朝野雜記甲集卷一七公使庫改。

卷二十五　國用考三

漕運

秦欲攻匈奴，運糧，使天下飛芻輓粟，運載芻藁，令疾至，故曰飛芻。輓粟，謂引車船也。音晚。起於黄、腄、音誰。東萊二縣。瑯琊負海之郡，轉輸北河，言沿海諸郡，皆令轉輸至北河。北河，今朔方之北河也。率三十鍾而致一石。六斛四斗爲鍾。計其道路所費，凡用百九十二斛乃得一石。

漢興，高帝時，漕運山東之粟，以給中都官，歲不過數十萬石。

婁敬説帝都關中，張良曰：「關中阻三面而守獨以一面，東制諸侯，諸侯安定，河、渭漕輓天下，西給京師，諸侯有變，順流而下，足以委輸，敬説是也。」

孝文時，賈誼上説曰：「天子都長安，而以淮南東道爲奉地，鏹道數千，不輕致輸，郡或乃越諸侯，而遠調均發徵〔一〕，至無狀也。古者天子地方千里，中之而爲都，輸將繇使，其遠者不在五百里而至。公侯地百里，中之而爲都，輸將繇使，遠者不在五十里而至。輸者不苦其繇，繇者不傷其費，故遠方人安。及秦，不能分人寸地，欲自有之，輸將起海上而來，一錢之賦，數十錢之費，不輕而致也。上之所得甚少，而人之所苦甚多也。」

孝武建元中，通西南夷，作者數萬人，千里負擔饋糧，率十餘鍾致一石〔二〕。其後東滅朝鮮，置滄海郡，人徒之費〔三〕，擬西南夷。又衛青擊匈奴，取河南地今朔方。復興十萬餘人築衛朔方，轉漕甚遠，自山東咸被其勞。

元光中，大司農鄭當時言於帝曰：「異時關東運粟漕水從渭中上，度六月而罷。而渭水道九百餘里，時有難處。引渭穿渠，起長安，傍南山下，至河三百餘里，徑，易漕，度可三月罷，而渠下民田萬餘頃，又可得以溉，此損漕省卒，而益肥關中之地〔四〕，得穀。」上以爲然，發卒穿渠以漕運，大便利也。

其後，番係言：「漕從山東西，歲百餘萬石，更底柱之險，敗亡甚多，而亦煩費〔五〕。穿渠引汾，溉皮氏、汾陰下，引河溉汾陰、蒲阪下，皮氏，今絳郡龍門縣。汾陰、蒲阪，今河東郡寶鼎、河東二縣。度可得五千頃。故盡河壖棄地，度可得穀二百萬石以上。穀從渭上，與關中無異，而底柱之東，可無復漕。」上又以爲然，發卒作渠田。數歲，河移徙，渠不利〔六〕，田者不能償種。久之，河東渠田廢，予越人，令少府以爲稍入。時越人徙者以田予之，其租税入少府，其入未多，故謂之稍。

其後，又有人上書，欲通褒斜道褒、斜，二水名。褒水東流南入沔，今漢中郡褒城縣。斜水北流入渭，今武功縣及扶風郡。及漕，事下御史大夫張湯，湯言：「抵蜀從故道，多坂迴遠，今穿褒斜道，少阪，近四百里。而褒水通沔，斜水通渭，皆可以行船漕。漕從南陽上沔入褒，褒絶水至斜〔七〕，間百餘里，以車轉，從斜入渭。如此漢中穀可致，而山東從沔無限，便於底柱之漕。且褒、斜材木竹箭之饒，擬於巴蜀。」上以爲然，拜湯子卬爲漢中守，發數萬人作褒斜道五百餘里。道果便近，而水多湍石，不可漕。

武帝作柏梁臺，宮室之修，由此日麗。徒奴婢衆，而下河漕度四百萬石，及官自糴乃足。元封元年，桑弘羊請令民入粟補吏、贖罪，他郡各輸急處，而諸農各致粟，山東漕益歲六百萬石。一歲之中，太倉、甘泉倉滿，邊餘穀。

按：「漢初，致山東之粟，不過歲數十萬石耳。至孝武，而歲至六百萬石，則幾十倍其數矣。雖征斂苛煩，取之無藝，亦由河渠疏利，致之有道也。」

昭帝元鳳二年，詔曰：「前年減漕三百萬石。」

三年，詔曰：「民被水災，頗匱於食，其止四年勿漕。」

孝宣即位，歲數豐穰，耿壽昌五鳳中奏言：「故事，歲漕關東穀四百萬斛以給京師，用卒六萬人。宜糴三輔、弘農、河東、上黨、太原等郡穀，足供京師〔八〕，可以省關東漕卒過半。」天子從其計。御史大夫蕭望之奏言：「壽昌欲近糴漕關內之穀，築倉理船，費直二萬萬餘，萬萬，億也。有動衆之功，恐生旱氣，人被其災。壽昌習於商功分銖之事，其深計遠慮，誠未足任，宜且如故。」帝不聽，漕事果便。

光武北征，命寇恂守河內，收租四百萬斛以給軍〔九〕，以輦車驪駕，轉輸不絕。

虞詡爲武都太守，開漕船道，而水運通利。

明帝永平十三年，汴渠成，河、汴分流，復其舊迹。初，平帝時，河、汴決壞，久而不修。建武時，光武欲修之而未果。其後，汴渠東侵，日月彌廣，兖、豫百姓怨嘆。會有薦樂浪王景能治水者，乃詔發卒數十萬，遣景與將作謁者王吴修汴渠隄，自榮陽東至千乘海口千餘里。十里立一水門，令更相洄注，無潰漏之患，費以百億計。

致堂胡氏曰：「世言隋煬帝開汴渠以幸揚州。文士考禹貢言堯都冀州，居河下流，而八州貢賦重〔一〇〕，於用民力，故每州必記入河之水。獨淮與河無相通之道，求之故迹而不得，乃疑汴水自禹以來有之，不起於隋。世既久遠，或名鴻溝，或名官渡，或名汴渠〔一一〕，大概皆自河入淮，故淮可引江湖之舟以達於冀也。今據後漢書，則平帝時已有汴渠，曰『河、汴決壞』，則謂輸受之所也。至是，發卒四十萬修渠堤，則平地起兩岸，而汴水行其中也。十里立一水門，更相洄注，則以節制上流，恐河溢爲患也。是正與今之汴渠制度無異，特未有導洛之事耳。史曰『渠堤自滎陽而東』，則上疑其爲鴻溝，下疑其爲官渡者，恐未得其要。官渡直黃河也，故袁、曹相距，沮授曰：『悠悠黃河，吾其濟乎！』汴渠自西而東，鴻溝乃橫亘南北，故曰『未得其要也』。獨所謂『自禹以來有汴者』，此則不易之論也。」

漢丞相諸葛亮勸農講武，作木牛流馬運米，集斜谷口，治斜谷邸閣，息民休士三年而後用之。木牛，其法：「方腹曲頭〔一二〕，一脚四足，頭入領中，舌著於腹。載多而行少，宜住，可大用〔一三〕，而不可小使；特行者數十里，群行者二十里。曲者爲牛頭，雙者爲牛脚，橫者爲牛領，轉者爲牛足，覆者爲牛背，方者爲牛腹，垂者爲牛舌，曲者爲牛肋。刻者爲牛齒，立者爲牛角，細者爲牛鞅，攝者爲牛鞦軸〔一四〕。牛御雙轅，人行六尺，牛行四步。載一歲糧，日行二十里〔一五〕，而人不大勞，牛不飲食。」流馬亦有尺寸之數。

先公曰：「邸閣者，倉廩之異名歟！魏、晉以來多稱之。晉史景紀言〔一六〕，蜀將姜維寇狄道，帝曰：『姜維攻羌，收其質任，聚穀作邸閣訖而復轉行至此』云云。是邸閣者，倉廩之名耳。」

魏齊王正始二年，司馬宣王使鄧艾行陳、項以東至壽春。今淮陽郡至壽春郡。艾以爲「田良水少，不足以盡地利，宜開河渠，可以大積軍糧，又通運漕之道。」宣王從之，乃開廣漕渠。東南有事，興衆泛舟而下，達於江淮。資食有儲而無水害，艾所建也。語在屯田篇。

晉武帝太始十年，鑿陝南山，決河東注洛，以通運漕。雖有此詔，竟未成功。

懷帝永嘉元年，修千金堨於許昌，以通運。

成帝咸和六年，以海賊寇抄，運漕不繼，發王公以下千餘丁〔一七〕，各運米六斛。

穆帝時，頻有大軍，糧運不繼，制王公已下十三户共借一人，助度支運。

趙王虎以租入殷廣，轉輸勞煩，令中倉歲入百萬斛，餘皆儲之水次；令刑贖之家得以錢代財帛，無錢聽以穀麥，皆隨時價輸水次倉。

後魏自徐揚内附之後，徐州今彭城，揚州今壽州。仍代經略江淮，於是轉運中州，以實邊鎮，百姓疲於道路。有司請於水運之次，隨便置倉，乃於小平、石門、白馬津、漳涯、黑水、濟州、陳郡、大梁凡八所，各立邸閣。每軍國有需，應機漕引，自此費役微省〔一八〕。

時三門都將薛欽上言：「計京西水次汾華二州，恒農、河北、河東、正平〔一九〕、平陽等郡，年常綿絹及貲麻，皆折公物，雇車牛送京，道險人敝，費公損私。略計華州一車，官酬絹八疋三丈九尺，別有私人雇價布八十疋〔二〇〕，河東一車，官酬絹五疋二丈，別有私人雇價布五十疋。自餘州郡，雖未練多少，推之遠近，應不減此。今求車取雇絹三疋，市木造船，不勞採斫。計船一艘，舉十三車，車取三疋，合有三十九疋。雇作手并匠及船上雜具食直〔二一〕，足以成船。計一船贍絹七十八疋，布七百八十疋。又租車一乘，官格二十斛成載〔二二〕，私人雇價，遠者五斗、布一疋，近者一石、布一疋。准其私費，一車布遠者八十疋〔二三〕，近者四十疋。造船一艘，計舉七百石，准其雇價，應有千四百疋。今取布三百疋造船一艘，并船上覆理雜事，計一船有賸布千一百疋。又其造船之處，皆須鋸材人功，并削船茹，依功多少，即給當州郡門兵，不假更召。汾州有租調之處〔二四〕，去汾不過百里，華州去河不滿六十，並令計程，依舊酬價，車送船所。船之所運，唯達濡陂。其陸路從濡陂至倉門〔二五〕，調一車雇絹一疋，租一車布五疋，則於公私爲便。」詔從之，而未能盡行也。

孝文太和七年，薄骨律鎮將刁雍上表曰：「奉詔高平、安定、統萬薄骨律鎮，今靈武郡。高平，今平涼郡。安定即今郡。統萬，即朔方郡也。及臣所守四鎮，出車五千乘，運屯穀五十萬斛付沃野鎮，以供軍糧。臣鎮去沃野八百里，道多深沙，輕車往來，猶以爲難。設令載穀二十石，每至深沙，必至滯陷。又穀在河西，轉至沃野，越渡大河，計車五千乘〔二六〕，運十萬斛，百餘日乃得一返，大廢生人耕墾之業，車牛艱阻，難可全至，一歲不過二運〔二七〕，五十萬斛乃經三年。臣聞鄭、白之渠，遠引淮海之粟，泝流數千里，周年乃得一至，猶稱國有儲糧，人用安樂。求於牽屯山在今平涼郡高平縣，今笄頭山，語訛亦曰汧沌山，即牽屯山也。河水之次，造船二百艘。二船爲一舫〔二八〕，一船勝穀二千斛〔二九〕，一舫十人，計須千人。臣鎮內之兵，率皆習水。一運二十萬斛，方舟順流，五日而至，自沃野牽上，十日還到，合六十日得一返。從三月至九月三返，運送六十萬斛。計用人工，輕於車運十倍有餘，不費牛力，又不廢田。」詔曰：「知欲造船運穀，一冬即成〔三〇〕，大省人力，既不費牛，又不廢田，甚善。非但一運，自可永以爲式。」

隋文帝開皇三年〔三一〕，以京師倉廩尚虛，議爲水旱之備，詔於蒲、陝、虢、熊、伊、洛、鄭、懷、邵〔三二〕、衛、汴、許、汝等水次十三州，熊州，今福昌縣。伊州，今陸渾縣。洛州，今絳縣。餘縣並今郡。置募運米丁；又於衛州置黎陽倉，洛州置河陽倉〔三三〕，陝州置常平倉，華州置廣通倉，衛、陝、華並今郡。轉相灌注。漕關東及汾、晉之粟，以給京師。又遣倉部侍郎韋瓚向蒲、陝以東募人能於洛陽運米四十石，經底柱之險，達於常平者，免其征戍。其後以渭水多沙，流有深淺，漕者苦之。四年，詔宇文愷率水工鑿渠，引渭水，自大興城即今西京城也。東至潼關，三百餘里，名曰廣通渠。轉運通利，關內便之。

煬帝大業元年，發河南諸郡男女百餘萬，開通濟渠，自西苑引穀、洛水達於河，又引河通於淮海，自是天下利於轉輸。四年，又發河北諸郡百餘萬衆，開永濟渠，引沁水〔三四〕，南達於河，北通涿郡〔三五〕。今范陽郡。自是丁男不供，始以婦人從役。五年，於西域之地，置西海、鄯善〔三六〕、且末等郡，逐吐谷渾得其地，並在今酒泉、張掖、晉昌郡之北。今悉爲北狄之地。謫天下罪人〔三七〕，配爲戍卒，大開屯田，發四方諸郡運糧以給之。七年冬，大會涿郡。分江淮南兵〔三八〕，配驍衛大將軍來護兒〔三九〕，別以舟師濟滄海〔四〇〕，舳艫數百里，並載軍糧，期與大兵會於平壤。高麗所都。置洛口、回洛倉，穿三千三百窖，窖容八千。

致堂胡氏曰：「隋煬積米，其多至二千六百餘萬石，何凶旱水溢之足虞！然極奢於內，窮武於外，耕桑失業，民不聊生，所謂江河之水不能實漏甕。倉窖充盈，適足爲重斂多藏之罪耳！」

唐都長安，而關中號稱沃野，然其土地狹，所出不足以給京師，備水旱，故常轉漕東南之粟。高祖、太宗之時，用物有節而易贍，水陸漕運，歲不過二十萬石，故漕事簡。自高宗以後，歲益增多，而功利繁興，民亦罹其弊矣。

初，江淮漕租米至東都輸含嘉倉，以車或馱陸運至陝。而水行來遠，多風波覆溺之患，其失常十七八，故其率一斛得八斗爲成勞。而陸運至陝纔三百里，率兩斛計庸錢千。民送租者，皆有水陸之直，而河有三門底柱之險。顯慶元年，苑西監褚朗議鑿三門山爲梁，可通陸運。乃發卒六千鑿之，功不成。其後，將作大匠楊務廉又鑿爲棧，以輓漕舟。輓夫繫二鈲於胸，而繩多絶，輓夫輒墜死，則以逃亡報，因繫其父母妻子，人以爲苦。

開元十八年，宣州刺史裴耀卿朝集京師，玄宗訪以漕事，耀卿條上便宜曰：「江南户口多，而無征防之役。然送租、庸、調物，以歲二月至揚州入斗門，四月已後，始渡淮入汴，常苦水淺，六七月乃至河口，而河水方漲，須八九月水落始得上河入洛，而漕路多梗，船檣阻隘。江南之人，不習河事，轉雇河師水手，重爲勞費。其得行日少，阻滯日多。今漢、隋漕路，瀕河倉廩，遺迹可尋。可於河口置武牢倉，鞏縣置洛口倉，使江南之舟不入黄河，黄河之舟不入洛口。而河陽、柏崖、太原、永豐、渭南諸倉，節級轉運，水通則舟行，水淺則寓於倉以待，則舟無停留，而物不耗失。此甚利也。」玄宗初不省。二十一年，耀卿爲京兆尹，京師雨水，穀踊貴，玄宗將幸東都，復問耀卿漕事，耀卿因請：「罷陜陸運，而置倉河口，使江南漕舟至河口者，輸粟於倉而去，縣官雇舟以分入河、洛。置倉三門東西，漕舟輸其東倉，而陸運以輸西倉，復以舟漕，以避三門之水險。」玄宗以爲然。乃於河陰置河陰倉，河清置柏崖倉〔四一〕，三門東置集津倉，西置鹽倉；鑿山十八里以陸運。自江淮漕者，皆輸河陰倉，自河陰西至太原倉，謂之北運，自太原倉浮渭以實關中。玄宗大悅，拜耀卿爲黄門侍郎、同中書門下平章事，兼江淮都轉運使，以鄭州刺史崔希逸、河南少尹蕭炅爲副使，益漕晉、絳、魏、濮、邢、貝、濟、博之租輸諸倉，轉而入渭。凡三歲，漕七百萬石，省陸運傭錢三十萬緡。

是時，民久不罹兵革，物力豐富，朝廷用度亦廣，不計道里之費〔四二〕，而民之輸送所出水陸之直〔四三〕，增以「函脚」、「營窖」之名，民間傳言用斗錢運斗米，其糜耗如此。

及耀卿罷相，北運頗艱，米歲至京師纔百萬石。二十五年〔四四〕，遂罷北運。而崔希逸爲河南陝運使，歲運百八十萬石。其後以太倉積粟有餘，歲減漕數十萬石。

二十九年，陝郡太守李齊物鑿底柱爲門以通漕，開其山巔爲輓路，燒石沃醯而鑿之。然棄石入河，激水益湍怒，舟不能入新門，候其水漲，以人輓舟而上。天子疑之，遣宦者按視，齊物厚賂使者，還言便。

齊物入爲鴻臚卿，以長安令韋堅代之，兼水陸運使。堅治漢、隋運渠，起關門，抵長安，通山東租賦。乃絶灞、滻，並渭而東，至永豐倉與渭合。又於長樂坡瀕苑墻鑿潭於望春樓下，以聚漕舟。堅因使諸舟各揭其郡名，陳其土地所産寶貨諸奇物於栿上。先時民間唱俚歌曰「得體紇那邪」。其後得寶符於桃林〔四五〕，於是陝縣尉崔成甫更得體歌爲得寶弘農野。堅命舟人爲吴、楚服，大笠、廣袖、芒屩以歌之。

成甫又廣之，爲歌辭十闋，自衣闕後緑衣、錦半臂、紅抹額，立第一船爲號頭以唱，集兩縣婦女百餘人，鮮服靚粧，鳴鼓吹笛以和之。衆艘以次輳樓下，天子望見大悦，賜其潭名曰「廣運潭」。是歲，漕山東粟四百萬石。自裴耀卿言漕事，進用者常兼轉運之職，而韋堅爲最。

初，耀卿興漕路，請罷陸運，而不果廢。自景雲中，陸運北路分八遞，雇民車牛以載。開元初，河南尹李傑爲水陸運使，運米歲二百五十萬石，而八遞用車千八百乘。耀卿罷久之，河南尹裴迥以八遞傷牛，乃爲交埸兩遞，濱水處爲宿埸，分官總之，自龍門東山抵天津橋，爲石堰以遏水。其後大盜起，而天下匱矣。

肅宗末年，史朝義兵分出宋州，淮運於是阻絶，租庸鹽鐵泝漢江而上。河南尹劉晏爲户部侍郎，兼勾當度支、轉運、鹽鐵、鑄錢使，江淮粟帛，繇襄、漢越商於輸京師。

及代宗出陝州，關中空窘，於是盛轉輸以給用。廣德二年，廢勾當度支使，以劉晏顓領東都、河南、淮西、江南東西轉運、租庸、鑄錢、鹽鐵，轉輸至上都，度支所領諸道租庸觀察使，凡漕事亦皆决於晏。晏即鹽利雇傭分吏督之，隨江、汴、河、渭所宜。故時轉運船繇潤州陸運至揚子，斗米費錢十九，晏命囊米而載以舟，减錢十五；繇揚州距河陰，斗米費錢百二十，晏爲歇艎支江船二千艘，每船受千斛，十船爲綱，每綱三百人，篙工五十人，自揚州遣將部送至河陰，上三門，號「上門填闕船」，米斗减錢九十。調巴、蜀、襄、漢麻枲竹篠爲綯輓舟，以朽索腐材代薪，物無棄者。未十年，人人習河險。江船不入汴，汴船不入河，河船不入渭；江南之運積揚州，汴河之運積河陰，河船之運積渭口，渭船之運入太倉。歲轉粟百一十萬石，無升斗溺者。輕貨自揚子至汴州，每馱費錢二千二百，减九百，歲省十餘萬緡。又分官吏主丹陽湖，禁引溉，自是河漕不涸。大曆八年，以關内豐穰，減漕十萬石，度支和糴以優農。晏自天寶末掌出納，監歲運，知左右藏，主財穀三十餘年矣。及楊炎爲相，以舊惡罷晏，轉運使復歸度支，凡江、淮漕米，以庫部郎中崔河圖主之。

及田悦、李惟岳、李納、梁崇義拒命，舉天下兵討之，諸軍仰給京師。而李納、田悦兵守渦口，梁崇義搤襄、鄧，南北漕引皆絶，京師大恐。江淮水陸轉運使杜佑以秦、漢運路〔四六〕，出浚儀十里入琵琶溝，絶蔡河，至陳州而合，自隋鑿汴河，官漕不通，若導流培岸，功用甚寡；疏鷄鳴岡首尾，可以通舟，陸行纔四十里，則江、湖、黔中、嶺南、蜀、漢之粟可方舟而下，繇白沙趣東關〔四七〕，歷潁、蔡，涉汴抵東都，無濁河泝淮之阻，減故道二千餘里。會李納將李洧以徐州歸命，淮路通而止。户部侍郎趙贊又以錢貨出淮迂緩，分置汴州東西水陸運兩税鹽鐵使，以度支總大綱。

貞元初，關輔宿兵，米斗千錢，太倉供天子六宫之膳不及十日，禁中不能釀酒，以飛龍駝負永豐倉米給禁軍，陸運牛死殆盡。德宗以給事中崔造敢言，爲能立事，用爲相。造以江、吴素嫉錢穀諸使顓利罔上，乃奏諸道觀察使、刺史選官部送兩税至京師，廢諸道水陸轉運使及度支巡院、江淮轉運使，以度支、鹽鐵歸尚書省，宰相分判六尚書事〔四八〕。以户部侍郎元琇判諸道鹽鐵、榷酒，侍郎吉中孚判度支諸道兩税。增江、淮之運，浙江東、西歲運米七十五萬石，復以兩税易米百萬石，江西、湖南、鄂岳、福建、嶺南米亦百二十萬石，詔浙江東、西節度使韓滉，淮南節度使杜亞運至東、西渭橋倉。諸道有鹽鐵處，復置巡院。歲終宰相計課最。崔造厚元琇，而韓滉方領轉運，奏國漕不可改。帝亦雅器滉，復以爲江淮轉運使。元琇嫉其剛，不可共事，因有隙。琇稱疾罷，而滉爲度支、諸道鹽鐵轉運使，於是崔造亦罷。滉遂劾琇常饋米淄青、河中，而李納、懷光倚以構叛，貶琇雷州司户參軍，尋賜死。

是時，汴宋節度使春夏遣官監汴水，察盜灌溉者。歲漕經底柱，覆者幾半。河中有山號「米堆」，運舟入三門，雇平陸人爲門匠，執標指麾，一舟百日乃能上。諺曰：「古無門匠墓。」謂皆溺死也。陝虢觀察使李泌益鑿集津倉山西逕爲運道，屬於三門倉，治上路以回空車，費錢五萬緡〔四九〕，下路減半；又爲入渭船，方五板，輸東渭橋太倉米至凡百三十萬石，遂罷南路陸運。其後諸道鹽鐵、轉運使張滂復置江淮巡院。及浙西觀察使李錡領使，江淮堰埭隸浙西者，增私路小堰之稅，以副使潘孟陽主上都留後。李巽爲諸道轉運、鹽鐵使，以堰埭歸鹽鐵使，罷其增置者。自劉晏後，江淮米至渭橋寖減矣，至巽乃復如晏之多。

初，揚州疏太子港、陳登塘，凡三十四陂，以益漕河，輒復堙塞。淮南節度使杜亞乃濬渠蜀岡，疏句城湖、愛敬陂，起堤貫城，以通大舟。河益庳，水下走淮，夏則舟不得前。節度使李吉甫築平津堰，以洩有餘，防不足，漕流遂通。然漕益少，江淮米至渭橋者纔二十萬斛。以諸道鹽鐵、轉運使盧坦糴以備一歲之費，省冗職八十員。自江以南，補署皆剸屬院監〔五〇〕，而漕米亡耗於路頗多。刑部侍郎王播代坦，建議米至渭橋五百石亡五十石者死。其後判度支皇甫鎛議萬斛亡三百斛者償之，千七百斛者流塞下，過者死；盜十斛者流，三十斛者死。而覆船敗輓，至者不得十之四五。部吏舟人相挾爲姦，榜笞號苦之聲聞於道路，禁錮連歲，赦下而獄死者不可勝數。其後貸死刑，流天德五城〔五一〕，人不畏法，運米至者十亡七八。鹽鐵、轉運使柳公綽請如王播議加重刑。太和初，歲旱河涸，掊沙而進，米多耗，抵死甚衆，不待覆奏。

秦、漢時故漕興成堰，東達永豐倉，咸陽縣令韓遼請疏之，自咸陽抵潼關三百里，可以罷車輓之勞。宰相李固言以爲非時，文宗曰：「苟利於人，陰陽拘忌，非朕所顧也。」議遂決。堰成，罷輓車之牛以供農耕，關中賴其利。

故事，州縣官充綱，送輕貨四萬，書上考。開成初，爲長定綱，州擇清彊官送兩税〔五二〕，至十萬遷一官，往來十年者授縣令。江淮錢積河陰，轉輸歲費十七萬餘緡，行綱多以盜抵死。判度支王彦威置縣遞群畜萬三千三百乘，使路傍民養以取傭，日役一驛，省費甚博。而宰相亦以長定綱命官不以材，江淮大州，歲授官者十餘人，乃罷長定綱，送五萬者書上考，七萬者減一選，五十萬減三選而已。及户部侍郎裴休爲使，以河瀕縣令董漕事，自江達渭，運米四十萬石。居三歲，米至渭橋百二十萬石。

凡漕達於京師而足國用者，大略如此。其他州、縣、方鎮，漕以自資，或兵所征行，轉運以給一時之用者，皆不足紀。

貞元初，陸贄上奏，言：「邦畿之税，給用不充，東方歲運租米，冒淮、湖風浪之險，泝河、渭湍險之艱，費多而益寡。習聞見而不達時宜者，則曰國之大事，不計費損〔五三〕，故有用斗錢運斗米之言。雖知勞煩，不可廢也。習近利而不防遠慮者，則曰每至秋成，但令畿内和糴，既易集事，又足勸農，何必轉輸，徒耗財用〔五四〕。臣以兩家之論，互有短長，各申偏執之懷，俱昧變通之術。若國家理安，錢穀俱富，烝黎蕃息，力役靡施，然後常操羨財〔五五〕，益廣漕運，雖有厚費，適資貧人。貞元之始，巨盗初平，太倉無兼月之儲，關輔遇連年之旱，而有司奏停水運，務省脚錢，至使郊畿煙火殆絶，餒殍相望，斯所謂睹近利而不防遠患者也。近歲關輔年穀屢登，數減百姓税錢，許其折納粟麥，公儲委積，足給數年，農家猶苦穀賤。今夏江淮水潦，漂損田苗，米價倍貴，流庸頗多，關輔以穀賤傷農，宜加價糴穀，以勸稼穡。江淮以穀貴民困，宜減價糶米，以救凶災。今宜糴之處則無錢，宜糶之處則無米，而又運彼所乏，益此所餘，所謂『習聞見而不達時宜』者也。今淮南諸州米，每斗當錢一百五十文，從淮入渭橋，每斗船脚又約用錢二百文，計運米一斗，總當錢三百五十文，其米既糙且陳，尤爲京邑所賤。據市司月估，每斗只糶得錢三十七而已，耗其九而存其一，餒彼人而傷此農，制事若斯，可謂深失矣。今約計一年和糴之數，可當轉運二年；一斛轉運之資，足以和糴五斛。比較即時利害，運務且合悉停。臣竊慮停運，則舟船無用，壞爛莫修；倘遇凶災，復須轉漕，臨時鳩集，理必淹遲。臣今欲減所轉之數，以實邊儲。其江淮諸道，運米至河陰，河陰運米至太原倉，太原運米至東渭橋，來年各請停所運三之二。其江淮所停運米八十萬斛，委轉運使每斗取八十錢，於水災州縣糶之，以救貧乏，計得錢六十四萬緡，減僦直六十九萬緡。請令户部先以二十萬緡付京兆，令糴米以補渭橋倉之闕數，斗用百錢，以利農人；以一百二萬六千緡付邊鎮，使糴十萬人一年之糧，餘十萬四千緡，以充來年和糴之價；其江淮米錢僦直，並委轉運使折市綾、絹、絁、綿，以輸上都，償先貸户部錢，如此，則不擾一人，無廢百事。但於常用之内，收其枉費之資，百萬羸糧，坐實邊鄙，又有勸農賑乏之利，存乎其間矣！」

元祐間，東坡蘇氏論綱梢欠折利害奏狀曰：「臣聞唐代宗時，劉晏爲江淮轉運使，始於揚州造轉運船，每船載一千石，十船爲一綱，揚州差軍將押赴河陰。每造一船，破錢一千貫，而實費不及五百貫。或譏其枉費，晏曰：『大國不可以小道理，凡所創置，須謀經久，船場既興，執事者非一，須有餘剩，養活衆人，私用不窘，則官物牢固。』乃於揚子縣置十船場，差專知官十人，不數年間，皆致富贍。凡五十餘年，船場既無破敗，饋運亦不闕絶。至咸通末，有杜侍御者，始以一千石船，分造五百石船二隻，船始敗壞。而吴堯卿者，爲揚子院官，始勘會每船合用物料，實數估給，其錢無復寬剩。專知官十家即時凍餒，而船場遂破，饋運不給，不久遂有黄巢之亂。劉晏以一千貫造船〔五六〕，破五百貫爲干繫人欺隱之資，以今之君子寡見淺聞者論之，可謂疏繆之極矣！然晏運四十萬石，當用船四百隻，五年而一更造，是歲造八十隻也。每隻剩破五百貫，是歲失四萬貫也。而吴堯卿不過爲朝廷歲寬四萬貫耳！得失至微，而饋運不繼，以貽天下之大禍。臣以此知天下之大計，未嘗不成於大度之士，而敗於寒陋之小人也。國家財用大事，安危所出，願常不與寒陋小人謀之，則可以經久不敗矣。」

按：「西漢與唐俱都關中，皆運東南之粟以餉京師，自河、渭泝流而上。然漢武帝時，運六百萬斛。唐天寶極盛之時，韋堅爲水陸運使，僅一歲能致四百萬斛餘。歲止二百五十萬斛〔五七〕，而至德以後，僅百餘萬而已，俱未能如漢之數。且考之食貨志，及參以陸、蘇二公之言，則運彌艱，費彌重，豈古今水道有險易之不同邪？當考。」

咸通元年，南蠻陷交趾，徵諸道兵赴嶺南。詔湖南水運自湘江入澪渠，并江西水運，以饋行營諸軍。泝運艱難，軍屯廣州乏食，潤州人陳磻石詣闕言：「海船至福建，往來大船一隻可致千石；自福建不一月，至廣州得船數十艘，便可得三五萬石，勝於江西、湖南泝流運糧。」又引劉裕海路進軍破盧循故事。乃以磻石爲鹽鐵巡官往揚子縣專督海運，於是軍不闕供。

後唐同光三年，吏部尚書李琪奏請敕下諸道，合差百姓轉般之數，有能出力運官物到京者，五百石以上，白身授一初任州縣官，有官者依資次遷授，欠選者便與放選，千石以上至萬石者，不拘文武，顯示賞酬。免令方春農人流散，此亦轉倉贍軍之一術也。敕租庸司下諸州，有應募者聞奏施行。

長興二年，敕應沿河船般倉，依北面轉運司船般倉例，每一石於數内與正銷破二升。

四年二月，三司使奏：「洛河水運，自洛口至京，往來牽船下卸，皆是水運，牙官每人管定四十石。今洛岸至倉門稍遠，牙官運轉艱難，近日例多逃走。今欲於洛河北岸别鑿一灣，引船直至倉門下卸，其工役欲於諸軍傔人内差借。」從之。

周顯德二年，上謂侍臣曰：「轉輸之物，向來皆給斗耗，自漢以來，不與支破。倉廩所納新物，尚破省耗，況水路所般，豈無損失，今後每石宜與耗一斗。」

致堂胡氏曰：「受税而取耗，雖非良法，誠以給用，猶不使民徒費。今觀世宗之言，則知晉、漢間取雀鼠耗及省耗，未嘗爲耗用，直多取以實倉廩耳。比及輸運，其當給耗，反不與之，而或責之綱吏，或還使所出州縣補其虧數，亡身破家，不可勝計，豈爲國撫民之道也！不宜取而取者，省耗糜費是也；當予而未嘗予者，漕運斗耗是也。世宗既與之，善矣；省耗應罷而未罷，豈非以多故未及邪？明宗、潞王時，可謂窘匱，猶放逋租數數百萬〔五八〕，世宗誠欲蠲除省耗，又何難哉？」

四年，詔疏下汴水，一派北入於五丈河，又東北達於濟。自是，齊、魯之舟楫皆至京師。

六年，命侍衛馬軍都指揮使韓令坤，自京東疏汴水入於蔡河，侍衛步軍都指揮使袁彥浚五丈河以通漕運。

宋東京之制：受四方之運者，謂之「船般倉」，曰永豐、通濟、萬盈、廣衍、通濟有四倉，景德四年改第三曰萬盈，第四曰廣衍。延豐舊廣利，景德中改。大中祥符三年〔五九〕，增第二。順成、舊常豐，景德中改。濟遠、舊常盈，景德中改。富國，凡十倉，皆受江淮所運，謂之東河，亦謂之裏河。曰永濟、永富二倉，受懷、孟等州所運，謂之西河。曰廣濟第一倉〔六〇〕，受潁、壽等州所運，謂之南河，亦謂之外河。曰廣積、廣儲二倉，受曹、濮等州所運，謂之北河。受京畿之租者，謂之税倉。曰廣濟第二倉〔六一〕，受京東諸縣。廣積第一，左右騏驥院〔六二〕、天駟監凡三倉，受京北諸縣。左天廄坊倉受京西諸縣。舊有義豐倉，大中祥符元年改〔六三〕。大盈、右天廄二倉，受京南諸縣。受商人入中者，謂之折中倉，有裏、外河二名，又有茶庫倉，或空則兼受船般斛斗。草場則汴河南北各三所，騏驥、左右天廄坊、天駟監各一所，以受京畿租賦及和市所入。諸州皆有正倉、草場，受租税、和糴、和市芻粟，並掾曹主之。其多積之處，亦別遣官專掌。凡漕運所會，則有轉般倉。

太祖皇帝乾德二年，令諸州自今每歲受民租及筦榷所獲之課，除支度給用外，凡緡帛之類，悉輦送京師，官乏車牛者，僦民車以給。

六年，令諸州輦送上供錢帛，悉官給車乘，當水運者，官爲具舟，不得調發居民，以妨農作。

初，荆湖、江、浙、淮南諸州，擇部民之高貲者部送上供物，民質不能檢御舟人，舟人侵盗官物，民破産以償，乃詔遣牙將部送，勿復擾民。

自江南平〔六四〕，歲漕米數百萬石給京師〔六五〕，太宗恐倉吏給受不平，遣皇城卒變服偵邏，廉得永豐倉持量者八輩受賕爲姦，悉斬之，監倉免官治罪。

端拱元年，徐休復上言：「京師内外凡大小二十五倉，官吏四百二人，計每歲所給不下四百萬石。望自今米、麥、菽各以一百萬石爲一界，每界命常參官、供奉官、殿直各一人，專知、副知各二人，凡七人共掌之。」詔可。

二年，國子博士李覺上言：「曰鼂錯云『欲民務農，在於貴粟』，蓋不可使至賤，亦不可使至貴。今王都萬衆所聚，導河渠，達淮海，貫江湖，歲運五百萬斛，以資國費，此朝廷之盛、臣庶之福也。近來都下粟麥至賤，倉廩充牣，紅腐相因，或以充賞給，斗直十錢〔六六〕，此工賈之利而軍農之不利也。夫軍士妻子不過數口，而月給糧數斛，即其費有餘矣。百萬之衆，所餘既多，游手之民，資以給食，農夫之粟，何所求售？況糧之來也，至遠至艱；官之給也，至輕至易〔六七〕。歲之豐儉〔六八〕，不可預期，倘不幸有水旱之虞，卒然有邊境之急，何以救之？今運米一斛至京師，其費不啻三百錢，諸軍傔人舊日給米二升〔六九〕，今若月賦錢三百，人必樂焉。是一斗爲錢五十，計江淮運米工脚，亦不減此數。望明敕軍中，各從其便，願受錢者，若市價官米斗爲錢二十，即增給十錢，裁足以當工脚之費，而官私獲利，數月之内，米價必增，農民受賜矣。若米價騰踴，即官復給糧，軍人糶其所餘，亦獲善價，此又戍士受賜矣。不十年，官有餘糧，江外之運，亦漸可省。」上覽奏嘉之。

天禧末，京城所積倉粟一千五百六十萬餘石，草一千七百萬五千餘圍。

國初以來，四河所運粟未有定制。至太平興國六年，汴河歲運江淮米三百萬石，菽一百萬石；黃河粟五十萬石，菽三十萬石；惠民河粟四十萬石，菽二十萬石；廣濟河粟十二萬石：凡五百五十萬石。非水旱大蠲民租，未嘗不及其數。至道初，汴河運米至五百八十萬石。自是，京城積粟盈溢。大中祥符初，至七百萬石。凡漕運，大約其數，亦計臨時移易焉。凡水運自淮南、江南、荆湖南北路所運粟，於揚、真、楚、泗州四處置倉以受其輸，既而分調舟船泝流而入京師，置發運使領之〔七〇〕。荆湖、江、淮、兩浙以及嶺表金銀、香藥、犀象、百貨亦同之。惟嶺表陸運至虔州而後水運。咸平五年七月，又命户部判官凌策，與江南轉運同計度，省自京至廣南香藥驛遞軍士及使臣計六千一百餘人。陝西諸州菽粟，自黃河三門沿流由汴河而至，亦置發運使領之。陳、潁、許、蔡、光、壽等六州之粟帛，由石塘、惠民河而至。京東十七州之粟帛，由廣濟河而至，皆有京朝官廷臣督之。凡三水皆通漕運，而歲計所賴者，惟汴流焉。河北衛州東北有御河達乾寧軍〔七一〕，其運物亦有廷臣主之。川峽諸州金帛，自劍門列傳置，分輦負擔，以至租布、及官所市布，由水運送江陵，自江陵遣綱吏運送京師，咸平中，定歲運六十六萬疋，分爲十綱。舊常至數百萬疋。天禧末，水陸上供金帛、緡錢二十三萬一千餘貫，兩、端、疋，珠寶、香藥二十七萬五千餘斤。諸州歲造運船，至道末三千三百三十七艘〔七二〕，天禧末減四百二十一。虔州六百五，吉州五百二十五，明州一百七十七，婺州一百三，温州一百二十五，台州一百二十六，楚州八十七，潭州二百八十，鼎州二百四十一，鳳翔、斜谷六百，嘉州四十五。

止齋陳氏曰：「本朝定都於汴，漕運之法分爲四路。江南、淮南、浙東西、荆湖南北六路之粟，自淮入汴至京師；陝西之粟，自三門、白波轉黄河入汴至京師；陳、蔡之粟，自閔河、蔡河入汴至京師；京東之粟，自五丈河歷曹、濟及鄆至京師〔七三〕，四河所運惟汴河最重。」

景德中，漕東南粟歲不過四百五十萬石，後增至六百萬。天聖中，發運使請所部六路計民税一石，量糴粟二斗五升，歲可更得二百萬石給京師。仁宗曰：「常賦外增糴，是重擾民。」不許。時江南穀貴民貧，尚書員外郎吴耀卿以爲言，詔歲減五十萬，後是三司奏，復增至六百萬。然東南災歉，輒減歲漕數，或百萬或數十萬。又轉移以給他路者時有焉。

慶曆中，詔減廣濟河歲漕一十萬石〔七四〕。後黄河歲漕益減耗，纔運菽三十萬石，而歲創漕船，市材木，役牙前〔七五〕，勞費甚廣。嘉祐四年，詔罷所運菽，減漕船三百艘。自是歲漕三河而已。

江、湖上供米，舊轉運使以本路綱輸真、楚、泗州轉般倉，載鹽以歸，舟還其郡，卒還其家。而汴舟詣轉般倉漕米輸京師，歲摺運者四〔七六〕。河冬涸，舟卒亦還營，至春復集，名曰「放凍」。卒得番休，逃亡者少；而汴船不涉江路，無風波沈溺之患。其後發運使權益重，六路上供米團綱發船，不復委本路，獨發運使專其任。文移坌併，事目繁夥，有不能檢察，則吏胥可以用意於其間。操舟者賕諸吏，輒得詣富饒郡市賤貿貴，以趨京師。自是江、汴之舟，合雜混轉無辨矣，挽舟卒有終身不還其家、而老死河路者。籍多空名，漕事大弊〔七七〕。

皇祐中，發運使許元奏：「近歲諸路因循，糧綱法壞，遂令汴綱至冬出江，爲他路轉漕，兵不得息。宜敕諸路增船載米，輸轉般倉充歲計如故事。」於是言利者多以元説爲然，朝廷爲詔如元奏。久之，而諸路綱不集。嘉祐三年，復下詔切責有司以格詔不行，及發運使不能總綱條，轉運使不能斡歲入。預敕江、湖、兩浙轉運司〔七八〕，以期年功，各造船補卒，團本路綱，期自嘉祐五年汴綱不得復出江。至期，諸路船猶不足。汴綱既不得至江外，江外船亦不得至京師，失商販之利；而汴綱工卒訖冬坐食，苦不足，皆盜毁船材，易錢以自給，船愈壞，漕歲額又愈不及。論者初欲漕卒得歸息，而近歲汴綱多傭丁夫，每船卒不過一二人，至冬當留守船，實無得歸息者。時元罷久矣，後至者數奏請出汴船，執政守前詔不許，御史亦以爲言。治平三年，始詔出汴船七十綱，未幾，皆出江復故。

治平二年，漕粟至京師，汴河五百七十五萬五千石，惠民河二十六萬七千石，廣濟河七十四萬石。又運金帛緡錢入左藏庫、内藏庫者，總其數一千一百七十三萬，而諸路轉移以相給者皆不與焉。繇京西、陝西、河東運薪炭至者，薪以斤計爲一千七百一十三萬，炭以秤計爲一百萬。是歲，諸路創漕船二千五百四十艘。大約京師歲費粟四百餘萬石，芻四百餘萬圍，粟則漕運之人及畿縣歲賦、商人入中皆在焉，芻亦賦於畿縣，或體量和市。既而罷商人入中粟，至景祐初議復之。論者或謂糴京師，則穀價翔貴，命官度利害，後雖復之，然入中者無幾。芻以體量和市者，遇歲儉則蠲之，前後不可勝數。至和中，一歲凡蠲二十五萬。三司嘗請以布償芻直，登、萊端布爲錢千三百六十，沂布千一百。仁宗以取直過厚，命差減其數云。

英宗治平四年，三司言：「京師秔米支五歲餘，久且陳腐，請令發運司以上供穀五十萬石糴穀貴處，市金帛儲榷貨務，以給三路軍需。」從之。

發運司始於仁宗。時許元自判官爲副使，創汴河一百綱，漕荆湖、江、淮、兩浙六路八十四州米至真、揚、楚、泗轉般倉而止，復從通、泰載鹽爲諸路漕司經費。發運司自以汴河綱運米入京師。

神宗熙寧七年，詔委官疏浚廣濟河，增置漕舟，依舊運京東米上供。

宣徽南院使張方平言：「國初，浚河渠三道以通漕運，立上供年額，汴河六百萬石，廣濟河六十二萬石，惠民河六十萬石。廣濟河所運，止給太康、咸平、尉氏等縣軍糧而已，唯汴河運米麥，此乃太倉蓄積之實。近罷廣濟河，而惠民河斛斗不入太倉，大衆之命惟汴河是賴。議者不已，屢作改更，必致汴河日失其舊，願留神慮，以固基本。」

京東察訪鄧潤甫等言：「山東沿海州郡地廣，豐歲則穀賤，可募人爲海運。山東之粟可轉之河朔，以助軍食。」詔京東、河北路轉運相度，訖無施行。

薛向爲江淮發運使，先是，漕運吏卒上下共爲侵盗貿易，甚則託風水沉没以滅迹。而官物陷折者，歲不減二十萬斛，至向，始募客舟與官舟分運，以相檢察，而舊弊悉去。

七年，提舉汴河隄岸司言：「京東地富，穀粟可以漕運，但以河水淺澀，不能通舟。近修京東河岸，開斗門通廣濟河，爲利甚大。今請通津門裏汴河岸東城裏三十步内，開河一道，及置斗門，上安水磨，下通廣濟河，應接行運。」從之。

八年，詔罷歲運糧百萬石赴西京。先是，導洛入汴，運東南粟以實洛下，至是，户部奏罷之。

元祐七年，知揚州蘇軾上言：「臣竊見嘉祐中，張方平論京師軍儲云：『今之京師，古所謂陳留，四通八達之地，非如雍、洛有山河之險足恃也，特恃重兵以立國。兵恃食，食恃漕運，漕運一虧，朝廷無所措手足。』因畫十四策。內一項云，糧綱到京，每歲少欠不下六七萬石，皆以折會填償，發運司不復抱認，非祖宗之舊也。臣以此知嘉祐前，歲運六百萬石，而以欠折六七萬石爲多。訪聞去歲止運四百五十餘萬石，而欠折之多，約至三十餘萬石，運法之壞，一至於此。臣到任以來，所斷糧綱欠折等人不可勝數，衣糧罄於折會，船車盡於折賣，質妻鬻子，聚爲乞丐，散爲盜賊，竊計京師及緣河諸郡，例皆如此。蓋祖宗以來，通許綱運，攬載物貨，既免征稅，而脚錢又輕，故物貨流通，緣路雖失商稅，而京師坐獲富庶。自導洛司廢，而淮南轉運司陰收其利，數年以來，官用窘逼，轉運司督迫諸處稅務，日急一日。謹按一綱三十隻船，而稅務監官不過一員〔七九〕，未委如何隨船點檢得三十隻船一時皆遍〔八〇〕，而必勒留住岸，一船點檢〔八一〕，即二十九隻船皆須住岸伺候。以淮南一路言之，真、揚、高郵、楚、泗、宿六州軍所得糧綱稅錢，不過萬緡。而所在稅務專欄，因金部轉運司許令點檢，緣此爲姦，邀難乞取，十倍於官。遂致綱梢皆窮困骨立，亦無復富商大賈肯以物貨委令搭載。以此專仰攘取官米，無有限量，折賣船板，動使凈盡，事敗入獄，以命償官。顯是金部與轉運司違條刻剥，得糧綱稅錢一萬貫，而令朝廷失陷綱運米三十餘萬石，利害皎然。臣聞東南饋運，所係國計至大，故祖宗以來，特置發運司，專任其責，選用既重，威令自行。如昔時許元輩，皆能約束諸路，主張綱運，其監司州郡及諸場務，豈敢非理刻剥邀難？但發運使得人，稍假事權，申明元祐編敕不得勒令住岸條貫，嚴賜約束行下，庶刻薄之吏不敢取小害大，東南大計，自然辦集。」

徽宗大觀三年，尚書省言：「六路上供斛斗已令直達，而奉行之吏因循，止將歲貢額斛於真、揚、楚、泗倉廒爲卸納摺運之地。又以所管斛斗代諸路歲額不足之數，且欠發運司米一百二十餘萬斛不償。乞將見在斛斗盡令般發赴朝廷。」從之。

轉般之法，東南六路斛斗，自江、浙起綱至於淮甸，以及真、揚、楚、泗，爲倉七以聚蓄軍儲。復自楚、泗置汴綱般運上京，以發運使董之。故常有六百萬石以供京師，而諸倉常有數年之積。州郡告歉，則折納上等價錢，謂之「額斛」。計本州歲額，以倉儲代輸京師，謂之「代發」。復於豐熟以中價收糴。穀賤則官糴，不至傷農，饑歉則納錢，民以爲便。本錢歲增，兵食有餘。國家建都大梁，足食足兵之法，無以加於此矣。崇寧初，蔡京爲相，始求羨財以供侈費，用所親胡師文爲發運使，以糴本數百萬緡充貢，入爲户部侍郎。自是來者效尤，時有進獻，而本錢竭矣；本錢既竭，不能增糴，而儲積空矣；儲積既空，無可代發，而轉般無用矣。乃用户部尚書曾孝廣之説，立直達之法。時崇寧三年九月二十九日也。

孝廣之言曰：「往年，南自真州江岸，北至楚州淮隄，以堰瀦水，不通重船，般剥勞費。遂於堰傍置轉般倉，受逐州所輸，更用運河船載之入汴，以達京師。雖免推舟過堰之勞，然侵盜之弊由此而起。天聖中，發運使方仲荀奏請度真、楚州堰爲水閘，自是東南金帛、茶布之類直至京師，惟六路上供斛斗〔八二〕，猶循用轉般法，吏卒糜費與在路折閲，動以萬數。欲將六路上供斛斗，並依東南雜運直至京師或南京府界卸納，庶免侵盜乞貸之弊。」自是六路郡縣各認歲額，雖湖南、北至遠處，所亦直抵京師，號直達綱〔八三〕，豐不加糴，歉不代發。方綱米之來也，立法峻甚，船有損壞，所至修整，不得踰時。州縣欲其速過，但令供狀，以錢給之，以至沿流鄉保悉致騷擾，公私横費，無有紀極。又鹽法已壞，迴舟無所得，舟人逃散，船亦隨壞，本法盡廢，弊事百出，良可嘆也。

譚稹言：「伏讀聖訓，自轉般之法廢爲直達，歲運僅足。自開歲綱運，不至兩河，所糴所般，數目不多，何以爲策？令臣詢訪措置以聞。竊詳祖宗建立真、楚、泗州轉般倉之本意，可謂至密。一則以備中都緩急，二則以防漕渠阻節，三則綱船裝發，資次運行，更無虚日。自其法廢，河道日益淺澀，遂致中都糧儲不繼，仰煩聖訓，丁寧訓飭，謂淮南三轉般倉，今日不可不復，置淮南路泗州，江南路真州，兩浙路楚州。仍乞先自泗州爲始，候一處了當，次及真、楚，既有糴本，順流而下，不甚勞費。乞賜施行，然後俟豐歲計置儲蓄，取旨立法轉般，以爲永法。」詔：「積所陳利害甚明，並可依奏。候睦賊平日，令發運司措置施行。」五年二月〔八四〕，新淮南路轉運判官向子諲奏：「轉般之法，寓平糴之意，江、湖有米，則可糴於真，二浙有米，則可糴於揚，宿、亳有米，則可糴於泗。坐視六路之豐歉，間有不登之處，則以錢折斛，發運司得以斡運之，不獨無歲額不足之憂，因以寬民力。萬一運渠旱乾，則近有汴口倉。庚今日所患者，向來糴本歲五百萬緡，支移殆盡，難以全仰朝廷。乞將經制司措置地契、賣糟、量添七色等錢，以椿充糴本，假之數年，可以足用。」六月，詔特支降度牒一百萬貫，香、鹽鈔一百萬貫，付吕淙、盧知原均斛斗〔八五〕，專充應副轉般。令尚書省措置取旨。

大觀以後，或行轉般，或行直達，詔令不一。

政和元年，張根爲江西轉運副使，歲漕米百二十萬以給中都。江南州郡僻遠，官吏艱於督趨，根常存三十萬石於本司爲轉輸之本，以寬諸郡，時甚稱之。

高宗建炎初，詔諸路綱米以三分之一輸行在所，餘赴京師。二年八月，詔二廣、湖南北、江東西路綱運赴江寧府，福建兩浙路赴平江府，京畿、淮南、京東西、河北、陝西路及川綱並赴行在。又詔二廣、湖南北綱運如經由兩浙，亦許赴平江府送納；福建綱運經由江東西，亦許赴江寧府送納。三年閏八月，又詔諸路綱運除見錢并糧斛赴建康府户部送納外，其金銀、絹帛並赴行在所。紹興初，因地之宜，以兩浙之粟專供行在〔八六〕，以江東之粟餉淮東，以江西之粟餉淮西，荆湖之粟餉岳、鄂、荆南。量所用之數，責漕臣將輸，而歸其餘行在，錢帛亦然。惟水運有舟楫之勞，陸運有夫丁之擾，雇舟差夫，不勝其弊，民間有自毁其舟楫不願藏舟，自廢其田而不願有田。王事鞅掌，人胥病之。於是申水脚縻費七分錢三分錢法，嚴卸綱無欠復拘留人船之戒，慮擄船之爲民害也。既優價雇募客舟矣，又許將一分力勝搭帶私物，捐其税。及於兩浙、江東西、四川、瀘、叙、嘉、黔間自造官舟，又揆道里之遠近，灘磧之險阻，置轉般倉，修堰閘，開浚河道，以便漕運。

紹興四年，川、陝宣撫吴玠調兩川夫運米十五萬斛至利州，率四十餘千致一斛，饑病相仍，道死者衆。漕臣趙開聽民以粟輸内郡，募舟輓之，人以爲便。然嘉陵江險，灘磧相望，夏苦漲流，冬阻淺澀，終歲之運，殆莫能給。玠再欲陸運，帥臣邵溥争之，且言：「宣司已取蜀民運脚錢百五十萬，其忍復使之陸運乎！」乃卒行水運。總領所委官就糴於沿流諸郡〔八七〕，復就興、利、閬州置場，聽客人中賣。又減成都水運對糴米〔八八〕，免四川及京西路諸州租以寬之〔八九〕。

綱運之官，其責繁難，人以爲憚。故自紹興以來，優立賞格，其有少欠，許糴填補足，其綱欠及一分，才送有司究弊。後來獻説者止欲從窄減作五釐，且以百石論之，五釐止五斗耳，使之全無侵蠹，當風揚擲，亦不免五釐之少，則舉無納足之綱。於是户部言：「乞將少欠五釐以上，一分以下之人，立限二十日糴填。」

孝宗淳熙元年，詔：「不以所欠多少，並與放除。其綱米赴倉卸納，以陳易新，不得就舟支遣。其折帛錢綱在路違法借貸重其罰，或借貸官錢收買物貨無償，許估賣出豁其金銀錢帛色額；低次虧損官錢者，行下元買納場吏人名下追理，不得均攤民户。其有因綱運欠折追降官資者，如本非侵盜，且補納已足，許保明叙復。」

吴氏能改齋漫録曰：本朝東南歲漕米六百萬石，而江西居三分之一。蓋天下漕米多取於東南，而東南之米多取於江西也。

東萊吕氏曰：「古者，天子中千里而爲都，公侯中百里而爲都。天子之都，漕運東西南北，所貢入者，不過五百里；諸侯之都，漕運所貢入者，不過五十里。所以三代之前，漕運之法不備。雖如禹貢所載入於渭，亂於河之類，所載者不過是朝廷之路，所輸者不過幣帛九貢之法。所以三代之時，漕運之法，未甚講論，正緣未是事大體重。到春秋之末、戰國之初，諸侯交相侵伐，争事攻戰，是時稍稍講論漕運之法〔九〇〕，然所論者尚只是行運之漕，至於國都之漕，亦未甚論。且如管子所論，粟行三百里，則無一年之積粟；行四百里，則無二年之積粟；行五百里，則衆有饑色；如孫武所謂千里饋糧，士有饑色，皆是出征轉輸。至其所以輸國都不出五百里、五十里，國都所在各有分，故當時亦尚未講論。惟是後來，秦併諸侯，罷五等，置郡，然後漕運之法，自此方詳。秦運天下之粟，輸之北河，是時，蓋有三十鍾致一石者。地里之遠，運粟之多，故講論之詳，方自此始。後來歷代最盛，無如漢、唐。在漢初，高后、文、景時，中都所用者省，歲計不過數十萬石而足，是時，漕運之法亦未講。到得武帝，官多徒役衆，在關中之粟四百萬猶不足給之，所以鄭當時開漕渠、六輔渠之類，蓋緣當時用粟之多，漕法不得不講。然當漢之漕在武帝時，諸侯王尚未盡輸天下之粟，至武、宣以後，諸侯王削弱，方盡輸天下之粟。漢之東南漕運，至此始詳。當高帝之初，天子之州郡與諸侯封疆相間雜，諸侯各據其利，粟不及於天子。是時，所謂淮南東道皆天子奉地，如賈生説是漢初如此。至漢武帝時，亦大概有名而無實。其發運粟入關，當時尚未論江淮。

到得唐時，方論江淮，何故？漢會稽之地去中國封疆遼遠，開墾者多，粟不入京師，以京師之粟尚不自全，何况諸侯自封殖？且如吴王濞作亂，枚乘之説言京都之倉不如吴之富，以此知當時諸侯殖利自豐〔九一〕，不是運江淮之粟。到唐時，全倚辦江淮之粟。唐太宗以前，府兵之制未壞，有征行便出兵，兵不征行，各自歸散於田野，未盡仰給大農，所以唐高祖、太宗運粟於關中不過十萬。後來，明皇府兵之法漸壞，兵漸多，所以漕粟自此多。且唐睿宗、明皇以後，府兵之法已壞，是故用粟乃多，向前府兵之法未壞，所用粟不多。唐漕運時，李傑、裴耀卿之徒未甚講論，到二子講論，自是府兵之法既壞，用粟既多，不得不講論。且如漢漕係鄭當時之議，却不曾見於高、惠、文、景之世〔九一〕。唐之李傑、裴耀卿之議，却不曾見於高祖、太宗之世，但只見於中、睿、明皇之時，正緣漢武帝官多役衆〔九二〕。唐中、睿以後，府兵之法壞，聚兵既多，所以漕運不得不詳。大抵這兩事常相爲消長，兵與漕運常相關。所謂宗廟、社饗之類，十分不費一分，所費廣者，全在用兵，所謂漕運，全視兵多少。且唐肅宗、代宗之後，如河北諸鎮皆强，租賦不領於度支。當時有如吐蕃、回紇爲亂，所用猶多。振武〔九四〕、天德之間，歲遣兩河諸鎮，所以全倚辦江淮之粟。議論漕運，其大略自江入淮，自淮入汴，自洛入河，自河入渭，各自征輸，水次各自置倉。如集津倉、洛口倉、含嘉倉、河陰倉，渭橋轉相般運，道途之遠，此法遂壞。自當時劉晏再整頓運漕之法，江淮之道，各自置船，淮船不入汴，汴船不入河，河船不入渭，水之曲折，各自便習，其操舟者所以無傾覆之患，國計於是足。所以唐人講論之多〔九五〕，惟江淮爲最急。德宗時，緣江淮米不至，六軍之士脱巾呼於道，韓滉運米至〔九六〕。德宗、太子置酒相慶。可見唐人倚辦於此，如此其急。

唐時漕運，大率三節：江淮是一節，河南是一節，陝西到長安是一節。所以當時漕運之臣，所謂無如此。三節最重者京口。初，京口濟江淮之粟所會於京口，京口是諸郡咽喉處。初時，潤州、江淮之粟至於京口，到得中間，河南、陝西互相轉輸。然而三處惟是江淮最切，何故？皆自江淮發足，所以韓滉由漕運致位宰相，李錡因漕運飛揚跋扈，以至作亂。以此三節，惟是京口最重。所謂漢漕，一時所運，臨時制宜，不足深論。

到得宋朝定都於汴，是時，漕運之法分爲四路：東南之粟自淮入汴至京師；若是陝西之粟，便自三門、白波轉黄河入汴至京師；若是陳、蔡一路粟，自惠民河至京師。京東粟自廣濟河至京師。四方之粟有四路，四條河至京師。當時最重者惟是汴河最重，何故？河西之粟，江無阻，及入汴，大計皆在汴；其次北方之粟，自三門、白波入關，自河入汴入京師，雖惠民、廣濟來處不多，其勢也輕。

本朝置發漕兩處，最重者是江淮至真州，陸路轉輸之勞；其次北之粟，底柱之門，舟楫之利。若其他置發運，如惠民河、廣濟河雖嘗立官，然不如兩處之重。此宋朝之大略如此。然而宋朝所謂歲漕六百萬石，所專倚辦江淮，其所謂三門、白波之類，非大農仰給之所，惟是江淮最重。在祖宗時，陸路之粟至真州入轉般倉，自真方入船，即下貯發運司，入汴方至京師，諸州回船，却自真州請鹽散於諸州，諸州雖有費，亦有鹽以償之，此是宋朝良法。

凡以江淮往來，遲速必視風勢。本朝發運使相風旗，有官專主管，相風旗合則無罪；如不合，便是姦弊。夫船之遲速，何故以風爲期〔九七〕？蓋緣風動四方，萬里只是一等，所以使得相風旗。真州便是唐時揚子江，後來本朝改號曰真州。運法未壞，諸州船只到真州請鹽回，其次入汴、入京師。後來發運歲造船，謂之發運官船，與諸州載米發運，申明汴船不出江，諸州又自造船。雖有此約束，諸州船終不應付，因此漕法漸壞，惟發綱發運末罷。

及蔡京爲相，不學無術，不能明考祖宗立法深意，遂廢改鹽法，置直達江，無水次不如此〔九八〕。是時姦吏多，雖有運漕之官，不過催督起發，其官亦有名而無實。大抵用官船逐處漕運時，便都無姦計。若用直達江，經涉歲月長遠，故得爲姦，所費甚多，東南入京之粟亦少。故太倉之粟少似東南蓄積，發運有名無實，此召亂之道也。本朝漕運之法壞自蔡京，東南發運本原大略如此〔九九〕。」

校勘記

〔一〕郡或乃越諸侯而遠調均發徵　「遠」原作「遂」，據通典卷一〇食貨典十、册府元龜卷四九八邦計部漕運改。

〔二〕率十餘鍾致一石　「率」原作「至」，據漢書卷二四下食貨志下改。

〔三〕人徒之費　「費」原作「衆」，據漢書卷二四下食貨志下改。

〔四〕而益肥關中之地　「益」原作「卒」，據史記卷二九河渠書、漢書卷二九溝洫志改。

〔五〕而亦煩費　「煩」原作「頗」，據史記卷二九河渠書、漢書卷二九溝洫志改。

〔六〕渠不利　「利」原作「到」，據史記卷二九河渠書、漢書卷二九溝洫志改。

〔七〕褒絶水至斜　「褒」下原衍「之」字，據漢書卷二四上食貨志上删。

〔八〕足供京師　「足」上原衍「多」字，據漢書卷二四上食貨志上、通典卷一〇食貨典十删。

〔九〕收租四百萬斛以給軍　「租」字原脱，據後漢書卷一六鄧寇列傳第六補。

〔一〇〕而八州貢賦重　「州」原作「都」，據讀史管見卷四改。

〔一一〕或名汴渠　「渠」原作「梁」，據元本、慎本、馮本、局本及讀史管見卷四改。

〔一二〕方腹曲頭　「頭」原作「脛」，據三國志卷三五諸葛亮傳注引亮集改。

〔一三〕宜住可大用　三國志卷三五諸葛亮傳注引亮集無「住」字。

〔一四〕刻者爲牛齒立者爲牛角細者爲牛鞅攝者爲牛鞦軸　以上二十一字原脱，據三國志卷三五諸葛亮傳補。

〔一五〕日行二十里　「二」原作「三」，據三國志卷三五諸葛亮傳改。

〔一六〕晉史景紀言　按此下所叙姜維事見晉書卷二文帝紀，疑此處有誤。

〔一七〕發王公以下千餘丁　按晉書卷二六食貨志無「千」字。

〔一八〕自此費役微省　「自」字原脱，據魏書卷一一〇食貨志補。

〔一九〕正平　二字原脱，據魏書卷一一〇食貨志補。

〔二〇〕別有私人雇價布八十疋　「八」，魏書卷一一〇食貨志作「六」。

〔二一〕雇作手并匠及船上雜具食直　「手」原作「首」，據魏書卷一一〇食貨志、通典卷一〇食貨典十改。

〔二二〕官格二十斛成載　「官」，册府元龜卷四九八邦計部漕運作「古」。「二」，魏書卷一一〇食貨志作「四」。

〔二三〕一車布遠者八十疋　「車」下原衍「有」字，據魏書卷一一〇食貨志删。

〔二四〕汾州有租調之處　「租」下原衍「庸」字，據魏書卷一一〇食貨志删。

〔二五〕其陸路從霤陂至倉門　「從」原作「後」，據魏書卷一一〇食貨志、通典卷一〇食貨典十改。「門」，魏書卷一一〇食貨志作「庫」。

〔二六〕計車五千乘　「車」原作「奉」，據魏書卷三八刁雍傳改。

〔二七〕一歲不過二運　「二」原作「三」，據魏書卷三八刁雍傳改。

〔二八〕二船爲一舫　「舫」原作「船」，據魏書卷三八刁雍傳、歷代名臣奏議卷二六一漕運改。

〔二九〕一船勝穀二千斛　「穀」字原脱，「千」原作「十」，據魏書卷三八刁雍傳補改。

〔三〇〕一冬即成　「成」字原脱，據魏書卷三八刁雍傳補。

〔三一〕隋文帝開皇三年　「三」原作「二」，據隋書卷二四食貨志、通典卷一〇食貨典十改。

〔三二〕邵　原作「郊」，據隋書卷二四食貨志改。

〔三三〕洛州置河陽倉　以上六字原脱，據隋書卷二四食貨志補。

〔三四〕引沁水　「沁」原作「泌」，據隋書卷二四食貨志、通典卷一〇食貨典十改。

〔三五〕南達於河北通涿郡　「河北」二字原倒，據隋書卷二四食貨志、通典卷一〇食貨典十乙正。

〔三六〕鄯善　「善」字原脱，據隋書卷二四食貨志、通典卷一〇食貨典十補。

〔三七〕謫天下罪人　「謫」原作「譴」，據隋書卷二四食貨志改。

〔三八〕分江淮南兵　「兵」字原脱，據隋書卷二四食貨志補。

〔三九〕配驍衛大將軍來護兒　「護」原作「天」，據隋書卷二四食貨志改。

〔四〇〕别以舟師濟滄海　「海」字原脱，據隋書卷二四食貨志補。

〔四一〕河清置柏崖倉　「清」原作「西」，據通典卷一〇食貨典十改。

〔四二〕不計道里之費　「費」字原脱，據新唐書卷五三食貨志三補。

〔四三〕而民之輸送所出水陸之直　「而民之」三字原脱，據新唐書卷五三食貨志三補。

〔四四〕二十五年　「二」原作「三」，據新唐書卷五三食貨志三改。

〔四五〕得寶符於桃林　「得」字原脱，據新唐書卷五三食貨志三補。

〔四六〕江淮水陸轉運使杜佑以秦漢運路　「秦」字原脱，據新唐書卷五三食貨志三補。

〔四七〕繇白沙趣東關　「趣」原作「起」，據新唐書卷五三食貨志三改。

〔四八〕宰相分判六尚書事　「事」字原脱，據新唐書卷五三食貨志三補。

〔四九〕費錢五萬緡　「五」原作「三」，據馮本及新唐書卷五三食貨志三改。

〔五〇〕補署皆剸屬院監　「屬」原作「厲」，據元本、慎本、馮本及新唐書卷五三食貨志三改。

〔五一〕流天德五城　「五」原作「王」，據新唐書卷五三食貨志三改。

〔五二〕州擇清彊官送兩税　「彊」原作「疆」，據元本、慎本、馮本及新唐書卷五三食貨志三改。

〔五三〕不計費損　「計」原作「煩」，據陸宣公翰苑集卷一八請減京東水運收脚費價於緣邊州鎮儲蓄軍糧事宜狀改。

〔五四〕徒耗財用　「用」，陸宣公翰苑集卷一八請減京東水運收脚費價於緣邊州鎮儲蓄軍糧事宜狀作「賦」。

〔五五〕然後常操羨財　「操」原作「以」，據陸宣公翰苑集卷一八請減京東水運收脚費價於緣邊州鎮儲蓄軍糧事宜狀改。

〔五六〕劉晏以一千貫造船　「一」原作「二」，據局本及蘇東坡集奏議集卷一二論綱梢欠折利害狀改。

〔五七〕歲止二百五十萬斛　按上文有「開元初，河南尹李傑爲水陸運使，運米歲二百五十萬石」句，疑「歲」上脱「開元初」三字。

〔五八〕猶放逋租數數百萬　下「數」原作「一」，據讀史管見卷三〇改。

〔五九〕大中祥符三年　「三」原作「二」，據宋會要食貨六二之二改。

〔六〇〕曰廣濟第一倉　「倉」字原脱，據宋會要食貨六二之二補。

〔六一〕曰廣濟第二倉　「第二倉」三字原脱，據宋會要食貨六二之二補。

〔六二〕左右騏驥院　「院」字原脱，據宋會要食貨六二之二補。

〔六三〕大中祥符元年改　「改」原作「停」，據宋會要食貨六二之二改。

〔六四〕自江南平　「平」原作「東」，據續資治通鑑長編卷一八太平興國二年七月戊寅條改。

〔六五〕歲漕米數百萬石給京師　「石」字原脱，據續資治通鑑長編卷一八太平興國二年七月戊寅條補。

〔六六〕斗直十錢　「直」下原衍「數」字，據續資治通鑑長編卷三〇端拱二年四月條删。

〔六七〕至輕至易　「易」原作「豊」，據元本、慎本、馮本及續資治通鑑長編卷三〇端拱二年四月條改。

〔六八〕歲之豐儉　「之」字原脱，據續資治通鑑長編卷三〇端拱二年四月條補。

〔六九〕諸軍傔人舊日給米二升　「傔人」二字原脱，據續資治通鑑長編卷三〇端拱二年四月條補。

〔七〇〕置發運使領之　「置」字原脱，據宋史卷一七五食貨志上三補。

〔七一〕河北衛州東北有御河達乾寧軍　「州」原作「川」，據宋史卷一七五食貨志上三改。

〔七二〕至道末三千三百三十七艘　「三百」，宋史卷一七五食貨志上三作「二百」。

〔七三〕自五丈河歷曹濟及鄆至京師　「五」上原衍「十」字，「曹」原作「陳」，據宋會要方域一六之二〇删改。

〔七四〕詔減廣濟河歲漕一十萬石　「一」，宋史卷一七五食貨志上三作「二」。

〔七五〕役牙前　「前」原作「錢」，據元本、慎本、馮本及宋史卷一七五食貨志上三改。

〔七六〕歲摺運者四　「摺」原作「擢」，據宋史卷一七五食貨志上三改。

〔七七〕漕事大弊　「大」原作「人」，據元本、慎本、馮本、局本及宋史卷一七五食貨志上三改。

〔七八〕預敕江湖兩浙轉運司　「湖」原作「淮」，據宋會要食貨四六之一六、宋大詔令集卷一八四令江南荆湖兩浙造船團綱般起赴真楚泗轉般倉發運司不得撥綱往諸道詔改。

〔七九〕而税務監官不過一員　「監」原作「那」，據蘇東坡集奏議集卷一二論綱梢欠折利害狀改。

〔八〇〕未委如何隨船點檢得三十隻船一時皆遍　「隨船」二字原脱，據蘇東坡集奏議集卷一二論綱梢欠折利害狀補。

〔八一〕一船點檢　「點檢」二字原倒，據蘇東坡集奏議集卷一二論綱梢欠折利害狀乙正。下同。

〔八二〕惟六路上供斛斗　「斛斗」二字原脱，據宋史卷一七五食貨志上三補。

〔八三〕號直達綱　此四字原脱，據宋史卷一七五食貨志上三補。

〔八四〕五年二月　按據宋史卷三七七向子諲傳，子諲宣和間爲淮南轉運判官。則此處當爲宣和五年二月。似此處脱「宣和」紀年。

〔八五〕付吕淙盧知原均斛斗　「盧知原」，宋史卷一七五食貨志上三作「盧宗原」。

〔八六〕以兩浙之粟專供行在　「之」字原脱，據宋史卷一七五食貨志上三補。

〔八七〕總領所委官就糴於沿流諸郡　「領」字與「諸郡」二字原脱，據宋史卷一七五食貨志上三補。

〔八八〕又減成都水運對糴米　「米」原作「未」，據宋史卷一七五食貨志上三改。

〔八九〕免四川及京西路諸州租以寬之　「諸」原作「請」，據文義改。

〔九〇〕是時稍稍講論漕運之法　「之法」二字原脱，據歷代制度詳説卷四漕運補。

〔九一〕以此知當時諸侯殖利自豐　「諸侯」二字原脱，據歷代制度詳説卷四漕運補。

〔九二〕却不曾見於高惠文景之世　「却」原作「都」，據歷代制度詳説卷四漕運改。下同。

〔九三〕正緣漢武帝官多役衆　「帝」字原脱，據歷代制度詳説卷四漕運改。

〔九四〕振武　「振」原作「鎮」。按唐代有振武軍，地在鄯州鄯城縣。見新唐書卷四〇地理志四、唐會要卷七八節度使，據改。

〔九五〕所以唐人講論之多　「講」原作「議」，據歷代制度詳説卷四漕運改。

〔九六〕韓滉運米至　「米」下原衍「歲」字，據歷代制度詳説卷四漕運删。

〔九七〕何故以風爲期　「期」原作「旗」，據歷代制度詳説卷四漕運改。

〔九八〕無水次不如此　「次」原作「處」，據歷代制度詳説卷四漕運改。

〔九九〕東南發運本原大略如此　「南」原作「京」，據歷代制度詳説卷四漕運改。

卷二十六　國用考四

賑恤

周禮：遺人掌邦之委積，以待施惠；鄉里之委積，以恤民之囏阨；門關之委積，以養老孤；郊里之委積，以待賓客；野鄙之委積，以待羈旅；縣都之委積，以待凶荒。委積者，廩人、倉人計九穀之數足國用，以其餘共之，所謂餘法用也。職內邦之移用亦如此也，皆以餘財共之。少曰委，多曰積。廩人掌九穀之數，以待國之匪頒、賙賜、稍食。以歲之上下數邦用，以知足否，以詔穀用，以治年之豐凶。凡萬民之食食者，人四鬴，上也；人三鬴，中也；人二鬴，下也。此皆謂一月食米也。六斗四升曰鬴。若食不能人二鬴，則令邦移民就穀，詔王殺邦用。

漢高祖二年，關中大饑，米斛萬錢，人相食。令民就食蜀漢。

文帝後六年〔一〕，大旱，蝗。發倉庾以賑貧民。

武帝元狩四年〔二〕，山東被水災，民多饑乏，於是天子遣使虛郡國倉廩，以賑貧民。猶不足，又募豪富人相假貸。尚不能救，乃徙貧民於關以西，及充朔方以南新秦中，七十餘萬口，衣食皆仰給於縣官。數歲，貸與產業，使者分部護，冠蓋相望，費以億計。

元鼎二年，詔曰：「水潦移於江南，迫隆冬至，朕懼其饑寒不活〔三〕。江南之地，火耕水耨，方下巴蜀粟致之江陵，遣博士中等分循行，諭告所抵〔四〕，無令重困。吏民有賑救饑民免其戹者〔五〕，具以名聞。」

河内貧民傷水旱萬餘家，汲黯以便宜持節，發河内倉粟以賑貧民，請歸節伏矯制罪。上賢而釋之。

昭帝元鳳三年，詔曰：「乃者民被水災，頗匱於食，朕虚倉廩，使使者賑困乏，其止四年毋漕。三年以前所賑貸，非丞相、御史所請，邊郡受牛者勿收責。」武帝始開三邊〔六〕，徙民屯田，皆與犂、牛。後丞相、御史復間有所請。令敕自上所賜予勿收責，丞相所請乃令其顧税耳。

宣帝本始四年，詔曰：「今歲不登，已遣使者賑貸困乏，使農移就業。丞相以下至都官令丞上書入穀，輸長安倉，助貸貧民。以車船載穀入關，得無用傳。」傳，傳符也。欲穀之多，故不問其出入。

元帝初元元年，詔振業貧民，貲不滿千錢者賦貸種、食。

永光元年，赦天下。令各務農，無田者皆假之，貸種、食如貧民。

永光四年〔七〕，詔所貸貧民勿收責。

成帝河平四年，賑貸瀕河郡水傷不能自存者，避水他郡國，所在冗食之。冗，散。散廩食使生活〔八〕，不占著户給役使也。

永始二年，詔曰：「關東比歲不登，吏民以義收食貧民，入穀物助縣官賑贍者，已賜直，其百萬以上，加賜爵右更，欲爲吏補三百石，其吏也遷二等。三十萬以上，賜爵五大夫，吏亦遷二等，民補郎。十萬以上，家無出租賦三歲。萬錢以上〔九〕，一年。」

光武建武六年，令郡國有穀者，給廩高年、鰥、寡、孤、獨、篤癃，無家不能自存者。

明帝永平十八年，賜鰥、寡、孤、獨、篤癃不能自存者穀，人三斛。

和帝永元十六年〔一〇〕，詔貧民有田業而匱乏者，貸種糧〔一一〕，勿收責。

以後，以各處水旱、饑饉，賑貸非通行天下者不書。

獻帝興平元年，三輔大旱，帝出太倉米豆作糜，食饑人。

時穀一斛五十萬，豆麥一斛二十萬，人相食啖，白骨委積。帝使侍御史侯汶出太倉米豆，爲饑人作糜粥，經日而死者如故。帝疑賑恤有虛，乃親於御座前量試作糜，乃知非實，使侍中劉艾出責有司，收侯汶考實，杖五十。自是之後，多得全濟。

魏文帝黄初三年〔一二〕，冀州大蝗，民饑，遣使開倉廩以賑之。

明帝景初元年，冀、兖、徐、豫四州遇水，遣使循行。没溺死亡及失産財者，所在開倉賑給之。

吴大帝赤烏三年，民饑，詔開倉廩以賑貧窮。

晉成帝咸康元年，揚州諸郡饑，遣使開倉賑給。

宋文帝元嘉中，三吴水潦，穀貴人饑。彭城王義康立議：「以東土災荒，人凋穀踴〔一三〕，富商蓄米，日成其價。宜班下所在，隱其虛實，令積蓄之家，聽留一年儲，餘皆勒使糶貨，爲制平價。又沿淮歲豐，令三吴饑人，即以貸給，使强壯轉運，以贍老弱。」又詔以會稽、宣城二郡米穀百萬斛賜遭水人。

二十年，諸州郡水旱，人大饑，遣使開倉賑恤。

魏孝文太和元年，詔州郡水、旱、蝗，人饑，開倉賑恤。

七年，以冀、定二州饑，詔郡縣爲粥於路以食之。定州上言，爲粥所活者，九十四萬七千餘口。冀州上言，爲粥所活者，七十五萬一千七百餘口。

宣武延昌元年，州郡十一大水，詔開倉賑恤，以京師穀貴，出倉粟八十萬石以賑恤貧民。

隋文帝開皇十四年，關中大旱，民饑，上遣左右視民食，得豆屑雜糠以獻，爲之流涕，不御酒，殆將一期。乃帥民就食於洛陽，敕斥候不得輒有驅逼，男女參厠於仗衛之間，遇扶老攜幼，輒引馬避之，慰勉而去；至艱險之處，見負擔者，令左右扶助之。

唐太宗謂黄門侍郎王珪曰：「開皇間大旱，隋文帝不許賑給，而令百姓就食山東，比至末年，天下儲積可供五十年。煬帝恃其富饒，侈心無厭，卒亡天下。但使倉庾之積足以備凶年〔一四〕，其餘何用哉！」

唐太宗貞觀二年，山東旱，遣使賑恤饑民，鬻子者，出金寶贖還之。

以後，發常平義倉賑恤事，並見市糴考，兹不再録。

周顯德六年，淮南饑，上命以米貸之，或曰：「民貧，恐不能償。」上曰：「民猶子也，安有子倒懸而父不爲解者！安責其必償也？」

致堂胡氏曰：「稱貸所以惠民，亦以病之。惠者紓其目前之急也，病者責其他日之償也。其責償也，或嚴其期，或徵其耗，或取其息，或予之以米而使之歸錢，或貧無可償而督之不置，或胥吏詭貸而徵諸編民。凡此皆民之所甚病也。有司以豐取約予爲術，聚斂之臣以頭會箕斂爲事，大旱而稅不蠲，水澇而稅不蠲，蝗、蝻、螟、賊而稅不蠲。長官督稅不登數，則不書課；民户納欠不破産，則不落籍。出於民者尚如此〔一五〕，而況貸於公者，其責償固不遺餘力矣！世宗視民猶子，匡救其乏而不責其必償，仁人之心，王者之政也。」

宋太祖皇帝建隆三年，遣使賑貸揚、泗饑。户部郎中沈義倫使吴越還，言：「揚、泗饑民多死，郡中軍儲尚百餘萬斛〔一六〕，倘以貸民，至秋收新粟，公私俱利。」有司沮之曰：「若來歲不稔，孰任其咎？」義倫曰：「國家以廩粟濟民，自當召和氣，致豐年，寧憂水旱邪？此當斷自宸衷。」上從之。三月，詔賜沂州饑民種、食。又詔賑宿、蒲、晉、慈、隰、相、衛州饑。

開寶四年，劉鋹平，詔賑廣南管内州縣鄉村不接濟人户，委長吏於省倉内量行賑貸，候豐稔日令只納元數。

八年〔一七〕，平江南，詔出米十萬石賑城中饑民。

太宗太平興國八年，以粟四萬石賑同州饑。

淳化二年，詔永興、鳳翔、同、華、陝等州歲旱，以官倉粟貸之，人五斗，仍給復二年〔一八〕。

五年，命直史館陳堯叟等往宋、亳、陳、潁等州，出粟以貸饑民。每州五千石及萬石，仍更不理納。

真宗咸平二年，詔出米十萬石賑兩浙貧民。

五年，遣中使詣雄、霸、瀛、莫等州，爲粥以賑饑民。

兩浙提刑鍾離瑾言：「百姓闕食，官設糜粥，民競赴之，有妨農事。請下轉運司量出米賑濟，家不得過一斗〔一九〕。」從之。

仁宗英宗一遇災變，則避朝變服，損膳徹樂。恐懼修省，見於顔色，惻怛哀矜，形於詔令，其德厚矣。災之所被，必發倉廩賑貸，或平價以糶；不足，則轉漕他路粟以給；又不足，則誘富人入粟，秩以官爵。災甚，則出内藏或奉宸庫金帛，或鬻祠部度僧牒；東南則留發運司歲漕米，或數十萬，或百萬石濟之。賦租之未入、入未備者，或縱不取，或寡取之，或倚閣以須豐年〔二〇〕。寛逋負，休力役，賦入之有支移、折變者省之；應給蠶鹽若和糴及科率追呼不急、妨農者罷之。薄關市之征，鬻牛者免算〔二一〕。利有可與民共者不禁，水鄉則蠲蒲、魚、果、蓏之税。民流亡者，關津毋責渡錢；過京師者，分遣官諸城門賑以米，所至舍以官第，爲淖糜食之〔二二〕，或賦以閒田，或聽隸軍籍，老幼不能自存者，聽官司收養，因饑疫若厭溺死者〔二三〕，官爲瘞埋祭之，厭溺死者加賜其家錢粟。蝗爲害，則募民捕，以錢若粟易之，蝗子一升至易菽粟三升或五升。下詔州郡戒長吏存撫其民，緩繫，省刑罰，饑民劫囷窖者薄其罪。且以戒監司俾察官吏之老疾，罷愞不任職者。間遣内侍存問，災甚則遣使安撫。其前後所施，大略如此。

初，天下没入户絶田，官自鬻之。至嘉祐二年，樞密使韓琦請留勿鬻，募人耕，收其租，别爲倉貯之，以給州縣郭内之老幼貧疾不能自存者，謂之廣惠倉，領以提點刑獄，歲終具出納之數，以上三司。户不滿萬，留田租千石，萬户倍之，户二萬留三千石，三萬留四千石，五萬留六千石，七萬留八千石，十萬以上留萬石。田有餘，則糶如舊。四年，詔改隸司農寺，州選官二人，主出納。歲十月，則遣官驗視應受米者，書其名於籍。自十一月始，三日一給米，人一升，幼者半之，次年二月止。有餘乃及諸縣，量其大小而均給之。其大略如此。

慶曆八年，河北、京東西大水，大饑，人相食。詔出三司錢帛賑之〔二四〕。流民入京東者不可勝數。知青州富弼擇所部豐稔者五州勸民出粟，得十五萬斛，益以官廩，隨所在貯之。擇公私廬舍十餘萬區，散處其人，以便薪水。官吏自前資、待闕、寄居者，皆給其祿，使即民所聚，選老弱者廩之。山林河泊之利，有可取以爲生者，聽流民取之，其主不得禁。官吏皆書其勞，約爲奏請，使他日得以次受賞於朝，率五日輒遣人以酒肉糧飯勞之，人人爲盡力。流民死者爲大冢葬之，謂之「叢冢」。自爲文祭之。及流民將復其業，又各以遠近受糧。凡活五十餘萬人，募而爲兵者又萬餘人。上聞之，遣使慰勞，就遷其秩。弼曰：「救災，守臣職也。」辭不受。前此救災者皆聚民城郭中，煮粥食之，饑民聚爲疾疫。及相蹈藉死，或待次數日不食，得粥皆僵仆，名爲救人，而實殺之。弼所立法簡便周至，天下傳以爲法。時知鄆州劉夔亦發廩賑饑，民賴全活者甚衆，盜賊衰止，賜書褒獎。

曾鞏救災議曰：「河北地震、水災，隳城郭，壞廬舍，百姓暴露乏食，主上憂憫，下緩刑之令，遣拊循之使〔二五〕，恩甚厚也。然百姓患於暴露，非錢不可以立屋廬；患於乏食，非粟不可以飽。二者不易之理也。非得此二者，雖主上憂勞於上，使者旁午於下，無以救其患、塞其求也。

有司建言，請發倉廩，與之粟，壯者人日二升，幼者人日一升，主上不旋日而許之賜之，可謂大矣！然有司之所言，特常行之法，非審計終始，見於衆人之所未見也。今河北地震、水災，所毁壞者甚衆，可謂非常之變也。遭非常之變者，必有非常之恩，然後可以振之。

今百姓暴露乏食，已廢其業矣，使之相率日待二升之廩於上，則其勢必不暇乎他爲。是農不復得修其畎畝，商不復得治其貨賄，工不復得利其器用，閒民不復得轉移執事，一切棄百事而專意於待升合之食，以偷爲性命之計，是直以餓殍之養養之而已〔二六〕。非深思遠慮爲百姓長計也。以中户計之：户爲十人，壯者六人，月當受粟三石六斗，幼者四人，月當受粟一石二斗，率一户月當受粟五石，難可以久行也，則百姓何以贍其後？久行之，則被水之地既無秋成之望，非至來歲麥熟之時，未可以罷。自今至於來歲麥熟，凡十月，一户當受粟五十石。今被災者十餘州，州以二萬户計之，中户以上〔二七〕，及非災害所被，不仰食縣官者去其半，則仰食縣官者爲十萬户。食之不遍，則爲施不均，而民猶有無告者也；食之遍，則當用粟五百萬石而足，何以辦？此又非深思遠慮爲公家長計也〔二八〕。

至於給授之際，有淹速，有均否，有真僞，有會集之擾，有辨察之煩，措置一差，皆足致弊。又群而處之，氣久蒸薄，必生疾癘，此皆必至之害也。且此不過能使之得旦暮之食耳，其於屋廬構築之費〔二九〕，將安取哉？屋廬構築之費既無所取，而就食於州縣，必相率而去其故居，雖有頹墻壞屋之尚可完者，故材舊瓦之尚可因者，什器衆物之尚可賴者，必棄之而不暇顧，甚則殺牛馬而去者有之，伐桑棗而去者有之，其害又可謂甚也〔三〇〕。

今秋氣已半，霜露方始，而民露處，不知所蔽，蓋流亡者亦已衆矣，如是不可止〔三一〕，則將空近塞之地。空近塞之地〔三三〕，失戰鬭之民，此衆士大夫之所慮而不可謂無患者也。空近塞之地，失耕桑之民，此衆士大夫所未慮而患之尤甚者也。何則？失戰鬭之民，異時有警，邊戍不可以不增爾；失耕桑之民，異時無事，邊糴不可以不貴矣。二者皆可不深念歟？萬一或出於無聊之計，有窺倉庫，盜一囊之粟、一束之帛者，彼知已負有司之禁，則必鳥駭鼠竄、竊弄鉏梃於草茅之中〔三三〕，以扞游徼之吏。强者既囂而動，則弱者必隨而聚矣。不幸或連一二城之地，有枹鼓之警，國家胡能晏然而已乎！况夫外有夷狄之可慮〔三四〕，内有郊祀之將行，安得不防之於未然〔三五〕，銷之於未萌也！然則爲今之策，下方紙之詔，賜之以錢五十萬貫，貸之以粟一百萬石，而事足矣。何則？今被災之州爲十萬户，如一户得粟十石，得錢五千，下户常産之貲，平日未有及此者也。彼得錢以完其居，得粟以給其食，則農得修其畎畝〔三六〕，商得治其貨賄，工得利其器用，閒民得轉移執事，一切得復其業，而不失其常生之計，與專意以待二升之廩於上，而勢不暇乎他爲，豈不遠哉？此可謂深思遠慮爲百姓長計者也。由有司之説，則用十月之費，爲粟五百萬石，由今之説，則用兩月之費，爲粟一百萬石，况貸之於今而收之於後〔三七〕，足以振其艱乏，而終無損於儲蓄之實，所實費者錢五鉅萬貫而已，此可謂深思遠慮爲公家長計者也。又無給授之弊、疾癘之憂，民不必去其故居，苟有頹墻壞屋之尚可完者，故材舊瓦之尚可因者，什器衆物之尚可賴者，皆得而不失，况於全牛馬，保桑棗，其利又可謂甚也。雖寒氣方始而無暴露之患，民安居足食，則有樂生自重之心，各復其業，則勢不暇乎他爲，雖驅之不去，誘之不爲盜矣。

夫饑歲聚餓殍之民〔三八〕，而與之升合之食，無益於捄災補敗之數，此常行之弊法也。今破去常行之弊法，以錢與粟一舉而振之，足以捄其患，復其業。河北之民，聞詔令之出，必皆喜上之足賴，而自安於畎畝之中，負錢與粟而歸，與其父母妻子脱於流離轉死之禍，則戴上之施而懷欲報之心，豈有已哉！天下之民聞國家措置如此，恩澤之厚，其孰不震動感激，悦主上之義於無窮乎？如是而人和不可致，天意不可悦者，未之有也。」

英宗治平四年，河北旱，民流入京師。待制陳薦請以糴便司陳粟貸民〔三九〕，户二石。從之。

御史中丞司馬光上疏曰：「聖王之政，使民安其土，樂其業，自生至死，莫有離散之心。爲此之要，在於得人。以臣愚見，莫若謹擇公正之人爲河北監司，使之察災傷州縣，守宰不勝者易之，然後多方那融斗斛，各使賑濟本州縣之民。若斗斛數少不能周徧者，且須救土著農民，各據版籍，先從下等次第賑濟，則所給有限，可以豫約矣。若富室有蓄積者，官給印歷，聽其舉貸，量出利息，候豐熟日，官爲收索，示以必信，不可誑誘，則將來百姓争務蓄積矣。如此，饑民知有可生之路，自然不棄舊業，浮游外鄉。居者既安，則行者思反，若縣縣皆然，豈得復有流民哉？」

神宗熙寧元年，降空名度牒五百道付兩浙運司，令分賜本路，召人納米或錢賑濟。

帝以内侍有自淮南來者，言宿州民饑多盗，繫囚衆，本路不以聞。詔遣太常博士陳充等視宿、亳等州災傷。又詔河北災傷州軍劫盗死罪者並減死，刺配廣南牢城，年豐如舊。

司馬光上疏論曰：「臣竊聞降敕下京東、京西災傷州軍，如人户委是家貧，偷盗斛斗因而盗財者，與減等斷放，未知虚的，若果如此，深爲不便。臣聞周禮荒政十有二：散利、薄征、緩刑、弛力、舍禁、去幾，率皆推寬大之恩，以利於民，獨於盜賊愈更嚴急。所以然者，蓋以饑饉之歲，盜賊必多，殘害良民，不可不除也。頃年嘗見州縣官吏有不知治體，務爲小仁者，或遇凶年有劫盜斛斗者，小加寬縱，則盜賊公行，更相劫奪，鄉村大擾，不免廣有收捕，重加刑辟，或死或流，然後稍定。今若朝廷明降敕文，豫言『偷盜斛斗因而盜財者，與減等斷放』，是勸民爲盜也。百姓乏食，官中當輕徭薄賦，開倉賑貸，以救其死，不當使之相劫奪也。今歲府界、京東、京西水災極多，嚴刑峻法以除盜賊，猶恐春冬之交，饑民嘯聚，不可禁禦，又況降敕以勸之，臣恐國家始於寬仁而終於酷暴，意在活人而殺人更多也。」

按：「温公此奏，乃言之於英宗治平年間，非此時所上。今姑附此。」

六年，詔：「自今災傷，用司農常法賑救不足者，並預具當修農田水利工役募夫數及其直上聞，乃發常平錢斛募饑民興修，不如法賑救者，委司農劾之。」

七年，賜環慶路安撫司度僧牒千，以備賑濟漢蕃饑民。

元豐元年，詔以濱、棣、滄州被水災，令民第四等以下立保貸請常平糧有差，仍免出息。

帝曰：「賑濟之法，州縣不能舉行，夫以政殺人與刃無異。今出入一死罪，有司未嘗不力爭，至於凶年饑歲，老幼轉死溝壑，而在位者殊不恤，此出於政事不修而士大夫不知務也。」

九年，知太原府韓絳言〔四〇〕：「在法，諸老疾自十一月一日州給米豆，至次年三月終止。河東地寒，與諸路不同，乞自十月一日起支〔四一〕，至次年二月終止；如有餘，即及三月終。」從之。

賑貧始於嘉祐中罷鬻諸路户絶田，以夏秋所輸之課，給老幼貧疾不能自存者。神宗以來，其法不廢。自蔡京置居養院、安濟坊，給常平米，厚至數倍。差官卒充使令，置火頭，具飲膳，給以衲衣絮被。州縣奉行過當，費用既多，不免率斂，貧者樂而富者擾矣。

元豐間，詔青、齊、淄三州被水之民老幼疾病無依者，給口食，如乞匄法。

哲宗元祐六年，翰林學士承旨、知杭州蘇軾言：「浙西諸郡二年災傷〔四二〕，今歲大水，蘇、湖、常三州水通爲一，杭州死者五十餘萬，蘇州三十萬，未數他郡。今既秋田不種，正使來歲豐稔，亦須七月方見新穀，其間饑饉變故〔四三〕，未易度量。乞令轉運司約度諸郡合糴米斛數目，下諸路封樁及年計上供，赴浙西諸郡糶賣。」詔賜米百萬斛，錢二十餘萬緡，賑濟災傷。

紹聖元年，帝以京東河北之民乏食，流移未歸，詔給空名假承務郎敕十、太廟齋郎補牒十、州助教不理選限敕三十、度牒五百，付河北東西路提舉司，召人入錢粟充賑濟。

東萊吕氏曰：「荒政條目，始於黎民阻饑，舜命棄爲后稷，播時百穀，其詳見於生民之詩。到得後來，如所謂禹之水，湯之旱，民無菜色，荀子：「禹十年水，湯七年旱，而天下無菜色者。」其荒政制度不可考。及至成周，自大司徒以荒政十有二聚萬民，周禮地官：大司徒以荒政十有二聚萬民，一曰散利，二曰薄征，三曰緩刑。其詳又始錯見於六官之書。然古者之所謂荒政，以三十年之通制國用，則有九年之蓄，出禮記王制。遇歲有不登，爲人主者則貶損減省。喪荒之式見於小行人之官，札喪、凶荒、厄窮爲一書。周禮秋官。當時天下各自有廪藏，所遇凶荒則賑發濟民而已。當時措置與後世不同，所謂移民、平糴，皆後世措置。且自周論之，太宰以九式均節物用，三曰喪荒之式，又遣人掌縣鄙之委積，以待凶荒，而大司徒又以薄征、散利。凡諸侯莫不有委積，以待凶荒，凶荒之歲，爲符信發粟賑饑而已。當時斂散輕重之式未嘗講。侯甸采衛皆有饋遺，不至於穀價翔踴如弛張，斂散之權亦不曾講。惟到春秋、戰國，王政既衰，秦饑乞糴於晉，魯饑乞糴於齊，出左傳。歲一不登，則乞糴於鄰國，所謂九年之制度，已自敗壞。見管子輕重一篇。無慮百千言，不過君民互相攘奪。收其權於君上，已非君道。所謂荒政，一變爲斂散輕重，先王之制因壞。到後來斂散輕重之權又不能操，所以啓姦民幸凶年以謀禍害，民轉死於溝壑，至此一切急迫之政。五代括民粟，不出粟者死，與斂散輕重之法又殆數等，大抵其法愈壞，則其術愈麤。

論荒政古今不同，且如移民、易粟，孟子特指爲苟且之政，已非所以爲王道，秦、漢以下，却謂之善政。漢武帝詔令：『水潦移於江南，方下巴蜀之粟，致之江陵。』本紀元鼎二年詔。唐西都至歲不登，關中之粟不足以供萬乘，荒年則幸東都。自高祖至明皇不特移民就粟，其在高宗時，且有『逐糧天子』之語。後來玄宗溺於苟安，不出長安並出通鑑。以此論之，時節不同，孟子所謂『苟且之政，乃後世所謂善政。』『且三十年之通制國用，須必是百年而可行』〔四四〕，亦未易及此。後之有志之士，如李悝之平糴法〔四五〕，雖非先王之政〔四六〕，豐年收之甚賤，凶年出之振饑，此又思其次之良規。到得平糴之政不講，一切趣辦之政，君子不幸，遇凶荒之年，不得已而講，要之，非常行。使平糴之法常行，則穀價不貴，四民各安其居，不至於流散，各可以自生養。至於移民、移粟，不過以饑殍之養養之而已，若設糜粥，其策又其下者。王莽末年，民愈貧困，常苦枯旱〔四七〕，穀價翔貴，北邊及青、徐地人相食，雒陽以東，米石二千。莽遣三公、將軍開東方諸倉，振貸窮乏。又分遣大夫、謁者，教民煮木爲酪，酪不可食。流民入關者數十萬人，置養贍官以廩之〔四八〕。吏盜其廩，饑死者十七八。

大抵荒政，統而論之，先王有預備之政，上也；使李悝之政修，次也；所在蓄積有可均處，使之流通，移民、移粟，又次也；咸無焉，設糜粥，最下也。雖然如此，各有差等。有志之士，隨時理會便其民。戰國之時，要論三十年之通計，此亦虚談，則可以行平糴之法〔四九〕。如漢、唐坐視無策，則移民、通財，雖不及先王，亦不得不論。又不得已而爲糜粥之養，隨所遇之時，就上面措置得有法亦可。大抵論荒政，統體如此。

今則所論，可行者甚多，試舉六七條。且如漢載粟入關中無用傳。宣帝本始四年，歲不登，民以車船載穀入關，毋得用傳。出本紀。後來販粟者免稅，此亦可行之法。此法一行，米粟流通。如後世勸民出粟，散在田里〔五〇〕，以田里之民，令豪户各出穀，散而與之，此一條亦可行。又如富鄭公在青州，處流民於城外，所謂「室廬」，措置種種有法，當時寄居游士分掌其事，不以吏胥與於其間。富鄭公自鄆移青〔五一〕，會河朔大水，民流京東。公以爲從來拯救，皆聚之州縣〔五二〕，人既猥多，倉廩不能供，散以粥飯，欺弊百端，由此人多饑死，死者氣薰蒸，疾疫隨起，居人亦致病斃。是時方春，野有青菜，公出榜要路，令饑民散入村落，擇所部豐稔者五州〔五三〕，勸民出粟，得十五萬斛，益以官廩，隨所在貯之。各因坊村，擇寺廟及公私空屋，又因山岩爲窟室，以處流民。富民不得陂澤之利〔五四〕，分遣寄居閒官往主其事，間有健吏，募流民中有曾爲吏胥、走隸者，皆給其食，令供簿書、給納、守禦之役。借民倉以貯，擇地爲場，掘溝爲限，與流民約，三日一支，出納之詳，一如官府。公推其法於境内，吏之所至，手書其勞〔五五〕，酒炙之饋日至，人人忻戴，爲之盡力。比麥熟，人給路糧遣歸，餓死者無幾，爲大冢葬之，謂之「叢冢」。其間强壯堪爲禁卒者，募得數千人，奏乞撥充諸軍。自是天下流民處，多以青州爲法。又如趙清獻公在會稽，不減穀價，四方商賈輻輳。出言行録。熙寧中，以大資政知越州，兩浙旱蝗，米價踴貴，餓死者十五六。諸州皆榜衢路，禁人增米價。公獨榜衢路，令有米者增價糶之。於是諸州米商輻輳詣越，米價更賤，民無餓死者。此一條亦是可行之法。此六七條皆近時可舉而行者〔五六〕。自此推之，不止六七條，亦見歷世大綱，須要參酌其宜於今者。大抵天下事雖古今不同，可行之法，古人皆施用得遍了，今但則舉而措之而已。

今所論荒政，如平糴之政，條目尤須講求。自李悝平糴至漢耿壽昌爲常平倉，元帝以後或廢或罷，到宋朝遂爲定制。仁宗之世，韓魏公請罷鬻没官之田，募人承佃，爲廣惠倉，散與鰥寡孤獨。慶曆、嘉祐間，既有常平倉，國朝淳化三年置。景德三年，於京西、河北、河東、陝西、淮南、兩浙置。天禧四年，詔益、梓、夔州，荆湖南北、廣南東西路並置。又有廣惠、廣濟倉賑恤，所以仁宗德澤洽於民，三倉蓋有力。至王荆公用事，常平、廣惠量可以支給，盡糶轉以爲錢，變而爲青苗，取三分之息，百姓遂不聊生。廣惠之田賣盡，熙寧二年，制置三司條例司言：「乞令河北〔五七〕、京東、淮南轉運司，施行常平、廣惠倉出納及預散之法〔五八〕。廣惠倉斛斗，除依律合支老疾、乞丐人，據數量留外〔五九〕，其餘並令常平倉監官通管，一般轉易。其兩倉見錢，依陝西出俵青苗錢例，每於夏秋未熟以前，召人户請領，令隨税送納斛斗；內有願請本色斛斗，或納時價貴，願納見錢，皆聽。仍於京東、淮南、河北〔六〇〕三路先行此法措置。」四年，詔賣廣惠倉田。雖得一時之利，要之竟無根底。元祐間雖復，章惇又繼之，三倉又壞，論荒政者不得不詳考。」

高宗紹興元年〔六一〕，詔勸誘富豪出粟米濟糶饑民，賞各有差。

糴及三千石以上,與守闕進義副尉〔六二〕;一萬五千石以上,與進武校尉;二萬石以上,取旨優異推賞;已有官廕不願補授名目〔六三〕,當比類施行。

紹興二十八年,浙東西田苗損於風水。詔出常平米賑糴,更令以義倉賑濟。在法,水旱檢放及七分以上者濟之,詔自今及五分處,即撥義倉米賑濟。

孝宗隆興二年,霖雨害稼,出内帑銀四十萬兩,付户部變糴以濟之。其年,淮民流於江、浙十數萬,官司雖濟而米斛有限,乃詔民間不曾經水災處占田萬畝者,糴三千石〔六四〕;萬畝以下,糴一千石。

乾道三年〔六五〕,臣僚言:「日前富家放貸,約米一斗,秋成還錢五百。其時米價既平,糴四斗始克償之,農民豈不重困?」詔應借貸米穀只還本,取利不過五分。

七年,中書門下省言:「湖南、江西旱傷,立賞格以勸積粟之家。凡出米賑濟,係崇尚義風,不與進納同。」

無官人:一千五百石補進義校尉〔六六〕,願補不理選限將仕郎者聽,以上補官;或進士:則免文解及補上州文學、迪功郎各有差;文臣:一千石減二年磨勘,選人轉一官,以上循資及占射差遣有差。武臣亦如之。五千石以上,文武臣並取旨優與推恩。

臣僚言:「諸路旱傷,乞以檢放展閣責之運司,糴給借貸責之常平司〔六七〕,覺察妄濫責之提刑司,體量措置責之安撫司。」上諭宰執曰:「轉運只言檢放一事,恐他日賑濟之類必不肯任責。」虞允文奏曰:「轉運司管一路財賦,謂之省計。凡州郡有餘、不足,通融相補,正其責也。」

淳熙八年，詔支會子二十二萬〔六八〕，併浙東路常平義錢内支一十萬貫，付提舉朱熹，措置賑糶。十年，江東憲臣尤袤召對〔六九〕，言：「東南民力凋弊，中人之家至無數月之儲。前年旱傷，江東之南康、江西之興國俱是小壘，南康饑民一十二萬二千有奇，興國饑民七萬二千有奇。且祖宗盛時，荒政著聞者，莫如富弼之在青州，趙抃之在會稽，在當時已是非常之災，夷考其實，則青州一路饑民止十五萬，幾及南康一軍之數；會稽大郡，饑民纔二萬二千而已，以興國較之，已是三倍。至於賑贍之米粥，弼用十五萬〔七〇〕，抃用三萬六千。今江東公私合力賑救，爲米一百四十二萬，去歲江西賑濟興國一軍，除民間勸誘所得，出於官者自當七萬，其視青州一路、會稽一郡，所費實相倍蓰，則知今日公私誠是困竭，不宜復有小歉。國家水旱之備止有常平義倉，頻年旱暵，發之略盡。今所以爲預備之計，唯有多出緡錢，廣儲米斛而已。」

又言：「救荒之政，莫急於勸分。昨者朝廷立賞格以募出粟，富家忻然輸納，故庚子之旱不費支吾者，用此策也。自後輸納既多，朝廷吝於推賞，多方沮抑，或恐富家以命令爲不信，乞詔有司施行。」

浙東提舉朱熹與丞相王淮書曰：「今上自執政，下及庶僚，内而侍從，外而牧守，皆可以交結附託而得。明公不此之愛，而顧愛此迪功、文學、承信、校尉十數人之賞，以爲重惜名器之計，愚亦不知其何説也。大抵朝廷愛民之心，不如惜費之甚，是以不肯爲極力救民之事；明公憂國之念，不如愛身之切，是以但務爲阿諛順旨之計。此其自謀，可謂盡矣，然自旁觀論，則亦可謂不思之甚也。」

寧宗嘉定二年，起居郎賈從熟言：「出粟賑濟，賞有常典，多者至命以官，固足示勸，然應格霑賞者未有一二。偏方小郡，號爲上户者，不過常産耳，今不必盡責以賑濟，但隨力所及，或糶或貸，廣而及於一鄉，狹而及於一都，有司核實量多寡與之免役一次，少者一年或半年，庶幾官不失信，民必樂從。」從之。

校勘記

〔一〕文帝後六年　「後」字原脱，據漢書卷四文帝紀補。

〔二〕武帝元狩四年　「元狩」二字原脱，據漢書卷六武帝紀、卷二四下食貨志下補。

〔三〕朕懼其饑寒不活　「活」原作「治」，據漢書卷六武帝紀改。

〔四〕諭告所抵　「諭」字原脱，據漢書卷六武帝紀補。

〔五〕吏民有賑救饑民免其厄者　「賑救」二字原倒，據漢書卷六武帝紀乙正。

〔六〕武帝始開三邊　「三」字原脱，據漢書卷七昭帝紀應劭注補。

〔七〕永光四年　慎本、馮本無「永光」二字，依本書文例，疑是。

〔八〕散廩食使生活　「散」字原脱，據漢書卷一〇成帝紀文穎注改。

〔九〕萬錢以上　「錢」字原脱，據漢書卷一〇成帝紀補。

〔一〇〕和帝永元十六年　「和」原作「章」，「永元」原作「建初」，據後漢書卷四和帝紀、册府元龜卷一〇五帝王部惠民一改。

〔一一〕貸種糧　「糧」原作「種」，據後漢書卷四和帝紀、册府元龜卷一〇五帝王部惠民一改。

〔一二〕魏文帝黄初三年　「三」原作「二」，據三國志卷二文帝紀改。

〔一三〕人凋穀踴　「凋」原作「稠」，據通典卷一二食貨典十二改。

〔一四〕但使倉庾之積足以備凶年　「使」原作「是」，據貞觀政要卷八辯興亡改。

〔一五〕出於民者尚如此　「者」原作「力」，據元本、慎本、馮本及讀史管見卷三〇改。

〔一六〕郡中軍儲尚百餘萬斛　「百」原作「有」，據宋史卷二六四沈倫傳、續資治通鑑長編卷三建隆三年正月己巳條改。

〔一七〕八年　原作「太宗」，據元本、慎本、馮本及續資治通鑑長編卷一六開寶八年十二月己亥條改。

〔一八〕仍給復二年　「二」原作「三」，據宋會要食貨六八之二九改。

〔一九〕家不得過一斗　「不」字與「過」字原脱，據續資治通鑑長編卷八九天禧元年三月丁巳條、宋會要食貨五七之六及六八之三五補。

〔二〇〕或倚閣以須豐年　「閣」原作「格」，據宋史卷一七八食貨志上六改。

〔二一〕鬻牛者免算　按宋史卷一七八食貨志上六在本句下有「運米舟車除沿路力勝錢」句。

〔二二〕所至舍以官第爲淖糜食之　按宋史卷一七八食貨志上六「第」下有「或寺觀」三字。「糜」原作「靡」，今據宋史卷一七八食貨志上六改。

〔二三〕因饑疫若厭溺死者　「疫」原作「役」，據宋史卷一七八食貨志上六改。

〔二四〕詔出三司錢帛賑之　「三」原作「二」，據馮本及宋史卷一一仁宗紀三、續資治通鑑長編卷一六五慶曆八年十二月乙丑條改。

〔二五〕遣拊循之使　「拊」原作「持」，據元豐類稿卷九救災議改。

〔二六〕是直以餓殍之養養之而已　上一「養」字原作「義」，據元豐類稿卷九救災議改。

〔二七〕中户以上　「户」字原脱，據元豐類稿卷九救災議補。

〔二八〕此又非深思遠慮爲公家長計也　「遠」字原脱，據元豐類稿卷九救災議補。

〔二九〕其於屋廬構築之費　「於」原作「餘」，據元豐類稿卷九救災議改。

〔三〇〕其害又可謂甚也　「又」字原脱，據元豐類稿卷九救災議補。

〔三一〕如是不可止　「是」字原脱，據元豐類稿卷九救災議補。

〔三二〕空近塞之地　以上五字原脱，據元豐類稿卷九救災議補。

〔三三〕竊弄鋤梃於草茅之中　「梃」原作「挺」，據元豐類稿卷九救災議改。

〔三四〕况夫外有夷狄之可慮　「夫」原作「今」，據元豐類稿卷九救災議改。

〔三五〕安得不防之於未然　「於」字原脱，據元豐類稿卷九救災議補。

〔三六〕則農得修其畎畝　「得」字原脱，據元豐類稿卷九救災議補。

〔三七〕况貸之於今而收之於後　「收」原作「取」，據元豐類稿卷九救災議改。

〔三八〕夫饑歲聚餓殍之民　「歲聚」原作「寒」，據元豐類稿卷九救災議改。

〔三九〕待制陳薦請以糴便司陳粟貸民　「糴」原作「糶」，據宋會要職官四四之三五改。

〔四〇〕知太原府韓絳言　「韓」原作「魏」，據慎本、馮本及宋史卷一七八食貨志上六改。

〔四一〕乞自十月一日起支　「十」下原衍「一」字，據宋史卷一七八食貨志上六删。

〔四二〕浙西諸郡二年災傷　「諸郡」原舛在「二年」下，據蘇東坡集奏議集卷九乞將上供封樁斛斗應副浙西諸郡接續糴米札子乙正。

〔四三〕其間饑饉變故　「其間饑饉」四字原脱，據蘇東坡集奏議集卷九乞將上供封樁斛斗應副浙西諸郡接續糴米札子補。

〔四四〕須必是百年而可行　「是」原作「世」，據歷代制度詳説卷八荒政改。

〔四五〕如李悝之平糴法　「糴」原作「糶」，據歷代制度詳説卷八荒政改，下同。

〔四六〕雖非先王之政　「雖」字原脱，據歷代制度詳説卷八荒政補。

〔四七〕常苦枯旱　「苦」原作「若」，據歷代制度詳説卷八荒政補。

〔四八〕置養贍官以廩之　「官」原作「宮」，據漢書卷二四上食貨志上改。

〔四九〕則可以行平糴之法　按歷代制度詳説卷八荒政作「但不可不行平糴之法」。

〔五〇〕散在田里　「田」原作「鄉」，據歷代制度詳説卷八荒政改。

〔五一〕富鄭公自鄆移青　「鄆」原作「郭」，據馮本及宋史卷三一三富弼傳改。

〔五二〕皆聚之州縣　「皆」原作「當」。按宋史卷三一三富弼傳、蘇東坡集卷六富鄭公神道碑皆作「前此救災者皆聚民城郭中」云云，此處「當」顯爲「皆」之誤，據改。

〔五三〕擇所部豐稔者五州　「五」原作「三」，據蘇東坡集卷六富鄭公神道碑改。

〔五四〕富民不得陂澤之利　按宋史卷三一三富弼傳作「山林陂澤之利可資以生者，聽流民擅取」；蘇東坡集卷六富鄭公神道碑作「山林河泊之利，有可取以爲生者，聽流民取之，其主不得禁」。疑此處「得」下脱一「專」字。

〔五五〕手書其勞　「其勞」二字原脱。按蘇東坡集卷六富鄭公神道碑作「官吏皆書其勞，約爲奏請，使他日得以此受賞於朝」云云。此處顯脱「其勞」二字，據補。

〔五六〕此六七條皆近時可舉而行者　「此」原作「凡」，據歷代制度詳説卷八荒政改。

〔五七〕河北　「北」原作「南」，據宋會要職官五之三改。

〔五八〕施行常平廣惠倉出納及預散之法　「及」原作「乃」，「散」原作「備」，據宋會要職官五之三改。

〔五九〕據數量留外　「留外」原作「苗」，據宋會要職官五之四改。

〔六〇〕河北　「北」原作「西」，據宋會要職官五之四改。

〔六一〕高宗紹興元年　「紹興」原作「建炎」，據宋史卷一七八食貨志上六、繫年要録卷四四紹興元年五月己酉條改。

〔六二〕與守闕進義副尉　「副」原作「校」，據宋史卷一七八食貨志上六、宋會要食貨五九之二二及六八之五六改。

〔六三〕已有官蔭不願補授名目　「授」原作「援」，據宋史卷一七八食貨志上六、宋會要食貨五九之二二及六八之五六改。

〔六四〕糶三千石　「糶」原作「糴」，據元本、慎本、馮本、局本及宋會要食貨五九之四〇改。

〔六五〕乾道三年　「乾道」二字原脱，據宋會要食貨五九之四三補。

〔六六〕一千五百石補進義校尉　「五百」二字原脱，據宋史卷一七八食貨志上六、宋會要食貨五九之四八補。

〔六七〕乞以檢放展閣責之運司糶給借貸責之常平司　「檢」原作「展」，「糶」原作「糴」，據宋史卷一七八食貨志上六、宋會要食貨五九之四九及六八之七〇改。

〔六八〕詔支會子二十二萬　「詔」原作「語」，據局本及宋會要食貨六八之七七及六八之七八改。

〔六九〕江東憲臣尤袤召對　「對」原作「人」，據宋史卷三八九尤袤傳改。

〔七〇〕弼用十五萬　「弼」字原脱，據上下文義補。

卷二十七　國用考五

蠲貸

漢文帝二年，民貸種、食未入，入未備者，皆赦之。

十二年，賜天下民田租之半。

十三年，除民之田租。

右除田租，始於漢文，以後或因行幸所過除田租，或各處災傷除田租，非遍及天下者不録。詳見田賦考。

武帝元朔元年，諸逋貸在孝景後三年以前，皆勿收。

昭帝始元二年，詔所賑貸種食勿收責。

按：「漢以來始有蠲貸之事，其所蠲貸者有二：田賦一也，逋債二也。何三代之時獨不聞有所蠲貸邪？蓋三代之所以取民，田賦而已，貢、助、徹之法雖不離乎什一，然往往隨時隨地爲之權衡，未嘗立爲一定不易之制，故禹貢九州之地，如人功多則田下而賦上，人功少則田上而賦下。兖州之地，蓋十有三載而後可同於他州，又有雜出於數等之間，如『下上上錯』、『下中三錯』之類，可見其未嘗立爲定法。孟子以爲治地莫不善於貢，亦病其較數歲之中以爲常，然則數歲之外亦未嘗不變易，非如後世立經常之定額，其登於賦額者，遂升合不可懸欠也。蓋其所謂田賦者，既隨時斟酌而取之，則自不令其輸納不敷而至於逋懸，既無逋懸，則何有於蠲貸？而當時之民，亦秉義以事其上，所謂『雨我公田，遂及我私』。所謂『私田稼不善則非吏，公田稼不善則非農』，則又不至如後世徇私忘公，而徼幸其我蠲。至於田賦之外，則未嘗他取於民，雖有春省耕，補不足；秋省斂，助不給之制，然未聞責其償也。春秋時，始有施舍已責之說，家量貸而公量收之說。秦、漢而下，賦稅之額始定，而民不敢逋額內之租，征斂之名始多，而官復有稅外之取。夫如是，故上之人不容不視時之豐歉、民之貧富而時有蠲貸之令，亦其勢然也。由唐以來，取民之制愈重，其法愈繁，故蠲貸之令愈多，或以水旱，或以亂離。改易朝代，則有所蠲；恢拓土宇，則有所蠲；甚至三歲祀帝之赦，亦必有所蠲，以爲常典。蓋征斂之法本苛，逋欠之數日多，故蠲貸之令不容不密，而桀黠頑獷之徒，至有故逋常賦以待蠲，而以爲得策，則上下胥失之矣。」

宣帝元康元年，詔所賑貸勿收。

神爵元年，詔所賑貸物勿收。

元帝永光四年，詔所貸貧民勿收責。

鴻嘉元年，詔逋貸未入者勿收。

四年，逋貸未入皆勿收〔一一〕。

成帝河平四年，詔諸逋租賦、所賑貸勿收〔二〕。

後漢章帝元年，詔以大旱勿收兖、豫、徐州田租。

和帝永元四年，詔郡國秋稼爲旱蝗所傷者什四以上，勿收田租。九年，詔如之。

順帝永建元年，詔以疫癘水潦〔三〕，令人半輸今年田租；其傷害什四以上，勿收責；不滿者，以實除之。

桓帝延熹九年、靈帝熹平四年〔四〕，皆有是詔。

魏陳留王景元四年，取蜀，赦。益州士民，復除租税之半。

吴大帝嘉禾三年，寬民間逋賦，勿復督課。

十三年，詔原逋責。

晉武帝泰始元年，受禪。復天下租賦及關市之税一年，逋債宿負皆勿收。

太康元年，平吴，將吏渡江復十年；百姓及百工復二十年。

三年〔五〕，詔四方水旱甚者，無出田租。

五年，減天下户課三分之一〔六〕。

六年，以歲不登，免租貸宿負。

惠帝永平元年，除天下户調緜絹。

成帝咸和四年，詔遭賊郡縣〔七〕，復租税三年。

孝武太元四年，郡縣遭水旱者，減租税。

五年，以比歲荒歉，大赦。自太元三年以前逋租宿債，皆蠲除之。

十七年，大赦。除逋租宿債。

宋武帝即位，大赦。逋租宿債勿收。

齊高帝即位，大赦。除逋租宿債。梁、陳受禪，皆然。

魏道武天興元年，詔大軍所經州郡，皆復貲租一年，除山東人租賦之半。

二年，又除州郡民租賦之半〔八〕。

太武延和三年，詔以頻年征伐，有事西北，運輸之役，百姓勤勞。令郡縣括貧富，以爲三級〔九〕，富者租賦如常，中者復二年，下窮者復三年。

孝文帝太和六年，分遣大使巡行州縣，遭水之處免其租賦。

隋文帝開皇九年，以江表初平，給復十年，自餘諸州並免當年租賦。

十二年，詔河北、河東今年田租三分減一，兵減半，功調全免。

唐高祖武德元年，即位，詔義師所過給復三年，其餘給復一年〔一〇〕。

四年，平王世充、竇建德，大赦。百姓給復一年，陝、鼎、函、虢、虞、芮、豳七州轉輸勞費，幽州管内久隔寇戎，並給復二年。

太宗即位，免民逋租宿負。又免關内及蒲、芮、虞、秦、陝、鼎六州二歲租，給復天下一年。

貞觀元年，以山東旱，免今年租。

中宗復位，免民一年租賦。

睿宗即位，免天下歲租之半。

玄宗開元五年，免河南、北蝗水州今歲租。

八年，免水旱州逋負。

九年，免天下七年以前逋負。

十七年，免今歲租之半。

二十七年，免今年租。

天寶十四載，免今年租庸半。

肅宗乾元二年，免天下租、庸，來歲三之一；陷賊州，免三歲租。

代宗即位，免民逋租宿負〔一一〕。次年，又詔免之。

憲宗元和四年，免山南東道、淮南、江西、浙東、湖南、荆南今歲税。

十四年，大赦。免元和二年以前逋負。

武宗會昌六年，以旱，免今年夏税。

宣宗大中四年，蠲度支、鹽鐵、户部逋負。

九年，以旱，遣使巡撫淮南，減上供饋運，蠲逋租。又罷淮南、宣歙、浙西冬至、元日常貢，以代下户租稅。

懿宗咸通七年，大赦。免咸通三年以前逋負。

後唐明宗天成二年〔三〕，詔免三司逋負近二百萬緡。

潞王即位，以劉昫判三司，鈎考舊逋，必無可償者請蠲之。詔長興以前，户部及諸道逋租三百三十萬石咸免之。貧民大悦，三司吏怨之。

致堂胡氏論，見田賦考。

宋太宗皇帝至道二年，祕書丞高紳上言：「受詔詣江南諸州，首至宣州，檢責部内逋官物千二百四十八萬。」即日詔太常丞黄夢錫乘傳案其事，皆李煜日吏掌郵驛、鹽鐵、酒榷、供軍稟秸等，以鐵錢計其數，逮四十年州郡不爲削去其籍。夢錫檢勘合理者纔三四萬，民貧無以償。乃詔悉除逋籍。

真宗咸平元年，判三司催欠司王欽若上言：「諸路所督逋負并十保人償納未盡者，請令保明聞奏，均在吏屬科理者，請蠲放之。」詔可。又令川峽逋欠官物，不得估其家奴婢以償。自是，每有大赦，必令臺省官與三司同詳定逋負，引對蠲放。天書降，放五百八十萬；東封，放五百四十九萬；汾陰，放五百九十四萬。其後所放，大約準此。

巽岩李氏送湯司農歸朝序曰：「側聞真宗初即位，王文穆公與毋賓古同佐三司。賓古謂：『天下宿逋自五代訖咸平理督未已，民病不能勝，將啟蠲之。』文穆得賓古言，即夕俾吏治其數。翌日具奏，真宗愕曰：『先帝曷不知此？』文穆曰：『先帝固知之，特留遺陛下收天下心耳！』真宗感悟，因遣使四出蠲宿逋，凡一千餘萬，釋係囚三千餘人。由是遇文穆甚異，卒用爲相。仁宗繼立，推廣先志，亟改追欠司曰蠲納司，旋命近臣詳定應在名物，下諸路轉運使，期以三年悉蠲之。每三年復一大赦，凡宿逋之總於蠲納司者，苟非侵盜，皆得除洗。歷聖相授〔一三〕，率由舊章，所蠲當以數百萬計，究其本原事迹，實自文穆發之。文穆晚繆，所爲要不合古，而真宗獨加寵待，亦惟文穆早有恤民之言，宜爲宰相故爾。」

仁宗天聖六年，詔：「天下應在物〔一四〕，轉運司選所部官，期三年内悉除之。百萬以上，歲中除十之八者陞陟；不及百萬，而歲中悉除者録其勞；過期者劾其罪。」是歲，有司言所蠲二百三十六萬。

嘉祐四年，蠲三千二百一十六萬，其餘或千萬，或數百萬，推是以知四十餘年之間，以恩釋者多矣。然有司或務聚斂，有嘗以恩除而追督不捨者，朝廷知其弊，下詔戒飭。

英宗治平三年，詔逋負非侵盜皆除之。或請所負須嘉祐七年赦後已輸十之三，乃以赦除。端明殿學士錢明逸言：「此非赦意，請如初令。」詔可。

神宗熙寧元年，釋逋負貸糧一百六十二萬八千五百石有奇，錢十一萬七千四百緡有奇。

元豐五年，詔内外市易務，在京酒户罰息錢並除之。後又詔倍罰麴錢三分已放一分外，更免一分。

哲宗元祐元年，右司諫蘇轍言：「乞將民間官本債負出限役錢，及酒坊元額罰錢，見今資産耗竭，實不能出者，令州縣監司保明除放。」詔令户部勘會。轍謂此事惟州縣可見，若令户部取之州縣文字，往來問難，淹延歲月，救民之急，不當如此，乞與一切放免。於是詔户部勘會應係諸色欠負窠名，數目若干，係息或罰，及逐户已納過息罰錢數，并抛下免役及坊場净利等錢，仍以欠户見有無抵當物力〔一五〕，速具保明以聞。尋詔内外見監理市易官錢，特許以納過息罰錢充折，如已納及官本，即便與放免，并坊場净利錢亦依此。

五年，詔府界諸路人户，積年負欠，以十分爲率，每年隨夏、秋料各帶納一分，願併納者聽。又詔諸路負欠，許將斛斗增價折納。

御史中丞傅堯俞言：「風聞逐處監司，以今歲蠶麥並熟，催督積年逋負，百姓必不能用一熟之力，了積年之欠，徒費鞭朴，長公人貪暴乞取之弊。諸路監司且令帶納一料，候秋成更令帶納。」

知杭州蘇軾言：「二聖嗣位以來，恩貸指揮多被有司巧爲艱閡，故四方皆有『黄紙放而白紙收』之語〔一六〕。雖民知其實，止怨有司，然陛下亦未嘗峻發德音〔一七〕，戒飭大臣，令盡理推行，則亦非獨有司之過也〔一八〕。況臣所論市易、鹽錢、酒税、和買絹四事，錢物雖多，皆是虚數，必難催理。除是復用小人如吴居厚、盧秉之類，假以事權，濟其威虐，則五七年間，或能索及三五分。若官吏只循常法〔一九〕，何緣索得，三五年後，人户竭産，伍保散亡，勢窮理盡，不得不放。當此之時，亦不得謂之聖恩矣！伏乞留神省覽，或執政只作常程文字行下，一落胥吏庸人之手，則茫然如墮海中，民復何望矣！」

七年，軾又上言曰：「臣聞之孔子曰：『善人教民七年，亦可以即戎矣。』夫民既富而教，然後可以即戎，古之所謂善人者，其不及聖人遠甚。今二聖臨御，八年於兹，仁孝慈儉，可謂至矣。而帑廩日益困，農民日益貧，商賈不行，水旱相繼，以上聖之資而無善人之效〔二〇〕，臣竊痛之。所至訪問耆老有識之士，陰求其所以，皆曰：『方今民荷寬政，無他疾苦，但爲積欠所壓，如負千鈞而行，免於僵仆則幸矣，何暇舉首奮臂，以營求於一飽之外哉！』今大姓富家，昔日號爲『無比户』者，皆爲市易所破，十無一二矣，其餘自小民以上，大率皆有積欠。監司督守令，守令督吏卒，文符日至其門，鞭笞日加其身，雖有白圭、猗頓，亦化爲篳門圭竇矣。自祖宗以來，每有赦令，必曰凡欠官物，無侵欺盜用，及雖有侵盜而本家及五保人無家業者，並與除放。祖宗非不知官物失陷，姦民幸免之弊，特以民既乏竭，無以爲生，雖加鞭撻，終無所得，緩之則爲姦吏之所蠶食，急之則爲盜賊之所憑藉，故舉而放之，則天下悦服。雖有水旱盜賊，民不思亂，此爲捐虚名而收實利也。

自二聖臨御以來，每以施舍已責爲先務，登極赦令，每次郊赦，或隨事指揮，皆從寬厚。凡今所催欠負，十有六七，皆聖恩所貸矣。而官吏刻薄，與聖意異，舞文巧詆，使不該放。監司以催欠爲職業，守令上爲監司之所迫，下爲胥吏之所使，大率縣有監催千百家，則縣中胥徒，舉欣欣然日有所得，若一旦除放，則此等皆寂寥無獲矣。自非有力之家納賂請求，誰肯舉行恩貸，而積欠之人，皆鄰於寒餓，何賂之有？其間貧困掃地，無可蠶食者，則縣胥教令通指平人，或云衷私擅買，抵當物業；或雖非衷私，而云買不當價。似此之類，蔓延追擾，自甲及乙，自乙及丙，無有窮已。每限皆空身到官，或三五限得一二百錢，謂之『破限』。官之所得至微，而胥徒所取，蓋無虚日，俗謂此等爲『縣胥食邑户』。

嗟乎！聖人在上，使民不得爲陛下赤子，而皆爲姦吏食邑户，此何道也！商賈販賣，例無見錢，若用見錢，則無利息，須今年索去年所賣；明年索今年所賒，然後計算得行，彼此通濟。今富户先已殘破，中民又有積欠，誰敢賒賣物貨？則商賈自然不行，此酒税課利所以日虧，城市房廊所以日空也。諸路連年水旱，上下共知，而轉運司窘於財用，例不肯放税，縱放亦不盡實，雖無明文指揮，而以喜怒風曉官吏，孰敢違者？所以逐縣例皆拖欠兩税，較其所欠，與依實檢放無異，於官了無所益，而民有追擾鞭撻之苦。近者詔旨，凡積欠皆分爲十料催納，通計五年而足，聖恩隆厚，何以加此？而有司以謂有旨，倚閣者方待依十料指揮，餘皆并催。縱使盡依十料，吏卒乞覓，必不肯分料少取。人户既未納足，則追擾常在，縱分百料，與一料同。

臣頃知杭州，又知潁州，今知揚州，親見兩浙、京西、淮南三路之民，皆爲積欠所壓，日就窮蹙，死亡過半，而欠籍不除，以致虧欠兩税，走陷課利。農末皆病，公私並困，以此推之，天下大率皆然矣。臣自潁移揚州，舟過濠、壽、楚、泗等州，所至麻麥如雲，臣每屏去吏卒，親入村落，訪問父老，皆有憂色，云豐年不如凶年，天災流行，民雖乏食，縮衣節口，猶可以生。若豐年舉催積欠，胥徒在門，枷棒在身，則人户求死不得，言訖淚下。臣亦不覺流涕。又所至城邑，多有流民，官吏皆云以夏麥既熟，舉催積欠，故流民不敢歸鄉。臣聞之孔子曰：『苛政猛於虎。』昔嘗不信其言，以今觀之，殆有甚者。水旱殺人，百倍於虎；而人畏催欠，乃甚於水旱。臣竊度之，每州催欠吏卒不止五百人，以天下言之，是常有二十餘萬虎狼散於民間，百姓何由安生！朝廷仁政何由得成乎！臣自到任以來，日以檢察本州積欠爲事，内已有條貫除放，而官吏不肯舉行者，臣即指揮本州一面除放去訖。其於理合放而於條未有明文者，即且令本州權住催理，聽候指揮；其於理合放而於條有礙者，臣亦未敢住催，各具利害，奏取聖旨。」

元符三年十二月時徽宗已即位。詔兩浙轉運司應舊欠朝廷及他司錢物斛斗總計六百五十餘萬，分作十五年撥還，仍自建中靖國元年爲始。

時右司員外郎陳瓘進國用須知，言：「帝嗣位之初，肆赦天下，大弛逋負，其數太多，不無僥倖，方國用匱乏之時，傾天下之財而無孑遺，大臣爲無益之舉，以壞先憲，不可以不慮。」會御史中丞趙挺之亦言：「契勘元祐七年所放，不問係與不係欠負，凡民間錢物宜輸於官者，一切均放之。然所放欠，乃元豐八年三月已前，蓋七年已前也，今元符三年乃放元符三年已前者，則所放不貲矣。祖宗以來，放欠自有程式，今不取祖宗以來舊法，而獨取元祐七年之法，其間放欠，止依所放名件，而不依所放年歲，顯有情弊。乞並送户部勘當，將建隆以來至元祐六年赦敕契勘，如不曾放過名件，並合依祖宗以來赦敕催納。方當内外告乏之時，朝廷能收宜取之物，以助國用，非小補也。」

宣和六年，臣僚言：「京西等處二税，及坊場、酒税拖欠貫萬不少，悉非良民不納，多是形勢頑猾人户欺隱。又高郵縣共欠一十餘萬貫石，作逃移者四萬七千餘户，每歲輒除額税五萬二千餘貫石。蓋州縣之官不能治豪右，抑兼并，貧下之户爲豪右兼并，其籍必妄申逃移，失陷省税。乞詔有司驅磨按治，庶使貧下之民均被聖澤。」從之。

高宗建炎二年，詔元年夏、秋税租及應欠負官物並除放。

紹興二年，建盗范汝爲平，蠲本路上四州今年夏、秋税及夏料役錢〔二〕。下四州曾遭寇掠者，蠲今年夏税。

三年，詔諸州軍所欠紹興元年夏、秋二税并和買，上三等人户與倚閣一半，第四等以下並倚閣，分限三年帶納。又詔潭、郴、鼎、澧、岳、復、循、梅、惠、英、虔、吉、撫、汀、南雄、荆南、南安、臨江皆盗賊所蹂踐，及軍行經歷處，與免科差及催欠各二年。

六年，詔去年旱傷及四分已上州縣，紹興四年已前積欠租税皆除之。執政初議倚閣，上曰：「若倚閣州縣，因緣爲姦，又復催理擾人。」乃盡蠲之。

七年，詔：「駐蹕及經由州縣，見欠紹興五年已前賦税，并坊場凈利所負並蠲之。」

二十一年，詔：「自紹興十一年至十七年諸色拖欠錢物，除形勢及公吏、鄉司與第二等已上有力之家，餘並蠲之。」

二十三年，温州布衣萬春上書，言：「乞將民間有利債欠，還息與未還息、及本與未及本者並除放，庶少抑豪右兼并之權，伸貧民不平之氣。」上謂輔臣曰：「若止償本，則上户不肯放債，反爲細民害。」乃詔私債還利過本者，並與依條除放。

二十六年，吏部侍郎許興古言：「今銓曹有知縣、縣令共二百餘闕，無願就者，正緣財賦督迫，民官被罪，所以畏避如此。若罷獻羨餘，蠲民間積欠，謹擇守臣，戒飭監司，奉法循理，則吏稱民安矣〔三〕。」詔行之。

二十八年，三省言：「平江、紹興府，湖、秀州被水，欲除下户積欠，擬令户部開具有無侵損歲計。」上曰：「不須如此，止令具數，便於内庫撥還。朕平時不妄費内庫所積，正欲備水旱。本是民間錢，却爲民間用，何所惜？」乃詔平江等處，應日前積久税賦並蠲之。

二十九年，詔諸路州縣，紹興二十七年前積欠官錢三百九十七萬餘緡，及四等以下户係官所欠皆除之。

三十年，臣僚言：「自岳飛得罪，湖北轉運司拘收前宣撫司庫務金幣物斛，計直六百九十餘萬緡，有未輸納者八十九萬緡，至是一十年，拘催不已。此皆出軍支使及回易逃亡之數，即非侵盗，無所追償，望即除放。」從之。

紹興三十二年，孝宗即位赦文：「應官司債負房賃、租賦、和買、役錢及坊場、河渡等錢〔三〕，截止紹興三十年以前並除放〔四〕。如别立名額追納者，許越訴官吏，並坐之。」

乾道元年正月，有事于南郊，赦，蠲減並循舊制。自後每三歲郊禋，赦皆如之。

詔蠲福建路寺觀寬剩錢。

先是，閩部寺觀，計口給食，常住所餘，盡爲官拘。是致僧道不肯留心管業，田多不耕，耕者旋復逃棄，抑勒鄰保補欠，累及鄉民，乃有是命。

廣東帥臣林安宅言：「近者湖南凶賊奔衝本路，韶、連、南雄、封州，德慶、肇慶府之西，會廣州之懷集、清遠，皆遭蹂踐，或被焚蕩。乞依廣西例，免今年夏、秋二税，并合應副轉運司，供贍荆南及本路大兵錢糧。」詔併英、賀、郴州，桂陽軍未起錢物悉蠲之。十二月，宰執進呈立皇太子赦内一項，應爲人曾孫，如祖孫四世見在，特與免本身色役、二税、諸般科敷一年。户部慮虧損歲計，欲每户放止五十千。上曰：「豈可失信於人？雖數多亦不奈何。」

乾道二年，詔饒州歲進金一千兩，特減七百兩。

五年，蠲諸路州軍隆興元年至乾道二年終拖欠上供諸色窠名錢糧，及乾道二年已前上供、科糴綱運欠米。又蠲江淮等路紹興二十七年至乾道二年終拖欠内藏庫歲額錢共八十七萬五千三百緡有奇。

六年，户部侍郎王佐等言：「軍興以後，行在省倉、諸路總所借兑過錢一百九十六萬餘緡、銀三十八萬五千餘兩、金二百餘兩、度牒五千道。殿步馬軍司元借過酒本錢二十二萬五千餘緡，及諸郡寄招軍兵兑支錢五萬八千緡，起發忠勇軍衣，賜綿一萬二千九百餘兩、絹三千八百餘疋，並乞蠲放。」從之。

九年，詔大理寺見追贓錢自乾道七年二月以前並蠲之。

淳熙四年，臣僚言：「屢赦蠲積欠，以蘇疲民，州縣不能仰體聖意，至變易名色以取之。宜下諸路漕司，如合該除放，無得更取之於州，州無得更取之於縣，仍督逐縣銷豁欠簿，書其名數，榜民通知。」詔可。

七年，池州言：「檢放旱苗米四萬五千餘石，其經總制錢二萬六千餘貫，係於苗上，收趁無所從出。」詔蠲之。

浙東提舉朱熹言：「去年水旱相繼，朝廷命檢放秋苗，蠲閣夏税。緣起催在前，善良畏事者多已輸納，其得減放者皆頑猾人户，事件不均。望詔將去年剩納數目，理作八年蠲豁。」詔户部看詳。

詔：「淳熙七年、八年，諸路州軍，應住催併，權免拘催，候秋成理納，或隨料留納。苗税緣係連年旱傷，可特與蠲放。」

十年，先是，户部尚書曾懷申請：「妄訴災傷，僥倖減免税租，許人告，依條斷罪，仍没其田，一半充賞。」至是，江東運副蘇謣奏：「昨稱災傷，止是規免本年一料税租，斷罪給賞，已是適中，難以拘没其田。」從之。

朱熹戊申封事：「臣伏見祖宗舊法，凡州縣催理官物，已及九分以上，謂之『破分』，諸司即行住催，版曹亦置不問。由是州縣得其羸餘，以相補助，貧民些小拖欠亦得遷延，以待蠲放。恩自朝廷，惠及閭里，君民兩足，公私俱便〔二五〕，此誠不刊之令典也。昨自曾懷用事，始除此法，盡刷州縣舊欠，以爲隱漏，悉行拘催，於是民間税物，毫分銖兩〔二六〕，盡要登足。懷以此進身，遂取宰相，而生靈受害，冤痛日深。得財失民，猶爲不可，況今政煩賦重，民卒流亡，所謂財者，又將無有可得之理〔二七〕，若不早救，必爲深害。」

按：「以此二事觀之，曾懷之爲刻剥小人可知矣。」

淳熙十六年二月，光宗受禪即位，蠲赦條畫一依壽皇登極赦事理。

臣僚言：「紹興三十二年赦止放官司債負，今乃易官司之司爲公私之私。赦下之後，並緣昏賴者衆，乃詔私債納息過本者放，未過本者，免息還本，並緣昏賴者科罪。」

紹熙元年，臣僚言：「陛下嗣位之初，首議蠲貸，意州縣可以均受其賜。今郡之督責於縣者如故，縣之誅求乎民者無所遺也。乞令諸路監司，將知名闕乏，縣、道、諸郡，公心共議，蠲減無名之供，而後禁戢不止之取。一郡則通一郡之事力，而寬融所當減之縣；監司則通一路之事力，而寬融所當減之州。期以一季，開具減放名色錢數聞奏。」詔可。

紹熙五年，寧宗即位，登極赦，蠲放一如淳熙十六年故事。

慶元五年，臣僚奏：「乞蠲潭州科納、承平時黄河築埽鐵纜錢、寧國府抱認廢圩米。」從之。二項係攸縣及宣城縣民田畝内抱認科納，今除之。

嘉泰四年，前知常州趙善防言：「貧民下户，每歲二税，但有重納，未嘗拖欠，朝廷蠲放，利歸攬户、鄉胥，而小民未嘗沾恩。乞明詔自今郊霈與減放次年某料官物，或全料，或一半，其日前殘零，並要依數納足，則貧民實被寬恩，官賦亦易催理。」從之。

開禧元年，詔免兩浙身丁錢絹，自來年並除之。

右宋以仁立國，蠲租已責之事，視前代爲過之，而中興後尤多。州郡所上水旱、盗賊、逃移，倚閣錢穀，則以詔旨徑直蠲除，無歲無之，殆不勝書。姑撮其普及諸路與所蠲名目頗大者登載於此。蓋建炎以來軍興，用度不給，無名之賦稍多，故不得不時時蠲減數目，以寬民力。又西蜀自張魏公屯軍關陝，以趙開爲隨軍轉運，軍前支使，饋饟尤浩。故賦税茶、鹽，榷酤，和買布、絹，對糴米糧，及其他名色錢物，錙銖必取，率是增羨，蜀民頗困。事定之後，凡無名横斂，不急冗費，多從蠲減云。

校勘記

〔一〕逋貸未入皆勿收　「未入皆」三字原脱，據漢書卷一〇成帝紀補。

〔二〕成帝河平四年詔諸逋租賦所賑貸勿收　依本書文例，此條當在「鴻嘉元年，詔逋貸未入者勿收」之前。

〔三〕詔以疫癘水潦　「潦」原作「旱」，據後漢書卷六順帝紀改。

〔四〕靈帝熹平四年　「四」原作「元」，據後漢書卷八靈帝紀改。

〔五〕三年　「三」原作「二」，據晉書卷三武帝紀改。

〔六〕減天下户課三分之一　「一」原作「二」，據晉書卷三武帝紀改。

〔七〕詔遭賊郡縣　「郡」原作「州」，據晉書卷七成帝紀改。

〔八〕又除州郡民租賦之半　「民」字原脱，據魏書卷二太祖紀補。

〔九〕以爲三級　「三」字原脱，據魏書卷四上世祖紀上補。

〔一〇〕其餘給復一年　「一」原作「二」，據新唐書卷一高祖紀改。

〔一一〕免民逋租宿負　「逋」下原衍「負」字，據新唐書卷六代宗紀删。

〔一二〕後唐明宗天成二年　「明」原作「莊」，據舊五代史卷三八明帝紀四、資治通鑑卷二七六後唐紀五天成二年十月戊戌條改。

〔一三〕歷聖相授　「歷」，元本、慎本、馮本作「列」。

〔一四〕天下應在物　按上文「旋命近臣詳定應在名物」云云，疑此處「在」下脱「名」字。

〔一五〕仍以欠户見有無抵當物力　「抵」字原重，據馮本删。

〔一六〕故四方皆有黄紙放而白紙收之語　「而」字原脱，據蘇東坡集奏議集卷七應詔論四事狀補。

〔一七〕然陛下亦未嘗峻發德音　「亦」字原脱，據蘇東坡集奏議集卷七應詔論四事狀補。

〔一八〕則亦非獨有司之過也　以上九字原脱，據蘇東坡集奏議集卷七應詔論四事狀補。

〔一九〕若官吏只循常法　「只」原作「兵」，據蘇東坡集奏議集卷七應詔論四事狀改。

〔二〇〕以上聖之資而無善人之效　「而」字原脱，據蘇東坡集奏議集卷一一論積欠六事并乞檢會應詔所論四事一處行下狀補。

〔二一〕蠲本路上四州今年夏秋税及夏料役錢　「本」下原衍「州」字，據建炎以來繫年要録卷五三紹興二年四月壬申條删。

〔二二〕則吏稱民安矣　「吏」字原脱，據元本、慎本、馮本及宋史卷一七四食貨志上二補。

〔二三〕應官司債負房賃租賦和買役錢及坊場河渡等錢　「租」原作「税」，「錢」字原脱，據宋史卷一七四食貨志上二改補。

〔二四〕截止紹興三十年以前並除放　「十」下原衍「二」字，據宋史卷一七四食貨志上二删。

〔二五〕公私俱便　「俱」原作「兩」，據朱文公文集卷一一戊申封事改。

〔二六〕毫分銖兩　「毫」原作「豪」，據朱文公文集卷一一戊申封事改。

〔二七〕又將無有可得之理　「將」與「有」字原脱，據朱文公文集卷一一戊申封事補。

卷二十八　選舉考一

舉士

周官：大司徒以鄉三物教萬民而賓興之。一曰六德：知、仁、聖、義、忠、和；二曰六行：孝、友、睦、婣、任、恤；三曰六藝：禮、樂、射、御、書、數。物，猶事也。興，猶舉也。民三事教成，鄉大夫舉其賢者、能者，以飲酒之禮賓客之，既則獻其書於王。

鄉大夫三年則大比，考其德行道藝，而興賢者、能者。鄉老及鄉大夫帥其吏，與其衆寡，以禮禮賓之。鄭司農云：興賢，若今舉孝廉；興能，若今舉茂材。厥明，鄉老及鄉大夫、群吏，獻賢能之書於王，王再拜受之，登於天府，内史貳之。天府，掌祖廟之寶藏者。内史，副寫其書者，當詔王爵禄之時。退而以鄉射之禮五物詢衆庶：一曰和，二曰容，三曰主皮，四曰和容，五曰興舞。當射之時，民必觀焉，因詢之也。此謂使民興賢，出使長之；使民興能，入使治之。

王制：命鄉論秀士，升之司徒，曰「選士」。詳見學校考。

州長各掌其州之教治政令之法。正月之吉，各屬其州之民而讀法，以考其德行道藝而勸之，以糾其過惡而戒之。若以歲時祭祀州社〔一〕，則屬其民讀法，亦如之。三年大比，則大考州里，以贊鄉大夫廢興。

黨正各掌其黨之政令教治。及四時之孟月吉日，則屬民而讀邦法，以糾戒之。以四孟月朔日讀法者，彌親民者於教亦彌數。春秋祭禜，亦如之。正歲，屬民讀法，而書其德行道藝。以歲時涖校比。及大比，亦如之。

族師各掌其族之戒令政事。月吉，則屬民而讀邦法，書其孝悌睦婣有學者。

閭胥各掌其閭之徵令。凡春秋之祭祀、役政、喪紀之數，聚衆庶，既比則讀法，書其敬敏任恤者。

禮書曰：「閭胥聚民無常時，族師屬民有常月。族師歲屬以月吉與春秋，黨正歲屬以孟吉與正歲，州長歲屬以正月之吉與春秋，然後鄉大夫三年大比之，以卑者其職煩，尊者其事簡也。由黨正而下，有所讀有所書；州長則有所讀無所書，而有所考；鄉大夫則考而興之，無所讀。敬敏任恤，易知者也，故閭師書之。孝悌睦婣有學，難知者也，故族師書之。德行則非特孝悌也，道藝則非特有學也，故黨正書之。書之者易，考之、興之者難，故書之止於黨正，考之在州長，興之在鄉大夫，以卑者其責輕，尊者其任重也。凡此皆教之有其術，養之有其漸。方其在學也，一年視離經辨志，三年視敬業樂群，五年視博習親師，七年視論學取友，謂之小成，九年知類通達，强立而不反，謂之大成，此中年考校之法也。大胥掌學士之版，春合舞，秋合聲，於其合聲，則頒次其所學而辨異之。諸子掌國子之倅，春合諸學，秋合諸射，以考其藝而進退之，比年考校之法也。學之考校如此，鄉之考察又如彼，所掌非一人，所積非一日，此人人所以莫不激昂奮勵，以趨上之所造也。」

遂大夫各掌其遂之政令。三歲大比，則率其吏而興甿，明其有功者，屬其地治者。興甿，舉民賢能，如六鄉之所爲也。興，猶舉也〔二〕。屬，猶聚也。又因舉吏治有功者〔三〕，而聚斂其餘以治職事。

按：六鄉之外爲六遂。遂大夫之職，猶鄉大夫之職也。州長以下之職，猶縣正以下之職也。然勵教化、興賢能之事，鄉詳而遂略。先儒謂鄉以教爲主，遂以耕爲主，豈遂民不可教而鄉民不可耕邪？蓋亦當互文以推之。

國語齊桓公内正之法：正月之朝，鄉長復事。君親問焉，曰：「於子之鄉，有居處好學〔四〕、慈孝於父母、聰慧質仁〔五〕、發聞於鄉里者，有則以告。有而不以告，謂之蔽明，其罪五。」有司已於事而竣。竣，音悛，退伏也。公又問焉，曰：「於子之鄉，有拳勇股肱之力秀出於衆者〔六〕，有則以告。有而不以告，謂之蔽賢，其罪五。」有司已於事而竣。公又問焉，曰：「於子之鄉，有不慈孝於父母、不長弟於鄉里、驕躁淫暴、不用上令者，有則以告。有而不以告，謂之下比，其罪五。」有司已於事而竣。是故鄉長退而修德進賢，公親見之，遂使役官。及五屬大夫復事，公問之如初。五屬大夫於是退而修屬，屬退而修縣，縣退而修鄉，鄉退而修卒，卒退而修邑，邑退而修家。是故匹夫有善，可得而舉也；匹夫有不善，可得而誅也。

因讀國語此章，而參以王制所言司徒俊選之事，然後知古之聖賢，其於化民成俗、選賢與能二事，視其賢愚升沉，舉切吾身，故其爲法甚備。其教人也，不特上賢以崇德，而必欲簡不肖以絀惡；其舉人也，不特進賢受上賞，而必欲蔽賢蒙顯戮。蓋賞罰相胥而行，則始不視爲具文。後世非不立學校也，而未聞有不帥教之罰；蓋姑選其能者，而無能之人則聽其自爲不肖而已。非不興選舉也，而未聞有蔽賢之戮；蓋姑進其用者，而未用之人則聽其自爲不遇而已。其教之也不備，其選之也不精，宜人才之所以日衰也。雖然，惟其教訓之法不備，所以選舉之塗不精。士生斯世，蓋自爲材而未嘗有所賴於上之人，則所謂焉知賢才而舉之，何以識其不才而舍之，而蔽賢之罰亦無所施矣！

漢高祖十一年，詔曰：「蓋聞王者莫高於周文，伯者莫高於齊桓，皆待賢人而成名。今天下賢者智能豈特古之人乎？患在人主不交故也，士奚由進！今吾以天之靈，賢士大夫定有天下，以爲一家，欲其長久，世世奉宗廟亡絶也。賢人既與我共平之矣，而不與吾共安利之，可乎？賢士大夫有肯從我游者，吾能尊顯之。布告天下，使明知朕意。御史大夫昌下相國，相國酇侯下諸侯王，御史中執法下郡守，其有意稱明德者，必身勸，爲之駕，有賢者，郡守身自往勸勉，令至京師，駕車遣之。遣詣相國府，署行、義、年。行狀年紀也。有而弗言，覺，免。年老癃病勿遣。」

文帝十五年，詔諸侯王、公卿、郡守舉賢良能直言極諫者。詳見賢良方正考。

孝武元光元年冬，初令郡國舉孝廉各一人。

元朔五年，制詔補博士弟子。郡國縣官有好文學，敬長上，肅政教，順鄉里，出入不悖，所聞，令相長丞上屬所二千石。二千石謹察可者，令與計偕，詣太常，得受業如弟子。

按：漢制，郡國舉士，其目大概有三：曰賢良方正也，孝廉也，博士弟子也。然是三者，在後世則各自爲科目，其與鄉舉里選，又自殊塗矣，故姑載其立法之始，略見於此，而其詳各見本考。

元光五年，徵吏民有明當世之務，習先聖之術者，縣次續食，令與計偕。計者，上計簿使也，郡國每歲遣詣京師上之。偕者，俱也。令所徵之人與上計者偕來〔七〕，而縣次給之食也。

先時，董仲舒對策曰：「臣愚以爲使列侯、郡守、二千石各擇其吏民之賢者，歲貢各二人以給宿衛，且以觀大臣之能，所貢賢者有賞，不肖者有罰。夫如是，諸侯、吏二千石皆盡心於求賢，天下之士可得而官使也。」後遂令州郡舉茂材、孝廉，皆自仲舒發之。

元朔元年，詔曰：「公卿、大夫，所使總方略，壹統類，廣教化，美風俗也。夫本仁祖義，褒德祿賢，勸善刑暴，五帝三王所由昌也。朕夙興夜寐，嘉與宇内之士臻於斯路。故旅耆老，復孝敬，選豪俊，講文學，稽參政事，祈進民心，深詔執事，興廉舉孝，庶幾成風，紹休聖緒。夫十室之邑，必有忠信；三人並行，必有我師。今或闔郡不薦一人，是化不下究，而積行之君子壅於上聞也。二千石官長紀綱人倫，將何以佐朕燭幽隱，勸元元，厲蒸庶，崇鄉黨之訓哉？且進賢受上賞，蔽賢蒙顯戮，古之道也。其與中二千石、禮官、博士議不舉者罪。」有司奏議曰：「古者，諸侯貢士，壹適謂之好德，適，得其人。再適謂之賢賢，三適謂之有功，廼加九錫；不貢士，壹則黜爵，再則黜地，三則黜爵、地畢矣。夫附下罔上者死，附上罔下者刑，與聞國政而無益於民者斥，在上位而不能進賢者退，此所以勸善黜惡也。今詔書昭先帝聖緒，令二千石舉孝廉，所以化元元，移風易俗也。不舉孝，不奉詔，當以不敬論。不察廉，不勝任也，當免。」奏可。

按：齊桓公内政之法，與漢高皇、孝武二詔俱爲舉賢設也。觀其辭旨，皆以爲人才之遺佚，咎在公卿之蔽賢，至立法以論其罪。後來之法，嚴繆舉之罰而限其塗轍者有之矣，未有嚴不舉之罰而責以薦揚者也。蓋古之稱賢能者，皆不求聞達之士，而後世之干薦舉者，皆巧於奔競之人，故法之相反如此。國家待士之意固薄，而士之不自重，深可慨也。

制：郡國口二十萬以上，歲察一人，四十萬以上二人，六十萬三人，八十萬四人，百萬五人，百二十萬六人；不滿二十萬，二歲一人；不滿十萬，三歲一人。限以四科：一曰德行高妙，志節清白；二曰學通行修，經中博士；三曰明習法令，足以決疑，能按章覆問，文中御史；四曰剛毅多略，遭事不惑，明足決斷，材任三輔縣令。

孝昭始元五年〔八〕，詔舉郡國文學高第各一人。

元鳳元年，賜郡國所選有行義者涿郡韓福等五人帛，人五十疋，遣歸。

孝宣本始元年，地震。詔内郡國舉文學高第各一人。

地節三年，詔令郡國舉孝悌、有行義聞於鄉里者各一人。

元康元年，詔博舉吏民厥身修正，通文學，明於先王之術，宣究其意者各二人，中二千石各一人。

元康四年，詔遣大中大夫循行天下，舉茂材異倫之士。

孝元初元三年，詔丞相、御史舉天下明陰陽災異者各三人。

建昭四年，臨遣諫大夫、博士循行天下，舉茂材特立之士。

孝成河平四年，日食。遣光禄大夫、博士行於瀕河之郡〔九〕。舉淳厚有行能直言之士。

陽朔二年，奉使者不稱。詔丞相、御史其與中二千石、二千石雜舉可充博士位者，使卓然可觀。

鴻嘉二年，詔舉淳厚有行義能直言者，冀聞切言嘉謀，正朕之不逮。

永始三年〔一〇〕，日食。臨遣大中大夫循行天下，與部刺史舉淳樸遜讓有行義者各一人。

元延元年，詔以日食星隕，北邊二十二郡舉勇猛知兵法者各一人。

哀帝建平元年，詔大司馬、列侯、將軍、中二千石、州牧〔一一〕、守相舉孝悌淳厚能直言通政事，延於側陋可親民者各一人。

四年，詔將軍、中二千石舉明兵法有大慮者。

孝平元始元年，以日食，詔公卿、將軍、中二千石舉淳厚能直言者各一人。

二年，詔舉武勇有節明兵法，郡一人，詣公車。冬，詔中二千石舉治獄平，歲一人。

五年，召天下通知逸經、古記、天文、曆算、鐘律、小學、史篇、方術、本草及以五經、論語、孝經、爾雅教授者，在所爲駕一封軺傳，遣詣京師，至者數千人。

東漢之制：選舉於郡國屬功曹，於公府屬東西曹，於天臺屬吏曹尚書，亦曰「選部」。凡郡國守相，視事未滿歲，不得察舉孝廉。以其未久，不周知也。東漢舉士〔一二〕，多以孝廉，詳見本考。

建武六年，詔舉賢良方正各一人。以後並見本考。

建武十二年，詔三公舉茂材各一人，光祿勳歲舉茂材、四行各一人，監察御史、司隸、州牧歲舉茂材各一人〔一三〕。四行，謂淳厚、質樸、謙遜、節儉也。

章帝時，所徵舉率皆特拜，不復簡試。士或矯飾，誹議漸生，乃詔曰：「夫鄉舉里選，必累功勞。今刺史、守相不明真僞，茂材、孝廉歲以百數，既非能著，而當授之政事，甚無謂也。」餘見孝廉考。

時陳事者多言郡國貢舉率非功次，故守職益懈而吏事寖疏，咎在州郡。有詔下公卿朝臣議，大鴻臚韋彪上議曰：「夫國以簡賢爲務，賢以孝行爲首。孔子曰：『事親孝，故忠可移於君。』夫人才行少能相兼，孟公綽優於趙、魏老，而不可以爲滕、薛大夫。忠孝之人，持心近厚；鍛鍊之吏，持心近薄。三代所以直道而行者，在其所以磨之故也。士宜以才行爲先，不可純以閥閲。然其要在於選二千石，二千石賢，則貢舉皆得其人矣。」帝深納之。

元和二年，令郡國上明經者，口十萬以上五人，不滿十萬三人。

安帝建光元年，令公卿、特進、中二千石、二千石、郡國守相舉有道之士各一人。

元初元年，詔三公、特進、列侯、中二千石、二千石、郡守，舉淳厚質直者〔一四〕，各一人。

陳忠上疏曰：「嘉謀異策，宜輒納用。若有道之士對問高者，宜垂省覽，以廣直言之路。」書御，有詔拜有道高第士沛國施延爲侍中。

永初二年，詔曰：「間令公卿郡國舉賢良方正〔一五〕，遠求博選，開不諱之路，冀得至謀，以鑒不逮，而所對皆循尚浮言，無卓爾異聞。其百僚及郡國吏人〔一六〕，有道術，明習災異陰陽之度、璇璣之數者，各使指變以聞。二千石長吏明以詔書，博衍幽隱，朕將親覽，待以不次。」

順帝陽嘉元年，除郡國耆儒十九人補郎、舍人〔一七〕。

二年，又除京師耆儒年六十以上四十八人補郎、舍人，及諸王國郎。

順帝陽嘉元年〔一八〕，尚書令左雄議改察舉之法，限年四十以上，儒者試經學，文吏試章奏。胡廣駮之。詔從雄議。詳見孝廉門。

先公曰：「公府，三公府也。端門，太微垣，左右執法所舍，即御史府，猶近世御史臺。覆試，進士之法也，試之公府，而覆之端門，此所以牧守不敢輕舉而察選清平也。是法也，胡廣首駮其非，帝不從，既行而廣出爲濟陰太守，首坐繆舉之罰，蓋公正之法，庸回者之所不便也。左伯豪在當世，風節剛勁，舉雄者虞詡也，雄所舉者周舉也。觀舉雄者，與雄所舉者，雄之爲人可知矣；得雄之爲人，雄之爲法可知矣。范史推其效驗，至於傾而未顛，決而未潰，皆仁人君子心力之所爲，而陳蕃、李膺之徒，皆在雄法中所得之人。其坐繆舉者，胡廣輩爾。」

靈帝建寧元年，詔郡國守相舉有道之士各一人。

范曄論曰：「漢初，詔舉賢良、方正，州郡察孝廉、秀才，斯亦貢士之方也。中興以後，復增淳朴、有道、賢能、直言、獨行、高節、質直、清白、淳厚之屬，榮路既廣，觖望難裁。自是竊名僞服，寖以流競，權門貴仕，請謁繁興。自左雄任事，限年試才，雖頗有不密，固亦因識時宜，而黄瓊、胡廣、張衡、崔瑗之徒，泥滯舊方，互相詭駮。循名者屈其短，算實者挺其効，故雄在尚書，天下莫敢妄選，十餘年間，稱爲得人，斯亦效實之證乎！順帝始以童弱反政，而號令自出，知能任使，故士得用情，天下喁喁，仰其風采。遂乃備玄纁玉帛，以聘南陽樊英，天子降寢殿，設壇席，尚書奉引，延問得失，急登賢之舉，虛降己之禮。於是處士鄙生，忘其拘儒，拂巾袵褐，以企旌車之招矣！至乃英能承風，俊乂咸事，若李固、周舉之淵謨弘深，左雄、黄瓊之政事正固，桓焉、楊厚以儒學進，崔瑗、馬融以文章顯，吴祐、蘇章、种暠、欒巴牧民之良幹，龐參、虞詡將帥之宏規，王龔、張皓虚心以推士，張綱、杜喬直道以糾違，郎顗陰陽詳密，張衡機術特妙，東京之士，於兹盛焉。向使廟堂納其高謀，疆埸宣其智力〔一九〕，帷幄容其謇辭，舉措稟其成式，則武、宣之軌，豈其遠而，詩云：『靡不有初，鮮克有終。』可爲恨哉！逮孝桓之時，碩德繼興，陳蕃、楊秉，處稱賢宰；皇甫、張、段，出號名將；王暢、李膺，彌縫衮闕；朱穆、劉陶獻替匡時；郭有道奬鑒人倫，陳仲弓弘道下邑。其餘宏儒遠智，高心潔行，激揚風流者，不可勝言。而斯道莫振，文武陵墜，在朝者以正議嬰戮，謝事者以黨錮致災，往車雖折，而來軫方遒，所以傾而未顛，決而未潰，豈非仁人君子心力之爲乎？」

魏文帝時，三方鼎立，士流播遷，四民錯雜，詳覆無所。延康元年，尚書陳群以爲天朝選用，不盡人才，乃立九品官人之法。州郡皆置中正，以定其選，擇州郡之賢有識鑒者爲之，區别人物，第其高下。又制郡口十萬以上，歲察一人，其有秀異，不拘户口。其武官之選，俾護軍主之。

州、郡、縣俱置大小中正，各取本處人任諸府公卿及臺省郎吏有德充才盛者爲之〔二〇〕，區别所管人物，定爲九等。其有言行修著則升進之，或以五升四，以六升五；倘或道義虧缺則降下之，或自五退六，自六退七矣。是以吏部不能審定，覈天下人才士庶，故委中正銓第等級，憑之授受，謂免乖失。及法弊也，唯能知其閥閱，非復辨其賢愚，所以劉毅云：「下品無高門，上品無寒士。」南朝至於梁、陳，北朝至於周、隋，選舉之法，雖互相損益，而九品及中正，至開皇中方罷。

黄初三年，詔曰：「今之計、孝〔二一〕，古之貢士也，十室之邑，必有忠信，若限年然後取士，是吕尚、周晉不顯於前世也。其令郡國所選勿拘老幼，儒通經術，吏達文法，到皆試用。有司糾故不以實者。」

齊王嘉平初，曹爽既誅，司馬宣王秉政，詳求理本。中護軍夏侯玄言曰：「夫官才用人，國之柄也，故銓衡專於臺閣，上之分也；孝行存乎閭巷〔二二〕，優劣任之鄉人，下之叙也。夫欲清教審選，在明其分叙，不使相涉而已。今令中正但考行倫輩，倫輩當行均〔二三〕，斯可官矣。行有大小，比有高下，則所任之流〔二四〕，涣然別矣。奚必使中正干銓衡之機於下，而執機柄者有所委仗於上，上下交侵，以生紛錯哉？且衆職之屬，各有官長，但使官長各以其屬能否獻之臺閣，臺閣則據官長能否之第〔二五〕，參以鄉閭德行之次，擬其倫比，勿使偏頗。中正則唯考行迹，別其高下，審定輩類，勿使升降，而總之於臺閣。官長所第，中正所輩擬，比隨次率而用之，如其不稱，責負在外。則內外相參，得失有所，庶可静風俗而審官才矣。」兼請除重設之官，定服制之等。宣王辭不能改，請俟於他賢。

晉武帝泰始五年，詔州郡舉勇猛秀異之才。

散騎常侍傅玄、皇甫陶以爲政教頽敝，風俗不淳，上疏曰：「近者魏武好法術，而天下貴刑名；魏文慕通達，而天下賤守節。其後綱維不攝，而虚無放誕之論盈於朝野，使天下無復清議，而亡秦之病復發於今。陛下聖德，化鄰唐、虞，唯未舉清遠有禮之臣以敦風節，未退虚鄙以懲不恪也。」帝乃使玄草詔進之。玄奏曰：「臣聞先王分士農工商以經國制事，各一其業而殊其務。自士以上子弟，則爲之立太學以教之，選明師以訓之，隨才優劣以之授用。農以豐其食，工以足其器，商賈以通其貨。故雖天下之大，兆庶之衆，而無游人在其間。漢、魏不定其分，百官子弟不修經藝而務交游，未知莅事而坐享天禄；農工之業多廢，或逐淫利而離其事；徒繫名於太學，然不聞先王之風。今聖政資始〔二六〕，而漢、魏之失未改，散官衆而學校未設，游手多而親農者少，工器不盡其宜。臣以爲宜亟定其制。前皇甫陶上事，欲令賜拜散官皆課使親耕，天下享足食之利。禹、稷躬稼，祚崇後代，是以明堂、月令著帝籍之制。伊尹古之名臣，耕於有莘；晏嬰齊之大夫，避莊公之難，亦耕於海濱。昔者聖帝明王，賢佐俊士，皆嘗從事於耕農矣。王人賜官，冗散無事者，不督使學，則當使耕，無緣放之，使坐食百姓也。今文武之官既衆，而賜拜不在職者又多，加服役爲兵，不得耕稼，當農者之半，南面食禄者參倍於前。使冗散之官爲農，收其租税，家得其實，而天下之穀可以無乏矣。虞書曰：『三載考績，三考黜陟幽明。』是爲九年之後乃有遷叙也。故居官久，則念立慎終之化；不久，則競爲一切之政。六年之限，日月淺近，不周黜陟。陶之所上，義合古制，惟陛下裁之。」武帝甚善而終不能用。於時雖風教頽失而無典制，然時有清議，尚能勸俗。陳壽居喪，使女奴丸藥，積年沉廢；郄詵篤孝，以假葬違常，降品一等，其爲懲勸如是。其後中正任久，愛憎由己，而九品之法漸弊，遂計官資以定品格，天下惟以居位者爲貴。尚書僕射劉毅以九品者始因魏初喪亂，是軍中權時之制，非經久之典也，宜用土斷，復古鄉舉里選之法。上疏曰：「夫九品有八損，而官才有三難，皆興替之所由也。人物難知，一也；愛憎難防，二也；情僞難明，三也。今之中正，定九品，高下任意，榮辱在手，操人主威福，奪天朝權勢，愛惡隨心，情僞由己，上品無寒門，下品無世族，公無考校之負，私無告訴之忌，損政之道一也。置州郡者，本取州里清議，咸所歸服，將以鎮異同，一言議。不謂一人之身，了一州之才，一人不審，遂爲坐廢。若然，雖宣尼之聖，莫不有過，則可廢，何獨責於中人哉？使是非之論，横於州里，嫌隙之讎，結於大臣，損政之道二也。本立格制，謂人倫有序，若貫魚成次；才德有優劣〔二七〕，倫輩有首尾也。今之中正，坐徇其私，推貴異之器，使在凡品之下，負戴不肖〔二八〕，越在成人之首，損政之道三也。委以一國之重，而無賞罰之防，使得縱横，無所顧憚。諸受枉者抱怨積久，獨不蒙天地無私之德，長壅蔽於邪人之銓，損政之道四也。古先政教，崇鄉黨之義，故天下之人〔二九〕，退而修本。今一國之士，多者千數，或流徙異邦，或給事殊方，猶不識其面，况能盡其才乎？而中正知與不知，將定品狀，必采聲於臺府，納毁於流言。任己則有不識之弊，聽受則有彼此之偏，所知者以愛憎奪其平〔三〇〕，所不知者以人事亂其度，既無鄉老紀行之議，又非朝廷考績之課，遂使爲官之人，棄近求遠，背本趨末，損政之道五也。凡所以立品設狀者，求人才而論功報也。今於限當報，雖職之高，還附卑品，無績於官，而獲高叙，是爲抑功實而崇虚名也，損政之道六也。凡官不同事，人不同能，今品不狀才能之所宜〔三一〕，而以九等爲例。以品取人〔三二〕，或非才能之所長，以狀取人，則爲本品之所限。若狀得其實，猶品狀相妨，况不實者乎！損政之道七也。前九品詔書，善惡必書，以爲褒貶。今之九品，所下不章其罪，所上不列其善，廢褒貶之義，任愛憎之斷，天下之人焉得不懈於德行而鋭於人事乎！損政之道八也。職名中正，實爲姦府；事名九品，而有八損。臣以爲宜罷中正，除九品，棄魏氏之弊法，立一代之美制。」

按：魏、晉以來，雖立九品中正之法，然仕進之門則與兩漢一而已。或公府辟召，或郡國薦舉，或由曹掾積累而升，或由世胄承襲而用，大率不外此三四塗轍。然諸賢之說，多欲廢九品，罷中正，何也？蓋鄉舉里選者，採毀譽於衆多之論，而九品中正者，寄雌黄於一人之口。且兩漢如公府辟掾屬，州郡選曹僚，皆自薦舉而自試用之，若非其人，則非特累衡鑑之明，抑且失侍毗之助，故終不敢十分徇其私心。至中正之法行，則評論者自是一人，擢用者自是一人，評論所不許，則司擢用者不敢違其言，擢用或非其人，則司評論者本不任其咎。體統脉絡，各不相關，故徇私之弊，無由懲革。又必限以九品，專以一人，其法太拘，其意太狹，其迹太露，故趨勢者不暇舉賢，如劉毅所謂「上品無寒門，下品無世族」是也。畏禍者不敢疾惡，如孫秀爲琅琊郡吏，求品於清議王戎從弟衍，衍將不許，戎勸品之，及秀得志，朝士有怨者皆被害，戎、衍獨免是也。快恩讎者得以自恣，如何劭初亡，袁粲弔劭子岐，岐辭以疾，粲曰「今年決下婢子品」是也。又如陳壽遭父喪，有疾，使婢丸藥，客見之，鄉里以爲貶，坐是沉滯累年。謝惠連愛幸會稽郡吏杜德靈，及居父憂，贈以五言詩十餘首，坐廢，不豫榮伍。尚書僕射殷景仁愛其才，乃白文帝，言：「臣小兒時，便見此文，而論者云是惠連〔三三〕，其實非也。」文帝曰：「若此，便應通之。」元嘉七年，乃始爲彭城王義康參軍。閻纘父卒，繼母不慈，纘恭事彌謹，而母疾之愈甚，乃誣纘盜父時金寶，訟於有司，遂被清議十餘年。纘孝謹不怠，母後意解，更移中正，乃得復品。以此三事觀之，其法甚嚴，然亦太拘。蓋人之履行稍虧者，一入品目，遂永不可以拔拭湔滌，則天下無全人矣。況中正所品者未必皆當乎！固不若採之於無心之鄉評，以詢其履行，試之以可見之職業，而驗其才能，一如兩漢之法也。

東晉元帝制：揚州歲舉二人，諸州各一人。時以天下喪亂，務存慰勉，遠方孝、秀，不復策試，到即除署。既經略粗定，乃詔試經，有不中科，刺史、太守免官。其後，孝、秀莫敢應命，有送至京師，皆以疾辭。太興三年，尚書郎孔坦議請普延五歲〔三四〕，許其講習。乃詔孝廉申至七年，而秀才如故也。

按：孝廉諸科，自東漢以來，皆有策試之事。夫以文墨小技，而定其優劣，已不足以稱其科名矣。今觀東晉之事，則應舉者皆不能試之人，且以孝廉、秀才自名，而必遲以五歲，待其講習，乃能預於試，不亦有靦面目乎？然觀惠帝永寧初，王接舉秀才，報友人書曰：「今世道交喪，將遂剥亂，而智識之士鉗口韜筆，非榮此行，欲極陳所見〔三五〕，冀有覺悟。」會是歲三王舉義，惠帝復阼，以國有大慶，天下秀才、孝廉，一皆不試，接以爲恨。然則上下相蒙，姑息具文，其來久矣，宜其皆欲僥倖於不試也。

宋制：丹陽、吴〔三六〕、會稽、吴興四郡，歲舉二人，餘郡各一人。凡州秀才、郡孝廉至，皆策試，天子或親臨之。及公卿所舉，皆屬於吏部，序才銓用，凡舉得失，各有賞罰，失者其人加禁錮，年月多少，隨郡議制。

文帝元嘉中，限年三十而仕。孝武即位，仕者不拘長幼。詳見舉官門。

齊尚書都令史駱宰議策秀才格，五問並得爲上，四、三爲中，二爲下，一不合與第。謝超宗以爲片辭折獄，寸言挫衆，魯史褒貶，孔論興替〔三七〕，皆無俟繁而後秉裁。夫表事之深，析理之會，豈必委牘方切理道。非患對不盡問，患以常文弗奇。必使一通峻正，寧劣五通而常；與其俱奇，必使一亦宜採〔三八〕。詔從宰議。因習宋代限年之制，然而鄉舉里選，不覈才德，其所進取以官婚、胄籍爲先。遂令甲族以二十登仕，後門以三十試吏，故有增年矯貌以圖進者。其時士人皆厚結姻援，奔馳造請，浸以成俗。至和帝時，梁武帝爲丞相，上表曰：「前代選官，皆立選簿，應在貫魚，自有銓次。胄籍升降，行能臧否，或素定懷抱，或得之餘論，故得簡通賓客，無俟掃門。頃代陵夷，九流乖失。其有勇退忘進〔三九〕，懷質抱真者〔四〇〕，選部或以未經朝謁，難於進用。或有晦善藏聲，自埋衡蓽者〔四一〕，又以名不素著〔四二〕，絶其階緒。必須書刺投狀，然後彈冠，則是驅迫廉撝，獎成澆競。愚謂自今選曹宜精隱覈，依舊立簿，使冠履無爽，名實不違，庶人識涯涘，造請自息。且聞中間立格，甲族以二十登仕，後門以過立試吏，求之愚懷，抑有未達。何者？設官分職，惟才是務。若限歲登朝，必增年就宦〔四三〕，故貌實幼童，籍已踰立，滓穢名教，於斯爲甚。」乃施行。

梁初，無中正制，年二十五方得入仕。天監中，又制九流常選，年未三十不通一經者，不得爲官。若有才同甘、顔，勿限年次。至七年，州置州望，郡置郡宗〔四四〕，鄉置鄉豪，各一人，專典搜薦，無復膏粱寒素之隔。普通七年，詔凡州歲舉二人，大郡一人。

敬帝太平二年，復令諸州各置中正，仍舊選舉〔四五〕，皆須中正押上，然後量授，不然則否。

尚書左僕射沈約論曰：「漢末喪亂，魏武始創，軍中倉卒，權立九品。蓋以論人才優劣，非謂代族高卑。因此相沿，遂爲成法。自魏至晉，莫之能改，州都郡正，以才品人，而舉代人才，升降蓋寡。徒以憑籍代資，用相凌駕，都正俗士，斟酌時宜，品目多少，隨事俯仰，劉毅所云『下品無高門，上品無賤族』也。歲月遷訛，斯風漸篤，凡厥衣冠，莫非二品，自此已還，遂成卑庶。周、漢之道，以智役愚，臺隸參差，用成等級。魏、晉以來，以貴役賤，士庶之科，較然有辨。夫人君南面，九重懸絶，陪奉朝夕，義隔卿士〔四六〕，階闥之任，宜有司存。」武帝天監中，約又上疏曰：「頃自漢代，本無士庶之别，自非仕宦，不至京師，罷公卿、牧守，並還鄉里，小人瞻仰，以成風俗。且庠校棋布，傳經授受，學優而仕，始自鄉邑。本於小吏幹佐，方至文學、功曹，積以歲月，乃得察舉人才秀異，始爲公府所辟，遷爲牧守，入作台司。漢之得人，於斯爲盛。今之士人，竝聚京邑，其有守土不遷，見謂愚賤。且當今士子繁多，略以萬計，常患官少才多，無地以處〔四七〕。秀才自别是一種任官，非若漢代取人之例也。假使秀才對五問可稱，孝廉答一策能過，此乃雕蟲小道，非關理功得失，以此求才，徒虚語耳。」鴻臚卿裴子野又論曰：「書云：『貴貴，爲其近於君也。』天下無生而貴者，是故道義可尊，無擇負販，苟非其人，何取代族？周衰禮壞，政出臣下，卿士大夫，自相繼及，非夫嗣嫡，猶等家臣。且徒步匹夫，見禮侯伯，式閭擁篲，無絶於時。其後四方豪勢之家，門客千數，卑身折節，比食同袍，雖相傾倚，亦成風俗。迄於二漢，尊儒重道，朝廷州里，學行是先。雖名公子孫，還齊布衣之士，士庶雖分，而無華素之隔。有晉以來，其流稍改，草澤高士，猶厠清塗。降及季年，專稱閥閲。自是三公之子，傲九棘之家；黄散之孫，蔑令長之室。轉相驕矜〔四八〕，互争銖兩，所論必門户，所議莫賢能。苟且之俗成，傲慢之禍作，非所以敦弘退讓、厲德興化之道也。」

陳依梁制，凡年未三十，不得入仕，唯經學生策試得第、諸州光迎主簿〔四九〕、西曹左奏及嘗爲挽郎，得未壯而仕。詳見舉官門。

後魏州郡皆有中正掌選舉，每以季月與吏部銓擇可否。其秀才對策第居中，上表叙之。詳見舉官門。

韓麒麟子顯宗上言：「前代取士，必先正名，故有賢良、方正之稱。今州郡貢察，徒有秀、孝之名，而無秀、孝之實。而朝廷但檢其有門地，不復彈坐。如此，則可令別貢門地〔五〇〕，以叙士人，何假冒秀、孝之名〔五一〕？或云，代無奇才，不若取士於門，此亦失矣！豈可以代無周、召，便廢宰相而不置哉？但當較其寸長銖重者，即先叙之，則賢才無遺矣。」

正始元年冬，乃罷諸郡中正。詳見舉官門。

北齊選舉多沿後魏之制，凡州縣皆置中正。其課試之法：中書策秀才，集書策貢士，考功郎中策廉良。天子常服，乘輿出，坐於朝堂中楹。秀、孝各以班草對。字有脱誤者，呼起立席後；書有濫劣者，飲墨水一升；文理孟浪者，奪席脱容刀。

周武帝既平齊，廣收遺佚。乃詔山東諸州舉明經幹理者，上縣六人，中縣五人，下縣四人。至宣帝大成元年，詔州舉高才博學者爲秀才〔五二〕，郡舉經明行修者爲孝廉，上州、上郡歲一人。

隋文帝開皇七年，制：諸州歲貢三人。工商不得入仕。

杜正玄開皇舉秀才，試策高第。時海内惟正玄一人舉秀才，餘常貢者隨例銓注訖，正玄獨不得進止。曹司以策過楊素，素怒曰：「周、孔更生，尚不得爲秀才，刺史何忽妄舉此人！」素志在試退正玄，乃手題使擬司馬相如上林賦、王褒聖主得賢臣頌、班固燕然山銘、張載劍閣銘、白鸚鵡賦，曰：「我不能爲君任宿，可至未時令就。」正玄及時並了，素大驚曰：「誠好秀才。」其弟正藏亦舉秀才，蘇威監選。時射策甲第者合奏，曹司難爲別奏，抑爲乙科〔五三〕。正藏訴屈，威怒，改爲丙第。正倫亦舉秀才。隋世天下舉秀才不十人，而正玄一門三秀才。

按：常貢者，不分優劣，隨例銓注之人也。舉秀才者，文才傑出，對策高第之人也。隋雖有秀才之科，而上本無求才之意，下亦無能應詔之人，間有一二，則反訝之，且嫉之矣。楊素苛酷俗吏，宜其疾視如此；蘇威儒者也，亦復沮抑正藏。士生斯時，何其不幸邪！

治書侍御史李諤以選才失中，上書曰：「自魏之三祖，更尚文詞，忽君人之大道，好雕蟲之小藝。下之從上，有同影響，競騁浮華，遂成風俗。江左齊、梁，其弊彌甚，貴賤賢愚，唯務吟咏。遂復遺理存異，尋虛逐微，競一韻之奇，争一字之巧。連篇累牘，不出月露之形；積案盈箱，惟是風雲之狀。代俗以此相高，朝廷據兹擢士。禄利之路既開，愛尚之情愈篤。於是閭里童昏，貴遊總丱，未窺六甲，先製五言。捐本逐末，流徧華壤，遞相師祖，澆漓愈扇。及大隋受命，聖道聿興。是以開皇四年，普詔天下，公私文翰，並宜實録。其年九月，泗州刺史司馬幼之上表華艷，付所司理罪。由是公卿大臣咸知正路，莫不鑽仰墳素，棄絶華綺，擇先王之令典，行大道於兹代。如聞在外州縣，仍踵弊風，選吏舉人，未遵典則。至於宗黨稱孝，鄉曲歸仁，學必典謨，交不苟合，則擯落私門，不加收齒；其學不稽古，逐俗隨時，作輕薄之篇章，結朋黨而稱譽，則選充吏職，舉送天朝。蓋由縣令、刺史未行風教，猶挾私情，不存公道。臣既忝憲司，職當糾察。若聞風即劾，恐掛綱者多，請敕諸司普加搜訪，有如此者，具狀送臺。」

煬帝始建進士科。

校勘記

〔一〕若以歲時祭祀州社　「祭祀」二字原倒，據周禮州長乙正。

〔二〕興猶舉也　四字原脱，據周禮遂大夫注補。

〔三〕又因舉吏治有功者　「有」字原脱，據周禮遂大夫注補。

〔四〕有居處好學　國語齊語及管子小匡「居處」下有「爲義」二字。

〔五〕聰慧質仁　「質」原作「賢」，據國語齊語改。

〔六〕有拳勇股肱之力秀出於衆者　「拳勇」原作「奉養」，據國語齊語改。

〔七〕令所徵之人與上計者偕來　「上」字原脱，據漢書卷六武帝紀師古注補。

〔八〕孝昭始元五年　「始元」二字原倒，據漢書卷七昭帝紀乙正。

〔九〕遣光禄大夫博士行於瀕河之郡　「於」字原脱，據元本、慎本、馮本補。

〔一〇〕永始三年　「三」原作「二」，據漢書卷一〇成帝紀改。

〔一一〕州牧　「牧」原作「收」，據元本、慎本、馮本、局本改。

〔一二〕東漢舉士　「士」原作「上」，據元本、慎本、馮本、局本改。

〔一三〕歲舉茂材各一人　「各」字原脱，據後漢書卷二四百官志一補。

〔一四〕舉淳厚質直者　「者」字原脱，據後漢書卷五安帝紀補。

〔一五〕問令公卿郡國舉賢良方正　「令」字原作「者」，據後漢書卷五安帝紀改。

〔一六〕其百僚及郡國吏人　「其」下原衍「有」字，據後漢書卷五安帝紀删。

〔一七〕除郡國耆儒十九人補郎舍人　「十九」後漢書卷六順帝紀作「九十」。按後漢書卷六一左雄傳，陽嘉元年，「除京師及郡國耆儒年六十以上爲郎、舍人、諸王國郎者百三十八人」，疑「九十」是。

〔一八〕順帝陽嘉元年　「順」原作「冲」，「陽」原作「永」，據後漢書卷四四胡廣傳、卷六一左雄傳改。

〔一九〕疆埸宣其智力　「埸」原作「場」，據後漢書卷六一左雄傳范曄論改。

〔二〇〕各取本處人任諸府公卿及臺省郎吏有德充才盛者爲之　「任」原作「在」，據通典卷一四選舉典二改。

〔二一〕今之計孝　「孝」原作「考」，據三國志卷二文帝紀改。

〔二二〕孝行存乎閭巷　「存」原作「考」，據三國志卷九夏侯玄傳改。

〔二三〕倫輩當行均　「倫」字原脱，據三國志卷九夏侯玄傳補。

〔二四〕則所任之流　「流」原作「次」，據三國志卷九夏侯玄傳改。

〔二五〕臺閣則據官長能否之第　「臺閣」二字原脱，據三國志卷九夏侯玄傳補。

〔二六〕今聖政資始　「資」原作「滋」，據晉書卷四七傅玄傳、通典卷一四選舉典二改。

〔二七〕才德有優劣　「有」字原脱，據晉書卷四五劉毅傳補。

〔二八〕使在凡品之下負戴不肖　「凡」原作「九」，「戴」原作「載」，據晉書卷四五劉毅傳改。

〔二九〕故天下之人　「故」下原衍「得」字，據晉書卷四五劉毅傳删。

〔三〇〕所知者以愛憎奪其平　「者」字原脱，據晉書卷四五劉毅傳補。

〔三一〕今品不狀才能之所宜　「今」下原衍「九」字，據晉書卷四五劉毅傳删。

〔三二〕以品取人　「品」字原重，據局本及晉書卷四五劉毅傳删。

〔三三〕而論者云是惠連　「論」原作「諭」，據南史卷一九謝惠連傳改。

〔三四〕尚書郎孔坦議請普延五歲　「郎」字原脱，據晉書卷七八孔坦傳補。

〔三五〕欲極陳所見　「見」原作「言」，據晉書卷五一王接傳改。

〔三六〕旲　下原衍「會」字，據宋書卷四〇百官志下删。

〔三七〕孔論興替　「替」原作「言」，據南齊書卷三六謝超宗傳改。

〔三八〕必使一亦宜採　「必使」二字原脱，據南齊書卷三六謝超宗傳補。

〔三九〕其有勇退忘進　「忘」原作「忌」，據梁書卷一武帝紀上改。

〔四〇〕懷質抱真者　「真」原作「直」，據梁書卷一武帝紀上、通典卷一四選舉典二改。

〔四一〕自埋衡蓽者　「蓽」原作「泌」，據元本、慎本、馮本及梁書卷一武帝紀上、通典卷一四選舉典二改。

〔四二〕又以名不素著　「素」原作「表」，據梁書卷一武帝紀上改。

〔四三〕必增年就宦　「宦」原作「官」，據梁書卷一武帝紀上改。

〔四四〕州置州望郡置郡宗　「望」原作「重」，「宗」原作「崇」，據梁書卷二武帝紀中、册府元龜卷六三九貢舉部條制一改。

〔四五〕仍舊選舉　「舊」下原衍「放」字，據通典卷一四選舉典二删。「選」，梁書卷六敬帝紀作「訪」。

〔四六〕義隔卿士　「卿」原作「鄉」，據宋書卷九四恩倖傳序改。

〔四七〕無地以處　「地」字原脱，據通典卷一六選舉典四補。

〔四八〕轉相驕矜　「相驕矜」原作「令」，據資治通鑑卷一二八宋紀一〇大明二年六月戊寅條改。

〔四九〕諸州光迎主簿　「光」字原脱，據隋書卷二六百官志上補。

〔五〇〕則可令別貢門地　「令」字原脱，據魏書卷四八韓麒麟傳補。

〔五一〕何假冒秀孝之名　「冒」原作「置」，據魏書卷四八韓麒麟傳、通典卷一六選舉典四改。

〔五二〕詔州舉高才博學者爲秀才　「者」字原脱，據周書卷七宣帝紀、册府元龜卷六三九貢舉部總序補。

〔五三〕抑爲乙科　「乙」原作「甲」，據慎本、馮本及北史卷二六杜正玄傳改。

卷二十九　選舉考二

舉士

唐制，取士之科，多因隋舊，然其大要有三。由學館者曰生徒，由州縣者曰鄉貢，皆升於有司而進退之。其科之目，有秀才，有明經，有進士，有俊士，有明法，有明字，有明算，有一史，有三史，有開元禮，有道舉，有童子。而明經之別，有五經，有三經，有二經，有學究一經，有三禮，有三傳，有史科。此歲舉之常選也。其天子自詔者曰制舉，所以待非常之才焉。舉選不繇館、學者謂之鄉貢，皆懷牒自列於州縣。既試已，長吏以鄉飲酒禮會屬僚，設賓主，陳俎豆，備管絃，牲用少牢，歌鹿鳴之詩，因與耆艾叙長少焉。既至省，皆疏名列到，結款通保及所居，始由户部集閲，而關於考功員外郎試之。

凡秀才，試方略策五道，以文理通粗爲上上、上中、上下、中上，凡四等爲及第〔一〕。凡明經，先帖文，然後口試，經問大義十條，答時務策三道，亦爲四等。凡開元禮，通大義百條、策三道者超資與官，義通七十、策通二者及第，散、試官能通者依正員。凡三傳科，左氏傳問大義五十條，公羊、穀梁傳三十條，策皆三道，義通七以上，策通二以上爲第，白身視五經，有出身及前資官視學究一經。凡史科，每史問大義百條、策三道，義通七，策通二以上爲第。能通一史者，白身視五經、三傳，有出身及前資官視學究一經，三史皆通者，獎擢之。凡童子科，十歲以下能通一經及孝經、論語，卷誦文十，通者予官，通七予出身。凡進士，試時務策五道，帖一大經，經策全通爲甲第；策通四，帖過四以上爲乙第。凡明法，試律七條，令三條，全通爲甲第，通八爲乙第。凡書學，先口試，通，乃墨試說文、字林二十條，通十八爲第。凡算學，録大義本條爲問答，明數造術，詳明術理，然後爲通。試九章三條，海島、孫子、五曹、張邱建、夏侯陽、周髀、五經筭各一條，十通六，記遺、三等數帖讀十得九，爲第。試綴術、緝古録大義爲問答者，明數造術，詳明術理，無注者合數造術，不失義理，然後爲通。綴術七條、緝古三條，十通六，記遺、三等數帖讀十得九，爲第。落經者，雖通六，不第。凡弘文、崇文生，試一大經、一小經，或二中經，或史記、前後漢書、三國志各一，或時務策五道，經、史皆試策十道，經通六，史及時務策通三，皆帖孝經、論語共十條，通六爲第。凡貢舉非其人者、廢舉者、校試不以實者，皆有罰。其教人取士著於令者，大略如此。而士之進取之方，與上之好惡，所以育材養士、招徠獎進之意，有司選士之法，因時增損不同。初，秀才科等最高，有上上、上中、上下、中上凡四等，貞觀中，有舉而不第者坐其州長，由是廢絶。高宗時，劉祥道上疏言：「唐有天下四十年，未有舉秀才者，請自六品以下至草野，審加搜訪〔二〕，毋令赫赫之辰，斯舉遂絶。」開元二十四年以後，復有此舉，其時進士漸難，而秀才本科無帖經及雜文之限，反易於進士。主司以其科廢久，不欲收獎，應者多落之，三十年無及第者。天寶初，禮部侍郎韋陟始奏請有堪此舉者，令官長特薦，其常年舉送者並停。自是士族所趣向，唯明經、進士二科而已。

凡舉司課試之法：帖經者，以所習經掩其兩端，中間開唯一行，裁紙爲帖，凡帖三字，隨時增損，可否不一，或得四，或得五，或得六爲通。後舉人積多，故其法益難，務欲落之，至有帖孤章絶句，疑似參互者以惑之，甚者或上抵其注，下餘一二字，使尋之難知，謂之「倒拔」。既甚難矣，而舉人則有驅縣孤絶、索幽隱爲詩賦而誦習之，不過十數篇，則難者悉詳矣，其於平文大義，或多墻面焉。

秀才之科久廢，而明經雖有甲、乙、丙、丁四科，進士則甲、乙二科。自武德以來，明經唯有丁第，進士唯有乙科而已。進士大抵千人得第者百一二，明經倍之，得第者十一二。

其制詔舉人，不有常科，皆標其目而搜揚之。試之日，或在殿庭，天子親臨觀之，試已，糊其名於中考之文，策高者特授以美官，其次與出身。開元以後，四海晏清，士耻不以文章達，其應詔而舉者多則二千人，少不減千人，所收百纔有一。

高祖即位，詔：「諸州明經、秀才、俊士、進士明於理體，爲鄉里稱者，縣考試，州長重覆，歲隨方物入貢。」

高宗永徽二年，始停秀才科。

上元二年，加試貢士老子策，明經二條，進士三條。

天后表曰：「伏以聖緒出自玄元〔三〕，五千之文，實惟聖教。望請王公以下内外百官皆習老子道德經，其明經咸令習讀，一准孝經、論語，所司臨時策試。」從之。

永隆二年，考功員外郎劉思立言：「明經多抄義條，進士唯誦舊策，皆亡實才，而有司以人數充第。」乃詔自今明經試帖十得六以上，進士試雜文二篇，通文律者，然後試策。

武后載初元年二月，策問貢人於洛城殿，數日方了。殿前試人自此始。

致堂胡氏曰：「漢策問賢良，非試之也，延於大庭〔四〕，天子稱制，訪以理道，其事重矣。貢士既試於南宫，已精其較選，而又試之殿廡，是以南宫爲不足信邪？其先所第名必從而升降之，殆猶兒戲耳。故先正富文忠公請罷殿試，其説甚當，然未能有行焉，無亦悦其名，以謂親屈帝尊，策天下士，其褎然爲舉首者，天子所親擢歟？夫南宫禮闈遴選文學，卿大夫使司衡鑑，嚴莫甚焉。以是爲未也，重複試之，於是上者或下，後者或先，前日所考，殆成虚設。古者明試以言，豈其若是之勞且玩也？又況事始自僭竊亂淫之武后，可不革哉！」

按：致堂之言固善，然武后所試諸路貢士，蓋如後世之省試，非省試之外再有殿試也。唐自開元以前，試士未屬禮部，以考功員外郎主之。武后自詭文墨，故於殿陛間下行員外郎之事。

右補闕薛謙光上疏言：「今之舉人有乖事實，或明詔試令搜揚，則驅馳府寺，請謁權貴。陳詩奏記，希咳唾之澤；摩頂至足，冀提携之恩。故俗號舉人爲『覓舉』。夫覓者自求之稱，非人知我之謂也。故選曹授職，喧囂於禮闈；州郡貢士，諍訟於陛闥〔五〕。謗議紛紜，寖成風俗。今夫舉人，詢於鄉閭，歸於里正而已。雖迹虧名教，罪加刑典，或冒籍竊資，邀勳盜級，假其賄賂，即爲無犯。設如才應經邦，唯令試策；武能制敵，只驗彎弧。昔漢武見司馬相如賦，恨不同時，及置之朝廷，終文園令，知其不堪公卿之任故也。吴起將戰，左右進劍，起曰：『將者提携桴鼓，臨難決疑，一劍之任，非將事也。』然則虚文豈足以佐時，善射豈足以克敵？要在文察其行能，武觀其勇略而已。又漢法所舉之主，終身保任。今宜寬立年限〔六〕，容其採訪，稱職者受薦賢之賞，濫舉者抵欺罔之罪，自然舉得才行，君子道長矣。」

長壽二年，太后自製臣範兩卷，令貢舉人習業，停老子。中宗神龍初，制：「貢舉人停習臣範，依前習老子。」

玄宗時，詔舉人減尚書、論語策，而加試老子。

按：六經孔孟之說，有國家者所當表章，爲士者所當習業也，老氏豈得以並之？武后假聖緒之說，狐媚其君，及其竊位，則復以其所自著所謂臣範者同之六籍，以易老子。夫麀聚之醜，牝晨之禍，豈足以垂世立範乎！

長壽三年，左拾遺劉承慶上疏曰：「伏見比年以來，天下諸州所貢物，至元日皆陳在御前，唯貢人獨於朝堂列拜，則金帛羽毛升於玉階之下，賢良文學棄彼金門之外，恐所謂貴財而賤義，重物而輕人。伏請貢人至元日列在方物之前，以備充庭之禮。」制可。

玄宗開元五年，始令鄉貢明經、進士見訖，國子監謁先師，學官開講問義，有司爲具食，清資五品以上官，及朝集使皆往閲禮焉。又令諸州貢舉省試不第，願入學者聽。敕諸州貢士：上州歲三人，中州二人，下州一人。必有才行，不限其數。

開元十七年，國子祭酒楊瑒上言：「伏聞承前之例，每年應舉常有千數，及第兩監不過一二十人。臣恐三千學徒虛費官廩，兩監博士濫縻天祿。臣竊見入仕諸色出身，每歲尚二千餘人，方於明經、進士多十餘倍，則是服勤道業之士不及胥吏之得仕也。陛下設學校，務以勸進之；有司爲限約，務以黜退之。臣之微誠，實所未曉。今監司課試，十已退其八九；考功及第，十又不收一二。若長以爲限，恐儒風漸墜，小道將興。若以出身人多，應須諸色都減，豈在獨抑明經、進士也？」上然之。瑒又言：「主司帖試明經，不務求述作大旨，專取難知，問以孤經絶句或年月日。請自今並帖平文。」從之。

洋州刺史趙匡舉選議曰：「漢朝用人，自詔舉之外，其府寺、郡國屬吏，皆令自署，故天下之士修身於家，而辟書交至，以此士務名節，風俗用修。魏氏立九品之制，中正司之，於是族大者第高，而寒門之秀屈矣。國朝舉選用隋氏之制，歲月既久，其法益訛。夫才智因習就，固然之理。進士者，時共貴之，主司褒貶，實在詩賦，務求巧麗，以此爲賢，溺於所習，悉昧本原，欲以啟導性靈，獎成後進，斯亦難矣。故士林鮮體國之論，其弊一也。又人之心智蓋有涯分，而九流七略，書籍無窮，主司徵問，不立程限，故修習之時，但務鈔略，比及就試，偶中是期，業無所成，固由於此。故當代寡人師之學，其弊二也。疏以釋經，蓋筌蹄耳。明經讀書，勤勞已甚，既口問義，又誦疏文，徒竭其精華，習不急之業，而當代禮法，無不面墻，及臨人決事，取辦胥吏之口而已，所謂所習非所用，所用非所習者也。故當官少稱職之吏，其弊三也。舉人大率二十人中方收一人，故没齒而不登科者甚衆，其事難，其路隘也如此，而雜色之流廣通，其路也此一彼十，此百彼千，撥其秩序，無所差降。故受官多底下之人，修業抱後時之嘆，待不才者何厚，處有能者何薄！崇末抑本，啟昏窒明。故士子舍學業而趨末伎，其弊四也。收人既少，則争第急切，交馳公卿，以求汲引，毁訾同類，用以争先。故業因儒雅，行成險薄，非受性如此，勢使然也。浸以成俗，虧損國風，其弊五也。大抵舉選人以秋初就路，春末方歸，休息未定，聚糧未辦，即又及秋。正業不得修習，益令藝能淺薄，其弊六也。羈旅往來，縻費實甚，非唯妨闕正業，蓋亦隳其舊產，未及數舉，索然以空，其弊七也。貧窶之士，在遠方欲力赴京師，而所冀無際，以此揆度，遂至没身，使兹人有抱屈之恨，國家有遺才之缺，其弊八也。官司運江、淮之儲，計五費其四，乃達京邑，芻薪之貴又十倍四方，而舉選之人每年攢會，計其人畜，蓋將數萬，無成而歸，十乃七八，徒令關中煩耗，其弊九也。爲官擇人，唯才是待。今選司量格，並格之以年數。合格者判雖下劣，一切皆收；如未合格而應科目者，纔有小瑕，莫不見棄。故無能之士，禄以例臻，才俊之流，坐成白首，此非古人求賢審官之義，亦已明矣，其弊十也。選人不約本州所試，悉令聚於京師，人既浩穰，文簿繁雜，因此渝濫，其事百端。故俗間相傳云：『入試非正身，十有三四；赴官非正身，十有二三。』此又弊之尤者。今若未能頓除舉選，以從古制，且稍變易，以息弊源，則官多佳吏，風俗可變。」

開元二十四年，考功員外郎李昂爲舉人詆訶，帝以員外郎望輕，遂移貢舉於禮部，以侍郎主之。禮部選士自此始。侍郎親故移試考功，謂之「别頭」。

開元二十五年，敕曰：「進士以聲韵爲學，多昧古今；明經以帖誦爲功，罕窮旨趣。自今明經問大義十條，對時務策三首，進士試大經十帖。」

天寶六載，上欲廣求天下之士，命通一藝以上皆詣京師。李林甫恐草野之士對策斥言其姦惡，建言舉人多卑賤愚憒，恐有俚言污濁聖聽。乃令郡縣長官精加試練，灼然超絶者，具名送省，委尚書覆試，御史中丞監之，取名實相副者聞奏。既而至者皆試以詩、賦、論，遂無一人及第者。林甫乃上表賀野無遺賢。

按：温公通鑑載此事於天寶六載，然以唐登科記考之，是年進士二十三人，風雅古調科一人，不知何以言無一人及第也。當考。

天寶十二載，敕天下罷鄉貢，舉人不由國子及郡縣學者勿舉送。

十四載，復鄉貢。

肅宗乾元初，中書舍人李揆兼禮部侍郎言：「主司取士，多不考實，徒峻其隄防，索其書策，殊不知藝不至者，居文史之囿，亦不能擒其詞藻，深昧求賢之意。」及試進士文章日，於庭中設五經、諸史及切韻本於牀，而引貢士謂之曰：「大國選士，但務得才，經籍在兹，請恣尋檢。」

舒元輿舉進士，見有司鉤校苛切，既試尚書，雖水、炭、脂炬、飡具皆人自將，吏一唱名乃得入，列棘圍，席坐廡下。因上書言：「古貢士未有輕於此者。且宰相、公卿由此出，而有司以隸人待之，誠非所以下賢意，羅棘遮截，疑其爲姦，又非所以求忠直也。」

吴氏能改齋漫録曰：「杜陽雜編記〔七〕，舒元輿舉進士〔八〕，既試，脂炬人皆自將。以余考之，唐制如此耳。故廣記云：唐制，舉人試日，既暮，許燒燭三條。韋承貽試日先畢〔九〕，作詩云：『褒衣博帶滿塵埃，獨上都堂納卷回。蓬巷幾時聞吉説，棘籬何日免重來〔一〇〕？三條燭盡鐘初動，七轉丹成鼎未開。殘月漸低人擾擾，不知誰是謫僊才。』又云：『白蓮千朶照廊明，一片昇平雅頌聲。才唱第三條燭盡，南宫風月畫難成。』而舊説亦言：舉人試日，已晚，主文權德輿於簾下戲云：『三條燭盡，燒殘舉子之心。』舉子遽答云：『八韻賦成，驚破侍郎之膽。』故國史實正固傳：『舊制，夜試以三燭爲限〔一一〕，長興二年〔一二〕，改令晝試。正固以晝短〔一三〕，奏復夜試。』周廣順中，竇儀奏復用晝。乃知本朝循周，不許見燭。」

代宗廣德二年，賈至爲侍郎，建言：「歲方艱歉，舉人赴省者，兩都試之。」兩都試人自此始。

寶應二年，禮部侍郎楊綰言：「進士科起隋大業中，是時猶試策。高宗朝，劉思立加進士雜文，明經填帖，故爲進士者皆誦當代之文，而不通經史，明經者但記帖括。又投牒自舉，非古先哲王側席待賢之道。請依古察孝廉，其鄉閭孝友信義廉恥而通經者，縣薦之州，州試其所通之學，送於省。自縣至省，皆勿自投牒，其到狀、保辨、識牒皆停。而所習經，取大義，聽通諸家之學。每問經十條，對策三道，皆通爲上第，吏部官之；經義通八、策通二爲中第，與出身；下第，罷歸。論語、孝經、孟子兼爲一經。其明經、進士及道舉並停。」詔議之。給事中李栖筠等議曰：「三代之選士任賢，皆考實行，是以風俗淳一，運祚長遠。漢興，監其然，尊儒術，尚名節，雖近戚竊位，强臣擅權，弱主外立，母后專政，而亦能終彼四百，豈非學行之效邪？魏、晉以來，專尚浮侈，德義不修，故子孫速顛，享國不永也。今綰所請，實爲正論。然自晉室之亂，南北分裂，人多僑處，必欲復古鄉舉里選，竊恐未盡，請兼廣學校，以明訓誘。雖京師州縣皆立小學，兵革之後，生徒流離，儒臣師氏，禄廩無向。請增博士員，厚其廩稍，選通儒碩生間居其職，十道大郡置太學館，遣博士出外，兼領郡官，以教生徒。保桑梓者，鄉里舉焉；在流寓者，庠序推焉。朝而行之，夕見其利。」而衆論以爲舉進士久矣，廢之恐其失業。乃詔明經、進士與孝廉兼行。

江陵項氏曰：「風俗之弊，至唐極矣。王公大人巍然於上，以先達自居，不復求士。天下之士，什什伍伍，戴破帽，騎蹇驢，未到門百步，輒下馬奉幣刺，再拜以謁於典客者，投其所爲之文，名之曰『求知己』。如是而不問，則再如前所爲者，名之曰『温卷』。如是而又不問，則有執贄於馬前自贊曰：『某人上謁』者。嗟乎，風俗之弊，至此極矣！此不獨爲士者可鄙，其時之治亂蓋可知矣。」

德宗貞元十八年，敕：「明經、進士，自今以後，每年考試所收人：明經不得過一百人，進士不得過二十人。如無其人，不必要滿此數。」

十九年，敕：「禮部舉人，自春以來，久愆時雨，念其旅食京邑，資用屢空，其禮部舉今年宜權停。」

博士韓愈上狀曰：「伏見今月十日敕，今年諸色舉選宜權停者〔一四〕。道路相傳，皆云以歲之旱，陛下憐憫京師之人，慮其乏食，故權停舉選，以絶其來者，所以省費而足食也。臣伏思之，竊以爲十口之家，益之以一二人，於食未有所費。今京師之人不啻百萬，都計舉者不過五七千人，并其僮僕、畜馬，不當京師百萬分之一，以十口之家計之，誠未爲有所損益。又今年雖旱，去歲大豐，商賈之家必有儲蓄，舉選者皆齎持資用，以有易無，未見其弊。今若暫停舉選，或恐所害實深，一則遠近驚惶，二則人士失業。臣聞古之求雨之詞曰：『人失職歟？』然則人之失職足以致旱，今緣旱而停舉選，是使人失職而召災也。」

憲宗元和時，明經停口義，復試墨義十條，五經取通五，明經通六。其嘗坐法及爲州縣小吏，雖藝文可采，勿舉。

初，開元時，禮部考試畢，送中書門下詳覆，其後中廢。侍郎錢徽所舉送，覆試多不中選，由是貶官，而舉人雜文及策復送中書門下〔一五〕。長慶三年，侍郎王起言：「故事，禮部已放榜，而中書門下始詳覆。今請先詳覆而後放榜。」議者以爲起雖避嫌，然失貢職矣。

錢徽傳：「徽爲禮部侍郎，宰相段文昌以所善楊渾之誘徽求致第籍。渾之者，憑子也，多納古帖、秘畫於文昌。徽不從，文昌怒，即奏徽取士以私，乃詔覆試，徽坐貶。」

洪氏容齋隨筆曰：「唐穆宗長慶元年，禮部侍郎錢徽知舉，放進士鄭朗等三十三人。後以段文昌言其不公，詔中書舍人王起、知制誥白居易重試，駮放盧公亮等十人，貶徽江州刺史。白公集有奏狀論此事，大略云：『伏料自欲重試進士以來，論奏者甚衆，蓋以禮部試進士〔一六〕，例許用書策，兼得通宵，得通宵則思慮必周，用書策則文字不錯。昨重試之日，書策不容一字，木燭只許兩條，迫促驚忙，幸皆成就，若比禮部所試，事校不同。及駮放公亮等敕文，以爲孤竹管賦出於周禮正經，閱其程試之文，多是不知本末。』乃知唐試進士，許挾書及見燭如此。」又曰：「高鍇爲禮部侍郎知貢舉，閱三歲，頗得才實。始，歲取四十人，才益少，詔減十人，猶不能滿，此新唐書所載也。按登科記：開成元年，中書門下奏進士元額二十五人，詔加四十人，奉敕依奏。是年及二年、三年，鍇在禮部，每舉所放各四十人，至四年，始令每年放三十人爲定，則唐書所云誤矣。摭言載鍇第一榜，裴思謙以仇士良關節取狀頭，鍇庭譴之，思謙回顧厲聲曰：『明年打脊取狀頭！』第二年，鍇知舉，誡門下不得受書題，思謙自携士良一緘入貢院，既而易紫衣，趨至階下，白曰：『軍容有狀薦裴思謙秀才。』鍇接之，書中與求巍峨。鍇曰：『狀元已有人，此外可副軍容意旨。』思謙曰：『卑吏奉軍容處分，裴秀才非狀元請侍郎不放。』鍇俯首良久曰：『然則略要見裴學士。』思謙曰：『卑吏便是也。』鍇不得已，遂從之。思謙及第後，宿平康里，賦詩云：『銀釭斜背解明璫，小語低聲賀玉郎。從此不知蘭麝貴，夜來新惹桂枝香。』然則思謙疏俊不羈之士耳，鍇徇兕瑺之意，以爲舉首，史謂頗得才實，恐未盡然。先是，太和三年，鍇爲考功員外郎，取士有不當，監察御史姚中立奏停考功『別頭』試。六年，侍郎賈餗又奏復之，事見選舉志。」

按：唐科目考校無糊名之法，故主司得以採取譽望，然以錢徽、高鍇之事觀之，權倖之囑託，亦可畏也。東漢及魏、晉以來，吏部尚書司用人之柄，然其時諺曰：「取行實，甄材能」，故爲尚書者，必使久於其任，而後足以察識。今唐人禮部所試，不過於寸晷之間，程其文墨之小技，則所謂主司者，當於將試之時，擇士大夫之有學識操守者，俾主其事可矣，不必專以禮部爲之。今高鍇之爲侍郎知貢舉也，至於三年，仇士良之挾勢以私裴思謙也，至於再囑，於是鍇亦不能終拂兕瑺以取禍矣。此皆預設與久任之弊也。

元和中，中書舍人李肇撰國史補，其略曰：「進士爲時所尚久矣，是故俊乂實在其中，由此而出者，終身爲聞人〔一七〕，故爭名常切而爲俗亦弊〔一八〕。其都會謂之舉場，通稱謂之秀才，投刺謂之鄉貢，得第謂之前進士〔一九〕，互相推敬謂之先輩，俱捷謂之同年。近年及第，未過關試，皆稱新及第進士，所以韓中丞儀嘗有知聞近過關試，儀以一篇紀之曰：「短行軸子付三銓〔二〇〕，休把新銜惱筆尖〔二一〕。今日便稱前進士，好留春色與明年。」有司謂之座主，京兆府考而升者謂之等第〔二二〕，外府不試而貢者謂之拔解，然拔解亦須預託人爲詞賦，非謂自薦〔二三〕。將試各相保任謂之合保〔二四〕，群居而賦謂之私試，造請權要謂之關節，激揚聲價謂之還往，既捷，列名於慈恩寺塔謂之題名會〔二五〕，大燕於曲江亭子謂之曲江會，曲江大會在關試後，亦謂之關宴。宴後同年各有所之，亦謂之离會。籍而入選謂之春關，不捷而醉飽謂之打毷氉，匿名造謗謂之無名子，退而肄業謂之過夏，執業以出謂之夏課，亦謂之秋卷。挾藏入試謂之書策，此其大略也。其風俗繫於先達，其制置存於有司。雖然，賢者得其大者，故位極人臣常有十二三，登顯列十有六七，而元魯山、張睢陽有焉，劉闢、元修〔二六〕有焉。」

永徽之後，以文儒亨達鮮不由兩監者，於時場籍先兩監而後鄉貢，蓋以朋友之臧否、文藝之優劣，切磋琢磨，匪朝伊夕，抑揚去就，與衆共之故也。

天府解送，自開元、天寶之際，率以在上十人謂之「等第」，必求名實相副，以滋教化之原。小宗伯倚而選之，或至渾化。不然，十得七八，苟異於是，則往往牒貢院請落由。暨咸通、乾符則爲形勢吞嚼，故廢置不定。

同、華解衆推利市，與京兆無異，若首送，無不捷者。

諫議大夫殷侑言：「三史爲書，勸善懲惡，亞於六經。比來史學多廢，至有身處班列，而朝廷舊章莫能知者。」於是立史科及三傳科。

文宗太和八年，宰相王涯以爲禮部取士乃先以榜示中書，非至公之道。自今一委有司，以所試雜文、鄉貫、三代名諱送中書門下。

唐衆科之目，進士爲尤貴，而得人亦最爲盛，歲貢常不減八九百人。縉紳雖位極人臣，而不由進士者，終不爲美。其推重，謂之「白衣公卿」，又曰「一品白衫」；其艱難，謂之「三十老明經，五十少進士」。先是，進士試詩賦及時務策五道，明經策三道。建中二年，中書舍人趙贊權知貢舉，乃以箴、論、表、讚代詩賦，而皆試策三道。太和八年，禮部復罷進士議論而試詩賦。文宗從內出題以試進士，謂侍臣曰：「吾患文格浮薄，昨自出題，所試差勝。」乃詔禮部歲取登第者三十人，苟無其人，不必充其數。時文宗好學嗜古，鄭覃以經術位宰相〔二七〕，深嫉進士浮薄，屢請罷之。帝曰：「敦厚、浮薄，色色有之。進士科取人二百年矣，不可遽廢。」因得不罷。

容齋洪氏隨筆曰：「唐以賦取士，而韵數多寡、平仄次叙，元無定格。故有三韵者，花萼樓賦以題爲韵是也；有四韻者，蓂莢賦以『呈瑞聖朝』，舞馬賦以『奏之天庭』，丹甑賦以『國有豐年』，泰階六符賦以『元亨利貞』爲韻是也；有五韻者，金莖賦以『日華川上動』爲韻是也；有六韻者，止水〔二八〕、魍魎、人鏡、三統指歸、信及豚魚、洪鐘待撞、君子聽音、東郊朝日、蜡日祈天、宗樂德、訓胄子諸篇是也；有七韻者，日再中、射己之鵠、觀紫極舞、五聲聽政諸篇是也；八韻有二平六仄者，六瑞賦以『儉故能廣，被褐懷玉』，日五色賦以『日麗九華，聖符土德』，徑寸珠賦以『澤浸四荒，非寶遠物』爲韻是也；有三平五仄者，宣耀門觀試舉人以『君聖臣肅，謹擇多士』，懸法象魏以『正月之吉，懸法象魏』，玄酒以『薦天明德，有古遺味』，五色土以『王子畢封，依以建社』，通天臺以『洪臺獨出，浮景在下』，幽蘭以『遠芳襲人，悠久不絶』，日月合璧以『兩耀相合，候之不差』，金柅以『直而能一，斯可制動』爲韻是也；有五平三仄者，金用礪以『商高宗命傳説之官』爲韻是也；有六平二仄者，旗賦以『風卷雲舒〔二九〕，軍容清肅』爲韻是也。自太和以後，始以八韻爲常。唐莊宗時，嘗覆試進士〔三〇〕，翰林學士承旨盧質以后從諫則聖爲賦題〔三一〕，以『堯、舜、禹、湯，傾心求過』爲韻。舊例，賦韻四平四仄，質出韻乃五平三仄，大爲識者所誚，豈非是時已有定格乎？國朝太平興國三年九月，始詔自今廣文館及諸州府禮部試進士賦，並以平仄次用韻。其後又有不依次者，至今循之。」

九年，中書門下奏：「面奉進止，令條流進士數，及減下諸色入仕人等。進士，准太和四年格，及第每年不過二十五人，今請加至四十人；明經，准太和八年敕減下人數外，及第不得過一百一十人，今請再減下十人。」

武宗會昌五年，舉格節文：「公卿百寮子弟〔三二〕及京畿内士人、寄客、外州府舉士人等，修明經、進士業者，並隸名所在監及官學，仍精加考試。所送人數：其國子監明經，舊格每年送三百五十人，今請送三百人〔三三〕，進士依舊格送三十人，其隸名明經亦請送二百人；其宗正寺進士送二十人；其東監、同、華、河中所送進士不得過三十人，明經不得過五十人；其鳳翔、山南西道東道、荆南、鄂岳、湖南、鄭滑、浙西、浙東、鄜坊、宣商、涇邠、江南、江西、淮南、西川、東川、陝虢等道所送進士不得過一十五人，明經不得過二十人；其河東、陳許汴、徐泗、易定、齊德、魏博、澤潞、幽孟、靈夏、淄青、鄆曹、兖海、鎮冀、麟勝等道所送進士不得過一十人，明經不得過十五人；金汝、鹽豐、福建、黔府、桂府、嶺南、安南、邕容等道所送進士不得過七人，明經不得過十人。其諸支郡所送人數，請申觀察使爲解都送，不得諸州各自申解。諸州府所試進士雜文，據元格並合封送省。准開成三年五月三日敕落下者，今緣自不送所試以來，舉人公然拔解，今諸州府所試，各須封送省司檢勘，如病敗不近詞理，州府妄給解者，試官停見任用闕〔三四〕。」

時宰相李德裕尤惡進士。初，舉人既及第，綴行通名，詣主司第謝。其制：序立西階下，北上東向；主人席東階下，西向；諸生拜，主司答拜，乃叙齒，謝恩，遂升階，與公卿觀者皆坐，酒數行，乃赴期集。又有曲江會、題名席。至是，德裕奏：「國家設科取士，而附黨背公，自爲門生。自今一見有司而止，其期集、參謁、曲江、題名皆罷。」德裕嘗論公卿子弟藉於科舉，武宗曰：「向聞楊虞卿兄弟朋比貴勢，妨平進之路。昨黜楊知至、鄭朴等，抑其太甚耳。有司不識朕意，不放子弟即過矣，但取實藝可也。」德裕曰：「鄭肅、封敖子弟皆有材，不敢應舉。臣無名第，不當非進士，然臣祖天寶末以仕進無他岐，勉彊隨計，一舉登第。自後家不置文選，蓋惡其不根藝實。然朝廷顯官，須公卿子弟爲之，何者？少習其業，目熟朝廷事，臺閣之儀，不教而自成。寒士縱有出人之才，固不能閑習也，則子弟未易可輕。」德裕之論，偏異蓋如此。然進士科當唐之晚節，尤爲浮薄，世所共患也。

宣宗大中元年，禮部侍郎魏扶放及第二十三人，續奏：「堪放及第三人封彦卿、崔琢、鄭延休等，皆以文藝爲衆所知，其父皆在重任，不敢選取，其所試詩賦並封進。」奉進止：「令翰林學士、户部侍郎、知制誥韋琮等考。」盡合程度，其月二十三日奉進止：「並付所司放及第。有司考試，祗合在公，如涉徇私，自有刑典。從今以後，但依常例取捨，不得別有奏聞。」

懿宗咸通四年，進士皮日休上疏，請以孟子爲學科，曰：「臣聞聖人之道不過乎經，經之降者不過乎史，史之降者不過乎子，子不異乎道者孟子也。今國家有業莊、列之書者，亦登於科，其誘善也則深，而懸科也未正。伏望命有司去莊、列之書，以孟子爲主，有能精通其義者，其科選視明經同。」不報。

昭宗天復元年赦文，令中書門下選擇新及第進士中有久在名場，才沾科級，年齒已高者，不拘常例，各授一官。於是禮部侍郎杜德祥奏：揀到新及第進士陳光問年六十九〔三五〕，曹松年五十四，王希禹年七十三〔三六〕，劉象年七十，柯崇年六十四，鄭希顔年五十九。詔光問、松、希禹可祕書省正字，象、崇、希顔可太子校書。

洪氏容齋隨筆曰：「昭宗當斯時亂離極矣，尚能眷眷於寒儒，甚可書也。摭言云：上新平内難，聞放進士，甚喜，特授官，制詞曰：『念爾登科之際，當予反正之年，宜降異恩，各膺寵命。』時謂此舉爲『五老榜』。」

唐登科記總目：

高祖武德元年，上書拜官一人。

二年、三年、四年，不貢舉。

五年，秀才一人，進士四人。

六年，進士四人。

七年，秀才三人，進士六人。

八年，秀才一人，進士五人。

九年，秀才二人，進士七人。

太宗貞觀元年，秀才一人，進士四人。

二年，米貴，不貢舉〔三七〕。

三年，秀才二人，進士五人。

四年，秀才一人，進士九人。

五年，秀才一人，進士十五人。

六年，秀才一人，進士十二人。

七年，秀才二人，進士十三人。

八年，秀才一人，進士九人〔三八〕。

九年，進士六人。

十年，進士十一人。

十一年，秀才一人，進士八人。

十二年，秀才一人，進士十一人。

十三年，秀才二人，進士十七人。

十四年，秀才一人，進士五人。

十五年，秀才一人，進士十四人。

十六年，不貢舉。

十七年，進士十五人。

十八年，秀才一人，進士二十四人。

十九年，秀才三人，上書拜官一人。

二十年，秀才一人，進士三人。

二十一年，進士七人。

二十二年，進士九人。

二十三年，秀才一人，進士八人。

高宗永徽元年，秀才一人，進士十四人。

二年，進士二十五人。其年始停秀才舉。

三年、四年不貢舉，應制及第三人。

五年，進士一人。

六年，進士四十三人，應制及第一人〔三九〕。

顯慶元年，進士三人。

二年，進士二十二人。

三年，進士十七人，諸科一人。

四年，進士二十人。

五年，進士十四人，上書拜官一人。

六年，進士五人，召拜官一人。

龍朔二年，進士八人。

三年，不貢舉。

麟德元年，進士三人，諸科二人。

二年，進士並落下。

乾封元年，幽素舉十二人。

二年，進士五人。

總章元年，進士二十六人。

二年，不貢舉。

咸亨元年，進士五十四人。

二年、三年，不貢舉。

四年，進士七十九人。

上元元年，進士五十七人，重試及第十一人。

上元二年，進士四十五人，別敕二人〔四〇〕，續試三人。

儀鳳元年，不貢舉，諸科四人。

二年，不貢舉，上封拜官一人。

三年，不貢舉，諸科一人。

調露元年，不貢舉。

二年，進士一人。

永隆二年，進士一人。

開耀二年，進士五十五人，重試及第十八人。

永淳二年，進士五十五人。

嗣聖二年〔四一〕，進士十三人，重試三十六人。

武后光宅元年，進士十六人，上書拜官併諸科九人。

二年〔四二〕，進士五十九人。

垂拱元年，進士二十二人，再取五人。

二年，進士四人。

三年，進士六十五人。

四年，進士二十四人，諸科三十人。

永昌元年〔四三〕，進士神都六人，西京二人，諸科一人。

二年〔四四〕，神都十二人，西京四人，諸科五人。

三年〔四五〕，進士十六人。

長壽二年，進士十八人，減策及第二人。

三年，不貢舉，諸科二人。

延載二年〔四六〕，進士二十二人。

證聖元年，不貢舉，諸科一人。

天册萬歲二年，進士二十七人，南郊舉及第三人。

萬歲通天二年，進士二十七人，諸科十人。

三年，不貢舉，諸科二人。

聖曆元年，進士二十二人。

二年，進士十六人，諸科一人。

三年，進士二十人。

久視二年，進士十九人，諸科二人。

大足元年，進士二十七人。

二年〔四七〕，不貢舉，諸科十人。

長安二年，進士二十一人。

三年，進士三十一人，諸科四人。

四年，四十一人，續奏四人。

中宗神龍元年，進士六十一人，重試及第十二人，諸科二十九人。

二年，進士三十二人，諸科三十九人。

景龍元年，進士四十八人，諸科三人。

二年，進士四十人，諸科六人。

三年，不貢舉，諸科八人。

睿宗景雲元年，進士五十二人。

二年，諸科五十六人。

延和元年，進士三十七人。

玄宗先天元年，諸科二十七人。

開元元年，進士七十一人，重奏六人。

二年，進士十七人，諸科十二人。

三年，進士二十一人。

四年，進士十六人，上書及第一人。

五年，進士二十五人。

六年，進士三十二人。

七年，進士二十五人，諸科八人。

八年，進士五十七人。

九年，進士三十八人。

十年，進士三十三人。

十一年，進士三十一人。

十二年〔四八〕，進士二十一人。

十四年，進士三十一人。

十五年，進士十九人，諸科三人。

十六年，進士二十人。

十七年，進士二十六人，諸科一人。

十八年，進士二十六人。

十九年，進士二十三人，諸科二人。

二十年，進士二十四人。

二十一年，進士二十五人，諸科一人。
二十二年，進士二十九人，諸科九人。
二十三年，進士二十七人，諸科五人。
二十四年，進士二十人，諸科七人。
二十五年，進士二十七人，諸科三人。
二十六年，進士二十三人，諸科二十一人。
二十七年，進士二十四人，諸科五人。
二十八年，進士十五人，諸科五人。
二十九年，進士十三人，諸科四人。
天寶元年，進士二十三人，諸科二人〔四九〕。
二年，進士二十六人。
三載，進士二十九人。
四載，進士二十五人。
五載，進士二十一人。
六載，進士二十三人，諸科一人。
七載，進士二十四人。

八載，進士二十人。

九載，進士二十一人。

十載，進士二十人。

十一載，進士二十六人。

十二載，進士五十六人。

十三載，進士三十五人，諸科一人。

十四載，進士二十四人。

十五載，進士三十三人。

肅宗至德二載，進士二十二人，江淮六人，成都府十六人，江東七人。

乾元元年，進士二十三人。

二年，進士二十五人。

三年，進士二十六人。

上元元年〔五〇〕，進士二十九人。

代宗寶應元年，停貢舉。

二年，進士二十七人。

廣德二年，進士十三人，又十二人。

永泰元年，進士二十七人。

二年〔五一〕，兩都共二十六人。

大曆二年，進士二十人，諸科一人。

三年，進士十九人，諸科三人。

四年，進士二十六人，諸科二人。

五年，進士二十六人。

六年，進士二十八人，諸科二人。

七年，進士三十三人，諸科四人。

八年，進士三十四人，諸科五人。

九年，進士三十二人。

十年，進士二十七人，諸科一人。

十一年，進士十四人。

十二年，進士十二人。

十三年，進士二十一人，諸科二人。

十四年，進士二十人。

德宗建中元年，進士二十一人，諸科二十七人。

二年，進士二十七人，諸科二人。

三年，進士二十八人，諸科一人。

四年，進士二十七人，諸科三人。

興元元年，進士五人。

貞元元年，進士三十三人，諸科二十一人。

二年，進士二十七人，諸科一人。

三年，進士三十三人，諸科五人。

四年，進士三十一人，諸科二十六人。

五年，進士三十六人，諸科六人。

六年，進士二十九人，諸科五人。

七年，進士三十人，諸科二十二人。

八年，進士二十三人，諸科八人。

九年，進士三十二人，諸科八人。

十年，進士二十八人，諸科二十六人。

十一年，進士二十七人，諸科八人。

十二年，進士三十人，諸科四人。

十三年，進士二十人，諸科六人。
十四年，進士二十人，諸科九人。
十五年，進士十七人，諸科四人。
十六年，進士十九人，諸科八人。
十七年，進士十八人，諸科八人。
十八年，進士二十三人，諸科三人。
十九年，進士二十人，諸科六人。
順宗永貞元年，進士二十九人，諸科十人。
憲宗元和元年，進士二十三人，諸科三十六人。
二年，進士二十八人，諸科十一人。
三年，進士十九人，諸科二十四人。
四年，進士二十人，諸科七人。
五年，進士三十二人，諸科十二人。
六年，進士二十人，諸科十三人。
七年，進士二十九人，諸科十四人。
八年，進士三十人，諸科十二人。

九年，進士二十七人，諸科十一人。

十年，進士三十人，諸科十三人〔五二〕。

十一年，進士三十三人，諸科十四人。

十二年，進士三十五人，諸科十四人。

十三年，進士三十二人，諸科十三人。

十四年，進士三十一人，諸科十二人。

十五年，進士二十九人，諸科十三人。

穆宗長慶元年，進士三十三人，駮下十人，重試十四人，諸科三十八人。

二年，進士二十九人，諸科十人。

三年，進士二十八人，諸科十九人。

四年，進士三十三人，諸科十五人。

敬宗寶曆元年，進士三十三人，諸科三十二人。

二年，進士三十五人，諸科十二人。

文宗太和元年，進士三十三人，諸科十五人。

二年，進士三十七人，諸科三十六人。

三年，進士二十五人，諸科二十六人。

四年，進士二十五人，諸科七人。

五年，進士二十五人，諸科六人。

六年，進士二十五人，諸科五人。

七年，進士二十五人，諸科五人。

八年，進士二十五人，諸科十一人。

九年，進士二十五人，諸科五人。

開成元年，進士四十人，諸科九人。

二年，進士四十人，諸科三人。

三年，進士四十人，諸科七人。

四年，進士三十人，諸科二人。

五年，進士三十人，諸科十八人。

武宗會昌元年，進士三十人，諸科十六人。

二年，進士三十人，諸科十三人。

三年，進士二十二人，諸科十四人。

四年，進士二十五人，續放一人，諸科七人。

五年，進士二十七人，覆試落下八人，諸科五人。

六年，進士十六人，諸科五人。

宣宗大中元年，進士二十三人，諸科二十人。

二年，進士二十二人〔五三〕，諸科十七人。

三年，進士三十人，諸科十人。

四年，進士三十人，諸科十三人。

五年，進士二十七人，又三十人〔五四〕，諸科二十二人。

六年，進士二十八人，諸科九人。

七年，進士三十人，諸科十一人。

八年，進士三十人，諸科十五人。

九年，進士三十人，諸科六人。

十年，進士三十人，諸科五人。

十一年，進士三十人，諸科三人。

十二年，進士三十人，諸科四人。

十三年，進士三十人，諸科三人。

十四年，進士三十人，諸科三人。

懿宗咸通二年，進士三十人，諸科十二人。

三年，進士三十人，諸科十一人。

四年，進士三十五人，諸科十一人。

五年，進士二十五人，諸科九人。

六年，進士二十五人，諸科十八人。

七年，進士二十五人，諸科十七人。

八年，進士三十人，諸科二十人。

九年，進士三十人，諸科十一人。

十年，進士三十人，諸科十人。

十一年，停舉。

十二年，進士四十人，諸科九人。

十三年，進士三十人，諸科十一人。

十四年，進士三十人，諸科十人。

十五年，進士三十人，諸科十一人。

僖宗乾符二年，進士三十人，諸科九人。

三年，進士三十人，諸科十一人。

四年，進士三十人，諸科十人。

五年，進士三十人，諸科八人。

六年，進士三十人，諸科九人。

七年，進士三十人，諸科十四人〔五五〕。

廣明二年，進士十二人，續賜第二人。

中和二年，進士二十八人，諸科二人。

三年，進士三十人，諸科二人。

四年，停舉。

五年，進士三十五人，諸科二人。

光啓二年，進士九人，諸科二人。

三年，進士二十五人，諸科一人。

四年，進士三十八人，諸科一人。

昭宗龍紀元年，進士二十五人，諸科七人。

大順元年，進士二十一人，諸科一人。

二年，進士二十七人，諸科六人。

三年，進士三十人，諸科六人。

景福二年，進士二十八人，諸科十二人。

乾寧元年，進士二十八人，諸科三人。

二年，進士二十五人，重放一十五人，落下十人，諸科三人。

三年，進士十二人，諸科四人。

四年，進士二十人，諸科三人。

五年，進士二十人，諸科一人。

光化二年，進士二十七人，諸科一人。

三年，進士三十六人，諸科二人。

四年，進士二十六人，諸科三人。

天復二年、三年，停舉。

四年，進士二十六人，諸科一人。

天祐二年，進士二十三人，諸科二人。

三年，進士二十五人，諸科四人。

四年，進士二十人，諸科二人。

右唐二百八十九年逐歲所取進士之總目。

按：昌黎公贈張童子序言：「天下之以明二經舉，其得升於禮部者，歲不下三千人，謂之鄉貢；又第其可進者，屬之吏部，歲不及二百人，謂之出身。」然觀登科記所載，雖唐之盛時，每年禮部所放進士及諸科，未有及五七十人者，與昌黎所言不合。又開元十七年，限天下明經、進士及第每年不過百人，又太和敕進士及第不得過四十人，明經不得過百一十人。然記所載逐年所取人數如此，則元未嘗過百人，固不必爲之限也。又明經及第者，姓名尤爲寥寥，今曰不得過百一十人，則是每科嘗過此數矣，豈登科記所載未備而難憑邪？唐史、摭言載華良夫嘗爲京兆解不送〔五六〕，以書讓考官曰：「聖唐有天下垂二百年，登進士科者三千餘人。」以此證之，則每歲所放不及二十人也，登科記不誤矣。又按：容齋隨筆言：「唐開元間，國子祭酒楊瑒上言：『省司奏限天下明經、進士及第，每年不過百人，切見流外出身，每歲二千餘人，而明經、進士不能居其什一，則是服勤道業之士不如胥吏之得仕也。若以出身人太多，則應諸色裁損，不應獨抑明經、進士。』當時以其言爲然。淳熙九年，大減任子員數，是時吏部四選開具以三年爲率，文班進士大約三四百人，任子文武亦如之，而恩倖流外蓋過二千之數，甚與開元類也。」今考唐每歲及第者，極盛之時不能五十人。姑以五十人爲率，則三歲所放不過百五十人。而宋自中興以後，每科進士及第動以四五百人計，蓋倍於唐有餘矣。又唐士之及第者，未能便解褐入仕，尚有試吏部一關。韓文公三試於吏部無成，則十年猶布衣，且有出身二十年不獲祿者。而宋則一登第之後，即爲入仕之期。夫其數之多如此，取之易復如此，則宋之以進士入仕者，其冗當數倍於唐，而今謂淳熙之事纔類開元，何邪？

校勘記

〔一〕凡四等爲及第　「第」原作「等」，據新唐書卷四四選舉志上改。

〔二〕審加搜訪　「審」原作「蕃」，據馮本及新唐書卷一〇六劉道祥傳改。

〔三〕伏以聖緒出自玄元　「玄元」原作「元元」，清人諱改，今改回。

〔四〕延於大庭　「庭」原作「殿」，據讀史管見卷一九改。

〔五〕諍訟於陛闥　通典卷一七選舉典五同。舊唐書卷一〇一薛登傳「陛」作「階」。

〔六〕今宜寬立年限　「立」原作「平」，據舊唐書卷一〇一薛登傳、通典卷一七選舉典五改。

〔七〕杜陽雜編記　「雜」字原脱，據宋史卷二〇六藝文志五、能改齋漫録卷一八逸文補。

〔八〕舒元輿舉進士　「舉」字原脱，據能改齋漫録卷一八逸文補。

〔九〕韋承貽試日先畢　「承」原作「永」，據全唐詩卷六〇〇韋承貽策試夜潛紀長句於都堂西南隅改。

〔一〇〕棘籬何日免重來　「免」原作「卻」，據全唐詩卷六〇〇韋承貽策試夜潛紀長句於都堂西南隅改。

〔一一〕夜試以三燭爲限　「三」原作「二」，據舊五代史卷一四八選舉志、宋史卷二六二竇貞固傳改。按史文「竇正固」即竇貞固，作者避宋仁宗嫌名改。下同。

〔一二〕長興二年　「長興」上原衍「晉」字，據舊五代史卷一四八選舉志、宋史卷二六二竇貞固傳删。

〔一三〕正固以書短　「書短」二字原倒，據宋史卷二六二竇貞固傳乙正。

〔一四〕今年諸色舉選宜權停者　「舉選」二字原倒，據昌黎先生集卷三七論今年權停舉選狀乙正。

〔一五〕而舉人雜文及策復送中書門下　「及策」二字原脱，據舊唐書卷一六八錢徽傳、唐會要卷七五貢舉上帖經條例補。

〔一六〕蓋以禮部試進士　「試」字原脱，據容齋隨筆卷三進士試題、白香山集卷四三論重考試進士事宜狀補。

〔一七〕終身爲聞人　「聞」原作「文」，據國史補卷下敍進士科舉、唐語林卷二文學改。

〔一八〕故爭名常切而爲俗亦弊　「切而」二字原脱，「俗亦」原作「時所」，據國史補卷下敍進士科舉、唐語林卷二文學補改。

〔一九〕得第謂之前進士　「前」字原脱，據國史補卷下敍進士科舉、唐摭言卷一述進士下篇補。

〔二〇〕短行軸子付三銓　「子」原作「了」，據全唐詩卷六六七韓儀知聞近過關試改。「軸子」，慎本、馮本及唐摭言卷一述進士下篇皆作「納了」。

〔二一〕休把新銜惱筆尖　「筆尖」原作「必先」，據慎本、馮本改。

〔二二〕京兆府考而升者謂之等第　「升」下原衍「之」字，據國史補卷下敍進士科舉、唐摭言卷一述進士下篇删。

〔二三〕非謂自薦　「自」原作「白」，據馮本改。

〔二四〕各相保任謂之合保　「任」字原脱，據國史補卷下敍進士科舉、唐語林卷二文學補。

〔二五〕列名於慈恩寺塔謂之題名會　「會」字原脱，據國史補卷下敍進士科舉補。

〔二六〕元修　「修」原作「脩」，據唐會要卷七六制科舉元和元年條，册府元龜卷六四四貢舉部考試二改。按新唐書卷七五下宰相世系表有元修，官河南少尹。

〔二七〕鄭覃以經術位宰相　「覃」原作「單」，據新唐書卷四四選舉志上改。

〔二八〕止水　二字原倒，據容齋續筆卷一三試賦用韻乙正。

〔二九〕風卷雲舒　「卷」，容齋續筆卷一三試賦用韻作「日」。

〔三〇〕嘗覆試進士　「嘗」原作「常」，據容齋續筆卷一二試賦用韻改。

〔三一〕以后從諫則聖爲賦題　「賦」字原脱，據容齋續筆卷一三試賦用韻補。

〔三二〕公卿百寮子弟　「寮」原作「家」，據馮本及唐摭言卷一會昌五年舉格節文改。

〔三三〕今請送三百人　「三」原作「二」，據唐摭言卷一會昌五年舉格節文改。

〔三四〕試官停見任用闕　「用闕」二字原脱，據唐摭言卷一會昌五年舉格節文補。

〔三五〕揀到新及第進士陳光問年六十九　按唐摭言卷八放老所載無此人。

〔三六〕王希禹年七十三　「禹」，唐摭言卷八放老及容齋三筆卷五唐昭宗恤録儒生作「羽」。

〔三七〕不貢舉　「貢舉」二字原倒，據文義乙正。

〔三八〕進士九人　「九」，慎本、馮本作「十九」。

〔三九〕應制及第一人　「及第」二字原脱，據上文補。徐松登科記考卷二本條下注：「按『應制』下脱『及第』二字。」

〔四〇〕别敕二人　登科記考卷二：「按『别敕』，唐摭言謂即『别頭』，是不始於開元二十九年矣，『二』當作『四』。」

〔四一〕嗣聖二年　據本卷文例，疑「嗣聖」上脱「中宗」二字。按嗣聖元年二月，武則天廢中宗立睿宗，改元文明。九月，又廢睿宗親政，改元光宅。嗣聖無二年，疑「二」爲「元」之誤。

〔四二〕二年　按登科記考卷三：「登科記又載嗣聖二年進士十三人，重試三十六人，光宅二年進士五十九人。按嗣聖二年、光宅二年即垂拱元年也，登科記誤，今不取。」疑此處有誤。

〔四三〕永昌元年 「元」原作「二」，按武則天永昌元年十一月即改元載初，見舊唐書卷六則天皇后紀，此處顯誤。登科記考卷三「二」作「元」，據改。

〔四四〕二年 登科記考卷三作「載初元年」。又據本卷文例，疑「年」下脫「進士」二字。

〔四五〕三年 登科記考卷三作「天授二年」。

〔四六〕延載二年 按武則天延載元年十一月即改元證聖，疑此處年號有誤。

〔四七〕二年 登科記考卷四：「登科記大足元年進士二十七人，二年不貢舉，按：大足無二年，登科記誤。」按武則天大足元年十月改元長安，見舊唐書卷六則天皇后紀。

〔四八〕十二年 馮本於本條後有「十三年進士二十三人」一條。登科記考卷七開元十三年「進士」注：「登科記闕。」疑本條後有脱文。

〔四九〕諸科二人 「二」，登科記考卷九作「四」。

〔五〇〕上元元年 按乾元三年閏四月改元上元，登科記考卷一〇「元年」作「二年」，疑是。

〔五一〕二年 登科記考卷一一「年」下有「進士」二字，依本書文例當有。

〔五二〕諸科十三人 「三」，登科記考卷一八作「四」。

〔五三〕進士二十二人 下「二」字，登科記考卷二二作「三」。

〔五四〕又三十人 登科記考卷二二作「又三人」。

〔五五〕諸科十四人 登科記考卷二三作「諸科四人」。

〔五六〕華良夫嘗爲京兆解不送 「嘗」原脱，「送」原作「第」，據唐摭言卷二恚恨條之三補改。

卷三十　選舉考三

舉士

梁太祖開平元年，敕：「近年舉人，當秋薦之時，不親試者號爲『拔解』，今後宜止絶。」又敕：「禮部貢院每年所放明經及第，不得過二十人。」

乾化元年，以尚書左僕射楊涉知貢舉，非常例也。開元時，以禮部侍郎專知貢舉，其後或以他官領，多用中書舍人及諸司四品清資官，唯會昌中，命太常卿王起知貢舉，時亦檢校僕射。五代時，或以兵部尚書，或以户部侍郎、刑部侍郎爲之，不專主於禮侍矣。

後唐莊宗同光三年，敕：「今年新及第進士符蒙正等，令翰林院覆試。升王澈〔一〕、桑維翰居魁、亞，降符蒙正第三〔二〕。今後禮部所試，委中書門下子細詳覆奏聞。」

明宗天成三年〔三〕，工部侍郎任贊奏請：「諸色舉人不是家在遠方、水陸隔越者，逐處選賓從官僚中藝學精博一人，各於本貫一例分明比試。如非通贍，不許妄給文解。」

長興三年〔四〕，敕：「今後落第舉人，所司已納家狀者，次年便赴貢院就試，並免再取文解。」

長興四年，禮部貢院奏新立條件如後：

一、九經、五經、明經〔五〕呈帖由之時，試官書「通」、「不」後，有不及格者，唱落後，請置筆硯，將所納帖由分明，却令自閱，或者試官錯書「通」、「不」，當與改正。如懷疑者，便許請本經當面檢對，如實是錯，即於帖由上書名而退。

一、五科常年駁榜出，多稱屈塞，今年並明書所對經書墨義，云第幾道「不」，第幾道「粗」，第幾道「通」，任將本經書疏照證。如考試官去留不當，許將狀陳訴，當再加考較。如合黜落，妄有披述，當行嚴斷。

一、今年舉人有抱屈落第者，許將狀披訴於貢院，當與重試。如貢院不理，即詣御史臺論訴。請自試舉人日，令御史臺差人受舉人訴屈文狀，並引本身勘問所論事件。或知貢舉官及考試官已下敢受貨賂，升擢親朋，屈抑藝能，陰從請託，及不依格去留，一事有違，請行朝典。

一、懷挾書策，舊例禁止。請自今後入省門搜得文書，不計多少，准例扶出，殿將來兩舉。

一、遥口受人，迴換試處及抄義題帖書時諸般相救，准例扶出，請殿將來三舉。

一、藝業未精，准格落下，恥見同人，妄扇屈聲，擬爲將來基址；及他人帖對過場數多者，便生誣玷，或羅織謳罵者，並當收禁，牒送御史臺，請賜勘鞫〔六〕。如知貢舉官及考試官事涉私徇〔七〕，屈塞藝士，請行朝典。若虚妄者，請嚴行科斷，牒送本道重處色役，仍永不得入舉場，同保人亦請連坐，各殿三舉。奉敕「宜依」。

又奏：「准會要：貢人至元日列在方物之前，以備充庭之禮。近來直至臨鎖院前，赴應天門外朝見。今後請令舉人復赴正仗如舊法。或以人數不少，請秖取諸科解頭一人就列，其餘續到者俟齊日別令朝見。」奉敕「依」。

石林葉氏曰：「唐末，禮部知貢舉，有得程文優者，即以已登第時名次處之，不以甲乙爲高下也，謂之『傳衣鉢』。和凝登第，名在十三，後得范魯公質，遂處以十三。其後范登相位，官至太子太傅，封國於魯，與凝皆同，世以爲異也。」

後周太祖廣順三年，敕：「禮部貢院於引試之前，精加考校，逐場去留。無藝者，雖應舉年深，不得饒借場數。有藝者，雖遭黜落，並許陳訴，秖不得街市省門故爲喧競，及投無名文字訕毁主司，如有故違，必行嚴斷，配流邊遠，同保人永不得赴舉。主司不得受薦託書題，如有書題〔八〕，密具姓名聞奏，其舉人不得就試。」又令：「今後舉人須取本鄉貫文解，若鄉貫阻隔，秖許兩京給解。」

南唐設科舉，既而罷之。

先公曰：「按五代通録，自梁開平至周顯德未嘗無科舉，而偏方小國兵亂之際，往往廢墜。如江南號爲文雅最盛，然江文蔚、韓熙載皆後唐時中進士第，宋齊邱、馮延巳仕於南唐，皆白衣起家爲祕書郎，然則南唐前此未嘗設科舉，科舉昉於此時耳，顧以江文蔚一言罷之。如以文蔚之言『前朝進士公私相半』爲譏，則文蔚固亦前朝進士也。然明年以徐鉉建言，復置科舉。暨我朝開寶中，唐之爲國不一二年將亡，而猶命張佖典貢舉，放進士，可悲也已！」

世宗顯德二年，敕：「國家設貢舉之司，求俊茂之士，務詢文行，以中科名。比聞近年以來，多有濫進，或以年勞而得第，或因媒勢以出身。今歲所放舉人〔九〕，試令看詳，果見紕繆，須至去留。其李覃、何曮、楊徽之、趙鄰幾等四人宜放及第，其嚴説、武允成、王汾、閭邱舜卿、任惟吉、周度、張慎微、王翥、馬文、劉選、程浩然、李震〔一〇〕等一十二人藝學未精，並宜黜落，且令苦學，以俟再來。禮部侍郎劉温叟失於選士，頗屬因循，據其過尤，合行譴謫，尚示寬恕，特與矜容，劉温叟放罪。將來貢舉公事，仍令所司具條理奏聞。」

其年五月，尚書禮部侍郎、知貢舉竇儀奏：其進士請今後省卷限納五卷以上，於中須有詩、賦、論各一卷〔一一〕，餘外雜文、歌篇，並許同納，秖不得有神道碑、誌文之類。其帖經對義，並須實考通三已上爲合格，將來却覆晝試〔一二〕，候考試終場，其不及第人以文藝優劣定爲五等〔一三〕：取文字乖舛、詞理紕繆最甚者爲第五等，殿五舉；其次者爲第四等，殿三舉；以次稍優者爲第三等、第二等、第一等，並許次年赴舉。其所殿舉數，並於所試卷子上朱書，封送中書門下，請行指揮及罪發解試官、監官等。其諸科舉人，若合解不解，不合解而解者，監官、試官爲首罪，勒停見任；舉送長官，聞奏取裁。監官、試官如受賂，請今後並准枉法贓論〔一四〕。及今後進士如有倩人述作文字應舉者，許人告言，送本處色役，永不得仕進，同保人知者殿四舉，不知者殿兩舉。受倩者如見任官停任〔一五〕，選人殿三選，舉人殿五舉，諸色人量事科罪。」從之。

又奏：「諸科舉人所試墨義，第一場十『否』者殿五舉，第二場、第三場十『否』者殿三舉，其三場內凡有九『否』殿一舉。」

按：貢舉而以墨義之「通」、「否」爲升黜，淺陋殊甚，有同兒戲。然「否」之多者，殿舉亦如之，猶略有古人簡不率者示罰之遺意云。

竇儀又奏：「乞依唐穆宗時考試及第進士，先具姓名、雜文申送中書請奏覆訖，下當司與諸科一齊放榜。」五年，右諫議大夫、知貢舉劉濤於東京試士，放榜後，率新及第進士劉坦已下一十五人來赴行在，以其所試詩賦進呈。上以其詞多紕繆，命翰林學士李昉覆試，退落郭峻〔一六〕、趙保雍等七人，濤坐責官。

五代登科記總目：

梁太祖開平二年，進士十八人，諸科五人。

三年，進士十九人，諸科四人。

四年，進士十五人，諸科一人。

五年，進士二十人，諸科十人。

乾化二年，進士十一人，諸科一人。

三年〔一七〕，進士十五人。

四年，停舉。

五年，進士十三人，諸科二人。

貞明二年，進士十二人，諸科一人。

三年，進士十五人，諸科二人。

四年，進士十二人，諸科二人。

五年，進士十三人，諸科一人。

六年，進士十二人〔一八〕，諸科三人。

七年，停舉。

龍德二年，進士十四人，諸科二人。

三年，停舉。

唐莊宗同光二年，進士十四人，諸科二人。

三年，進士四人。

四年，進士八人，諸科二人。

明宗天成二年，進士二十三人，諸科九人。

三年，進士十五人，諸科四人。

四年，進士十三人，諸科二人。

長興元年，進士十五人，重試落下八人，諸科一人。

二年，進士四人。

三年，進士八人，諸科八十一人。

四年，進士二十四人，諸科一人。

愍帝長興五年〔一九〕，進士十七人，諸科一人。

廢帝清泰二年，進士十四人，諸科一人。

三年，進士十三人。

晉高祖天福二年，進士十九人。

三年，進士二十人。

四年、五年，停貢舉。

六年，進士十一人，諸科四十五人。

七年〔二〇〕，進士七人。

八年，進士七人。

九年，進士十三人，諸科五十六人。

開運二年，進士十五人，諸科八十八人。

三年，進士二十人，諸科九十二人。

漢高祖天福十二年，進士二十五人，諸科一百五十五人。

隱帝乾祐元年，進士二十三人，諸科一百七十九人。

二年，進士十九人，諸科八十人。

三年，進士十七人，諸科八十四人。

周太祖廣順元年〔二〕，進士十三人，諸科八十七人。

二年，進士十三人，諸科六十六人。

三年，進士十人，内落下二人，諸科八十三人。

世宗顯德元年，進士二十人，諸科一百二十一人〔三〕。

二年，進士十六人，諸科一百十六人。

三年，進士六人，諸科二十九人。

四年，進士十人，諸科三十五人。

五年，進士十五人，内落下七人，諸科七十二人。

六年，進士十人，諸科五十人。

按：五代五十二年，其間惟梁與晉各停貢舉者二年〔三〕，則降敕以舉子學業未精之故，至於朝代更易，干戈擾搶之歲，貢舉固未嘗廢也。然每歲所取進士，其多者僅及唐盛時之半，士宇分割，人士流離，固無怪其然。但三禮、三傳、學究、明經諸科，唐雖有之，然每科所取甚少，而五代自晉、漢以來，明經諸科中選者，動以百人計。蓋帖書、墨義，承平之時，士鄙其學而不習，國家亦賤其科而不取，故惟以攻詩賦中進士舉者爲貴。喪亂以來，文學廢墜，爲士者往往從事乎帖誦之末習，而舉筆能文者固罕見之，國家亦姑以是爲士子進取之塗，故其所取反數倍於盛唐之時也。國初，諸科取人亦多於進士，蓋亦承五季之弊云。

歐陽公什邡陳氏榮鄉亭記曰：「什邡之吏特不喜儒，必摧辱中傷之。民既素饒，樂鄉里，不急禄仕，又苦吏之爲，故未嘗有儒其業與服以游者。甚好學者，不過專一經，工歌詩，優游自養，爲鄉丈人而已。逮陳君巖夫始爲進士，然亦未嘗敢儒衣冠謁縣門，出入閭巷必鄉其服。已而州下天子詔書，索鄉舉秀才，巖夫始改服詣門應詔，吏方相驚。既州試之，送禮部，中丙科以歸省其父，曰：『噫！吾始惡進士之病，已而不知其可以爲榮也。』迺築亭以旌之。」晁歸來子序張穆之觸鱗集曰：「五季文物蕩盡，而魯儒猶往往抱經伏農野，守死善道，蓋五十年不改也。太祖皇帝既定天下，魯之學者始稍稍自奮，白袍舉子〔二四〕，大裾長紳，雜出戎馬介士之間，父老見而指以喜曰：『此曹出，天下太平矣。』方是時，厭亂，人思復常，故士貴，蓋不待其名實加於上下，見其物色士類，而意已悅安之，此儒之效也。」愚嘗讀此二篇，而後知五代之時，雖科舉未嘗廢，而士厄於離亂之際，不得卒業，或有所長，而不能以自見，老死閭閻，不爲少矣！

宋朝禮部貢舉，設進士、九經、五經、開元禮、三史、三禮、三傳、學究、明經、明法等科，皆秋取解，冬集禮部，春考試。合格及第者，列名放榜於尚書省。凡進士，試詩、賦、雜文各一首，策五道，帖論語十帖，對春秋或禮記墨義十條。九經，帖書一百二十帖，對墨義六十條。五經，帖書八十帖，對墨義五十條。三禮，對墨義九十條；三傳，一百一十條；開元禮〔二五〕、三史各三百條。學究，毛詩對墨義五十條，論語十條，爾雅、孝經共十條，周易、尚書各二十五條。明法，對律令四十條，兼經並同毛詩之制。各間經引試，通六爲合格，仍抽卷問律，本科則否。皆本貫發解，若有鄉貫阻越及在化外，得於開封府投牒，奏俟朝旨。諸州以本判官試進士，録事參軍試諸科，或不曉經藝，即選以次官充諸科，並本判官監試。試紙，長官印署面給之。帖經對義，監官、試官對考通否，逐場定去取。凡試日，懷挾所業經義及遥口相授者，即時遣出。所試合格，取通多業精者爲上，餘次之。解文，首具元請解及已落見解人數，所試經義，朱書「通」、「否」，監官、試官署名於其下。進士文卷、諸科義卷、帖由，並隨解文送貢院。其有殘廢篤疾，並不得預解。或應解而不解，不應解而解，監官、試官爲首罪，停所任，受賂以枉法論，長官聽朝旨。凡見任官應進士舉，謂之「鏁廳試」。所屬官司先以名聞，得旨而後解。既集貢院，十人或五人同保，不許有大逆人緦麻以上親及諸不孝不悌，隱匿工商異類、僧道歸俗之徒。家狀並試卷之首，署年及舉數、場第、鄉貫，不得增損移易，以仲冬收納，月終而畢。將臨試期，知舉官先引問聯保，與狀僉同而定焉。凡就試，禁挾書爲姦，進士試詞賦，唯切韻、玉篇不禁。進士文理紕繆者，循舊制殿五舉；諸科初場十「否」殿五舉，第二、第三場十「否」殿三舉，第一至第三場九「否」並殿一舉。殿舉之數，朱書於試卷，送中書門下。諸已發解及進士，雖有挾書之禁，而不搜索。

太祖皇帝建隆三年，詔：「及第人不得拜知舉官子孫弟侄〔二六〕，及目爲師門、恩門，并自稱門生。」故事，知舉官將赴貢院，臺閣近臣得薦所知進士之負藝者，號曰「公薦」。上慮其因緣挾私，詔禁之。

乾德元年，詔曰：「一經皓首，十上干名，前史之明文，昔賢之苦節，懸科取士，固當優容。按舊制，九經一舉不第而止，非所以啟迪仕進之路也。自今一依諸科，舉人許令再應。」

按：自唐以來，所謂明經者，不過帖書、墨義而已。愚嘗見東陽麗澤吕氏家塾，有刊本吕許公夷簡應本州鄉舉試卷，因知墨義之式蓋十餘條，有云：「作者七人矣。請以七人之名對。」則對云：「七人，某某也。謹對。」有云：「見有禮於其君者，如孝子之養父母也。請以下文對。」則對云：「下文曰：『見無禮於其君者，如鷹鸇之逐鳥雀也。』謹對。」有云：「請以注疏對」者，則對云：「注疏曰云云。謹對。」有不能記憶者，則只云：「對未審。」蓋既禁其挾書，則思索不獲者不容臆說故也。其上則具考官批鑿，如所對善，則批一「通」字；所對誤及未審者，則批一「不」字。大概如兒童挑誦之狀，故自唐以來賤其科，所以不通者，殿舉之罰特重，而一舉不第者不可再應，蓋以其區區記問猶不能通悉，則無所取材故也。藝祖許令再應，待士之意亦厚矣。

乾德五年，盧多遜權知貢舉〔二七〕，上復詔參知政事薛居正於中書覆試，皆合格，乃賜及第。

先是，陶穀子邴擢上第，上曰：「聞穀不能訓子，邴安得登第？」乃詔：「食禄之家有登第者，禮部具析以聞，當令覆試。」

開寶三年，詔禮部貢院閱貢士及諸科十五舉以上終場者，具姓名以聞。至是，籍到司馬浦等一百六人，並賜本科出身。此特奏名恩例之始。

五年，初，歲取進士不過十數人，知貢舉奏合格人姓名而已。至是，禮部試到進士安守亮等十一人及諸科十七人，上召對講武殿，始下制放榜，新制也。

六年，李昉權知貢舉〔二八〕，取宋準等十一人，上以進士武濟川、三傳劉睿材質最陋，黜去之。濟川，昉鄉人也，上頗不悦。會有訴昉用情取舍者，上乃令籍終場下第人姓名，得三百六十人，皆召見，擇其一百九十五人，並準以下，乃御講武殿各賜紙札，別試詩賦。命殿中侍御史李瑩等爲考官，得進士二十六人、五經四人、開元禮七人、三禮三十八人、三傳二十六人、三史三人、學究十八人、明法五人，皆賜及第，又賜錢二十萬以張宴會。昉等尋皆坐責。自兹殿試遂爲常制。

是歲，新修開寶通禮成，詔：「鄉貢開元禮宜改稱鄉貢通禮，本科並以新書試問。」

江南進士林松、雷説試不中格，以其間道來歸，並賜三傳出身。

是歲，詔貢士之下第者，特免將來請解，許直詣貢部。

八年，親試舉人，得王嗣宗等三十六人。

按：殿前試士始於唐武后，然唐制以考功員外郎任取士之責〔二九〕，后不過下行其事，以取士譽，非於考功已試之後再試之也。開元以後，始以禮部侍郎知貢舉，送中書門下詳覆，然惟元和間，錢徽爲侍郎知貢舉，宰相段文昌言其取士不公，覆試多不中選，徽坐免官。長慶以後，則禮部所取士，先詳覆而後放榜，則雖有詳覆之名，而實未曾再試矣。五代以來，所謂詳覆者，間有升黜人。宋太祖乾德六年，命中書覆試，則以帝疑陶穀之子不能文而中選，故覆之，亦未嘗别爲之升黜也。至開寶六年，李昉知舉，放進士後，下第人徐士廉等打鼓論牓，上遂於講武殿命題重試。御試自此試始。昉等所取十一人，重試共取二十六人。然於昉等所取十一人内，只黜武濟川一人，餘十人則高下一依元次，而續取到二十六人，不過附名在此十人之後，共爲一榜，然則是年雖别試而共爲一榜，亦未嘗有省試、殿試之分也。至八年，覆試禮部貢院合格舉人王式等於講武殿，内出試題，得進士三十六人，而以王嗣宗爲首；王式者，禮部所定合格第一人，則居其四。蓋自是年御試始別爲升降，始有省試、殿試之分，省元、狀元之別云。

九年，詔翰林學士李昉等閱諸道所解孝弟力田等人，試問所業，毋可採，乃悉退去。詔劾本部官濫舉之罪。見孝廉門。

太宗太平興國二年，上初即位，思振淹滯，顧謂侍臣曰：「朕欲博求俊彦於科場中，非敢望拔十得五，止得一二，亦可爲致治之具矣。」於是禮部上所試合格人姓名，上御講武殿覆試，内出詩賦題，賦韻平仄相間，依次用。命李昉、扈蒙定其優劣爲三等，得吕蒙正以下一百九人。越二日，覆試諸科，得二百餘人〔三〇〕，並賜及第。又詔禮部閲貢籍，得十舉以上至十五舉進士、諸科一百八十餘人，並賜出身；九經七人不中格，亦憐其老，特賜同三傳出身。凡五百餘人，皆先賜緑袍鞾笏〔三一〕，賜宴開寶寺，上自爲詩二章賜之。第一、第二等進士及九經授將作監丞、大理評事，通判諸州，其餘皆優等注擬，寵章殊異，歷代未有也。薛居正等言取人太多，用人太驟，不聽。

唐朝有敕賜及第，以表特恩，至是，御試中第者皆稱之。其後文學之臣有不由科第者，或獻文別試，亦敕賜進士及第。

按：是年諸道所發貢士，得五千二百餘人，賜第者共五百餘人，爲十取其一。

石林葉氏曰：「國初取進士，循唐故事，每歲多不過三十人。太宗初即位，天下已定，有意於修文，嘗語宰相薛文惠公治道長久之術，因曰：『莫若參用文武之士。』是歲御試題，以『訓兵練將』爲賦〔三一〕，『主聖臣賢』爲詩，蓋示以參用之意。特取一百九人，自唐以來未之有也。遂得呂文穆公爲狀頭，李參政至第二人，張僕射齊賢、王參政化基等數人皆在其間。自是連放五榜，通取八百一人，一時名臣悉自兹出矣。」

三年九月，上御講武殿試禮部貢士舉人，進士加論一首，自是以三題爲準。故事，禮部惟春放榜，至是秋試，非常例也。是冬，諸州舉人並集，會將親征北漢，罷之。自是每間一年或二年乃貢舉。

按：選舉志言是年試進士始加論一首，然考登科記所載，建隆以來，逐科試士皆是一賦、一詩、一論，凡三題，非始於是年也。

五年，覆試進士，得蘇易簡以下一百二十一人〔三二〕，並分甲乙之第，賜宴。

時顏明遠、劉昌言、張觀、樂史等四人皆以見任官舉進士，上惜科第不與，特授近藩掌書記。

是歲，有趙昌國者，求應百篇舉。謂一日作詩百篇。不設此科，求應者即試之。上出雜題二十字曰：「松風雪月天，花竹鶴雲煙，詩酒春池雨，山僧道柳泉。」各令賦五篇，篇八句。逮日旰，僅成數十首，率無可觀。上以此科久廢，特賜及第，以勸來者。仍詔有司今後應百篇舉，約此題爲式。

七年，詔：「諸州長吏解送舉人，取版籍分明，爲鄉里所推，仍十人爲保，保内有行止踰違者連坐，不得赴舉。」

八年，詔曰：「歲千秋賦，是曰彝章。爰自近年，遂隳前制，止一偕於計吏，許常赴於貢闈，豈足程功，頗容徼倖。復歸舊貫，允叶至公。宜令諸道下第舉人依舊重請文解。」

是年，試進士始分三甲，第一甲並知縣。

雍熙二年，令考官親戚別試。是年，親試舉人，初唱名賜第，賜梁顥以下一百七十餘人〔三四〕，諸科一百餘人〔三五〕。李昉、呂蒙正之子皆入等，上以勢家不宜與孤寒競進，罷之。左右言尚有遺材，復試又得洪湛等七十餘人，諸科三百餘人，並賜及第。

四年，先是，上閱試舉人，累日方畢，宰相屢請以春官之職歸有司，如唐故事，乃詔歲命春官知舉。

端拱元年，禮部放進士程宿以下二十八人，諸科一百一十人〔三六〕。榜既出，而謗議蜂起，上意其遺材，遽召下第人覆試於崇政殿，得進士馬國祥以下及諸科凡七百人，以試中爲目，用白詔紙書其名氏以賜之，令權知諸縣簿、尉。六月，又命右正言王世則等召諸下第進士及諸科於武成王廟重試，得合格數百人。上覆試詩賦，又拔進士葉齊以下三十一人，諸科八十九人，並賜及第。

容齋洪氏隨筆曰：「太宗雍熙二年、端拱元年，禮部放進士之後，慮有遺材，至於再試再放。雍熙復試凡七十六人〔三七〕，端拱復試諸科，因此得官者至於七百，一時待士可謂至矣。然太平興國末，孟州進士張雨光以試不合格，縱酒大罵於街衢中，言涉指斥，上怒，斬之，同保九輩永不得赴舉。恩威並行，至於如此。」

二年，親試舉人，有中書吏人及第，上令奪所授敕牒，乃詔禁吏人應舉。

淳化三年，是歲，諸道舉人凡萬七千餘人，蘇易簡知舉，殿試始令糊名考校。內出巵言日出賦題，試者不能措辭，相率叩殿檻上請。有錢易者，日未中三題皆就，以其輕俊，特命黜之。得孫何以下三百餘人，諸科八百餘人，就宴，賜御製詩三首、箴一首，又詔刻禮記儒行篇賜近臣及京朝官受任於外者，併以賜何等。初，内殿策士，例賜御詩以寵之，至陳堯叟始易以箴，至是，詩箴並賜。

舊制，三史、通禮各試三十場，每場墨義十道。制：「自今只試墨義十五場，餘十五場抽卷令面讀，能知義理、分辨其句、識難字者爲合格，不合者落。」

自端拱元年試士罷，進士擊鼓訴不公後，次年，蘇易簡知貢舉，固請御試。是年，又知貢舉，既受詔，徑赴貢院，以避請求。後遂爲例。

容齋洪氏隨筆曰：「淳化三年，太宗試進士，出卮言日出賦題，孫何等不知所出〔三八〕，相率叩殿檻，乞上指示之，上爲陳大義。景德二年，御試天道猶張弓賦後，禮部貢院言：『近進士惟鈔略古今文賦，懷挾入試。昨者，御試以正經命題，多懵所出。』則知題目不示以出處也。大中祥符元年，試禮部進士，内出清明象天賦等題，仍録題解，摹印以示之。至景祐元年，始詔御藥院：御試日，進士題目，具經史所出摹印給之，更不許上請。」

按：藝祖、太宗皆留意於科目，然開寶八年，王嗣宗爲狀元，止授秦州司理參軍，嘗以公事忤知州路冲，冲怒，械繫之於獄。然則當時狀元所授之官既卑，且不爲長官所禮，未至如後世「榮進素定，要路在前」之説也。至太平興國二年，始命第一、第二等進士及九經授將作監丞、大理評事，通判諸州，其次皆優等注擬，凡一百三十人。淳化二年試士，第一甲至三百二人，皆賜及第。太宗時，惟此二年科目恩數最爲優渥。涑水紀聞言太平興國之事，以爲太祖幸西都，張齊賢以布衣獻策，帝善之，歸語太宗曰：「吾幸西都得一張齊賢，我不欲官之，汝異日可收以自輔。」是榜齊賢中選，適在數十人後，及注官，乃詔盡與超除。如此，則是通榜恩數之厚，是太宗欲曲爲張齊賢之地。馬永卿語録載淳化二年之事，則以爲武當山道士鄧若拙嘗出神，見二仙官相語曰：「來春進士榜，有宰相三人，而一人極低，如何！」對曰：「高低不可易也，獨甲科可易，不若以第二甲爲第一甲。」道士覺以告人。既而唱名，上適有宫中之喜，因謂近臣：「第一甲多放幾人，言止則止。」遂唱第一甲，上意亦忽忽忘之，至三百人，方悟。是年榜三百五十三人，而第一甲三百二人，第二甲五十一人，丁謂第四人，王欽若第十一人，張士遜第二百六十人。後丁謂、王、張皆爲宰相。如此，則是黄甲人數之多，是神物欲曲爲張士遜之地。二説頗涉偏私詭異，故李大性所著典故辨疑深言其不然。愚以爲太宗寤寐英賢，如恐不及，時出特恩，以示獎勵，故初無一定之例。有如太平興國二年、三年，第一等、第二等並授通判，而五年則前二十三名授通判，八年則第一甲授知縣，雍熙二年第一等爲節察推官，淳化三年則止前四名授通判，則累科授官之崇庳無定例也。分甲取人，始於太平興國八年，然是年第三甲五十四人，第二甲一百五十七人，反三倍於第三甲之數。端拱元年、二年，則又不分甲。淳化三年，第二甲五十一人，第一甲三百二人，反六倍於第二甲之數，則累科分甲人數之多少無定例也。好事者徒見二張致身宰輔，而不擢高科，而二科恩例適爾優厚，故必以爲曲爲二人之地耳。

真宗咸平元年，詔禮部放榜，得進士孫僅以下五十人，高麗賓貢一人。自淳化五年停舉凡五年，至是始行之。

其年，密州發解官坐薦送非人，當入金，特詔停任。因詔告諭諸路，以警官吏。

容齋洪氏曰：「按登科記，孫僅榜五十人，自第一至十四人，惟第九名劉燁爲河南人，餘皆貫開封府，其下二十五人亦然。不應都人士中選如是其多，疑外方寄名託籍，爲進取之便耳。」

二年，詔：「天下貢舉人應三舉者，今歲並免取解，自餘依例舉送。」

三年，親試舉人，上臨軒三日無倦色，得進士陳堯咨以下四百九人，諸科四百三十餘人〔三九〕。又試進士五舉、諸科八舉，及嘗經御試，或年踰五十者，得進士及諸科凡九百餘人，共千八百餘人，其中有晉天福隨計者。較藝之詳，推恩之廣，近代未有也。

詔曰：「孔門四科，德行爲貴。言念近歲，偷薄成風，務扇朋遊，以圖進取，潛相詬病，指摘瑕疵，有玷士倫，頗傷俗化。自今兩京、諸路所解舉人，宜先廉訪行實，或藝文可採而操履有虧，投書匿名，飾詞訕上之類，並嚴加懲斷，勒歸鄉縣課役，永不得就舉。如輒敢解送，所由官吏必當論罪，仍令御史臺覺察之。」

又親試河北貢舉人，賜進士齊革等十三人，諸科三百四十五人及第、同出身。既下第，求試武藝及量材録用者又五百餘人，悉賜裝錢，慰遣之，命禮部叙爲一舉。

容齋洪氏隨筆曰：「國朝科舉取士，自太平興國以來〔四〇〕，恩典始重，然各出一時制旨，未嘗輒同。士子隨所得而受之，初不以官之大小有所祈訴也。太平之二年，進士一百九人，呂蒙正以下四人得將作丞，餘皆大理評事，充諸州通判。三年，七十四人，胡旦以下四人將作丞，餘並爲評事，充通判及監當。五年，一百二十一人，蘇易簡以下二十三人皆將作丞、通判。八年，二百三十九人，自王世則以下十八人評事、知縣，餘授判、司、簿、尉，未幾，世則等移通判，簿、尉改知令、録，明年並遷守評事。雍熙二年，二百五十八人，自梁顥以下二十一人才得節察推官。端拱元年，二十八人，自程宿以下但權知諸縣簿、尉。二年，一百八十六人，陳堯叟、曾會至得光禄丞、直史館〔四一〕，而第三人姚揆但防禦推官〔四二〕。淳化三年，三百五十三人，孫何以下二人將作丞，二人評事，第五人以下皆吏部注擬。咸平元年，孫僅但得防推。二年，孫暨以下但免選注官。蓋此兩榜，真宗在諒闇，禮部所放，故殺其禮。及三年，陳堯咨登第，然後六人將作丞，四十二人評事，第二甲一百三十四人節度推官〔四三〕、軍事判官，第三甲八十人防團、軍事推官。」

四年，詔：「淄、青、齊州及河北經蕃寇蹂踐處，貢舉許免取解。」此泛免之始。

五年，親試舉人，得進士王曾以下三十八人，九經、諸科百八十人。是歲，貢舉人集闕下萬四千五百餘人，陳恕知貢舉，所取士甚少，進士、諸科共取二百一十八人，約六十六人取一人，諸州舉送官被黜責者甚衆。

景德二年，親試舉人，得進士李迪等二百四十餘人，特奏二百餘人，諸科五百餘人，諸科特奏七十餘人。先是，迪與賈邊皆有聲場屋，及禮部奏名，而兩人皆不與。考官取其文觀之，迪賦落韵，邊論「當仁不讓於師」，以「師」爲「衆」，與注疏異，特奏令就御試。參知政事王旦議：「落韵者失於不詳審耳；捨注疏而立異，不可輒許，恐士子從今放蕩，無所準的。」遂取迪而黜邊。當時朝論大率如此。

虞部員外郎、知鄭州王矩上書自薦，求進士第。上以矩自燕薊歸化居官清白而自强學業，特賜及第，驛召赴聞喜宴。上以去歲河朔用兵，民甚驚擾，其乘城捍寇多出士人，故廣示甄採。詔應賜進士、諸科同出身，試將作監主簿者，並令守選。故事，登科皆有選限；近制，及第即命以官。上初復廷試，賜出身者亦免選；至是，策名之士尤衆，多設等級，以振淹滯，雖藝不及格，悉賜同出身，試秩解褐，故令有司循用常調，以示甄别。又詔：「貢舉之門，因循爲弊，躁競斯甚，繆濫益彰。宜令權住二年，庶使服勤，更專學問，無失大成之義〔四四〕，式符虚佇之懷。仍委禮部貢院：自今科場，務精考試，無容濫進，用革澆風。比又有州郡全無解送，是謂曠官。其諸路府州將來秋賦，當職官如依前顧避，全不解人，致有上言，必行朝典。」

禮部貢院上言：「請諸色舉人各歸本貫取解，不得寄應及權買田産立户。諸州敢解發寄應舉人〔四五〕，長吏以下請依例科罪，犯者罪亦如之。有鄉里遐遠，久住京師，許於國子監取解，仍須本鄉命官委保，判監引驗，乃得附學，發解日奏請差官考試〔四六〕。」

三年，詔：「進士就試，不許繼燭。自今開封府、國子監、諸路州府，據秋賦投狀舉人，解十之四，如藝業優長，或荒繆至甚，則不拘多少。今歲秋賦，止解舊人，新人且令習業。川、廣舊取解人，並許免解。」

翰林學士晁迥等議：「令諸州約分數解送，或自來舉子止有三兩人，欲聽全解，或其間才業卓然不群者，別以名聞。其文武升朝官適親，許附國學。」此胄試之始。

貢院言：「昨詳進士所納公卷，多假借他人文字，或用舊卷，或爲傭書人易換元本〔四七〕，是致考校無準。請自今並令舉人親自投納，於試紙前親書家狀。如將來程試與公卷全異，及所試文字與家狀書體不同，並駮放之。或假用他人文字，辨認彰露，即依例扶出，永不得赴舉。其知舉官亦望先一月差入貢院，考較公卷，分爲等第。如事業殊異者，至日更精加試驗，所冀抱藝者不失搜羅，躁進者難施僞濫。」

四年，令禮部糊名考較。先是，上嘗問輔臣以天下貢舉人數，王旦曰：「萬三千有餘，約常例奏名十一而已。」上曰：「若此，則當黜者不啻萬人矣。典領之官，必須審擇。晁迥兢畏，當以委之。」且謂滕元晏少交遊，命迥等知貢舉，元晏等封印卷首。凡封卷首及點檢詳試別命官皆始此，先糊名用之殿試，今復用之禮部也。初，陳彭年舉進士，以輕俊爲宋白所出，於是彭年與迥等更定條制，設關防，不復揀擇文行。雖杜絕請託，然寘甲科者多非人望，自彭年始也。

大中祥符元年，南省下第舉人周叔良等百二十人訟知貢舉官朋附權要，抑塞孤寒，列上勢家子弟四十餘人，文字淺近，非合奏名。上曰：「貢舉謗議，前代不免。朕今召所謂勢家子弟者，別坐就試。」既而叔良等所陳皆妄，命配隸許州。

二年，禮部貢院言：「準詔議定國子監、兩京、諸路以五次解到舉人內，取一歲數多者，自今解十之三，永爲定式。」詔令於五年最多數中特解十之五，庸振淹滯，以廣搜羅。

六月〔四八〕，親試東封路服勤詞學、經明行修，賜進士梁固以下三十一人。

四年，親試祀汾陰路服勤詞學、經明行修，賜進士張師德以下三十一人。

按：自雍熙、端拱而後，取士之法，省試之後乃有殿試，已爲定例。獨此二年會要所載，乃停貢舉年分，禮部未嘗放進士，然則此六十餘人者，廼是封禪特恩所試，如後來免省到殿之類是也。

四年，開封府進士郭顏、孫碩等同保赴舉，碩預薦，顏被黜，詣府自首有服紀不當赴舉，欲以累碩。上惡其險躁無儒行，令配顏蔡州，勿齒儒籍。又詔曰：「如聞河朔諸州解送舉人難於考覈，頗多黜落。宜令轉運使於落解舉人最多處，内有顯負苦辛者，遣官別加考試，及格人送禮部。」

五年，上聞貢院監門官以諸科舉人挾書爲私，悉解衣閲視，失取士之體，亟令止之。又令貢院録諸州發解試題以聞，以將廷試，慮或重複。自是用以爲例。又詔令自今貢舉人曾預南省試者，犯公罪特聽罰贖。

先是，挾書赴試者，并同保人殿一舉。是歲試諸科，以挾書扶出者十八人，計同保九十三人，而十二人當奏名。有司以聞，上特令赴殿試，乃詔禮部裁定殿舉之制。禮部言：「諸科懷挾書策，比對義十『不』、詞理紕繆者情理稍重〔四九〕；其進士所挾，未必全是所試文字。請自今挾書犯者依條殿舉，其同保殿舉指揮更不施行。」奏可。

八月，詔：「諸衛將軍、諸司使副、三班、知州處，貢舉人令通判、幕職、録事參軍及考試官解發，知州止同署解狀，所解不當，亦免其罪。」

七年，詔：「諸州解送舉人内黜落多處，宜令本州選官覆試，取藝業優長者送禮部，以二月一日爲限。進士、諸科其曾經殿試，並河北、陝西諸科曾至終場，及他州兩至終場下第者，悉免取解。」

容齋洪氏隨筆曰：「天禧三年，京西轉運使胡則言：『滑州進士楊世質等訴本州黜落〔五〇〕，即取元試卷付許州通判崔立看詳，立以爲世質等所試不至紕繆，已牒滑州依例解發。』詔轉運司具析不先奏裁，直令解發緣由以聞，其試卷仰本州繳進，世質等仍未得解發。及取到試卷，詔貢院定奪，乃言詞理低次，不合充薦，復黜之，而劾胡則、崔立之罪。蓋是時貢舉條制猶未堅定，故有被黜而來訴其枉者，至於省試亦然，如葉齊之類由此登第，後來無此風矣。」

八年，始寘謄録院〔五一〕。

時懷、衛、濱州以部内官屬少進士登科者，因聚數州進士都試之。乃詔：「自今諸州發解，如乏試官，宜令轉運司選鄰州官充，不得移舉人就他州併試〔五二〕。」

天禧二年，詔：「自今鏁廳，應舉人所在長吏先考試藝業，合格者始聽取解。如至禮部不及格，當停見任，其前後考試官、舉送長官皆重寘罪。」至天聖時，除其法。

四年〔五三〕，詔以近年開封府舉人稍多，屢致詞訟，令翰林學士承旨晁迥等議定條制。迥等上言：「諸州舉人〔五四〕多以身有服制，本貫難於取解，遂奔湊京轂，寓籍充賦。人數既衆，混而爲一，有司但考其才藝，解送之際，本府土著登名者甚少，交構喧競，亦由於此。欲請自今舉人有期周卑弱以下服者，聽取文解；寄應舉人實無户籍者，許召官保任〔五五〕，於本府户籍人數外別定分數薦送。」詔從之。

校勘記

〔一〕王澈　「澈」原作「徽」，據舊五代史卷三二莊宗紀六、册府元龜卷六四一貢舉部條制三改。

〔二〕降符蒙正第三　「三」原作「四」，據舊五代史卷三二莊宗紀六、册府元龜卷六四一貢舉部條制三改。按同上二書載成僚第四。

〔三〕明宗天成三年　「明宗天成」四字原脱，據五代會要卷二三緣舉雜録、册府元龜卷六四一貢舉部條制三補。

〔四〕長興三年　「長興」上原衍「明宗」二字，據五代會要卷二三緣舉雜録、册府元龜卷六四一貢舉部條制三及本書文例删。

〔五〕明經　原作「經明」，據五代會要卷二三科目雜録乙正。

〔六〕請賜勘鞫　「勘」原作「敕」，據五代會要卷二三科目雜録改。

〔七〕事涉私徇　「徇」下原衍「情」字，據五代會要卷二三科目雜録删。

〔八〕如有書題　四字原脱，據册府元龜卷六四二貢舉部條制四補。

〔九〕今歲所放舉人　「放」原作「貢」，據舊五代史卷一一五世宗紀二、册府元龜卷六四二貢舉部條制四改。

〔一〇〕李震　「震」原作「進」，據舊五代史卷一一五世宗紀二、册府元龜卷六四二貢舉部條制四、五代會要卷二二進士改。

〔一一〕於中須有詩賦論各一卷　「須」原作「雖」，據册府元龜卷六四二貢舉部條制四、全唐文卷八六二竇儀條陳貢舉事例改。

〔一二〕將來却覆書試　「書」字原脱，據册府元龜卷六四二貢舉部條制四、全唐文卷八六二竇儀條陳貢舉事例補。

〔一三〕其不及第人以文藝優劣定爲五等　「第」字原脱，據册府元龜卷六四二貢舉部條制四、全唐文卷八六二竇儀條陳貢舉事例補。

〔一四〕請今後並以枉法贓論　原脱，據册府元龜卷六四二貢舉部條制四、全唐文卷八六二竇儀條陳貢舉事例補。

〔一五〕受倩者如見任官停任　上「任」字原作「在」，據五代會要卷二二進士改。

〔一六〕郭峻　「峻」原作「浚」，據舊五代史卷一一八世宗紀五、册府元龜卷六四二貢舉部條制四改。

〔一七〕三年　按乾化三年三月，梁末帝即位，據本書本卷文例，「三年」上當冠以「末帝」，疑此處有脱文。

〔一八〕進士十二人　按宋韓思五代登科記作「十三人」。

〔一九〕愍帝長興五年　按明帝死於長興四年十一月，十二月愍帝聽政，明年改元應順，事見新五代史卷七唐本紀七、舊五代史卷四四明宗紀一〇。長興五年當是應順元年之誤。

〔二〇〕七年　按晉出帝於天福七年六月即位，據本書本卷文例，「七年」上當冠以「出帝」二字，疑此處有脱文。

〔二一〕周太祖廣順元年　「太」原作「高」，據舊五代史卷一一〇太祖紀一、新五代史卷一一周本紀一一改。

〔二二〕諸科一百二十一人　按五代登科記作「一百二十二人」。

〔二三〕其間惟梁與晉各停貢舉者二年　據五代登科記總目，梁停貢舉者三年。

〔二四〕白袍舉子　「白」原作「日」，據元本、慎本、馮本改。

〔二五〕開元禮　「禮」上原衍「三」字，據宋史卷一五五選舉志一删。

〔二六〕及第人不得拜知舉官子孫弟侄　「孫」原作「弟」，據宋會要輯稿選舉三之二改。

〔二七〕盧多遜權知貢舉　「權」字原脱，據續資治通鑑長編卷八乾德五年二月壬申條、宋會要輯稿選舉一之二補。

〔二八〕李昉權知貢舉　「權」字原脱，據續資治通鑑長編卷一四開寶六年三月辛酉條、宋會要輯稿選舉一之二補。

〔二九〕然唐制以考功員外郎任取士之責　「員外郎」原作「郎中」，據本書卷二九選舉考二改。按通典卷一五選舉典三歷代制下云：「武德舊制，以考功郎中監試貢舉，貞觀以後，則考功員外郎專掌之。」

〔三〇〕得二百餘人　「二」原作「三」，據宋史卷一五五選舉志一、續資治通鑑長編卷一八太平興國二年正月丙寅條、宋會要輯稿選舉七之二改。

〔三一〕皆先賜緑袍韡笏　「先」字原脱，據續資治通鑑長編卷一八太平興國二年正月丙寅條、太平治迹統類卷二八祖宗科舉取人、宋會要輯稿選舉二之一及七之二補。

〔三二〕以訓兵練將爲賦　「兵」字原脱，據宋會要輯稿選舉七之二補。

〔三三〕得蘇易簡以下一百二十一人　按續資治通鑑長編卷二一太平興國五年閏三月甲寅條及太平治迹統類卷二八祖宗科舉取人皆作「一百一十九人」。

〔三四〕賜梁顥以下一百七十餘人　「顥」原作「灝」，據續資治通鑑長編卷二六雍熙二年三月己未條、宋會要輯稿選舉七之四及一三之一改。下同。

〔三五〕諸科一百餘人　按續資治通鑑長編卷二六雍熙二年三月己未條、宋會要輯稿選舉七之四皆作「三百一十八人」。

〔三六〕諸科一百一十人　按續資治通鑑長編卷二九端拱元年閏五月丙申條、皇朝編年綱目備要卷四、太平治迹統類卷二八祖宗科舉取人皆作「一百人」。

〔三七〕雍熙復試凡七十六人　「凡」下原衍「百」字，據容齋續筆卷一三下第再試删。

〔三八〕孫何等不知所出　「等」字原脱，「不」下原衍「得」字，據容齋隨筆卷三進士試題補删。

〔三九〕諸科四百三十餘人　「科」原作「色」，據續資治通鑑長編卷四六咸平三年三月甲午條、皇朝編年綱目備要卷六改。

〔四〇〕自太平興國以來　「自」原作「及」，據容齋續筆卷一三科舉恩數改。

〔四一〕直史館　「史」原作「使」，據續資治通鑑長編卷三〇端拱二年三月壬寅條、容齋續筆卷一三科舉恩數改。

〔四二〕而第三人姚揆但防禦推官　按宋會要輯稿選舉二之三云，姚揆初授潁州團練推官，後數日改曹州觀察推官。

〔四三〕第二甲一百三十四人節度推官　「度」原作「使」，據容齋續筆卷一三科舉恩數改。

〔四四〕無失大成之義　「義」原作「術」，據宋會要輯稿選舉一之八、七之九改。

〔四五〕諸州敢解發寄應舉人　「敢」原作「取」，據宋會要輯稿選舉一四之一九改。

〔四六〕發解日奏請差官考試　「請差官考試」五字原脱，據續資治通鑑長編卷六〇景德二年七月丙子條補。

〔四七〕或爲傭書人易換元本　「元」原作「文」，據宋會要輯稿選舉三之七、一四之一九改。

〔四八〕六月　原作「三年」，據宋史卷七真宗紀二、續資治通鑑長編卷七一大中祥符二年六月庚戌條、宋會要輯稿選舉七之一一改。

〔四九〕詞理紕繆者情理稍重　「重」原作「輕」，據宋會要輯稿選舉三之一一改。

〔五〇〕滑州進士楊世質等訴本州黜落　「楊」原作「王」，據容齋三筆卷二進士訴黜落改。按楊世質等訴本州黜落事，見續資治通鑑長編卷九三天禧三年正月乙亥條、宋會要輯稿選舉一五之二。

〔五一〕始寘謄録院　「置」原作「制」，據續資治通鑑長編卷八四大中祥符八年正月甲午條、皇朝編年綱目備要卷八改。

〔五二〕不得移舉人就他州併試　「人」字原脱，據續資治通鑑長編卷八四大中祥符八年四月乙卯條、宋會要輯稿選舉一四之二六補。

〔五三〕四年　「四」原作「三」，據續資治通鑑長編卷九五天禧四年三月壬申條、宋會要輯稿選舉一五之三改。

〔五四〕諸州舉人　「人」字原脱，據續資治通鑑長編卷九五天禧四年三月壬申條、宋會要輯稿選舉一五之三補。

〔五五〕許召官保任　「許」原作「計」，據續資治通鑑長編卷九五天禧四年三月壬申條、宋會要輯稿選舉一五之三改。

卷三十一 選舉考四

舉士

仁宗天聖二年，賜舉人宋郊、葉清臣、鄭戩以下及諸科凡四百八十餘人及第、出身有差。先是，上封事者言，經學未究經旨，乞於本科問策一道。對者多紕繆〔一〕，上以執經肄業不善爲文，特命取其所長，用廣仕路，並不黜落。國朝以策擢高第者自清臣始。郊與弟祁俱以詞賦得名，時奏祁第一，太后不欲弟先兄，乃擢郊第一，祁第十。

時天下登第者，不數年輒赫然顯貴，取士之路可謂盛矣。雖耄鈍之士，數詘於試，後多收入仕版，謂之「特奏名」。至或因循不學，欲積舉以應令，乃詔曰：「學猶殖也，不殖將落，遜志務時敏，厥修乃來。朕慮天下之士或有遺也，既已臨軒較得失，而憂其屢不中科，則衰邁而無所成，退不能返其里閭，而進不得預於禄仕，故常數之外，特爲之甄采。而狃於寬恩，遂隳素業，頹弛苟簡，寖以成風，甚可耻也。自今宜篤進厥學，無習僥倖焉。」

景祐初，詔曰：「鄉學之士益蕃，而取人路狹，使孤寒棲遲，或老而不得進，朕甚閔之。其令南省就試進士、諸科十取其二。進士五舉年五十、諸科六舉年六十，嘗經殿試，進士三舉、諸科五舉，及嘗預先朝御試，雖試文不合格，毋輒黜，皆以名聞。」自此率以爲常。

石林葉氏曰：「唐禮部試，詩賦題不皆有所出，或自以意爲之，故舉子皆得進問題意，謂之『上請』。本朝既增殿試，天子親御殿，進士猶循禮部故事。景祐中，稍厭其煩瀆，始詔御藥院具試題，書經史所出，模印給之，遂罷上請之制。」

王氏揮麈録曰：「韓忠憲億。景祐中〔二〕，參仁宗政事，天下稱爲長者。四子仲文、綜。子華、絳。持國、維。玉汝，縝〔三〕。俱禮部奏名，忠憲啓上曰：『臣子叨陛下科第，雖非有司觀望，然臣既備位政府，豈當受而有之？天下將以爲由臣致此，臣雖不足道，使聖明之政，人或議之，非臣所安也。臣教子既已有成，又何必昭示四方，以爲榮觀哉！乞盡免殿試唱第，幸甚！』誠懇再三，上嘉嘆而允所請。忠憲既薨，仲文、子華、玉汝相繼再中甲科，獨持國曰：『吾前已奏名矣，當遵家君之言，何必布之遠方邪？』不復更就有司之求。故文潞公薦持國疏云：『曾預南宫高薦，自後不出仕宦。』其後仲文知制誥，子華、玉汝皆登宰席，持國賜出身，至門下侍郎，爲本朝之甲族云。」

按：嘉祐二年御試，方令禮部所奏進士俱免黜落，知以前蓋有過省而殿試不中者矣，故韓忠憲諸子仲文、子華、玉汝必再中甲科而後可以言登第。若嘉祐二年以後，則凡預禮部正奏名，皆爲有出身之人矣。

四年，賈昌朝言：「有親戚仕本州〔四〕，及或爲發解官，及侍父祖遠宦距本州二千里，宜敕轉運司選官類試，以十率之，取三人〔五〕。」詔近臣議，而丁度等謂舊制限十月二十五日上名於省，若二千里而赴試〔六〕，或有不及，願寬其期一月，聽如昌朝說。由是諸路始有別頭試。其年，詔開封府國子監及別頭試，封彌、謄録如禮部。

寶元中，李淑侍經筵，帝訪以進士詩、賦、策、論先後，俾以故事對。淑退而上奏曰：「唐調露二年，劉思立爲考功員外郎，以進士止試策，滅裂不盡其學，請帖經以觀其學，試雜文以觀其才。自此沿以爲常。至永隆二年，進士試雜文二篇，通文律者始試策。天寶十一載，進士試一大經，能通者試文、賦，又通而後試策，五條皆通中第。建中二年，趙贊請試以時務策五篇，箴、論、表、贊各一篇，以代詩、賦。太和三年，試帖經，略問大義，取精通者次試論、議各一篇。八年，禮部試以帖經、口義，次試策五篇，問經義者三，問時務者二。厥後變易，遂以詩、賦爲第一場，論第二場，策第三場，帖經第四場。今陛下欲求理道而不以雕篆爲貴，得取士之實矣。然考官以所試分考，不能通加評校，而每場輒退落，士之中否特繫於幸不幸。願約舊制，先策，次論，次賦及詩，次帖經、墨義，而敕有司併試四場，通較工拙，毋以一場得失爲去留。」詔有司議，稍施行焉。

慶曆四年，臣僚上言，改更貢舉進士所試詩、賦、策、論先後，詔下兩制詳議。知諫院歐陽修言：「凡貢舉舊法，若二千人就試，常額不過選五百人。每年到省就試及取人之數，大約不過此。是於詩賦、策、論六千卷中每一人三卷。選五百人，而日限又迫，使考試之官殆廢寢食，疲心竭慮，因勞致昏，故雖有公心而所選多濫，此舊法之弊也。今臣所請者，寬其日限，而先試以策而考之，擇其文辭鄙惡者，文意顛倒重雜者，不識題者，不知故實，略而不對所問者，限以事件若干以上〔七〕。誤引事迹者，亦限件數。雖能成文而理識乖誕者，雜犯舊格不考式者，凡此七等之人先去之，計於二千人，可去五六百。以其留者次試以論，又如前法而考之，又可去其二三百。其留而試詩賦者，不過千人矣。於千人而選五百，則少而易考，不至勞昏。考而精當則盡善矣，縱使考之不精，亦選者不至大濫，蓋其節抄剽盜之人，皆以先經策、論去之矣。策論逐場旋考，則卷子不多，考官不至勞昏，去留必不誤〔八〕。比及詩賦，皆是已經策、論粗有學問理識不至乖誕之人，縱使詩賦不工，亦可以中選矣。如此可使童年新學全不曉事之人無由而進，此臣所謂變法必須隨場去留，然後可革舊弊者也。其外州解送到，且當博採，祇可盡令試策。要在南省精選。若省榜奏人至精，則殿試易爲考矣。故臣但言南省之法，此其大概也。其高下之等，仍乞細加詳定，大概當以策、論爲先。」

按：詩、賦不過工浮詞，論、策可以驗實學，此正理也。今觀歐公所陳，欲先考論、策，後考詩、賦，蓋欲以論、策驗其能否，而以詩、賦定其優劣，是以粗淺視論、策，而以精深視詩、賦矣。蓋場屋之文，論、策則蹈襲套括，故汗漫難憑；詩、賦則拘以聲病對偶，故工拙易見。其有奧學雄文，能以論、策自見者，十無一二，而紛紛鶕袍之士，固有頭場號爲精工，而論、策一無可採者。蓋自慶曆以來，場屋之弊已如此，不特後來爲然也。故歐公之言，欲先試論、策，擇其十分亂道者先澄汰之，不特使之稍務實學，且使司衡鑑者所考少則易精；又既工論、策，則不患其不長於詩、賦，縱詩、賦不工，而所取亦不害爲博古通經之士矣。

又按：祖宗以來，試進士皆以詩、賦、論各一首，除制科外，未嘗試策。天聖間，晏元獻公請依唐明經試策而不從。寶元中，李淑請并詩、賦、策、論四場通考，詔有司施行。不知試策實始於何年。當考。

知制誥富弼言：「國家沿隋、唐設進士科，自咸平、景德以來，爲法尤密，踰於前代，而得人之道或有未至。夫省試有三長，殿試有三短：主文衡者四五人皆一時詞學之臣，而又選館閣才臣數人，以助考較，復有監守巡察、糊名、謄録，上下相警，不容毫釐之私，一長也。引試凡三日，詩、賦可以見詞藝，論、策可以觀才識，四方之士得以盡其所藴，二長也。貢院凡兩月餘，研究差次，可以窮功悉力，三長也。殿試考官濫取而不擇，一短也。一日試詩、賦、論三篇，不能盡人之才，二短也。考校不過十日，不暇研究差次，三短也。若曰禮部放榜則權歸有司，臨軒唱第則恩出主上，則是忘取士之本，而務收恩之末也。且歷代取士，悉委有司，獨後漢文吏課牋奏，副之端門，亦未聞天子親試也。至唐武后載初之年，始有殿試，此何足法哉！必慮恩歸有司，則宜使禮部次高下以奏，而引諸殿庭，唱名賜第，則與殿試無所異矣。」遂詔罷殿試，而議者多言其輕上恩，隳故事，旋復殿試如舊。

上命侍臣條奏急務，參知政事范仲淹等奏列十事，其三請精貢舉，欲復古，興學校，取士本行實。詔近臣議，於是翰林學士宋祁等合奏言：「今教不本於學校，士不察於鄉里，則不能覈名實；有司束以聲病，學者專於記誦，則不足盡人材。臣等參考衆説，擇其便於今者，莫若使士皆土著，而教之於學校，則學者修飾矣；先策、論，則文詞者留心於治亂矣；簡程式，則宏博者得以馳騁矣；問大義，則執經者不專於記誦矣。」乃詔：「州縣立學，本道使者選屬部爲教授，不足則取於鄉里宿學之有道業者。士須在學三百日，乃聽預秋賦；舊嘗充賦者，百日而止；試於州者，令相保任，有匿服、犯刑、虧行、冒名等禁。三場：先策，次論，次詩賦，通考爲去取，而罷帖經、墨義。士通經術，願對大義者，試十道，可爲永式。」初，保寧軍推官胡瑗教授湖州，科條纖悉備具，諸生信愛，如其子弟。至是，下湖州取其法，著爲學令。是冬，詔罷日限。以余靖言廣學舍所以待有志之士，去日限所以寬食貧之人，或者謂仲淹既去，而執政意皆異，故有是詔。

時言初令不便者甚衆，以爲詩、賦聲病易考，而策、論汗漫難知，祖宗以來，莫之有改，得人嘗多。乃詔一依舊條。

嘉祐二年，親試舉人，凡進士與殿試者始皆免黜落。

時進士益相習爲奇僻，鉤章棘句，寖失渾淳，歐陽修知貢舉，尤以爲患，痛裁抑之，仍嚴禁挾書者。既而試榜出，時所推譽皆不在選，澆薄之士候修晨朝，群聚詆斥之，街司邏卒不能止，至爲祭歐陽修文投其家，卒不能求其主名置於法。然自是文體亦少變。

時上書者言：「四年一貢舉，四方士子，客京師以待試者恒六七千人，一有喧噪，其徒衆多，勢莫之禁。且中下之士，往往廢學數年；才學之士，不幸有故，一不應詔，沉淪十數年，或累舉滯留，遂至困窮，老且死者甚衆，以此毁行冒法干進者不可勝數。宜間歲一貢舉，中分舊數而薦之。」王洙侍邇英閣講周禮，至「三年大比，大考州里，以贊鄉大夫廢興」，帝曰：「古者選士如此，今率四五歲一下詔，故士有抑而不得進者。爲今之計，孰若裁其數而屢舉也？」下有司議，而議者乃合奏曰：「臣等謂易以間歲之法，無害而有利，不足疑也。使舉子不幸有疾病喪服之故者，不致久沉，且程文偶不中選，旋亦遇貢舉，則無滯才之嘆，而天下所薦舉數既減半，禮部主司易以詳較，得士必精矣。近年挾書代筆傳義者多，因使權貴富豪之子得以濫進。蓋由人衆，有司無繇察，若人少，則諸僞濫勢自不容，使寒苦藝學之人得其塗而進。」於是下詔間歲貢舉，進士、諸科悉解舊額之半，增設明經，試法：凡明兩經或三經、五經，各問大義十條〔九〕，兩經通八、三經通六、五經通五爲合格，兼以論語、孝經〔一〇〕，策時務三條，出身與進士等，而罷説書舉。其不還鄉里而寓户他州以應選者，嚴其法：每秋賦，自縣令佐察行義保任之，上於州，州長貳復審察得實，然後上本道使者類試。已保任而後有缺行，則州縣皆坐罪；若省試而文理紕繆，坐元考官。

時以科舉既數，則高第之人倍衆，其擢任恩典宜損於故，乃詔曰：「朕惟國之取士，與士之待舉，不可曠而冗也，故立間歲之期，以勵其勤；約貢舉之數，以精其選。著爲定式，申敕有司。而高第之人，日嘗不次而用，若循舊比，終至濫官，甚無謂也。自今制科入第三等，與進士第一，除大理評事，簽書兩使幕職官；代還，陞通判；再任滿，試館職。前此前三名皆爲通判。其餘以次減降。」自是驟顯者鮮，而所得人材及其風迹比舊亦浸衰〔一一〕。

容齋洪氏隨筆曰：「本朝自太平興國以來，以科舉羅天下士，士之策名前列者，或不十年而至公輔，吕文穆公蒙正、張文定公齊賢之徒是也。及嘉祐以前，亦指日在清顯，東坡送章子平詩序〔一二〕以謂仁宗一朝十有三榜，數其上之三人，凡三十有九，其不至於公卿者五人而已。蓋爲士者知其身必達，故自愛重而不肯爲非，天下公望亦以鼎貴期之，故相與愛惜成就，以待其用。至嘉祐四年之制，前三名始不爲通判，第一人才得評事、簽判，代還升通判，又任滿始除館職。王安石爲政，又殺其法，恩數既削，得人衰矣。觀天聖初榜，宋鄭公郊、葉清臣、鄭文肅公戩，高文莊公若訥，曾魯公公亮五人連名，二宰相，二執政，一三司使。第二榜，王文忠公堯臣、韓魏公琦、趙康靖公概連名。第三榜，王宣徽拱辰、劉相沆、孫文懿公抃連名。楊寘榜，寘不幸即死，王岐公珪、韓康公絳、王荆公安石連名。劉煇榜，煇不顯，胡右丞宗愈、安門下燾，劉忠肅公摯、章申公惇連名，其盛如此。治平以後，第一人作侍從，蓋可數矣。」

沈氏筆談曰：「舊制，天下貢舉人到闕，悉皆入對，數不下三千人，謂之『群見』。遠方士皆未知朝廷儀範，班列分錯，有司不能繩。覲見之日，先設禁圍於著位之前，舉人皆拜於禁圍之外，蓋欲限其前列也，至有更相抱持以望黼坐者，有司患之，近歲遂止令解頭入見，然尚不減數百人。嘉祐中，予忝在解頭，别爲一班，最在前列，目見班中唯從前一兩行稍應拜起之節，自餘亦終不成班綴而罷，每爲閤門之累。常言殿庭中班列不可整齊者唯有三色，謂舉人、蕃人、駱駝。」

又曰：「禮部貢院試進士，設香案於階前，主司與舉人對拜，此唐故事也。所坐設位供張甚盛，有司具茶湯飲漿。至試學究，則悉徹帳幕氈席之類，亦無茶湯，渴取飲硯水，人人皆黔其吻。非故欲困之，乃防氈席及供應人私傳所試經義〔一三〕，蓋嘗有敗者，故事爲之防。歐文忠有詩『焚香禮進士，徹幕待經生』，以爲禮數重輕如此，其實自有謂也。」

按：沈公所記典故，皆源於唐時，宋朝因之，至嘉祐時猶然。後來天下所解進士，非中選禮部，待對親策之日，不得覲清光。而禮部試士之時，雖無所謂五經學究，然其所以待進士者，禮亦殺於祖宗之時矣。

英宗治平三年，詔曰：「先帝以士久不貢則怠於學〔一四〕，而豪傑者不時舉，故下間歲之令。而自更法以來，其弊寖長。里選之牒仍故，而郡國之取減半；計偕之籍屢上，而道塗之勞良苦，朕甚閔焉。其令禮部三歲一貢舉，天下解額，於未行間歲之法已前，四分取三爲率〔一五〕，明經、諸科不得過進士之數。」

恩典不增而貢舉期緩，士得休息，官以不煩矣。

知諫院司馬光上言，請貢院逐路取人，其略曰：「朝廷每次科場所差試官，率皆兩制、三館之人，其所好尚，即成風俗。在京舉人追趨時好，易知體面，淵源漸染，文采自工，使僻遠孤陋之人與之爲敵，混同封彌，考較長短，勢不侔矣。孔子曰：『十室之邑，必有忠信如丘者焉。』言雖微陋之處，必有賢才，不可誣也。是以古之取士，以郡國户口多少爲率，或以德行，或以才能，隨其所長，各有所取，近自族姻，遠及夷狄，無小無大，不可遺也。今或數路中全無一人及第，則所遺多矣。國家用人之法，非進士及第者不得美官，非善爲詩賦論策者不得及第，非遊學京師者不善爲詩賦論策。以此之故，使四方學士皆棄背鄉里，違去二親，老於京師，不復更歸。其間亦有身負過惡，或隱憂匿服，不敢於鄉里取解者，往往私買監牒〔一六〕，妄冒户貫，於京師取解。自間歲開場以來，遠方舉人憚於往還，只於京師寄應者，比舊尤多。國家雖重爲科禁，至於不用蔭贖，然冒犯之人歲歲滋甚。所以然者，蓋由每次科場及第進士，大率皆是國子監、開封府解送之人，則人之常情，誰肯去此而就彼哉！夫設美官厚利進取之塗以誘人於前，而以苛法空文禁之於後，是猶決洪河之尾而捧土以塞之，其勢必不行矣。」

參知政事歐陽修上言：「竊以國家取士之制，比於前世，最號至公。蓋累聖留心，講求曲盡，以謂王者無外，天下一家，故不問東西南北之人，盡聚諸路貢士，混合爲一，而惟才是擇；又糊名、謄録而考之，使主司莫知爲何方之人、誰氏之子，不得有所憎愛厚薄於其間。故議者謂國家科場之制，雖未復古法，而便於今世，其無情如造化，至公如權衡，祖宗以來不可易之制也。傳曰：『無作聰明亂舊章。』又曰：『利不百者不變法。』今言事之臣偶見一端，即議更改，此臣所以區區欲爲陛下守祖宗之法也。臣所謂『偶見一端』者，蓋言事之人，但見每次科場東南進士得多，而西北進士得少，故欲改法，使多取西北進士爾。殊不知天下至廣，四方風俗異宜，而人性各有利鈍。東南之俗好文，故進士多而經學少；西北之人尚質，故進士少而經學多。所以科場取士，東南多取進士，西北多取經學者，各因其材性所長，而各隨其多少取之。今以進士、經學合而較之，則其數均；若必論進士，則多少不等，此臣所謂偏見之一端，其不可者一也。國家方以官濫爲患，取士數必難增，若欲多取西北之人，則却須多減東南之數。今東南州軍進士取解者，二三千人處只解二三十人，是百人取一人，蓋已痛裁抑之矣。西北州軍取解至多處不過百人，而所解至十餘人，是十人取一人，比之東南十倍假借之矣。若至南省，又減東南而增西北，則是已裁抑者又裁抑之，已假借者又假借之，此其不可者二也。東南之士於千人中解十人，其初選已精矣，故至南省，所試合格者多；西北之士學業不及東南，當發解時又十倍優假之，蓋其初選已濫矣，故至南省，所試不合格者多。今若一例以十人取一人，則東南之人合格而落者多矣，西北之人不合格而得者多矣。至於他路，理不可齊，偶有一路合格人多，亦限以十一落之，偶有一路合格人少，亦須充足十一之數，使合落者得，合得者落，取捨顛倒，能否混淆，其不可者三也。且朝廷專以較藝取人，而使有藝者屈落，無藝者濫得，不問繆濫，只要諸路數停，此其不可者四也。且言事者本欲多取諸路士著之人，若此法一行，則寄應者爭趨而往，今開封府寄應之弊可驗矣。此所謂法出而姦生，其不可者五也。今廣南東、西路進士例各絶無舉業，諸州但據數解發，其人亦自知無藝，只來一就省試而歸，冀作攝官爾。朝廷以嶺外煙瘴，北人不便，須藉攝官，亦許其如此。今若一例與諸路十人取一人，此爲繆濫又非西北之比，此其不可者六也。凡此六者乃大概爾，若舊法一壞，新議必行，則弊濫隨生，何可勝數！故臣謂且遵舊制，但務擇人，推朝廷至公，待四方如一，惟能是選，人自無言，此乃當今可行之法爾。若謂士習浮華，當先考行，就如新議，亦須只考程試，安能必取行實之人？議者又謂西北近虜，士要牢籠，此甚不然之論也。使不逞之人不能爲患則已，苟可爲患，則何方無之？前世賊亂之臣，起於東南者甚衆，其大者如項羽、蕭銑之徒是已；至如黄巢、王仙芝之輩，又皆起亂中州者爾，不逞之人，豈專西北？矧貢舉所設，本待材賢，牢籠不逞，當別有術，不在科場也。惟事久不能無弊，有當留意者，然不須更改法制，止在振舉綱條爾。近年以來，舉人盛行懷挾，排門大噪，免冠突入，虧損士風，傷敗善類，此由舉人既多，而君子小人雜聚，所司力不能制，雖朝廷素有禁約，條制甚嚴，而上下因循，不復申舉。惟此一事，爲科場大患，而言事者獨不及之。願下有司議革其弊，此當今科場之患也。」

按：分路取人之說，司馬、歐陽二公之論不同。司馬公之意，主於均額，以息奔競之風；歐陽公之意，主於覈實，以免繆濫之弊。要之，朝廷既以文藝取人，則歐公之說爲是。蓋士既求以用世，則奔名逐利，所不能免，不必深訾，至於棄親匿服、身負過惡者，皆素無行檢之人，此曹雖使之生長都城，早游館學，超取名第，亦未必能爲君子。若以爲遠方舉人，文詞不能如游學京師者之工，易以見遺，則如歐、曾、二蘇公以文章名世，詔令傳後，然亦出自窮鄉下國，未嘗漸染館閣，習爲時尚科舉之文也，而皆占高第。然則必須遊京師而後工文藝者，皆剽竊蹈襲之人，非穎異挺特之士也。

神宗熙寧二年，議更貢舉法，罷詩賦、明經、諸科，以經義、論、策試進士。初，王安石以爲古之取士俱本於學，請興建學校以復古，其明經、諸科欲行廢罷，取元解明經人數增進士額。詔兩制、兩省、待制以上，御史、三司、三館議之。韓維請罷詩賦，各習大經，問大義十道，以文解釋，不必全記注疏，通七以上爲合格；諸科以大義爲先，黜其不通者。蘇頌欲先士行而後文藝，去封彌、謄録之法。直史館蘇軾上議，略曰：「得人之道在於知人，知人之法在於責實。使君相有知人之明，朝廷有責實之政，則胥吏、皂隸未嘗無人，而況於學校貢舉乎！雖用今之法，臣以爲有餘。使君相無知人之明，朝廷無責實之政，則公卿、侍從常患無人，況學校貢舉乎！雖復古之制，臣以爲不足矣。夫時有可否，物有興廢，使三代聖人復生於今，其選舉亦必有道，何必由學乎！且慶曆間嘗立學矣，天下以爲太平可待，至於今惟空名僅存。今陛下必欲求德行道藝之士，責九年大成之業，則將變今之禮，易今之俗，又當發民力以治宫室，斂民財以養游士，置官立師，而又時簡不帥教者，屏之遠方，徒爲紛紛，其與慶曆之際何異？」至於貢舉，或曰鄉舉德行而略文章；或曰專取策論而罷詩賦；或欲舉唐故事，兼採譽望而罷封彌；或欲罷經生朴學〔一七〕，不用帖墨而考大義。此皆知其一未知其二者也。夫欲興德行，在於君人者修身以格物，審好惡以表俗。若欲設科立名以取之，則是教天下相率而爲僞也。上以孝取人，則勇者割股，怯者廬墓；上以廉取人，則敝車羸馬，惡衣菲食，凡可以中上意者，無所不至。德行之弊，一至於此！自文章言之，則策論爲有用，詩賦爲無益；自政事言之，則詩賦論策均爲無用矣。雖知其無用，然自祖宗以來莫之廢者，以爲設法取士，不過如此也。近世文章華麗無如楊億，使億尚在，則忠清鯁亮之士也；通經學古無如孫復、石介，使復、介尚在，則迂闊誕謾之士也。矧自唐至今，以詩賦爲名臣者不可勝數，何負於天下，而必欲廢之？」

上讀軾疏曰：「吾固疑此，今得軾議，釋然矣。」他日以問王安石，安石曰：「不然。今人材乏少，且其學術不一，一人一義，十人十義，朝廷欲有所爲，異論紛然，莫肯承聽，此蓋朝廷不能一道德故也。故一道德則修學校，欲修學校則貢舉法不可不變。」趙抃是軾言，安石曰：「若謂此科嘗多得人，自緣仕進別無他路，其間不容無賢；若謂科法已善，則未也。今以少壯時正當講求天下正理，乃閉門學作詩賦，及其入官，世事皆所不習，此乃科法敗壞人才，致不如古。」於是卒如安石議，罷明經及諸科，進士罷詩賦，各占治詩、書、易、周禮、禮記一經，兼以論語、孟子。每試四場，初大經，次兼經，大義凡十道，次論一首，次策三道，禮部試即增二道。中書撰大義式頒行。試義者須通經，有文采乃爲中格，不但如明經墨義粗試，別取，十人取五，試者雖多，解毋過五十人。廷試策問與進士同，而別考累舉不中，年及四十以聞，而錄用之。

六年，詔進士、諸科及選人、任子並令試斷案、律令大義或時議，始出官。其後又詔進士第一人以下並試。初，詔自三人以下始令試法，中書習學練亨甫言：「高科任簽判及職官，預一州之事，其於習法豈所宜緩？前此試刑法者，世皆指爲俗吏。今朝廷推恩既厚，而應者尚少，若高科不試，則人不以爲榮矣。」乃詔悉試。

帝因言近世士大夫多不習法令，吳充曰：「漢儒陳寵以法律講受，徒衆常數百人。律學在六學之一〔八〕，後來縉紳，多恥此學。明法一科又徒能誦其文，罕通其意。近歲將補官者，必聚而試之，此有以見恤刑之意。」

舊制，進士諸科以甲次高下率錢期集，貧者或稱貸。是年，始賜錢三千緡爲期集費。

舊制，新進士入謝，進謝恩銀百兩。至是，罷之。

八年，頒王安石詩、書、周禮義於學官，謂之三經新義。

先是，安石奏學官試文，且言黎侁、張諤文勝而違經旨，帝曰：「今談經者人人殊，何以一道德？卿有所著，其以頒行，使學者歸一。」安石曰：「已令陸佃、沈季長訓釋詩義矣。」帝曰：「佃輩信能發明奧旨乎？」安石曰：「雖命之訓，而臣實商度也。」

舊制，開封府發解三百餘額，國子監額不及其半。至是，合試而通取之。

九年，殿試進士。初，覆考官陳繹等考上一甲文卷失當〔一九〕，贖金有差。詔自今唱名盡四甲，而禮部正奏名上十人，未與者奏聽裁決。

元豐元年，詔開封府、國子監舉人併試，通取解額。其諸州不滿百人者，令漕司取近便州各用本處解額〔二〇〕，就一州考試〔二一〕。御史黄廉言：「别試所解試業詩者十人而取至四五，書之一經止取一人，等之業文，不應能否相絶如此。願分經立額，均收其長。」詔自今詩、易悉占三分，書二分，周禮、禮記通二分。又言：「朝廷多用講官考試，諸生在學，熟知其平時議論趨向，則試文易投其好，而遠士往往見黜。考官毋用監學講授人。」詔差官日取裁。知諫院黄履言：「諸科舊試記誦，故口授爲傳義，重其法禁。今大義須文，豈容口授？而重法如故，仍釃立告賞，證左又皆其徒，慮有誣枉，請改立法。」從之。

五年，先是，帝見黄裳所爲文，愛之。至是，禮部奏進士，有裳名。及進讀試策，在前列者皆不稱旨。命求裳名，至末甲始見，乃擢爲第一。考官以高下失實贖金。

八年，濟、博、棣三州諸科舉人訴於禮部，言：「諸科舊額多歸進士，僅有存者，又有以盡解新科明法。今試而中，無額可解。」於是常留諸科舊額十分之一，以待不能改業者。

知徐州蘇軾上言，乞爲京東西、河北、河東、陝西五路之士别開仕進之門〔二二〕。事見胥吏門。

哲宗元祐二年，更科場法。進士分四場：第一場試本經義二道，語、孟義各一道，第二場賦及律詩各一首，第三場論一道，四場子史、時務策二道。經義進士不兼詩賦人許增治一經，詩賦人兼一經。以詩、禮記、周禮、左氏春秋爲大經，書、易、公羊、穀梁、儀禮爲中經，願習二大經者聽，不得偏占兩中經。

尚書省言：「近歲承學之士聞見淺陋，辭格卑弱，患在治經者專守一家，不識諸儒傳記之説，爲文者唯知解釋，不通聲律體要之學，深慮適用之文從此遂息。兼一經之内，可以爲題者無幾，有司所試，多其平日已嘗宿爲，若非議而更之，必且大弊。」而禮部請置春秋博士，進士專爲一經。又侍御史劉摯奏：「國朝取士，試詩賦、論、策〔二三〕，更百餘年，號爲得人。熙寧初，以章句破碎大道，乃罷詩賦而改試以經，可謂知本。然今之治經，大與古異。專誦熙寧所頒新經、字説，佐以莊、列、釋氏之書，試者群輩百千〔二四〕，概用一律，其中雖有真知聖人本指，該通先儒舊説，與時尚不合，一切捐棄。且詩賦、經義，均之以言取人，賢否邪正，未可遽判。第從有司去取較之，詩賦有聲律法度，故工拙易見，所從命題者廣，故寡重複；經義命題不出此書，既可夙具，稍更數試，題多重出，既格律不嚴，難以一見判其高下，或時得竊他人之文以爲己作。此於取棄難易之間，科第當否，由之以分。願復詩賦，與經義兼行，其解經通用先儒傳注及自己之説，禁用字解、釋典，以救文弊，亦使學者兼通他書，稍至博洽。」又言〔二五〕：「近制，明法舉人試律令大義及斷案，謂之『新科明法』，中其選者，吏部即注司法，叙名在進士及第人之上。古者治本禮義，而刑法僅以助之。舊制，明法最爲下科〔二六〕，然必責之兼經，則猶古者先德後刑之意也。今新科罷兼經，專試刑書，又所取比舊猥多，調擬之法失其次序。欲加試論語、孝經大義，仍裁半額，注官並依科目次序。」詔近臣集議以聞。

左僕射司馬光言：「取士之道，當先德行，後文學；就文學言之，經術又當先於詞采。神宗罷賦、詩及諸科，專用經義、論、策，此乃復先王令典，百世不易之法。但王安石不當以一家私學，欲蓋掩先儒，令天下學官講解及科場程試，同己者取，異己者黜，使聖人坦明之言轉陷於奇僻，先王中正之道流入於異端。若己論果是，先儒果非，何患學者不棄彼而從此，何必以利害誘脅如此其急也？至於律令敕式，皆當官者所須，何必置明法一科，使爲士者豫習之？夫禮之所去，刑之所取，爲士者果能知道義，自與法律冥合；若其不知，但日誦徒流絞斬之書，習鍛錬文致之事，爲士已成刻薄，從政豈有循良，非所以長育人材、敦厚風俗也。」

四年，知杭州蘇軾狀奏：「據本州進士汪漑等一百四十人詣臣陳狀稱：『准元祐四年四月十九日敕，詩、賦、經義各五分取人。朝廷以謂學者久傳經義，一旦添改詩賦，習者尚少，遂以五分立法，是欲優待詩賦，勉進詞學之人。然天下學者寅夜競習詩賦舉業，率皆成就，雖降平分取人之法，緣業已習就，不願再有改更；兼學者亦以朝廷追復祖宗取士故事，以詞學爲優，故士人皆以不能詩賦爲耻。比來專習經義者十無二三，見今本土及州學生員多從詩賦，他郡亦然。若平分解名，委是有虧詩賦進士，難使捐已習之詩賦，抑令就經義之科。或習經義多少各以分數發解，乞據狀敷奏者。』臣曩者備員侍從，實見朝廷更用詩賦本末，蓋謂經義取人以來，學者争尚浮虚，文字止用一律，程試之日，工拙無辨。既去取高下，不厭外論，而已得之後，所學文詞不施於用，以故更用祖宗故事，兼取詩賦。而横議之人欲收姑息之譽，争言天下學者不樂詩賦，朝廷重失士心，故爲改法，各取五分。然臣在都下，見太學生習詩賦者十人而七；臣本蜀人，聞蜀中進士習詩賦者十人而九；及出守東南，親歷十郡，及多見江、湖、福建士人皆争作詩賦，其間工者已自追繼前人。專習經義，士以爲耻。以此知前言天下學者不樂詩賦皆妄也。惟河北、河東進士，初改聲律，恐未甚工，然其經義文詞亦自比他路爲拙，非獨詩賦也。朝廷於五路進士，自許禮部貢院分數取人，必無偏遺一路士人之理。今臣所據前件進士汪溉等狀，不敢不奏，亦料諸處似此申明者非一，欲乞朝廷參詳衆意，特許將來一舉隨詩賦、經義人數多少，各紐分數發解。如經義零分不及一人，許併入詩賦額中。仍除將來一舉外，今後並只許應詩賦進士舉，所貴學者不至疑惑，專一從學。謹録奏聞，伏候敕旨。」貼黄：「詩賦進士亦自兼經，非廢經義也。」

又詔舉經明行修科，分路立額，共六十一人。州縣保任，上之監司，監司考察以聞。各用其州解額，無其人則缺之。

司馬光奏：「乞每歲委升朝文官保舉一人，應經明行修科，與進士並置。程試一如進士，惟於及第後推恩優異，以勸勉天下舉人，使敦士行，以示不專取文學之意。竊料此法初行，其奔競屬請固不能免，若朝廷於所舉人違犯名教及贓私罪，必坐舉主，毋有所赦，行遣三五人後，自皆謹擇其人，不敢妄舉。如此，則士之居鄉居家，獨處闇室，立身行己，不敢不謹，惟懼玷缺有聞於外矣。所謂不言之教，不肅而成，不待學官日訓月察、立賞告訐，而士行自美矣。」

王覿言：「人情進取相妨則相擠，若經明行修科侵用其州解額，雖名實乎應，衆必合意詆之。此科本以厚風俗，恐俗未及厚而反敗之也。乞創額以消争進。」

權知貢舉蘇軾言：「今名器爵禄出之太易，每一試，進士、諸科及特奏名約八九百人。祖宗舊制，禮部已奏名，至御試而黜者甚多。至嘉祐中年，始盡賜出身，近歲雜犯亦免黜落，皆非祖宗本意。又進士升甲，本爲南省第一人唱名近下，方特升之，皆出一時聖斷。今禮部十人以上，别試、國子、開封解試、武舉第一人，經明行修進士及自該特奏而預正奏者，皆定著於令，遞升一甲，則是法在有司，恩不歸於人主，甚無謂也。」軾又言：「比得命案例具今舉該特奏者，約已及四百五十人，今又許例外遞減一舉，則當復增數百人。此曹垂老，無他進望，布在州縣，惟務黷貨，以爲歸計。前後恩科命官幾千人矣，何有一人能自奮厲有聞於時？而殘民敗官者不可勝數，以此知其無益有損。議者不過謂初政宜廣恩澤，不知吏部以有限之官待無窮之吏，户部以有限之財禄無用之人，而所至州縣舉罹其害，乃即位之初有此過舉，謂之恩澤，非臣所識也。願斷自聖意，止用前命，仍詔考官量取一二十人，誠有學問，即許出官，其餘皆補文學、長史之類，不理選限，免使積弊之極增重不已。」

八年，中書言：「御試請復用祖宗法，試詩、賦、論三題〔二七〕。」且言：「士子多已改習詩賦，太學生員總二千一百餘人，而不兼詩賦者纔八十二人，可見習賦者多。於是詔：「來年御試，習詩賦人復試三題，專經人且令試策，自後概試三題。」

紹聖元年，禮部已定御試三題條約，至三月，詔仍試策。又詔進士罷詩賦，專習經義，仍除去字説之禁。又詔禮部，取凡内外試題，悉集以爲籍，遇試，頒付考官，以防複出。罷春秋科，凡試，優取二禮、兩經，許占全額之半，而以其半及他經。既而復立春秋博士，崇寧又罷之。

時有建言請於詩、書、周禮三經義中出題以試舉人者。朝廷下其議，有司承意，謂爲可行。既而右正言鄒浩言：「三經義者，所以訓經，而其書非經也。以經造士，而以非經之題試之，甚非先帝專用經術之義。」後出題訖依舊法。

徽宗崇寧三年，詔曰：「神考議以三舍取士，而罷州郡科舉，其法行於畿甸，而未及郡國。肆朕纂圖，制詔有司，講議其方，成書來上〔二八〕，悉推行之，設辟廱於國郊，以待士之升貢者，又與臨幸加恩博士弟子有差，朕勸勵學者至矣。然州郡猶以科舉取士，不專於學校。其詔天下，將來科場取士悉由學校升貢，其州郡發解，及試禮部法並罷，庶幾復古。」自此歲試上舍，悉差知舉如禮部試。

四年，詔：「將來大比，更參用科舉取士一次，辟廱、太學其亟以此意諭達遠士，使即聞之。」時州縣悉行三舍法，當官者子弟得免試入學，而士之在學者積歲月累試乃得應格，其不能輟身試補者，僅可從狹額應科舉，不得如在籍者三舍、解試兼與而兩得，其貧且老者尤甚病之。時人議其法曰：「利貴不利賤，利少不利老，利富不利貧。」故詔書及此而加以審訂，未遽廢科舉也。

大觀元年，詔舉八行。

自元祐倣古，創立經明行修科，主德行而略藝文，間取禮部試黜之士附寘恩科，其時御史既已咎其無所甄別矣。及八行科立，專以八行全偏爲三舍高下，不問内外，皆不試而補，則往往設爲形迹，以求入於八行，固已可厭，至於請託徇私，尤難防禁。大抵兩科相望幾數十年，迺無一人卓然能自著見，與名格相應者。而八行又有甚弊。士子跅弛，公私交患苦之，不能誰何，乃借八行名稱，納之學校，使其冀望無罰應貢，則稍且自戢，而長史實恐繆舉從坐，故寧使之占額不貢。以是知略實藝而追古制，其難蓋如此也。

政和二年，親試舉人，始罷賜詩，改賜箴。先時，御史李章言作詩害經術，自陶潛至李、杜皆遭詆譏。詔送敕局立法，宰臣何執中遂請禁人習詩賦。又詔士毋得習史學。

吴氏能改齋漫録曰：「先是，崇寧以來，專意王氏之學，士非三經、字説不用。至政和之初，公議不以爲是，蔡嶷爲翰林學士，慕容彦逢爲吏部侍郎，宇文粹中爲給事中，張琮爲起居舍人，列奏：『欲望今後時務策並隨事參以漢、唐歷代事實爲問。』奉御筆：『經以載道，史以紀事，本末該貫，廼稱通儒。可依所奏。今後時務策問並參以歷代事實，庶得博習之士，不負賓興之選。』未幾，監察御史兼權殿中侍御史李彦章言：『夫詩、書、周禮，三代之故，而史載秦、漢、隋、唐之事。學乎詩、書、禮者，先王之學也；習秦、漢、隋、唐之史者，流俗之學也。今近臣進思之論，不陳堯舜之道，而建漢、唐之陋，不使士專經，而使習流俗之學，可乎？伏望罷前日之詔，使士一意於先王之學，而不流於世俗之習，天下幸甚！』奉御筆：『經以載道，史以紀事，本末該貫，廼爲通儒。今再思之，紀事之史，士所當學，非上之所以教也。況詩賦之家皆在乎史，今罷黜詩賦而使士兼習，則士不得專心先王之學，流於俗好，恐非先帝以經術造士之志。可依前奏，前降指揮更不施行。』時政和元年三月戊戌也。」

按：尊經書，抑史學，廢詩賦，此崇、觀以後立科造士之大指，其論似正矣。然經之所以獲尊者，以有荆舒之三經也；史與詩之所以遭斥者，以有涑水之通鑑、蘇黄之酬唱也。群憸借正論以成其姦，其意豈真以爲六籍優於遷、固、李、杜也哉？

宣和三年，詔罷天下三舍法，開封府及諸路並以科舉取士，惟太學仍存三舍，以甄序課試，遇科舉仍自發解。

六年，禮部試進士萬五千人。詔特增百人額，差知舉官五人。

是年，賜第八百餘人，因上書獻頌，直令赴試者殆百人。有儲宏等隸大閹梁師成爲使臣或小史，皆賜之第。

先是，大觀三年，宦者梁師成中甲科。政和四年，以鄧洵武之子、鴻臚寺丞雍進頌文可采，特令直赴廷試。自後此類頗多。

政和八年〔二九〕，嘉王楷考在第一〔三〇〕，不欲令魁多士，升次名王昂爲首。

按：太宗時，李昉、吕蒙正之子御試入等，上以勢家不當與孤寒争進，黜之，顔明遠等四人以見任官舉進士，上惜科第不與，特授近藩掌書記〔三一〕，蓋惟恐權貴占科目以妨寒畯也，今親王得以爲狀元。又按：端拱二年，有中書堂後官及第，上奪所授敕牒，勒歸本局，詔今後吏人無得應舉，蓋惟恐雜流取名第，以玷選舉也。今閹宦與其隸皆得以登甲科，蓋至是祖宗之良法蕩然矣。

王氏揮麈録曰：「國初每歲放榜，取士極少，如安德裕作魁日，九人而已，蓋天下未混一也。至太宗朝寖多，所得率江南之秀。其後又別立分數，考校五路舉子，以北人拙於詞令，故優取。熙寧三年廷試，罷三題，專以策取士，非雜犯不復黜。然五路舉人尤爲疏略，黄道夫榜，傳臚至第四甲黨鑄卷子，神宗笑曰：『此人何由過省？』知舉舒信道對以五路人用分數取末名過省，上命降作第五甲末。自後人益以廣。宣和七年沈元用榜，正奏名殿試至八百五人，蓋燕、雲免省者既衆，天下赴南宮試者萬人，前後無踰此歲之盛。」

欽宗靖康元年，復置春秋博士，用以取士。

賜出身　凡士不繇科舉若三舍，而賜進士第或出身者，其所從得不一路：遺逸、文學、吏能、言事，或奏對稱旨，或試法而經律入優，或材武，或童幼而能文，或邊臣之子以功來奏，其得之雖有當否，總其大較，要有可考。熙寧四年，太子左贊善大夫吴安度試舍人院已入等，有司以安度所試緑竹詩背王芻古說，而直以爲竹，遂黜不取。富弼言：「史記叙載淇園之竹，正衛産也，安度語有據。」遂賜進士出身。五年，祝康、李舉之試經書、律令大義，而有司考之入優，遂以令賜明經出身。其後梁子野、黄葆光賜出身，遂同進士。七年，王韶破木征，使其子淳來獻捷，帝喜甚，遂以賜之。其後趙遹在政和間擒蠻卜漏，編次用兵首末，授其子永裔來奏，永裔亦得賜。八年，章惇薦大理寺丞歐陽發有史學，又得賜。九年，中丞鄧綰薦遂州布衣馮正符受賜，已而綰敗，正符亦坐附會追奪。元符元年，承務郎李景夏召對；三年，上舍生何太正應詔言事，皆特賜。崇寧二年，又賜右司郎官林攄、蘇州進士俞燾等。明年，蔡京子攸亦與焉。四年，宋喬年察訪熙河稱旨；大觀四年，開封少尹張叔夜皆以職事賜。政和中，小學生曹芬、駱庭芝以能文賜。自此達官貴冑既多得賜，又上書獻頌得之者多至百數，不勝紀矣。靖康新政，懲姦臣蔽塞，凡行義有聞、議論忠讜，悉加賜以示好惡。張炳、雷觀、陳東、尹焞、鄧肅相望得賜，而天下知所鄉矣。

校勘記

〔一〕對者多紕繆　「多」字原脱，據續資治通鑑長編卷一〇二天聖二年三月戊子條補。

〔二〕韓忠憲景祐中　「憲」原作「獻」，據隆平集卷七韓億傳、樂全集卷三七韓億神道碑銘改。下同。

〔三〕縝　原作「績」，據宋史卷三一五韓縝傳改。

〔四〕有親戚仕本州　「仕」原作「事」，據續資治通鑑長編卷一二〇景祐四年十二月甲寅條改。

〔五〕取三人　「三」原作「二」，據元本、慎本、馮本及續資治通鑑長編卷一二〇景祐四年十二月甲寅條、宋會要輯稿選舉三之一八及一五之九改。

〔六〕若二千里而赴試　「若」原作「幾」，據續資治通鑑長編卷一二〇景祐四年十二月甲寅條改。

〔七〕限以事件若干以上　原誤作正文，據歐陽文忠公文集卷一〇四論更改貢舉事例劄子改作注文。下文「亦限件數」句同。

〔八〕策論逐場旋考則卷子不多考官不至勞昏去留必不誤　原誤作正文，據歐陽文忠公文集卷一〇四論更改貢舉事例劄子改作注文。

〔九〕各問大義十條　續資治通鑑長編卷一八六嘉祐二年十二月丁未條、宋會要輯稿選舉三之三四，「大義」下有「墨義」二字。

〔一〇〕兼以論語孝經　續資治通鑑長編卷一八六嘉祐二年十二月丁未條、宋會要輯稿選舉三之三四，「孝經」下有「十條」二字。

〔一一〕而所得人材及其風迹比舊亦浸衰　「迹」原作「寖」，據元本、慎本、馮本及續資治通鑑長編卷一八六嘉祐二年十二月丁未條、宋會要輯稿選舉三之三四改。

〔一二〕東坡送章子平詩序　「章」原作「張」，「詩」字原脱，據容齋隨筆卷九高科得人、蘇東坡集卷二四送章子平詩叙改補。

〔一三〕乃防氈席及供應人私傳所試經義　「經義」二字原倒，據夢溪筆談卷一故事一乙正。

〔一四〕先帝以士久不貢則怠於學　「則」字原脱，據續資治通鑑長編卷二〇八治平三年十月丁亥條、宋會要輯稿選舉三之三八補。

〔一五〕四分取三爲率　按續資治通鑑長編卷二〇八治平三年十月丁亥條、宋會要輯稿選舉三之三八本句下有「禮部奏名進士以三百人爲額」十二字。

〔一六〕往往私買監牒　「私」原作「和」，據温國文正司馬公文集卷三〇貢院乞逐路取人狀改。

〔一七〕或欲罷經生朴學　「罷」原作「變」，據蘇東坡集奏議集卷一議學校貢舉狀改。

〔一八〕律學在六學之一　「律」上原衍「有」字，據宋史卷一五五選舉志一删。

〔一九〕覆考官陳繹等考上一甲文卷失當　「繹」原作「澤」，據續資治通鑑長編卷二七三熙寧九年三月辛巳條、宋會要輯稿選舉八之三五改。

〔二〇〕令漕司取近便州各用本處解額　「近便」二字原倒，「處解」原作「所」，據宋會要輯稿選舉一五之二一乙改。

〔二一〕就一州考試　「試」原作「取」，據宋會要輯稿選舉一五之二二改。

〔二二〕乞爲京東西河北河東陝西五路之士别開仕進之門　「河東」二字原脱，據本書卷三五選舉考八補。

〔二三〕試詩賦論策 「詩」字原脱，據續資治通鑑長編卷三六八元祐元年閏二月庚寅條、忠肅集卷四論取士並乞復賢良科疏補。

〔二四〕試者群輩百千 「群」原作「累」，據續資治通鑑長編卷三六八元祐元年閏二月庚寅條、忠肅集卷四論取士並乞復賢良科疏改。

〔二五〕又言 「又」上原衍「尚書省」三字，據續資治通鑑長編卷三六八元祐元年閏二月庚寅條、忠肅集卷四論取士並乞復賢良科疏删。

〔二六〕明法最爲下科 「明」原作「刑」，據續資治通鑑長編卷三六八元祐元年閏二月庚寅條、忠肅集卷四論取士並乞復賢良科疏改。

〔二七〕試詩賦論三題 「論」下原衍「策」字，據續資治通鑑長編卷四八二元祐八年三月庚子、宋會要輯稿選舉八之三六删。

〔二八〕成書來上 「成」字原脱，據群書考索後集卷二八士門學法類補。

〔二九〕政和八年 「政和」二字原脱，據宋會要輯稿選舉二之一四、八之三九補。

〔三〇〕嘉王楷考在第一 「楷」原作「揩」，据宋史卷二四六鄆王楷傳改。

〔三一〕特授近藩掌書記 「藩」原作「蕃」，按唐宋時常以「藩鎮」、「方鎮」稱節度使，據改。

卷三十二　選舉考五

舉士

高宗建炎元年，詔曰：「國家設科取人，制爵待士，歲月等陰陽之信，法令如金石之堅。頃緣寇戎侵犯京邑，爰致四方之儁，已愆三歲之期，比申飭於攸司，涓上春而明試，深虞道阻，寬佇浹旬。而駐蹕行宮，時巡方嶽，非若中都當遠近之會，可使四方得道里之均。特從權宜，創立規制，分禮闈之奏額，就諸路之漕臺，俾謹擇於考官，用精蒐於實學，士省勞費，鄉烝譽髦，悉預計偕，以俟親策，敷告多士，咸體至懷。諸道令提刑司選官，即轉運置司州軍引試，使副或判官一人董之。河東路附京西轉運司；國子監、開封府人就試於留守司，御史一人董之，國子監人願就本路試者聽。」

朝野雜記：「建炎二年，王唐公爲禮部侍郎，建言復以詞賦取士，自紹興二年科場始。曾侍御統請廢經義而專用詞賦，上意鄉之，呂元直不可而止。十三年，國學初建，高抑崇司業言：『士以經術爲本，請頭場試經義，次場試詩賦，末場試子史論、時務策各一首。』許之。十五年，詔經義、詩賦分爲兩科，於是學者競習詞賦，經學寖微。二十六年冬，上諭沈守約曰：『恐數年之後，經學遂廢。』明年二月，詔舉人並兼習兩科。內大、小經義共三道。三十一年，言者以爲老成經術之士，强習辭章，不合音律，請復分科取士，仍詔經義合格人有餘材〔一〕，許以詩賦不足之數通取，不得過三分，自今年太學公補試行之，迄今不改。先是，舉人既兼經義、詩賦、論、策，因號四科，然自更制以後，惟紹興十四年、二十九年兩行之而止，蓋舉人所習已分爲二〔二〕，不可復合矣。」

按：熙寧四年，始罷詞賦，專用經義取士，凡十五年；至元祐元年，復詞賦與經義並行；至紹聖元年，復罷詞賦，專用經義，凡三十五年；至建炎二年，又兼用經、賦。蓋熙寧、紹聖則專用經而廢賦，元祐、建炎則雖復賦而未嘗不兼經，然則自熙寧以來，士無不習經義之日矣。然元祐初，始復賦，欲經、賦中分取人，而東坡公上疏言：「自更法以來，士工習詩賦者，十人而七。欲朝廷隨經、賦人數多少，各自立額取人。」則知當時士雖不習詩賦者十五年，而變法之餘，一習即工且多矣。至建炎、紹興之間，則朝廷以經義取士者且五六十年，其間兼用詩賦纔十餘年耳。然共場而試，則經拙而賦工；分科而試，則經少而賦多。流傳既久，後來所至場屋，率是賦居其三之二，蓋有自來矣。

二年，詔：「下第進士，六舉曾經御試、八舉曾經省試、並年四十以上，四舉曾經御試、五舉曾經省試、並年五十以上，河北、河東、陝西舉人數內，特各減一舉，元符以前到省兩舉者不限年，一舉者年五十五已上，諸道轉運司、開封府皆以名聞，令直赴廷試。」

按：仁宗嘉祐二年，廷試始免黜落，然則自後凡經御試者，無不出官之人。熙、豐年間，亦嘗有曾經御試推恩之令，蓋爲嘉祐二年御試不中者設也。今中興之初，復有此令，則自建炎上距嘉祐以前，蓋七十餘年，豈復有曾經御試之人乎？又恐是特爲科試入下等，不理選限、未出官者而設，蓋此曹亦謂之曾經御試，故令其再試而官之，以示優渥之恩。史志所載不明，當考。

是年，親試舉人於行都，賜進士李易以下四百五十餘人，第一人左宣教郎，二人、三人左宣義郎，餘推恩有差。特奏名第一人附第二甲，入五等者亦予調官，川陝、河北、京東正奏名不赴者一百三人，即家賜第。皆龍飛特恩也。

故事，廷試上十名，御藥院先以文卷奏御定高下。上曰：「取士當務至公，考官自足憑信，豈容以一人之意更自升降？」詔自今勿先進卷子。

紹興元年，以歲當明堂，復詔諸道類試，擇憲、漕或帥守中詞學之人總其事，使精選考官。於是四川宣撫處置使張浚始以便宜令川、陝舉人即置司州試之。

侯延慶言：「用兵以來，太學既罷，青衿解散，文籍淪墜。今諸道州軍進士已有定額，獨行在職事及釐務官隨行有服親及門客，往往鄉貢隔絶，請立應舉法，以國子監進士爲名。」詔從之，令轉運司附試。是年，德音：「應該恩免解舉人，值兵毁失公據者，召京官二員委保，所在州軍給據訖，仍申部注籍。」

二年，親策進士張九成等。時凌景夏爲第二，呂頤浩言，景夏詞實勝九成，請更寘第一。上曰：「士人初進，便須別其忠佞。九成上自朕躬，下至百執事，言之無所畏避。」乃擢寘首選。九成以類試及親策俱第一，特進一官。四川類試正奏名第一人，依殿試第五人恩例。

九年，詔：「陝西久陷僞境，與四川類試，必不能中程式。其令禮部措置，別號取放。」川、陝分類試額自此始。

御史中丞廖剛言：「國朝三歲一舉，每以今年大禮，明年科場，又明年省、殿試爲準，故注授人先後到部，不至攙併。今科試、明堂同在嗣歲，省司財計難以應辦，一不便也。近歲初官待闕，率四五年，若使進士蔭補人同時差注〔三〕，二不便也。更展一年，則舊制合矣。」天子是其議，其來年詔曰：「三歲賓興之制，肇自治平，爰曁累朝，遵爲彝典。頃緣多故，洊展試期，致取士之年適當宗祀，而入仕之衆併集銓曹，攸司困供億之繁，多士興滯留之嘆。宜從革正，用復故常，庶藏事惟均，有便於國，調官無壅，亦便爾私。其紹興十年，諸州依條發解，於紹興十二年正月省試，三月殿試。自後科場示此爲準。」

十三年，初立同文館試。凡在行朝，去本貫及千里以上者，許附試國子監。

詔：「祖宗舊法，諸路州軍科場，並限八月五日鎖院。緣福建去京遠，遂先期用七月；川、廣尤遠，遂用六月。今福建、二廣趨京不遠，恐試下舉人冒名再試他州，可依限八月初五日鎖院。」

舊諸州皆以八月選日試士，舉人有就數州取解者。至是，詔諸道發解並以中秋日引試，四川則用季春，而仲秋類省焉。

太學博士王之望言：「舉人程文，或純用本朝人文集數百言，或作歌頌及用佛書全句〔四〕，舊式皆不可考〔五〕。建炎初，悉從删去，故犯者多。」詔申嚴行下。

十九年，詔：「自今科試前一歲，諸州軍及屬縣長吏籍定合應舉人，以次年春縣上之州，州下之學，覈實引保，赴鄉飲酒畢，送試院。其臨期投狀射保者，皆勿受。」

自熙、豐間，程顥、程頤以道學倡於洛，海内皆師歸之。中興以來，始盛於東南，士子科舉之文稍祖頤説。先是，陳公輔上疏詆頤學，乞行禁絶，而胡寅辨其非。至紹興末年，正字葉謙亨上言：「向者朝論專尚程頤之學，士有立説稍異者，皆不在選。前日大臣則陰右王安石，稍涉頤學，一切擯棄。程、王之學，時有所長，皆有所短，取其合於孔、孟者，皆可以爲學也。」上曰：「趙鼎主程頤，秦檜主王安石，誠爲偏曲。」詔有司自今毋拘一家之説，務求至當之論。道學之禁，至是稍解矣。

禮部侍郎周葵言：「科舉所以取士〔六〕。近年主司迎合大臣之意，多取經傳之言可爲諛佞者，以爲問目，學者因之，專務苟合時好。如論伊尹、周公，則競爲歸美宰相之言；春秋譏貶失禮，則指爲褒稱之事。悖戾聖人之意，大率類此。至於前古治亂興亡之變，以時忌絶口不道，後生晚輩往往不讀史書。望詔有司選通今博古之士〔七〕，置之上游；其穿鑿迎合，議論乖僻，不合體式者，皆行黜落；若矯枉過正，不顧所問，務爲詆訐者，亦復勿取。」從之。

二十六年〔八〕，上謂輔臣曰：「往年秦塤對策，皆檜、熺語，有司擬爲第一，朕抑寘第三，不使與寒士争。今可舉行祖宗故事，應禮部舉人内有權要親族者，並令覆試。仍追奪塤出身，改曹冠等七人階官並帶『右』字，餘並駁放。」

二十七年，先時蜀士赴殿試不及者，皆賜同進士出身。上念其中有俊秀能取高第者，不宜皆寘下列，至是，先期諭都省，寬展試日以待。宰相沈該奏：「天時向暑，臨軒非便。請後至者臣等策之，中書定高下。」上曰：「三年策士，朕豈憚一日之勞邪？」及唱第，王十朋爲首，第二人閻安中，第三人梁介。

安中、梁介皆蜀士也，上大悦。

二十九年，孫道夫侍經筵，一日，極論四川類試請托之弊，請盡令赴禮部。上曰：「後舉但當遣御史監之。」道夫持益堅，事下國子監，祭酒楊椿曰：「蜀去天萬里，可使士子涉三峽、冒重湖邪？欲革其弊，一監試得人足矣。」遂詔監司守倅子弟賓客力可行者赴省〔九〕，餘不在遣中。是歲，四川類省試，始降敕差官。四川類省試第一人恩數，初，視殿試第三人，賜進士及第，優之也。後以何耕對蜀人才策，爲秦檜所怒，乃改禮部類試第一等人並賜進士出身。自是無有不赴御試者，惟上不親策，則類省試第一人恩數如舊，第二、第三人皆附第一甲，九名已上附第二甲焉。

孝宗隆興元年，詔：「應令人代名及爲人冒名赴省者，各計所受財依條外，並永不得應舉。」

省試舊以十四人取一名，隆興初，建、劍、宣、鼎、洪五州進士，三舉實到場者，皆以覃恩免解。有旨增省額百人，遂以十七人取一人，而四川類省試則十六人取一名，後不復改。

容齋洪氏隨筆曰：「黃魯直以元祐三年爲貢院參詳官，有書帖一紙云：『正月乙丑，鎖太學，試禮部進士四千七百三十二人；三月戊申，具奏進士五百人。』乃是在院四十四日，而九人半取一人，視今日爲不侔。」

臣僚言〔一〇〕：「科舉之制，州郡解額狹而舉子多，漕司數寬，士往往捨鄉貫而圖漕牒。乞申嚴詐冒之禁，立爲中制。」從之。四年，乃裁定牒試法，文武臣添差官，除親子孫外，並罷；其行在職事官，除監察御史已上，並不許牒試。

乾道六年，詔自今諸道試官，皆隔一郡選差。後又令歷三郡合符，乃聽入院，防私弊也。

七年，虞允文請辛巳以來歸正人，依倣祖宗陝西、河北赴南省試，別立號取人。從之。

八年，禮部尚書胡沂、郎官蕭國梁造貢籍成，上之，凡諸道舉人鄉貫、治經、三代、年甲、舉數悉備。

淳熙二年，御試。上嘗謂輔臣，欲令文士能射御，武臣知詩書，命討論殿最來上。至是，唱第後之二日，上御殿，引按文士詹騤以下一百三十九人射藝，新制也。翌日，又引文士第五甲及特奏名一百五十二人。其日，進士俱襴笏入殿起居，易戎服，各給箭六，弓不限斗力。射者莫不振厲自獻，多命中焉。凡三箭中帖爲上等，正奏第一人轉一官，與通判，餘循一資；二箭中帖爲中等，減二年磨勘；一箭中帖及一箭上垛爲下等，一任回不依次注官。上四甲能全中者取旨，第五甲射入上等注黄甲，餘陞名次而已。特奏名第五等人射藝合格與文學，凡不中者並賜帛。

六年，詔：「特奏名自今三人取一，寘在第四等以前，餘並入第五等。其末等納敕者舊許再試，今止許一試。舊免解人有故不入試者，理爲一舉，今不理。潛藩及五路舊升甲者，今但升名。」其後又許納敕三次，爲定制焉。

容齋洪氏隨筆曰：「唐開元中，國子祭酒楊瑒言：『竊見流外出身每歲二千餘人，而明經、進士不能居其什一，則是服勤道業之士，不如胥吏之得仕也。若以出身人太多，則應諸色裁損，不應獨抑明經、進士。』當時以其言爲然。淳熙九年，大減任子員數，是時，吏部四選開具，以三年爲率，文班進士大約三四百人，任子文武亦如之，而恩倖、流外蓋過二千之數，甚與開元類也。」

十一年，御試。時進士試策，薄暮未納卷者三，奉旨賜燭。既而侍御史劉國瑞言：「宮庭之間，自有火禁，貢舉之條，不許見燭。雖聖恩寬厚，假以須臾，竊恐玩習成風，寖隳法制。其納卷最後者，請下御試所降黜。」從之。舊例，廷試舉人至暮者許賜燭，然殿深易黑，日昃則殿上燭出矣。凡賜燭，正奏名降一甲，如在第五甲，降充本甲末名；特奏名降一等，如在第五等，與攝助教。舉人試藝於省闈及國子監、兩浙轉運司者，皆禁燭。

十四年，御試得進士王容以下。上天姿英明，大廷策士，多自陞黜，不盡由有司。是舉，王容蓋自第三親擢爲榜首。時儒生迭興，辭章雅正，號「乾淳體」。

朱熹嘗欲罷詩賦而分諸經、子史、時務之年，其私議曰：「古者大學之教，以格物致知爲先，而其考校之法，又以九年知類通達、强立不返爲大成。今樂經亡而禮經闕，二戴之禮已非正經，而又廢其一。經之爲教，已不能備，而治經者類皆舍其所難而就其所易，僅窺其一而不及其餘。若諸子之學同出於聖人，諸史則該古今興亡治亂得失之變，皆不可闕者，而學者豈能一旦盡通？若合所當讀之書而分之以年，使之各以三年，而共通其三四之一。凡易、書、詩爲一科，而子年、午年試之；周禮、儀禮及二戴記爲一科，而卯年試之；春秋及三傳爲一科，而酉年試之。試義各二道，諸經皆兼大學、論語、中庸、孟子義各一道〔一一〕，論則分諸子爲四科，而分年以附焉。諸史則左傳、國語、史記、兩漢爲一科，三國、晉書、南北史爲一科，新舊唐書、五代史爲一科〔一二〕。時務則律曆、地理爲一科〔一三〕，以次分年，如經、子之法，試策各二道。又使治經者必守家法，答義者必通貫經文，條舉衆說，而斷以己意。有司命題，必依章句。如是，則士無不通之經，無不通之史，而皆可用於世矣。」雖熹議未上聞，而天下誦之。

項安世擬對學士院試策曰：「科舉之法，此今日不可如何之法也。自太平興國以來，科名日重，實用日輕，以至於今二百餘年，舉天下之人才，一限於科目之內。入是科者，雖檮杌、饕餮必官之；出是科者，雖周公、孔子必棄之。習之既久，上不以爲疑，下不以爲怨。一出其外而有所取捨，則上蓄縮而不安，下睥睨而不服。共知其弊，而甘心守之，不敢復議矣。故曰『此今日不可如何之法也。』不論伊、傅、周、召如何，但使諸葛亮、王猛處此，必當自出意度，別作爐鞴，以陶鎔天下之人物，以收拾天下之才智，以共了當時之事，決不矻矻受此纏縛也。自王導、謝安以下，隨世就事之人，欲於妥帖平静之中，密致分數劑量之效，則必不敢變今之説，取今之士矣。此固無以議爲也。然則用王、謝之術爲之調度，亦有道乎？曰：『有。時於尋常尺寸之中，略出神明特達之舉，稍更闒茸已甚之習，薄伸渾厚平直之氣，則猶愈於已也。』蓋天下之事，雖貴於守法，而亦不可以一付於法。法者所以抑僥幸，非所以抑豪傑也。夫所謂僥倖者，其才不應得，而冒欲得之之謂也。一人得之，衆人攀之，其門一開，不可復禁。故上之人立法以拒之，使之欲進而無隙，欲求而無辭，是則法之效也。若夫豪傑之士，其德宜爲人上，其才宜爲世用，非所謂僥倖者，此法之所求，非法之所拒也。人所共服，莫敢與比，以此爲例，誰敢攀之？有若是者，時出而用之，以示天下不專以操筆弄墨取人主之官爵，則亦足以補風化，隆實行，扶善人而愧惡子也。」又曰：「夫科目之盛，自李唐起，而唐之取士，猶未盡出於此也。有上書而得官，如和逢堯、員半千之類是也；有隱逸而召用，如陽城、李渤之類是也；有出於辟舉，如韓愈之出於張建封，董晉是也；有出於延譽，如吳武陵之薦杜牧之是也。至於本朝，法令始密，科場條貫，如縛胥吏，而鄉舉里選之意纖悉無遺矣。然祖宗之時，猶有度外之事，如張詠當爲舉首，而以遜其鄉人，則猶有朋友之義也；宋祁當爲第一，而令與兄，則猶有兄弟之恩也；延入客次，先通所爲文，則猶有禮意也；李畋、張及二人並解，則猶未立額也。此外又有陳乞之恩，聘召之禮，元祐經行之舉，三舍行藝之規，則其意亦知徒文之不足以盡士矣，故孫復、蘇洵之用，猶出於常法之外，而雷簡夫、姚嗣宗之官，或由於特達之授。然意欲不安，而法已一定，雖或少出常度，然亦千萬中之一二耳，須臾之才行，不足以勝二百年之科目也。」

按：取士之弊，人人能言之，然晦庵、平甫二公之説，則不廢科目之法，而自足以救科目之弊，其説猶爲確實可行云。

光宗初，建議者云：「省闈試士，春令尚淺，天寒晷短，間遇風雪，則硯冰筆凍，書字不成，縱有鉅材，莫克展布。請展至二月朔，而殿試則於四月初選日。」從之。

寧宗慶元二年，以諒陰不親策，省試進士，得正奏名鄒應龍等。

自韓侂胄襲秦檜故智，指道學爲僞學，臺臣附之，上章論列，詔榜朝堂，而劉德秀在省闈奏疏，至云：「僞學之魁，以匹夫竊人主之柄，鼓動天下，故文風未能丕變。請將語録之類並行除毁。」既而葉翥上言：「士狃於僞學，專習語録詭誕之説，中庸、大學之書，以文其非。有葉適進卷、陳傅良待遇集，士人傳誦其文，每用輒效。請内自太學，外自州軍學，各以月試合格前三名程文，上御史臺考察。太學以月，諸路以季。其有舊習不改，則坐學官、提學司之罪。」是舉也，語涉道學者皆不預選。

四年，言者云：「今之詩賦，雖未近古，然亦貫穿六藝，馳騁百家，拘以駢儷之制，研精覃思，始能成章。惟經義一科，全用套類，父兄相授，囊括冥搜，片言隻字，不脱毫分，溢篋盈箱，初無本領，旅進場屋，鮮有出於揣擬之外，天下士子，誰務實學哉！望令有司，所出六經題目，各於本經摘出兩段文意相類者，合爲一題，庶幾實學得盡己見，而挾册讎僞者或可退聽。」從之。

嘉泰元年，起居舍人章良能陳主司三弊：一曰沮抑詞賦太甚，既暗削分數，又多置下陳；二曰假借春秋太過，諸處解榜，多寘首選；三曰國朝正史與實録等書，人間私藏，具有法禁，惟公卿子弟，或因父兄得以竊窺，有力之家，冒禁傳寫，而有司乃取本朝故事，藏匿本末，發爲策問，寒遠之士，無繇盡知。請自今詩賦純正者，寘之前列，春秋卓異者，不妨巍占，若所作無異諸經，自當雜定高下。其策題並須明白指問。」詔從之。

開禧二年，詔諸道運司、州、府、軍、監：「凡發解舉人合格試卷姓名，類申禮部，候省試中，牒發御史臺，同禮部長貳參對字畫，關御藥院内侍照應。廷試字畫不同者，别榜駁放。」

舊制，秋貢、春試皆置别頭場，以待舉人之避親者。自緦麻以上親及大功以上婚姻之家，皆牒送，惟臨軒親試，謂之「天子門生」，雖父兄爲考官，亦不避。是年〔一四〕，始因議臣有請，詔自今在朝官有親屬赴廷對者，免差考校。

開禧元年，檢詳毛憲爲考官，其子自知以迎合用兵冠多士。韓侂胄既敗，乃用言者奏，奪憲次對，而降自知爲第五甲末。

嘉定十五年〔一五〕，祕書郎何淡言：「祖宗舊制，諸科舉人問大義十道，能以本經注疏對，而加之以文辭潤色者〔一六〕，爲『上』；或不指明義理，但引注疏及六分者〔一七〕，爲『麤』；其不識本義，或連引他經〔一八〕，文義乖戾，章句斷絶者，『否』。夫經本注疏，則學有源流；文先義理，則士有器識。而今之時文，束於命題之短長，狃於立説之關鍵，而有司强裂句讀，專務斷章，是在我者已先離絶旨意，破碎經文，則何以責其盡合於大義哉？望詔有司革去舊習，使士子去機巧而深義理，考注疏而辯異同，明綱領而識體要，則實學之士出矣。」詔從之。

新進士舊有期集，渡江後，置局於貢院，特旨賜之餐錢，集英殿賜第之三日赴焉。上三人得自擇同升之彦，分職有差。朝謝後，拜黄甲，其儀：設褥於堂上，東西相向，皆再拜；拜已，擇榜中年長者一人，狀元拜之；復擇最少者一人，拜狀元。所以侈寵靈、重好會、明長少也。又數日，赴國子監謁謝先聖、先師，用釋奠禮。遂賜聞喜宴，侍從已上及知舉官、館職皆預焉。

試刑法者，亦自熙、豐間始。舊附銓試院，兵火後權停，紹興三年始復，後又降敕别差試官二員，專撰刑法問題，號爲假案。其合格分數，例以五十五通作十分爲率，五分以上入第二等下，係二十七通七釐半。四分半以上入第三等上，係二十四通七釐半。四分以上入第三等中，係二十二通以上。凡試入二等者，選人改京秩，蓋趙忠簡爲相，以刑名之學其廢日久，故白上請優之〔一九〕，今遂爲大理評、丞之選。四川制置司請每三年就類省試院别差刑法官二員校試〔二〇〕。從之。

新科明法者，熙寧間改舊明法科爲之。崇寧初廢，取其解省額歸禮部。建炎二年正月，大理少卿吴瓌言：「法官闕人，請復此科，許進士嘗得解貢人就試。」從之。紹興十一年，始就諸路秋試，每五人解一名，省試七人取一名，皆不兼經。明年御試，御藥院請分爲二等〔二一〕，第一等本科及第，第二等本科出身。十四年七月，言者以爲濫，請解、省試各遞增二人，解試七人取一，省試九人取一。所試斷案刑名通籠，以十分爲率，斷案及五分、刑統義文理俱通者爲合格，無則闕之，仍自後舉兼經。十六年二月，遂罷之，迄今不復置矣。

新科明法，始就諸道秋試，每五人解一〔二二〕，省試七取其一〔二三〕。御藥院又擬恩例，第一等賜本科及第，第二等本科出身。後三歲，議者謂得解人取應，更不兼經，白身得官反易於有官試法。乃詔自今斷案、刑名通籠以十分爲率，斷及五分、刑統義文理全通爲合格，及雖全通而斷案不及分數者勿取，仍自後舉兼經。

淳熙七年，祕書郎李巘言：「漢世儀、律、令同藏於理官，而決疑獄者必傳以古義〔二四〕。祖宗朝，詔學究兼習律令，而廢明法科；後復明法，而以三小經附，蓋欲使經生明法，法吏通經。今所試止於斷案、律義，斷案稍通，律義雖不成文，亦得中選，故法官罕能知書。謂宜使習大法者兼習經義，參考優劣，以定去留。」上曰：「古之儒者以經術決獄，若用俗吏，必流於刻。宜如所奏。」乃詔自今第一、第二、第三場試斷案，每場各三道；第四場試大經義一道、小經義二道；第五場試刑統律義五道。明年，詔斷案三場，每場止試一道，每道刑名十件，與經義通取，四十分已上爲合格。經義定去留，律義定高下。

嘉定二年，臣僚上言：「棘寺官屬，頗難其人，獄案來上，致多差舛，其原在於習法之不精，試法之不詳也。自昔設科，本以六場引試，内斷案五場，各以刑名八件計四十通，律義一場計十通，斷案以試其法令，律義以試其文理。自後有欲便其所習，始增經義一場，而止試五場，律義又居其一，斷案止三場而已，殊失設科之初意。金科玉條，瑣密繁碎，自非終日研究，未易精熟，乃牽於程文，以移其功。考試主文，類多文士，輕視法家，惟以經義定去留，其弊一也。法科之設，正欲深明憲章，習熟法令，察舉明比附之精微，識比折出入之錯綜，酌情法於數字之内，決是非於片言之間。政和、紹興案題字不過五七百，多不滿千；比年不求題意之精密，專務繁冗以困人，敷衍支離，動輒二千字。自朝至於日中昃，僅能謄寫題目，豈暇深究法意？其弊二也。進士考官，凡有出身皆可充選；刑法考官，不過在朝曾中法科丞、評數人，由是請托之風盛，換易之弊興，其弊三也。臣以爲宜罷去經義，仍分六場，以五場斷案、一場律義爲定。所問法題，稍簡其字數，而求精於法。試官各供五六題，納監試或主文臨期點定。如是，則讞議得人矣。」從之。六年，議者云：「今止試刑統，是盡廢義理，而專以法律爲事，雜流進納之人皆得就，又可徑除職事官，非所以重科目、清班綴也。請復試經義一場，以尚書、語、孟題各一篇，與刑統大義通爲五場；所出經題，不必拘刑名倫類，以防預造。雜流入貲人毋得收試。」

文武雜試 高宗建炎元年，追復祖宗故事，於科舉之外有文武傑特者，試而官之。時郡國薦士四人適至，命中書省各試策一道。何烈對策，依廷試禮稱「臣」，上以其寒遠，一體推恩。既而有言其疏者，於是降充末名，補下州文學，考官汪藻等皆坐黜。而軍中便宜借補者衆，詔内有武勇之人，委諸道提刑、安撫司依弓馬所格法比試，合格人赴御營使司審試，擬定名目，上大省部，給進武、進義校尉兩等文帖換授。既而上言者云：「立功之人色目不一，或輸家財助國，或齎蠟彈，冒險阻，或以進言獻策。今率試以弓馬，而舊補授至陞朝官、大使臣者，例得校尉，未爲允愜。宜令借補文臣，試兵書戰策，以爲殿最，餘並驗實免試注官。」

東萊呂氏曰：「取士科目，自夏商以前，不見於經，其可見者，至周始有。自周後數千載，凡其間廢置、沿革、輕重，就所偏者看，皆自可考；然而考論須見得所以廢置、因革、輕重之所以然。以大略觀之，大抵向前重，向後愈輕。且如周禮以鄉三物教民，謂之賓興，只看『賓』之一字，當時蓋甚尊士〔二五〕。詳考前一段，他是一个本末度數精詳具備，固不必説；只看他『賓興之，三年大比，獻賢能之書於王，王拜受之，登於天府，内史貳之』，如此其重。及至後世，如飲墨水，如奪席、脱容刀，如棘圍，如糊名，若防姦盜然。爲士者須深思其故：何故古如此重，後世如此輕？須當深究之。三代之時，士一个進修之至，惟上之人自求之，故如此重。又須看當時之於士，待之甚重，而考之則甚詳；後世待之既輕，考之又略。且如王制論鄉秀士升於司徒，曰選士；司徒又論其士之秀者而升之學，曰俊士，然後方免其徭役；大樂正又論造士之秀者升諸司馬，曰進士，這裏方可受爵禄。司馬，政官也，以其可使從政也。凡經四級，然後始可從政。然猶未也，司馬又辨論官材，論其賢者，以告於王，而定其論，論定然後官之，任官然後爵之，待其位定，始與之以禄。一人之身，未入仕之前凡經四級，已入仕之後凡經三級。經七級，然後始得禄。其考之之詳如此。成周之時，見得官爵皆天位天禄，不敢輕授。至後世，與之甚遽，全以文字高下爲進退，蓋有以一日之長而決取終身之富貴者。當時考之甚詳如此，然論其大略，漢唐以來，大抵自重而漸輕，自緩而漸速。由漢以來，雖不能如三代拜受之禮，然猶州長身勸爲之駕，雖以當時號爲謟諛如公孫弘者，猶是鄉人勸勉而來，未嘗自進。到得後來，唐始令投牒自進，而士始漸輕，此所謂「自重而漸輕」。自漢至唐，進士登第者尚未釋褐，或是爲人所論薦，或再應皆中，或藩方辟舉，然後始得釋褐。至本朝始，放進士及第即放釋褐，此所謂「自緩而漸速」。科目雖多，其間歷代常行自有數。自漢至隋以前，惟孝廉與秀才常行；自隋唐至本朝，惟進士、明經常行；至熙寧後，王荆公用事，改取士之法，自是進士獨存，明經始廢。熙寧四年，明經科廢罷。此其大略可見。其次便是制科。制科却歷代常行不廢，漢則因事而舉，六朝亦間舉，至唐及本朝亦未嘗廢；到得熙寧間，王荆公得政，孔文仲對策議新法，制科始罷。至元祐初，又再復得兩三舉，至紹聖初，章惇爲相，欲行荆公法，又再罷。景德四年，帝曰：「比設此科，欲求才識，若但考文義，苟有濟時之用安得知？今策問宜用經義，參之時務。」熙寧二年，賢良孔文仲考入第三等，詔：「毁薄時政，不足收録，告示發付本任。」天聖八年，茂才富弼；景祐二年，體用吴育；景祐六年，賢良蘇轍、蘇軾。大抵三代之時，不專是語言文章，至漢以來，則有所謂射策、對策，是時已成科舉之習，雖然，尚理會經義，又與時議。到隋煬帝之時，風俗浮華，始有進士之科，方有律賦。自唐以來，孝廉、秀才之科尚在，但只是明經、進士二科盛而秀、孝衰。是時，有記問者則得明經，有辭藻者則得進士。當時南北未分，兩邊各自設科。既分之後，後周進士未設，尚自理會秀、孝二科。是時，南人高南師，北人高北師，各守家法，莫之能定，當時主司有欲優劣之者，反爲所難。隋煬帝時，風俗浮華，進士科始立。至唐初間，進士、明經都重；及至中葉以後，則進士重而明經輕，蓋當唐之時，文華之士多了，故如此。到得本朝，待遇不同，進士之科往往皆爲將相，皆極通顯；至明經之科，不過爲學究之類。當時之人爲之語曰：『焚香取進士，嗔目待明經。』才設進士試時，便設香案，有拜跪之禮；才到明經試時，則設棘監守，惟恐他傳義。當時進士却有帖經之制，他文士都不屑去記這傳義，於是有贖帖。才是進士科試帖經，不知是或作一篇文，或作一賦，便可贖帖經。及至熙寧間，荆公罷詞賦，帖經、墨義併歸進士一科，齊、魯、河朔之士往往守先儒訓詁，質厚不能爲文辭，所以自進士科一併之後，榜出多是南人預選，北人預者極少。自哲廟以後，立齊、魯、河朔五路之制，凡是北人皆别考，然後取人南北始均。慶曆中，范文正公、富公、韓魏公執政，欲先試論策，使工文辭者言古今治亂，簡其程式，使得以逞，問以大義，使不專記誦，自是古文漸復。一年而三公皆罷政，此制遂停。王文正公爲相，南省試進士當仁不讓於師論，時賈邊〔二六〕、李迪皆有名場屋，及榜出，二人不與。試官取其文觀之，李以落韻，邊以『師』爲『衆』，與注疏異，特奏令御試。王公以爲落韻者不審爾〔二七〕，若捨注疏而立說，不可許，遂取李黜邊。前輩之守注疏如此嚴。至王荆公始以注疏不可用，作三經說，令天下非從三經者不預選；罷詞賦，又以春秋有三傳難通，罷之。至元祐間，始復詞賦，增春秋。又至紹聖章惇執政，欲復介甫法，遂復罷詞賦，去春秋。後來至欽宗，又始復元祐制。太平興國三年，詔律賦以平仄次用韻。天聖五年，詔參考策論。慶曆四年，宋祁等言：「使士皆土著，而教之以學校。先策論，則文辭者留心於治亂；簡其程式，則宏博者得以騁；問以大義，則執經者不專於記誦。賦許依放唐人賦。」詔頒下，慶曆五年，詔進士諸科如舊制考校注云。先是，頒行宋祁等新制，上封者言非便，熙寧四年，詔進士罷詩賦、帖經、墨義，各令占一經，并論語、孟子。諸科稍令改進士科。大抵須是有鄉舉里選底風俗，然後方行得鄉舉里選之制。所以楊綰復鄉舉里選，未幾停罷，緣是未有這風俗。今已爲士，須思所以爲風俗者何由，又須深察三代之所以厚而後世之所以薄者何故，則亦庶乎復古。」

宋登科記總目：

太祖建隆元年，進士十九人，榜首楊礪。

二年，進士十一人，榜首張去華。

三年，進士十五人，榜首馬適。

四年，進士八人，榜首蘇德祥。

乾德二年，進士八人，榜首李景陽；制科一人。

三年，進士七人，榜首劉察。

四年，進士六人，榜首李肅；制科二人。

五年，進士十人，榜首劉蒙叟。

六年，進士十一人，榜首柴成務。

開寶二年，進士七人，榜首安德裕。

三年，進士八人，榜首張拱；賜十五舉未及第人司馬浦等一百六人本科出身。

四年，進士十人，榜首劉寅。

五年，進士十一人，榜首安守亮。

六年，進士十一人，榜首宋準，再試取十六人，落下一人；諸科九十六人。

七年，停貢舉。

八年，進士三十一人，省元王式，狀元王嗣宗；諸科三十四人。

九年，停貢舉。

太宗太平興國二年，進士一百九人，省元　狀元吕蒙正；諸科二百七人，十五舉以上一百八十四，凡五百餘人。

三年，進士七十四人，省元　狀元胡旦；諸科八十二人。

四年，不貢舉。

五年，進士一百二十一人，省元　狀元蘇易簡；諸科五百三十四人。

六年、七年，停貢舉。

八年，進士二百三十九人，省元王禹偁，狀元王世則；諸科二百八十五人。

雍熙元年，不貢舉。

二年，進士二百五十八人，省元陳充，狀元梁顥；諸科六百九十九人〔二八〕。

三年、四年，不貢舉。

端拱元年，進士二十八人，諸科一百一十人。覆試得進士、諸科七百人；又武成王廟重試，得進士三十一人，諸科八十九人，省元程宿。是年，不臨軒。

二年，進士一百八十六人，諸科四百七十八人，省元陳堯叟，狀元同。

淳化元年、二年，不貢舉。

三年，進士三百五十三人，諸科七百七十四人，省元孫何，狀元同。

四年、五年，至道元年、二年、三年，並不貢舉。

真宗咸平元年，進士五十人，諸科一百五十人，省元孫僅，狀元同。

二年，進士七十一人，諸科一百八十人，省元孫暨，狀元同。

三年，進士四百九人，諸科一千一百二十九人，省元李庶幾，狀元陳堯咨。

四年，停貢舉，制科七人。

五年，進士三十八人，諸科一百八十人，省元王曾，狀元同。

六年，不貢舉。

景德元年，不貢舉。

二年，進士二百四十七人，諸科五百七十人，省元劉滋，狀元李迪。

三年，不貢舉，制科二人。

四年，不貢舉，制科二人。

大中祥符元年，進士二百七人，諸科三百二十人，省元鄭向，狀元姚曄。

二年，親試東封路，進士三十一人，狀元梁固。

三年，停貢舉。

四年，祀汾陰路，進士三十一人，狀元張師德。

五年，進士一百二十六人，諸科三百七十七人，省元、狀元徐奭。

六年，停貢舉。

七年，亳州、南京路進士二十一人，狀元張觀。

八年，進士二百八十人，諸科六十五人，省元高餗，狀元蔡齊。

九年，停貢舉。

天禧元年、二年，停貢舉。

三年，進士一百四十人，諸科一百五十四人，省元程戡，狀元王整。

四年、五年，乾興元年，並停貢舉。

仁宗天聖元年，停貢舉。

二年，進士二百人，諸科三百五十四人，省元吳感，狀元宋郊。

三年、四年，停貢舉。

五年，進士三百七十七人〔二九〕，諸科八百九十四人，省元吴育，狀元王堯臣。

六年、七年，停貢舉。

八年，進士二百四十九人，諸科五百七十三人，省元歐陽修，狀元王拱辰；制科二人，拔萃二人。

九年，停貢舉，拔萃四人。

明道元年、二年，並停貢舉。

景祐元年，進士四百九十九人，諸科四百八十一人，制科三人，拔萃四人，省元黄庠，狀元張唐卿。

二年、三年、四年，並停貢舉。

寶元元年，進士三百一十人，諸科六百一十七人，制科二人，省元范鎮，狀元吕溱。

二年、康定元年、慶曆元年，並停貢舉。

二年，進士四百三十五人，省元楊寘，狀元同；制科一人。

三年、四年、五年，並停貢舉。

六年，進士五百三十八人，諸科四百一十五人，制科一人，省元裴煜，狀元賈黯。

七年、八年，停貢舉。

皇祐元年，進士四百九十八人，諸科五百五十人，制科一人，省元馮京，狀元同。

二年、三年、四年，並停貢舉。

五年，進士五百二十人，諸科五百二十二人，省元徐無黨，狀元鄭獬。

至和元年、二年，嘉祐元年，不貢舉。

二年，進士三百八十八人，諸科三百八十九人，省元李實，狀元章衡〔三〇〕；制科一人。是歲，始定爲間歲一科舉。

四年，進士一百六十五人，諸科一百八十四人，省元劉摯，狀元劉煇；制科三人。

六年，進士一百八十三人，諸科一百二人，省元江衍，狀元王俊民。

八年，進士一百九十三人，諸科十一人，省元孔武仲，狀元許將。

英宗治平二年，進士二百人，諸科十八人，制科二人，省元彭汝礪，狀元同。始詔三歲一科舉。

四年，進士二百五十人，諸科三十六人，省元許安世，狀元同。時神宗已即位。

神宗熙寧三年，進士二百九十五人，省元陸佃，狀元葉祖洽；明經、諸科四百七十二人，制科二人。

六年，進士四百人，諸科四十人，省元邵剛，狀元余中。

九年，進士四百二十二人，諸科一百九十四人，省元張崰，狀元徐鐸。

元豐二年，進士三百四十八人，省元先浚明，狀元時彦。

五年，進士四百四十五人，明經三人，省元劉槪，狀元黄裳。

八年，進士四百八十五人，省元焦蹈，狀元同。是歲，諒闇，不臨軒。

哲宗元祐三年，進士五百二十三人，制科一人，省元章援，狀元李常寧。

六年，進士五百一十九人，省元鄒起，狀元馬涓；制科三人。

紹聖元年，進士五百一十二人，省元劉範，狀元畢漸；制科三人，宏詞科八人。

四年，進士五百六十四人，省元汪革，狀元何昌言；詞科九人。

元符三年，進士五百六十一人，省元李釜，狀元同。是歲，諒闇，不臨軒。

徽宗崇寧二年，進士五百三十八人，省元李階，狀元霍端友。

五年，進士六百七十一人，省元吴倜，狀元蔡薿。是科爲始，罷諸州發解，併省試，並從學校逐年貢士。

大觀三年，進士六百八十五人，宗室上舍四十二人，上舍魁李彌遜，狀元賈安宅。

政和二年，進士七百一十三人，上舍魁師驥，狀元莫儔。

五年，進士六百七十人，宗子上舍十七人，上舍魁傅崧卿，狀元何㮚。

八年，進士七百八十三人，上舍魁何奎，狀元嘉王〔三二〕。

宣和三年，進士六百三十人，上舍魁宋齊愈，狀元何涣。

六年，進士八百五人。是年，復省試。省元楊椿，狀元沈晦。

高宗建炎二年以軍興，分路類省試。進士四百五十一人，狀元李易；四川、河北、京東進士八十七人〔三三〕。

紹興二年，進士二百五十九人，狀元張九成；四川進士一百二十人。

五年，進士二百二十人，省元樊光遠，狀元汪應辰；四川進士一百三十七人。

八年，進士二百九十三人，省元黄公度，狀元同。是年，不親策。引見正奏名，與四川類省奏名參定編排。

十二年，進士二百五十四人，省元何溥，狀元陳誠之；四川進士一百四十四人。

十五年，進士三百人，省元林機，狀元劉章；四川進士七十三人。

十八年，進士三百三十人，省元徐履，狀元王佐；四川進士二十三人。

二十一年，進士四百四人，省元鄭聞，狀元趙逵；四川進士十八人。

二十四年，進士三百四十八人，省元秦塤，狀元張孝祥；四川進士六十三人。

二十七年，進士四百二十六人，省元張宋卿，狀元王十朋。先時，四川類省道遠，趁赴殿不及者別奏名。是年，無不到。

三十年，進士四百一十二人，省元劉朔，狀元梁克家；四川進士十六人。

孝宗隆興元年，進士五百四十一人，省元木待問，狀元同。是年，不親策，同紹興八年。

乾道二年，進士四百九十二人，省元何澹，狀元蕭國梁。

五年，進士五百九十二人，省元方恬，狀元鄭僑。

八年，進士三百八十九人，省元蔡幼學，狀元黄定。

淳熙二年，進士四百二十六人，省元章穎，狀元詹騤。

五年，進士四百一十七人，省元黄渙，狀元姚穎。

八年，進士三百七十九人，省元俞烈，狀元黄由。

十一年〔三〕，進士三百九十五人，省元邵康，狀元衛涇。

十四年，進士四百三十五人，省元湯璹，狀元王容。

光宗紹熙元年，進士五百五十七人，省元錢易直，狀元余復。

四年，進士三百九十六人，省元徐邦憲，狀元陳亮。

寧宗慶元二年，進士五百六人〔三四〕，省元莫子純，狀元鄒應龍。

五年，進士四百一十二人，省元蘇大璋，狀元曾從龍；四川進士四人。

嘉泰二年，進士四百三十五人，省元傅行簡，狀元同。是年，諒闇，不臨軒。

開禧元年，進士三十八人〔三五〕，省元林執善，狀元毛自知。

嘉定元年，進士四百二十六人，省元朱停，狀元鄭自誠；四川進士四人。

四年，進士四百六十五人，省元周端朝，狀元趙建大〔三六〕。

七年，進士五百二人，省元姚宏中，狀元袁甫。

十年，進士五百二十三人，省元陳塤，狀元吴潛。

十三年，進士四百七十五人，省元邱大發，狀元劉渭。

十六年，進士五百五十人，省元王冑，狀元蔣重珍。

理宗寶慶二年，進士九百八十七人，省元王會龍，狀元同。是年，諒闇，不臨軒。

紹定二年，進士五百五十七人，省元陳松龍，狀元黄朴。

五年，進士四百九十三人，省元葉大有，狀元徐元杰。

端平二年，進士四百六十六人，省元楊茂子，狀元吴叔告。

嘉熙二年，進士四百二十二人，省元繆烈，狀元周坦。

淳祐元年，進士〔三七〕人，省元劉自，狀元徐儼夫。

四年，進士〔三八〕人，省元徐霖，狀元留夢炎。

七年，進士〔三九〕人，省元馬廷鸞，狀元張淵微。

十年，進士〔四〇〕人，省元陳應霝，狀元方逢辰。

寶祐元年，人，省元丁應奎，狀元姚勉。

四年，進士〔四一〕人，省元彭方迴，狀元文天祥。

開慶元年，進士〔四二〕人，省元李雷奮，狀元周震炎。

景定三年，進士〔四三〕人，省元李珏，狀元方山京。

度宗咸淳元年，進士人，省元阮登炳，狀元同。是年，諒闇，不親策。

四年，進士六百六十五人，省元胡躍龍，狀元陳文龍。

七年，進士〔四四〕人，省元劉夢薦，狀元張鎮孫。

十年，進士人，省元李大同，狀元王龍澤。

右宋三百一十五年逐科取士之總目，以登科記及會要參考，并省元、狀元之名具録於此。國初，殿試本覆試也。唐以來，或以禮部所取未當，命中書門下詳覆，至宋，藝祖、太宗重其事，故御殿覆試。至雍熙四年，宰相請如唐故事，以春官之職歸有司，上從之，次年，命宋白知舉〔四五〕，榜出而謗議蜂起，或擊登聞鼓求别試，於是再行覆試，凡得數百人。又明年，則知貢舉蘇易簡等不敢專其事，固請御試，上從之。自此遂爲定例。然是年以後，如陳堯叟、孫何、王曾皆禮部所取第一人，而御試復以之冠多士，可見當時殿試，不過審覆其繆濫者黜之，而元在前列者，固未嘗别第其升降也。景德以後，多别取狀元，然省元亦皆置之龜列。石林燕語謂：「故事，南省奏名第一人，殿試唱過三名不及，則必越衆抗聲自陳，雖考校在下列，必得升等。吴春卿、歐陽公皆由是升第一甲。獨范景仁避不肯言，等輩屢趣之，皆不應，至第十九人方及，徐出拜命而退，時服其静退。自此遂爲故事。」然則仁宗時，省元亦例在前列，蓋當時殿試雖曰别命試官，糊名考校，然賜第之時，往往亦參採譽望，乃定掄魁。歐陽公作蔡齊行狀言：「凡貢士當賜第者，考定，必召其高第數人並見，又參擇其材質可者，然後賜第一。及公召見，衣冠偉然，進對有法，天子以爲無能出其右者，乃擢爲第一。」可見當時掄魁，未嘗不參取譽望，則文章冠禮闈者，就爲狀頭，要亦此意。後來無此法矣。

校勘記

〔一〕仍詔經義合格人有餘材　「材」字原脱，據建炎以來朝野雜記甲集卷一三四科補。

〔二〕蓋舉人所習已分爲二　「分」原作「是」，據建炎以來朝野雜記甲集卷一三四科改。

〔三〕若使進士蔭補人同時差注　「補」字原脱，據建炎以來繫年要録卷一三三紹興九年十二月己酉條補。

〔四〕或作歌頌及用佛書全句　「作」與「用」二字原脱，據建炎以來繫年要録卷一五六紹興十七年六月戊申條補。

〔五〕舊式皆不可考　「可」字原脱，據建炎以來繫年要録卷一五六紹興十七年六月戊申條補。

〔六〕科舉所以取士　「所」原作「足」，據建炎以來繫年要録卷一七一紹興二十六年二月丁酉條改。

〔七〕望詔有司選通今博古之士　「今」原作「經」，據建炎以來繫年要録卷一七一紹興二十六年二月丁酉條改。

〔八〕二十六年　「六」原作「五」，據宋會要輯稿選舉四之三〇、八之二〇及建炎以來繫年要録卷一七三紹興二十六年六月戊寅條改。

〔九〕遂詔監司守倅子弟賓客力可行者赴省　「子弟」二字原脱，據建炎以來朝野雜記甲集卷一三類省試、建炎以來繫年要録卷一七七紹興二十七年五月乙亥條補。

〔一〇〕臣僚言　按宋史全文卷二四下、宋會要輯稿選舉一六之一三，此下所載爲乾道元年六月丙午事。

〔一一〕諸經皆兼大學論語中庸孟子義各一道　「各」字原脱，據朱文公文集卷六九學校貢舉私議補。

〔一二〕新舊唐書五代史爲一科　朱文公文集卷六九學校貢舉私議本句下有「通鑑爲一科」五字。

〔一三〕時務則律曆地理爲一科　朱文公文集卷六九學校貢舉私議本句下有「通禮新儀爲一科，兵法、刑統、敕令爲一科，通典爲一科」二十一字。

〔一四〕是年　按宋會要輯稿選舉八之二一至八之二二，是年爲嘉定元年。

〔一五〕嘉定十五年　「嘉定」二字原脱，據宋會要輯稿選舉六之四一補。按宋寧宗開禧盡三年，見宋史卷三八寧宗紀二。

〔一六〕而加之以文辭潤色者　宋會要輯稿選舉六之四一「色」下有「發明」二字。

〔一七〕但引注疏及六分者　宋會要輯稿選舉六之四一「疏」下有「備者次之若引注疏」八字。

〔一八〕或連引他經　「引」字原脱，據宋會要輯稿選舉六之四一補。

〔一九〕故白上請優之　「上」字原脱，據建炎以來朝野雜記甲集卷一三試刑法補。

〔二〇〕四川制置司請每三年就類省試院別差刑法官二員校試　「川」原作「年」，據建炎以來朝野雜記甲集卷一三試刑法、建炎以來繫年要録卷一六八紹興二十五年四月戊子條改。

〔二一〕御藥院請分爲二等　「爲」下原衍「第」字，據建炎以來朝野雜記甲集卷一三新科明法删。

〔二二〕每五人解一　「每」下原衍「各」字，據建炎以來朝野雜記甲集卷一三新科明法删。

〔二三〕省試七取其一　「七」原作「十」，據建炎以來朝野雜記甲集卷一三新科明法改。

〔二四〕而決疑獄者必傅以古義　「傅」原作「傳」，據宋史卷一五七選舉志二改。

〔二五〕當時蓋甚尊士　「士」原作「事」，據歷代制度詳説卷一科目改。

〔二六〕賈邊　原作「邊讓」，據本書卷三〇選舉考三、宋史卷二八二王旦傳改。

〔二七〕王公以爲落韻者不審爾　「王」上原衍「文」字，據上文及歷代制度詳説卷一科目删。

〔二八〕諸科六百九十九人　按續資治通鑑長編卷二六雍熙二年三月己未條、宋會要輯稿選舉七之四皆作「六百二十人」。

〔二九〕進士三百七十七人　「三百」二字原脱，據宋會要輯稿選舉七之一四、皇宋十朝綱要卷四補。

〔三〇〕狀元章衡　「章」原作「張」，據續資治通鑑長編卷一八五嘉祐二年三月丁亥條、皇宋十朝綱要卷四改。

〔三一〕狀元嘉王　「嘉王」二字原倒，據宋會要輯稿選舉七之三六、皇宋十朝綱要卷一五乙正。

〔三二〕四川河北京東進士八十七人　按宋會要輯稿選舉八之二，是年類省試路分尚有陝西，正奏名進士十六人。

〔三三〕十一年　「一」原作「二」，據宋史卷三五孝宗紀三、宋會要輯稿選舉一之一九改。

〔三四〕進士五百六人　「百」下原衍「丹」字，據宋會要輯稿選舉八之一七刪。

〔三五〕進士三十八人　宋史卷三八寧宗紀二、宋會要輯稿選舉八之一九載，開禧元年進士人數爲四百三十三，疑是。

〔三六〕狀元趙建大　「大」原作「夫」，據宋史卷三九寧宗紀三、宋會要輯稿選舉八之二二改。

〔三七〕淳祐元年進士　按宋史卷四二理宗紀二載，是年進士三百六十七人。

〔三八〕四年進士　按宋史卷四三理宗紀三載，淳祐四年進士四百二十四人。

〔三九〕七年進士　按宋史卷四三理宗紀三載，淳祐七年進士五百二十七人。

〔四〇〕十年進士　按宋史卷四三理宗紀三載，淳祐十年進士五百一十三人。

〔四一〕四年進士　按宋史卷四四理宗紀四載，寶祐四年進士六百一人。

〔四二〕開慶元年進士　「元」原作「二」，據宋史卷四四理宗紀四改。又同上書載，是年進士四百四十二人。

〔四三〕景定三年進士　按宋史卷四五理宗紀五載，是年進士六百三十七人。

〔四四〕七年進士　按宋史卷四六度宗紀載，咸淳七年進士五百二人。

〔四五〕命宋白知舉　「宋」下原衍「知」字，據續資治通鑑長编卷二八雍熙四年十二月庚寅條、卷二九端拱元年五月丙申條刪。

卷三十三　選舉考六

賢良方正

漢文帝二年，詔曰：「迺十一月晦，日有食之。二三執政舉賢良方正能直言極諫者，以正朕之不逮。」

十五年，詔諸侯王、公卿、郡守，舉賢良能直言極諫者，上親策之，傅納以言。

賈山至言：「今陛下念思祖考，述追厥功，圖所以昭光洪業休德，使天下舉賢良方正之士，天下皆訢訢焉，曰：『將興堯舜之道，三王之功矣！』天下之士莫不精白以承休德。今方正之士皆在朝廷矣，又選其賢者使爲常侍、諸吏，與之馳驅射獵，一日再三出。臣恐朝廷之解弛，百官之墮於事也，諸侯聞之，又必怠於政矣。臣聞山東吏布詔令，民雖老羸癃疾，扶杖而往聽之，願少須臾毋死，思見德化之成也。今功業方就，名聞方昭，四方鄉風，今從豪俊之臣、方正之士，直與之日日獵射，擊兔伐狐，以傷大業，絶天下之望，臣竊悼之。詩曰：『靡不有初，鮮克有終。』臣不勝大願，願少衰射獵，以夏歲二月，定明堂，造太學，修先王之道。風行俗成，萬世之基定，然後唯陛下所幸耳。古者大臣不媟，故君子不常見其齊嚴之色、肅敬之容，大臣不得與宴游，方正修潔之士不得從射獵，使皆務其方以高其節，則群臣莫敢不正身修行，盡心以稱大禮。如此，則陛下之道尊敬，功業施於四海，垂於萬世子孫矣。誠不如此，則行日壞而榮日滅矣。夫士修之於家，而壞之於天子之廷，臣竊愍之。陛下與衆臣宴遊，與大臣方正朝廷論議。夫遊不失樂，朝不失禮，議不失計，軌事之大者也。」

按：山之言固善矣，然古者内外庭不分，人主出入起居，皆與賢士大夫遊，故文帝視朝而受郎官止輦之言，馳坂而受袁盎攬轡之諫，蓋使其日侍左右，得以隨事納規，則未爲無補，乃盛世事也。至武帝時，侍中分掌乘輿服物，下至褻器虎子之屬，孔安國以儒者爲侍中，特聽掌御唾壺，則其媟慢已甚。然有臣如汲長孺，則帝雖雄暴，而所以禮遇之者，特出丞相大將軍之上。蓋所以取重者存乎其人，固不因親近而遂至於玩狎也。後世此意不存，人主親士大夫之時少，親宦官、宮妾之時多，雖輔弼股肱之臣，亦不過質明趨朝，鞠躬屏息，搢笏奏事，卑卑而前，數語即退，而所與遊處親密者，皆嬖倖近習之流耳。況賢良方正之士，脱迹草萊而觀光上國，其視黄屋之後塵、重瞳之睟表，遠在雲霄之上，勢分隔而情意日疏，等威嚴而震怖易起，所謂臨軒詳延之事，特具文耳，安得如漢世之日近清光，而得以時效忠讜乎？然則山所言願少弛擊狐伐兔之事，而講求立經陳紀之計，誠爲至當之論；至謂必使大臣不得預宴游，方正修潔之士不得從射獵，然後可以建功業，則非古義也。又曰：「夫士修之於家，而壞之於天子之廷。」夫所謂賢良方正者，取其能直言極諫，以劘切上躬耳。今反爲人主宴遊射獵所蠱而壞之，則何以謂之賢良方正乎？汲黯、魏徵之流，豈以日侍遊獵之故而遂不能正其身、高其節乎？

又按：鼂錯傳言：文帝時，詔有司舉賢良文學士，錯在選中。對策者百餘人，惟錯爲高第，遷中大夫。錯未舉賢良時，已爲太子家令，上書言事，帝賜璽書寵答曰：「皇帝問太子家令：上書言兵體三章，聞之。書言：『狂夫之言，而明主擇焉。』今則不然。言者不狂，而擇者不明，國之大患，故在於此。使夫不明擇於不狂，是以萬聽而萬不當也。」則帝於言事之微臣，所以尊崇之者至矣，未嘗有媟慢之意，如山所言也。制策略謂：「朕之不德，吏之不平，政之不宣，民之不寧，四者之闕，悉陳其志，毋有所隱。上以薦先帝之宗廟，下以興愚民之休利，著之於篇，朕親覽焉。觀大夫所以佐朕，至與不至，書之，周之密之，重之閉之，興自朕躬，大夫其正論，毋枉執事。嗚呼，戒之！二三大夫其帥志毋怠。」則其所以虛心詔訪者，尤爲懇惻。然觀錯所對，言「五帝神聖，其臣莫及，陛下神明德厚，不下五帝，執事之臣莫能望清光，陛下不自躬親，而待不望清光之臣，臣竊恐神明之遺也。」大概皆導諛納諂之言，殊辜帝孜孜訪求之本意，反不如爲太子家令時所言勸農、備邊之策爲確實也。錯在高第而所對如此，則其餘百餘人者可知。然則賢良方正負文帝，帝未嘗負賢良方正也。

孝武建元元年，詔丞相、御史、列侯、中二千石、二千石、諸侯相，舉賢良方正、直言極諫之士。

帝即位，舉賢良文學之士，前後百數，而董仲舒以賢良對策，仲舒，孝景時爲博士。天子覽其對而異焉，乃復策之，對畢，復策之，遂以爲江都相。轅固，帝初即位時，以賢良徵，諸儒嫉毀，言固老，罷歸之。

帝初即位，詔天下舉方正賢良文學材力之士，待以不次之位。四方士多上事，言得失，自衒鬻者以千數，其不足采者，輒報聞罷。

丞相綰奏：「所舉賢良，或治申、商、韓非、蘇秦、張儀之言，亂國政，請皆罷。」奏可。

先公曰：「此行仲舒之言也，衛綰特使之書奏耳。建白大義，豈綰所能辨哉！武帝年未二十，而奮然知所決擇如此，可謂英主矣。然轅固以老而見棄，莊助以容悦見録，仲舒雖殷勤三策，而不能引以自近也。以舉賢良一事考之，帝終身之得失皆可推矣。」

元光五年，詔策賢良。帝初即位，招賢良文學士，時公孫弘年六十，以賢良徵爲博士，使匈奴，還報，不合意，上怒，以爲不能，弘乃移病免歸。至是，復徵賢良文學，菑川國復推上弘，弘謝曰：「前已嘗西，用不能罷，願更選。」國人固推弘，弘至太常，上策詔諸儒，弘奉對。時對者百餘人，太常奏弘第居下。策奏，天子擢弘對爲第一，召入見，容貌甚麗，拜爲博士，待詔金馬門。

按：武帝本紀言元光元年策賢良，所載制策與公孫弘傳所載文小異。弘對策在元光五年，而本紀又於制策之末稱董仲舒、公孫弘出焉。按：仲舒對策在建元元年，俱不在元光元年，本紀誤。

弘初以賢良徵爲博士，後罷歸，再以賢良徵，方對策。然則賢良之未對策者，亦可以爲博士歟？董仲舒、轅固亦皆先爲博士，後舉賢良。

按：西都賢良策之載於史者，鼂、董、公孫、杜欽、谷永、杜鄴而已。仲舒最醇正，又值武帝即位之始，初心清明，故異其對，而復再三詢叩，得以罄其所學。弘素曲學，又值不稱旨罷免之餘，宜其姑爲平緩無忤之説以取容，自不足責。鼂錯知治體，善議論，非弘之比，又遇謙恭好問之主如文帝，且已嘗受知，辱眷於太子家令，言事之時，又非如仲舒泛泛下僚，猝奉大對之比，乃諄復乎五帝神聖之說，贊頌不容口而略無建明，惜哉！欽、永阿王氏，論益卑矣。鄴指陳外戚，譏切丁、傅，稍不負方正之名。王吉、貢禹之正大，朱雲、何武之剛方，必有嘉論，惜史逸其傳云。

昭帝始元元年，遣故廷尉持節行郡國〔一〕，舉賢良。

五年，詔令三輔、太常舉賢良各二人。

六年，詔有司問郡國所舉賢良文學民所疾苦，議罷鹽鐵、榷酤。

有司者，丞相車千秋、御史大夫桑弘羊也；賢良、文學者，茂陵唐生、魯國萬生、中山劉子、九江祝生與其徒六十餘人也。其建議之首曰：「有詔書，使丞相、御史與所舉賢良、文學語，問民間所疾苦。」文學對曰：「竊聞治人之道，防淫泆之原，廣道德之端，抑末利而開仁義，毋示以利，而後教化可興，風俗可移也。今郡國有鹽鐵酒榷均輸，與民争利，散敦厚之朴，成貪鄙之化，是以百姓就本者寡，趨末者衆，願悉罷之。」御史大夫桑弘羊難之，以爲此國家大業，所以制四夷、安邊足用之本，罷之不便。

按：自孝文策鼂錯之後，賢良方正皆承親策，上親覽而第其優劣。至孝昭，年幼未即政，故無親策之事，乃詔有司問以民所疾苦。然所問者鹽鐵、均輸、榷酤，皆當時大事，令建議之臣與之反覆詰難，講究罷行之宜，卒從其説，爲之罷榷酤。然則雖未嘗親奉大對，而其視上下姑相應以義理之浮文者，反爲勝之。國家以科目取士，士以科目進身者，必如此然後爲有益於人國耳。賢良及大夫問難本末，見征榷考。

宣帝本始四年，郡國地震，詔令三輔、太常、内郡國舉賢良方正各一人。

地節三年，詔令内郡國舉賢良方正可親民者。

詔曰：「乃者九月地震，朕甚懼焉。有能箴朕過失，及賢良方正直言極諫之士以正朕之不逮，毋諱有司。」

神爵四年，令内郡國舉賢良可親民者各一人。

孝元初元二年，以地震隴西郡，詔丞相、御史、中二千石舉茂材異等、直言極諫之士。

永光二年，以日食，詔令内郡國舉賢良方正各一人。

何武爲京兆尹，坐舉方正所舉者召見槃辟雅拜。行禮容拜也。槃辟猶盤旋也。有司以爲詭衆虛僞，武坐左遷楚内史。

孝成建始二年，詔三輔、内郡舉賢良方正各一人。

建始三年，以日蝕、地震，詔：「丞相、御史與將軍、列侯、中二千石及内郡國，舉賢良方正、能直言極諫之士，詣公車，朕將覽焉。」

上盡召直言之士詣白虎殿對策。

元延元年，以日食、星隕、孛見，令公卿大夫、博士、議郎以經對，與内郡國舉方正能直言極諫者各一人。令公卿與内郡國共舉。

孝哀帝元壽元年正月，以日食，有詔令公卿大夫與將軍、列侯、中二千石等，察舉賢良方正及能直言者各一人。

西漢舉賢良文學

鼂錯以太子家令舉，遷授中大夫。董仲舒以博士舉，遷授江都相。公孫弘以博士舉，遷博士待詔。杜欽以武庫令舉，遷授議郎。嚴助郡舉，擢授中大夫。朱雲以博士舉，遷授槐里令。王吉以雲陽令舉，遷授昌邑中尉。貢禹以博士舉，遷授河南令。魏相郡卒史舉，遷授茂陵令。蓋寬饒以郎舉，遷諫大夫。孔光以議郎舉，遷授諫大夫。谷永以太常丞舉，待詔公車。杜鄴以涼州刺史舉，不及拜官卒。何武以太守卒史舉，遷授諫大夫。韓固以清河王太傅舉，尋罷歸里。黄霸以丞相長史舉，遷揚州刺史。朱邑以太守卒史舉，遷大司農丞。

世祖建武六年十月，詔曰：「吾德薄不明，寇賊爲害，强弱相陵，元元失所，永念厥咎，内疚於心。其敕公卿舉賢良方正各一人。」

七年四月，詔曰：「比陰陽錯謬，日月薄食。百姓有過，在予一人，大赦天下。公卿、司隸、州牧舉賢良方正各一人，遣詣公車，朕將覽試焉。」

章帝建初元年三月，詔曰：「朕以無德，奉承大業，夙夜慄慄，不敢荒寧，而災異仍見，與政相應。朕既不明，涉道日寡，又選舉乖實，俗吏傷人，官職耗亂，刑罰不中，可不憂與！昔仲弓季氏之家臣，子游武城之小宰，孔子猶誨以賢才，問以得人，明政無大小，以得人爲本。夫鄉舉里選，必累功勞。今刺史、守相不明真僞，茂才、孝廉歲以百數，既非能顯，而當授之政事，甚無謂也。每尋前世舉人貢士，或起畎畝，不繫閥閱，敷奏以言則文章可採，明試以功則政有異迹，文質彬彬，朕甚嘉之。其令太傅、三公、中二千石、二千石、郡國守相舉賢良方正能直言極諫之士各一人。」

五年二月朔，日有食之，詔：「公卿已下，其舉直言極諫能指朕過失者各一人，遣詣公車，將親覽問焉。其以巖穴爲先，勿取浮華。」

和帝永元六年三月，詔曰：「陰陽不和，水旱違度，思得忠良之士，以輔朕之不逮。其令三公、中二千石、二千石、内郡守相，舉賢良方正、能直言極諫之士各一人。昭巖穴，披幽隱，遣詣公車，朕將悉聽焉。」帝乃親臨策問，選補郎吏。

安帝永初元年三月，日有食之，詔公卿、内外衆官、郡國守相舉賢良方正、有道術之士，明政術、達古今、能直言極諫者各一人。

五年閏三月，詔曰：「朕以不明，統理失中，思得忠良正直之臣，以輔不逮。其令三公、特進、侯、中二千石、二千石、郡守、諸侯相，舉賢良方正、有道術、達於政化、能直言極諫之士各一人，及至孝與衆卓異者〔二〕并遣詣公車，朕將親覽焉。」

順帝即位，詔公卿、郡守、國相舉賢良方正、能直言極諫之士各一人。

漢安元年二月，詔大將軍、公、卿舉賢良方正、能探賾索隱者各一人。

沖帝即位，詔三公、特進、侯、卿、校尉，舉賢良方正、幽逸修道之士各一人。

桓帝建和元年四月，京師地震，詔大將軍、公卿、校尉，舉賢良方正、能直言極諫之士各一人。

三年六月，詔大將軍、三公、特進、侯，其與卿、校尉舉賢良方正、能直言極諫之士各一人。

永興二年二月，京師地震，詔公卿、校尉，舉賢良方正、能直言極諫者各一人。

延熹八年正月，日有食之，詔公卿、校尉，舉賢良方正。

永康元年五月，詔公卿、校尉，舉賢良方正。

東漢舉賢良文學

魯丕郡功曹舉，遷議郎。　申屠剛　蘇章　李法　爰延　崔駰〔三〕　周燮不就。　劉瑜　荀淑　皇甫規　張奂　劉淑　劉焉

魏明帝青龍元年，詔公卿舉賢良篤行之士各一人。

晉武帝泰始四年，詔公卿及郡國守相舉賢良方正直言之士。

摯虞舉賢良，與夏侯湛等十七人策爲下第，拜中郎。武帝詔曰：「省諸賢良答策，雖所言殊途，皆明於王義，有益政道。欲詳覽其對，究觀賢士大夫用心。」因詔諸賢良方正直言會東堂策問，曰：云云。虞對畢，擢爲太子舍人。

阮种與郤詵、王康對賢良，俱居上第，即除尚書郎。然毀譽之徒，或言對者因緣假托，帝乃更延群士，庭以問之。詔曰：「前者對策所問，未盡子大夫所欲言，故復延見，其具陳所懷。」种策奏，帝親覽焉，又擢爲第一，轉中書郎。

按：試賢良而至於再策，始於漢武帝之待仲舒，而晉武之時亦有之。蓋於對者數百人之中特拔之，而且再策之，可見二帝於策士之事究心如此。後世亦不過付之有司，視以具文耳。

唐制，天子自詔曰制舉，所以待非常之材。其制詔舉人，不有常科，皆標其目而搜揚之。試之日，天子親臨觀之，試已，糊其名於中考之文，策高者特授以美官，其次與出身。

玄宗開元八年〔四〕，上親策應制舉人於含元殿，謂曰：「古有三道，今減從一道。近無甲科，朕將存其上第，務收賢俊。」仍令有司設食。

石林葉氏曰：「漢舉賢良，文帝二年，對策者百人，鼂錯爲高第。武帝元光五年，對策者亦百餘人，公孫弘爲第一。當時未有黜落法，對策者皆預選〔五〕，但有高下耳。至唐，始對策一道而有中否，然取人比今多。建中間，姜公輔等二十五人；太和間，裴休等二十三人；其下如貞元中，韋執誼、崔元翰、裴垍等皆十八人；元和中，牛僧孺等；長慶中，龐嚴等，至少猶皆十四人。」

容齋洪氏隨筆曰：「唐德宗貞元十年，賢良方正科十六人，裴垍爲舉首，王播次之，隔一名而裴度、崔群、皇甫鎛繼之。六名之中，連得五相，可謂盛矣。而邪正夐不侔，度、群同爲元和宰相，而鎛以聚斂賄賂亦居之，度、群極陳其不可，度耻與同列，表求自退，兩人竟爲鎛所毁而去。且三相同時登科，不可謂無事分，而玉石雜糅，薰蕕同器，若默默充位，則是固寵患失，以私妨公，裴、崔之賢，誼難以處也。本朝韓康公、王岐公、王荆公亦同年聯名，熙寧間，康公、荆公爲相，岐公參政，故有『一時同榜用三人』之語，頗類此云。」

天寶十三載，御勤政樓試四科舉人，其詞藻宏麗，問策外更試詩、賦各一道。制舉試詩、賦自此始。

憲宗元和元年〔六〕，敕制舉人試訖，有通夜納策，計歸不得者，並於光宅寺止宿，金吾衛使差人監引至宿所，切加勾當，勿令喧雜。

是年，策賢良，詔楊於陵、鄭敬、李益、韋貫之同考覈。賢良牛僧孺、皇甫湜、李宗閔條對甚直，無所畏避，考官第其策居三等。權倖惡其訐訐，而不中第者乃注解其策，同爲唱誹，貫之等皆坐貶黜。

致堂胡氏曰：「制策亦以空言取人，然其來最古，得人亦多；至於末流，應科者既未必英才，而發問之目往往摘抉細隱，窮所難知，務求博洽之士，而直言極諫之風替矣。要必深詔中外，精求方聞有學行者，勿令先獻所業，直召至殿廷而親策以當世之急務，與夫政事之闕失，使舉古治宜於今者，如其可采，則就加任使，以合於堯舜奏言試功之舉，則瑰瑋傑特之才不困於簸揚淘汰，而國家收多士之實用矣。」

文宗太和二年〔七〕，賢良、前進士劉蕡對策切直，指陳時事，不避貴近，言辭激切，士林感動。考官馮宿、賈餗、龐嚴等有所畏忌，不敢上聞，隨例擯斥，議者不平。諫臣或將其策白於宰臣，宰臣怯憚，亦不敢爲之明白。同對李郃抗表請讓官於蕡，不報。

按：既曰制科，則天子親策之，親覽之，升黜之權，當一出於上。漢武帝之於董仲舒也，意有未盡，則再策之，三策之；晉武帝之於摯虞、阮种亦然。公孫弘所對，太常奏爲下第，而帝擢爲第一。蓋漢世人主於試賢良，皆親第其優劣，臣下所不可得而軒輊也。唐之制科，則全以付之有司矣，故牛僧孺輩以直言忤權倖，則考官坐其累；而劉蕡所陳尤爲忠憤鯁切，則自宰相而下皆不敢爲之明白。雖是當時閹宦之勢可畏，亦由素無親覽之事，故此輩得以劫制衡鑑之人也。

唐制科名目及中制科人姓名

顯慶二年〔八〕，志烈秋霜科，韓思彦及第。

乾封元年，幽素科，蘇瓌、解琬、苗神客〔九〕、格輔元〔一〇〕、徐昭、劉訥言、崔谷神及第。

上元二年〔一一〕，辭殫文律科，崔融及第。

垂拱四年十二月，辭標文苑科，房晉、皇甫瓊、王旦及第。

永昌元年正月，蓄文藻之思科，彭景直及第；抱儒素之業科，李文愿及第。

長壽三年〔一二〕四月，臨難不顧、徇節寧邦科，薛稷、寇泚及第。

證聖元年，長才廣度、沉迹下僚科，張漪及第。

通天元年，文藝優長科，韓璘〔一三〕及第。

神功元年九月，絶倫科，蘇頲、崔元童、袁仁敬、何鳳、孟温禮、洪子輿、盧從愿、趙不欺及第。

大足元年，理選使孟詵試拔萃科，崔翹、鄭少微及第；疾惡科，馮萬石及第。

長安二年，龔黄科，馬克麾及第〔一四〕。

神龍二年，才膺管、樂科，張大求、魏啓心、魏愔、盧絢、張文成、褚璆〔一五〕、咸廙業〔一六〕、郭璘〔一七〕、趙不爲及第；才高位下科，馮萬石、鼂良正〔一八〕、張敬及第。

三年〔一九〕，材堪經邦科，張九齡、康元瓌及第；賢良方正科，蘇晉、宋務光、寇泚、盧怡、吕恂〔二〇〕及第。

景龍三年〔二二〕，抱器懷能科，夏侯銛及第；茂才異等科，王敬從、盧重玄及第〔二三〕。

景雲二年，文以經國科，袁暉、韓朝宗及第；藏名負俗科，李俊之及第。

先天元年〔三三〕，文經邦國科，韓休及第；藻思清華科〔二四〕，趙冬曦及第；寄以宣風則能興化變俗科，郭璘之及第〔二五〕；道侔伊吕科，張九齡及第；手筆俊拔、超越輩流科，杜昱、張子漸、張秀明、常無咎〔二六〕、趙居正、賈登、邢巨及第。

開元二年〔二七〕，直言極諫科，梁昇卿、袁楚客及第；悊人奇士、逸淪屠釣科，孫逖及第；良才異等科，邵潤之〔二八〕、崔翹及第。

五年〔二九〕，文儒異等科，崔侃、褚庭誨及第〔三〇〕；文史兼優科，李昇期、康子元、達奚珣及第。

六年，博學通藝科〔三一〕，鄭少微、蕭誠及第。

七年，文辭雅麗科，邢巨、苗晉卿、褚思光、趙良器及第。

十二年〔三二〕，將帥科，裴敦復、房自謙及第。

十五年，武足安邊科，鄭昉、樊衡及第；高才沈淪、草澤自舉科，鄧景山及第。

十七年，才高未達〔三三〕、沉迹下僚科，吴鞏及第。

十九年，博學宏詞科，鄭昉、陶翰及第。

二十一年，多才科，李史魚及第。

二十三年，王霸科，劉璀、杜綰及第；智謀將帥科，張重光、崔圓、李廣琛及第。

天寶元年，文辭秀逸科，崔明允、顔真卿及第。

六年，風雅古調科，薛璩及第〔三四〕。

十三年二月，辭藻宏麗科，楊綰及第。

大曆二年，樂道安貧科，楊膺及第。

六年，諷諫主文科，鄭珣瑜、李益及第。

建中元年，賢良方正、能直言極諫科，姜公輔、元友直〔三五〕、樊澤、吕元膺及第；文辭清麗科，奚涉〔三六〕、梁肅、劉公亮、鄭轅、沈封、吴通元及第；經學優深科，孫玭、黎逢、白季隨及第；高蹈邱園科，張紳、衛良儒、蘇哲及第；軍謀越衆科，夏侯審、平知和、鄭儋、凌正、周渭、丁俛及第；孝弟力田聞於鄉閭科〔三七〕，郭黄中〔三八〕、崔浩、李牧及第。

貞元元年九月〔三九〕，賢良方正、能直言極諫科，韋執誼、鄭利用、穆質、楊鄖、裴復、柳公綽、歸登、李直方、崔邠、鄭敬、魏弘簡、沈迴、田元佑〔四〇〕、徐衮及第；博通墳典、達於教化科，熊執易、劉簡甫及第；識洞韜略、堪任將帥科，許贊及第。

四年四月，賢良方正、能直言極諫科，崔元翰、裴次元、李彝、崔豐〔四一〕、史牟、陸震、柳公綽、趙參、徐弘毅、韋彭壽、鄒儒立、王乃〔四二〕、杜倫、元易、王真及第；清廉守節、政術可稱、堪任縣令科，李巽及第；孝悌力田、聞於鄉閭科，張浩及第〔四三〕。

十年十二月，賢良方正、能直言極諫科，裴垍、王播、朱諫、裴度、熊執易、許堯佐、徐弘毅、杜轂〔四四〕、崔群、皇甫鏄、王仲舒、許季同、仲子陵、鄭士材〔四五〕、邱穎及第；博通墳典、通於教化科，朱穎及第；詳明政術、可以理人科，張平叔、李景亮及第。

元和元年四月，才識兼茂、明於體用科，元稹、韋惇、獨孤郁、白居易、曹景伯、韋慶復、崔綰、羅讓、崔護、薛存慶、韋珩、李蟠〔四六〕、元修、蕭俛、沈傳師、柴宿及第；達於吏理、可使從政科，陳岵及第。

三年四月〔四七〕，賢良方正、能直言極諫科，牛僧孺、皇甫湜、李宗閔、李正封、吉弘宗、徐晦、賈餗、王起、郭球、姚衮、庾威及第；博通墳典、達於教化科，馮芑、陸亘及第；軍謀宏達、材任將帥科，樊宗師及第；達於吏理、可使從政科，蕭睦及第。

長慶元年十二月，賢良方正、能直言極諫科，龐嚴、任畹、吕述、姚中立、韋曙、李回、崔嘏、崔龜從、韋正貫、崔知白、陳元錫及第；詳明政術、可以理人科，崔郢及第；軍謀宏達、材任將帥科，吴思、李商卿及第；博通墳典、達於教化科，李思元及第。

寶曆元年四月，賢良方正、能直言極諫科，唐伸、楊儉、韋端符、舒元褒、蕭敞、楊魯士、來擇、趙祝、裴憚、韋絲〔四八〕、李昌寶、嚴楚封、李涯、蕭夷中、馮球、元晦及第；詳明吏理、達於教化科，韋正貫及第；軍謀宏達、材任邊將科，裴儔、侯雲章及第。

太和二年閏三月，賢良方正、能直言極諫科，李郃、裴休、裴素、南卓、李甘、杜牧、馬植、鄭亞、崔博、崔璵〔四九〕、王式、羅邵京、崔渠、韓賓、崔慎由、苗愔、韋昶、崔焕、崔讜及第；詳明吏理、達於教化科，宋混〔五〇〕及第；軍謀宏達、堪任將帥科，鄭冠、李式及第。

容齋洪氏隨筆曰：「唐世制舉，科目猥多，徒異其名耳，其實與諸科等也。張九齡以道侔伊呂策高第，以登科記及會要考之，蓋先天元年九月，明皇初即位，宣勞使所舉諸科九人，經邦治國、材可經邦，才堪刺史，賢良方正，與此科各一人；藻思清華、興化變俗科各二人。其道侔伊呂策問殊平平，但云：興化致理，必俟得人；求賢審官，莫先任舉。欲遠循漢魏之規，復存州郡之選，慮牧守之明不能必鑒。次及越騎、佽飛皆出畿甸，欲均井田於要服，遵邱賦於革車，并安人、重穀、編户、農桑之事，殊不及爲天下國家之要道，則其所以待伊、呂者亦狹矣。九齡於神龍二年中材堪經邦科，本傳不書，計亦此類耳。」

後周世宗顯德四年十月，詔曰：「制策懸科，前朝盛事，莫不訪賢良於側陋，求讜正於箴規，殿廷之間，帝王親試。其或大裨於國政，有益於時機，則必待以優恩，縻之好爵，拔奇取異，無尚於茲，得士者昌，於是乎在。爰從近代，久廢此科，懷才抱器者鬱而不伸，隱耀韜光者晦而莫出，遂使翹翹之楚多致於棄捐，皎皎之駒莫就於縻縶，遺才滯用，闕孰甚焉！應天下諸色人中，有賢良方正能直言極諫，經學優深可爲師法，詳閑吏理達於教化者，不限前資、見任職官，黄衣、草澤，並許應詔。其逐處州府，依每年貢舉人式例，差官考試，解送尚書吏部，仍量試策論三道，共三千字以上，當日内取文理俱優、人物爽秀，方得解送，取來年十月集上都。其登朝官亦許上表自舉。」

宋朝之制，國初制舉，有賢良方正能直言極諫、經學優深可爲師法、詳閑吏理達於教化，凡三科。應内外職官前資見任、黄衣、草澤人，並許諸州及本司解送於吏部對御策，試三千言，以文理俱優者中其選。

真宗咸平四年，詔學士、兩省、御史臺五品〔五一〕，尚書省、諸司四品以上，於内外京朝、幕職州縣官〔五二〕、草澤中，各舉賢良方正一人〔五三〕，不得以見任轉運使及館閣職事人應詔。

景德二年，詔：「復置博通墳典達於教化、才識兼茂明於體用、武足安邊、洞明韜略運籌决勝、軍謀宏遠材任邊寄等科，委中書門下先加程試。如器業可觀，具名聞奏，朕將臨軒親試。」

時命兩制考文卷，中等者甚少，又命侍讀、待制重考。上猶慮遺才，令中書重詳定訖，試論六首合格者以聞。

大中祥符元年，時上封者言：「兩漢舉賢良，多因兵荒災變，所以詢訪闕政。今國家受瑞建封，不當復設此科。」於是悉罷。

凡特旨試藝者，有於中書、學士舍人院，或特遣官專試，所試詩、賦、論、策、頌、制誥〔五四〕，或三篇，或一篇。景德後，唯將命爲知制誥者，方試制誥。東封及祀汾陰時，獻文者多試業得官。

仁宗天聖七年，詔曰：「朕開數路以詳延天下之士，而制舉獨久置不設，意吾豪傑或以故見遺也，其復置此科。」於是增其名，曰：賢良方正能直言極諫科，博通墳典明於教化科，才識兼茂明於體用科，詳明吏理可使從政科，識洞韜略運籌帷幄科，軍謀宏遠材任邊寄科，凡六，以待京朝官之被舉及起應選者。又置書判拔萃科，以待選人之應書者。又，高蹈邱園科、沉淪草澤科、茂材異等科，以待布衣之被舉及應書者。又，武舉以待方略勇力之士。其法，先上藝業於有司，有司較之，然後試祕閣，中格，然後天子親策之。

後數歲，李淑上書言：「吏部故事，選人以格限未至者，能試判三節，謂之拔萃。此特有司之事耳，而陛下乃親策之，非其稱矣。又所謂茂材異等，本求出類之雋也，而士之不利鄉薦者，始出而應焉。臣以爲此二者皆非國家求才之本意也，宜有以易之。」於是罷書判拔萃科，令幕職州縣官皆得應賢良方正能直言極諫等科；諸常試鄉舉被黜者，毋復應茂才異等科。其後十餘年，又詔：自今制科須近臣論薦，毋得自舉。初，御史唐詢與參知政事吳育有隙。帝數稱近歲制科得人，以育爲賢，而詢奏言：「自古災異乃册賢良，今者，六科率不用公卿推引，而特視進士之期。凡應此科者，至自稱曰賢良方正，曰茂才異等，曰博通墳典，臣以爲習扇澆浮，莫甚於此，可悉罷之。」而育復奏曰：「册賢良自鼂錯始，錯非以災異舉也。」帝以育言爲然，由是制科得不廢，而特禁其自薦而已。

公是劉氏雜説曰〔五五〕：「夫自舉之與人舉之，所以厲世矯俗，豈可同日而語哉？今不惟進士自舉而已，至於賢良方正亦自舉也，豈不過乎！夫賢良，美稱也；方正，善行也。古之當此名者，方將高卧潛處，不知羔雁珪璧之聘，三四至而遂能起乎，今皆循循然窺顔色、求便利而進矣。争門齰指，不足以諭其情；側肩攫金，不足以况其態；鼓腹自鬻，不足以比其羞：無乃其實與名不相符哉！今世皆知高賢良於進士矣，不知賢良之害於俗，甚於進士也。何以言之邪？人有言曰：『南城之澤有兔焉，可逐而取也。』彼聞之者，必争先致力焉，然其至者，必游手惰農耳。又有言曰：『有鹿焉。』則不獨游手惰農而後争之，必將有舍業而往者矣，則兔小而鹿大故也。夫進士，兔也；賢良，鹿也。

二者皆足以動貪利之心，而賢良之所動者多，可不慎哉！」

石林葉氏曰：「富公以茂材異等登科，後召試館職，以不習詩賦求免，仁宗特命試以策論，後遂爲故事。制科不試詩賦自富公始。至蘇子瞻又去策止試論三篇。熙寧初，罷制舉，其事遂廢。」

又曰：「故事，制科分五等，上二等皆虛，惟以下三等取人。然中選者亦皆第四等，獨吳正肅公嘗入第三等，後未有繼者。至嘉祐中，蘇子瞻、子由乃始皆入第三等。已而子由以言太直，爲考官胡武平所駮，欲黜落，復降爲第四等。設科以來，止吳正肅與子瞻入第三等，故子瞻謝啓云：誤占久虛之等。」

玉山汪氏曰：「范子功亦入制科第三等，後熙寧間，孔文仲考中第三等，以忤王安石，特旨絀之。」

神宗熙寧七年，吕惠卿以爲制科止於記誦，非義理之學，且進士已試策，與制科無異。乃詔罷之。先時，祕閣考制科，陳彦古六論不識題語何出，字又不及數，凖式不考。蓋自祕閣試制科以來，未有如彦古空疏者。次年，乃罷制科。

哲宗元祐二年〔五六〕，復制科。

紹聖元年，罷制科。自朝廷罷詩賦、廢明經，詞章記誦之學俱絶，至是而制科又罷，無以兼收文學博異之士，乃置宏詞，以繼賢良之科。

三省言：「唐世取人，隨事設科，其名有詞藻宏麗、文章秀異之屬，究其所試，皆異乎進士、明經。

今既復舊科，純用經術，諸如詔、誥、章、表、箴、銘、賦、頌、赦敕、檄書、露布、誡諭，其文皆朝廷官守日用而不可闕，先朝已嘗留意，特科目未及設。」二年，詔立宏辭科，歲許進士登科者詣禮部請試，若見守官，須受代乃得試，率以春試上舍日附試，不自立院也。差官鎖引，悉依進士，惟詔、誥、赦敕不以爲題，所試者，章、表、露布、檄書用四六，頌、箴、銘、誡諭、序、記用古今體，亦不拘四六。考官取四題，分二日試，試者雖多，取毋過五人。中程者上之三省，三省覆試〔五七〕，分上中二等，推恩有差；辭格超異者，恩命臨時取旨。

徽宗大觀四年，改爲詞學兼茂科，科舉歲，附貢士院試，取毋過三人，不中率，許闕。仍不試檄書，增制詔，分二日試四題，其二以歷代史事借擬爲之，餘以本朝典故或時事。宰臣、執政親屬毋得試。

高宗紹興元年，下詔復賢良方正能直言極諫科。有司講求舊制，每科場年，命中丞、給、舍、諫議大夫、學士、待制，各舉一人〔五八〕，不拘已仕未仕。命官仍以不曾犯贓私罪人充。先具詞業，策、論共五十篇。繳送兩省，侍從參考之，分三等，文理優長爲上，次優爲中，常平爲下。次優已上並召赴閣試。歲九月，命學士、兩省官考試於祕閣，御史監之，試六論，每首五百字以上。於九經、十七史、七書、國語、荀、楊、管子、文中子正文内出題，差楷書祗應，四通以上爲合格。仍分五等，以試卷繳奏御前拆號，入四等以上者，召赴殿試。其日，上臨軒親策，限三千字以上。宰相撰題，差初覆考、詳定官。赴試人引見賜坐，殿廊兩廂設垂簾、幃幕、青褥、紫案，差楷書祗應，内侍賜茶果。對策先引出處，然後言事。第三等爲上，恩數視廷試策第一人；第四等爲中，視廷試第三人，皆賜制科出身；第五等爲下，視廷試第四人，賜進士出身；不入等，與簿、尉差遣。以上並謂白身者，若有官人，則進一官與陞擢。

舊制，六論於正文及注疏内出題。至是，有司請除疏義勿用。

七年，詔以太陽有異，氛氣四合，令中外侍從各舉能直言極諫一人。吕祉舉選人胡銓，汪藻舉布衣劉度〔五九〕，上即日除銓樞密院編修官，而度不果召。

孝宗乾道元年，詔令尚書、兩省諫議大夫已上、御史中丞、學士、待制，各舉賢良方正直言極諫一人，仍具詞業繳進。

苗昌言奏：「國初嘗立三科，景德增而爲六。仁宗皇帝時，李景請依景德故事，親策賢良祕閣，六論專取六經及問時務，其史傳注疏乞不條問。帝亦以爲問隱奥觀其博，不若取其能明世之治亂，有補闕政。又詔以景德六科定爲制舉之目，俾少卿、監已上奏舉内外京朝官；增置書判拔萃科、高蹈丘園科、沉淪草澤科、茂材異等科，總爲十科，並許布衣應詔。於是何詠、富弼、余靖、尹洙、蘇紳、張方平、江休復、張伯玉輩出焉。其立法寬，故得士廣也。自紹興復科，三歲一下詔，垂四十年，未聞有一介魁壘豪傑之士出應制書，豈盛治之世無其人耶？蓋責之至備，而應之者難；求之不廣，而來者有隔爾。臣請參稽前制，間歲下詔，權於正文出題，其僻書注疏不得以爲問目。追復天聖十科，開廣薦揚之路，振起多士積年委靡之氣，太平之治不難立也。」上詔禮部集館職、學官議之，皆曰：「注疏誠可略，科目不必廣，天下之士屏處山林，滯迹遐遠，侍從之臣豈能盡知？伏見國初制科，止令監司、守臣解送。乾德中，以無人應制，許直詣閤門請應。若依乾德故事，恐起僥倖，請如國初之制。」詔可。

先是，翰林學士汪應辰以眉山布衣李垕應詔，上覽其文稱奬，命依格召試，會有沮之者，不果試。是歲〔六〇〕，宰相虞允文爲上言之，始依元祐獨試故事，命翰林學士王曮、起居舍人李彦穎考試、參詳，垕六論凡五通，上喜曰：「繼自今其必有應詔者矣。」十一月，上親策於集英殿，有司考入第四等。復御殿引見，賜制科出身，授節度推官，其策依正奏名第一甲例，謄寫爲册，進御及德壽宫，並焚進諸陵。淳熙四年，李垕之弟塾復舉賢良方正，而近習又恐制科之攻己，共摇沮焉。會台州趙汝愚舉姜凱，信守唐仲友舉鄭建德，吏部侍郎趙粹中舉馬萬頃應詔。上問輔臣：「召試賢良，故事有黜落者否？」對曰：「昨李垕止獨試。若數人，須分優劣。」既而監察御史潘緯言：「制科不過三事：一、繳進詞業，二、試六論，三、對制策。而進卷率皆宿著，廷策豈無素備，惟六論一場謂之『過閣』，人以爲難。若罷注疏而復以四通爲合格，則與應進士舉，一場試經義五篇者何異？」乃詔增爲五通。其年，始命官、糊名、謄録如故事。所試六論，後二日，試院言：「文卷多不知題目所出，及引用上下文不盡，有僅及二通者。」上命賜束帛罷之，舉者周必大等皆放罪。舊試六題，一明一暗。時考官所命多暗僻，失國家求言之意矣。

淳熙十一年，詔罷注疏出題。於是郡國舉莊治、滕㦤試六論皆四通，而考官顔師魯以其文理平凡，不應近制，又罷之。自是薦紳重於特舉，山林耻於自耀，褎然而起者鮮矣。

自李垕之後，制科無合格者。又三十餘年，永康何致者，爲郡守陳纘館客，纘入朝薦之，有旨召試。會同薦者滕㦤、杜富遭憂不赴詔，須服闋並召。致躁急，欲先得試，纘介蘇師旦言之韓侂胄，得内批如所請，中書繳還，後又爲臺諫論其進論中言「伊尹始負堯舜之道，而終爲天下開淩犯之端」之語爲訕誣，坐罷歸。辛未歲，致以吴挺薦召，又爲臺臣所論，乃勒歸鄉增修所學焉。

葉適論制科曰：「用科舉之常法，不足以得天下之才，其偶然得之者，幸也。自明道、景祐以來，能言之士有是論矣，雖然，原其本以至其末，亦未見有偶然得之者，要以爲壞天下之才而使之至於舉無可用，此科舉之敝法也。至於制科者，朝廷待之尤重，選之尤難。使科舉不足以得才，則制科者亦庶幾乎得之矣。雖然，科舉所以不得才者，謂其以有常之法而律不常之人；則制舉之庶乎得之者，必其無法焉，而制舉之法反密於科舉。今夫求天下豪傑特舉之士，所以恢聖業而共治功，彼區區之題目記誦，明數暗數制度者，胡爲而責之？而又於一篇之策，天文、地理、人事之紀，問之略遍，以爲其説足以酬吾之問，則亦可謂之奇才矣。當制舉之盛時，置學立師〔六一〕，以法相授，浮言虚論，披抉不窮，號爲制科習氣，故科舉既不足以得之，而制舉又或失之。然則朝廷之求爲一事也，必先立爲一法，若夫制科之法，是本無意於得才，而徒立法以困天下之泛然能記誦者耳，此固所謂豪傑特起者輕視而不屑就也。又有甚此者：蓋昔以三題試進士，而爲制舉者以答策爲至難，彼其能之，則猶有以取之。自熙寧以策試進士，其説蔓延，而五尺之童子無不習言利害，以應故事，則制舉之策不足以爲能，故哲宗以爲今進士之策有過此者，而制科由此再廢矣。是以八九十年，其薦而不得試者，其試而不見取者，其幸而取者，其人才凡下，往往不逮於科舉之俊士。然且三年一下詔而追復，不俟科舉之歲皆得舉之，將何所爲乎？設之以至密之法，與之以至美之名，使其得與此者，爲急官爵計耳。且天下識治知言之人，不應如是之多，則三歲以策試進士，使肆言而無所用，是誠失之矣。今又使制舉者，自以其所謂五十篇之文，泛指古今，敷陳利害，其言泛雜，見者厭視，聞者厭聽。且士之猥多，無甚於今世，挾無以大相過之實，而冒不可加之名，則朝廷所以汲汲然而求之者，乃爲譏笑之具。今宜暫息天下之多言，進士無親策，制舉無記誦，無論著，稍稍忘其故步，一日，天子慨然自舉之，三代之英才未可驟得，亦不至如近世之冗長無取，非惟無益而反有害也。」

巽岩李氏制科題目編序曰：「閣試六論，不出於經史正文，非制科本意也。蓋將傚天下士以其所不知，先博習强記之餘功，後直言極諫之要務，抑亦重惜其事而艱難其選，使賢良方正望而去者歟？然而士終不以此故而少挫其進取之鋒，問之愈深，則對之愈密，歷數世未嘗有敗績失據之過。君士豈真多能哉？斯執事者優容之也。逮熙寧中，陳彦古始不識題，有司準式不考，而制科隨罷。君子謂彦古不達時變，宜其黜也。先是，孔文仲以直言極諫忤宰相意，駁高第，斥小官。彼狡焉思縱其淫心，以殘害典則，厭是科之不便於己也，欲亟去之而不果，遂則姑置焉，名存而實亡矣。凡所謂賢良方正，尚肯復游其間乎？彦古區區，昧於一來，是必不敢高論切議也，殆揣摩當世，求合取容耳。傳注義疏之幺麽纖微且不及知，矧惟國家之大體，渠能有所發明哉！而執事猶惡其名，决壞之然後止。彦古之黜，宜也，而使天下遂無得以賢良方正能直言極諫舉者，獨何心歟？至於元祐，厘復旋廢，其得失之迹，又可見矣。今天子明詔三下，而士莫應，豈非猶懲於彦古故邪？蓋古之所謂賢良方正者，能直言極諫而已；今則惟博習强記也，直言極諫則置而不問，甚至惡聞而諱聽之，逐其末而棄其本，乃至此甚乎，此士之所以莫應也。余勇不自制，妄有意於古人直言極諫之益，而性最疏放，勉從事於博習强記，終不近也。恐其幸而得從鼂、董、公孫之後，曾是弗察，而猥承彥古之羞，乘此暇日，取五十餘家之文書，掇其可以發論者，各數十百題，具如別録。間亦顛倒句讀，竄伏首尾，乃類世之覆物謎言，雖若不可知，而要終不可欺，戲與朋友共占射之，賢於博奕云耳，實非制科本意也。因書以自警云。」

按：制科所難者六論，然所謂四通、五通者中選，所謂準式不考者闒罷，則皆以能言論題出處爲奇，而初不論其文之工拙，蓋與明經墨義無以異矣。況有博聞强記如巽岩者，聚諸家奇僻之書，掇其可以爲論題者，抄爲一編，揣摩收拾，殆無所遺，然則淺學之士，執此以往，亦可哆然以賢良自名，而有掇巍科之望矣。科目取人之弊，一至於此！然觀邵氏聞見録，言范文正公以制科薦富鄭公，富公辭以未習，范公曰：「已爲君闢一室，皆大科文字，可往就館。」以是觀之，所謂大科文字者，往往即巽岩所編之類是也。以富公異時之德業如許，然應制科之初，倘不求其文而習焉，則亦未必能中選。東坡作張文定公墓銘言：「天下大器，非力兼萬人，孰能舉之？非仁宗之大，孰能容此萬人之英？蓋即位八年，而以制策取士，一舉而得富弼，再舉而得公。」蓋所以誇制科得人之盛，然制科之爲制科，不過如此，則二公之所藴蓄抱負，此豈足以知之乎？

博學宏辭科　紹興三年立此科，凡十二題，制、誥、詔、表、露布、檄、箴、銘、記、贊、頌、序〔六二〕，於內雜出六題，分爲三場，每場一古一今。試人先投所業三卷，朝廷降付學士院，考其能者召試。遇科場年，應命官，除歸明、流外、入貲及嘗犯贓人外，公卿大夫子弟之俊秀者皆得試，每次所取不得過五人，若人才有餘，臨時取旨，具合格字號〔六三〕，同真卷繳納中書看詳。推恩則例比舊制更加優異，以三等取人：上等轉一官，選人改秩，無出身人賜進士及第，並免召試，除館職；中等減三年磨勘，與堂除，無出身人賜進士出身〔六四〕；下等減二年磨勘〔六五〕，無出身人賜同進士出身〔六六〕，並許召試館職〔六七〕。大觀中，有詞學兼茂科，建炎初猶有應者，至是始更立焉。自復科以來，所得鴻筆麗藻之士，多有至卿相、翰苑者。紹興中，得十有七人；隆興至淳熙，得十有三人；紹熙，一人；開禧至嘉定，三人。初，洪遵入中等，洪适入下等。高宗覽其文，嘆曰：「此洪皓子邪？父在遠，能自立，忠義報也。」即以遵爲祕書省正字，适爲樞密院編修官。詞科即入館自遵始。後三歲，洪邁繼之。真德秀、留元剛應選，有司書德秀卷曰「宏而不博」，書元剛卷曰「博而不宏」。寧宗喜其文，命俱寘異等。其後有司值郡試，必摘其微疵，僅從申省或降旨陞擢而已。

容齋洪氏隨筆曰：「本朝宏詞雖用唐時科目，而所試文則非也。自乙卯至於紹熙癸丑二十榜，或三人，或二人，或一人，并之三十三人，而紹熙庚戌闕不取。其以任子進者，湯岐公至宰相，王日嚴至翰林承旨，李獻之學士，陳子象兵部侍郎，湯朝美右史，陳峴方進用，而予兄弟居其間，文惠公至宰相，文安公至執政，予冒處翰苑。此外皆係已登科人，然擢用者唯周益公至宰相，周茂振執政，沈德和、莫子齊、倪正父、莫仲謙、趙大本、傅景仁至侍從，葉伯益、季元衡至左右史，餘多碌碌，而見存未顯者陳宗召也。然則吾家所蒙，亦云過矣。」

葉適論宏詞曰：「法或生於相激。宏詞之廢久矣，紹聖初，既盡罷詞賦，而患天下應用之文由此遂絶，始立博學宏詞科。其後又爲詞學兼茂，其爲法尤不切事實。何者？朝廷詔誥典册之文，當使簡直宏大，敷暢義理，以風曉天下，典、謨、訓、誥諸書是也。孔子録爲經常之詞，以教後世，而百王不能易，可謂重矣。至兩漢詔制，詞意短陋，不復髣髴其萬一。蓋當時之人，所貴者武功，所重者經術，而文詞者，雖其士人嘩然自相矜尚，而朝廷忽略之，大要去刀筆吏之所能無幾也。然其深厚温雅，猶稱雄於後世，而自漢以來莫有能及者。若乃四六對偶，銘檄贊頌，循沿漢末以及宋、齊，此真兩漢刀筆吏能之而不作者，而今世謂之奇文絶技，以此取天下士而用之於朝廷，何哉？自詞科之興，其最貴者四六之文，然其文最爲陋而無用。士大夫以對偶親切、用事精的相誇，至有以一聯之工，而遂擅終身之官爵者，此風熾而不可遏，七八十年矣。前後居卿相顯人，祖父子孫相望於要地者，率詞科之人也。其人未嘗知義，其學未嘗知方也，其才未嘗中器也，操紙援筆以爲比偶之詞，又未嘗取成於心而本其源流於古人也。是何所取而以卿相顯人待之，相承而不能革哉？且又有甚悖戾者，自熙寧之以經術造士也，固患天下習爲詞賦之浮華而不適於實用，凡王安石之與神宗往反極論，至於盡擯斥一時之文人，其意曉然矣。紹聖、崇寧號爲「追述」〔六八〕，熙寧既禁其求仕者不爲詞賦，而反以美官誘其已任者使爲宏詞，是始以經義開迪之，而終以文詞蔽淫之也，士何所折衷？故既以爲宏詞，則其人已自絶於道德性命之本統，而以爲天下之所能者盡於區區之曲藝，則其患又不特舉朝廷之高爵厚禄輕以與之而已也，反使人才陷入於不肖而不可救。且昔以罷詞賦而置詞科，今詞賦、經義並行久矣，而詞科迄未嘗有所更易。是何創法於始，而不能考其終，使不自爲背馳也？蓋進士、制科，其法猶有可議而損益之者，至宏詞則直罷之而已矣。」

校勘記

〔一〕遣故廷尉持節行郡國 「行」字原脱，據元本、慎本、馮本及漢書卷七昭帝紀補。

〔二〕及至孝與衆卓異者 「孝」下原衍「行」字，據元本、慎本、馮本及後漢書卷五安帝紀删。

〔三〕崔駰 按後漢書卷五二崔駰傳載，崔駰祖崔篆曾于建武初爲幽州刺史舉賢良，崔駰和帝時察高第，出爲長岑長，未曾舉賢良，疑此處有誤。

〔四〕玄宗開元八年 按舊唐書卷八玄宗紀繫此事於開元九年四月甲戌。

〔五〕對策者皆預選 「策」字原脱，據石林燕語卷九補。「預」，同書作「被」。

〔六〕憲宗元和元年 「元年」，唐會要卷七六選舉中制科舉作「三年」。

〔七〕文宗太和二年 「二」原作「三」，據舊唐書卷一七上文宗紀上、卷一九〇下劉蕡傳、新唐書卷一七八劉蕡傳、資治通鑑卷二四三唐紀五十九改。

〔八〕顯慶二年 「二」，唐會要卷七六貢舉中制科舉作「三」。

〔九〕苗神客 「客」原作「容」，據舊唐書卷一九〇中、新唐書卷二〇一元萬頃傳，新唐書卷五七藝文志一、唐會要卷七六貢舉中制科舉改。

〔一〇〕格輔元　「格」，唐科名記作「何」。

〔一一〕上元二年　「二」，唐會要卷七六貢舉中制科舉作「三」。

〔一二〕長壽三年　「三」，唐科名記作「二」。

〔一三〕韓璘　「璘」原作「琬」，據唐會要卷七六貢舉中制科舉、唐科名記改。

〔一四〕馬克麾及第　「馬」，唐會要卷七六貢舉中制科舉、登科記考卷四作「馮」。

〔一五〕褚璆　「褚」原作「楮」，據唐會要卷七六貢舉中制科舉改。

〔一六〕咸廙業　「咸」，唐會要卷七六貢舉中制科舉作「成」。「廙」，唐科名記作「慶」。

〔一七〕郭璘　「璘」原作「鄰」，據唐會要卷七六貢舉中制科舉、唐科名記改。

〔一八〕鼂良正　「鼂」，唐科名記作「寇」。

〔一九〕三年　「三」，唐會要卷七六貢舉中制科舉作「二」。

〔二〇〕吕恂　「恂」，唐科名記作「慎」。

〔二一〕景龍三年　「三」，唐會要卷七六貢舉中制科舉作「二」。

〔二二〕盧重玄及第　「玄」原作「元」，據唐科名記改。

〔二三〕先天元年　「元」，唐會要卷七六貢舉中制科舉作「二」。

〔二四〕藻思清華科　「華」原作「萃」，據唐會要卷七六貢舉中制科舉、唐科名記改。

〔二五〕郭璘之及第　「璘」原作「鄰」，據唐會要卷七六貢舉中制科舉、唐科名記改。

〔二六〕常無咎　「咎」原作「名」，據唐會要卷七六貢舉中制科舉、唐科名記改。

〔二七〕開元二年　「二」，唐會要卷七六貢舉中制科舉作「元」。

〔二八〕邵潤之　「潤」原作「閏」，據唐會要卷七六貢舉中制科舉、登科記考卷五改。

〔二九〕五年　二字原脱，據唐會要卷七六貢舉中制科舉、唐科名記補。

〔三〇〕褚庭誨及第　「誨」原作「晦」，據唐會要卷七六貢舉中制科舉、唐科名記改。

〔三一〕博學通藝科　「藝」原作「議」，據唐會要卷七六貢舉中制科舉、唐科名記改。

〔三二〕十二年　「二」，唐科名記作「三」。

〔三三〕才高未達　「才高」二字原倒，據唐會要卷七六貢舉中制科舉、唐科名記乙正。

〔三四〕薛璩及第　「璩」原作「據」，據唐會要卷七六貢舉中制科舉、唐科名記改。

〔三五〕元友直　「友」原作「有」，據元本、慎本、馮本及唐會要卷七六貢舉中制科舉改。

〔三六〕奚涉　「涉」原作「陟」，據唐會要卷七六貢舉中制科舉、唐科名記改。

〔三七〕孝弟力田聞於鄉閭科　「孝弟」二字原脱，據唐會要卷七六貢舉中制科舉、唐科名記補。

〔三八〕郭黄中　「郭」原作「鄭」，據唐會要卷七六貢舉中制科舉、唐科名記改。

〔三九〕貞元元年九月　「貞」原作「正」，避宋諱，今改回。

〔四〇〕田元佑　「田」字原脱，據唐會要卷七六貢舉中制科舉補。

〔四一〕崔豐　「豐」，唐會要卷七六貢舉中制科舉作「農」。

〔四二〕王乃　「乃」，唐會要卷七六貢舉中制科舉作「及」。

〔四三〕張浩及第　「浩」，唐會要卷七六貢舉中制科舉作「皓」。

〔四四〕杜觳　原脱，據唐會要卷七六貢舉中制科舉補。

〔四五〕鄭士材　「材」，唐會要卷七六貢舉中制科舉作「林」。

〔四六〕李蟠　「蟠」，唐會要卷七六貢舉中制科舉作「瑀」。

〔四七〕三年四月　「三」，唐會要卷七六貢舉中制科舉作「二」。

〔四八〕韋絲　「絲」，唐會要卷七六貢舉中制科舉作「緜」。

〔四九〕崔璵　「璵」，唐會要卷七六貢舉中制科舉作「與」。

〔五〇〕宋混　「混」，唐會要卷七六貢舉中制科舉作「昆」。

〔五一〕詔學士兩省御史臺五品　「五品」原在「御史臺」上，據續資治通鑑長編卷四八咸平四年二月丙寅條、宋會要輯稿選舉一〇之七乙正。

〔五二〕幕職州縣官　「職」原作「府」，據續資治通鑑長編卷四八咸平四年二月丙寅條、宋會要輯稿選舉一〇之七改。

〔五三〕各舉賢良方正一人　續資治通鑑長編卷四八咸平四年二月丙寅條作「舉賢良方正能直言極諫各一人」。

〔五四〕制誥　「誥」原作「詔」，據宋史卷一五六選舉志二改。

〔五五〕公是劉氏雜説曰　「説」原作「著」，據公是集卷四二雜説九首改。

〔五六〕哲宗元祐二年　「二」原作「元」，據續資治通鑑長編卷三九九元祐元年四月丁未條、編年綱目備要卷二二、宋會要輯稿選舉一四之一五改。

〔五七〕三省覆試　「試」原作「視」，據宋史卷一五六選舉志二改。

〔五八〕各舉一人　「各」原作「二人」，據宋史卷一五六選舉志二、宋會要輯稿選舉一一之二〇至一一之二一改。

〔五九〕汪藻舉布衣劉度　「汪」原作「江」，據元本、慎本、馮本及宋史卷一五六選舉志二改。

〔六〇〕是歲　按宋史卷三四孝宗紀二載，乾道七年「十一月甲戌，御集英殿策試應賢良文學能直言極諫科李垕」。此處「是歲」疑是乾道七年。

〔六一〕置學立師　「學」下原衍「士」字，據葉適集水心別集卷一三制科刪。

〔六二〕制誥詔表露布檄箴銘記贊頌序　宋會要輯稿選舉一二之一一、建炎以來朝野雜記甲集卷一三博學宏詞科「詔」下有「書」字，「頌」下無「序」字。

〔六三〕具合格字號　宋會要輯稿選舉一二之一一「格」下有「等等」二字。

〔六四〕無出身人賜進士出身　宋會要輯稿選舉一二之一一、建炎以來朝野雜記甲集卷一三博學宏詞科本句下有「並擇其尤者詔試館職」九字，疑此處有脱文。

〔六五〕下等減二年磨勘　宋會要輯稿選舉一二之一一、建炎以來朝野雜記甲集卷一三博學宏詞科本句下有「與堂除一次」五字，疑此處有脱文。

〔六六〕無出身人賜同進士出身　「同」字原脱，據宋會要輯稿選舉一二之一一、建炎以來朝野雜記甲集卷一三博學宏詞科補。

〔六七〕並許召試館職　宋會要輯稿選舉一二之一一、建炎以來朝野雜記甲集卷一三博學宏詞科作「遇館職有闕亦許審察召試」。

〔六八〕追述　「述」原作「術」，誤。紹聖、崇寧時，哲宗、徽宗繼承神宗遺志，推行變法，今據正。

卷三十四　選舉考七

孝廉

漢文帝十二年，詔曰：「孝悌，天下之大順也；力田，爲生之本也；廉吏，民之表也。朕甚嘉此二三大夫之行。今萬家之縣，云亡應令，豈實人情？是吏舉賢之道未備也。其遣謁者勞賜孝者帛，人五疋〔一〕；悌者、力田二疋；廉吏二百石以上率百石三疋。」自二百石以上，每百石加三匹也。

孝景後二年，詔：「曰其唯廉士，寡欲易足。今訾算十以上乃得官〔二〕，廉士算不必衆。有市籍不得官，亡訾又不得官，朕甚愍之。訾算四得官，亡令廉士久失職，貪夫長利。」

孝武元光元年冬，初令郡國舉孝廉各一人。

董仲舒對策曰：「臣愚以爲使諸列侯、郡守、二千石各擇其吏民之賢者，歲貢各二人。」故州郡舉茂材、孝廉，皆自仲舒發之。

元朔元年詔曰：「朕深詔執事，興廉舉孝，今或闔郡不薦一人，是化不下究，而積行之君子雍於上聞也。」詳見鄉舉里選考。

按：漢時詔郡國薦舉人才，賢良方正與孝廉二科並行。然賢良一科，文帝與武帝時，每對輒百餘人，又徵詣公車，上書自衒鬻者以千數；而孝廉之選，文帝之詔以爲萬家之縣亡應令者，武帝之詔以爲闔郡不薦一人，蓋賢良則稍有文墨材學者可以充選，而孝廉則非有實行可見者不容謬舉故也。

孝宣黃龍元年，詔曰：「舉廉吏，誠欲得其真也。吏六百石位大夫，有罪先請，秩禄上通，足以效其賢材，自今以來毋得舉。」言吏六百石者，不得復舉爲廉吏也。

孝平元始元年，令宗室：「其爲吏舉廉佐史〔三〕，補四百石。」

西漢舉孝廉

路温舒以決曹史舉，遷山邑丞。　龔勝郡吏，三舉孝廉，再爲尉，一爲丞。　鮑宣以郡功曹舉，遷郎。　京房以孝廉舉，爲郎。　趙廣漢以州從事舉茂材，察廉，遷陽翟令。　張敞以太守卒史察廉，爲甘泉倉長。　尹翁歸以督郵舉廉，爲緱氏尉；又以都内令舉廉，爲弘農都尉。　王尊以州從事舉，遷鹽官長。　蓋寬饒郡文學舉，遷郎。　劉輔遷襄賁令。　蕭望之御史官屬，遷治禮丞。　薛宣以大司農斗食屬察廉，補不其丞；又以不其丞察廉，遷樂浪都尉丞。　馮逡野王子，遷郎。　朱博以太常掾察廉，補安陵丞。　杜鄴遷郎。　王嘉光禄掾察廉，爲南陵丞，復察廉，爲長陵尉。　師丹遷郎。　孟喜遷郎。　黃霸左馮翊卒史，察補河東均輸長，復察廉，爲河南太守丞。　尹賞以郡吏察廉，爲樓煩長。　王吉郡吏舉孝廉，爲郎。　平當以大鴻臚文學察廉，爲順陽長。

東漢之制，郡太守舉孝廉，郡口二十萬舉一人。百官志。

故事，尚書郎以令史久次補之，光武始用孝廉爲尚書郎。

建武十二年，詔：「三公舉廉吏各二人，光禄歲察廉吏三人，中二千石歲察廉吏各一人，廷尉、大司農各二人，將兵將軍歲察廉吏各二人。」

章帝建初元年，初舉孝廉、郎中寬博有謀，任典城者，以補長、相。

和帝時，大郡口五六十萬舉孝廉二人，小郡口二十萬并有蠻夷者亦舉二人，帝以爲不均，下公卿會議。丁鴻與司空劉方上言：「凡口率之科，宜有階品，蠻夷錯雜，不得爲數。自今郡國率二十萬口歲舉孝廉一人，四十萬二人，六十萬三人，八十萬四人，百萬五人，百二十萬六人，不滿二十萬二歲一人，不滿十萬三歲一人。」帝從之。丁鴻傳。

永元七年四月，詔曰：「舊典因孝廉之舉以求人，有司詳選郎官寬博有謀才任典城者三十人。」既而悉以所選郎出補長、相〔四〕。

十三年，詔：「緣邊郡口十萬以上，歲舉孝廉一人；不滿十萬，二歲舉一人；五萬以下，三歲舉一人。」

安帝元初六年，詔光禄勳與中郎將選孝廉郎寬博有謀、清白行高者五十人，補令、長、丞、尉。

延光二年八月，初令三署郎通達經術任牧民者，視事三歲以上，皆得察舉。

順帝即位，令郡國守、相視事未滿歲者，一切得舉孝廉吏。

陽嘉元年，左雄上言：「孔子曰『四十不惑』，禮稱『彊仕』。請自今孝廉年不滿四十，不得察舉，皆先詣公府，諸生試家法，文吏課牋奏，副之端門，練其虚實，以觀異能，以美風俗。有不承科令者，正其罪法。若有茂材異行，自可不拘年齒。」帝從之。胡廣、郭虔、史敞上書駁之曰：「凡選舉因才，無拘定制。

六奇之策，不出經學；鄭、阿之政，非必章奏。甘、奇顯用，年乖彊仕；終、賈揚聲，亦在弱冠。前世以來，貢舉之制莫或回革，今以一臣之言，剗戾舊章，便利未明，衆心不厭。矯枉變常，政之所重，而不訪台司，不謀卿士。若事下之後，議者剥異，異之則朝失其便，同之則王言已行。臣愚以爲可宣下百官，參其同異，然後覽擇勝否，詳采厥衷。」帝不從。辛卯，初令郡國舉孝廉，限年四十以上，諸生通章句，文吏能牋奏，乃得應選；其有異才異行，若顔淵、子奇，不拘年齒。久之，廣陵所舉孝廉徐淑年未四十，臺郎詰之，對曰：「詔書曰：『有如顔回、子奇，不拘年齒。』是故本郡以臣充選。」郎不能屈，左雄詰之曰：「昔顔回聞一知十，孝廉問一知幾邪？」淑無以對，乃罷却之。閏月丁亥，令諸以詔除爲郎，年四十以上，課試如孝廉科者，得參廉選，歲舉一人。

左雄前議舉吏先試之於公府，又覆之於端門，尚書張盛奏除此科，黄瓊復上言：「覆試之作，將以澄清洗濁，覆實虚濫，不宜改革。」帝乃止。

二年張衡言：「自初舉孝廉，迄今二百歲矣，皆先孝行，行有餘力，始學文法。辛卯詔書，以能章句奏案爲限，雖有至孝，猶不應科，此棄本而取末。曾子長於孝，然實魯鈍，文學不若游、夏，政事不若冉、季。今欲使一人兼之，苟外有可觀，内必有闕，則違選舉孝廉之志矣。」

漢安元年尚書令黄瓊以前左雄所上孝廉之選，專用儒學文吏，於取士之義猶有所遺，乃奏增孝悌及能從政者爲四科。帝從之。

桓帝即位，詔曰：「孝廉、廉吏，皆當典城牧民，禁姦舉善，興化之本，常必由之。詔書連下，分明懇惻，而在所翫習，遂至怠慢，選舉乖錯，害及元元。頃雖頗繩正，猶未懲改。方今淮夷未殄，軍師屢出，百姓疲悴，困於調發。庶望群吏，惠我勞民，蠲滌貪穢，以祈休祥。其令秩滿百石，十歲以上，有殊才異行，乃得參選。贓吏子孫，不得察舉。杜絶邪僞請託之原，令廉白守道者得信其操。各明守所司，將觀厥後。」

詔侍中、尚書、中臣子弟不得爲吏察孝廉〔五〕。

徐氏曰：「按孝廉之舉，始自西都，嘗考元朔詔書云：『深詔執事，興廉舉孝，今或至闔郡不薦一人。其與中二千石、禮官、博士議不舉者罪。』有司奏議曰：『不舉孝，不奉詔，當以不敬論；不察廉，不勝任也，當免。』詳觀此文，則孝之與廉，當是各爲一科。故蕭望之、薛宣、黄霸、張敞等皆以察廉補長、丞，獨王吉、京房、師丹、孟喜皆以舉孝廉爲郎，劉輔舉孝廉爲襄賁令，至東都則合爲一科矣。西都止從郡國奏舉，未有試文之事；至東都則諸生試家法，文吏課牋奏，無異於後世科舉之法矣。西都未始限年；至東都則年四十以上始得察舉矣。黄瓊言，左雄所上孝廉之選，專用儒學文吏，於取士之選猶有所遺，乃奏增孝悌及能從政者爲四科。則知當時雖以孝廉名科，而未嘗責其孝行廉隅之實，是亦失設科之本意也。雖然，漢世諸科，雖以賢良方正爲至重，而得人之盛，則莫如孝廉，斯亦後世之所不能及。」

按：西漢舉賢良、文學，則令其對策，而孝廉則無對策之事，蓋所謂賢良、文學者，取其忠言嘉謨，足以佐國，崇論宏議，足以康時，故非試之以對策，則無以盡其材。若孝廉，則取其履行，而非資其議論也。今亦從而有試焉，則所謂孝廉者，若何而著之於篇乎？又况左雄所言諸生試家法，謂儒有一家之學，六藝專門之類。文吏課牋奏，則又文之靡者，去賢良所對尚復遠甚，而何以言孝廉乎？雄又言：『郡國孝廉，古之貢士，出則宰民〔六〕，宣協風教，若其面墻，則無所施用。』愚以爲真孝實廉之人，豈有不學墻面之理？而以家法、牋奏應選者，又豈可遽許以學古入官之事也？然史言雄立此法之後，濟陰太守胡廣等十餘人皆坐繆舉免黜，唯汝南陳蕃、潁川李膺、下邳陳球等三十餘人得拜郎中，自是牧守畏慄，莫敢輕舉。則知當時孝廉一科濫吹特甚，於文墨小技尚未能精通，固無問其實行也。科以孝廉名，而猶如此，則其他可知。王荆公詩言：「文章始隋唐，進取歸一律。安知鴻都事，竟用程人物！」嗚呼！其來久矣，非始於隋唐也。

許荆祖父武，太守第五倫舉爲孝廉，武以二弟晏、普未顯，欲令成名，乃請之曰：「禮有分異之義，家有別居之道。」於是共割財産，以爲三分，武自取肥田、廣宅、奴婢强者，二弟所得悉劣少。鄉人皆稱弟克讓，而鄙武貪婪，晏等以此並得選舉。武乃會宗親，泣曰：「吾爲兄不肖，盜聲竊位，二弟年長，未豫榮禄，所以求得分財，自取大譏。今理産所增，三倍於前，悉以推二弟，一無所留。」於是郡中翕然，遠近稱之，位至長樂少府。

按：此後漢初之事。當時之所謂孝廉，必取其實行，稽諸鄉評，譽望著者入選掄，而聲稱損者遭擯棄，故所舉大概皆得其人。中葉以來，此意不存，往往多庸妄之流，以干請而得之，於是只得假試文之事，以爲革繆之法矣。

至孝

安帝永初五年，舉至孝與衆卓異者。

桓帝建和元年，詔大將軍、公卿、郡國舉至孝篤行之士各一人。

延熹九年，詔公卿、校尉、郡國舉至孝。

獻帝建安五年，詔三公舉至孝二人，九卿、校尉、郡國各一人，皆上封事，靡有所諱。

徐氏曰：「按荀爽傳：太常趙典舉爽至孝，對策陳便宜。靈帝詔舉有道之士，而謝弼、陳淳、公孫度俱對策，除郎中。由是觀之，漢世諸科皆有制策，有司因以定其科第之等也。」

東漢舉孝廉

馬棱〔七〕伏波族孫，以郡功曹舉，遷謁者。 魏霸 韋彪 馮豹 賈琮 鄭弘 周章 張霸 桓典 桓鸞 劉平 江革 周磐〔八〕 第五倫 鍾離意 寒朗 朱穆 徐防 張敏 胡廣 袁安 翟酺〔九〕 霍諝 陳禪 龐參 陳龜 橋元 黃憲不就。 楊彪 張綱 王龔 种暠 陳球 杜根 劉陶 李雲 傅燮 蓋勳 張衡不就。 左雄 李固 杜喬 吳祐 延篤 段熲 陳蕃 李膺 劉祐 宗慈 巴肅 范滂 尹勳 蔡衍 羊陟 陳翔 檀敷 劉儒 賈彪 符融不就。 鄭太不就。 荀彧 皇甫嵩 朱儁 劉虞 公孫瓚 袁術 許荆 第五訪 劉矩 劉寵 陽球 劉昆〔一〇〕 張興 包咸 楊仁 董鈞 服虔 潁容 許慎 高龔〔一一〕 劉梁 高彪 劉茂 張武 戴封 雷義 王烈 謝夷吾 李郃 公沙穆 華佗不就。

長水校尉樊儵上言：「郡國舉孝廉，率取年少能報恩者，耆宿大賢多見廢棄。宜敕郡國簡用良俊。」

种暠始爲縣門下史〔三〕，時河南尹田歆外甥王諶，名知人，歆謂之曰：「今當舉六孝廉，多得貴戚書命，不宜相違，欲自用一名士，以報國家，爾助我求之。」明日，諶送客於大陽郭，遥見暠，異之。還白歆曰：「爲尹得孝廉矣，近洛陽門下史也。」歆笑曰：「當求山澤隱滯，乃洛陽吏邪〔三〕？」諶曰：「山澤不必有異士，異士不必在山澤。」歆即召暠於庭，辨詰職事，暠辭對有序，歆甚知之，召署主簿，遂舉孝廉〔四〕，辟太尉府，舉高第。

按：東京選舉，孝廉一科爲盛，名士多出其中，然以此二段觀之，則濫吹者亦多。如樊儵所言取年少能報恩者固非矣；若田歆庭詰种暠，而觀其辭對有序，則謂之能吏可耳，所謂孝廉豈於一應對之頃而知之乎？

魏黄初二年，初令郡國口滿十萬者，歲察孝廉一人，其有秀異，無拘户口。三府議：「舉孝廉本以德行，不復限以試經。」司徒華歆以爲：「喪亂以來，六籍墮廢，當務存立，以崇王道。夫制法者所以經盛衰，今聽孝廉不以經試，恐學業從此而廢。若有秀異，可特徵用，患於無其人，何患不得哉！」帝從其言。

魏舒年四十餘，郡舉上計掾，察孝廉，宗黨以舒無學業，勸令不就，可以爲高。舒曰：「若試而不中，其負在我，安可虚竊不就之高，以爲己榮乎？」於是自課百日，習一經，因而對策升第。

東晉元帝初，以天下喪亂，務存慰勉，遠方孝、秀，不復策試。後以經略麤定，乃令試經。其後孝、秀莫敢應命，至者多辭以疾。詳見舉士門。

宋制，州舉秀才，郡舉孝廉，皆策試。見舉士門。

北齊制，中書策秀才，集書策貢士，考功郎中策賢良。見舉士門。

周宣帝詔郡舉經明行修者爲孝廉〔一五〕，歲一人。見舉士門。

唐太宗貞觀十八年，引汴、鄜諸州所舉孝廉，賜坐於御前，上問以皇王政術，及皇太子問以曾參說孝經，並不能答。太宗謂曰：「昔楚莊王言事，群臣莫逮，退而有憂色，曰：『諸侯能自得師者王，自謀而莫己若者亡。今以不穀之不德，群臣莫能逮，吾國其幾於亡乎！』朕發詔徵天下俊異，纔以淺近問之，咸不能答。海内賢哲將無其人邪？朕甚憂之。」

代宗寶應二年，禮部侍郎楊綰奏：「請每歲舉人依鄉舉里選察秀才孝廉。」敕旨：「每州每歲察孝廉，取在鄉閭有孝弟廉耻之行薦焉，委有司以禮待之，試其所通之學，五經之内精通一經，兼能對策達於理體者，並量行業授官。其明經、進士並停，道舉亦宜准此〔一六〕，同所司作條件處分。」七月二十六日，禮部侍郎楊綰奏：「貢舉條，孝廉各令精通一經。其取左氏傳、公羊、穀梁、禮記、周禮、儀禮、毛詩、尚書、周易任通一經，每經問義二十條，皆取傍通諸義，務窮根本；試策三道，問古今理體及當時要務，取堪行用者，仍每日問一道，頻三日畢〔一七〕。經義及策全通爲上第，其上第者望付吏部便與官；其問義每十條通七、策通二爲中第，與出身；下者罷之。又論語、孝經皆聖人深旨，孟子亦儒門之達者，其學官望兼習此三者，其爲一經，其試如上。秀才舉人〔一八〕，望令精通五經問義二十條，對策五道，全通者爲上第，上第者送名中書門下，請超與處分；問義十條通七、策通四爲中第，中第者送吏部與官；下者罷之。孝悌力田，但能熟讀一經，言音典切〔一九〕，即令所司舉送，試通，便與出身。其今年舉人或舊業既成，理難速改，或遠州所送，身已在途，事須收奬，不可中廢。其今秋舉人中有情願依舊業舉者亦聽。今年之後，並依新敕敕旨。進士、明經置來日久，今頓令改業，恐難有其人。諸色舉人宜與舊法兼行。」至建中元年六月九日，敕孝廉科宜停。

宋太祖皇帝開寶八年，詔諸州察民有孝悌力田、奇才異行或有文武材幹，年二十以上至五十可任使者，選擇具送闕下。如無人塞詔，亦以實聞。

九年，詔翰林學士李昉等於禮部貢院同閱諸道所解孝悌力田及有人材武學，凡七百四十人〔二〇〕。試問所習之業，皆無可採。而濮州以孝悌薦名者二百七十人，上駭其頗多，召問於講武殿，率不如詔；猶稱素能習武，復試以騎射，則隕越顛沛失次。上顧曰：「止可隸兵籍。」皆號告求免，乃悉令退去，詔劾本部官司濫舉之罪。

按：以孝廉或孝悌名科，蓋取其平日之素履，固難於一閲試之頃而知之也。然自東漢以來，孝廉遂爲取士科目之通稱，不復有循名責實之舉，不過試以文墨小技，而命之官；至倥偬之際，則并不試文，而悉官之矣。隋唐而後，始有進士、明經等科，遂無復有舉孝廉之事。蓋隋唐而後之進士、明經，即東漢以來之孝廉，皆借其名以爲士子進取之塗耳。然上之人慕孝廉之美名，故時有察舉之詔，而貞觀之孝廉，至不能答曾參所説孝經；開寶之孝弟，至不能言所習之業，淺陋可笑如此。蓋自以文藝取人，士之精華果鋭者，皆盡瘁於記問詞章聲病帖括之中，其不能以進士、明經自進者，皆椎朴無文之人，遂欲別求進身之塗轍，故夤緣州郡，以應詔舉。詳史所載，二帝所以詢訪之者，固非僻經奥傳，傲以所不知也，而已不能答，則其無所抱負可知。景祐間，李淑言：「所謂茂材者，本求出類之雋，而士之不利鄉舉者應焉，非求材之本意也。」意貞觀、開寶所解孝悌力田，文武才幹皆不能應鄉舉之輩耳。

武舉

漢興，六郡良家子選給羽林、期門，師古曰：「六郡，謂隴西、天水、安定、北地、上郡、西河也。」以材力爲官，名將多出焉。軍功多用超等，大者封侯、卿、大夫，小者郎。

公孫賀，北地人，少爲騎士從軍。　李廣，隴西人，以良家子從軍。　趙充國，隴西人，以六郡良家子善騎射，補羽林。　傅介子，北地人，以從軍爲官。　甘延壽，北地人，以良家子善騎射，爲羽林。　馮奉世，上黨人，以良家子選爲郎。　張次公，以勇悍從軍。　常惠應募隨蘇武使匈奴。　鄭吉以卒伍從軍。　傅介子斬樓蘭王，士刺王者皆補侍郎。　灌夫以候司馬從擊吴、楚。　蘇建以校尉從大將軍。

唐武舉起於武后之時。長安二年，始置武舉，其制有長垜、馬射、步射、平射、筒射，又有馬槍、翹關、負重、身材之選。翹關者，長一丈七尺，徑三寸半，凡十舉後，手持關距，出處無過一尺；負重者，負米五斛，行二十步：皆爲中第，亦以鄉飲酒禮送兵部。其選用之法不足道，故不復書。

按：選舉志言：「唐武舉起武后之時，其選用之法不足道，故不詳書。」然郭子儀大勳盛德，身係安危，自武舉異等中出，是豈可概言其不足道邪？唐登科記所載異科出身者衆，獨軼武舉，亦一欠事。

永隆元年，岳牧舉武陟縣尉員半千及第，上御武成殿親問曰：「兵書云天陣、地陣、人陣之名，何謂也？」半千對曰：「臣觀載籍，多謂天陣謂星宿孤虛也，地陣謂山川向背也，人陣謂偏伍彌縫也。以臣愚見，謂不然矣。夫師出以義，有若時雨，得天之時，此天陣也；兵在足食，且耕且戰，得地之利，此地陣也；士卒輕利，將帥和睦，此人陣也。若用兵去是三者，其何以戰。」上深賞之。

右補闕薛謙光言：「今武能制敵之科，祇令彎弧。夫趙雲雖勇，資諸葛之指揮；周勃雖雄，乏陳平之計略。若使樊噲居蕭何之任，必失指蹤之機；使蕭何入戲下之軍，亦無免主之效。是知謀將不取於弓馬，良相不資於射策。願降明制，循名責實，文則試以効官，武則令其守禦。」

唐武選，兵部主之。課試之法如舉人之制，取其軀幹雄偉，應對詳明，有驍勇材藝，及可爲統帥者。若文吏求爲武選，取身長六尺以上，籍年四十以下，强勇可以統人者。武夫求爲文選，取書判精通，有理人之才，而無殿犯者。

宋有武舉、武選。咸平時，令兩制、館閣詳定入官資序故事，而未嘗行。

仁宗天聖八年，親試武舉十二人，先閱其騎射，而後試之。

景祐四年，韓億言：「武臣宜知兵書，而禁不得傳，請纂其要以授之。」於是出神武秘略以授邊臣。

慶曆六年，策武舉。馮維師奏：「武舉以策爲去留，弓馬爲高下。」

神宗熙寧五年，樞密請建武學於武成王廟，選文武官知兵者爲教授，使臣未參班與門蔭、草澤人，召京官保任，人材弓馬應格，聽入學，給食，習諸家兵法。教授纂次歷代用兵成敗、前世忠義之節足以訓者講釋之。願試陣隊者，量給兵伍。在學三年，具藝業考試等第推恩，未及格者逾年再試。凡試中，三班使臣與三路巡檢、監押〔二〕、寨主，未有官人與經略司教隊、差使，三年無過，則陞親民、巡檢〔三〕。至大使臣；有兩省、待制或本路鈐轄以上三人保舉堪將領者，並兼諸衛將軍，外任回，歸環衛班。以尚書兵部郎中韓縝判學，内藏庫副使郭固同判，賜食本錢萬緡。生員以百人爲額。科場前一年，武臣路分都監、文官轉運判官以上各奏舉一人，聽免試入學。生員及應舉者不過二百人。春秋各一試，步射以一石三斗，馬射以八斗，矢五發中的；或習武伎，副之策略，雖弓力不及，學業卓然，並爲優等，補上舍，以三十人爲額。

八年，詔武舉與文舉同時鎖試〔三〕，以防進士之被黜而改習者。

高宗建炎二年，兵部言：「應武舉得解、免解人，各召保官賚公據赴部引驗，於行在殿前司試弓馬訖，就淮南轉運司別場附試程文。」從之。

紹興十六年，始建武學。兵部上武士弓馬及選試去留格：凡初補入學，步射弓一石，若公私試步騎射不中，即不許試程文。其射格自一石五斗以下至九斗〔二四〕，凡五等。上可其奏，因謂輔臣：「國家武選，政欲得人，今諸將子弟皆耻習弓馬，求換文資，數年之後，將無人習武矣。宜勸誘之。」

凡武學生習七書兵法，步騎射分上、內、外三舍，學生以百人爲額。置博士一員，以文臣有出身或武舉高選人爲之；學諭一員，以武舉補官人爲之。

孝宗隆興元年，御試得正奏名三十七人。殿中侍御史胡沂言：「臣觀唐之郭子儀，以武舉異等，初補右衛長史〔二五〕，歷振遠、橫塞、天德軍使。祖宗時，試中武藝人並赴陝西任使。又武舉中選者，或除京東捉賊〔二六〕，或三路沿邊，試其效用；或經略司教押軍隊，準備差使。今率授以榷酤之事，是所取非所用，所用非所學也。臣請取近歲中選人數，量其才品之高下，考任之深淺，授以軍職，使之習練邊事，諳曉軍旅，實選用之初意也。」

乾道五年，廷試，始依文舉給黄牒。同正奏名三十三人，榜首賜武舉及第，餘並賜武舉出身。

上垂意武科，以授官與文士不類，詔自今第一人補秉義郎，堂除諸司計議官，序位在機宜之上；第二、第三人保義郎，諸路帥司準備將領，代還，轉忠翊郎；第四、第五人承節郎，諸路兵馬監押，代還，轉保義郎〔二七〕，皆倣進士甲科恩例。四年，又以文舉狀元代還，例除館職，亦召武舉榜首爲閤門舍人。五年，御試得正奏名四十四名，始立武學國子額，收補武臣親屬，其文臣親屬願赴武補者亦聽。七年，初立武舉絶倫并從軍法：凡願從軍者，殿試第一人與同正將，第二、第三名同副將，第五名已上、省試第六名已下〔二八〕，並同準備將。從軍以後，立軍功及人才出衆，特旨擢用。上曰：「武舉本求將帥之才，今前名皆從軍，以七年爲限，則久在軍中，諳練軍政，他日可備擢用。」

武臣試換文資，祖宗朝，許從官三人薦舉。紹興令敦武郎以下聽召保官二人，以經義、詩賦求試。其後太學諸生久不第者，多去從武舉，已，乃鎖廳應進士第，凡以秉義或忠翊皆換京秩，恩數與第一人等。後以林穎秀言：「武士舍棄弓矢，更習程文，褒衣大袖，專效舉子。夫科以武名，不得雄健喜功之士，徒啓其僥倖名爵之心。」於是詔自今毋得鎖換。

寧宗初，復武科鎖換令。

任子

漢儀注，吏二千石以上，視事滿三歲，得任同産若子一人爲郎。

董仲舒對策曰：「夫長吏多出於郎中、中郎〔二九〕、吏二千石子弟，未必賢也。」王吉言：「舜、湯不用三公九卿之世，而舉皋陶、伊尹，不仁者遠。今使俗吏得任子弟，率多驕驁，不通古今，至於積功治人，亡益於民，此伐檀所爲作也。宜明選求賢，除任子之令。外家及故人，可厚以財，不宜居位。」

哀帝元年，除任子令。

先公曰：「漢二千石任職三年〔三〇〕，得任其子若同産，蓋有八九歲爲郎備宿衛者。朝夕左右與聞公卿議論，執戟殿陛，中郎將以兵法部屬之，而淳厚有行者，光禄勳歲課第之。時出意上書疏，足以裨缺失，而天子亦因以習知其性，而識其才之能否〔三一〕，自郎選爲縣令，自大夫選爲守相，或持節四方，天子時課其功而召之入。蓋上之久留意其選，而法制使之然也。」

西漢任子入仕

蘇武以父任爲郎。劉向以父任爲輦郎。孔光子男放爲侍郎。董恭爲御史，任賢爲太子舍人。蕭育以父任爲太子庶子。史丹九男，皆以丹任爲侍中。汲黯以父任爲太子洗馬。史丹、馮野王皆以父任爲太子中庶子。伏湛以父任爲博士弟子。辛慶忌以父任爲右校丞。杜延年以三公子補軍司空。虎賁諸郎皆父死子代。

右父任。

霍去病任光爲郎。楊惲以忠任爲郎。袁盎兄噲任盎爲郎中。

右兄任。

成帝時，侯霸以族父任爲太子舍人。趙兼淮南王舅，子由以宗家任爲郎。

右宗家任。

元始二年，龔勝、邴漢乞骸骨，策曰：「其上子若孫若同産、同産子一人〔三〕。所上子男，皆除爲郎。」

右致仕任。

安帝建光元年，以公卿、校尉、尚書子弟一人爲郎、舍人。

東漢任子入仕

桓郁　桓焉　周勰　耿秉　馬廖　宋均　黄瓊　袁敞　黄琬　臧洪　何休

延熹中，宦官方熾，任人及子弟爲官〔三〕，布滿州縣。

按：任子法始於漢，而其法尤備於唐。漢、唐史列傳中，凡以門蔭入仕者，皆備言之，獨魏、晉、南、北史不言門蔭之法，而列傳中亦不言以門蔭入仕之人，何也？蓋兩漢入仕之途，或從辟召，或舉孝廉，至隋唐則專以科目取人，所以漢唐之以門蔭入仕者，皆不由科目與辟召者也。自魏晉以來，始以九品中正爲取人之法，而九品所取，大概多以世家爲主，所謂「上品無寒門，下品無世族」，故自魏晉以來，仕者多世家。逮南北分裂，凡三百年，而用人之法，多取之世族，如南之王、謝，北之崔、盧，雖朝代推移，鼎遷物改，猶卬然以門地自負，上之人亦緣其門地而用之，故當時南人有「三公之子傲九棘之家，黄散之孫蔑令長之室」之説，北人亦有「以貴襲貴，以賤襲賤」之説。往往其時仕者，或從辟召，或舉孝廉，雖與兩漢無異，而所謂從辟召、舉孝廉之人，則皆貴冑也。其起自單族匹士而顯貴者，蓋所罕見。當時既皆尊世冑而賤孤寒，故不至如後世之誇特起而鄙門蔭，而史傳中所以不言以蔭叙入官者，蓋所以見當時雖以他途登仕版，居清要者亦皆世家也。

唐制：凡用蔭，一品子正七品上，二品子正七品下，三品子從七品上，從三品子從七品下，正四品子正八品上，從四品子正八品下，正五品子從八品上，從五品及國公子從八品下。餘見舉官門。

宋太祖皇帝乾德元年，詔減每歲奏補千牛、齋郎之額，自今臺省六品、諸司五品登朝第二任，方得蔭補。

止齋陳氏曰：唐制：禮部簡試太廟齋郎、郊社齋郎，文資也；兵部簡試千牛備身及太子千牛，武資也，蓋文武蔭補之制。自後唐天成三年，和凝奏齋郎歲以三十人爲限；同光二年，奏千牛左右仗各六員，歲以十二員爲限。至是減之，歲凡補二十五員。恭惟藝祖初定任子之法，臺省六品、諸司五品必嘗登朝歷兩任，然後得請，不請者則不補矣。太宗淳化，始因改元恩霈，文班中書舍人、武班大將軍以上，並許蔭補，如遇轉品，即許更蔭一子，而奏薦之廣自此始。至道二年，始有壽寧節推恩之令，則聖節奏薦自此爲例。大中祥符元年，始有東封禮畢推恩之令，則郊禋奏薦自此爲例。前朝患之，累嘗裁定。聖節奏薦，自嘉祐元年罷，今惟郊禋如故。至於致仕、遺表之恩，凡與者皆特典也，而後亦爲定制。至熙寧始裁定：諸衛將軍、諸司副使，累奏不得過二人；非任路分都監差遣，即須入仕三十年方聽奏薦，而限年限員之法立。宣和四年，中大夫至帶職朝奉郎入官十五年，諸衛大將軍至武翼大夫入官二十年〔三四〕，宣和四年九月二十九日敕。內侍官武功大夫至武翼郎，累奏不得過二人。逮於孝宗，法度益嚴。淳熙九年，更務裁抑，始立遇郊蔭補恩澤正數：宰相十人，開府儀同三司以上同。執政八人，侍從六人，觀察使至節度使、侍御史同。中散大夫至中大夫、右武大夫至通侍大夫同〔三五〕。帶職朝奉郎、朝議大夫三人〔三六〕；武翼大夫至武功大夫同。致仕、遺表恩澤，文臣見任宰相八名，舊十二名。曾任宰執七名，舊十名。見任執政六名，舊九名。曾任執政謂帶職者。五名，舊七名。在內侍從、在外待制以上，或不帶職大中大夫以上二名；舊二名。無遺表止得致仕者，侍御史、舊二名。中散中奉至中大夫、舊二名。朝奉郎至朝議大夫一名，武臣見任使相七名，舊九名。曾任使相六名，舊八名。見任執政、太尉謂許依執政官例者。六名，舊七名。曾任執政、節度使五名，舊七名。諸衛上將軍至承宣使四名，舊五名。觀察使三名，舊四名。通侍大夫二名，舊四名。正侍至右武大夫、舊二名。諸衛大將軍、武功至武翼大夫一名。遥郡同。

又詔：「齋郎每歲以十五人爲額，取年貌合格、誦書精熟者充。覆試不如所奏，主司坐之〔三七〕。」

真宗大中祥符二年，詔：「應以門蔭授京官，年二十五以上求差使者，當令於國學聽習經書，以二年爲限，仍令審官院與判監官考試訖，以名聞。」既而引對大理評事錢象中、太常寺奉禮郎陳宗紀〔三八〕，並以學業未精，令且習讀，俟次年引對。又詔：「已有官而再奏者，至所合授止。」又詔：「鎖廳就試，至禮部不合格者，停見任。」詳見舉士門。

石林葉氏曰：「祖宗時，見任官應進士舉，謂之鏁廳，雖中選，止令遷官，而不賜科第，不中則停見任，其愛惜科名如此。淳化三年，滁州軍事推官鮑當等應舉合格，始各賜進士及第，自是遂皆賜第。」

七年，幸南京，詔文武臣僚逮事太祖者，賜一子恩澤。

初，轉運使辭日，皆得奏一人。天禧後，唯川、廣、福建路始聽，餘路再任者始得奏焉。

仁宗慶曆中，大減恩蔭制入仕之路，罷聖節奏蔭恩例。學士以下，遇郊恩許奏大功以上親，再遇郊許奏小功以下親。蔭長子孫皆不限年，諸子孫須年過十五，若弟侄須過二十，必五服親乃得蔭。已嘗蔭而物故者，無子孫祿仕，聽再蔭。自是任子之恩殺矣。

英宗登極，四方監司、州守賀即位押貢奉人，悉命以官。

知諫院司馬光言：「監司、太守遣親屬奉表至京師者，不問官職高下、親屬遠近，一例推恩，乃至班行、幕職、權知州軍，或所遣之人非親屬者，亦除齋郎、差使、殿侍，此蓋國初承五代姑息藩鎮之弊，大臣因循故事，不能革正。國家爵祿，本待賢才及有功效之人，今使此等無故受官，誠爲太濫。今縱不能盡罷，其進表人若五服內親者，或乞等第授以官；其無服及非親屬者，並量賜金帛罷去，庶少救濫官之失。」時以詔令已行，不從。

英宗慨然思革天下之弊，時方患官冗，言者皆謂由三歲一磨勘，其進甚亟，稍遷以至高位，故獲蔭者衆。乃令自今待制以上，自遷官後六歲，無過遷之，有過益展年，至諫議大夫止。京朝官四歲磨勘，至前行郎中止。少卿、監限七十員，員有闕，以前行郎中久次者補之；少卿、監以上遷官，聽旨。

神宗熙寧四年，中書言：「蔭補者免試注官，多不習事，以致失職。試者又須限年二十五，才者既滯，所試又止律、詩，豈足甄才。及已受任而無勞可書，亦無薦者，法當再試書判三道，亦成虛文。今請守選者歲以二月八日以前試斷案二〔三九〕，或律令大義五，或議三道，差官同銓曹官撰式考試〔四〇〕，第爲三等，上之中書。上等免選注官，優等依判超例陞資，無出身者賜之。試不中或不能就試〔四一〕，滿三歲亦許注官，惟不得入縣令、司理、司法。自是更不試判，仍除去免選恩格。若歷任有舉者五人，自與免試注官，其蔭補人亦罷試詩，年及二十許自言，而試斷案、律義及議，應格即許注官，優等亦賜出身。試而不中，或不能試，年及三十，自許參注。若年及三十〔四二〕，授官已及三年，出官亦不用試。若秩入京朝，即展任監當三年，在任有二人薦之，免展。」詔悉從之。

舊制：蔭補初赴選，皆試律暨詩；已仕而無勞績、舉薦及無免試恩，皆試判。更制以後，暨試律義、斷案議，後又增試經義。中選者皆得隨銓擬注，其入優等者，往往特旨擢賜進士出身。

熙寧初，裁損奏蔭之法，自宰相、使相而下，併及宮掖、外戚，遞有減損。舊制，諸妃遇聖節奏親屬一人，間一年許奏三人〔四三〕，郊禮許奏一人，今定諸妃每遇聖節并郊，許奏有服親一人。舊制，皇親妻兩遇郊，許奏親屬一人〔四四〕，今罷。舊制，郡、縣主遇郊，許奏親生子及其夫之親，今只許奏親子。舊制，臣僚之妻爲國夫人者，得遺表恩，今除之。舊制，公主每遇聖節、郊禮，許奏夫之親屬一人，并遇公主生日，許奏一人，今罷生日恩，聖節許奏有服親。

按：熙寧所裁損奏蔭之法，先自妃嬪、公主始，此法之所以必行。外如皇親妻及命婦、郡縣主所蔭，其恩尤濫，故並抑之。而聖節奏蔭恩例，則仁宗時已罷之，往往行之於臣僚，而未嘗行之於妃、主。至此方有施行，然亦但裁抑其濫及者，而未嘗盡罷此例云。

五年，曾布等言：「中外臣僚陳請恩澤，未有定制。今欲見任二府，歲許乞差遣一人〔四五〕；宰相、樞密使兼平章事非因事罷者〔四六〕，陳乞轉官一人，指射差遣二人〔四七〕；餘以次有差。」

徽宗宣和元年〔四八〕，侍御史張汝舟言：「奏補之法，有太濫者，有太吝者。今法所該奏補，與先朝同，而所從該奏者異。昔之官至大夫，歷官不下三五十年，而今之出官，有閱三五年間已至大夫者矣。

文武官至大夫既易且速，其來日衆，而奏補未嘗限年，此所以爲太濫也。朝請至朝奉郎得致仕恩，雖亡殁在給敕後，皆得蔭補；至若中大夫以下及武功、武翼大夫，已求致仕，而受敕不在生前者，乃格其恩不與，於是有以疾危而致仕，身謝而未受敕者，則其家往往匿哀須限，仍以不及親授不與霑恩者多矣，此所以爲太吝也。欲乞文武官雖遇郊當蔭，文入官不及十五年、武入官不及二十年，皆未許蔭補，以抑其太濫。至於文武官及大夫以上嘗乞休致，而身謝在出敕前，並許奏蔭，以補其所不及。」詔除寺、監長貳至開封少尹，係用職事蔭補，不合限年，餘悉從之。

司諫李會言：「比年大臣子弟僅能勝衣，即箎從列，遇大禮亦得奏補。其稚年顯貴，身既濫矣，未有子而移蔭他人，是叠濫也。請待制以上無出身人，須年及三十、通歷任及十年者，遇郊許奏。」從之。其後朱勝非追記當時權臣欺君濫恩，其言曰：「祖宗舊制，宰執子弟例不堂除，只於銓部注擬，罷政不以罪，則推恩遷擢。蓋二府號表則之地，不阿其親，當以身率故也。趙普子弟皆官右列，普再相，長子遂受莊宅使。元祐中，范純仁再相，子正平博學有文行，未嘗出官，竟死選調。紹聖中，章惇作相九年，子援及持皆高第有學問，士論推許，並爲州縣、幕職、監當官。惟是仁宗朝，夏竦子安期以累任邊帥，授待制、直學士。熙寧間王安石薦其子雱爲崇政殿説書，除待制，後因三經義成，遷直學士，力辭不受。然安期猶有才幹，雱猶有學問，至蔡京拜相不數年，子六人、孫四人同時爲執政、從官。宰相鄭居中子修年、億年，劉正夫子阜民、阜民，余深子日章、兄清，王黼子閎孚，白時中子彦暉，執政蔡卞子仍，鄧洵仁子襄，鄧洵武子雍，並以曲恩倖例，列於從班，而阜民、襄、閎孚尤懦騃，或始十餘歲。宣和末，諫官李會疏論，以爲：「尚嬉竹馬，已獲荷囊；未應娶婦，已得任子。」時亦覺其太濫，遂免奉朝，而列侍從如故。

高宗建炎元年，李綱言：「宣、靖以來，宰相子悉以恩澤至待制、雜學士。」乃詔宰執子弟任待制已上者，並罷。

紹興四年，太尉、神武右軍都統制張俊乞以明堂恩，任子宗元文資。吏部言有礙條格，詔特許之。武臣非使相而以文資禄子孫者，自是爲例。

中書舍人趙思誠言：「孤寒之士，名在選部，皆待數年之闕，大率十年而不得一任。今親祠之歲，任子約四千人，是十年之後，增萬二千員，科舉取士不與焉。將見寒士有三十年不得調者矣。祖宗朝祕書監，今之中大夫也；諸寺卿，今之中奉、中散大夫也。仕至此者，皆實以年勞、功績得之，年必六十，身不過得恩澤五六人。政和、宣和之後，私謁行，横恩廣，有年未三十而官至大夫者，員數比祖宗時不知其幾倍〔四九〕，而恩例未嘗少損，有一人而任子至十餘者。此而不革，實政事之大蠹也。望特旨侍從官共議所以革弊之術，示之以至公，斷之以必行。」詔下其議。會思誠去國，議遂格。

二十二年，右諫議大夫林大鼐言：「武臣奏薦多出軍中〔五〇〕，爵秩高而族姓少〔五一〕，凡有奏薦，同姓皆期功，異姓皆中表。閭巷之徒，附會以進，寨帥、栅長利其高貲，有司不能詰其端，他人不能伺其隙。請自今須經統轄長官結罪保明，詭冒者連坐之。」

孝宗即位，慨然思革冗官之弊，初詔百官已任子者〔五二〕，遇郊恩權免奏薦，年七十人遇郊不許奏子。

俄又詔，未奏者許一名。乾道九年，詔武臣嘗任執政官，遇郊聽補文資。於是恩數視執政者亦得之。蓋戚里、宗王與夫攀附之臣，皆争以文資禄其子，不可復正矣。寧宗嘉泰初，言者以官冗恩濫，諸宗女夫授官者，依舊法終身只任一子，兩府使相不得以郊恩奏門客，著爲令。

慶元蔭補新格：使相以上十人，執政官、太尉八人，文官大中大夫以上及侍御史、武臣節度、承宣、觀察使六人，文臣中散大夫以上、武臣防、團、刺史及横行四人，文臣帶職朝郎以上、武臣正使三人。致仕、遺表：文臣前宰相、見任三少、使相共八人，曾任三少、使相七人，曾任執政官六人，大中大夫以上二人；武臣使相已上八人，節度使六人，承宣使五人，觀察使四人；文臣中大夫、武臣防禦使已下，並不得推遺表恩。先是，紹興初，中書舍人趙思誠嘗上任子限員之議，詔從官討論申省，淳熙九年八月庚子，始用廷臣集議行之。既而從官有身前已奏六人，而身後推恩爲吏部所格者，開禧末，議者有請，乃詔致仕、遺表恩澤在限員之外，若非泛恩澤，則概不許云。謂監司、帥臣遇有恩，及泛使出疆之類。銓試者，舊有之，凡任子若同進士出身之人皆赴，建炎兵火後權停，紹興三年始復舊。無出身人許習經義、詩賦、時議或刑統義、斷案。十三年九月，詔兼試二場，惟有出身人試律如故。其任子之在蜀者，舊法令益、梓兩路漕司輪年分春秋銓試；乾道二年，從知蜀州楊民望之請，委制置司主之。後有降敕差監試、考試官，惟蜀士同出身之在東南者，則免銓試。故事，春秋再試，十人而取七。乾道二年後，上春試，二人而取一；紹熙末，議者病其寡學，乃請三人而取一；後三年，謝用光爲吏部侍郎，上言今世禄之家已留意學問，請復舊制，詔許焉。今蜀中銓試甚寬，凡假手者率費七百緡，又勢要子孫鮮不與選。或謂宜悉赴吏部，然吏部亦不免此，要當如祖宗時先試而後命可也。舊銓試未合格者許堂除，淳熙中，孝宗始嚴其令。八年八月，趙衛公帥瀘，奏其子昱書寫機宜文字。既受敕矣，木待問藴之在西掖，緣他事以未銓試爲言，遂寢其命。紹熙元年八月，計司業衡又奏，乞中選人就吏部長貳廳前簾試，試中然後許參選。小經義一首，或小賦，或省題詩一首。明年四月，吏部條具如所奏，内同進士出身并恩科人更不簾試，仍下四川制置司一體施行。從之。黄子由時爲考功郎官，建言今已增試律義，自不須更簾試。大臣進呈，光宗曰：「簾試以革代筆之弊，正當加嚴，豈可廢也！」三年八月，謝子肅侍郎又言：「銓試不中，四十以上注殘零闕人，乞令郎官就長貳廳寫律一條，俾之解釋，如或不通，未得參注。」從之。始任子降等補文學者，與恩科人皆免銓試。孝宗以爲非是，亦命試焉。惟宗室子銓試，則終場無雜犯者皆出官，蓋朝廷優天屬之意。廣東、西漕司舊亦有銓試，乾道八年罷之。

乾道元年，吏部尚書葉顒上言：「選人差注格法、堂除賞典，並在中銓人之上。比年以來，調官者急於請謁，而堂除不勝其多；在官者巧於經營，而賞典不勝其濫。至於銓試，號爲公選，舊來一歲二試，十取其七，今乃從而損之，歲止一試，十取其五。夫其嚴且難如此，而注授之際，乃爲多且濫者所陞壓，非所以爲平也。」上從其議，命更法焉。

淳熙十二年，臣僚言：「比年銓試，有以國戚而與宮觀，有以勳閥而與差遣，問嘗中銓乎，曰未也。

臣聞古之行法，必自貴近始。捨貴近而行於疏遠，則天下不服；法行而天下不服，則法廢矣。請明詔執事，自今一時除授未察其中否者，令吏部條具來上，未中者許給舍繳駮，臺諫彈罷，雖宫觀、嶽祠帶貼職者亦在所不與。蓋貼職者，天子之優恩，非可假此以免試也；嶽祠、宫觀，臨民之漸也。不中銓試，不以貼職而出官，不以嶽祠、宫觀而臨民，則倖塞矣。」從之。

校勘記

〔一〕人五疋　「五」原作「三」，據漢書卷四文帝紀改。

〔二〕今訾算十以上乃得官　「官」，漢書卷五景帝紀作「宦」。下同。

〔三〕其爲吏舉廉佐史　「史」原作「吏」，據漢書卷一二平帝紀改。

〔四〕既而悉以所選郎出補長相　「長」原作「守」，據後漢書卷四和帝紀改。

〔五〕詔侍中尚書中臣子弟不得爲吏察孝廉　「臣」原作「官」，據後漢書卷六三李固傳改。

〔六〕出則宰民　「宰」原作「寧」，據後漢書卷六一左雄傳改。

〔七〕馬棱　「棱」原作「稜」，據後漢書卷四馬棱傳改。

〔八〕周磐　「磐」原作「槃」，據元本、慎本、馮本及後漢書卷三九周磐傳改。

〔九〕翟劭　按後漢書無「翟劭」，而應劭曾于靈帝時舉孝廉，見後漢書卷四八應劭傳，疑此處「翟」爲「應」之誤。

〔一〇〕劉昆　「昆」原作「琨」，據後漢書卷七九劉昆傳改。

〔一一〕高龔　按後漢書無「高龔」，而有葛龔曾舉孝廉，見後漢書卷八〇文苑傳，疑此處「高」爲「葛」之誤。

〔一二〕种暠始爲縣門下史　「史」原作「吏」，據元本、慎本、馮本及後漢書卷五六种暠傳改。下文「洛陽門下史」同。

〔一三〕乃洛陽吏邪　「乃」原作「近」，據後漢書卷五六种暠傳改。

〔一四〕遂舉孝廉　四字原脱，據後漢書卷五六种暠傳補。

〔一五〕周宣帝詔郡舉經明行修者爲孝廉　「宣」原作「武」，據周書卷七宣帝紀、册府元龜卷六三九貢舉部條制一改。

〔一六〕道舉亦宜准此　「道」原作「進」，據新唐書卷四四選舉志上改。

〔一七〕頻三日畢　「三」原作「二」，「日」上原衍「道」字，據唐會要卷七六選舉中孝廉舉、册府元龜卷六四〇貢舉部條制二改删。

〔一八〕秀才舉人　「人」字原脱，據唐會要卷七六選舉中孝廉舉、册府元龜卷六四〇貢舉部條制二補。

〔一九〕言音典切　原作「言經音切」，據唐會要卷七六選舉中孝廉舉改。

〔二〇〕凡七百四十人　續資治通鑑長編卷一七開寶九年正月癸未條作「四百七十八人」。

〔二一〕監押　二字原脱，據續資治通鑑長編卷二三四熙寧五年六月乙亥條、宋會要輯稿選舉一七之一三補。

〔二二〕則陞親民巡檢　「巡檢」二字原脱，據續資治通鑑長編卷二三四熙寧五年六月乙亥條、宋會要輯稿選舉一七之三補。

〔二三〕詔武舉與文舉同時鎖試　「武舉」原作「武學」，據元本、慎本、馮本及續資治通鑑長編卷二六一元豐八年三月庚申條、宋會要輯稿選舉一七之一六改。

〔二四〕其射格自一石五斗以下至九斗　「至」字原脱，據宋史卷一五七選舉志三補。

〔二五〕初補右衛長史　「右」，舊唐書卷一二〇郭子儀傳、宋史全文卷二四上隆興元年三月甲寅條皆作「左」，疑是。

〔二六〕或除京東捉賊　宋史全文卷二四上隆興元年三月甲寅條本句下有「或邊上任使」，疑此處有脱文。

〔二七〕轉保義郎　「轉」原作「將」，據元本、慎本、馮本及建炎以來朝野雜記乙集卷一五取士淳熙武舉授官新格、宋會要輯稿選舉一八之二改。

〔二八〕省試第六名已下　建炎以來朝野雜記甲集卷一三武舉作「及省試魁」，疑是。

〔二九〕夫長吏多出於郎中中郎　「長」原作「選」，「中郎」二字原倒，據漢書卷五六董仲舒傳改乙。

〔三〇〕漢二千石任職二年　疑「二年」爲「三年」之誤。

〔三一〕而識其才之能否　「識」原作「職」，據元本、慎本、馮本改。

〔三二〕其上子若孫若同産同産子一人　上「同産」二字原脱，據漢書卷七二龔勝傳補。

〔三三〕任人及子弟爲官　「人」字原脱，據後漢書卷五四楊秉傳補。

〔三四〕諸衛大將軍至武翼大夫入官二十年　「翼」原作「翊」，據宋史卷一六九職官九元豐寄禄格改。下同。

〔三五〕右武大夫至通侍大夫同　「至」上原衍「及」字，據本節注例删。

〔三六〕朝議大夫三人　「議」原作「儀」，據宋史卷一六九職官九元豐寄禄格改。

〔三七〕主司坐之　「主」原作「二」，據續資治通鑑長編卷四乾德元年六月庚子條改。

〔三八〕太常寺奉禮郎陳宗紀　「奉」原生「舉」，據續資治通鑑長編卷七一大中祥符二年四月壬子條改。

〔三九〕今請守選者歲以二月八日以前試斷案二　「日」原作「月」，「以前」二字原脱，據續資治通鑑長編卷二二七熙寧四年十月壬子條改補。

〔四〇〕差官同銓曹官撰式考試　「差」原作「法」，據續資治通鑑長編卷二二七熙寧四年壬子條改。

〔四一〕試不中或不能就試　「就」字原脱，據續資治通鑑長編卷二二七熙寧四年十月壬子條補。

〔四二〕若年及三十　「三」原作「二」，據續資治通鑑長編卷二二七熙寧四年十月壬子條改。

〔四三〕間一年許奏三人　「三」，宋史卷一五九選舉志五作「二」，疑是。

〔四四〕許奏親屬一人　「親屬」，宋史卷一五九選舉志五作「期親」，疑是。

〔四五〕歲許乞差遣一人　「歲」字原脱，據宋史卷一五九選舉志五、續資治通鑑長編卷二三一熙寧五年三月癸未條補。

〔四六〕宰相樞密使兼平章事非因事罷者　「非」字原脱，據續資治通鑑長編卷二三一熙寧五年三月癸未條補。

〔四七〕指射差遣二人　「二」原作「一」，據宋史卷一五九選舉志五、續資治通鑑長編卷二三一熙寧五年三月癸未條改。

〔四八〕徽宗宣和元年　「元」，宋史卷一五九選舉志五作「二」。

〔四九〕員數比祖宗時不知其幾倍　「員數」二字原倒，據元本、慎本、馮本及宋史卷一五九選舉志五乙正。

〔五〇〕武臣奏薦多出軍中　「奏薦」二字原脱，據建炎以來繫年要録卷一六三紹興二十二年七月丁巳條補。

〔五一〕爵秩高而族姓少　「高」原作「多」，據宋史卷一五九選舉志五、建炎以來繫年要録卷一六三紹興二十二年七月丁巳條改。

〔五二〕初詔百官已任子者　「已」字原脱，據建炎以來朝野雜記甲集卷五朝事一孝宗革冗官及同書乙集卷一五取士孝宗議權免奏薦及罷特奏名補。

卷三十五　選舉考八

童科 小學附

漢興，蕭何草律曰：「太史試學童，能諷書九千字以上乃得爲史；又以六體試之，課最者，以爲尚書、御史、史書令史。吏民上書，字或不正，輒舉劾。」

後漢左雄奏召海内名儒爲博士，使公卿子弟爲諸生，有志操者加其俸禄。及汝南謝廉、河南趙建〔一〕年始十二，各能通經，雄並奏拜童子郎〔二〕。漢法：孝廉試經者拜爲郎，年幼才俊者拜童子郎。黄琬以公孫爲童子郎。臧洪年十五，以父功拜童子郎，知名太學。任延年十二，爲諸生，顯名太學中，號爲「任聖童」。張堪年十六，受業長安，志美行厲，諸儒號曰「聖童」。杜安年十三，入太學，號「奇童」。黄香年十二，博學經典，京師號曰：「天下無雙，江夏黄童。」司馬朗十二，試經爲童子郎。監試者以其身體壯大，疑朗匿年，劾問朗，曰：「朗之内外，累世長大，朗雖稺弱，無仰高之風，損年以求早成，非志所爲也。」監試者異之。

唐有童子科，凡十歲以下能通一經，及孝經、論語每卷誦文十通者予官，通七者與出身。

廣德二年，停童子歲貢。大曆三年，又復之，仍每歲令本貫申送禮部，同明經舉人之例考試訖，奏聞。十年，再停之。

開成三年，敕：「諸道應薦萬言及童子，朝廷設科取士，門目至多，有官者合詣吏曹，未仕者即歸禮部〔三〕，文詞學藝，各盡其長。此外更有招延，則爲冗長。起今以後，不得更有聞薦，俾由正路，冀絶倖門。」雖有是命，而以童子爲薦者，比比有之。

後唐莊宗同光三年，禮部貢院奏：「今後童子委本州府依諸色舉人例考試結解送省〔四〕，任稱鄉貢童子，長吏不能表薦。若無本處解送，本司不在考試之限。」

天成三年，敕：「近年諸道解童子，皆越常規，或年齒漸高，或神情非俊，或道字頗多訛舛，或念書不合格文，積成乖敝。此後應州府不考藝能，濫發文解，其逐處判官及試官並加責罰〔五〕。仍下貢院將解到童子精加考較，須是年顔不高，念書合格，道字分明，即放及第。」

長興元年，敕：「童子準往例委諸道表薦，不得解送，每年所放不得過十人，仍所念書並須是正經，不得以諸子書虚成卷數。及第後，十一選集，初任未得授親民官。」

周太祖廣順三年，户部侍郎、權知貢舉趙上交奏：「童子元念書二十四道，今欲添念書通前五十道，念及三十道者放及第。」從之。

宋真宗景德二年，撫州進士晏殊年十四，大名府進士姜蓋年十二，並長吏以聞。至是，亦召試，殊詩賦各一篇，蓋詩六章，賜殊進士出身，蓋同學究出身。後旨復召殊試詩、賦、論，嘉其敏贍，擢授祕書省正字。

王氏揮麈録曰：「真宗實録，召試神童蔡伯俙，授官之後，寂無所傳。明清因於故書中得其奏狀一紙云：『伏念臣先於大中祥符八年，真宗皇帝遣内臣毛昌達宣召賜對，試誦真宗皇帝御製歌詩，即日蒙恩釋褐，授守祕書省正字。臣遭遇之年，方始三歲，及賜臣御詩云：七閩山水多才俊，三歲奇童出盛時。續蒙宣赴東宫侍仁宗皇帝讀書，朝夕親近，頗歷歲年。其後臣年一十七歲，以家貧陳乞差遣，仁宗皇帝聖念矜憐，特依所乞，仍有旨餘人不得援例。自兹累歷任使，今來本任，至來年二月當滿。重念臣生事蕭條，累族重大，又無得力兒男可以供侍，一日捨禄，無以爲生。幸遇皇帝陛下至仁至治，無一物失所，其於老者惠恤尤深。臣以祥符八年三歲，甲子庚申，即未至衰老，欲望聖慈特賜許臣再任管勾江州太平觀一任，覬仍廪稍，得養單貧。』蓋元豐初，計其年尚未七十，司農少卿，今之朝議大夫也，碌碌無所聞，豈非聰明不及於前時邪？」

朱興仲續歸田録云：「伯俙字景蕃，與晏元獻俱五六歲以神童侍仁宗於東宫。元獻自幼梗介，蔡最柔媚，每太子過門閾高者，蔡伏地令太子履其背而登。既踐祚，元獻被知遇，至宰相；蔡竟不大用，以舊恩常領郡，頗不循法令，或被劾取旨，上識其姓名，必曰：『藩邸舊臣，且令轉官。』凡更四朝，元符初致仕，已八十歲矣。監司薦之，乞落致仕與宫祠，其辭略云：『蔡伯俙年八十歲，食禄七十五年。』余謂人生名位固可得，罕得綿長如此者。」

按：史言晏殊以景德二年召試，年十四。仁宗以大中祥符三年生，則仁宗有生之年，殊年已十九。今謂殊與蔡伯俙俱以五六歲爲神童，侍仁宗於東宫，誤矣。

仁宗即位，以童子賜出身者凡十人。寶元元年，以爲無補而罷之。

神宗元豐時，置在京小學，有「就傅」、「初筮」兩齋。

徽宗政和四年，小學生近千人，尚有繼至者，分十齋以處之。增教諭俸，不許受束脩。自八歲至十二歲，率以誦經書字多少差次補内舍、上舍。若能文，從博士試本經、小經義各一道，稍通補内舍，優補上舍。後曹芬以文優，賜同上舍出身。

崇寧五年，參在京小學規約，頒之州縣小學，州隸教授，縣隸學長，其小學生皆自備餐錢附食。至宣和罷其法。

童子科，元豐以後，賜出身者五人。元祐時，詔禮部自今請試童子誦書，毋收接。大觀後，復其科，賜補官者五人。

高宗建炎二年，初試童子。祖宗朝，皆天子親試，其命官、免舉，皆臨時取旨，無常格也。

孝宗淳熙八年，始詔分爲三等：凡全誦六經、孝經、語、孟，及能文如大經義三道，語、孟義各一道，或賦及詩各一首，爲上等，與推恩；誦書外能誦一經，爲中等，免文解兩次；止能誦六經、語、孟，爲下等，免文解一次。覆試不合格，與賜帛。

寧宗嘉定十四年，詔自今歲取三人，期以季春集闕下，先試於國子監，而中書覆試，爲定制焉。

高宗一朝，童子求試者三十有六人，授官者五人。萬頃、彭興宗、張揉、朱虎臣、劉轂。永免文解者一人。晏章。免文解者一人。紹興三年，林佐國始。賜帛罷遣者九人。紹興三年四月。兄弟童子三人。饒州江安國、定國，戴松、戴滋，又，張嵒叟、嵒卿未知何許人。惟朱虎臣者，能排陣步射及誦七書，故補承信郎；劉轂以小校子五歲善騎射，故補校尉。虎臣，浮梁人，既召見，又特賜金帶，以寵異之，此亦前所未有。

孝宗一朝，童子求試者七十四人，而命官者七人。有呂嗣興者，衢州人也，四歲能誦書，切韻辨四聲〔六〕，畫八卦。上召見，俾面吟詩〔七〕，遂授右從政郎，賜錢三百緡，令伴皇孫榮國公讀誦，乾道八年春也。又有臨川王克勤，尤爲警敏，初命右從事郎，廬陵李如圭、三山林公洽、何擢並右迪功郎，三山何致遠將仕郎，廬陵郭洵直下州文學。

光宗一朝，童子求試者十七人，無補官者。惟從事郎吳剛年九歲，能誦六經、語、孟，以壽聖親侄孫，特改承務郎，仍依初補法，壬子四月也。晏元獻初以童子召試，遂賜出身，令祕閣讀書，久之，即以爲正字。乾道末，上踵故事，以臨川王克勤敏叔爲祕書省讀書，制祿視正字之半。淳熙初，上幸祕閣，館職皆遷官，選人改京秩。有司言克勤於上，詔以爲文林郎。久之，臺官有言其過者，遂除初等職官。後復以鎖廳中第，爲太學博士。自後未有繼者。

自置童子科以來，未有女童應試者。自淳熙元年夏，女童林幼玉求試，中書後省挑試所誦經書四十三件，並通，詔特封孺人。

吏道

西漢時以試吏入官

路温舒縣獄吏。　衛青縣吏，給事侯家。　公孫弘獄吏。　張湯長安吏。　杜周廷尉史。　王訢郡、縣史。陳萬年郡吏。　于定國獄吏。　龔勝郡吏。　丙吉魯獄吏。　趙廣漢郡吏。　尹翁歸獄小吏。　張敞鄉有秩，補太守卒史。　王尊獄小吏。　孫寶郡吏。　何並郡吏。　薛宣都船獄吏。　朱博亭長，遷功曹。　朱邑嗇夫，遷卒史。　趙禹佐史。　王温舒亭長，遷廷尉史。　尹齊以刀筆吏遷御史。　減宣佐史。　嚴延年郡吏。　尹賞郡吏。　樓護京兆吏。　王吉郡吏。　鮑宣嗇夫，補東州丞。　焦延壽郡吏察舉，補小黄令。

公非劉氏送焦千之序曰：「東、西漢之時，賢士長者未嘗不仕郡縣也。自曹掾、書史、馭吏、亭長、門幹、街卒、游徼、嗇夫，盡儒生學士爲之。才試於事，情見於物，則賢不肖較然。故遭事不惑，則知其智；犯難不避，則知其節；臨財不私，則知其廉；應對不疑，則知其辯。如此，則察舉易，而賢公卿大夫自此出矣。今時士與吏徒異物，吏徒治文書，給厮役，戇愚無知，集詬無節，乘間窺隙，詭法求貸，笞罵僇辱，安以爲己物，故無可以興善者；而儒生學士之居於鄉里，不過閉門養高，其外則游學四方，以崇名譽，然後可以出群過人矣。而欲法前世，一使郡縣議其行而察舉之，難矣。」

今按：西都公卿士大夫或出於文學，或出於吏道，亦由上之人並開二途以取人，未嘗自爲抑揚，偏有輕重，故下之人亦隨其所遇以爲進身之階，而人品之賢不肖，初不係其出身之或爲儒或爲吏也。是以張湯、趙禹輩之深文巧詆〔八〕，趙廣漢、何並之强明健決，固胥吏氣習也。若公孫弘之儒雅，丙吉之賢厚，龔勝之節操，尹翁歸之介潔，亦不嫌於以吏發身。則所謂吏者，豈必皆浮薄刻核之流而後始能爲之乎？後世儒與吏判爲二途，儒自許以雅，而詆吏爲俗，於是以剸繁治劇者爲不足以語道；吏自許以通，而誚儒爲迂，於是以通經博古爲不足以適時。而上之人又不能立兼收並蓄之法，過有抑揚輕重之意，於是拘譾不通者一歸之儒，放蕩無耻者一歸之吏，而二途皆不足以得人矣。

和帝永元十四年，初復郡國上計補郎官。

漢制，郡國歲盡遣上計掾史條上郡内衆事，謂之計簿。東都上計吏多留補郎官，中間嘗罷，今復之。

桓帝時，郡國計吏多留拜爲郎。太尉楊秉等上言：「三署見郎七百餘人，帑藏空虚，浮食者衆，而不良守相欲因國爲池，澆濯釁穢，宜絶横拜，以塞覬覦之端。」自此終桓帝世，計吏無留拜者。

趙壹舉郡上計到京師，司徒袁逢受計，計吏數百人皆拜伏廷中，莫敢仰視，壹獨長揖而已。逢異之，讓曰：「下郡計吏而揖三公，何也？」對曰：「酈食其長揖漢王，今揖三公，何遽怪哉？」逢斂衽下堂，執其手，延置上坐，坐者皆屬觀。壹造河南尹羊陟，陟初不見，後延與語，大奇之。西還，謁弘農太守皇甫規，門者不即通，壹遁去。規聞大驚，以書謝曰：「今旦，白有一尉、兩計吏，不道屈尊門下，言只以爲計吏，不知是壹也。更啟乃知已去。如印綬可投，夜豈待旦？」

按：以趙壹之文才儒雅，而失身計吏，以取傲忽如此，非深相知者，蓋不知其爲壹也。

徐氏曰：「東京入仕之途雖不一，然由儒科而進者，其選亦艱，故才智之士多由郡吏而入仕。以胡廣之賢，而不免爲郡散吏；袁安世傳易學，而不免爲縣功曹；應奉讀書五行並下，而爲郡决曹吏；王充之始進也，刺史辟爲從事；徐穉之初筮也，太守請補功曹。蓋當時仕進之路有如此者，初不以爲屈也。」

主事，二漢有之。漢光祿勳有南北庭主事，主三署之事，於諸郎之中察茂材者爲之。後漢范滂自光祿四行還光祿主事。時陳蕃爲光祿勳，滂執公儀詣蕃，蕃亦不止，滂懷恨投版棄官而去。郭泰聞之曰：「若范孟博者，豈宜以公禮格之〔九〕！」蕃乃謝之。又胡伯蕃、公沙穆並爲之。

令史，漢官也。後漢尚書令史十八人，曹有三人，主書。後增劇曹三人，合二十一人，皆選於蘭臺，符節精練、有吏能者爲之。漢官儀云：「能通蒼頡、史籀篇，補蘭臺令史；滿歲，補尚書令史；滿歲，爲尚書郎。後漢韋彪上疏曰：「往時楚獄大起，故置令史以助郎職，而類多小人，好爲姦利〔一〇〕。今者務簡，可皆停省。」其尚書郎，初與令史皆主文簿，其職一也，郎缺〔一一〕，以令史久次者補之。光武始革用孝廉，孝廉恥焉。丁邯以孝廉爲郎，稱病不就。光武詔問：「實病乎，羞爲郎乎？」對曰：「臣實不病，恥以孝廉爲令史職耳。」帝怒，杖之數十，詔問：「欲爲郎否？」邯曰：「能殺臣者陛下，不能爲郎者臣也。」中詔遣出，終不爲郎〔一二〕。又郎中袁著詣闕上書，訟梁冀驕暴，冀陰殺之。學生劉常爲名儒，素善著，冀召常補令以辱之。舊制，尚書郎限滿補縣長，令史補丞、尉。尚書令鄭弘奏曰：「職尊賞薄，多無樂者。請郎補千石，令史爲長。」帝從之。蜀志：董厥爲府令史，諸葛亮稱之曰：「董令史，良士也。」後遷至尚書令史、平臺事。

按：成周之制，元士以上，命官也；府史胥徒，庶人之在官者也。然下士與庶人在官者同祿，則未嘗曰官綦貴而吏綦賤也。後世爲胥吏者，作姦犯科，不自愛重，放縱於義理之外，故爲世所輕，而儒者尤恥與爲伍。秦棄儒崇吏，西都因之。蕭曹以刀筆吏佐命爲元勳，故終西都之世，公卿多出胥吏，而儒雅賢厚之人亦多借徑於吏以發身。其時，儒與吏未甚分別，故以博士弟子之明經者補太守卒史，而不以爲恧。元、成以來，至東漢之初，流品漸分，儒漸鄙吏，故以孝廉補尚書郎、令史而深以爲恥，蓋亦習俗使然。然胡廣、袁安之進身者亦由郡吏，而丁邯則決不肯爲尚書令史，何也？蓋東都亦未嘗廢試吏入仕之塗，故方其未遇，而浮沉里巷無所知名也，則雖郡吏亦屑爲之；及其既以孝廉異科薦舉徵召，則未免自負清流，雖尚書機要之地，亦恥其爲郎、令史矣。然考晉書職官志〔一三〕：「魏青龍二年，尚書陳矯奏置都官、騎兵，合凡二十五郎。每一郎缺，白試諸孝廉能結文案者五人，謹封奏其姓名以補之。」然則丁邯雖誓死不爲，而自光武立法之後，孝廉之爲郎者遂爲久例歟。

都事，晉有尚書都令史八人，秩二百石，與左右丞總知都臺事。宋、齊八人；梁五人，謂之五都令史，職與晉同。舊用人常輕，武帝詔曰：「尚書五都，職參政要，非但總領衆局，亦乃方軌二丞。頃雖求才〔一四〕，未臻妙簡，可革用士流，以盡時彥。」乃以都令史視奉朝請。其時以太學博士劉訥兼殿中都，司空法曹參軍劉顯兼吏部都，太學博士孔虔孫兼金部都，司空法曹參軍蕭軌兼左民都，宣毅墨曹參軍王顒兼中兵都：五人並以才地兼美歷兹選。隋開皇初，改都令史爲都事，置八人。煬帝分隸六尚書，六人領六曹事。唐因之。

主事，後魏於尚書諸司置主事令史。隋於諸省又各置主事令史員。煬帝三年，並去令史之名，但曰「主事」，隨曹閑劇而置〔一五〕，每十令史置一主事，不滿十者亦一人，雜用士人。唐並用流外。

右歷代都事、主事，皆吏長之名也。

西晉令史，朝晡詣都座朝，江左唯早朝而已。賈充爲尚書令，以目疾，表置省事吏四人，尚書置省事自此始也。其品職與諸曹令史同。劉卞入太學，試經爲臺四品吏。訪問令寫黃紙一鹿車，卞曰：「劉卞非爲人寫黃紙者也。」訪問知，怒，退爲尚書令史。姚萇執苻堅，遣僕射尹緯詣堅問事。堅見其瓌傑，問曰：「卿於朕世何官？」緯答曰：「尚書令史。」堅曰：「卿宰相材，王景略之儔，而朕不知，宜其亡也。」

晉、宋蘭臺寺正書令史，雖行文書，皆有品秩，朱衣執版。

孔顗爲御史中丞，坐鞭令史，爲有司所糾。

梁、陳與晉、宋同。

後魏令史亦朱衣執笏，然謂之流外勳品。

北齊尚書郎判事，正令史側坐。書令史、過事令史皆平揖郎，無拜。

自隋以來，令史之任，文案煩屑，漸爲卑冗，不參官品。開皇十五年，詔州縣佐史三年一代，不得重任。

煬帝以四省、三臺皆曰「令史」，九寺、五監、諸衛府皆曰「府史」〔一六〕。於時令史得官者甚少〔一七〕，年限亦賒。

牛弘嘗問於劉炫曰：「按周禮，士多而府史少。今令史百倍於前，減則不濟，何也？」炫曰：「古人委任責成，歲終考其殿最，案不重較，文不煩悉，府史之任，掌要目而已。今之文簿，嘗慮覆理〔一八〕，鍛鍊辛苦甚密，萬里追證百年舊案，故諺曰：『老吏抱案死。』今古不同，若此之遠也。」弘又曰：「後魏、北齊之時，令史從容而已；今則不遑寧舍，其事何由〔一九〕？」炫曰：「齊氏立州不過數十〔二〇〕，三州行臺遞相統領〔二一〕，文書行下，不過十條，今州二百，其繁一也。往者，州唯置綱紀，郡置守丞，縣唯令而已。其所具僚，則長官自辟，受詔赴任，每州不過數十。今則不然，大小之官，皆屬考功，其繁二也。省官不如省事，省事不如清心。官事不省而欲從容〔二二〕，其可得乎！」弘甚善其言而不能用。

唐武德中〔二三〕，天下初定，京師糴貴，遠人不願仕流外，始於諸州調佐史及朝集典充選，不獲已而爲之，遂促年限，優以敍次，六七年有至本司主事及上縣尉者。自此之後，遂爲宦途。總章初〔二四〕，詔諸司令史考滿合選者〔二五〕，限試一經。時人嗟異，著於謠頌。是歲，京師饑旱，弘文、崇賢、司成三館學生〔二六〕，並放歸本貫。又閻立本、姜恪爲相，立本善畫，恪有邊功。當時爲之語曰：「左相宣威沙漠，右相馳譽丹青，三館學生放散，五臺令史明經。」

張玄素少爲刑部令史。太宗嘗對朝臣問之曰：「卿在隋何官？」對曰：「縣尉。」又問未爲縣尉時，曰：「流外。」又問何曹，玄素辱之，出閣殆不能步，色如死灰。褚遂良上疏，以爲：「君能禮其臣，乃能盡其力。玄素雖寒微，陛下重其材，擢至三品，豈可復對群臣窮其門户？棄宿昔之恩，使之鬱結於懷，何以責其伏節死義乎〔二七〕？」上曰：「朕亦悔之。」孫伏伽與玄素在隋皆爲令史，伏伽於廣坐自陳往事，一無所隱。

高宗永徽時，吏部侍郎劉祥道上言：「三省都事、主事、主書，比選補皆取流外有刀筆者，雖欲參用士流，率以儔類爲耻，前後相沿，遂成故事。且掖省崇峻，王言秘密，尚書政本，人物所歸，專責曹史，理有未盡。宜稍革之，以清其選。」

玄宗開元十七年，國子祭酒楊瑒上言：「省司奏限天下明經、進士及第，每年不過百人。竊見流外出身，每歲二千餘人，而明經、進士不能居其什一，則是服勤道業之士，不如胥吏之得仕也。若以出身人太多，則應諸色裁損，不應獨抑明經、進士也。」

按：張玄素事太宗，深以流外爲耻。彼創業之時，依乘風雲，致位將相，其發身微賤，蓋有甚於流外者矣，不必耻也。然至明皇時，承平已久，正當分别流品，汰除冗濫，以清仕途，而流外出身，歲不下二千人。蓋唐進士科取人頗少，士欲求用，而有所限制，則捷出他徑，處汙穢而不羞矣。

劉晏爲度支使，常以爲辦集衆務，在於得人，故必擇通敏精悍廉勤之士而用之。至於勾檢簿書，出納錢穀，事雖至細，必委之士類。吏惟書符牒，不得輕出一言。常言：「士陷臟賄，則淪棄於時，名重於利，故士多清修；吏雖廉潔，終無顯榮，利重於名，故吏多貪污。」

鄭餘慶爲同中書門下平章事，時主書滑涣與宦人劉光琦相倚爲姦，每宰相議爲光琦沮變者，令涣往請必得，由是四方賫餉奔委之，弟泳至官刺史。杜佑、鄭絪政頗姑息，而佑常行輩待，不名也。至餘慶議事，涣傲然指畫諸宰相前，餘慶叱去。後涣以臟敗，憲宗聞而善之。

唐法，置公廨本錢，與諸司令史主之，號「捉錢令史」，歲滿授官。見賫選門。

凡流外，兵部、禮部舉人，郎官得自主之，謂之小選。

後唐明宗天成四年，中書奏：「吏部流外銓諸色選人，試判兩節，並以優劣等第申奏。文優者，宜超一資注擬，次者依資，又其次者與同類官中比擬。仍准元敕，業文者任徵引今古，不業文者但據公理判斷。可否不當，罪在有司。」

宋太祖皇帝開寶五年，詔：「流外選人，經十考入令、録者，引對方得注擬。驅使、散從官、伎術人，資考雖多，亦不注擬。」

上親閱諸司流外人，勒歸農者四百人。

六年，上知堂後官擅權，多爲姦贓，欲更用士人，命選令、録、簿、尉充之。而有司所選，終不及數，乃召舊任者四人，面加戒勵，令復故。

太宗端拱元年，詔河南府法曹參軍梁正辭、楚邱縣主簿喬蔚等五人，爲將作監丞〔二八〕，充中書堂後官。堂吏拔選人授京官爲之，自此始也。

二年，上親試舉人，有中書守當官陳貽慶舉周易學究及第。上知之，令追奪所受敕牒，釋其罪，勒歸本局。因謂侍臣曰：「科級之設，待士流也，豈容走吏冒進，竊取科名！」乃詔自今中書、樞密、宣徽、學士院，京百司，諸州係職人吏，不得離局應舉。

至道元年，以堂後官欒崇吉爲度支副使。崇吉提點中書五房公事，明習文法，清白勤事，故上越次而用之。即召堂後官、著作郎楊文質爲祕書丞，代掌五房事，謂之曰：「汝見擢用欒崇吉否？當自勉勵也。」

雍熙時，以堂後官充職事官，仍詔除入謝外不赴朝參，見宰相禮同胥吏。尋又詔：「流外出身，曾坐真徒，歷四任，不入令、録。」

真宗咸平元年，詔吏部銓：「凡注諸縣令佐，勿得全用流外。」

流外補選之例：五省、御史臺、九寺、三監、金吾司、四方館職掌，每歲遣近臣與判銓曹，就尚書省同試律三道，中者補正名，理勞考。後以就試人多懷挾傳授，乃有鏁院、巡搜、糊名之法。試百司吏人，問律及疏，所對合格，復口誦之，以防懷挾傳授之弊。然其自叙勞績，臣僚爲之陳請，特免口誦，謂之「優試」，得優試者率中選。後因言者，遂復減吏部考試百司人，歲以二十人爲額，毋得僥倖求優試。

神宗熙寧三年，詔中書置檢正五房公事官一員，每房各置檢正公事二員，並以士人陞朝官充。

石林葉氏曰：「樞密都承旨與副承旨，祖宗皆用士人比僚屬事，參謀議。真宗後，天下無事，稍稍遂皆用吏人，歐公建言請復舊制，而不克行。熙寧初，始用李評爲都承旨。評初受命，文潞公爲樞密使，以舊例見之，不爲禮。評訴於神宗，上命史官檢詳故事，以久無士人爲之，檢不獲，乃詔如閤門使見樞密之禮。」

按：檢正、都承，後來皆從官爲之。今觀此，則知祖宗立法之初，或命胥吏，或命士人，固無定例也。既胥吏所嘗爲之官，則宰相所以待之者，宜其禮貌少殺於士大夫。然考之國史，檢正之初立也，鄧綰實爲之。鄧以上書阿附新法進身，有「笑罵從他笑罵，好官須我爲之」之語，則豈以充檢正爲恧者哉！

知徐州蘇軾上言：「昔者以詩賦取士，今陛下以經術用人，名雖不同，然皆以文詞進耳。考其所得，多吴、楚、閩、蜀之人；至於京東西、河北、河東、陝西五路，蓋自古豪傑之場，其人沈鷙勇悍，可任以事，然欲使治聲律，讀經義，以與吴、楚、閩、蜀之士争得失於毫釐之間，則彼有不仕而已，故其得人常少。夫惟忠孝禮義之士，雖不得志，不失爲君子；若德不足而才有餘者，困於無門，則無所不至矣。

故臣願陛下特爲五路之士別開仕進之門。漢法：郡縣秀民，推擇爲吏，考行察廉，以次遷補，或至二千石，入爲公卿。古者不專以文詞取人，故得士爲多。黄霸起於卒史，薛宣奮於書佐，朱邑選於嗇夫，丙吉出於獄吏，其餘名臣循吏由此而進者，不可勝數。唐自中葉以後，方鎮皆選列校以掌牙兵。是時四方豪傑不能以科舉自達者，皆争爲之，往往積功以取旄鉞。雖老姦巨盗或出其中，而名卿賢將如高仙芝、封常清、李光弼、來瑱、李抱玉、段秀實之流，所得亦已多矣。王者之用人如江河。江河所趨，百川赴焉，蛟龍生之；及其去而之他，則魚鼈無所還其體，而鯢鰍爲之制。今世胥史、牙校皆奴僕庸人者，無他，以陛下不用也。今欲用胥史、牙校，而胥史行文書，治刑獄錢穀，其勢不可廢鞭撻，鞭撻一行，則豪傑不出於其間。故凡士之刑者不可用，用者不可刑。故臣願陛下採唐之舊，使五路監司、郡守共選士人〔二九〕，以補牙職，皆取人材心力有足過人而不能從事於科舉者，禄之。以今之庸錢，而課之鎮税場務、督捕盗賊之類，自公罪杖以下聽贖，依將校法，使長吏得薦其才者，第其功閲，書其歲月，使得出仕，比任子而不以流外限其所至。朝廷察其尤異者〔三〇〕，擢用數人，則豪傑英偉之士，漸出於此塗，而姦猾之黨可得而籠取也。」

按：祖宗時，吏可出仕爲官，而外官又可以入爲省吏。嘗觀歐陽公集外制，有堂後官李元方可大理寺丞、審官院令史馬登可遂州司户、前杭州司理參軍范衮可衛尉寺丞充堂後官等制，皆在昭陵之時，蓋不特藝祖、太宗朝爲然也。今坡公復拳拳欲立吏人出官之法，蓋祖宗時，省院要路之吏可以年勞出官，而州縣小吏則未有入仕之法。此五路人士既拙於文詞，多不能以科目發身，則立試吏之途以收拾之，亦良法也。

哲宗元祐元年，監察御史上官均言：「百司胥吏，大率積累及二十餘年，方得出官。惟三省吏爲最優幸，凡干點檢諸司文書，率隨其司酬獎減年，出官最速；其未願出官者，坐理資任，至爲郡守。宜加裁抑，使毋過厚，則雜流可以少損。」

先時，中書堂後官，提點五房官，雖未至員外郎，奏補聽如舊制。至崇、觀時，蔡京優待堂吏，往往至中奉大夫，或換防禦使、觀察使，由此任子百倍以前。

朝野雜記曰：「堂後官者，三省諸房都録事也。補職及一年，改宣教郎；五年，願出職者與通判；十年以上，予郡。建炎初，李伯紀爲相，建請堂吏出職止通判。從之，迄今不改。」又曰：「凡吏職年滿，依法補授將仕郎；後有恩賞者，許循修職郎，用考第關陞〔三一〕，至從政郎止。其不因年勞，非泛補授者，未得注擬，具元補因依奏裁。」

貲選進納

漢文帝從鼂錯之言，令民入粟邊，六百石爵上造，第二等。稍增至四千石爲五大夫，第九等。萬二千石爲大庶長，第十八等。各以多少級數爲差。

景帝後二年〔三二〕，詔曰：「人不患其不知，患其爲詐也；不患其不勇，患其爲暴也；不患其不富，患其無厭也。其唯廉士寡欲易足，今貲算十以上迺得官〔三三〕，服虔曰：「訾萬錢，算百二十七也。」應劭曰：「古者，疾吏之貪，衣食足知榮辱，限訾十算，乃得爲吏。十算，十萬也。賈人有財，不得爲吏，廉士無訾，又不得官，故減訾四算得官矣。『訾』與『貲』同。」廉士算不必衆，有市籍不得官，無訾又不得官，朕甚愍之。訾算四得官，亡令廉士久失職，貪夫長利。」

按：漢初，限訾富者乃得官，蓋恐其家貧而爲吏則必貪故也。然致富者多賈人，而賈人又不得爲吏，有市籍即賈人也。然則訾不及算與及算而爲賈人者，皆不可以爲官，則所限者衆矣。故景帝詔減作訾算四乃得官云。

景帝時，上郡以西旱，復修賣爵令，而裁其價以招人；裁謂減省。及徒復作，得輸粟於縣官以除罪。

武帝時，董仲舒對策言：「選郎吏又以富貲，未必賢也。」

武帝即位，干戈日滋，財賂衰耗而不贍，入物者補官，出貨者除罪，選舉陵遲，廉耻相冒，興利之臣自此始也。其後府庫益虛，乃募民能入奴婢得以終身復，爲郎增秩，及入羊爲郎，始於此。

元朔五年，置賞官，命曰武功爵，茂陵中書有武功爵，一級曰造士，二級曰閑輿衛，三級曰良士，四級曰元戎士，五級曰官首，六級曰秉鐸，七級曰千夫，八級曰樂卿，九級曰執戎，十級曰左庶長，十一級曰軍衛。此武帝所制，以寵軍功。級十七萬，凡直三十餘萬金。索隱曰：「大顏云：『一金，萬錢也。計十一級，級十七萬，合百八十七萬金。』而此云三十餘萬金，其數必有誤者。」顧氏按：「或解云，一級十七萬，自此以上，每級加一萬，至十七級，合成三十七萬也。」或說：「『七』當爲『一』，即十一級，衍『萬』字，其曰直三十餘萬者，蓋賣爵必級級少增其價，至直三十餘萬金也。」諸買武功爵官首者，試補吏，先除；官首，武功爵第五也。位稍高，故得試爲吏，先除用也。千夫如五大夫，千夫，武功爵第七級。五大夫，舊二十等爵第九級也。言千夫爵秩比於五大夫，故楊僕以千夫爲吏，殆謂此。其有罪又減二等。爵得至樂卿，樂卿，武功爵第八。言買爵唯得至第八也。以顯軍功。軍功多，用越等，大者封侯、卿、大夫，小者郎吏。吏道雜而多端，則官職廢耗。

元狩四年，除故鹽鐵家富者爲吏〔三四〕，吏道益雜，不選，而多賈人矣。

元鼎二年，始令吏得入穀補官〔三五〕，郎至六百石。師古曰：「吏更遷補高官，郎又就增其秩，得至六百石也。」

元鼎三年，所忠言：「世家子弟富人或鬬鷄走狗馬，弋獵博戲，亂齊民。」乃徵諸犯令，相引數千人，命曰「株送徒」，入財者得補郎，郎選衰矣。言被牽引者爲其根株所送，當充徒役；而能入財者，即當補郎〔三六〕。

按：漢初，入仕之途，不加澄汰。懼民之棄本逐末而儲蓄不豐也，遂立爲入粟之法；懼吏之貧乏無藉而貪欲無厭也，遂立爲貲筭之法。雖有愧於古人任賢使能之意，然猶不過隨時以救弊，而上之人初未嘗利其財也。至武帝，以征伐之餘，用度不足，始立賞官，明開鬻賣之門，入穀者，入羊者，入奴婢者，煮鹽冶鐵者，皆得入仕。至株送之法行，則陷之以罪罟，以取其財，而復酬之以官，於是名器益濫矣。

西漢以貲爲郎如淳曰：「漢制，貲五百萬得爲常侍郎。」

張釋之　司馬相如

楊惲傳：「惲遷中郎將。郎官故事，令郎出錢市財用，給文書，迺得出，名曰『山郎』。山，財用之所出，故取名焉。移病盡一日，輒償一沐〔三七〕，言出財用者，雖非休沐，常得在外也。或至歲餘不得沐。其豪富郎，日出游戲，或行錢得善部。貨賂流行，轉相放效。惲爲中郎將，罷山郎，移長度大司農，以給財用。長，久也。一歲之調度。言總一歲所須財物，文書調度，移司農以官錢給之。其疾病、休謁、洗沐，皆以法令從事，有罪輒奏免，薦其賢者。郎官化之，莫不自勵。絕請謁貨賂之端，宮殿翕然稱之。」

貢禹傳「禹言：『孝文時，貴廉潔，賤貪污，賈人、贅婿及吏坐贓者，皆禁錮不得爲吏，賞善罰惡，不阿親戚，罪白者伏其誅，疑者以與民，毋贖罪之法，故令行禁止〔三八〕。武帝始臨天下，尊賢用士，闢地廣境，自見功大威行，遂從嗜欲，用度不足，乃行一切之變〔三九〕，使犯法者贖罪，入穀者補吏，是以天下奢侈，官亂民貧，盜賊並起，亡命者衆。郡國恐伏其誅，則擇便巧史書，習於計簿，能欺上府者，以爲右職；姦軌不勝，則取勇猛能操切百姓者，以苛暴威服下者，使居大位。故亡義而有財者顯於世，欺謾而善書者尊於朝，誖逆而勇猛者貴於官。故俗皆曰：「何以孝弟爲？財多而光榮。何以禮義爲？史書而仕宦。何以謹慎爲？勇猛而臨官。」故黥劓而髡鉗者，猶復攘臂爲政於世，行雖犬彘，家富勢足，目指氣使，是爲賢耳。故謂居官而置富者爲雄桀，處姦而得利者爲壯士。察其所以然，皆以犯法得贖罪，求士不得真賢，相、守崇財利，誅不行之所致也。今欲興至治，致太平，宜除贖罪之法。相、守選舉不以實，及有贓罪者輒誅，亡但免官，則爭盡力爲善，貴孝弟，賤賈人，進真賢，舉實廉，而天下治矣。』」

按：楊惲傳所載，及貢禹所言，大概皆爲貲郎設也。任官不以材德選，而徒擇其貲力之富厚，豈理也哉！然貲郎之見於漢史者，惟張釋之、司馬相如。釋之十年不得調，有「久宦減仲產」之嘆；相如亦謝病免歸成都，家徒四壁立。蓋其初非以德選，遂爲世所輕，而宦亦不達，故資產之富厚者，反因游宦而貧。雖以釋之之才，相如之文，苟非一日他有以見知人主，自致顯榮，則必爲貲郎所累，終身坎壈矣。士之所以進身者，其發軔可不審哉！

黄霸傳：「馮翊以霸入財爲官，不署右職，使領郡錢穀計。」夫輸財於官而得仕者，猶不以右職畀之，况徒以其家資之厚而予之官者乎？

輸財得官

卜式武帝時，上書願輸家財半助邊，不報；再獻錢三十萬，拜中郎〔四〇〕。後爲御史大夫，封侯。　黄霸武帝末，以待詔入錢賞官，補侍郎謁者，坐同産有罪劾免；後復入穀沈黎郡，補左馮翊二百石卒史，至丞相。　楊僕以千夫爲吏。千夫即武功爵第七級〔四一〕。至樓船將軍，封侯。

東漢安帝永初三年，三公以國用不足，奏令吏人入錢穀得爲關内侯、虎賁、羽林郎、五大夫、官府吏、緹騎營士各有差。

桓帝延熹四年〔四二〕，占賣關内侯、虎賁、羽林、緹騎營士、五大夫錢各有差。

靈帝光和元年，初開西邸賣官，自關内侯、虎賁、羽林入錢各有差。私令左右賣公卿，公千萬，卿五百萬。

山陽公載記曰：「時賣官，二千石二千萬，四百石四百萬，其以德應選者半之，或三分之一〔四三〕，於西園立庫貯之。」

中平四年，賣關内侯，假金印紫綬，傳世，入錢五百萬。時開鴻都門，榜賣官爵，公卿、州郡下至黄綬各有差。其富者則先入錢，貧者到官而後倍輸，或因常侍、阿保别自通達。是時，段熲〔四四〕、樊陵、張温等雖有功勤，名譽，然皆先輸貨財而後登公位。崔烈時因傅母入錢五百萬，得爲司徒，及拜日，帝曰：「悔不小靳，可至千萬。」烈於是聲譽衰減。

帝欲以羊續爲太尉〔四五〕，時拜三公者皆輸東園禮錢千萬，中使督之，名爲「左騶」，其所之往，輒迎致禮敬，厚加贈賂。續乃坐使人於單席，舉緼袍示之，曰：「臣之所貲，惟此而已。」左騶白之，帝不悦，以故不登公位。

劉陶爲京兆尹，到職當出修宮錢直千萬，時拜職名當出買官之錢，謂之「修宮錢」。陶既清貧，而耻以錢買職，稱疾不聽政。帝重陶才，原其罪〔四六〕。

武帝、靈帝賣官之事同，而其指意則異。武帝取之於豪富之百姓，蓋風以毁家紓國之公誼，故卜式、黄霸雖以貲財進身，而不害其爲名士也。靈帝取之於貪饕之公卿，蓋縱其剥下媚上之私心，故崔烈、張温雖以公譽登仕，而無救其爲小人也。

晉武帝太康三年，問司隸校尉劉毅曰：「朕可方漢何帝？」毅曰：「桓、靈。」帝曰：「吾雖德不及古人，猶克己爲治，南平吴會，混一天下，方之桓、靈，不已甚乎？」對曰：「桓、靈賣官錢入官庫，陛下賣官錢入私門，以此言之，乃不如也。」

後魏明帝時，孝昌二年初〔四七〕，承喪亂之後，倉廩虚罄，遂班入粟之制：輸粟八千石賞散侯，六千石散伯，四千石散子，三千石散男；職人輸七百石賞一大階〔四八〕，授以實官；白人輸五百石聽依第出身，千石加一大階；諸沙門有輸粟四千石入京倉者，授本州統，各有差。

唐置公廨本錢，以諸州令史主之，號「捉錢令史」，每司九人，補於吏部。所主繦五萬錢，以下市肆販易，月納息錢四千，歲滿授官。諫議大夫褚遂良上言：「七十餘司，更一二載，捉錢令史六百餘人受職。太學高第、諸州進士，拔十取五，猶有犯禁罹法者，況廛肆之人苟得無恥，不可使其居職。」太宗乃罷捉錢令史，復詔給百官俸。又令：文武職事三品以上給親事、帳内。以六品、七品子爲親事，以八品、九品子爲帳内，歲納錢千五百，謂之「品子課錢」。凡捉錢品子無違負者，滿二百日，本屬以簿附朝集使上於考功、兵部，滿十歲，量文武授散官。

至德二年七月，宣諭使、侍御史鄭叔清奏：「承前諸使下召納錢物，多給空名告身，雖假以官，賞其忠義，猶未盡才能。今皆量文武才藝，兼情願穩便，據條格議，同申奏聞，便寫告身。諸道士、女道士、僧、尼如納錢，請准敕迴授餘人，并情願還俗，授官勳邑號等亦聽；如無人迴授及不願還俗者，准法不合畜奴婢、田宅、貲財，既助國納錢，不可更拘常格。其所有貲財，能率十分納三分助國，餘七分並任終身自蔭，身殁之後，亦任迴與近親。又准敕納錢百千文，與明經出身，如曾受業，粗通帖策，修身謹行，鄉曲所知者，量減二十千文；如先經舉送到省落第，灼然有憑，帖策不甚寥落者，減五十千文；若粗識文字者，准元敕處分；未曾讀學，不識文字者，加三十千。應授職事官並勳階邑號及贈官等〔四九〕，有合蔭子孫者，如户内兼蔭丁、中三人以上免課役者，加一百千文，每加一丁、中，累加三十千文。其商賈准令所在收稅，如能據所有貲財十分納四助軍者，便與終身優復；如於敕條外有悉以家産助國，嘉其竭誠，待以非次；如先出身及官資，並量資歷好惡，各據本條格例節級優加擬授；如七十以上情願授致仕官者，每色内量十分減二分錢。」時屬幽寇内侮，天下多虞，軍用不充，權爲此制，尋即停罷。

元和十二年，詔：「入粟助邊，古今通制。如聞定州側近秋稼方登，念切救人，不同常例。有人能於定州納粟五百石者，放優出身，仍減三選；一千石者，無官便授解褐官，有官者依資授官；二千石者，超兩資。如先有出身及官，情願減選者，每三百石與減一選。」又敕：「入蕃使不得與私覿正員官告，量別支給，以充私覿。」

舊例，使絶域者許賣正員官十員，取貲以備私覿。雖優假遠使，殊非典法，故革之。十五年，復其制，入回鶻使仍舊與私覿正員官十三員，吐蕃使八員。

宋興以來，所重者獨進士，若納粟授官，止贖刑而已，於民政無預也。

神宗熙寧元年，行入粟補官法，出將作監主簿、助教告敕七十道，付河北安撫司募人入粟。尋又賜河東空名敕誥。

徽宗宣和三年，臣僚言：「元豐所立進納官法，多所裁抑，應入令、録及因賞得職官，止與監當，該磨勘者即换授降等，使臣仍不免科率，法意深矣。邇者，東南用兵，民入金穀，皆得補文武官，理選依限如官户，此不便也。且富而入納者，皆嘗與不入納者均受科取，今復其户不輸，是得數千緡於一日，而失數千斛於無窮也。況大户得復，則移其科於下户，下户重貧，州縣緩急，當責何人辦事？況不注監當，不限磨勘，與士大夫涇渭並流，駑驥同皁，又弊之大者。乞改用進納本法。」詔：「近東南捕賊，入金粟而補之官，與常平法進納者異。可如已命毋改。該注親民官，而有田業在所涖，其毋得注。」

高宗紹興二十年，用吴逵言，置力田科，命江、浙、福建監司守臣募民往兩淮開墾田地。歲收穀五百石歸官莊者，免本户差役；七百石，補進義副尉；至四千石，補進武校尉，並作力田出身。其被賞後再開墾及元數，許參選如法，理名次在武舉特奏名出身之上，遇科場許赴轉運司應舉。

孝宗淳熙二年，詔進納補官請舉年及合免舉之人，許納補授文書，直赴南省。

七年，中書門下省言：「湖南、江西旱傷，立賞格以勸積粟之家，凡出米賑濟，係崇尚義風，不與進納同。一千石，補進義校尉，願補不理選將仕郎者聽；二千石，補進武校尉，如係進士，與免文解一次；四千石，補承信郎，如係進士，與補上州文學；五千石，補承節郎，如係進士〔五〇〕，補迪功郎。

方伎

西漢衛綰以戲車爲郎，事文帝。仕至丞相。鄧通以濯船爲黄頭郎。佞幸。周仁以醫見，景帝爲太子時，爲舍人。仕至侍中。吾邱壽王年少以善格五召待詔。仕至大中大夫。荀彘以御見，侍中。武帝時，虞初以方士侍祠，東郭先生以方士待詔公車。武帝即位，博開藝能之路，悉延百端之學，通一伎之士咸得自效，絶倫超奇者爲右，亡所阿私。龜筴傳。

丞相魏相奏言知音善鼓雅琴者趙定、龔德，皆召見待詔，伍宏以醫待詔。

成帝時，言祭祀、方術者皆得待詔。又有本草待詔。郊祀志。

范曄東漢書方術傳〔五一〕論曰：「漢自武帝頗好方術，天下懷挾道藝之士，莫不負策抵掌，順風而屆焉。謂李少翁、欒大之徒。後王莽矯用符命。及光武，尤信讖言，士之赴趨時宜者，皆騁馳穿鑿，争談之也。故王梁、孫咸名應圖籙，越登槐鼎之任，鄭興、賈逵以附同稱顯，桓譚、尹敏以乖忤淪敗。自是習爲內學，尚奇文，貴異數，不乏於時矣。是以通儒碩生，忿其姦妄不經，奏議慷慨，以爲宜見藏擯。謂桓譚、賈逵、張衡之流。子長亦云：『觀陰陽之書，使人拘而多畏。』蓋謂此也。」

東漢書方術傳所載在仕路者

任文公善天官風角，仕至司空掾。郭憲善術，仕至光祿勳。許楊善術，曉水脉，仕至都水掾。王喬有神術，仕至縣令。謝夷吾善風角，仕至太守。李郃善河洛風星，以孝廉舉，仕至司徒。樊英善風角、星算〔五二〕，河洛七緯，推步災異。以隱士聘，仕至光祿大夫。公沙穆善河洛推步之術〔五三〕，仕至弘農令。單颺善天官算術，仕至漢中太守。韓說善圖緯，仕至江夏太守。

按：史所載兩漢士大夫明方術，善技藝，而在仕途有至大官者，如衛綰、周仁、吾邱壽王，則假方術以進，而自他有文行以取顯貴者也；如李郃、樊英之徒，則雖善方術，而本不假此以進身取位者也。然考東漢書方術傳所載，則終身肥遁，不求聞達者甚多，有不應辟舉者，有變姓名不知所終者，真賢士也。其與後世之以一伎自名，而奔走形勢之塗，以爲干名徇利之階者，大有逕庭矣。

唐高祖以舞胡安叱奴爲散騎侍郎，禮部尚書李綱諫曰：「古者，樂工不與士齒，雖賢如子野、師襄，皆終身繼世，不易其業。唯齊末封曹妙達爲王，安馬駒爲開府，有國家者以爲殷監。今天下新定，建義功臣行賞未遍，高才碩學猶滯草萊，而先擢舞胡爲五品，使鳴玉曳組，趨蹌廊廟，非所以規模後世也。」上不從，曰：「吾業已授之，不可追也。」

故事，伎術官皆本司定，送吏部附申。謂祕書、殿中、太常、左春坊、太僕等伎藝之官，唯得本司遷轉，不得外叙。若本司無闕，聽授散官；有闕，先授。若再經考滿者，聽外叙。

唐制，凡醫術不過尚藥奉御，陰陽、卜筮、圖書、工巧、造食、音聲及天文不過本色局署令，鴻臚譯語不過典客署令。

中宗神龍元年，太白山人鄭普思以方術除祕書監。其年，又除方術人葉静能爲國子祭酒。

玄宗開元七年，敕：「出身非伎術而以能任伎術官者，聽量與員外。其選叙考勞，不須拘伎術例。」

天寶十三載，吏部奏：「準格，伎術官各於當色本局署員外置，不得同正員之數。」從之。

文宗太和五年，敕：「諸色藝能授官，今後如有罪犯停職者，委本司牒報吏部，不在叙用限。」

後唐莊宗同光二年，初，胡柳之役，伶人周匝爲梁所得，帝每思之。入汴之日，匝謁見於馬前，帝甚喜。匝涕泣言曰：「臣所以得生全者，皆梁教坊使陳俊、内園栽接使儲德源之力也。願就陛下乞二州以報之。」帝許之。郭崇韜諫曰：「陛下所與共取天下者，皆英豪忠勇之士。今大功始就，封賞未及一人，而先以伶人爲刺史，恐失天下心。」既而伶人屢以爲言，帝謂崇韜曰：「吾已許匝矣，使吾慙見此三人。公言雖正，當爲我屈意行之。」乃以俊爲景州刺史，德源爲憲州刺史。時親軍有從帝百戰未得刺史者，莫不憤嘆。

宋太祖皇帝開寶七年〔五四〕，詔：「司天臺學生及諸司伎術工巧人，不得擬外官。」

教坊使衛德仁以老求外官，且援同光故事乞領郡。上曰：「用伶人爲刺史，此莊宗失政，豈可效之邪！」宰相擬上州司馬，上曰：「上佐乃士人所處，資望甚優，亦不可輕授，此輩但當於樂部遷轉。」乃以爲太樂署令。

真宗天禧元年，詔：「伎術人雖任京朝官，審官院不在磨勘之例〔五五〕。」

魯國長公主以趙自化藥餌有功，請授尚食使兼醫官院事。上曰：「自化頃因雍王元份以求刺郡，尋諭以方術之流不可任郡。今復有此請，命樞密使召戒之。」

乾興元年，中書言：「舊制，翰林醫官、圖畫、琴棋待詔轉官，止光禄寺丞；天禧四年，乃遷至中允、贊善、洗馬同正。請勿踰此制，惟特恩至國子博士而止。」

徽宗大觀四年，併書學生入翰林書藝局，畫學生入翰林圖畫局，醫學生入太醫局，而算學生則歸之太史局〔五六〕。畫學、醫學等並見學校考。

校勘記

〔一〕河南趙建　「建」下原衍「章」字，據後漢書卷六一左雄傳删。

〔二〕雄並奏拜童子郎　「拜」字原脱，據後漢書卷六一左雄傳補。

〔三〕未仕者即歸禮部　「仕」原作「試」，據唐會要卷七六貢舉中童子、册府元龜卷六四一貢舉部條制三改。

〔四〕今後童子委本州府依諸色舉人例考試結解送省　「結」原作「經」，「送」原作「選」，據册府元龜卷六四一貢舉部條制三改。

〔五〕其逐處判官及試官並加責罰　「及試官並加」五字原脱，據册府元龜卷六四一貢舉部條制三補。

〔六〕切韻辨四聲　「辨」原作「變」，據建炎以來朝野雜記甲集卷一三取士童子改。

〔七〕俾面吟詩　「俾面」二字原倒，據建炎以來朝野雜記甲集卷一三取士童子乙正。

〔八〕是以張湯趙禹輩之深文巧詆　「禹」原作「周」，據漢書卷二三刑法志三改。

〔九〕豈宜以公禮格之　「格」原作「隔」，據後漢書卷六七黨錮列傳范滂傳、通典卷二二職官典四改。

〔一〇〕好爲姦利　「爲」原作「名」，據後漢書卷二六韋彪傳改。

〔一一〕郎缺　「郎」原作「即」，據馮本改。

〔一二〕終不爲郎　「不」下原衍「能」字，據後漢書百官志三注引決録注删。

〔一三〕然考晉書職官志　「職」原作「百」，據晉書卷二四職官志改。

〔一四〕頃雖求才　「雖」原作「須」，據隋書卷二六百官志上、通典卷二二職官典四改。

〔一五〕隨曹閑劇而置　「置」字原脱，據隋書卷二八百官志下補。

〔一六〕諸衛府皆曰府史　「衛府」二字原倒，據隋書卷二八百官志下、通典卷二二職官典四乙正。

〔一七〕於時令史得官者甚少　「者」字原脱，據通典卷二二職官典四補。

〔一八〕嘗慮覆理　「嘗」，隋書卷七五儒林傳劉炫傳、北史卷八二儒林傳下劉炫傳作「恒」，諱改。

〔一九〕其事何由　「事」字原脱，據隋書卷七五儒林傳劉炫傳、北史卷八二儒林傳下劉炫傳補。

〔二〇〕齊氏立州不過數十　「數」字原脱，據隋書卷七五儒林傳劉炫傳、北史卷八二儒林傳下劉炫傳補。

〔二一〕三州行臺遞相統領　「三」原作「二」，據隋書卷七五儒林傳劉炫傳、北史卷八二儒林傳下劉炫傳改。

〔二二〕官事不省而欲從容　「事」字原脱，據隋書卷七五儒林傳劉炫傳、北史卷八二儒林傳下劉炫傳補。

〔二三〕唐武德中　「中」原作「初」，據通典卷二二職官典四改。按唐武德七年，高開道、輔公祏、徐圓朗等相繼敗亡，「天下大定」，見舊唐書卷一高祖紀。

〔二四〕總章初　「初」，通典卷二二職官典四作「中」，疑是。

〔二五〕詔諸司令史考滿合選者　「合選」二字原脱，據通典卷二二職官典四補。

〔二六〕弘文崇賢司成三館學生　「生」原作「士」，據通典卷二二職官典四改。下同。

〔二七〕何以責其伏節死義乎　「伏」原作「仗」，據舊唐書卷七五張玄素傳、新唐書卷一〇三張玄素傳改。

〔二八〕爲將作監丞　「將」字原脱，據宋史卷一五九選舉志五、續資治通鑑長編卷二九端拱元年八月辛未條補。

〔二九〕使五路監司郡守共選士人　「士」原作「土」，據愼本、馮本、局本改。

〔三〇〕朝廷察其尤異者　「尤」字原脱，據蘇東坡集奏議集卷二上皇帝書補。

〔三一〕用考第關陞　「關」原作「開」，據建炎以來朝野雜記乙集卷一四官制二吏職補官至從政郎止改。

〔三二〕景帝後二年　「後」字原脱，據漢書卷五景帝紀補。

〔三三〕今訾算十以上迺得官　「今」原作「令」，據漢書卷五景帝紀改。「官」，同書作「宦」，注文同。

〔三四〕除故鹽鐵家富者爲吏　「家」上原衍「官」字，據史記卷三〇平準書、漢書卷二四下食貨志下删。

〔三五〕始令吏得入穀補官　「吏」原作「史」，據元本、愼本、馮本及史記卷三〇平準書、漢書卷二四下食貨志下改。

〔三六〕即當補郎　「郎」原作「吏」，據史記卷三〇平準書、漢書卷二四下食貨志下改。

〔三七〕輒償一沐　「一」原作「十」，據漢書卷六六楊惲傳改。

〔三八〕故令行禁止　「故」原作「固」，據漢書卷七二貢禹傳改。

〔三九〕乃行一切之變　「變」原作「法」，據漢書卷七二貢禹傳改。

〔四〇〕拜中郎　「中郎」二字原倒，據史記卷三〇平準書、漢書卷五八卜式傳乙正。

〔四一〕千夫即武功爵第七級　「千」上原衍「一」字，據元本、慎本、馮本及漢書卷九〇楊僕傳删。「爵」原作「賞」，據漢書卷二四下食貨志下師古注改。

〔四二〕桓帝延熹四年　「四」原作「五」，據後漢書卷七桓帝紀改。

〔四三〕或三分之一　「三」原作「二」，據元本、慎本、馮本及後漢書卷八靈帝紀改。

〔四四〕段熲　「熲」原作「間」，據後漢書卷五二崔寔傳改。

〔四五〕羊續　「續」原作「績」，據後漢書卷三一羊續傳改。下同。

〔四六〕原其罪　「罪」原作「病」，據後漢書卷五七劉陶傳改。

〔四七〕孝昌二年初　「昌」原作「宣」，據通典卷一一食貨典一一鬻爵改。按魏書卷一一〇食貨志、册府元龜卷五〇九邦計部鬻爵贖罪皆繫下述鬻爵事於「莊帝初」。

〔四八〕職人輸七百石賞一大階　「大」原作「夫」，據魏書卷一一〇食貨志、通典卷一一食貨典一一鬻爵、册府元龜卷五〇九邦計部鬻爵贖罪改。

〔四九〕應授職事官並勳階邑號及贈官等　「邑」字原脱，據册府元龜卷五〇九邦計部鬻爵贖罪補。

〔五〇〕如係進士　「如」字原脱，據元本、慎本、馮本補。

〔五一〕范曄東漢書方術傳　「術」原作「伎」，據後漢書卷八二上方術列傳改。

〔五二〕星算　「星」字原脱，據元本、慎本、馮本及後漢書卷八二上方術列傳樊英傳補。

〔五三〕善河洛推步之術　「推步」二字原倒，據後漢書卷八二上方術列傳公沙穆傳乙正。

〔五四〕宋太祖皇帝開寶七年　「七」原作「十」，據續資治通鑑長編卷一五開寶七年五月末條改。

〔五五〕審官院不在磨勘之例　「官」原作「刑」，據續資治通鑑長編卷九〇天禧元年八月丁亥條改。

〔五六〕而算學生則歸之太史局　「學」原作「書」，據宋會要輯稿崇儒三之五改。

卷三十六　選舉考九

舉官

虞書：「帝！光天之下，至于海隅蒼生，萬邦黎獻，共惟帝臣。惟帝時舉，敷納以言，明試以功，車服以庸。」

皋陶曰：「都！亦行有九德，亦言其人有德，乃言曰，載采采。」載，行。采，事也。稱其人之有德，必舉事以爲驗。禹曰：「何？」皋陶曰：「寬而栗，寬弘莊栗。柔而立，愿而恭，亂而敬，亂，治也。擾而毅，擾，順也。毅，果也。直而温，簡而廉，性簡大而有廉隅〔一〕。剛而塞，剛斷而實塞。强而義，彰厥有常，吉哉！明九德之常，以擇人而官之。日宣三德，夙夜浚明有家，九德中有其三。宣，布；夙，早；浚，須也〔二〕。卿大夫稱家。言能日日布行三德，早夜思之，須明行之〔三〕，可以爲卿大夫。日嚴祗敬六德，亮采有邦。嚴敬其身，行六德，可爲諸侯。翕受敷施，九德咸事，俊乂在官，百僚師師，百工惟時。撫于五辰，庶績其凝。」

周官：「舉能其官，惟爾之能；稱匪其人，惟爾不任。」

按：古人之取士，蓋將以官之，然則舉士之與舉官，非二途也。三代之時，法制雖簡，而考核本明，毁譽既公，而賢愚自判。往往當時士之被舉，未有不入官者也。降及後世，巧僞日甚，而法令亦滋多，遂以科目爲舉士之途，銓選爲舉官之途，二者各自爲防閑檢校之法。至唐，則以試士屬之禮部，試吏屬之吏部，於是科目之法、銓選之法，日新月異，不相爲謀，蓋有舉於禮部而不得官者，不舉於禮部而得官者，則士所以進身之塗轍，亦復不一，不可比而同之也，於是立舉士、舉官兩門以統之。然三代、兩漢之時，二者本是一事，故摭其事實，原其法意之詳於士者入舉士門，詳於官者入舉官門。然大概未嘗各自立法，如後世之爲也，故所紀多互見，必參考然後得之。

秦自孝公納商鞅策，富國强兵爲務，仕進之塗唯闢田與勝敵而已。至始皇遂平天下。

漢高祖十一年，詔曰：「賢士大夫既與我定有天下，而不與吾共安利之，可乎？有肯從吾遊者，吾能尊榮之。布告天下：其有意稱明德者，御史、中執法、郡守必身勸勉，遣詣丞相府，署行義及年。有而不言，覺，免。」詳見舉士門。

景帝詔曰：「有市籍，貲多不得官〔四〕，廉士寡欲易足。今貲算十以上乃得官，貲少則不得官，朕甚憐之。減至四算得官〔五〕。」詳及注見貲選門。

漢制，凡郡國之官，非傅相，其他既自署置，又調僚屬及部人之賢者，舉爲秀才、廉吏，而貢於王庭，多拜爲郎，居三署，無常員，或至千人，屬光禄勳。故卿校、牧守居閑待詔，或郡國貢送、公車徵起，悉在焉。光禄勳復於三署中銓第郎吏〔六〕，歲舉秀才、廉吏，出爲他官，以補闕員。

武帝元封五年，以名臣文武欲盡，詔曰：「蓋有非常之功，必待非常之人。故馬或奔踶而致千里，士或有負俗之累而立功名。負俗，謂被世譏論也。夫泛駕之馬、跅弛之士，亦在御之而已。其令州郡察吏民有茂材異等，可爲將相及使絶國者。」

先公曰：「汲黯嘗諫帝曰〔七〕：『陛下求賢甚勞，未盡其用，輒已殺之。以有限之士，供無已之誅，臣恐天下賢材將盡，陛下誰與共爲治乎？』帝笑曰：『有材不肯盡用，與無材同，不殺何施？』蓋至是名臣文武欲盡，則黯之説十餘年而遂驗矣。帝徒知殺之之易，而不知招之之難也，無怪乎詔下而無有應舉者。雖然，帝於是春秋高而血氣亦寖定矣。」

元帝永光元年，詔丞相、御史舉質樸、淳厚、謙遜、有行者，光禄歲以此科第郎、從官。

師古曰：「始令丞相、御史舉此四科人以擢用之，而見在郎及從官，又令光禄每歲依此科考校，定其第高下，用知其人賢否也。」

按：西都舉人之法，如孝廉及賢良方正，有未仕而舉者，有既仕而舉者。至是，復詔舉此四科。蓋未仕者則以此開選舉之門，而既仕者就以此定考課之法也。

成帝陽朔二年，奉使者不稱，詔丞相、御史與中二千石、二千石，雜舉可充博士位者，使卓然可觀。

元延元年，詔以日食、星隕，令北邊二十二郡舉勇猛知兵法者各一人。

哀帝建平元年，詔大司馬、列侯、將軍〔八〕、中二千石、州牧、守、相，舉孝弟淳厚能直言通政事，延於側陋可親民者各一人。

東漢之制，選舉於郡國屬功曹，於公府屬東西曹，於天臺屬吏曹尚書，亦曰「選部」。

光武建武十二年，詔三公舉茂材各一人、廉吏各一人，左右將軍歲察廉吏各二人，光禄歲舉郎茂材四行各一人，察廉吏三人，中二千石歲察廉吏一人，監御史、司隸、州牧歲舉茂材各一人。改前漢常侍曹尚書爲吏部尚書，其所進用，加以歲月先後之次。又詔三公以四科辟召。見辟舉門。

舊制，光禄舉三署郎，以高功久次、才德尤異者爲茂材四行。四行，淳厚、質樸、謙遜、節儉也。

明帝永平九年，令司隸校尉、部刺史歲上墨綬長吏視事三歲以上，理狀尤異者各一人，與計偕上。

章帝時，詔復用前漢丞相故事，以四科辟士。凡所舉士，先試之以職，乃得充選；其德行尤異不宜試職者，疏於他狀；舉非人兼不舉者，罪。

武帝因董仲舒之言立制，故事在丞相府，今復用之。第一科補西曹南閤祭酒，二科補議曹，三科補四辭八奏，四科補賊決。

和帝永元五年，詔曰：「選舉良材，爲政之本；科別行能，必由鄉曲。而郡縣舉吏，不加簡擇，故先帝明敕在所，令試之以職，乃得充選，又德行尤異，不須經職者，別署狀上〔九〕。而宣布以來，出入九年，二千石曾不承奉，恣心從好，司隸、刺史訖無糾察。今新蒙赦令，且復申敕，後有犯者，顯明其罰。在位不以選舉爲憂，督察不以發覺爲務，非獨州郡。是以庶官非人，下民被傷，由法不行故也。」

安帝永初二年，詔王國官屬〔一〇〕、墨綬下至郎、謁者，其經明任博士，居鄉里有廉清孝順之稱，才任理人者〔一一〕，國相歲移名，與計偕上尚書，公府通調，令得外補。

永初五年，詔三公、特進、九卿、校尉，舉列將子孫明曉戰陣任將帥者。

安帝時，三府任輕，陳忠上疏曰：「今之三公，雖當其名，而無其實，選舉誅賞，一由尚書。尚書見任，重於三公。」

延光二年，詔選三署郎及吏人能通古文尚書、毛詩、穀梁春秋各一人。

順帝陽嘉元年，詔曰：「間者以來，吏政不勤，故災咎屢臻〔一三〕，盜賊多有。退省所由，皆以選舉不實，官非其人。今刺史、二千石之選歸任三司〔一三〕。三公也。其簡叙先後，精覈高下〔一四〕，歲月之次，文武之宜，務存厥中。」

二年，郎顗上疏曰：「今選舉牧守，委任三府。長吏不良，既咎州郡，州郡有失，豈得不歸責舉者〔一五〕？」書奏，帝復使對尚書，顗對曰：「今選舉皆歸三司，非有周、召之才，而當則哲之重，每有選用，輒參之掾屬，公府門巷，賓客填集，送去迎來，財貨無已。其當遷者，競相薦謁，各遣子弟，充塞道路，開長姦門，興致浮僞，非所謂率由舊章。尚書職在機衡，宮禁嚴密，私曲之意，差不得通〔一六〕，偏黨之恩，或無所用。選舉之任，不如還在機密。」

按：自光武不任三公，事歸臺閣，故選舉之任亦在尚書。今陳忠之説如彼，而郎顗之説復如此，要之，三公與尚書均是人也，得其人則皆能舉賢，失其人則皆不免徇私。苟欲徇私，則何所不至？而謂其「職在機衡，宮禁嚴密，私意不得通」，疏矣。

永和三年，令大將軍、三公舉故刺史、二千石及見令、長、郎、謁者、四府掾屬剛毅武猛謀謨任將帥者各二人，特進、卿、校尉各一人。

左雄舉故冀州刺史馮直任將帥，直嘗坐贓受罪，周舉以此劾奏雄。雄曰：「詔書使我選武猛，不使我選清高。」舉曰：「詔書使君選武猛，不使君選貪污也〔一七〕。」

桓帝時，綱紀隳紊，凡所選用，莫非情故。時議以州郡相阿，人情比周，乃制婚姻之家及兩州之人，不得相臨，遂有三互法。三互，謂婚姻之家及兩州不得交互爲官。是時，史弼遷山陽太守，其妻鉅野薛氏女，以三互自上，轉拜平原相。禁網益密，選用艱難，幽、冀二州久缺，而公府限以三互，經時不補。議郎蔡邕上言曰：「幽、冀舊壤，缺職經時，而三府選舉，踰月不定，而坐設三互，自坐留閡。昔韓安國起自徒中，朱買臣出於幽賤，並以才宜，還守本邦，豈復顧循三互，限以末制？願蠲除近禁，無拘三互，以差厥中。」書奏，不省。

靈帝時，吕强上言：「舊典選舉委任三府，三府有選，參議掾屬，咨其行狀，度其器能，受試任用，責以成功。若無可察，然後付之尚書舉劾，請下廷尉，覆按虛實，行其誅罰。今但任尚書，或復敕用。如是，三公得免選舉之負，尚書亦復不坐，責賞無歸，豈肯空自勞苦乎？」

黄琬爲五官中郎將，陳蕃爲光禄勳，深相敬待，數與議事。舊制，光禄舉三署郎，以高功久次、才德尤異者爲茂才四行。時權富子弟多以人事得舉，而貧約守志者以窮退見遺。京師爲之謡曰：「欲得不能，光禄茂材。」於是琬、蕃同心，顯用名士，平原劉醇、河東朱山、蜀郡殷參等並以才行蒙舉。蕃、琬遂爲權富郎所見中傷，坐免官禁錮。

曹公初建魏府，以毛玠、崔琰爲東曹掾吏，銓衡人物，選用先尚勤儉〔一八〕，於是天下士人皆砥礪名節，務從約損。和洽言於公曰：「天下大器，在位與人，不可以一節檢也〔一九〕。儉素過中，自以處身則可，以此格物，所失或多。今朝廷之議〔二〇〕，吏有著新衣好車者，不謂之廉潔。至令士大夫故汙辱其衣，藏其輿服，朝府大吏或自挈壺飧，以入官寺。夫立教觀俗，貴處中庸，爲可繼也。今崇一概難堪之行，以檢殊途，勉而爲之，必有疲瘁。古之大教，務在通人情而已，凡激詭之行，則容僞矣。」

魏文帝立九品官人之法，州郡皆置中正。見舉士門。

漢昭烈既崩，諸葛孔明秉政，懲惡舉善，量能授任，不計資叙。時犍爲郡守李嚴以楊洪爲功曹，嚴未去郡，而洪以才能已爲蜀郡守。洪門下書佐何祇有才策，洪未去郡，而祇已爲廣漢郡守。

孫氏有江東，選曹尚書主選舉。吴郡暨艷性峭刻，好清議，爲尚書，以郎署混淆，多非其人，艷欲激濁揚清，别其善否，乃覈選三署，皆貶高就下，降損數等，其居位貪婪，志節卑污者，皆以爲軍吏，置之營府。於是怨聲囂然，競言艷用私情，虧公法，艷坐自殺。

明帝太和之後，俗用浮靡，遞相標目，而夏侯、諸葛、何、鄧之儔，有「四聰」、「八達」之稱，帝深所嫉惡。於是士大夫之有名聲者，或禁錮廢黜以懲之。帝曰：「選舉莫取有名，名如畫地作餅，不可啖也。」吏部尚書盧毓曰：「名不足以致異人，而可以得常士；常士畏教慕善，然後有名。」

其後士人多務進趨，廉遜道缺，劉寔著崇讓論以矯之，其略曰：「古聖王之化天下，所以貴讓者，欲以出賢才，息爭競也。夫人情莫不欲己之賢也，故勸令讓賢以自明賢也，豈假讓不賢哉！故讓道興，賢能之人不求而自出矣〔二〕，至公之舉自立矣〔三〕，百官之副亦豫具矣。一官缺，擇衆官所讓最多者而用之，審才之道也〔三〕。在朝之士相讓於上，下皆化之，推賢讓能之風從此生矣。爲一國所讓，則一國士也；天下所共推，則天下士也。推讓之風行，則賢不肖灼然殊矣。故非時獨乏賢也，時不貴讓，一人有先衆之譽，毀必隨之，名不得成，使之然也，雖令稷、契復存，亦不復全其名矣。能否混雜，優劣不分，士無素定之價，官職有缺，主選之吏不知所用，但按官次而舉之。同才之人先用者，非勢家之子，則必爲有勢者之所念也。非能獨賢，因其先用之資而復遷之無已，不勝其任之病發矣。夫一時在官之人，雖雜有凡猥之材，其中賢明者亦多矣，豈可謂皆不知讓賢爲貴邪？直以時皆不讓，習以成俗，故遂不爲耳。人臣初除，皆通表上聞，名之謝章，所由來尚矣。原謝章之本意，欲進賢能以謝國恩也。昔舜以禹爲司空，禹拜稽首，讓於稷、契及咎繇，益讓熊羆，伯夷讓夔、龍。唐、虞之時，衆官初除，莫不皆讓也。謝章之義，蓋取於此。季代不能讓賢，虛謝見用之恩而已。相承不變，習俗之失也。夫叙用之官得通章表者，其讓賢推能乃通，其不能有所讓，徒費簡紙者，皆絶不通。人臣初除，各思推賢能而讓之矣，讓文付主者掌之。三司有缺，擇三司所讓最多者而用之，此爲一公缺，三公已豫選之矣。且主選之吏，不必任公而選三公，不如令三公自共選一公爲詳也。推之四征、尚書、郡守皆然。夫衆官百郡之讓，與主者共相比，不可同歲而論也。賢愚皆讓，百姓耳目盡爲國耳目。夫人情争則欲毁己所不如，讓則競推於勝己。故世争則毁譽交錯，優劣不分，難得而讓也〔二四〕；時讓則賢智顯出，能否之美，歷歷相次，不可得而亂也。當此時也，能退身修己者，讓之者多矣，雖欲守貧賤，不可得也；馳騖進取而欲人見讓，猶却行而求前也。夫如此，愚智皆知進身求通，非修之於己則無由矣，浮聲虛論，不禁而自止矣。」

齊王嘉平初，夏侯玄請使官長各考其屬能否，而中正則惟考行迹。詳見舉士門。

晉武帝泰始七年，詔公卿以下舉將帥各一人。

太康九年，令內外群官舉清能，拔寒素。又令舉守令之才。

晉依魏氏九品之制，內官吏部尚書、司徒、左長史，外官州有大中正，郡國有小中正，皆掌選舉。凡吏部選用，必下中正徵其人居及祖父官名。

山濤爲吏部尚書，再居選職〔二五〕，共十有餘年。每一官缺，輒啓擬數人，詔旨有所向，然後顯奏，隨帝意所欲爲先。故帝之所用，或非舉首，衆情不察，以濤輕重任意。或譖之於帝，故帝手詔戒濤曰：「夫用人惟才，不遺疏遠單賤，天下便化之。」而濤行之自若，一年之後，衆情乃寢。濤所奏甄拔人物，各爲題目，時稱「山公啟事」。

侍中彭權遷，當選代。按：「雍州刺史郭奕高簡有雅量，在朝廷足以肅正左右；衛將軍王濟才高美茂，後來之冠，此二人誠顧問之秀。聖意倘惜濟主兵者，驍騎將軍荀愷智器明敏，其典宿衛，終不減濟。博士祭酒庾純强正有學義，亦堪此選。國學初建，王、荀已亡，純能其事，宜當小留，粗立其制，不審宜爾有當聖旨者否？又尚書令缺，宜得其人。征南大將軍祜體義立政，可以肅整朝廷。」又云：「有疾苦者，大將軍雖不整，正須筋力，戎馬間猶宜得健者。征北大將軍瓘貞正靜一，中書監荀勖達練事物。三者皆人彥，不審有可參舉者不？」

王戎遷尚書左僕射，領吏部，始爲甲午制。凡選舉皆先治百姓，然後授用。司隸傅咸奏戎曰：「書稱『三載考績，三考黜陟幽明』，今內外群官，居職未期而戎奏還，既未定其優劣，且送故迎新，相望道路，巧詐由生，傷農害政。戎不仰依堯舜典謨，而驅動浮華，虧敗風俗，宜免戎官。」戎與賈、郭通親，竟得不坐。戎與時卷舒，自經典選，未嘗進寒素，退虚名，但與時浮沉，户調門選而已。

王戎有人倫鑒識，嘗目山濤如璞玉渾金，人皆欽其寶，莫能名其器；王衍神姿高徹，如瑶林瓊樹，自然是風塵表物。謂裴頠拙於用長，荀勖工於用短，陳道寧緤緤初六反。如束長竿。族弟敦有高名，戎惡之。敦每候戎，戎輒託疾不之見，敦後果爲逆亂。其鑒賞先見如此。

按：西晉時，以吏部尚書執用人之柄，山濤、王戎相繼居是職，二人雖賢否不同，而皆有知人之鑒。巨源啟事中所處分者，内則要地，外則方面；戎所評議者，亦一時名勝，非後進小吏也。蓋當時尚書權任之重如此。後來居是職者，既未嘗有二公之鑒識，且其所權衡，不過么麽微官，所謂「唯取年勞，不簡賢否，使義均行雁，次若貫魚，勘簿呼名，一吏足矣，數人而用，何謂銓衡」者是也。近世葉水心言：「今之大臣，以堂除與人者，乃昔日銓選常行之事。大臣不知其職任有大於此者，而止以堂除爲宰相之大權，則毋怪銓選爲奉行文書之地也。使今日銓選得稍稍自用，若堂除之選盡歸銓部，然後大臣知職任，而銓選亦能少助朝廷用人，尚書、侍郎不虚設矣。」此語足以箴後來之失。然後來之大臣，苟非作姦擅權、固位植黨者，其於用人亦不過謹守資格，以爲寡過之地，毋以異於吏部之銓衡。如蕭何之以大將舉韓信，狄仁傑之以宰相舉張柬之，其事亦寥寥矣。

九品之法漸敝，中正任久，愛憎由己，遂計官資以定品格，天下唯以居位爲貴。尚書僕射劉毅上言：「九品始因魏初喪亂，是軍中權時之制，非經久之典也。宜用土斷，復古鄉舉里選之法。」因言九品有八損，而官才有三難：「人物難知，一也；愛憎難防，二也；情僞難明，三也。凡官不同事，人不同能。今九品不狀才能之所宜，而以九等爲例，以品取人，或非才能之所長，以狀取人，則爲本品之所限。若狀得其實，猶品狀相妨，況不實者乎！」詳見舉士門。

按：既曰九品中正之官設之於州縣，是即鄉舉里選之遺意。然未仕者，居鄉有履行之善惡，所謂品也；既仕者，居官有才能績效之優劣，所謂狀也。品則中正可得而定，狀則非中正可得而知。今欲爲中正者，以其才能之狀，著於九品，則宜其難憑。要知既入仕之後，朝廷自合別有考課之法，而復以中正所定之品目第其升沉，拘矣。況中正所定者，又未必允當乎！

宋營陽王時，以蔡廓爲吏部尚書，廓謂傅亮曰：「選事若悉以見付，不論；不然，不能拜也。」亮以語録尚書徐羨之，羨之曰：「黄、散以下，悉以委蔡，吾徒不復措懷；自此以上，故宜互參同異。」廓曰：「我不能爲徐干木署紙尾。」遂不拜。干木，羨之小字。選案黄紙〔二六〕，録尚書與吏部尚書連名，故云「署紙尾」。宋黄門，第五品也。

文帝元嘉中，限年三十而仕，郡縣以六周而代，刺史或十餘年。及孝武即位，仕者不復拘老幼，守宰以三周爲滿。時中軍録事參軍周朗上疏曰：「欲爲教者，宜以二十五家選一長，百家置一師〔二七〕。男子十三至十七，皆令學經；十七至二十，皆令習武。訓以書記圖緯、忠孝仁義之禮，廉讓恭勤之則；授以兵經戰略、軍部舟騎之容，挽强擊刺之法。習經者五年有成，而言之司徒；習武者三年善藝，亦升之司馬。若七年而經不明，五年而勇不達，即更求其言行，考其事業，必不足取者，雖公卿子弟，長歸農畝，終身不得爲吏。』兼述農桑生植之本，及禮教刑政之端。帝省之不悦。左衛將軍謝莊以其時搜才路狹，又上表曰：「九服之曠，九流之難，提鈞懸衡，委之選部。一人之鑒易限，而天下之才難原。以易限之鑒，照難原之才，使國無遺授，野無滯器，其可得乎？請普令大臣，各舉所知，以付尚書銓用。」不從。帝又不欲重權在下，乃分吏部，置兩尚書，以散其權。

裴子野曰：「官人之難，尚矣。居家視其孝友，鄉黨察其誠信，出入觀其志義，憂難取其智謀，煩之以事，以求其理，臨之以利，以察其廉。周禮，始於學校，論之州里，告諸六事，然後貢於王庭。其在漢家，州郡積其功能，五府舉爲掾屬，三公參其得失，尚書奏之天子。一人之身，所閲者衆，故能官得其才，罕有敗事。魏晉易是，所失弘多。夫厚貌深衷，險如谿壑，擇言觀行，猶懼弗周，況今萬品千群，俄析乎一面，庶僚百位，專斷於一司，於是囂風遂行，不可抑止，干進務得，兼加諂黷，無復廉耻之風、謹愿之操，官邪國敗，不可紀綱。假使龍作納言，舜居南面，而治致平章，不可必也，況後之官人者哉！孝武雖分曹爲兩，不能反之於周漢，朝三暮四，其庸愈乎。」

顔竣爲吏部尚書〔二六〕，留心選舉，奏無不可。後謝莊代竣，意多不行。竣容貌嚴毅，莊風姿甚美，賓客喧訴，嘗歡笑答之。人言：「顔竣嗔而予人官，謝莊笑而不與人官。」

按：自魏晉以來，州郡無上計之事，公府無辟召之舉。士之入仕者，始則中正別其賢否，次則吏部司其升沉而已。所以尚書之權最重，而其於人恩怨亦深。故賈充與任愷争權，則啓令其典選，俾之易生間隙；蔡廓以主闇時艱，不欲居通塞之地。蓋非精於裁鑒者，不能稱其任，而恬於權勢者，多不樂居其位也。

齊因宋代限年之制，鄉舉里選不覈才德，其所進取以官婚胄籍爲先，遂令甲族以二十登仕，後門以三十試吏，故有增年矯貌以圖進者。詳見舉士門。

左僕射王儉請解領選，謂褚淵曰：「選曹之始，近自漢末。今若反古，使州郡貢計，三府辟士，與衆共之，猶賢一人之意。古者選衆，今則不然，奇才絶智所以見遺於草澤也。」淵曰：「誠如卿言。但行之已久，卒難爲改也。」

梁初，無中正制，年二十五方得入仕。天監中，制：「九流常選，年未三十，不通一經者，不得爲官。」詳見舉士門。

陳依梁制，凡年未三十不得入仕，唯經學生策試得第、諸州光迎主簿〔二九〕、西曹左奏及嘗爲挽郎，得未壯而仕。諸郡唯正王爲丹陽尹經迎得出身者亦然，庶姓尹則否。有高才、異行、殊勳，別降恩旨叙用，不在常例。凡選無定時，隨缺則補。官有清濁，以爲升降，從濁得清，則勝於遷。若有遷授，或由別敕，但移轉一人爲官，則諸官多須改動。其用官式〔三〇〕，吏部先爲白牒，列數十人名，尚書與參掌者共署奏，敕或可或否。其可者則下於選曹，量貴賤，別内外，隨才補用；以黄紙録名，八座通署，奏可乃出，以付於典名；典名書其名帖鶴頭板，修容整儀，送所授之家。其別發詔除者，即宣付詔局，詔局草奏聞，敕可，黄紙寫出門下，門下答詔，請付外施行，又敕可，付選司行名。得官者不必待行名到，但聞詔出，明日即入謝，後詣尚書上省拜受。若拜王公則臨軒。凡拜官皆在午後。初，武帝承侯景喪亂之後，綱維頽壞，制度未立，百官無復考校殿最之法，但更年互遷，驟班進秩，法無可稱者。後徐陵、孔奐繼爲吏部尚書，差有其序。

後魏州郡皆有中正，掌選舉。每以季月與吏部銓擇可否；其秀才對策第居中，上表叙之。

文成帝和平三年，詔曰：「今選舉之官，多不以次，令班白處後，晚進居先，豈所謂彝倫攸叙也！諸曹選補，宜各書勞舊才能。」其後中正所銓，但在門第，吏部彝倫，仍不才舉。

崔浩爲冀州大中正，薦冀、定、相、幽、并五州士數十人，各起家爲郡守。景穆帝謂浩曰：「先召之人亦州郡選也，在職已久，勤勞未答，今先補前召外任郡縣，以新召者代爲郎吏。又守宰人宜使更事者。」浩固争而遣之。高允曰：「崔公其不免乎！苟遂其非，而較勝於上，何以能濟。」

郭祚爲吏部尚書，特絜清，重惜官位，至於銓授，假令得人，必徘徊久之，然後下筆，即云：「此人便已貴矣。」由是事頗爲稽滯，每招怨讟。然而所拔用者，量材稱職，士論歸之。

孝文勵精求治，内官通班以上，皆自考覈，以爲黜陟。見考課門。

任城王澄爲吏部尚書，詔澄簡舊臣。初，魏自公侯以下迄於選臣，動有萬數，冗散無事。澄品爲三等，量其優劣，盡其能否，咸無怨言。

自太和以前，精選中正，德高鄉國者充；其邊州小郡，人物單鮮者，則併附他州；其在遐陋者，則闕而不置。當時稱爲簡當，頗爲得人。及宣武、孝明之時，州無大小，必置中正。既不可悉得其人，故或有庸鄙者操銓覈之權，而選叙頽紊。至正始元年冬，乃罷諸郡中正。時有以雜類冒登清流，遂令在位者皆五人相保，無人保任者奪官還役。

清河王懌以官人失序，上表曰：「孝文帝制出身之人，本以門品高下有恒。若准資蔭，自公卿令僕之子，甲乙丙丁之族，上則散騎秘著，下逮御史長兼，皆條例昭然，文無虧没。自此或身非三事之子，解褐公府正佐；地非甲乙之類，而得上宰行僚。自兹以降，亦多乖舛。且參軍事專，非出身之職，今必釋褐而居；秘著本爲起家之官，今或遷轉以至。斯皆仰失先准，有違明令，非所謂式遵遺範，奉順成規。此雖官人之失，相循已久，然推其彌漫，抑亦有由。何者？信一人之明，當九流之廣，必令該鑒氏族，辨照人倫，才識有限，固難審悉。所以州置中正之官，清定門胄，品藻高卑，四海晝一，專尸衡石，任實不輕。故自置中正以來，暨於太和之日，莫不高擬其人，妙盡兹選，皆須名位重於鄉國，才德允於具瞻，然後可以品裁州郡，綜覈人物。今之所置，多非其人。乞明爲敕制，使官人選才，備依先旨，無令能否乖方，違才易務；并革選中正，一依前軌，庶清源有歸，流序允穆。」靈太后詔依表施行，而終不能用。

征西將軍、冀州大中正張彝之子仲瑀上封事，請銓別選格，排抑武夫，不使預清品。於是武夫憤怒，羽林、虎賁千餘人焚彝第，殺其父子。詔斬其兇强者八人，餘大赦以安之。

張彝既死，靈太后乃命武官得依資入選。既而官員少，應調者多，選曹無以處之。及崔亮爲吏部尚書〔三一〕，乃奏爲格制，官不問賢愚，以停解日月爲斷。雖復官需此人，停日後者終不得取；庸才下品，年月久者則先擢用。時沉滯者，皆稱其能。

亮甥劉景安貽書規之，亮答曰：「昔有中正，品其才第，上之尚書，據狀量人授職，此乃與天下群賢共爵人也。吾謂當爾之時，無遺才[三二]，無濫舉矣，而汝猶云十收六七。況今日之選，專歸尚書，以一人之鑒，照察天下，劉毅所云：『一吏部、兩郎中而欲究鑑人物，何異以管窺天而求其博哉！』今勳人甚多，又羽林入選，武夫倔起，而不解書計，唯可彍弩前驅，指蹤捕噬而已。忽令佩組乘軒，求其烹鮮之效，未嘗操刀，而使剸割。又武人至多，官員至少，不可周溥。設令十人共一官，猶無官可授，況一人冀一官，何由不怨哉？吾近面執，不宜使武人入選，請賜其爵，厚其禄。既不見從，是以權立此格，限以停年耳。」

水心葉氏曰：「按：蕭寶寅傳載魏世外官代還六年方叙，内官四年爲限。今亮立此格，專以停罷後歲月斷之，不總計其平生資歷，抑新進，拔滯淹，故爲有意，利柄在己，人不得干，雖曰失之，猶有所獲。不若後世泛論考任[三三]，無復正法[三四]，容僥倖，長躁求，使士大夫皆傲然取必於上，其得失相較又遠矣。」

先公曰：「按：停年格立於武人入選之後，武人入選始於羽林作亂之餘，此當時事情也。通鑑述崔亮答書，削去本旨，已爲未然；胡氏、葉氏之論古今得失則然矣，而停年之所以立，弗深考也。」

後甄琛、元修義、城陽王徽相繼爲吏部尚書，利其便己，踵而行之。自是賢愚同貫，涇渭無別，魏之失才，從亮始也。及辛雄爲吏部郎中，上疏曰：「自神龜以來，專以停年爲選。士無善惡，歲久先叙；職無劇易，名到授官。執案之吏，以差次日月爲功能；銓衡之人，以簡用老舊爲平直[三五]。且庸劣之人，莫不貪鄙。委斗筲以共理之重，託碩鼠以百里之命，皆貨賄是求，肆心縱意，禁制雖煩〔三六〕，不勝其欲。致令徭役不均，發調違謬，聚斂盈門，囚執滿道。蓋助陛下理天下者，唯在守令，最須簡置，以康國道。但郡縣選舉，由來所輕，貴遊儁才，莫肯居此，宜改其弊，以定官方。請上等郡縣爲第一清，中等爲第二清，下等爲第三清。選補之法，妙盡才望〔三七〕，如不可並，後地先才，不得拘以停年，竟無銓革。三載黜陟，有稱者補在京名官，如前代故事，不歷郡縣不得爲内職，則人思自勉，上下同心，枉屈可申，强暴自息。」書奏，會帝崩。及孝莊帝初，詔求德才文藝政事强直者，縣令、郡守、刺史皆叙其志業，具以表聞。得三人以上，縣令、太守、刺史賞一階，舉非其人者黜一階。凡官郡守、縣令，六年爲滿，滿後六年爲叙。

薛琡爲吏部郎中〔三八〕，上言：「使選曹唯取年勞，不簡賢否，義均行鴈，次若貫魚，勘簿呼名，一吏足矣，數人而用，何謂銓衡！請積勞之中，有材堪牧人者，在先用之限；其餘不堪者，既壯藉其力，豈容老而棄之。將佐丞尉，去人稍遠，小小當否，未爲多失，宜依次補序，以酬其勞。」不報。

東魏元象中，文襄王高澄秉政，攝吏部尚書，乃革後魏崔亮年勞之制，務求才實。自遷鄴以後，掌大選知名者不過數四，文襄年少高朗，其弊也疏；袁聿修沈密謹厚，所傷者細；楊遵彥風流辯給，所取失於浮華；唯辛術貞明簡實，新舊參舉，管庫必擢，門閥不遺，衡鑒之美，一人而已。至孝昭帝皇建二年，詔：「内外執事官從五品以上、三府主簿、録事參軍、諸王文學、侍御史、廷尉三官、尚書郎中、中書舍人，每在三年之内，各舉一人：或夙在朝倫，沈屈未用；或先官後進，今見停散；或白屋之人，巾褐未釋。其高才良器，允文允武，理識深長，幹具通濟，操履凝峻，學業宏贍，諸如此輩，隨取一長，無待兼資，方充舉限。舉薦之文，指論事實，隨能量用，必陳所堪，不得高談，謬加褒飾。所舉之人，止在一職，三載之內，有犯死罪以下、刑年以上〔三九〕，舉主准舉人之犯，各罰其金；自鞭以下，舉主勿論。若未經三載而更，餘轉通計後官日月，合滿三周。凡所舉人，必主事立功，裨益時政，不限年之遠近，舉主之賞，亦當非次，被舉之人，別當擢授。其違限不舉，依式罰金。又擁旄作鎮，任總百城，分符共理，職司千里，凡其部統，理宜委悉。刺史於所管之内下郡太守、縣令、丞、尉、府佐、録事參軍以降，州官、州官都主簿以下，但需在吏職，及前爲官并白人等，並聽表薦。太守則曹掾以下及管內之人，亦聽表舉。其大州、中州、下州，畿內、上郡、中郡，並三年之內各舉一人，其不入品州并自餘郡守，不在舉限。」

楊愔典選二十餘年，獎擢人倫，以爲己任。然取士多以言貌，時致謗言，以爲愔之用人，似貧士市瓜，取其大者。

水心葉氏曰：「魏以停年致亂，高氏反之。觀此，則奔走一時材用，以赴功名，自不係君德也。銓叙群彥，雖曰吏部之職，然宰相知人，能盡器使，乃職業中一大事。」

後周以吏部中大夫一人掌選舉，小吏部下大夫一人以貳之。初，霸府時，蘇綽爲六條詔書，其四曰擢賢良。綽深思本始，懲魏、齊之失，罷門資之制，其所察舉，頗加精謹。及武帝平齊，廣收遺逸，乃詔山東諸州舉明經幹理者，上縣六人，中縣五人，下縣四人。

樂遜上疏論選舉曰：「選曹賞録勳賢，補擬官爵，必宜與衆共之，有明揚之授，使人得盡心，如睹白日。其材有升降，功有厚薄，禄秩所加，無容不審。即如州郡選置，猶集鄉閭，况天下選曹，不取人物？

若方州列郡，自可内除，此外付選曹銓叙者，既非機事，何足可密。人生處世，以榮禄爲重，修身履行，以基身名〔四〇〕，逢時既難，失時爲易。其選置之目，宜令衆心明白，然後呈奏，使功勤見知，品物稱悦。」

隋文帝開皇七年，制：「諸州歲貢三人，工商不得入仕。」開皇十八年，詔京官五品以上及總管、刺史，並以志行脩謹、清平幹濟二科舉人。牛弘爲吏部尚書，高構爲侍郎，選舉先德行而後文材，最爲稱職。當時之制，尚書舉其大者，侍郎銓其小者，則六品以下官咸吏部所掌。自是海内一命以上之官，州郡無復辟署矣。

牛弘問於劉炫曰：「魏、齊之時，令史從容而已，今則不遑寧處，其事何由？」炫曰：「往者，州唯置紀綱，郡置守丞，縣唯令而已〔四一〕。其所事具僚，則長官自辟，受詔赴任，每州不過數十。今則不然，大小之官，悉由吏部〔四二〕，纖介之迹，皆屬考功，所以繁也。省官不如省事，省事不如清心。官事不省，而欲從容，其可得乎？」弘甚善其言而不能行。

自後周以降，選無清濁。及盧愷攝吏部尚書，與侍郎薛道衡、陸彦師等甄别物類，頗爲清簡，而譖愬紛紜，愷及道衡皆除名。

沈既濟曰：「選法之難行，久矣。夫天産萬類，美寡而惡衆；人分九流，君子孤而小人群。雖消長迭有，而善惡不常，此古今之通理然也。將退不肖而懲其濫，必懸法以示人，而俾人知懼，舉善以勸，而不仁自遠，可以陰隲而潛移之，固難明斥其惡而强擠也〔四三〕，暨艶、張彝皆以不及是而敗，悲夫！斯理甚明，蓋非英明之君，不可以語焉。故崔、毛當魏武而政舉，盧、薛值隋文而身墜，時難不其然乎！」

煬帝制：「百官不得計考增級，其功德行能有昭然者乃擢之。」

大業三年，始置吏部侍郎一人，分掌尚書職事。時武夫參選，多授文職，八年，詔曰：「頃自班朝治人，乃由勳叙，拔之行陣，起自勇夫，蠹政害人，寔由於此。自後諸授勳官，並不得授文官職事。」

帝自江都幸涿郡，御龍舟渡河入永濟渠，敕選部、門下、内史、御史四司，於船前選補〔四〕。受選者三千餘人，徒步隨船三千餘里，不得處分，死者什一二。

致堂胡氏曰：「甚矣！美才難得，而凡馬之衆也。夫自江都至涿郡，隨舟徒行，自東南而極北，遜矣。而受選之士三千餘人，甘於重跰逐逐而不去，以至死亡者，於以見此三千餘人皆恣睢嵬瑣之流耳。委以章綬，錯諸百姓之上，處於庶務之間，决知其不免於瘝曠之負也。故善爲天下者，如漢光武、唐太宗皆減省吏員，而賢才是擇，唯恐其壅於上聞也。專顧己私者，不爲官擇人，入仕者數倍於員闕，以收其虚譽；而嶄然見頭角者，則消磨汰斥之，惟恐其與己軋也。於是服膺官使，新故更代，往往恣睢嵬瑣之流，而天下之禍亂起矣。」

校勘記

〔一〕性簡大而有廉隅　「大」原作「易」，據元本、慎本、馮本及尚書皋陶謨孔氏傳改。

〔二〕浚須也　「須」原作「思」，據元本、慎本、馮本及尚書臯陶謨孔氏傳改。

〔三〕須明行之　四字原脱，據尚書臯陶謨孔氏傳補。

〔四〕貲多不得官　「不」字原脱，據通典卷一三選舉典一歷代制上補。「官」，漢書卷五景帝紀作「宦」，下同。

〔五〕減至四筭得官　「筭」字原重，據通典卷一三選舉典歷代制上一删。

〔六〕光禄勳復於三署中銓第郎吏　「吏」原作「中」，據通典卷一三選舉典一歷代制上改。

〔七〕汲黯嘗諫帝曰　「嘗」原作「常」，據文意改。

〔八〕將軍　二字原脱，據漢書卷一一哀帝紀補。

〔九〕別署狀上　「署」原作「著」，據後漢書卷四和帝紀改。

〔一〇〕詔王國官屬　「國」原作「主」，據後漢書卷五安帝紀改。

〔一一〕才任理人者　五字原脱，據後漢書卷五安帝紀、通典卷一三選舉典一歷代制上補。

〔一二〕故災眚屢臻　「故」原作「於」，據元本、慎本、馮本及後漢書卷六順帝紀改。

〔一三〕今刺史二千石之選歸任三司　「今」原作「令」，據元本、慎本、馮本及後漢書卷六順帝紀改。

〔一四〕精覈高下　「精」原作「情」，據後漢書卷六順帝紀改。

〔一五〕豈得不歸責舉者　「責」原作「貢」，據元本、慎本、馮本及後漢書卷三〇下郎顗傳改。

〔一六〕差不得通　「差」，後漢書卷三〇下郎顗傳作「羌」。

〔一七〕詔書使君選武猛不使君選貪污也　二「君」字原皆作「郡」，據資治通鑑卷五二漢紀四四順帝永和三年八月丙戌條改。

〔一八〕選用先尚勤儉　「勤儉」，三國志卷二三和洽傳作「儉節」。

〔一九〕不可以一節檢也　「檢」原作「儉」，據元本、慎本、馮本及三國志卷二三和洽傳改。

〔二〇〕今朝廷之議　「議」原作「儀」，據三國志卷二三和洽傳改。

〔二一〕賢能之人不求而自出矣　「出」原作「至」，據晉書卷四一劉寔傳、太平御覽卷四二四人事部六五讓下引劉寔崇讓論及藝文類聚卷二一人部五讓引劉寔崇讓論改。

〔二二〕至公之舉自立矣　「至」原作「出」，據元本、慎本、馮本及晉書卷四一劉寔傳、太平御覽卷四二四人事部六五讓下引劉寔崇讓論、藝文類聚卷二一人部五讓引劉寔崇讓論改。

〔二三〕審才之道也　「才」字原脱，據太平御覽卷四二四人事部六五讓下引劉寔崇讓論、藝文類聚卷二一人部五讓引劉寔崇讓論補。

〔二四〕難得而讓也　「讓」原作「詳」，據元本、慎本、馮本及晉書卷四一劉寔傳、通典卷一六選舉典四改。

〔二五〕再居選職　「選」字原脱，據晉書卷四三山濤傳補。

〔二六〕選案黄紙　「選案」二字原脱，據宋書卷五七蔡廓傳補。

〔二七〕百家置一師　「師」原作「帥」，據宋書卷八二周朗傳、通典卷一四選舉典二改。

〔二八〕顔竣爲吏部尚書　「竣」原作「峻」，據宋書卷七五顔竣傳改。下同。

〔二九〕諸州光迎主簿　「光」字原脱，據隋書卷二六百官志上補。

〔三〇〕或由别敕但移轉一人爲官則諸官多須改動其用官式　二十二字原脱，據隋書卷二六百官志上補。

〔三一〕及崔亮爲吏部尚書　「尚書」原作「侍郎」，據魏書卷六六崔亮傳、通典卷一四選舉典二改。

〔三二〕無遺才　三字原脱，據魏書卷六六崔亮傳補。

〔三三〕不若後世泛論考任　「泛論」原作「沈塗」，據習學記言序目卷三四北史、魏書改。

〔三四〕無復正法　「正」原作「止」，據習學記言序目卷三四北史、魏書改。

〔三五〕以簡用老舊爲平直　「用」原作「得」，據魏書卷七七辛雄傳改。

〔三六〕禁制雖煩　「禁」原作「其」，據魏書卷七七辛雄傳改。

〔三七〕妙盡才望　「望」原作「具」，據魏書卷七七辛雄傳改。

〔三八〕薛琡爲吏部郎中　「琡」原作「淑」，據北齊書卷二六薛琡傳、北史卷二五薛琡傳改。

〔三九〕刑年以上　「年」原作「罪」，「上」原作「下」，據册府元龜卷六二九銓選部條制一、群書考索後集卷三二士門北齊選舉之制改。

〔四〇〕修身履行以基身名　周書卷四五樂遜傳，北宋本通典卷一六選舉典四作「修身履行，以纂身爲名」，册府元龜卷五三〇諫諍部規諫七作「檢身履行，以纂身爲名」。

〔四一〕縣唯令而已　「縣」字原脱，據隋書卷七五儒林傳劉炫傳補。

〔四二〕大小之官悉由吏部　「由」原作「是」，據隋書卷七五儒林傳劉炫傳改。

〔四三〕固難明斥其惡而强擠也　「固」原作「故」，據元本、慎本、馮本及通典卷一四選舉典二改。

〔四四〕於船前選補　「船前」二字原倒，據資治通鑑卷一八一隋紀五大業七年二月乙亥條乙正。

卷三十七　選舉考十

舉官

唐制，凡選有文武，文選吏部主之，武選兵部主之，皆爲三銓，尚書、侍郎分主之。凡官員有數，而署置過者有罰，知而聽者有罰，規取者有罰。每歲五月，頒格於州縣，選人應格，則本屬或故任取選解，列其罷免、善惡之狀，以十月會於省，過其時者不叙。其以時至者，乃考其功過。同流者五五爲聯，京官五人保之，一人識之。刑家之子、工賈異類及假名承僞、隱冒升降者有罰。文書乖錯，隱幸者駮放之，非隱幸則不。凡擇人之法有四：一曰身，體貌豐偉；二曰言，言辭辨正；三曰書，楷法遒美；四曰判，文理優長。四事皆可取，則先德行，德均以才，才均以勞。得者爲留，不得者爲放。五品以上不試，上其名中書門下。六品以下始集而試，觀其書、判；已試而銓，察其身、言；已銓而注，詢其便利而擬；已注而唱，不厭者得反通其辭，三唱而不厭，聽冬集。厭者爲甲，上於僕射，乃上門下省，給事中讀之，黄門侍郎省之，侍中審之，然後以聞。主者受旨而奉行焉，謂之「奏受」。視品及流外則判補，皆給以符，謂之「告身」。凡官已受成，皆廷謝。凡試判登科，謂之「入等」，甚拙者謂之「藍縷」。選未滿而試文三篇，謂之「宏辭」；試判三條，謂之「拔萃」。中者即授官。凡出身，嗣王、郡王，從四品下；親王諸子封郡公者，從五品上；國公，正六品上；郡公，正六品下；縣公，從六品上；侯，正七品上；伯，正七品下；子，從七品上；男，從七品下。皇帝緦麻以上親、皇太后大功、皇后期親，從六品上；皇帝袒免、皇太后小功緦麻、皇后大功親，正七品上；皇后小功緦麻、皇太子妃期親，從七品上。外戚，皆以服屬降二階叙。娶郡主者，正六品上；娶縣主者，正七品上；郡主子，從七品上；縣主子，從八品上。凡用蔭，一品子，正七品上；二品子，正七品下；三品子，從七品上；從三品子，從七品下；正四品子，正八品上；從四品子，正八品下；正五品子，從八品上；從五品及國公子，從八品下。凡品子任雜掌及王公以下親事、帳内，勞滿而選者，七品以上子，從九品上叙。其任流外而應入流内，叙品卑者亦如之。九品以上及勳官五品以上子，從九品下叙。三品以上蔭曾孫，五品以上蔭孫。孫降子一等，曾孫降孫一等。贈官降正官一等，死事者與正官同。郡、縣公子，視從五品孫；縣男以上子，降一等；勳官二品子，又降一等。二王後孫，視正三品。凡秀才，上上第，正八品上；上中第，正八品下；上下第，從八品上；中上第，從八品下。明經，上上第，從八品下；上中第，正九品上；上下第，正九品下；中上第，從九品下。進士、明法，甲第，從九品上；乙第，從九品下。弘文、崇文館生及第亦如之。應入五品者以聞。書、算學生，從九品下叙。凡弘文、崇文生，皇帝緦麻以上親，皇太后、皇后大功以上親，一家聽二人選。職事二品以上、散官一品、中書門下正三品同三品、六尚書等子孫并侄，功臣身食實封者子孫，一蔭聽二人選。京官職事正三品、同中書門下平章事、供奉官三品子孫，京官職事從三品〔一〕、中書黄門侍郎并供奉三品官、帶四品五品散官子，一蔭一人。凡勳官選者，上柱國，正六品叙；六品而下，遞降一階。驍騎尉、武騎尉，從九品上敍。凡居官必四考，四考中中，進年勞一階敍；每一考，中上進一階，上下二階，上中以上及計考應至五品以上，奏而別敍。六品以下遷改不更選及守五品以上官，年勞歲一敍，給記階牒。考多者，准考累加。凡醫術，不過尚藥奉御；陰陽、卜筮、圖畫、工巧、造食、音聲及天文，不過本色局、署令；鴻臚譯語，不過典客署令。凡千牛備身、備身左右〔二〕，五考送兵部試，有文者送吏部。凡齋郎，太廟以五品以上子孫，及六品職事并清官子爲之，六考爲滿；郊社以六品職事官子爲之，八考而滿。皆讀兩經粗通，限年十五以上、二十以下，擇儀狀端正無疾者。武選，凡納課品子，歲取文武六品以下、勳官三品以下五品以上子，年十八以上，每州爲解上兵部，納課十三歲而試，第一等送吏部，第二等留本司，第三等納資二歲，第四等納資三歲，納已，復試，量文武授散官。若考滿不試，免當年資；遭喪免資。無故不輸資及有犯者，放還之。凡捉錢品子，無違負滿二百日，本屬以簿附朝集使，上於考功、兵部。滿十歲，量文武授散官。其視品國官府佐應停者，依品子納課，十歲而試，凡一歲爲一選。自一選至十二選，視官品高下，以定其數，因其功過而增損之。

高祖武德初〔三〕，天下兵革新定，士不求禄，官不充員。有司移符州縣，課人赴調，遠方或賜衣續食，猶辭不行。至則授用，無所黜退。不數年，求者浸多，亦頗加簡汰。

舊制，内外官皆吏部啟奏授之，大則署制三公，小則綜覈品流。自隋以降，職事五品以上官，中書門下訪擇奏聞〔四〕，然後下制授之。唐承隋制，初則尚書銓掌六品、七品選，侍郎銓掌八品選，三年一大集，每年一小集。其後，尚書、侍郎通掌六品以下選，其員外郎、監察御史，亦吏部唱訖，尚書、侍郎爲之典選〔五〕。自貞觀以後，員外郎乃制授之。又至則天朝，以吏部權輕，監察亦制授之。其銓綜也，南曹綜覈之，廢置予奪之，銓曹注擬之，尚書僕射兼書之〔六〕，門下詳覆之，覆成而後過官。至肅宗即位靈武，强寇在郊，始命中書以功狀除官，非舊制也。

凡諸王及職事正三品以上，若文武散官二品以上及都督、都護、上州刺史在京師者，册授；諸王及職事二品以上，若文武散官一品，並臨軒册授；其職事正三品、散官二品以上及都督、都護、上州刺史，並朝堂册。訖，皆拜廟。册用竹簡，書用漆。五品以上，皆制授；六品以下、守五品以上，及視五品以上，皆敕授。凡制、敕授及册拜，皆宰司進擬。自六品以下，旨授；其視品及流外官，皆判補之。凡旨授官，悉由於尚書，唯員外郎、御史及供奉之官則否。供奉官若起居、補闕、拾遺之類〔七〕，雖是六品以下官，而皆敕授，不屬選司。開元四年始有此制。唐取人之路蓋多矣。方其盛時，著於令者：納課品子萬人，諸館及州、縣學六萬三千七十人，太史曆生三十六人，天文生百五十人，太醫藥童、針咒諸生二百一十一人，太卜卜筮生三十人〔八〕，千牛備身八十人，備身左右二百五十六人，進馬十六人，齋郎八百六十二人，諸衛三衛監門直長三萬九千四百六十二人，諸屯主、副千九百八人〔九〕，諸折衝府録事、府史一千七百八十二人，校尉三千五百六十四人，執仗、執乘每府三十二人，親事、帳内萬人，集賢院御書手百人，史館典書、楷書四十一人，尚藥童三十人，諸臺、省、寺、監、軍、衛、坊、府之胥史六千餘人。凡此者，皆入官之門户，而諸司主録以成官及州縣佐史未叙者不在焉。至於銓選，其制不一。凡流外，兵部、禮部舉人，郎官得自主之，謂之「小選」。太宗時，以歲旱穀貴，東人選者集於洛州，謂之「東選」〔一〇〕。高宗上元二年，以嶺南五管、黔中都督府得即任土人〔二〕，而官或非其才，乃遣郎官、御史爲選補使，謂之「南選」。其後江南、淮南、福建大抵因歲水旱，皆遣選補使即選其人。而廢置不常，選法又不著，故不復詳焉。

太宗貞觀五年六月十一日，敕：「准貞觀四年正月一日制，春秋舉薦官，中書門下奏：常參官八品以上、外官五品以上正員及額内得替者，並停薦。其使下郎官、御史、丁憂廢省官，在外者，望委諸道觀察使及州府長史；其在京城，委中書、門下、尚書省、御史臺。常參清官並諸使三品以上，左右庶子、詹事、少卿監、司業、少尹、諭德、國子博士、長安萬年縣令、著作郎、中允、中舍、祕書、太常丞，贊善、洗馬等，每年一度聞薦。」至六年十二月一日，敕：「自今已後，王府官宜停薦，其見任宰相及勳臣子弟，亦不須舉人。」至八年〔三〕：「每冬薦官，比來所舉人數頗多，自今以後，中書門下兩省、御史臺五品以上，尚書省四品以上，諸司三品以上，應合舉人，各令每人薦不得過兩人，餘官不得過一人，准前敕處分。」至九年十一月二十九日，敕：「每年冬薦官，吏部准式檢勘或成者，宜令諸司尚書左右丞、本司侍郎引試都堂，訪以理術，兼商量時務。狀考其理識通者及考第事迹，定爲三等，并舉主姓名録奏。試日，仍令御史一人監試。」

按：唐初所謂冬薦，即後來所謂舉狀也。但如國子博士、長安萬年縣令皆有薦人之權，則其途亦廣。然所薦必試而後用，則薦人者亦必審而後發，不至如後來全以請謁囑託而得之者矣。

高宗總章二年，司列少常伯裴行儉始設「長名榜」，引銓注法，復定州縣升降爲八等，其三京、五府、都督、都護府悉有差次，量官資授之。其後李敬元爲少常伯，委事於員外郎張仁禕，仁禕又造姓歷，改狀樣、銓歷等程式，而銓總之法密矣。然是時仕者衆，庸愚咸集，有僞主符告而矯爲官者，有接承他名而參調者，有遠人無親而置保者。試之日，冒名代進，或旁坐假手，或借人外助，多非其實。雖繁設等級，遞差選限，增譴犯之科，開糾告之令以遏之，然猶不能禁。大率十人競一官，餘多委積不可遣，有司患之，謀爲黜落之計，以僻書隱學爲判目，無復求人之意，而吏求貨賄，出入升降。

黄門侍郎、知吏部選事劉祥道上疏曰：「今之選司，取士傷多且濫。每年入流數過一千四百人，是傷多也；雜色入流，不加銓簡，是傷濫也。古之選者，爲官擇人，不聞取人多而官員少也。今官員有數，入流無限，以有數供無限，遂令九流繁總，人隨歲積。謹約准所須人〔三〕，量支年别入流者，今内外文武官一品以下、九品已上，一萬三千四百六十五員，略舉大數，當一萬四千人。壯室而仕，耳順而退，取其中數，不過支三十年。此則一萬四千人，三十年而略盡。若年别入流者五百人，三十年便得一萬五千人，定須者一萬三千四百六十五人，足充所須之數。况三十年之外，在官者猶多，此便有餘，不慮其少。今每年入流者遂至一千四百餘人，應須數外，恒餘兩倍。又比來放選者，見停亦千餘人〔四〕，更復年别新加，實非處置之法。望請釐革，稍清其選。」中書令杜正倫亦言入流者多，爲政之弊。公卿以下憚於改作，事竟不行。

武后初，試選人皆糊名，后以爲非委任之方，罷之。務收人心，士無賢不肖，多所進獎。職員不足，乃令吏部大置試官以處之，故當時有「車載斗量」之謡。又以鄧元挺、許子儒爲侍郎，無所藻鑑，委成令史，依資平配。李嶠爲尚書，又置員外郎二千餘員，悉用勢家親戚，給俸禄，使釐務，至與正官相毆者。

又有檢校、敕攝、判知之官。

中宗時，韋后及太平、安樂公主等用事，於側門降墨敕斜封授官，號「斜封官」，凡數千員。內外盈溢，無廳事以居，當時謂「三無坐處」，言宰相、御史及員外郎也。又以鄭愔爲侍郎，大納貨賂，選人留者甚衆，至逆用三年員闕，而綱紀大潰。韋氏敗，始以宋璟爲吏部尚書，李乂、盧從愿爲侍郎，姚元之爲兵部尚書，陸象先、盧懷慎爲侍郎，悉奏罷斜封官，量闕留人，雖資高考深，非才實者不取。初，尚書銓掌七品以上選，侍郎銓掌八品以下選。至是，通其品而掌焉。未幾，璟、元之等罷，殿中侍御史崔涖、太子中允薛昭希太平公主意，上言：「罷斜封官，人失其所，而怨積於下，必有非常之變。」乃下詔盡復斜封別敕官。

玄宗即位，勵精爲治，制：「凡官不歷州縣者，不擬臺、省。」已而悉集新除縣令宣政殿〔一五〕，親臨問以治人之策，而擢其高第者。又詔員外郎、御史、諸供奉官皆進名敕授，而兵、吏部各以員外郎一人判南曹。由是銓司之任輕矣。其後户部侍郎宇文融又建議置十銓，乃以禮部尚書蘇頲等分主之。太子左庶子吴兢諫曰〔一六〕：「易稱『君子思不出其位』，言不侵官也。今以頲等分掌吏部選，而天子親臨決之，尚書、侍郎皆不聞，議者以爲萬乘之君，下行選事。」帝悟，復以三銓還有司。

開元十八年，侍中裴光庭兼吏部尚書。先是，選司注官惟視其人之能否，或不次超遷，或老於下位，有出身二十年不得祿者。又州縣亦無等級，或自大入小，或初近後遠，皆無定制。光庭始奏用循資格，各以罷官若干選而集，官高者選少，卑者選多，無問能否，選滿則注，限年躡級，毋得踰越，非負譴者，皆有升無降。有庸愚沉滯者皆喜，謂之「聖書」，而才俊之士無不怨嘆。宋璟争之不能得。及光庭卒，中書令蕭嵩以爲非求才之方，奏罷之。詔曰：「凡人年三十而出身，四十乃得從事，更造格以分寸爲差，若循新格，則六十未離一尉。自今有異材高行，聽擢不次。」然有其制而無其事，有司但守文奉式，循資例而已。

按：自漢董仲舒對策，以謂：「古之所謂功者，以任官稱職爲差，非謂積日累久也。」然則年勞之説，自西漢以來有之矣，然未嘗專以此爲用人之法。至崔亮之在後魏，裴光庭之在唐，則遂以此立法矣。此法既立之後，庸碌者便於歷級而升，不致沉廢；挺特者不能脱穎以出，遂至邅迴。宋、蕭二公皆以爲非，明皇雖從其言，而卒不能易其法。非特明皇不能易而已，傳之後世，踵而行之，卒不可變。何也？蓋守法之事，庸愚皆能之；知人之明，則賢哲亦不敢以此自詭故也。昔熙寧間，東坡公擬進士御試策曰：「古之欲立非常之功者，必有知人之明；苟無知人之明，則循規矩，蹈繩墨，以求寡過。二者審於自知，而安於才分者也。道可講習而知，德可勉强而能，惟知人之明不可學，必出於天資。如蕭何之識韓信，豈有法之可傳者？以諸葛孔明之賢，而短於知人，故失之於馬謖，而孔明亦審於自知，故終身不敢用魏延。我仁祖之在位也，事無大小，一付之於法，人無賢不肖，一付之於公議，事已效而後行，人已試而後用，終不敢求非常之功者，誠以當時大臣不足以與知人之明也。古之爲醫者，聆音察色，洞視五藏，則其治疾也，有剖胸、决脾、洗濯胃腎之變。苟無其術，不敢行其事。今無知人之明，而欲立非常之功，解縱繩墨，以慕古人，則是未能察脉，而欲試華佗之方，其異於操刀而殺人者幾希矣。」然則後之論者，雖君相之用人，猶以循規矩蹈繩墨爲主，則知人之事，固難以責之吏部尚書也。

天寶二年，李林甫領吏部尚書，日在政府，選事悉委侍郎宋遥、苗晉卿。御史中丞張倚新得幸於上，遥、晉卿欲附之。時選人集者以萬計，入等者六十四人，倚子奭爲之首，群議沸騰。安禄山入言於上，上悉召入等人面試之，奭手持試紙，終日不成一字，時人謂之「曳白」。遥、晉卿等皆坐貶官。

天寶九載，敕：「吏部取人，必限書、判，且文學政事，本自異科，求備一人，百中無一。況古來良宰，豈必文人。又限循資，尤難獎擢。自今已後，簡縣令但才堪政理，方圓取人，不得限以書、判及循資格注擬。諸畿、望、緊、上、中，每等爲一甲。委中書門下察問，選擇堪者，然後奏授。大理評事，緣朝要子弟中有未歷望、畿縣便授此官，既不守文，又未經事。自今後有此色及朝要至親，並不得注擬。」

初，諸司官兼知政事者，至日午後乃還本司視事，兵部、吏部尚書侍郎知政事者，亦還本司分闕注唱。開元以來，宰相位望漸崇，雖尚書知政事，亦於中書決本司事以自便。而左右相兼兵部、吏部尚書者，不自銓總。又故事，必三銓、三注、三唱而後擬官，季春始畢，乃過門下省。楊國忠以右相兼吏部尚書，建議選人視官資、書判、狀迹、功優，宜對衆定留放。乃先遣吏密定員闕，一日，會左相及諸司長官於都堂注唱，以誇神速；或於宅中引注，虢國姊妹垂簾觀之，或有老醜者，指名以爲笑，士大夫遭詬耻。故事，兵、吏部注官訖，於門下過，侍中、給事中省，不過者謂之「退量」。國忠注官，呼左相陳希烈於坐隅，給事中列於前，曰：「既對注擬，即是過門下了。」侍郎韋見素、張倚皆衣紫，與本曹郎官藩屏外排比案牘，趨走諮事，國忠顧謂簾中曰：「兩箇紫袍主事何如？」楊氏大噱。

先公曰：「唐之選格，寬嚴失中。其始立法，始集而試，觀其書、判；已試而銓，察其身、言；已銓而注，詢其便利，而擬其官；已注而唱示之，不厭者得反通其辭，三唱而不厭，聽冬集。厭者爲甲，上於僕射，乃上門下省，給事中讀之，黄門侍郎省之，侍中審之，不審者皆得駮下，既審然後上聞，主者受旨而奉行焉，此其詳也。惟若是，是以有出身二十年不獲禄者。自裴光庭作循資格，謂之「聖書」，至楊國忠任情廢法，而選法始大壞。然以韓文公之才，猶三選無成，十年如初，不得已，就張建封之辟，然後得禄。蓋嚴則賢愚同滯，寬則賢否混淆，亦法使之然也。

肅宗即位於靈武，以崔渙同中書門下平章事。時京師未復，舉選不至，詔渙爲江淮宣諭選補使。收采遺逸，不以親故自嫌，常曰：「抑才虞謗，吾不忍爲。」然聽受不甚精，以不職罷。

代宗大曆六年，元載爲宰相，奏：「凡别敕除文武六品以下官，乞令吏部、兵部無得檢勘。」從之。時載所奏擬多不遵法度，恐爲有司所駮故也。

先公曰：「史稱載納賄除吏，恐有司之駮正也。然近世廟堂除官，超資越格，惟意所爲，有司亦曷嘗敢問？是唐之法令猶存耳。」

肅、代以後兵興，天下多故，官員益濫，而銓法無可道者。德宗時，試太常寺叶律郎沈既濟極言其弊，曰：「近世爵禄，失之者久，其失非他，四『太』而已：入仕之門太多，世冑之家太優，禄利之資太厚，督責之令太薄。臣以爲當輕其禄利，重其督責。夫古今選用之法，九流常叙，有三科而已：曰德也，才也，勞也。而今選曹皆不及焉。且吏部甲令，雖曰度德居任，量才授職，計勞升叙，然考校之法，皆在書判簿歷、言辭俯仰之間，侍郎非通神，不可得而知。則安行徐言非德也，空文善書非才也，累資積考非勞也。苟執不失，猶乖得人，況衆流茫茫，耳目猶不足者乎！蓋非鑒之不明，非擇之不精，法使然也。王者觀變以制法，察時而立政。按前代選用，皆州府察舉，至於齊、隋，署置多由請托。故當時議者，以爲與其率私，不若自舉；與其外濫，不若内收。是以罷州府之權，而歸於吏部。此矯時懲弊之權法，非經國不刊之常典。今吏部之法蹙矣，不可以坐守刓弊。臣請五品以上及群司長官，俾宰臣進叙，吏部、兵部得參議焉；六品以下或僚佐之屬，聽州府辟用。則銓擇之任，委於四方；結奏之成，歸於二部。必先擇牧守，然後授其權，高者先署而後聞，卑者聽版而不命。其牧守、將帥，或選用非公，則吏部、兵部得察而舉之。聖王明目達聰，逖聽遐視，罪其私冒不慎舉者，小加譴黜，大正刑典，責成授任，誰敢不勉？夫如是，則接名僞命之徒，菲才薄行之人，貪叨賄貨，懦弱姦宄，下詔之日，隨聲而廢，通計大數，十去八九矣。如是，人少而員寬，事覈而官審，賢者不獎而自進，不肖者不抑而自退。或曰：『開元、天寶中，不易吏部之法，而天下砥平。何必外辟，方臻於理？』臣以爲不然。夫選舉者，經邦之一端，雖制之有美惡，而行之由法令。是以州郡察舉，在兩漢則理，在魏、齊則亂；吏部選集，在神龍、景龍則紊，在開元、天寶則理。當其時，久承升平，御以法術，慶賞不軼，威刑必齊，由是而理，匪用吏部而臻此也。況以此時用辟召之法，則理不益久乎？」天子雖嘉其言，而重於改作，訖不能用。

既濟選舉雜議十條，二：或曰：「昔後漢貢士，諸生試經學，文吏試牋奏。則舉人試文，乃前王典故，而子獨非於今，何也？」答曰：「漢代所貢，乃王官耳。凡漢郡國每歲貢士，皆拜爲郎，分居三署，儲才待詔，無有常職，故初至必試其藝業而觀其能否。至於郡國僚吏，皆府主所署，版檄召用，至而授職，何嘗賓貢，亦不試練。其遐州陋邑，一掾一尉，或津官戍吏，皆登銓上省，受試而去者，自隋而然，非舊典也。」四：或曰：「吏部有濫，止由一門；州郡有濫，其門多矣。若等爲濫，豈若杜衆門而歸一門乎？」答曰：「州郡有濫，雖多門，易改也；吏部有濫，雖一門，不可改也。何者？凡令選法，皆擇才於吏部，述職於州郡。若才職不稱，紊亂無任，責於刺史，則曰：『官命出於吏曹，不敢廢也。』責於侍郎，則曰：『量書、判、資考而授之，不保其往也。』責於令史，則曰：『按由歷出入而行之，不知其他也。』黎庶受弊，誰任其咎？若牧守自用，則罪將焉逃？必州郡之濫，獨換一刺史則革矣；如吏部之濫，雖更其侍郎無益也。蓋九流浩浩，不可得知，法使之然，非正司之過。故云『門雖多而易改，門雖一而不可改』者，以此。」

致堂胡氏曰：「銓選年格之弊，有志於治天下者，莫不以爲當革，而莫有行之者，豈皆智之不及歟？蓋以自不能無私，而度人之不能公也；自以不能知人，而度人之亦不能知也。故寧付之成法，猶意乎拔十得五而已。縱未可盡革，如沈既濟之論，亦可救其甚弊，俾吏部守案籍、成法，人才之賢否，一不預焉，大則委宰臣叙進，下則聽州府辟舉，其徇私不稱，則吏部覺察，御史按劾，豈有不得人之患哉？雖然，世無不可革之弊。以周、漢良法，魏崔亮、裴光庭一朝而廢之，則崔亮、裴光庭所建，何難改之有？爲政在人，人存則政舉矣。其本則係乎人君有愛民之意與否耳。」

初，吏部歲常集人，其後三數歲一集，選人猥至，文簿紛雜，吏因得以爲姦利，士至蹉跌或十年不得官，而闕員亦累歲不補。陸贄爲相，乃懲其弊，命吏部據内外員三分之，計闕集人，歲以爲常。是時，河西、隴右没於虜，河南、河北不上計，吏員大率減天寶三之一，而入流者加一，故士人二年居官，十年待選，而考限遷除之法浸壞。

帝初任楊炎、盧杞，引植私黨，排陷忠良，天下怨疾。貞元後，懲艾其失，雖置宰相，至除用庶官，必反覆參詰乃得下。及陸贄秉政，始請臺閣長官得自薦其屬，有不職，坐舉者。帝初許之，或言諸司所舉皆親黨，招賂遺，無實才，帝復詔宰相自擇。贄上奏言其非便，帝雖嘉之，然卒停薦士詔。

贄疏言：「夫理道之急，在於得人；而知人之難，聖哲所病。聽其言則未保其行，求其行則或遺其才。校勞考則巧僞繁興，而端方之人罕進；徇聲華則趨競彌長，而沉退之士莫勝。自非素與交親，備詳本末，探其志行，閱其器能，然後守道藏用者可得而知，沽名飾貌者不容其僞。故孔子云：『視其所以，觀其所由，察其所安，人焉廋哉！』夫欲觀視而察之，固非一朝一夕之所能也，是以前代有鄉里舉選之法，長吏辟舉之制，漢制，其州郡佐史，自長吏以下，皆太守、刺史自辟。當時如杜喬則楊震所辟，李膺則胡廣所辟。唐制，採訪、節度官屬，自判官以下，得自辟舉，未報則稱攝，已命則同正。當時如杜甫則嚴武所辟，韓愈則董晉所辟，他皆類此。所以明歷試，廣旁求，證行能，息馳騖也。昔周以伯冏爲太僕，命之曰：『慎簡乃僚，罔以巧言令色便辟側媚，其惟吉士。』是則古之王朝但命其大官，而大官得自簡僚屬之明驗也。漢朝務求多士，其選不唯公府辟召而已，又有父任、兄任，皆得爲郎。選人之初，雜居三署〔一七〕，臺省有闕，即用補之。是則古之郎官皆以任舉充選，此其明驗也。魏晉以後，暨於國初，採擇庶官，多由選部，唯高位重職，乃由宰相考庶官之有成效者，請而命焉。故晉代山濤爲吏部尚書，中外品員，多所啟授。宋朝以蔡廓爲吏部尚書，先使人謂宰相徐羨之曰：『若得行吏部之職則拜，不然則否。』羨之答云：『黄、散已下悉委。』蔡廓猶憤恚，以爲失職，遂不之官。是則黄門、散騎侍郎皆由吏部選授，不必朝廷列位，盡合簡在台司，此其明驗也。國朝之制，庶官五品以上，制敕命之；六品已下，則並旨授。制敕所命者，蓋宰相商議奏可而除拜之也；旨授者，蓋吏部銓材授職，然後上言，詔旨但畫聞以從之，而不可否者也。開元中，吏部注擬選人，奏置循資格限，自起居、遺、補及御史等官，猶並列於選曹銓綜之例，著在格令，至今不刊，未聞常參之官，悉委宰臣選擇，此又近事之明驗也。其後舊典失序，倖臣專朝，捨僉議而重己權，廢公舉而行私惠，是使周行庶品，苟不出時宰之意者，則莫致焉。任衆之道益微，進善之途漸隘。近者，每須任使，常苦乏人，臨事選求，動淹旬朔，姑務應用，難盡當才。豈不以薦舉陵遲，人物衰少，居常則求精太過，有急則備位不充？欲令庶績咸熙，固亦難矣。臣實駑鈍，一無所堪，猥蒙任使，待罪宰相。雖懷竊位之懼，且乏知人之明，自揣庸虚，終難上報。唯廣求才之路，使賢者各以彙征；啟至公之門，令職司皆得自達。臣當謹守法度，考課百官，奉揚聰明，信賞必罰，庶乎人無滯用，朝不乏才，以此爲酬恩之資，以此爲致理之具。爰初受命，即以上陳，求賢審官，粗立綱制。凡是百司之長兼副貳等官，及兩省供奉之職，並因察舉勞效，須加奬任者，並宰臣敘擬以聞，其餘臺省屬僚，請委長官選擇，指陳才實，以狀上聞。一經薦揚，終身保任，各於除書之内，具標舉授之由〔一八〕，示衆以公，明章得失。得賢則進考增秩，失實則奪俸贖金，亟得則褒升，亟失則黜免。非止搜揚下位，亦可閱試大官，前志所謂『達觀其所舉』，即此義也。自蒙允許，即以宣行。南宫舉人，纔至十數，或非臺省舊吏，則是使府佐僚，累經薦延，多歷仕任。議其資望，既不愧於班行；考其行能，又未聞於闕敗。而議者遽以騰口，上煩聖聰，道之難行，亦可知矣。陛下勤求理道，務徇物情，因謂舉薦非宜，復委宰臣揀擇。崇任輔弼，博採輿詞，可謂聖德之盛者。然於委任責成之道，聽言考實之方，閑邪存誠，猶恐有闕。所謂『委任責成』者，將立其事，先擇其人；既得其人，謹謀其始；既謀其始，詳慮其終。終始之間，事必前定，有疑則勿果於用，既用則不復有疑。待終其謀，乃考其事。事愆於素者，革其弊而黜其人；事協於初者，賞其人而成其美，使受賞者無所與遜，見黜者莫得爲辭。夫如是，則苟無其才，孰敢當任？苟當其任，必得竭才，此古之聖王委任責成，無爲而理之道也。所謂『聽言考實』，虚受廣納，洪接下之規；明目達聰，廣濟人之道。欲知事之得失，不可不聽之於言；欲辨言之真虚，不可不考之於實。言事之得者，勿即謂是，必原其所得之由；言事之失者，勿即謂非，必窮其所失之理。稱人之善者，必詳考行善之迹；論人之惡者，必明辨爲惡之端。凡聽其言，皆考其實；既得其實，又察以情；既盡其情，復稽於衆。衆議、情實，必參相得，然後信其説，奬其誠，如或矯誣，亦寘明罰。夫如是，則言者不壅，聽之不勞，無浮妄亂教之談，無陰邪害善之説，無輕信見欺之失，無潛陷不辯之冤，此古之聖王聽言考實，不出户而知天下之方也。陛下既納臣而用之，旋聞横議而止之，於臣謀不責成，於横議不考實，此乃謀失者得以辭其罪，議曲者得以肆其誣。率是以行，觸類而長，固無必定之計，亦無必實之言。計不定則理道難成，言不實則小人得志，國家所病，常必由之。聖旨以爲外議云：『諸司所舉皆有情故，兼受賄賂，不得實才者。』臣請陛下當使所言之人，詳陳所犯之狀，某人受賄，某舉有情，陛下然後以事質於臣，臣復以事質於舉主。若便首伏，則據罪抵刑；如或有詞，則付法閱實。謬舉者必行其罰，誣善者亦反其辜，自然憲典克明，邪慝不作。懲一沮百，理之善經，何必貸其姦贓，不加辯詰，私其公議，不出主名，使無辜見疑，有罪獲縱，枉直同貫，人何賴焉。聖旨又以『官長舉人，法非穩便，令臣並自揀擇，不可信任諸司者』。伏以宰輔，常制不過數人，人之所知，固有限極，必不能徧諳多士，備閱群才。若令悉命群官，理須輾轉詢訪，是則變公舉爲私薦，易明敭以暗投。倘如議者之言，所舉多有情故，舉於君上，且未絶私，薦於宰臣，安肯無詐。失人之弊，必又甚焉。所以承前命官，罕有不涉私謗，雖則秉鈞不一，或自行情，亦由私訪所親，轉爲所賣。其弊非遠，聖鑒明知。今又將徇浮言，專任宰臣除吏，宰臣不徧諳識，踵前須訪於人。若訪於親朋，則是悔其覆車，不易其前轍之失也；若訪於朝列，則是求其私薦，必不如公舉之愈也。二者利害，惟陛下更詳擇焉。恐不如委任長官，謹簡僚屬，所揀既少，所求亦精，得賢有鑒識之名，失實當闇謬之責。人之常性，莫不愛身，況於臺省長官，皆是久當朝選，孰肯徇私妄舉，以傷名取責者乎？所謂臺省長官，即僕射、尚書、左右丞、侍郎及侍御史、大夫、中丞是也。陛下比擇輔相，多亦不出其中。今之宰相，則往日臺省長官也；今之臺省長官，乃將來之宰臣也。但是職名暫異，固非行舉頓殊。豈有爲長官之時，則不能舉一二屬吏，居宰臣之位，則可擇千百具僚？物議悠悠，其惑斯甚。聖人制事，必度物宜，無求備於一人，無責人於不逮，尊者領其要，卑者任其詳。是以人主擇輔臣，輔臣擇庶長，庶長擇僚佐，所任愈崇，故所擇愈少，所試漸下，故所舉漸輕。進不失倫，則杜絶徼求，將務得人，無易於此。是故選自卑遠，始升於朝者，各委長吏任舉之，則下無遺賢矣；寘於周行，既任以事者，於是宰臣序進之，則朝無曠職矣；才德兼茂，歷事不踰者，然後人主將任之，則海内無遺士矣。夫求才貴廣，考課貴精。求廣在於各選所知，長吏之薦擇是也；考精在於按名責實，宰臣之序進是也。求不廣，則下位罕進；下位罕進，則用常乏人；用常乏人，則懼曠庶職；懼曠庶職，則苟取備員，是以考課之法不暇精也。考課不精，則能否無别；能否無别，則砥礪漸衰；砥礪漸衰，則職業不舉；職業不舉，則品格浸微，是以賢能之功不克彰也。皆失於不廣求人之道，而務選士之精；不思考課之行，而望得人之美。是以望得彌失，務精益粗，塞源浚流，未見其可。臣欲詳徵舊説，伏慮聽覽爲煩，粗舉一端，以明其理。往者，則天太后踐祚臨朝，欲收人心，尤務拔擢，洪委任之意，開汲引之門，進用不疑，求訪無倦，非但人得薦士，亦得自舉其才。所薦必行，所舉輒試，其於選士之道，豈不傷於容易哉？然而課責既嚴，進退皆速，不肖者旋黜，才能者驟升，是以當代謂知人之明，累朝賴多士之用。太后不惜爵位，以籠四方豪桀自爲助〔一九〕，雖妄男子，言有所合，輒不次官之；至不稱職，尋亦廢誅不少縱，務取實才真賢，故當時有「杷推盌脱」之語。而一時所得，如姚崇、宋璟輩，皆足以建開元之太平。事見則天傳。此乃近於求才貴廣、考課貴精之效也。陛下誕膺寶曆，思致理平，雖好賢之心有踰前哲，而得人之盛未逮往時。蓋由鑒賞獨任於聖聰，搜擇頗難於公舉，但速登延之路，罕施揀覈之方。遂使先進者漸益凋訛，後來者不相接續，施一令則謗沮互起，用一人則瘡痏立成。此乃失於選才太精、制法不一之患也。德宗天資猜忌，用人太精，東省閉閤累月，南臺惟一御史。）則天舉用之法〔二〇〕，傷易而得人；陛下慎簡之規，太精而失士。是知雖易於舉用，而不易於苟容，則所易者適足廣得人之資，不爲害也；不精於法制，而務精於選才，則所精者適足梗進賢之途，不爲利也。人之才行，自昔罕全，苟有所長，必有所短。若録長補短，則天下無不用之人，責短捨長，則天下無不棄之士。加以情有憎愛，趣有異同，假使聖如伊、周，賢如楊、墨，求諸物議，孰免譏嫌？昔子貢問於孔子曰：『鄉人皆好之，何如？』子曰：『未可也。』『鄉人皆惡之，何如？』子曰：『未可也。不如鄉人之善者好之，其不善者惡之。』蓋以小人、君子，意必相反，其在小人之惡君子，亦如君子之惡小人。將察其情，在審其聽，聽君子則小人道廢，聽小人則君子道消。今陛下謹選宰臣，必以爲重於庶品；精擇長吏，必以爲愈於末流。及至宰臣獻規，長吏薦士，陛下則但納横議，不稽始謀。是乃任以重者輕其言，待以輕者重其事，且又不辨所毁之虚實，不校所議之短長，人之多言，何所不至。是將使人無所措其手足，豈獨選任之道失其端而已乎！」

貞元四年，吏部奏：「艱難以來，年月積久，兩都士類，散在遠方，三庫敕甲，又經失墜，因此人多罔冒，吏或詐欺。分見官者謂之『劈名』，承已死者謂之『接脚』，乃至制敕旨甲皆被改張毁裂〔二一〕。如此之色，其類頗多，所以選集加衆，真僞混然。謹具由歷狀樣，乞委觀察使、諸州府縣，於界内應有出身以上，合依樣通狀發到所司攢勘，即奸僞必露，冤抑可明。」

貞元九年，御史中丞韋正伯劾奏稱：「吏部貞元七年冬京兆府踰濫解送之人，已授官總六十六人。或有不到京銓試，懸授官告；又按選格銓狀自書〔二二〕，試日書迹不同，即駮放殿選。違格文者，皆不覆驗；及降資不盡，或與注官。伏以承前選曹，乖謬未有如此，遂使衣冠以貧乏待闕，姦濫以賄賂成名，非陛下求才審官之意。」由是刑部尚書劉滋以前任吏部尚書，及吏部侍郎杜黄裳皆坐削階。

韓愈贈張童子序曰：「天下之以明二經舉於禮部者，歲至三千人。始自縣考試定其可舉者，然後升於州若府，其不能中科者，不與是數焉。州若府總其屬之所升，又考試之如縣，加察詳焉，舉其可舉者，然後貢於天子，而升之有司，其不能中科者，不與是數焉，謂之『鄉貢』。有司總州府之所升而考試之，加察詳焉，第其可進者，以名上於天子而藏之，屬之吏部，歲不及二百人，謂之『出身』，能在是選者，厥惟艱哉！二經章句僅數十萬言，其傳注在外皆誦之，又約知其大説，繇是舉者或遠至十餘年，然後與乎三千之數，而升於禮部矣；又或遠至十餘年，然後與乎二百之數，而進於吏部矣。班白之老半焉，昏塞不能及者皆不在是限，有終身不得與者焉。」

按：如昌黎公之説，則知唐選舉之法，州府所升者試之禮部，禮部所升者試之吏部，其法截然；且禮部所升之士，其中吏部之選十不及一，可謂難矣。然觀御史韋正伯所劾奏，貞元九年冬〔二三〕，京兆府踰濫解送之人，已授官總六十六人，則似未經禮部者徑入吏部。又會要稱太和元年中書門下奏：「凡未有出身，未有官，如有文學，祇合於禮部應舉；有出身，有官，方合於吏部赴科目選。近年以來，格文差互，多有白身及散、試官并稱鄉貢者〔二四〕，並赴科目選。及注擬之時，即妄論資次，曾無格例，有司不知所守。」則知唐中葉以後，法度大段隳廢紊亂矣。

憲宗時，宰相李吉甫定考遷之格，諸州刺史、四品以上皆五考。見考課門。

楊於陵爲吏部侍郎。初，吏部程判，别詔官參考，齊抗當國，罷之。至是，尚書鄭餘慶移疾，乃循舊制。於陵建言：「他官但第判能否，不知限員，有司計員爲留遣之格，事不相謀，莫如勿置。」於是有詔三考官止較科目選，至常調悉還吏部。又請修甲歷，南曹置簿相檢實，吏不能爲姦。

初，吏部選才，將親其人，覆其吏事，始取州縣案牘疑議，試其斷割，而觀其能否，此所以爲「判」也。後日月浸久，選人猥多，案牘淺近，不足爲難，乃採經籍古義，假設甲乙，令其判斷。既而來者益衆，而通經正籍又不足以爲問，乃徵僻書曲學隱伏之義問之，唯懼人之能知也。張鷟有龍筋鳳髓判，白樂天集有甲乙判，元微之集亦有判百餘篇。

容齋洪氏隨筆曰：「唐銓選以身、言、書、判擇人。既以書爲藝，故唐人無不工楷法；以判爲貴，故無不習熟，而判語必駢儷，今所傳龍筋鳳髓判及白樂天集甲乙判是也。自朝廷至縣邑，莫不皆然，非讀書善文不可也。宰臣每啟擬一事，亦必偶數十語，今鄭畋敕語、堂判猶存。世俗喜道瑣細遺事，參以滑稽，目爲『花判』。其實乃如此，非若今人握筆据案，只署一字亦可。國初尚有唐餘波，久而革去之，但貌體豐偉，用以取人，未爲至論。」

按：唐取人之法，禮部則試以文學，故曰策，曰大義，曰詩賦；吏部則試以政事，故曰身，曰言，曰書，曰判。然吏部所試四者之中，則判爲尤切，蓋臨政治民，此爲第一義，必通曉事情，諳練法律，明辨是非，發擿隱伏，皆可以此覘之。今主司之命題，則取諸僻書曲學，故以所不知而出其所不備；選人之試判，則務爲駢四儷六，引援必故事，而組織皆浮詞。然則所得者，不過學問精通、文章美麗之士耳。蓋雖名之曰判，而與禮部所試詩賦、雜文無以異，殊不切於從政，而吏部所試爲贅疣矣。陵夷至於五代，干戈侵尋，士失素業，於是所謂試判，遂有一詞莫措，傳寫定本，或只書「未詳」，亦可應舉。蓋判詞雖工，亦本無益，故及其末流，上下皆以具文視之耳。

文宗太和元年八月，敕：「諸道、諸軍、諸使應奏判官，并每年冬薦等所奏判官，除新開幕府據元額署外，其向後奏請，如是元闕，即云：『闕某職，今奏某人充。』如已有，今更奏，即云：『某職，某人緣某事停，奏某人替。』其前使下臺省官合冬薦者，除府使罷外，既有薦用，當且要籍，不合便稱去職。自今已後，如帶職掌授臺省官，未經兩考者〔二五〕，不在冬薦限；如其實有故罷免者，亦須待授官周歲，然後許冬薦，狀中具言罷免事故。其他據品秩合冬薦者，則依元敕。」

太和二年三月，都省奏落下吏部三銓注今春旨甲内超資官洪師敏等六十七人。敕：「都省所執是格，銓司所引是例，互相陳列，頗似紛紜。所貴清而能通，亦猶議事以制。今選已滿，方此争論，選人可哀，難更停滯。其三銓已授官，都省落下者，並依舊注，重與團奏，仍限五日内畢。其如官超一資、半資，以今授稍優者，至後選日量事降折。尚書、侍郎注擬不一，致令都省以此興詞，鄭絪、丁公著宜罰一季俸。東銓所落人數較少，楊嗣復罰兩月俸。其今年選格，仍分明標出近例，冀絶徼求。」時尚書左丞崔弘景以吏部注擬多不守文，選人中僥倖者衆，糾按其事，落下甲敕選人輩，惜已成之官。經宰相喧訴，故特降此敕。

七年，中書門下奏：「今後請京兆、河南尹及天下刺史，各於本府、本道常選人中，擇堪爲縣令、司録、録事參軍人，具課績、才能聞薦。其諸州先申牒觀察使，都加考覆，申送吏部。至選集日，不要就選場更試書判，吏部尚書、侍郎引詣銓曹，試時務狀一道，訪以理民之術，及自陳歷仕以來課績，令其一一條對〔二六〕，擇其理識優長者，以爲等第，便以大縣注擬。如刺史所舉併兩人得上下考者，就加爵秩；在任年考已深者，優與進改。其縣令、録事參軍得上下考兼陟狀者，許非時放選。如犯贓至一百貫已下者，舉主量削階秩；一百貫已上者，移守僻遠小郡。觀察使委中書門下奏聽進止。所舉人中兩人善政、一人犯贓，亦得贖免，其犯贓官永不齒録。」從之。

昭宗天祐二年〔二七〕，敕：「應天下州府令録，並委吏部三銓注擬。自四月十一日以後，中書並不除授。或諸道薦奏量留，即度可否施行。」

杜氏通典評曰：「按秦法，唯農與戰始得入官。漢有孝悌力田、賢良方正之科，乃時令徵辟，而常歲郡國率二十萬口貢止一人。約計當時推薦，天下纔過百數，則考精擇審〔二八〕，必獲器能。自茲厥後，轉益煩廣。我開元、天寶之中，一歲貢舉凡有數千，而門資、武功、藝術、胥吏，衆名雜目，百戶千途，入爲仕者又不可勝紀，比於漢代，且增數十百倍，安得不重設吏職，多置等級，遞立選限以抑之乎？常情進趨，共慕榮達，升高自下，由邇陟遐，固宜驟歷方至，何暇淹留著績。秦氏列郡四十，兩漢郡國百餘，太守入作公卿，郎官出宰縣邑，便宜從事，闕略其文，無所可否，責以成效，寄委斯重，酬奬亦崇。今之剖符三百五十〔二九〕，郡縣差降，復爲八九，邑之俊乂，不得有之，事之利病，不得專之，八使十連，舉動咨禀，地卑禮薄，事下任輕，誠曰徒勞難階，超擢容易而授，理固然也。

始，後魏崔亮爲吏部尚書，無問賢愚，以停解日月爲斷，時沉滯者皆稱其能。魏之失才，實從亮始。洎隋文帝，素非學術，盜有天下，不欲權分，罷州郡之辟，廢鄉里之舉〔三〇〕，内外一命，悉歸吏曹，纔厠班列，皆由執政。則執政參吏部之職，吏部總州郡之權，罔懲體國推誠、代天理物之本意，是故銓綜失叙，受任多濫。豈有萬里封域，九流叢湊，掄材受職，仰成吏曹，以俄頃之周旋，定才行之優劣，求無其失，不亦謬歟！爾後有司尊賢之道，先於文華；辨論之方，擇於書判。靡然趨尚，其流猥雜。所以閱經號爲『倒拔』，徵詞同乎射覆，置循資之格，立選數之制，壓例示其定限，平配絶其踰涯，或糊名考覈，或十銓分掌。苟濟其末，不澄其源，則吏部專總，是作程之弊者；文詞取士，是審才之末者；書判又文詞之末也。凡爲國之本，資乎人甿；人之利害，繫乎官政。欲求其理，在久其任；欲久其任，在少等級；欲少等級，在精選擇；欲精選擇，在減名目。俾士寡而農工商衆，始可以省吏員，始可以安黎庶矣。誠宜斟酌理亂，詳覽古今，推仗至公，矯正前失。或許辟召，或令薦延。舉有否臧，論其誅賞，課績以考之，升黜以勵之。拯斯刓弊，其效甚速，實爲大政，可不務乎！」

校勘記

〔一〕京官職事從三品　「事」原作「官」，據新唐書卷四五選舉志下改。

〔二〕備身左右 「身」字原脱，據新唐書卷四五選舉志下補。

〔三〕高祖武德初 新唐書卷四五選舉志下作「初，武德中」。按舊唐書卷一高祖紀載，武德七年，高開道、輔公祏、徐圓朗相繼敗亡，「天下大定」，據此，「武德中」更合史實。

〔四〕中書門下訪擇奏聞 「聞」字原脱，據唐會要卷七四選部上論選事補。

〔五〕尚書侍郎爲之典選 「選」字原脱，據唐會要卷七四選部上論選事補。

〔六〕尚書僕射兼書之 「僕射」原作「門下」，下「書」原作「同」，據唐會要卷七四選部上論選事改。

〔七〕供奉官若起居補闕拾遺之類 「若」原作「名」，據通典卷一五選舉典三歷代制下改。

〔八〕太卜卜筮生三十人 「生」字原脱，據新唐書卷四八百官志三、通典卷一五選舉典三歷代制下補。

〔九〕諸屯主副千九百八人 「主」原作「生」，據馮本及新唐書卷四五選舉志下改。

〔一〇〕謂之東選 「東」原作「會」，據馮本及新唐書卷四五選舉志下改。

〔一一〕以嶺南五管黔中都督府得即任土人 「土」原作「仕」，據新唐書卷四五選舉志下改。

〔一二〕至八年 依本段文例，疑「年」下脱「敕」字。

〔一三〕謹約准所須人 「准」原作「在」，據舊唐書卷八一劉祥道傳、唐會要卷七四選部上論選事改。

〔一四〕見停亦千餘人 舊唐書卷八一劉祥道傳、唐會要卷七四選部上論選事作「仍停六七千人」。

〔一五〕已而悉集新除縣令宣政殿 「殿」原作「院」，據新唐書卷四五選舉志下改。

〔一六〕太子左庶子吴兢諫曰 「兢」原作「競」，據新唐書卷四五選舉志下改。

〔一七〕雜居三署 「署」原作「所」，據陸宣公集卷一七中書奏議一請許臺省長官舉薦屬吏狀改。

〔一八〕具標舉授之由　「標」原作「摽」，據陸宣公集卷一七中書奏議一請許臺省長官舉薦屬吏狀改。

〔一九〕以籠四方豪桀自爲助　「籠」原作「寵」，據新唐書卷七六后妃傳上改。

〔二〇〕則天舉用之法　「天」原作「夫」，據陸宣公集卷一七中書奏議一請許臺省長官舉薦屬吏狀改。

〔二一〕乃至制敕旨甲皆被改張毁裂　「甲」字原脱，據唐會要卷七四選部上論選事補。

〔二二〕又按選格銓狀自書　「又」，唐會要卷七四選部上掌選善惡作「文」。

〔二三〕貞元九年冬　「九」原作「七」，據上文及唐會要卷七四選部上掌選善惡改。

〔二四〕多有白身及散試官并稱鄉貢者　「試」字原脱，據册府元龜卷六三一銓選部條制三補。

〔二五〕未經兩考者　「未經」二字原脱，據册府元龜卷六三一銓選部條制三補。

〔二六〕令其一一條對　原作「二條」，據唐會要卷七五選部下雜處置改。

〔二七〕昭宗天祐二年　「二」原作「元」，據唐會要卷七四選部上論選事、册府元龜卷六三二銓選部條制四改。

〔二八〕則考精擇審　「擇審」二字原倒，據通典卷一八選舉典六乙正。

〔二九〕今之剖符三百五十　「剖」原作「部」，據北宋本通典卷一八選舉典六改。

〔三〇〕廢鄉里之舉　「舉」原作「衆」，據通典卷一八選舉典六改。

卷三十八　選舉考十一

舉官

後唐莊宗同光二年，自唐末喪亂，搢紳之家，或以告敕鬻於族姻，遂亂昭穆，至有舅叔拜甥侄者。選人僞濫者衆，郭崇韜欲革其弊，請令銓司精加考覈。時南郊行事官千二百人，注官者纔數十人，塗毁告身者十之九。選人或號泣道路，或餒死逆旅。

明宗天成二年，制：「選人或因遠地干戈、私門事故，遂至過格。今後如過格十年外，不在赴集之限。」又據長定格，選人中有隱憂者殿五選。伏以人倫之貴，孝道爲先，既有負於尊親，定不公於州縣，有傷風化，須峻條章。今後諸色官員内，有隱憂冒榮者，勘責不虚，終身不齒，其入仕告敕，並付所司焚毁。」

三年，敕：「北京及河北諸道攝官内，有莊宗御署及朕署，便與據正官資叙；其僞朝授官，勘驗不虚，亦同告身例處分。興元以西，曾授僞蜀爵命敕，到後一周年爲限，各於本罷任處投狀分析，申奏點勘，出限不叙理。」

中書奏：「吏部流外銓諸色選人試判兩節，並不優劣等第與官資。其業文者，任徵引古今；不業文者，但據事理判斷可否，不當罪在有司。吏部南曹關：『今年及第進士内，三禮劉瑩等五人，所試判語皆同。』勘狀稱：『晚逼試期，偶拾得判草寫净，實不知判語不合一般者。』」敕：「貢院擢科，考詳所業；南曹試判，激勸效官。劉瑩等既不攻文，祇合直書其事，豈得相傳藁草，侮瀆公場？及至定期覆試，果聞自懼私歸，宜令所司落下放罪，許再赴舉。」其年十月，敕：「訪聞每年及第舉人牒試、吏部關試，判題雖有，判語全無，祇見各書『未詳』，仍或正身不至。如斯乖謬，須議去除。此後關送舉人，委南曹官吏准格考試。如是進士并經學及第人，曾親筆硯，其判語即須緝構文章，辨明治道；如是委無文章，許直書其事，不得祇書『未詳』。如關試時〔一〕，正身不到，又無請假文書，却牒貢院，申奏停落。」

按：唐以試判入仕，五季因之，然以此三條觀之，其爲文具可知也。有如流外銓，必胥吏之徒，非以文學進身者，則所對不責其引徵古今，但據事理判斷，誠是也。至於及第進士，而乃一詞莫措，傳寫定本，雷同欺誑，至煩國家立法，明開「曾親筆硯」、「委無文章」兩途以處之，則烏取其爲進士乎？况正身多不至，則所謂試者，不過上下相與爲欺耳，可無試也。

長興二年，敕：「舉選之衆，例是艱辛，曾因兵火之餘，多無敕甲，不有詳延之路，永爲遐棄之人。其失墜告身者，先取本人狀，當授官之日，何人判銓？與何人同官？上任罷任與何人交代〔二〕？仍勘歷任處州縣，如實，則別取命官三人保明施行。」

周世宗顯德元年，初令翰林學士、兩省官舉令、録。除官之日，署舉者姓名，若貪穢敗官，連坐。

宋朝之制，凡入仕有貢舉、奏廕、攝署、流外、從軍五等。吏部銓唯注擬州縣官。舊幕職皆使府辟召，國朝但吏曹擬授。京諸司六品以下官皆無選，中書特授。周朝每藩郡有闕，或遣朝官權知。太祖始削外權，牧伯之闕，止令文臣權涖。其後，内外皆非本官之職，但以差遣爲資歷。京朝官則審官院主之，使臣則三班院主之，少卿、監以上、刺史、副率以上内職〔三〕，中書、樞密院主之。

太祖皇帝建隆三年，詔：「常參官并翰林學士内有嘗佐藩郡及歷州縣官者，各保舉堪充幕職、令録一人，不必以親爲避，但條析具實以聞，當於除授制書署其舉主，他日有所犯不如舉狀，連坐之。」

知制誥高錫奏：「請許人訐告濫舉，所告不實者罪之，得實者白身授以官，有官者優擢，非仕宦者賞緡錢。」從之。

四年，詔：「自前藩鎮多奏初官人爲掌書記，頗越資序。自今歷兩任有文學者，方得奏舉。」又詔〔四〕：陶穀等於見任前任幕職州縣官中舉堪爲藩郡通判者一人，如謬舉，量事連坐。又詔：「自今諸州吏民不得即詣京師，舉留節度、觀察、防禦、團練等使，刺史、知州、通判、幕職州縣等官。若實以治行尤異著名，吏民固欲借留，或請立碑頌德者，許即於本處陳述，以俟上報。」真宗咸平時復詔禁之。

乾德二年，詔翰林學士等四十二人，各舉才堪通判者各一人。又詔吏部南曹，以人才可副升擢者送中書門下引驗以聞。上慮銓衡止憑資歷，或英才沈於下僚故也。

開寶四年，詔：「自今諸州不得以攝官視事，其闕員處，即時以聞，當委有司除注。」十一月，又詔：「近以諸道攝官，悉令罷去，及慮薦更民政，或著吏能〔五〕，雷同遐棄，良可惜也。宜委有司按其歷任，經三攝無曠敗，即以名聞。任僞署者不在此限。」

五年，先時，令諸州印發春季選人文解，自千里至五千里外，分定日限爲五等，各發離本處，及京百司文解，並以正月十五日前到省，餘季准此。若州府違限及解狀内少欠事件，不依程式，本判官、録事參軍、本曹官罰置殿選。諸州員闕，並仰申闕解除，以木夾重封題號，逐季入遞，合格日四時奏，年滿，俟敕下準格取本司文解赴集。流外銓據狀申奏，依四時取解參選。至是，國家取荆、益、交、廣，闢土既廣，吏員多闕，是以歲常放選。選人南曹投狀，判成送銓，銓司依次注授。其後，選部闕官，即特詔免解，非時赴集，謂之「放選」，習以爲常，取解季集之制，有名而無實矣。

太宗太平興國二年〔六〕，先是，選人試判三道，考爲三等：二道全通，一道稍次而文翰俱優，爲上；一道全通，二道稍次而文稍堪，爲中；三道全次而文翰紕繆，爲下。判上者，職事官加一階，州縣官超一資；判中，依資；判下，入同類，惟黄衣人降一資。至是，詔增爲四等：以三道全次，文翰無取者，爲中下；依舊格判下之制，以三道全不通而文翰紕繆者，爲下，殿一選。

六年，令諸路轉運使下所屬州府，令長吏擇見任判司簿尉之清廉明幹者，具以名聞。當驛召引對，授以知縣之任。

八年，詔：「自今應臨軒所選官吏，並送中書門下，考其履歷，審取進止。」時上選用庶僚，不專委有司，皆引對，觀其敷納，有可采者，悉與超擢；復慮因緣矯飾，徼幸冒進，乃有是詔。

雍熙二年，令翰林學士、兩省、御史臺、尚書省官，各於京官、幕職州縣官中〔七〕舉可升朝者一人。

四年，詔曰：「進賢推士，當務至公；行爵出禄，固無虚授。苟畢得其材實，亦何悋於寵章。近者諸處奏薦，多涉親黨，既非得舉，徒啟倖門。將塞津谿，宜行告諭：自今諸路轉運使及州郡長吏，並不得擅舉人充部内官，其有闕員，即時具奏。」

淳化三年〔八〕，令宰相以下至御史中丞各舉朝官一人爲轉運使。是日，詔曰：「國家詳求幹事之吏，外分主計之司，雖曰轉輸，得兼按察，總覽郡國，職任尤重，物情舒慘，靡不由之。尚慮徼功，固當責實，交相繩檢，於理攸宜。自今轉運使凡釐革庶務，平反獄訟，漕運金穀，成績居最，及有建置之事，果利於民者，令諸州歲終件析以聞，非殊異者不得條奏。」詔：「三司、三館職事官已升擢者，不在論薦；其有懷材外任，未爲朝廷所知者，方得奏舉。」

四年，令内外官所保舉人有變節踰濫者，舉主自首，原其罪。

上勵精求治，聽政之暇，因索兩省、兩制清望官名籍問朝士，有德望者悉令舉官。仍令自今中外官所舉之人，並須析其爵里及歷任殿最以聞，不得有隱。所舉責實無驗者，罪之；如得狀者，有賞典。

真宗咸平四年〔九〕，祕書丞陳彭年請復舉官自代之制〔一〇〕，詔樞密直學士馮拯、陳堯叟參詳之〔一一〕。拯等上言：「竊詳往制，常參官及節度、觀察、防禦使，刺史、少尹，畿、赤令，并七品以上清望官，授訖三日内，於四方館上表讓一人以自代。其表付中書門下，每官闕，則以見舉多者量而授之。今緣官品制度，沿革不同，伏請令兩省、御史臺官、尚書省六品以上，諸司四品以上，授訖，具表讓一人自代，於閤門投下，方得入謝。在外者，授訖三日内，具表附驛以聞。」詔可。

景德元年，詔：「内外群官所保舉人，亦有中道變遷，但或不令言上，必恐負累滋多。宜令比類並許陳首，當懲責其人，特免連坐。」

四年，又令：「舉官所舉差遣，本人在所舉任内犯贓，即用連坐之制；其改他任犯贓，元舉主更不連坐。」

大中祥符二年，詔：「幕職州縣官初任者，或未熟吏道，群官勿得薦舉。」

三年四月，詔：「自今每年終，翰林學士以下常參官，並同罪舉外任京朝官、三班使臣、幕職州縣官各一人〔一三〕，明言治行堪何任使，或自己諳委，或衆共推稱。至時，令閤門、御史臺計會催促，如年終無舉官狀，即具奏聞，當行責罰。如十二月内差出，亦須舉官後方得入辭。諸司使副、承制、崇班曾任西北邊、川、廣鈐轄親民者，亦同此例。諸路轉運使副、提點刑獄官、知州、通判，結罪奏舉部内官屬，不限名數，明言在任勞績；如無人可舉及顯有踰濫者，亦須指述，不得顧避。以次年二月二十五日以前到京，如有違限，委都進奏院具名以聞，當依不申考帳例科罪。三司使副即結罪舉奏在京掌事京朝官、使臣，仍令中書置籍，先列被舉人名銜，次列歷任功過及舉主姓名、薦舉度數，一本留中書，一本常以五月一日進内。次年籍内仍計向來功過及薦舉度數，使臣即樞密院置籍。兩省、尚書省、御史臺官，凡出使迴，並須采訪所至及經歷鄰近郡官治迹善惡以聞。轉運使副、提點刑獄官、知州、通判到闕，各具前任部内官治迹能否，如鄰近及經由州縣訪聞群官善惡，亦許同奏，先於閤門投進後，方得入見。或朝廷要人任使，及有不治州縣難了公事，並於上件籍内選擇過犯數少，舉任及課績數多，并資歷相當者差委，仍於宣敕内盡列舉主姓名。或能一任幹集，即特與遷轉；苟不集事，本犯雖不去官，亦移閑慢僻遠處。內外群臣併舉及三人幹事者，仰中書、樞密院具名取旨，當議甄奬；如併舉三人不集事，坐罪不至去官，亦仰奏裁，當行責降；或得失相參，亦與折當。」

天禧三年，吏部銓言：「本司令録稍多，員闕甚少，請權借審官院京朝官知縣闕注擬一任。」詔審官院以五千户以下縣借之。

仁宗天聖六年，詔：「審刑院舉常參官在京刑法司者爲詳議官；大理寺詳斷、刑部詳覆法直官，皆舉幕職州縣曉法令者爲之。自請試律者須五考，有舉者乃聽試律三道、疏二道，又斷中小獄案二道，通者爲中格。」

時舉官擢人，不常其制。國子監闕講官，嘗詔諸路轉運使舉經義通明者；或欲不次用人，又嘗詔近臣舉常參官歷通判無贓罪而才任繁劇者，已之親及執政近屬毋得舉；欲官諸邊要，亦嘗詔節度使至閤門使、知州軍、鈐轄、諸司使，舉殿直以上材勇堪邊任者〔三〕，或令三司使下至天章閣待制舉奏之；邊有警，又或詔諸轉運使、提點刑獄、升朝官舉所部官才任將帥者；三路知州、通判、縣令，皆詔近臣舉廉幹吏選任之，毋拘資格。至於文行之士，錢穀之才，刑名之學，各因時所求而薦焉。而守選者更郊赦減與赴調。後立法：所舉未遷而罪贓暴露者，免劾。自天聖後，進者頗多，物議患其冗，始戒近臣，非受詔毋輒舉官。又下詔風厲，毋以薦舉爲阿私。其任用已至部使者，毋得復薦。失舉而已擢用，聽自言不實，弗爲負。

又詔磨勘遷京官者，增四考爲六考，增舉者四人爲五人，犯私罪又加一考。舉者雖多，無本道使者亦爲不應格。議者以身、言、書、判爲無益，乃罷之，而試判者亦名文具，因循無所去取。

御史王端以爲：「法用舉者兩人，得爲令；爲令無過譴，遷職事官、知縣；又無過譴，遂得改京官。乃是用舉者兩人，保其三任也。朝廷初無參伍考察之法，偶幸無過，輒信而遷之〔一四〕，是以碌碌之人皆得自進。因仍弗革，其弊將深。」乃定令：被薦爲令，任内復有舉者始得遷，否則如常選，無輒升補。時增設禁限，常參官已授外任，毋得奏舉。京官見任知州、通判，升朝官兵馬都監、諸司副使以上，及在京員外郎嘗任知州、通判，諸司副使嘗任兵馬都監者，乃聽舉〔一五〕。明年，流内銓復裁内外臣僚歲舉數〔一六〕，文臣待制至侍御史，武臣自觀察使至諸司副使，舉吏各有等數，毋得輒過；而被舉者須有本部監司、長吏、按察官，乃得磨勘。睦州團練推官柳三變到官未踰月，而知州吕蔚薦之。侍御史知雜郭勸言：「蔚未睹善狀而薦之，蓋私之也。」乃限到官一考，方得薦。又詔：「選人六考改官而嘗犯私罪者，加一考。知雜御史、觀察使以上，歲舉京官不得過二人，其常參官毋得復舉〔一七〕。」自是舉官之數省矣。又命監司以所部州多少、劇易之差爲舉令數，非本部無輒舉。其後又增舉主至三員。蓋官冗之弊浸極，故保薦之法，大抵初略而後詳也。

仁宗朝，尤以選人遷京官爲重，雖有司引對法當與，帝亦省察其當否乃可之。

蘇軾策別曰：「國家取人，有制策，有進士，有明經，有諸科，有任子，有府史雜流。凡此者，雖衆無害也。其終身進退之決，在乎召見改官之日，此尤不可以不愛惜慎重者也。今之議者〔一八〕，不過曰：『多其資考，而責之以舉官之數，且彼有勉强而已。資考既足，而舉官之數亦以及格，則將執文墨以取必於我，雖千百爲輩，莫敢不盡與。』臣竊以爲今之患正在於任文太過，是以爲一定之制，使天下可以歲月必得，甚可惜也。方今之便，莫若使吏六考以上皆得以名聞於吏部，吏部以其資考之遠近、舉官之衆寡而次第其名，然後使一二大臣雜治之，參之以其材器之優劣而定其等，歲終而奏之，以詔天子廢置；度天下之吏每歲以物故、罪免者幾人，而增其數，以所奏之等補之，及數而止。使其予奪亦雜出於賢不肖之間，而無有一定之制，則天下之吏不敢有必得之心，將自奮厲磨淬，以求聞於時，而向之所謂用人之大弊者，將不勞而自去。然而議者必曰：『法不一定，而以才之優劣爲差，則是好惡之私有以啟之也。』臣以爲不然。夫法者，本以存其大綱，而其出入變化，固將付之於人。昔者，唐有天下，舉進士者群至於有司之門，唐之制，惟有司之信也。是故有司得以搜羅天下之賢俊，而習知其爲人，至於一日之試〔一九〕，則固已不取也。唐之得人，於斯爲盛。今以名聞於吏部者，每歲不過數十百人，使一二大臣得以訪問參考其才，雖有失者，蓋已寡矣。如必曰：『任法而不任人，天下之人必不可信』，則夫一定之制，臣亦未知其果不可以爲姦也。」又曰：「夫天下之吏，不可以人人而知也，故使長吏舉之；又恐其舉之以私而不得其人也，故使長吏任之，他日有敗事，則以連坐，其過惡重者其罰均〔二〇〕。且夫人之難知，自堯舜病之矣。今日爲善，而明日爲惡，猶不可保，況於十數年之後，其幼者已壯，其壯者已老，而猶執其一時之言，使同被其罪，不已過乎？天下之人，仕而未得志也，莫不勉强爲善以求舉；惟其既已改官而無憂，是故蕩然無所不至。方其在州縣之中，長吏親見其廉謹勤幹之節，則其勢不可以不舉，彼又安知其終身之所爲哉！故曰『今之法，責人以其所不能』者，謂此也。一縣之長察一縣之屬，一郡之長察一郡之屬，職司者察其屬郡者也。此三者其屬無幾耳，其貪，其廉，其寬猛，其能與不能，不可謂不知也。今且有人牧牛羊者而不知其肥瘠，是可復以爲牧人歟？夫爲長而屬之不知，則此固可以罷免而無足惜者。今其屬官有罪，而其長不即以聞，他日有以告者，則其長不過爲失察，而去官者又以不坐。夫失察，天下之微罪也。職司察其屬郡，郡縣各察其屬，此非人之所不能，而罰之甚輕，亦可怪也。今之世所以重發贓吏者，何也？夫吏之貪者，其始必詐廉以求舉。舉者皆王公貴人，其下者亦卿大夫之列，以身任之。居官莫不愛其同類等夷之人，故其樹根牢固而不可動。連坐者常六七人，甚者至十餘人，此如盜賊質劫良民以求苟免耳。爲法之弊，至於如此，亦可變矣！如臣之策，以職司、守令之罪罪舉官，以舉官之罪罪職司、守令。今使舉官與所舉之罪均，縱又加之，舉官亦無如之何，終不能逆知終身之廉者而後舉，特推之於幸不幸而已。苟以其罪罪職司、守令，彼其勢誠有於督察之。臣知貪吏小人無容足之地〔二〕，又何必於舉官焉難之。」

石林葉氏曰：「祖宗時，監司、郡守薦部吏，初無定員，有其人則薦之，故人皆謹重不肯輕舉，改官每歲殆無幾。自慶曆後，始以屬邑多寡制數。於是各務充元額，不復更考材實〔三〕，改官人每歲遂至數倍。事有欲革弊而反以爲弊，固不得不謹其初。治平中，賈直孺爲中司，嘗以爲言，朝廷終莫能處，蓋人情沿習既久，雖使復舊，亦不可爲也。」

英宗時，御史中丞賈黯又言：「今京朝官至卿、監凡二千八百餘員，可謂多矣。而吏部奏舉磨勘選人未引見者，至二百五十餘人。臣不敢遠引前代，且以先朝事較之：方天聖中，法尚簡，選人以四考改官，而諸路使者薦部吏，數未有限，而在京臺閣及常參官嘗任知州、通判者，雖非部吏皆得薦。時磨勘改官者，歲才數十人。後資考頗增，而知州薦吏，視屬邑多少裁定其數，又常參官不許薦士，其條約比天聖漸繁，而改官者固已衆矣。然磨勘應格者，猶不越旬日即引對，未有待次者也。皇祐中，始限監司奏舉之數，其法益密，而磨勘待次者已不減六七十人。皇祐及今纔十年耳，而猥多至於三倍。向也法疏而其數省，今也法密而其數增，此何故哉？正在薦吏者歲限定員，務充數而已。如一郡之守歲許薦五人，而歲終不滿其數，則人人以爲遺己。當舉者避謗畏譏，欲止不敢，此薦者所以多，而真才實廉未免溷於無能也。謂宜明詔天下，使有人則薦，不必滿所限之數。」天子納其言，下詔申敕焉。

明年，詔：「中外臣僚歲得舉京官者，視元數以三分率之，減一分；舉職官有舉者三人，任滿選如法。」所以分減舉者數，省京官也。是歲，判吏部流内銓蔡抗言：「奏舉京官人尚多，度二年引對乃可畢，計每歲所舉，無慮千九百員，被舉者既多，則磨勘者愈衆。且今天下員多闕少，率三人而待一闕，若不稍改，後將除吏愈艱。臣愚以爲可罷知雜御史、觀察使以上歲得舉官法。」從之。自是，舉官之數彌省矣。

治平三年，命宰執舉館職各五人。先是，上謂中書曰：「水潦爲災，言事者云咎在不能進賢，何也？」歐陽修曰：「近年進賢路狹〔三〕，往時入館有三路，今塞其二矣。進士高科，一路也；大臣薦舉，一路也；因差遣例除，一路也。往年，進士五人以上皆得試，第一人及第，有不十年即至輔相者；今第一人兩任方得試，而第二人以下不復試，是高科路塞矣。往時，大臣薦舉即召試，今只令上簿，候缺人乃試，是薦舉路塞矣。惟有因差遣例除者，半是年勞老病之人，此臣所謂薦舉路狹也。」上納之，故有是命。韓琦、曾公亮、趙概等舉蔡延慶以下凡二十人，皆令召試。宰臣以人多難之，上曰：「既委公等舉之，苟賢，豈患多也？先召試蔡延慶等十人，餘須後時。」

石林葉氏曰：「國朝以史館、昭文館、集賢院爲三館，皆寓崇文院，其實無別舍，但各以庫藏書列於廊廡間爾。直館、直院謂之『館職』，以他官兼者謂之『貼職』。凡狀元、制科一任還，即試詩賦各一而入，否則用大臣薦而試，謂之『入館』。官制行，廢崇文院爲祕書監，建祕閣於中，自監、少至正字，列爲職事官，罷直閣、直院之名，而書庫仍在，獨以直祕閣爲貼職之首，皆不試而除，蓋特以爲恩數而已〔二四〕。」

治平四年，陳汝羲試學士院，中等，除集賢校理。御史吴申言〔二五〕：「比擇十人先試館職，而汝羲亦預，漸至冗濫，兼詩賦非所以經國治民。請用兩制薦舉，仍罷試詩賦，代之以策。」詔兩制詳議。其年，試胡宗愈輩，仍用詩賦。熙寧元年，罷試詩賦，而更以策、論。二年，王介等五人，始以策、論試於學士院，皆除館職。後比年有試者，蘇梲〔二六〕、陳睦、李清臣、劉摯、王欽臣等，皆以試除。四年，太常丞許將以所業獻，召試，爲集賢校理。五年，吕公弼薦王安禮材堪大用，召對稱旨，欲峻用之，其兄安石辭，乃以爲崇文院校書。曾布嘗舉鄧潤甫可備經筵館職，詔取潤甫應制科進卷視之〔二七〕，擢爲集賢校理。

舊制，凡設試以待命士，而入之銓注者，自蔭補、銓試之外，有進士律義、武臣呈試材武及刑法等官，而銓試所受爲特廣。蔭補初赴選，皆試律暨詩；已任而無勞績、舉薦及無免試恩，皆試判。熙寧更制以後，概試律義、斷案議，後又增試經義。中選者皆得隨銓擬注，是銓試之凡也。

按：是時進士、選人之守選者，亦皆試而後放，然特詳於蔭補云。

四年，詔曰：「故事，二府初入，舉所知者三人，將以觀大臣之能。比年多因請謁干譽，薦者不公。其令中書、樞密院，舉人皆明言才業所長，堪任何事，以副朕爲官擇人之意。」

熙寧二年〔二八〕，陳升之拜相，循例薦侯叔獻、程顥〔二九〕，皆與堂除，又陞一任。帝曰：「薦士不考才實，以輔臣故例得進秩升任，此何爲也？」於是罷兩府初入舉官之制。

熙寧二年，御史乞罷堂選知州，曾公亮執不可。帝曰：「精擇判審官人付之，何爲不可？」王安石曰：「中書所總已多，通判亦有該堂選者，徒留滯，不能精擇，歸之有司，宜也。」

按：課試儒生，有司之事也，今以禮部考校爲未當，而必俟乎親策。進退百官，宰相之事也，今以中書選擇爲留滯，而一付之審官，輕重失倫矣。況司牧之任，千里休戚所係，非他官比，而廟堂一不之問，則所謂「中書所總已多」者，其事豈有重於進賢退不肖者乎？

三年，置審官西院。舊制：文臣京朝官，審官院主之；武臣內殿崇班至諸司使，樞密院主之；供奉以下，三班院主之。至是，詔曰：「樞輔之任重矣，不當親有司之事。其以審官爲東院，別置西院，專領閤門祇候以上諸司使磨勘常程差遣。」又詔：「川峽〔三〇〕、福建、廣南七路之官罷任，迎送勞苦，其令轉運司立格就注，免其赴選。著爲令。」後增湖南爲八路。

帝以舊舉官往往緣求請得之，多且濫，欲革去奏舉，而概以公法，乃詔内外舉官法皆罷，令吏部、審官院參議選格。

四年〔三〕，詔堂選、堂占悉罷。吏部始立定選官格，其法各隨所任職事，以入任功狀立格，以待擬注。

權開封府推官蘇軾上言：「大抵名器爵禄，人所奔趨，必使積勞而後遷，以明持久而難得，則人各安其分，不敢躁求。今若多開驟進之門，使有意外之得，公卿、侍從，跬步可圖，其得者既不肯以僥倖自名，則其不得者必皆以沉淪爲嘆，使天下常調舉生妄心，耻不若人，何所不至？欲望風俗之厚，豈可得哉！選人之改京官，常須十年以上，洊更險阻，計析毫釐，其間一事聱牙，常至終身淪棄。今乃以一人之薦舉而與之，猶恐未稱，章服隨至，使積勞久次而得者，何以厭服哉？夫常調之人，非守則令，員多闕少，久已患之，不可復開多門，以待巧者。若巧者侵奪已甚，則拙者迫怵無聊，利害相形，不得不察。故近歲朴拙之人愈少，巧進之士益多，惟陛下重之，惜之，哀之，救之。如近日三司獻言，使天下郡選一人，催驅三司文字，許之先次指射，以酬其勞。則數年之後，審官、吏部又有三百餘人得先占闕，常調待次，不其愈難？此外勾當發運均輸，按行農田水利，已振監司之體，各懷進用之心，轉對者望以稱旨而驟遷，奏課者求爲優等而速化，相勝以力，相高以言，而名實亂矣。惟陛下以簡易爲法，以清净爲心，使姦無所緣，而民德歸厚。臣之所願厚風俗者，此之謂也。」

按：罷諸司之薦舉，付銓選於吏部，此熙寧所立之法，蓋所以示至公而絶倖門也。今東坡公所言乃如此，豈此法特所以待守常安分之人，而阿諛時指，附會新法，如所謂六七少年、使者四十餘輩，則初不在此限乎？

哲宗元祐時，司諫蘇轍言：「祖宗舊法，凡任子年及二十五，方許出官，自餘進士、諸科，初命及已任而應守選者，非逢恩不得放選。先朝患官吏不習律令，欲誘之讀法，乃減任子出官年數，除去守選之法，概令試法，通者隨得注官。自是天下争誦律令，於事不爲無補。然人人習法，則試無不中，故蔭補者例減五年，而選人無復選限。吏部員多闕少，聞今已用元祐四年夏秋闕，官冗至此亦極矣！宜追復祖宗守選舊法，而選滿之日，兼行先朝試法之科，此亦今日之便也。」

蔭補入學，肄業一年，不犯上三等罰，方許就銓試。詳見學校門。

御史上官均言：「定差不便有七：諸路赴選，中試乃差，八路隨意即射，不均一也；諸路吏選，有待試，有需次，率及七年，方成一任，略計八路就注，若及七年，已更三任矣，不均二也；八路雖坐愆停罷，隨許射注，而吏選無愆犯人，既須試法，候及一年方有注擬，此不均之弊三也；選人俸給替則隨罷〔三二〕，又待次大率四年，方再得禄，况八路待次，又許權攝，禄無虚日，不均四也；八路土人得特奏名者，免試就注家便，年高力憊，不復望進，往往營私廢職，其弊五也；仕八路久，知識既多，土人就射本路，不無親故請囑，其弊六也；八路監司，地遠而專，便使盪滅功過名次，人亦不敢争校，故有力者多得優便，而孤寒滯郤，其弊七也。定差本意，止因省迓送僱費，然事極弊生，八路闕常有餘，吏部闕常不足。今立法互季迭用，而運司定差猶占其半，是半均半不均也。如聞迓送僱直，歲計不甚多〔三三〕，用坊場、河渡錢已可給用，請併八路定差，盡歸吏部，殊爲均便。」

左僕射司馬光言：「臣竊惟爲政之要，莫若得人。百官稱職，則萬務咸治。然人之才性，各有所能，或優於德而嗇於材，或長於此而短於彼，雖皋、夔、稷、契，止能各守一官，況於中人，安可求備？是故孔門以四科論士，漢室以數路得人。若指瑕掩善，則朝無可用之人；苟隨器授任，則世無可棄之士。臣誤蒙甄擢，備位宰相，謹選百官，乃其職業，而智識淺短，見聞褊狹。知人之難，聖賢所重，寰宇至廣，俊彦如林，或以恬退滯淹，或以孤寒遺逸，被褐懷玉，豈能周知？若專引知識，則嫌於挾私，難服衆心；若止循資序，則官非其人，何以致治？莫若使在位達官，人舉所知，然後克叶至公，野無遺賢矣。臣欲乞朝廷設十科舉士：一曰行義純固可爲師表科，有官無官人皆可舉。二曰節操方正可備獻納科，舉有官人。三曰智勇過人可備將帥科，舉文武有官人。四曰公正聰明可備監司科，舉知州以上資序。五曰經術精通可備講讀科，有官無官人皆可舉。六曰學問該博可備顧問科，同上。七曰文章典麗可備著述科，同上。八曰善聽獄訟盡公得實科，舉有官人。九曰善治財賦公私俱便科，舉有官人。十曰練習法令能斷請讞科。同上。應職事官自尚書至給舍、諫議，寄禄官自開府儀同三司至大中大夫，職自觀文殿大學士至待制，每歲須得於十科中舉三人，非謂每科舉三人，各隨所知，於十科内一歲共舉三人。具狀云〔三四〕：『臣切見某人有何行能，並須指陳實事，不得徒飾虛辭。位在上者得舉下，下不得舉上。臣今保舉堪充某科，如蒙朝廷擢用後，不如所舉，謂舉行義純固而違犯名教之類。及犯入己贓，臣甘伏朝典不辭。』候奏狀到日，付中書省置簿抄録舉主及所舉官姓名，別置合舉官臣僚簿，歲終不舉及人數不足，按劾施行。或遇在京及外方有事，須令差官體量、相度、點檢、磨勘、剗刷、催促、推勘、定奪，則委執政親檢逐簿，各隨所舉之科選差，令試管勾上件事務。若能辦集，即別置簿記其勞績，遇本科職任有闕，謂若經筵或學官有闕，即用行義純固、經術精通等科；臺諫有闕，即用節操方正科之類。則委執政親檢逐簿，選名實相稱，或舉主多，有勞績之人補充，仍於本人除官敕告前，盡開坐舉主姓名於後。或不如所舉，其舉主從貢舉非其人律科罪；犯正入己贓，舉主減三等科罪。若因受賄徇私而舉之，罪名重者，自從重法。期在必行，不可寬宥，雖見爲執政官，朝廷所不可輟者，亦須降官示罰。所貴人人重謹，所舉得人。」

光又言：「朝廷執政只八九人，若非交舊，無以知其行能。不惟涉徇私之嫌，兼所取至狹，豈足以盡天下之賢才。若採訪毀譽，則愛憎偪毀，情僞萬端。與其聽游談之言，曷若使之結罪保舉。故臣奏設十科以舉士，其中一科『公正聰明可備監司』，誠知請屬挾私所不能無，但有不如所舉者，嚴加譴責，無所寬宥，則今後自然謹擇，不敢妄舉矣。」詔皆從之。

詔：「大臣奏舉館職，並如制召試除授。其朝廷特除，不用此令。」

先是，右正言劉安世言：「祖宗之待館職也，儲之英傑之地，以飭其名節，觀以古今之書，而開益其聰明，稍優其廩，不責以吏事，所以滋長德器，養成其名卿賢相也。自近歲以來，其選寖輕。或緣世賞，或以軍功，或酬聚斂之能，或徇權貴之薦，未嘗較試，遂獲貼職。多開倖門，恐非祖宗德意。望明詔執政，詳求文學行誼，審其果可長育，然後召試，非試毋得輒命，庶名器重而賢能進。」至是乃降詔命，而言未盡行，安世復奏：「祖宗時，入館鮮不由試，惟其望實素著，治狀顯白，或累持使節，或移鎮大藩，欲示優恩，方令貼職。今既過聽臣言，追復舊制，又有所謂『朝廷特除，不在此限』，則是不問人材高下、資歷深淺，但非奏舉，皆可直除。名爲更張，弊源尚在。願倣故事，資序及轉運使，方可以特命除授，庶塞僥倖，重館職之選。」

二年，殿中侍御史呂陶言：「郡守提封千里，生聚萬衆，所係休戚，而不察能否，一以資格用之，凡再爲半刺，有薦者三人，則得之矣。不公不明，十郡而居三四，是天下之民半失其養。請令内外從臣，歲舉可爲守臣者各三人，略資序而採公言，庶其可以擇才庇民也。」詔：「内外待制、大中大夫以上，歲舉再歷通判資序、堪任知州者一人，籍於吏部。遇三路及一州而四縣者，其守臣有闕，先差本資序人，次案籍以及所薦者。」八月，殿中侍御史韓川言：「近委大中大夫以上歲舉守臣，而薦所不及，雖課入優等，皆未預選，此倚薦以爲信也。然大中大夫以上，率在京師，唯馳騖請求、因緣宛轉者，常多得之。迹遠地寒，雖歷郡久，治狀著，課入上考，偶以無薦，則反在通判下，不許入三路及四縣州。且州以縣之多少而分簡劇，亦爲未盡。蓋繁簡在事不在縣，固有縣多事不繁，亦有縣少事不簡者。願參以考績之實，著爲通令，仍不以縣之多少而爲簡劇。」詔吏部立法以聞。已而歲舉積多，吏部無闕以授。四年，遂罷大中大夫以上歲舉法，唯奉詔乃舉焉。

紹聖元年，吏部侍郎彭汝礪乞：「稍責吏部甄別能否，凡京朝官才能事效苟有可録，尚書暨郎官銓擇而以名聞，三省分三年考察之，高則引對，次即試用，下者還之本選。若資歷、舉薦應入高，而才行不副，許奏而降其等。凡皆略許出法而加陞絀，歲各毋過三人。」

徽宗政和六年，臣僚言知縣、縣令凡百七十餘闕，無願注者。命吏部措置。已而吏部取在選應入者，隨其資序，自上而下，不以願否，徑自差注，如硬差法，遂有貫户福建而强注四川者。明年，上知其遠難赴，特許便鄉差注，路雖遠，毋過三十驛；已注者聽改注。

重和元年，臣僚言：「八路定差，歲久弊多，嘗究其原，在付非其人，而又舉職不專也。且四選之在吏部，尚書、侍郎專總其事，而八路則委之轉運。既以軍儲、吏禄、供饋、支移爲己責，而差注視爲末務，乃付之主管文字官。其人又以稽考簿書、檢勘行移爲先，而不復究心差注，乃付之士案，率吏胥擬定，而僉廳特視成書判而已，幾何而不廢法哉！比年以來，賄賂公行，隨其厚薄爲注闕之高下。甚者曰：『某闕供給厚，遺我一季之得，則可差矣；某地圭租優，歸我一料之資，則以汝往矣。』苟賤不廉之士，亦增賕以市，而取償於至官之後。間有剛正而無賂者，則定差之牘，脱漏言詞，隱落節目，暨其上部，必致退却，待其參會重上，已半歲所矣。士大夫以身在八路，勢須畏忌，若必投訴，是訴所涖監司也，以是闕多而不調者衆。宜督察典領之官，歲終取吏部退難有無、多寡爲之課而賞罰之，可以公擬注而絶吏賕。」從之，仍立爲法。

陞改、薦任之法，選人用以進資改秩，京朝官用以陞任，舊悉有制。自熙寧後，又從而損益之，故舉皆限員，而歲又分舉，制益詳矣。

先時，選人應改官，必對便殿。舊制，五日一引，不過二人，其後待次者多，至有踰二年乃得引。帝憫其留滯，至元豐四年，乃詔每甲引四人以便之。

熙寧四年〔三五〕，定十六路提點刑獄歲舉京官、縣令額：京東西、河東、淮南路〔三六〕，京官七人，職官三人，縣令五人〔三七〕；兩浙路，京官六人，職官三人，縣令四人〔三八〕；成都府、梓州、江南東西路，京官五人，職官三人，縣令四人；福建〔三九〕、利州、荆湖南北、廣南東西路，京官四人，職官三人，縣令二人；夔州路，京官三人，職官二人，縣令二人。

六年，詔察訪官舉京官、職官、縣令者，河東、京東、兩浙共十二人〔四〇〕，餘路十人，陞陟不限數。

選人任中都官者，舊未有薦舉法。至是，詔其屬有選人六員者，歲得舉三員。又定提舉市易司歲舉京官五員。

元祐元年，歲舉陞陟始立額，如舉改官及職、令之數。復通判舉法。詔歲舉京官、縣令各一員，仍間迭而舉。用孫覺言，吏部選人改官，歲以百人爲額。

紹聖元年，右司諫朱勃言：「選人初受任，雖有能者，法未得舉爲京官；而有挾權善請求者，職官、縣令舉員既足，又併改官舉員求之。」詔歷任通及三考，而資序已入幕職、令録，方許舉之改官。又言：「選人改官歲限百人，而元祐變法，三人爲甲，月三引見。積累至今，待次者亡慮二百八十餘人，以數而計，歷二年三季始得畢見。請酌元豐令增損之。」詔依元豐五日而引一甲，甲以三人，歲毋過一百四十人，俟待次不及百人，別奏定。

大觀四年，裁減國學長貳歲舉改官而立之數，大司成十五員，祭酒、司業各八員。

政和三年，尚書省修立改官格：「承直郎至登仕郎六考，將仕郎七考，有改官舉主而職司居其一，即與磨勘；如因坐公私愆犯，各隨輕重加考及舉官有差。」從之。

七年，臣僚言：「官冗吏員增多，本因入流日衆。熙寧郊禮，文武奏補總六百一十一員；元豐六年，選人磨勘改京朝官總一百三十有五員。近考之吏部，政和六年，郊恩奏補約一千四百六十有奇，選人改官約三百七十有奇。其來既廣，吏員益衆，欲節其來，惟嚴守磨勘舊法，不可苟循妄予而已。且今之磨勘，有局務減考第者，有用遠減舉官者，有用酬賞比類者，有因大人特舉者，有託因事到闕而不用滿任者，有約法違礙許先次而改者，凡皆棄法用例。法不能束，而例日益繁，苟不裁之，將又倍蓰於今而未可計也。請詔三省若吏部：舊有正法，自當如故，餘皆毋得用例。」詔：「惟川、廣水土惡弱之地，許減舉如制，餘悉用元豐法從事，其崇寧四年之制勿行。」

高宗建炎初，詔即駐蹕所置吏部。時四選散亡，名籍莫考，始下諸道州、府、軍、監，條具屬吏寓官之爵里、年甲、出身、歷任、功過、舉主、到罷月日，編而籍之。

詔：「京畿、京東西、河北、河東士夫在部注授，雖銓未中而年及者，皆聽注官。」二年，詔：「京官赴行在者，令吏部審量，非政和以後進書頌及直赴殿試之人，乃聽參選。在部知州軍、通判、簽判及京朝官知縣、監當，舊以三年爲任者，令權以二年爲任，兵休仍舊。」以赴調者萃東南，選法留滯故也。

四年，言者論：「近世銓衡之官，守法不立。自京、黼用事，有詣堂及吏部闕者，判一『取』字，雖已注人，亦奪予之，甚至部有佳闕，密獻以自效。爲寒遠患，踰二十年。望明戒吏部長貳，自今堂中或取部闕，並須執守，毋得供報。」從之。

紹興元年，詔館職選人到任及一年，通理四考，並自陳改京官〔四一〕。

選人改官，舊無定數。紹興以後，多不過九十人，少或至五十人，紹興二十年，八十八人；二十五年，六十八人；三十年，七十四人；三十一年，五十人。捕盜及職事官皆不在數。三十二年，遂至一百十三人。孝宗患之，隆興元年四月，詔以百員爲額。乾道三年七月，又通四川爲百二十員。七年十月，有司請不限員，奏可，時虞丞相當國也。淳熙初，上以官冗，稍嚴陞改之令，於是六年引見改官不及七十員，而捕盜在焉。周洪道爲吏部尚書，七年二月，因請以七十員爲額。是年四月，又增八十員，職事官并引見，改官六十五人，四川换給一十五人，特旨改官不與。十三年三月，又詔職事官改官在八十員歲額之外。自是歲改京官者僅百員，今遂爲永制。奏舉京官，祖宗時無定數，有其人則舉之。太平興國後，諸州通判亦得舉京官。熙寧中，取以爲提舉常平官員數。元祐中，嘗暫復之。至紹聖又罷。淳熙六年九月，上以歲舉京官數濫，命給舍、臺諫議之。王仲行、傅希吕〔四二〕，時兼給事中，乃請六曹、寺、監戶部右曹郎官同。歲減舉員三之一，諸路監司減四之一，禮部、國子監長貳減三之二，前執政歲減二員，諸州無縣者歲止一員。歲終不除運副，而判官補發者不理爲職司。奏可。慶元元年十一月，復詔判官補發副使狀〔四三〕，理爲職司。又詔職司狀不得用二紙，用姚察院愈奏也。在京選人，舊無外路監司薦舉。渡江後，詔以六部長貳作職司。乾道七年九月，罷之。惟館學官通理四考，不用舉主改官，蓋累聖優賢之意。

二年，吕頤浩言：「近世堂除，多侵部注，士人失職。宜倣祖宗故事，外自監司、郡守及舊格堂除通判，內自察官、省郎已上、館職、書局編修官外，餘闕并寺監丞、法寺官、六院等，武臣自準備將領、正副將已上，其部將、巡尉、指使以下，並歸部注。」從之。

三年，右僕射朱勝非等上吏部七司敕令格式一百八十八卷。自渡江後，文籍散佚，會廣東轉運司以所録元豐、元祐吏部法來上，乃以省記舊法及續降指揮，詳定而成此書。

五年，詔：自今注擬，並選擇非老疾及不曾犯贓與不緣民事被罪之人。時建議者云：「州縣親民，莫如縣令。今率限以資格，雖貪懦之人，一或應格，則大官大職得以自擇。請詔監司、郡守條上劇邑，遴選清平廉察之人，如前日預十科之目者爲之。」

二十二年，右諫議大夫林大鼐上言曰：「中興之初，恩或非泛，人得僥倖，有以從軍而改秩者，有以捕盗而改秩者，有以登對而改秩者。今則朝廷無事，謹惜名器，改秩無他，惟有薦舉一路，而貪躁者速化，廉静者陸沉。臣欲取考第、員數增減以便之，增一任者減一員，九考者用四〔四四〕，十二考者用三，十五考者用二。如減舉法行，須實歷縣令，不得仍請嶽祠。其或負犯殿選，自如常坐。士有應此格者，行無玷闕，年亦蹉跎，無非孤寒老練安義守分之人〔四五〕。望付有司條上，以弭奔競。」議者以進士登科、門蔭子弟，纔沾一命，不復參部，多干堂除，有紊銓法。詔禁之。

二十九年，敕令所删定官聞人滋請：「凡在官者歷任及十考已上，無公私過犯，雖舉削不及格，許降等升改。或疑其太濫，則取吏部累年改官酌中人數，立爲限隔，舉狀、年勞，參酌並用。」於是天子以其議下近臣，而中書舍人洪遵、給事中王晞亮等上議曰〔四六〕：「自一命已上仕於州縣之間，雖有真賢實廉，勢不能自達於上，故爲之立薦舉之法。必使之歷任六考，所以遲其歲月而責其赴功，必使之舉官五員，所以多其保任而必其可用。若舉之而非其人，有才而不見舉，是則監司、郡守之罪，而非法之不善也。今如議臣所請，則有力者惟圖見次，無才者苟冀終更，率不過出官十餘年，可以坐待京秩，此不可一也。今欲酌每歲改官之員，減其分數，以待無舉削者，則當被舉之人，必有失職淹滯之嘆，此不可二也。京官易得，馴至郎位，任子之恩，愈不可減，非所以救入流之弊〔四七〕，此不可三也。夫祖宗之法，非有大害未易輕議，今一旦取二百年成法而易之，此不可四也。臣以爲如故便。」滋議遂寢。

三十一年，詔：「初官有出身三考，無出身四考，方聽受監司、郡守京削之薦。」

三十二年，吏部侍郎凌景夏言：「國家設銓選以聽群吏之治，其掌於七司，著在令甲，則所守者法也。今陞降於胥吏之手，有所謂例焉。長貳有遷改，郎曹有替移，來者不可以復知，去者不能以盡告。索例而不獲，雖有强明健敏之才，不復致議；引例而不當，雖有至公盡理之事，不復可伸。貨賄公行，姦弊滋甚。嘗睹漢之公府則有辭訟比，以類相從，使不良吏不得生因緣；尚書則有決事比，以省請讞之弊。比之爲言，猶今之例。臣謂令吏部七司亦宜許置例册，凡換給之期限，戰功之定處，去失之保任，書填之審實，奏薦之限隔，酬賞之用否，凡經申請，或白堂，或取旨者，每一事已，命郎官以次擬定，而長貳書之於册，永以爲例。每半歲則上於尚書省，仍關御史臺而詳焉。如是，則巧吏無所施，而銓叙平允矣。」

先是，劉珙爲吏部員外郎，有才智，善摘檢姦弊。一日，命汎中庭張幕設案，置令式其中，使選集者得出入繙閱，與吏辯，吏愕眙不能對。時議翕然稱之。

孝宗隆興元年，詔：「選人歷十二考已上，無贓私罪，與減舉主一員。」

用聞人滋之言也。舊舉主須員足，乃以其牘上，若舉主物故或罷免則不計。故有得薦牘十餘而不克磨勘者。淳熙中，始有逐旋放散之令，人皆便之。

乾道二年，令科舉前一歲，量留司户、簿、尉、職官、教官窠闕，以待黄甲進士。又詔：「見任在京監當、六部架閣等，如係京朝官以上，須實歷知縣一任，始聽關陞。」是時多以堂除理實歷，越次關陞，故有斯詔。

先是，有出身人許注教官，理爲作縣。是歲，詔：「自今有出身，曾任縣令，初改官，許注教官，餘並先注知縣。」自是改秩者，無不製邑矣。

淳熙元年，參知政事龔茂良言：「官人之道，在朝廷則當量人才，在銓部則宜守成法。夫法本無弊，而例實敗之。法者，公天下而爲之者也；例者，因人而立，以壞天下之公者也。昔者之患，在於用例破法；比年之患，在於因例立法，故謂吏部者，『例部』也。今七司法，自晏敦復裁定，不無疏略，然已十得八九，有司守之以從事，可以無弊。而循情廢法，相師成風，蓋用例破法其害小，因例立法其害大。法常靳，例常寬，今至於法令繁多，官曹冗濫，蓋繇此也。望詔有司裒集參附法及乾道續降申明，重行考定，非大有抵捂者弗去，凡涉寬縱者悉刊正之。庶幾國家成法，簡易明白，賕謝之姦絶，冒濫之門塞矣。」於是詔重修焉〔四八〕。既而吏部尚書蔡洸以改官、奏薦、磨勘、差注等條法，分門編類，冠以「吏部條法總類」爲名。十一月，參知政事龔茂良進吏部七司敕令格式申明三百卷，詔頒行焉。

三年，吏部言：「六十不得入選，今文臣武臣皆有隱減年甲之弊。」詔禁之。時州郡上闕狀稽違，多畀人私攝，乃詔下諸道轉運司，州委通判，縣委縣丞，監司委屬官，以時申發，稽違隱漏者罪之。

光宗紹熙二年，吏部侍郎羅點言：「銓量之法，得以察其人物，覈其功過，而進退之。而有司奉行，寖成文具。群趨而進，一揖而退，是非賢否，一不暇問；甚者循習舊例，纔注差遣，更不銓量。伏請自今令長貳從容接談，稍問以事，除癃疾已有定法，如絶不通曉及有過尤者，别與注擬。」從之。

寧宗慶元中，制：「初改官人必作令，謂之『須入』。中興以來，數申嚴其令。今除殿試上三名、南省元外，並令作邑。」自後雖宰相子、甲科人，無不宰邑者矣。

校勘記

〔一〕如關試時　「關」原作「開」，據上文改。

〔二〕上任罷任與何人交代　「罷任」二字原脱，據册府元龜卷六三三銓選部條制五補。

〔三〕副率以上内職　「以上」二字原脱，據宋史卷一五八選舉志四補。

〔四〕又詔　據宋會要輯稿選舉二七之一，詔陶穀等舉通判爲乾德二年七月事。

〔五〕及慮薦吏民政或著吏能　「薦」原作「若」，「或」原作「欲」，據續資治通鑑長編卷一二開寶四年十一月庚戌條改。

〔六〕太宗太平興國二年　「二」原作「元」，據續資治通鑑長編卷一八太平興國二年十二月丁巳條、宋會要輯稿選舉二四之九改。

〔七〕幕職州縣官中　「官」字原脱，據宋會要輯稿選舉二七之三補。

〔八〕淳化三年　「淳化」原作「端拱」，據宋史卷一六〇選舉六、宋會要輯稿選舉二七之五改。按端拱僅二年，無三年。

〔九〕真宗咸平四年　「四」原作「二」，據續資治通鑑長編卷四八咸平四年二月壬戌條改。

〔一〇〕祕書丞陳彭年請復舉官自代之制　「丞」原作「郎」，據宋史卷一六〇選舉六、續資治通鑑長編卷四八咸平四年二月壬戌條改。

〔一一〕詔樞密直學士馮拯陳堯叟參詳之　「樞密」原作「祕書」，據宋史卷二八四陳堯叟傳、卷二八五馮拯傳及續資治通鑑長編卷四八咸平四年二月壬戌條改。

〔一二〕並同罪舉外任京朝官三班使臣幕職州縣官各一人　「罪」字原脱，據續資治通鑑長編卷七三大中祥符三年四月戊午條補。「一」原作「二」，據宋史卷一六〇選舉志六、續資治通鑑長編卷七三大中祥符三年四月戊午條、宋會要輯稿選舉二七之一〇改。

〔一三〕舉殿直以上材勇堪邊任者　「堪」原作「使」，據宋史卷一六〇選舉志六改。

〔一四〕輒信而遷之　「遷」原作「遣」，據元本、慎本、馮本及宋史卷一六〇選舉志六改。

〔一五〕乃聽舉　「舉」字原脱，據元本、慎本、馮本及宋史卷一六〇選舉志六補。

〔一六〕流内銓復裁内外臣僚歲舉數　「舉」原作「貢」，據元本、慎本、馮本及宋史卷一六〇選舉志六改。

〔一七〕其常參官毋得復舉　「常」原作「嘗」，避明諱，今改回。

〔一八〕今之議者　「者」字原脱，據蘇東坡集應詔集卷二策別七補。

〔一九〕至於一日之試　「於」字原脱，據蘇東坡集應詔集卷二策別七補。

〔二〇〕其過惡重者其罰均　「罰」原作「法」，據元本、慎本、馮本及蘇東坡集應詔集卷二策別十改。

〔二一〕臣知貪吏小人無容足之地　「吏」原作「利」，據元本、慎本、馮本及蘇東坡集應詔集卷二策别十改。

〔二二〕改官每歲殆無幾自慶曆後始以屬邑多寡制數於是各務充元額不復更考材實　三十二字原脱，據石林燕語卷四補。

〔二三〕近年進賢路狹　「近」原作「今」，據續資治通鑑長編卷二〇八治平三年十月甲午條、皇朝編年綱目備要卷一七改。

〔二四〕蓋特以爲恩數而已　「特」原作「時」，據石林燕語卷六改。

〔二五〕御史吳申言　「申」原作「中」，據續資治通鑑長編卷二〇九治平四年閏三月己丑條改。

〔二六〕蘇棁　「棁」原作「稅」，據宋會要輯稿選舉三一之三六至三一之三七改。

〔二七〕詔取潤甫應制科進卷視之　「甫」字原脱，據上文及慎本、馮本補。

〔二八〕熙寧二年　「二」原作「元」，據元本、慎本、馮本改。按陳升之拜相在熙寧二年十月，見宋史卷一四神宗紀一。

〔二九〕循例薦侯叔獻程顥　「薦」原作「爲」，據馮本改。

〔三〇〕川峽　「峽」原作「陜」，據宋史卷一五神宗紀二熙寧三年八月戊寅、卷一五九選舉五遠州銓改。按宋制，川峽、廣南、福建、湖南八路差官，屬遠州銓，據改。

〔三一〕四年　「四」原作「五」，據宋史卷一六神宗紀三、卷一五八選舉志四改。

〔三二〕候及二年方有注擬此不均之弊三也選人俸給替則隨罷　二十三字原脱，據續資治通鑑長編卷三八〇元祐元年六月戊申條補。

〔三三〕歲計不甚多　「甚」原作「堪」，據元本、慎本、馮本改。

〔三四〕具狀云　「具」原作「其」，據宋史卷一六〇選舉志六改。

〔三五〕熙寧四年　原作「二年」，據宋會要輯稿選舉二八之九改。

〔三六〕淮南路　「淮南」二字原脱，據宋會要輯稿選舉二八之九補。

〔三七〕縣令五人　「五」原作「四」，據宋會要輯稿選舉二八之九改。

〔三八〕兩浙路京官六人職官三人縣令四人　十五字原脱，據宋會要輯稿選舉二八之九補。

〔三九〕福建　「福」字原脱，據宋會要輯稿選舉二八之九補。

〔四〇〕河東京東兩浙共十二人　「京東」、「共」字原脱，據宋會要輯稿選舉二八之一〇補。

〔四一〕並自陳改京官　「京」字原脱，據宋史卷一五八選舉志四、建炎以來繫年要録卷四三紹興元年三月丁丑條補。

〔四二〕王仲行傅希吕　建炎以來朝野雜記甲集卷一二奏舉京官作「王仲行希吕」，無「傅」字。

〔四三〕復詔判官補發副使狀　「使」字原脱，據建炎以來朝野雜記甲集卷一二奏舉京官補。

〔四四〕九考者用四　「九」原作「十」，據宋會要輯稿選舉三〇之二、建炎以來繫年要録卷一六三紹興二十二年七月壬寅條改。

〔四五〕無非孤寒老練安義守分之人　「守」字原脱，據慎本、馮本補。

〔四六〕給事中王晞亮等上議曰　「晞」原作「希」，據宋史卷一六〇選舉志六、建炎以來繫年要録卷一八三紹興二十九年七月乙巳條改。

〔四七〕非所以救入流之弊　「入」原作「末」，據宋史卷一六〇選舉志六、建炎以來繫年要録卷一八三紹興二十九年七月乙巳條改。

〔四八〕於是詔重修焉　「重」原作「從」，據宋史卷一五八選舉志四改。

卷三十九　選舉考十二

辟舉

三代以前，天下列國有三卿、五大夫、二十七士〔一〕。大國三卿，三卿命於天子，一卿命於其君；小國三卿，一卿命於天子，二卿命於其君。公、侯、伯之大夫再命，子、男之大夫一命。其士以下皆不命，皆國君專之。漢初，王、侯國百官皆如漢朝，唯丞相命於天子，其御史大夫以下皆自置。及景帝懲吴、楚之亂，殺其制度，罷御史大夫以下官。至武帝又詔：「凡王、侯吏職秩二千石者，不得擅補。其州郡佐史，自别駕、長史以下，皆刺史、太守自辟。」歷代因而不革。

漢初，掾史辟〔二〕，皆上言之，故有秩比命士；其所不言，則爲百石屬。其後皆自辟除，故通爲百石云。

世祖詔：「方今選舉，賢佞朱紫錯用。丞相故事，四科取士，一曰德行高妙，志節清白；二曰學通行修，經中博士；三曰明達法令，足以决疑，能按章覆問，文中御史；四曰剛毅多略，遭事不惑，明足以决，才任三輔令，皆有孝弟廉公之行。自今以後，審四科辟召，及刺史、二千石察茂才尤異孝廉之吏，務盡實覈，選擇英俊、賢行、廉潔、平端於縣邑，務授試以職。有非其人，臨計過署，不便習官事，書疏不端正，不如詔書，有司奏罪名，並正舉者。」

建武二年，衛颯辟大司徒府，舉能案劇，除侍御史。

安帝元初六年，詔三府選掾屬高第，能惠利牧養者五人。

舊任，三府選令史，光祿試尚書郎，時皆特拜，不復選試。李固與吳雄上疏，選舉署置〔三〕，可歸有司。帝感其言，自是稀復特拜，切責三公，明加考察，朝廷稱善。楊秉亦言，所徵皆特拜不試爲非。

翟酺爲侍中時，尚書有缺，詔將大夫六百石以上試對政事、天文、道術，以高第者補之。酺自恃能高，而忌故太史令孫懿恐有先用，乃紿懿曰：「圖書有漢賊孫登，將以才智爲中官所害〔四〕，觀君表相，似當應之。」因對之涕泣。懿憂懼移病不試，由是酺對第一，拜尚書。

按：東漢用人，多以試取之。諸科之中，孝廉、賢良、有道皆有試，遷官則如博士，如尚書皆先試，至於辟舉、徵召，無不試者。李固、楊秉所言，皆以試爲是，特拜爲非。然所試率文墨小技，固未足以知其賢否也。況於翟酺者，以市井權譎之術，冒取高第，又足爲賢乎？

孝靈帝時，司徒楊賜、太尉桓焉皆坐辟召禁錮黨人免。

徐氏曰：「按：公府之有辟命，自西京則然矣。然東漢之世，公卿尤以辟士相高。卓茂習詩、禮爲通儒，而辟丞相府史；蔡邕少博學好詞章，而辟司徒橋玄府；周舉博學洽聞，爲儒者宗，而辟司徒李郃府。又有五府俱辟如黃瓊者，四府並命如陳紀者。往往名公鉅卿以能致賢才爲高，而英才俊士以得所依秉爲重〔五〕，是以譽望日隆，名節日著，而一洗末世苟合輕就之風。孟子曰：「觀近臣以其所爲主，觀遠臣以其所主。」其斯之謂與！

州從事史十二人，皆州自辟除，通爲百石。

按：魯恭傳：「恭再在公位，選辟高第至列卿、郡守者數十人，而其耆舊大姓或不蒙薦舉，至有怨望者。恭聞之曰：『學之不講，是吾憂也。諸生不有鄉舉者乎？』終無所言。」蓋東漢時，選舉、辟召皆可以入仕。以鄉舉里選循序而進者，選舉也；以高才重名躐等而升者，辟召也。故時人猶以辟召爲榮云。

孫寶爲京兆尹，故吏侯文以剛直不苟合，常稱疾不仕。寶以恩禮請文爲布衣友，日設酒食，妻子相對。文求受署爲掾，進見如賓禮。數月，以立秋日署文東部督郵，入見，敕曰：「今日鷹隼始擊，當順天氣，取姦惡，掾部詎有其人乎？」文仰曰：「無其人不敢受職。」寶曰：「誰也？」文曰：「霸陵杜穉季。」云云。於是穉季不敢犯法。寶爲京兆三歲，京師稱之。任延爲會稽都尉，吴有龍邱萇者，隱居太末，王莽時四輔、三公連辟，不就。掾吏白延請召之，延曰：「龍邱先生躬德履義，都尉掃灑其門，猶懼辱焉，召之不可。」遣功曹奉書記，致醫藥，吏使相望於道。積一歲，萇乃乘輦詣府，願得先死備錄。延辭讓再三，遂署議曹祭酒。

按：兩漢二千石長吏皆可以自辟曹掾，而所辟大概多取管屬賢士之有才能操守者。蓋必如是，乃能知閭里之姦邪、黔庶之休戚，故治狀之顯著，常必由之。後世長吏既不與之以用人之權，而士自一命以上，拘於三互之法，不使之效職顯能於本土。士之賢者亦以隱情惜己，不預郡府之事爲高，而與郡守、縣令共治其民者，則皆凶惡貪饕、舞文悖理之胥吏，大率皆本土人也。然則豈三互之法可行之於僚掾，而獨不行之於胥吏？可施之於有行止之命官，而獨不可施之於無藉在之惡少乎？

魏王凌爲青州刺史。青土初定，請王基爲別駕，後召爲祕書郎，凌復請還。頃之，司徒王朗辟基，凌不遣。朗書劾州曰：「凡家臣之良，則升於公輔，公臣之良，則入於王職，是故古者侯伯有貢士之禮。今州取宿衞之臣，留祕閣之吏，所希聞也。」凌猶不遣。凌流稱青土，亦由基叶和之輔也。

劉虞備禮署田疇爲從事，令其奉表行在。既而虞爲公孫瓚所殺，疇至，哭於虞墓。北歸，率宗族附從數百人，掃地而盟曰：「君讎不報，不可以立於世。」遂入徐無山中，營深險平敞地而居，徵辟皆不就。

曹爽辟王沈及羊祜，沈勸祜應命，祜曰：「委質事人，復何容易。」遂不就。

古人之於所爲主也，有君臣之義焉，故難則死之。羊叔子之賢，蓋知曹爽之不足以死故也。

北齊武平中，後主失政，多有佞幸，乃賜其賣官分占州郡，下及鄉官，多降中旨，故有敕用州主簿、郡功曹者。自是之後，州郡辟士之權浸移於朝廷，以故外吏不得精覈，由此起也。

後周時，刺史僚佐、州吏則自署，府官則命於朝廷。

隋文帝時，牛弘爲吏部尚書，高構爲侍郎〔六〕，最爲稱職。當時之制，尚書舉其大者，侍郎銓其小者，則六品以下官吏〔七〕，咸吏部所掌。自是海內一命以上之官，州郡無復辟署矣。

弘問於劉炫曰：「魏、齊之時，令史從容而已，今則不遑寧舍，何也？」炫對曰：「往者，州唯置綱紀，郡置守丞，縣唯令而已。其所事具寮則長官自辟，受詔赴任，每州不過數十。今則不然。大小之官，悉由吏部〔八〕，纖介之績，皆屬考功，所以繁也。」

唐制，二品、三品册授，五品以上制授，守五品以下敕授，六品以下旨授，其視品及流外官皆判補之。判補即辟舉之類。肅、代以後，天下兵興多故，官濫而銓法益壞。沈既濟上疏極言之，欲請：「五品以上及群司長官，宰臣進敘，吏部、兵部得參議焉；六品以下，或僚佐之屬，聽州府辟用。則銓擇之任委於四方，結奏之成歸於二部。必先擇牧守，然後授其權，高者先署而後聞，卑者聽版而不命。牧守、將帥或選用非公，則吏部、兵部得察而舉之。」有選舉雜議十條，詳見舉官門。

既濟選舉雜議五：「或曰：『今人多情故，長官許其選吏，必綱紀紊失，不如今已之有倫也。』答曰：『不假古義，請徵今日以明之〔九〕。今諸道節度、都團練、觀察、租庸等使，自判官、副將以下，皆使自銓擇。縱其間或有情故，大舉其例，十猶七全，則辟吏之法見行於今，但未及於州縣耳。利害之理，較然可觀，何紀之失？何綱之紊？向令諸使僚佐盡授於選曹，則安獲鎮方隅之重、理財賦之殷也？』」六：「或曰：『頃年嘗見州縣有攝官，皆是牧守所自署置，政多苟且，不議久長，纔始到官，已營生計，迎新送故，勞弊甚矣。今令州郡召辟，則其弊亦爾，奈何？』答曰：『國家職員，皆稟朝命，攝官承乏，苟濟一時，不日不月，事必停省，人雖流而責不及，績雖著而官不成，便身而行，不苟何待？若職無移奪，命自州邦，所攝之官，便爲己任，上酬知己，下利班榮，爭竭智力，人誰不盡？今常調之人，遠授一職，已數千里赴集，又數千里之官，挈攜妻孥，往復勞苦，必一周而在路，料間歲而停官，成名非知己之恩，後任可計考而得。此之不苟，而誰爲苟？』」

陸贄秉政，請令臺閣長官各自舉其屬，有不職，坐舉者。帝初許之，或言諸司所舉皆親黨，招賂遺，無實才，帝復詔宰相自擇。贄上奏言其非便，帝雖嘉之，然卒停薦士詔。陸贄疏見舉士門。

按：自隋時，海内一命之官，並出於朝廷，州郡無復有辟署之事。士之才智可效一官者，苟非宿登仕版，則雖見知於方鎮岳牧，亦不能稍振拔之，以收其用。至唐，則仕者多由科目矣，然辟署亦時有之，而其法亦不一。有既爲王官而被辟者，若張建封之辟許孟容，李德裕之辟鄭畋，白敏中之辟王鐸是也；有登第未釋褐入仕而被辟者，若董晉之於韓退之是也；有强起隱逸之士者，若烏重胤之於石洪、温造，張摶〔一〇〕之於陸龜蒙是也；有特招智略之士者，若裴度之於柏耆，杜慆之於辛讜是也。而所謂隱逸智略之士，多起自白衣。劉貢甫言：「唐有天下，諸侯自辟幕府之士，唯其才能，不問所從來，而朝廷常收其俊偉，以補王官之缺，是以號稱得人。」蓋必許其辟置，則可破拘攣，以得度外之士，而士之偶見遺於科目者，亦未嘗不可自效於幕府，取人之道，所以廣也。宋時雖有辟法，然白衣不可辟，有出身而未歷任者不可辟，其可辟者復拘以資格，限以舉主。蓋去古法愈遠，而倜儻跅弛之士，其不諧尺繩於科目，受羈辱於銓曹者，少得以自達矣。

宋太祖皇帝建隆四年，詔：「自前藩鎮多奏初官人爲掌書記，頗越資序。自今歷兩任有文學者，方得奏舉。」

開寶四年，詔：「自今諸州不得以攝官視事；其闕員處，即時以聞，當委有司除注。」繼又詔：「委有司按其歷任經三攝無曠敗者，具以名聞。」詳見舉官門。

太宗雍熙四年，詔：「今後諸路轉運使及州郡長吏，並不得擅舉人充部內官，其有闕員，即時具奏。」

神宗熙寧間，内外小職任，長吏舊得奏舉者悉罷，一歸吏部，以爲選闕。已而銓法所授，才與職多不相當，遂又即選闕取其不可專以法注者，仍許辟置，然亦罕矣。至要司劇任，或創有興建。長吏欲得其所親信者與相協濟，則往往特命許之，於是辟置亦不能全廢也。時開封府許自辟其府曹官，自餘如東西審官、三班、流内銓主簿，陝西湖城鎮等監官，發運、轉運司管幹文字及掌機宜文字，元豐中，三司在京倉庫、御厨、店宅務，提舉熙河等路弓箭手，營田、蕃部司幹當公事，及差使使臣，並川路買茶起綱場監官之類，並許自辟，不從吏部注擬。

哲宗元祐元年，監察御史上官均言：「廣南攝官凡兩經解發，攝簿尉一任無過，遂得正授。若重加舉數，亦可少節其濫。」

徽宗大觀二年，詔：「祖宗銷革五代辟置，自一命以上，非王命不除。自今諸路毋得直牒差官及以待闕得替官權。」

政和六年，吏部侍郎韓粹彦言：「三年，患官久闕則乏事，嘗詔：『見官若當終更，已及三月，或創闕及非次闕而經三季無辟牘來上，則不俟長吏奏報，吏部徑自用闕。』有明命矣。今奏舉闕，如防河、捕盜、榷鹽、三路沿邊掌兵，欲俟所委舉官自列無人，乃從吏部用闕。」從之。

赦文舉其所知，古之道也。比臣僚妄請，盡罷舉辟，意謂遵奉元豐，而不知元豐一時之命，尋已復舊。蓋事有繁簡，人有能否，若不令長吏薦舉，天下之大，人才之衆，朝廷何由盡知？必致滯才廢事。

宣和七年，臣僚言：「在部右選員猥多，無闕可受，而法須急綱運差使者，所差不得過一二百人，額差不足，至於借差。至再三，而又不足，遂借及大使臣。每被差訟訴紛拏，争欲求免。此其弊在於干求辟舉，莫肯參選。固有連三任自初官以至陞朝，足未嘗履吏部門〔一〕，故在部者多遭役使。今欲須用部闕足一任，乃許就辟。自後部授、外辟，常令相間，苟不如式，受辟與辟之者皆坐罪。」詔議立法。

高宗建炎初，兵革方殷，詔河北招撫使、河東經制使及安撫等使，皆得辟置將佐官屬，行在五軍並御營司將領，亦辟大小使臣。於是負才略武勇者，或以簪笏從戎，或以布衣授官，入幕不可勝數。而諸道郡縣，自戎馬侵軼、盜賊殘擾之餘，官吏解散，諸司誘人填闕，皆先領職而後奏給付身。於是江浙州郡守將，皆假軍興之名，换易官屬，占使窠闕。又有罪籍未該叙復、守選未合參部者競趨焉。朝論患之，乃下吏部盡令改正，使歸部依格注擬。除陝西五路、兩河、兩淮、京東等路經略安撫司屬官聽舉辟，餘路皆罷。諸道巡檢、縣尉、刑獄官闕，許提刑司具名奏辟。

四年，臣僚上言：「南渡以來，土宇未復，宦遊之所睥睨者，江、浙、閩、廣數路而已。朝廷既侵用吏部闕員，而提領安撫司又奏辟其親舊。貴遊子弟，稍有黨援，則足不至銓部，輒得便地，占善闕。凌邁超越，無復資格，長奔競之風，塞寒俊之路。臣謂大郡守倅及軍旅之事，或須擇人任使者，自從朝廷除授，其餘員闕，與諸司所辟舉，一皆付之銓曹，使有司以法授之。如郡縣常經兵燬，吏部榜闕無願就者，即許權行辟舉。」從之。

起居郎朱震言：「方今經營荆楚，控制上流，遠方之民，理宜綏撫。如聞峽州四縣，多用軍功或胥吏補知縣，攝吏補監務，民被其害。願取各州官闕，委安撫奏辟。」從之。

紹興二年，吕頤浩以左僕射都督諸軍，請辟參謀官以下文武七十七人，户部尚書李彌大、祕書少監傅崧卿預焉〔二〕。而李彌大言於上曰：「東晉王導、謝安爲都督，未嘗離朝廷。今邊圉幸無他，頤浩不宜輕動。且臣爲天子侍從，非頤浩可辟。請於諸軍悉置軍正，如漢朝故事，察官、郎官爲之〔三〕。陛下必欲遣臣，請與崧卿别爲一司，專伺其過失以聞。」彌大遂改命。吕頤浩又言：「督府屬官，不限員數，徒以開請謁，縻禄廩。請以準備差遣辟文資，以準備差使辟武資臣，各以十五人爲限。」詔可。七月，議者言：「比年帥守、監司辟官，攙奪部注，朝廷不能奪，銓曹不能違。又多畀以添差不釐務之闕，上自監司、倅貳以下至掾屬給使，一郡之中兵官八九員，一務之中監當六七員，較祖宗朝殆三四倍。存無事之官，食至重之禄，生民安得不重困乎！請敕有司，裁省其闕。不得已則以宫廟之禄畀之。」奏可，自今已就辟差理資任者，毋得據舊闕，以妨下次。

三年，敕：「不曾經吏部注授參選，及雖有請受歷之類，而别無省部手照文字人，明敕諸路監司、郡守，並不許奏辟差遣。」

六年，詔：「諸道宣撫司屬官，許本司奏辟，内京官以二年爲任，願留再任者取旨。」自兵興，所辟官有更十年不退者，故條約焉。

考課

虞五載一巡守，群后四朝。敷奏以言，明試以功，車服以庸。帝曰：「咨！汝二十有二人，欽哉，惟時亮天功。」三載考績，三考加黜陟幽明，庶績咸熙。

周六年五服一朝，又六年，王乃時巡，考制度於四岳，諸侯各朝於方嶽，大明黜陟。冢宰，歲終則令百官府各正其治，受其會。會，大計也。聽其致事〔一四〕，而詔王廢置。三歲則大計群吏之治，而誅賞之。

漢法，刺史以六條察二千石，歲終奏事，舉殿最。六條：一條，强宗豪右田宅踰制，以强凌弱，以衆暴寡；二條，二千石不奉詔書，遵承典制，倍公向私，旁詔守利，侵漁百姓，聚斂爲姦；三條，二千石不恤疑獄，風厲殺人，怒則任刑，喜則淫賞，煩擾刻暴，剥截黎元，爲百姓所疾，山崩石裂，妖祥訛言；四條，二千石選署不平，苟阿所好，蔽賢寵頑；五條，二千石子弟恃怙榮勢，請托所監；六條，二千石違公下比，阿附豪强，通行貨賂，割損正令也。

兒寬爲左内史，有軍發，以負租課殿，當免；民恐失之，輸租不絶，課更以最。

宣帝始親政事，自丞相以下各奉職奉事，以傳奏其言，考試功能。侍中、尚書功勞當遷，及有異善，厚加賞賜；二千石有治理効，輒以璽書勉勵；公卿闕，則選諸所表，以次用之。

丙吉傳：歲竟，丞相課其殿最，奏行賞罰。　朱邑爲北海太守，以治行第一，入爲大司農。　尹翁歸爲扶風，盗賊課常爲三輔最。　韓延壽爲東郡太守，斷獄大減，爲天下最。　河南太守召信臣治行常爲第一。荊州刺史奏，信臣爲百姓興利，賜黃金四十斤。陳萬年、鄭昌皆以守相高第，入爲右扶風。義縱、朱博、尹賞皆縣令高第，入爲長安令。

地節四年，詔令郡國歲上繫囚以掠笞若瘐死者，所坐名、縣、爵、里〔一五〕，丞相、御史課殿最聞。

黃龍元年，詔曰：「上計簿，具文而已，務爲欺謾，以避其課。三公不以爲意，朕將何任？御史察計簿，疑非實者，按之，使真僞毋相亂。」

元帝時，京房言：「古帝王以功舉賢，則萬化成，瑞應著；末世以毀譽取人，故功業廢而致災異。宜令百官各試其功，災異可息。」詔使房作其事。房奏考功課吏法。晉灼曰：「令、丞、尉治一縣，崇教化亡犯法者輒遷。有盜賊，滿三日不覺，則尉事也。令覺之，自除，二尉負其辠。率相准如此法。」上令公卿朝臣與房會議溫室〔一六〕，皆以房言煩碎，令上下相伺，不可許。上意鄉之。時部刺史奏事京師，上召見諸刺史，令房曉以課事，刺史復以爲不可行，唯御史大夫鄭弘、光禄大夫周堪初言不可，後善之。上令房上弟子曉知考功課吏事者，欲試用之。房上中郎任良、姚平，「願以爲刺史，試考功法，臣得通籍殿中，爲奏事，以防壅塞」。石顯、五鹿充宗皆疾房，欲遠之，建言宜試以房爲郡守。上乃以房爲魏郡太守，秩八百石，居得以考功法治郡〔一七〕。房自請，願無屬刺史，得除用他郡人，自第吏千石以下，歲竟乘傳奏事。天子許焉。房去月餘，爲顯等所譖，下獄坐死。

按：考課之法，漢行之久矣，今房始以是爲言，而帝善之，則其所陳必有異乎人者。史文不詳，無以訂其得失。但既曰「考課」，則必黜幽陟明，立爲一定之法，使人皆可行〔一八〕，又必上下之間，體統相維，而後可以舉行。今房欲使其弟子二人爲刺史，而己居中通籍，爲其奏事，以防壅塞；及其爲太守，則又請無屬刺史，則是以考課之法爲其一家之學，而他人皆不能行。且己欲自課第吏千石以下，而不欲刺史課己，則體統隳矣。此所以來讒賊之口而殺其身也。

蕭育爲茂陵令，會課育第六，而漆令郭舜殿，見責問。育爲之請，扶風怒曰：「君課第六，裁自脱，何暇欲爲左右言？」

永光元年，詔丞相、御史舉質朴、淳厚、謙遜、有行者，光禄歲以此科第郎、從官。又使尚書選第中二千石，而大鴻臚卿野王能行第一。

東漢之制，太尉掌四方兵事功課，歲盡即奏其殿最而行賞罰；司徒掌人民事，凡四方民事功課，歲盡則奏其殿最而行賞罰；司空掌水土事，凡四方水土功課，歲盡則奏其殿最而行賞罰。

李忠爲丹陽守，墾田增多，三公考課爲天下第一。賈琮爲交趾刺史，在事三年，爲十三州最。

明帝永平九年，令司隸校尉、部刺史歲上墨綬長吏視事三歲以上理狀尤異者各一人，與計偕上〔一九〕，及尤不政理者，亦以聞。

舊制，州牧奏二千石長吏不任位者，事皆先下三公〔二〇〕，三公遣掾吏按驗，然後黜退。光武時，用明察，不復委任三府，而權歸刺舉之吏。朱浮上疏曰：「陛下即位以來，不用舊典，信刺舉之官，黜鼎輔之任，至於有所劾奏〔二一〕，便加退免，覆案不關三府，罪譴不蒙澄察。陛下以使者爲腹心，使者以從事爲耳目，是謂尚書之平，決於百石之吏，故群下苛刻，各自爲能。兼以私情，容長憎愛，故有罪者心不厭服，無咎者坐被空文，非所以經盛衰、貽後王也。」

魏明帝時，以士人毁稱是非，混雜難辨，進令散騎常侍劉劭作都官考課之法七十二條〔三三〕，考覈百官。其略欲使州郡考士，必由四科，皆有效，然後察舉。或辟公府爲親人長吏，轉以功次補郡守者，或就秩而加賜爵焉。至於公卿及内職大臣，率考之。事下三府。是時，大議考課之制，散騎黄門侍郎杜恕以爲用不盡其人，雖文具無益，上疏曰：「書稱『明試以功，三考黜陟』，帝王之盛制。然歷六代而考績之法不著，關七聖而課試之要未立，臣誠以爲其法可粗依，其詳難備舉故也。語曰：『世有亂人而無亂法。』若使法可專任，在唐、虞可不須稷、契之佐，殷、周無貴伊、吕之輔矣〔三三〕。今奏考功者，陳周、漢之云爲，掇京房之本旨，可謂明考課之要。至於崇揖讓之風，興濟濟之理，臣以爲未盡善也。古之三公，坐而論道，内職大臣，納言補闕，無善不紀，無過不舉。且天下至大，萬幾至衆，誠非一明所能偏照，故君爲元首，臣爲股肱，明一體相資而成也。」後考課竟不行。

晉武帝泰始初，務崇理本，詔河南尹杜預爲黜陟之課，其略曰：「臣聞上古之政，因循自然，虚己委誠，而信順之道應，神感心通，而天下之理得。其後敦樸漸散，彰美顯惡，設官分職，以頒爵禄，弘宣六典，以詳考察。然猶倚明哲之輔〔三四〕，建忠貞之司，使名不得越功而獨美，功不得後名而獨隱，皆疇咨博訪，敷納以言。及至末代，不能紀遠而求於密微，疑諸心而信耳目，疑耳目而信簡書。簡書愈繁，官方愈僞，法令滋彰，巧飾彌多。昔漢之刺史，亦歲終奏事，不制算課，而清濁粗舉。魏氏考課，即京房之遺意，其文可謂至密。然由於累細，故歷代不能通也。豈若申唐堯之舊典，去密就簡，則簡而易從也。今科舉優劣，莫若委任達官，各考所統。在官一年以後，每歲言優者一人爲上第，劣者一人爲下第，因計偕以名聞。如此六載，主者總集採按，其六歲處優舉者超用之，六歲處劣舉者奏免之，其優多劣少者叙用之，劣多優少者左遷之。今考課之品，所對不均，誠有難易。若以難取優，以易而否，主者固當准量輕重〔二五〕，微加降殺，不足復曲以法書也。」

後魏孝文帝太和中，詔曰：「三載考績，自古通經；三考黜陟，以彰能否。今若待三考然後黜陟，可黜者不足爲遲，可進者大成賒緩。是以朕今三載一考，考即黜陟，欲令愚滯無妨於賢者，才能不壅於下位。各令當曹，考其優劣爲三等。六品以下，尚書重問；五品以上，朕將親與公卿論其善惡。上上者遷之，下下者黜之，中中者守其本任。」時否臧必舉，賞罰大行，其薄賞者猶錫車馬器服，以申獎勸。後帝臨朝堂，顧謂録尚書兼廷尉卿廣陵王羽曰：「凡考績上下二等，可爲三品，中等但爲一品。所以然者，上下是黜陟之科，故旌絲髮之美惡，中等守本，事理大通。」帝又謂尚書等曰：「卿等在任，年垂二周，未嘗進一賢，退一不肖。此二事罪之大者。」謂羽曰：「汝居樞端之任，在職以來，功勤之績不聞於朝，阿黨之音頻干朕聽。今黜汝録尚書、廷尉〔二六〕，但居特進、太保。」自尚書令、僕射以下，凡黜退二十餘人，皆略舉遺闕。諸如此黜官者，令一年之後任官如初。

宣武帝時，太尉、侍中、高陽王雍上表曰：「竊惟三載考績，百王通典。今任事上中者，三年升一階；散官上第者，四載登一級。閑冗官本非虚置，或以賢能而進，或因累勤而舉，如其無能，不應忝兹高選。以勤以能，進之朝伍，或征官外戍，遠使絕域，催督逋懸，察檢州鎮，皆是散官，以充劇使。乃於考陟，排同閑伍。檢散官之人，才非皆劣，稱事之輩，未必悉賢。而考閑以多，課煩以少，上乖天澤之均，下生不等之苦。復尋正始之格，汎後任事上中者，三年升一階，汎前任事上中者，六年進一級。三年一考，自古通經。今以汎前六年升一階，檢無愆犯，倍年成級。以此推之，明以汎代考也。」徐州刺史蕭寶寅又論曰〔二七〕：「方今守令，厥任非輕，及考課悉以六載爲程，既而限滿代還，復經六年而叙。是則歲周十二，始得一階。於東西兩省、文武閑職、公府散佐、無事冗官，或數旬方應一直，或絃朔止於暫朝，及其考日，更得四年爲限。是則一紀之内，便登三級。彼以實勞劇任，而遷貴之路至難；此以散位虚名，而升陟之方甚易。何内外之相懸，令厚薄之如是！」

孝明帝延昌二年，又將大考百寮，散騎常侍、領三公郎中崔鴻以考令於體例不通，乃建議曰：「竊惟王者爲官求才，使人以器，黜陟幽明，揚清激濁，故績效能官，才必稱位者，朝升夕進〔二八〕，年歲數遷，豈拘一階半級，闋以同寮等位者哉！二漢以降，太和以前，苟必官須此人，人稱其職，或超騰轉陟，數歲而至公卿，故能時收多士之稱，國號豐賢之美。竊見景明以來考格，三年成一考，轉一階。貴賤内外萬有餘人，自非犯罪，不問賢愚，莫不上中，才與不肖，比肩同轉。雖有善政如龔、黄，儒學如王、鄭，才史如班、馬，文章如張、蔡，得一分一寸，必爲常流所攀，選曹亦抑爲一概，不曾甄别。琴瑟不調，改而更張，雖明旨已行，猶宜消息。」時不從。

虞書言「三載考績，三考黜陟幽明」，此古帝王考課之法。董仲舒言：「古之所謂功者，以任官稱職爲差，非謂積日累久也。故小才雖累日，不離於小官；賢才雖未久，不害爲輔佐。今則不然，累日以取貴，積久以致官，是以廉耻貿亂，賢不肖渾淆，未得其真。」此後世年勞之法，二法雖相似，而其意實相反。考課是以日月驗其職業之修廢，年勞是以日月計其資格之深淺。後世之所謂考課者，皆年勞之法耳。故賢者當陟，或反以資淺而抑之；不肖者當黜，或反以年深而升之。故考課之法行，則庸愚畏之；年勞之法行，則庸愚便之。崔鴻所言，即崔亮所行也。亮奏立停年之格，見舉官門。

宋文帝元嘉時，守宰以六期爲斷。及宋末，以治民之官六年過久，乃以三年爲斷，謂之「小滿」。

唐考功之法，凡百司之長，歲較其屬功過，差以九等，大合衆而讀之。流内之官，叙以四善：一曰德義有聞，二曰清慎明著，三曰公平可稱，四曰恪勤匪懈。善狀之外，有二十七最：一曰獻可替否，拾遺補闕，爲近侍之最；二曰銓衡人物，擢盡才良，爲選司之最；三曰揚清激濁，褒貶必當，爲考較之最；四曰禮制儀式，動合經典，爲禮官之最；五曰音律克諧，不失節奏，爲樂官之最；六曰決斷不滯，與奪合理，爲判事之最；七曰部統有方，警守無失，爲宿衛之最；八曰兵士調習，戎裝充備，爲督領之最；九曰推鞫得情，處斷平允，爲法官之最；十曰讎校精審，明於刊定，爲校正之最；十一曰承旨敷奏，吐納明敏，爲宣納之最；十二曰訓導有方，生徒充業，爲學官之最；十三曰賞罰嚴明，攻戰必勝，爲軍將之最；十四曰禮義興行，肅清所部，爲政教之最；十五曰詳録典正，詞理兼舉，爲文史之最；十六曰訪察精審，彈舉必當，爲糾正之最；十七曰明於勘覆，稽失無隱，爲句檢之最；十八曰職事修理，供承彊濟，爲監掌之最；十九曰功課皆充，丁匠無怨，爲役使之最；二十曰耕耨以時，收穫成課，爲屯官之最；二十一曰謹於蓋藏，明於出納，爲倉庫之最；二十二曰推步盈虛，究理精密，爲曆官之最；二十三曰占候醫卜，效驗多著，爲方術之最；二十四曰檢察有方，行旅無壅，爲關津之最；二十五曰市廛弗擾，姦濫不行，爲市司之最；二十六曰牧養肥碩，蕃息孳多，爲牧官之最；二十七曰邊境清肅，城隍修理，爲鎮防之最。一最四善爲上上，一最三善爲上中，一最二善爲上下，無最而有二善爲中上，無最而有一善爲中中，職事粗理，善最不聞爲中下，愛憎任情，處斷乖理爲下上，背公向私，職務廢闕爲下中，居官飾詐，貪濁有狀爲下下。凡定考，皆集於尚書省〔二九〕，唱第然後奏，親王及中書、門下、京官三品以上，都督、刺史、都護、節度、觀察使，則奏功過狀，以覈考行之上下。每歲，尚書省諸司具州牧、刺史、縣令殊功異行，災蝗祥瑞，户口賦役增減，盜賊多少，皆上於考司。監領之官，以能撫養役使者爲功；有耗亡者，以十分爲率，一分爲一殿。博士、助教，計講授多少爲差。親、勳、翊衛，以行能功過爲三等；親、勳、翊衛備身，東宮親、勳、翊衛備身，王府執仗親事、執乘親事及親、勳、翊衛主帥、校尉、直長、品子、雜任、飛騎，皆上、中、下考，有二上第者加階。番考別爲簿，以侍郎顓掌之。流外官，以行能功過爲四等，清謹勤公爲上，執事無私爲中，不勤其職爲下，貪濁有狀爲下下。凡考，中上以上，每進一等，加禄一季；中中，守本禄；中下以下，每退一等，奪禄一季。中品以下，四考皆中中者，進一階；一中上考，復進一階；一上下考，進二階；計當進而參有下考者，以一中上覆一中下，以一上下覆二中下。上中以上，雖有下考，從上第。有下下考者，解任。凡制敕不便，有執奏者，進其考。貞觀初，歲定京官望高者二人，分校京官、外官考，給事中、中書舍人各一人涖之，號監中外官考使。考功郎中判京官考，員外郎判外官考。其後屢置監考、校考、知考使。故事，考簿朱書，吏緣爲姦，咸通十四年，始以墨。又制：「若於善最之外，別有可加尚，及罪雖成殿而情狀可矜，或不成殿而情狀可責者，省校之日，皆聽考官臨事量定。」

高祖武德二年，上親閱群臣考績〔三〇〕，以李綱、孫伏伽爲上第。

太宗貞觀三年，尚書右僕射房玄齡、侍中王珪掌内外官考，治書侍御史權萬紀奏其不平，追按勘問。王珪不伏舉按，上付侯君集推問，祕書監魏徵奏稱：「必不可推鞫。且玄齡、王珪國家重臣，俱以忠直任使，其所考者既多，或一人兩人不當，終非有阿私。若即推繩此事，便不可信任，何以堪當重委〔三一〕？假令錯謬有實，未足虧損國家；窮鞫若虚，失委大臣之體。且萬紀比來恒在考堂，必有乖違，足得論正；當時鑒見，初無陳説〔三二〕，身不得考，方始糾彈，徒發在上瞋怒，非是誠心爲國。無益於上者，有損於下。所惜傷於理體，不敢有所阿爲。」遂釋不問。

六年，監察御史馬周上疏曰：「臣竊見流内九品以上，令有等第，而自比年入多者不過中上，未有得上下以上考者。臣謂令設九等，正考當今之官，必不施之於異代也。縱朝廷實無好人，猶應於見在之内比較其尤善者〔三三〕，以爲上第。豈容皇朝之士，遂無堪上下之考者？朝廷獨知貶一惡人，可以懲惡；不知褒一善人，足以勸善。臣謂宜每年選天下政術尤最者一二人，爲上上，其次爲上中，其次爲上下，次爲中上〔三四〕，則中人已上，可以自勸。」

高宗時，滕王元嬰爲金州刺史〔三五〕，頗縱驕逸，動作無度。帝戒之，且曰：「朕以王骨肉至親，不能致於理，今書王下下考，以愧王心。」

司刑太常伯盧承慶嘗考内外官，有一人督運遭風失米，承慶考之曰：「監運損糧，考中下。」其人容色自若，無言而退。承慶重其雅量，改注曰：「非力所及，考中中。」其人既無喜色，亦無愧詞。又改曰：「寵辱不驚，考中上〔三六〕。」

致堂胡氏曰：「考士者當較其平素，今以一時容止而進退之，厚貌深情者得以蒙其姦矣。然觀承慶判注之語，則知古者考課有所毁譽，而得之者以爲榮禄，此亦山公啓事之餘俗也。後世課最負犯，立爲定目，依式而書，於吏文無謬則善矣，其人有異績美行，無由察録，而貪贓蠹害〔三七〕，幸免按舉者，即以無過著於官簿。賢否混亂，功罪同區，未之有改也。豈非激揚之闕政乎？」

中宗神龍中，御史中丞盧懷慎上疏曰：「臣聞孔子曰：『爲邦百年，可以勝殘去殺。』又曰：『苟有用我者，期月已可，三年有成。』故書云『三載考績』，校其功也。子産，賢者也，其爲政尚累年而化成，況常材乎？竊見比來州縣官佐，下車布政，有多者一二年，少者三五月，遽即遷除，不論課考；或歷時未改，便傾耳而聽，企踵而睹，争求冒進，不顧廉耻，亦何暇宣風布化，求瘼恤人哉！户口流散，百姓凋敝，職爲此也。何則？人知吏之不久，則不從其政；吏知遷之不遥，又不盡其能，偷安苟且，脂韋而已。又古之爲吏者長子孫，倉氏、庾氏即其後也。臣請都督、刺史、上佐、兩畿縣令等，在任未經四考，不許遷除。察其課效尤異，或錫以車裘，或就加禄秩，或降使臨問，并璽書慰勉，若公卿有闕，則擢以勸能。政績無聞，抵犯貪暴者，放歸田里〔三八〕，以明賞罰。致理救弊，莫過於此。」

玄宗開元三年，敕：「内外官考未滿，所司預補替人，名爲『守闕』，特宜禁斷。縱後有闕，所司不得令上。」

二十五年，命諸道採訪使考課官人，善績三年一奏，永爲常式。

二十七年，赦文：「三載考績，黜陟幽明，允叶大猷，以勸天下。比來諸道所通善狀，但優仕進之輩，與爲選調之資，責實循名，或乖古義。自今以後，諸道使更不須通善狀，每至三年，朕自擇使臣，觀察風俗，有清白政理著聞者，當別擢用之。」

天寶二年，考功奏：「准考課令，考前釐事不滿二百日，不合成考者〔三九〕。『釐事』謂都論在任日至考時，有二百日即成考，請假、停務並不合破日。比來多不會令文，以爲不入曹局，即爲不釐事，因此破考。臣等參量，但請俸禄，即同釐事。請假不滿百日，停務不至解免，事須却上其考，並合不破。若有停務逾年，不可更請禄料，兼與成考。」從之。

肅宗乾元二年，御製郭子儀、李光弼、苗晉卿〔四〇〕、李輔國考辭。

代宗寶應元年〔四一〕，吏部奏：「州縣官三考一替，如替人不到，請校四考後停。」

二年〔四二〕，考功奏請立京、外按察司〔四三〕。京察連御史臺分察使，外察連諸道觀察使，各訪察官吏善惡。其功過稍大，事當奏者，使司案成便奏，每年九月三十日以前，具狀報考功。其功過雖小，理堪懲勸者，案成即報考功。至校考日，參事迹以爲殿最。

德宗貞元元年，以刑部尚書關播、吏部侍郎班宏爲校内外官考使。七年，考功奏：「准諸司皆據功過論其考第，自至德後至今三十年來，一例申中上考。今請覆其能否，以定升降。」從之。又言：「準考課令，『三品已上及同中書門下平章事考，並奏取裁，親王及大都督亦同。』伏詳此文，則職位崇重，考績褒貶，不在有司，皆合上奏。今緣諸州刺史、大都督府長史及上中下都督、都護等，有帶節度、觀察使者。方鎮既崇，名禮當異，每歲考績，亦請奏裁。其非節度、觀察等州府長官，有帶臺省官者，請不在此限。」

憲宗元和二年，中書門下舉今年正月敕文上言〔四四〕：「國家故事，於中書置具員簿〔四五〕，以序内外庶官。爰自近年，因循遂廢，清源正本，莫急於斯。今請京、常參官五品以上前資、見任，起元和二年，量定考數，置具員簿。應諸州刺史，次赤府少尹，次赤令、諸陵令、五府司馬，及東宮官除右左庶子、王府官四品已下，並請五考。其臺官先定月數，今請侍御史滿十三月，殿中侍御史滿十八月，監察御史依前二十五個月與轉〔四六〕。三省官並三考外，餘官並四考外，其文武官四品已下並五考商量與改。尚書省四品已上，餘文武官三品已上，緣品秩已崇，不可限以此例，須有進改，並臨時奏聽進止。其權知官，須至兩考，然後正授；未經正授，不得用權知官資改轉。其中緣官闕要人，及緣事須有移者，即不在常格叙遷之限。諸道及諸使、副使、行軍司馬、判官、參謀、掌書記、支使、推官、巡官等，有敕充職掌，帶檢校五品已上官及臺省官，三考與改轉，餘官四考與改轉。」

李渤爲考功員外郎，歲終當考校自宰相而下升黜之名第，其考，以宰相段文昌等爲下考。奏入，不報。會渤請急，馮宿領考功，以：「考課令取歲中善惡爲上下，郎中校京官四品以下黜陟之，由三品以上爲清望官，歲進名聽内考，非有司所得專。渤舉舊事爲褒貶，違朝廷制，請如故事。」渤議遂廢。

十四年，考功奏：「今後應注考狀，但直言某色行能、某色異政，或樹勞效，或推斷糾舉，便書善惡，不得更有虚美閑言。注考並不得失於褒貶，如違，據所失輕重，准令降書考官考。又准敕：御史臺分察，及諸道觀察使訪察官吏善惡功過，具狀報考功。近日都不見牒報。今後諸司不申報者，州府本判官便與下考。」從之。

宣宗大中五年〔四七〕，吏部奏：「刺史、縣令如賦税畢集，判斷不滯，户口無逃散，田畝守常額，差科均平，廨宇修飾，館驛如法，道路開通之類，皆是尋常職分，不合計課。自今後但云所勾當常行公事，並無敗闕。唯職分乖缺及開田招户、辨獄雪冤及新制置之事，則任録其事由申上〔四八〕，亦須簡要，不得繁多。又近年以來，刺史皆自録課績申省，矜衒者則張皇其事〔四九〕，謙退者則緘默不言。今後其巡内刺史，請並委本道觀察使定其考第，然後録申，本州不得自録課績申省。又州府申官人覆得冤獄，書殊考者，其元推官人多不懲殿，或云『書考日當書下考』，至時又不提舉。請自今以後，書辨獄官人殊考日，便須書元推官下考；如元推官自以爲屈，任經廉使及臺省陳論。其官人先有殿犯，官長斷云『至書考日與下考』者，如至時不舉，其本判官當書下考。其所申到下考，省司校其所犯，如與令式相符，便校定申奏，至敕下後，並須各牒州府。又近日諸州府所申奏録課績，至兩考、三考以後，皆重具從前功課申省，以冀褒升。省司或檢勘不精，便有僥倖。今後不得更具從前功績申上。又近日諸州府所申考解，皆不指言善最，或漫稱考秩，或廣説門資，既乖令文，實爲繁弊。今後如有此色，並請准令降其考第。從前以來，應得考之人，並給考牒，以爲憑據。近年考使容易〔五〇〕，給牒不一。或一人考牒，數處請給〔五一〕；或數年之後，方始來請。自今以後，校考敕下後，其得殊考及上考人，省司便據人數，一時與修寫考牒，請准吏部告身及禮部春關牒，每人各出錢收贖，其得殊考者出一千文，上考者出五百文，其錢便充寫考牒紙筆雜用。以前件事條等，或出於令文，或附以近敕，酌情揣事，不至乖張。謹並條例進上。」奉敕依。

周世宗顯德五年，尚書考功奏：「奉新敕：『起今年正月一日後授官，並以三周年爲限，閏月不在其內者』，當司所書校內外六品以下赴選官員考第，今後以一周年校成一考，如欠日，不計限，滿三周年校成三考；如考滿後未有替人，在任更一周年，與成第四考，欠日不在計限。兼逐年月日自上以來課績功過，第二考須具經考後課績，不得重疊計功，其末考須是具得替年月日，比類升降。自今年正月一日以前授官到任者，准格例三十箇月書校三考；今年正月一日後來授官到任者，准新敕三周年爲月限，每一周年書校一考，閏月不在其內。所有諸道州府校考申發考帳及當司校奏，各依前後格敕施行。」

按：周以前皆以三十月爲三考，至是，始令三周年云。

宋太祖皇帝建隆二年，舊制，文武常參官各以曹務閑劇爲月限，考滿即遷，上謂宰相非循名責實之道。會監門衛將軍魏仁滌等以治市征有羨，詔並增秩，因罷歲月敘遷之制，非有勞者未嘗進秩矣。

止齋陳氏曰：「太祖置審官院考課中外職事，受代京朝官引對磨勘，蓋復序進之制。其後稍立法，文臣五年，武臣七年。咸平五年十二月，令審官院考校京朝官，令任及五年以上無贓私罪者以名聞，當遷其秩；諸路轉運使令中書進擬。景德三年六月，令三班院考校使臣，以七年爲限。曾犯贓罪，則文臣七年，武臣十年。天禧三年十一月，郊赦，京朝官犯贓罪經七年者，委中書門下取旨。班行曾犯贓罪經十年者〔五二〕，委樞密院取旨。治平三年九月，詔待制以上六歲至諫議大夫止，今太中大夫。京朝官四歲至前行郎中止，今朝請大夫。少卿、監以七十員爲額，今朝議大夫。於是始有止法。元豐四年，中書擬定磨勘轉官，諫議大夫、待制以上，自通直郎至太中大夫三年；

太中大夫以上，進士八年，餘十年；今考功令改諫議大夫爲權六曹侍郎。承務郎以上至朝請大夫，進士八年，餘十年。崇寧四年，改朝請大夫至中散大夫七年，中大夫非兩制不得轉太中大夫。紹興四年，修立承務以上四年即轉，奉直、朝議、中散、中奉、中大夫者，七年。紹興八年，添入中大夫。諸朝議、奉直大夫并特恩人，以八十員爲額，餘如舊法。武臣大使臣修武郎至武德大夫五年，武功大夫七年，轉遥郡刺史；以後十年至遥郡防禦使止。而止法尤爲嚴密矣。進納人至從義郎止，吏職非泛補授至訓武郎止，樞密院人亦至訓武郎止〔五三〕，三省人至朝請大夫止。已出官，不得轉中大夫。内侍至武功郎止，駙馬都尉至承宣使止，而醫官不過和安大夫，太史局官不過春官大夫。横行，非戰功不得除授。」

三年，詔吏部流内銓、南曹，門下省，令議成長定格一卷，循資格一卷，制敕一卷，凡二十二道。

止齋陳氏曰：選人七階，祖宗朝以考第資歷無過犯，或有勞績者遞遷，謂之『循資』。若磨勘應格，自令、録以上今從政郎。及六考者，皆改著作佐郎，無出身及十考者，改大理寺丞，今宣教郎，舊宣德郎，政和改今名。其有功賞者，減一考。若未該磨勘，循格至支使。今儒林郎〔五四〕。及八考者，有出身人改太子中允，餘改太子中舍。今通直郎。其四色判官今承直郎。及九考以上者，改祕書丞，今奉議郎〔五五〕。無出身人止殿中丞。今奉議郎。十二考以上，改太常博士。今承議郎〔五六〕。自仁宗始以考第改官者猥多，遂詔用帥守、通判、監司保舉，以歲改百員爲額。元豐稍鐫改官之額，觀察判官以上改奉議郎，無出身人改通直郎；掌書記改通直郎，支使以下一例改宣德郎。」

先是，令文：州縣官撫育有方，户口增益者，各準見户十分加一分，刺史、縣令各進考；若户口耗者，準增户法減一分，降考一等。主司因循例不進考，唯按視缺失，不以輕重，便書下考。至是有司上言：請以減損户口一分科内，係欠一分以上，並降考一等；如以公事曠違〔五七〕，有制殿罰者，亦降一等。又置縣尉，頒捕賊條，給以三限，限各二十日。三限内獲者，令、尉等第議賞；三限不獲者，尉罰一月俸，令半之。尉三罰，令四罰，皆殿一選，三殿停官。令、尉與賊鬭而能盡獲者，賜緋陞擢。

六年〔五八〕，詔：「諸州縣官今後罷任，具治所廨舍倉庫有無壞隳及所增修著爲籍，受代則書於考課之文。其損壞不完者殿一選，完葺建置而不煩民力者減一選。凡考第之法，内外選人周一歲爲一考，欠日不得成考，三考未替，更周一歲，書爲第四考。已書之績，不得重計。」

太宗太平興國元年，先是，諸州掾曹及縣令、簿、尉皆户部南曹給印紙、歷子，俾州郡長吏書其績用、愆過，秩滿有司詳視，差其殿最。詔有司申明：其諸州有别給公據者，罷之。繼又詔申明：有司批書，凡漏書一事者殿一選，三事降一資；及不得增減功過，阿私罔上，違事者書考之官議罪。

淳化三年〔五九〕，以户部侍郎王沔、度支副使謝泌、祕書丞王仲華同磨勘京朝官功過；吏部侍郎張宏、户部副使高象先、膳部員外郎范正辭同磨勘幕職州縣官；樞密院都承旨趙鎔、李著，左贊善大夫魏廷式，同磨勘三班。自是，考績之司各有條制矣。

四年，磨勘京朝官之司曰審官院，幕職官、縣官曰考課院。詔翰林學士錢若水、樞密直學士劉昌言同知審官院事，凡京朝官考較功過，以定任使之升降，皆其職也。又以判流内銓、翰林學士承旨蘇易簡〔六〇〕，虞部員外郎、知制誥王旦等同知考課院。凡常調選人，流内銓主之；奏舉及歷任有私累官，考課院主之。

按：考課之任，唐則屬之吏部，專以考功郎中主之。宋興之初，祖宗特重其事，故不但委之司存，而特命清望之官同任其事，如三年之命王沔、謝泌之流是也〔六一〕。至是年，始立審官院、考課院，於是專有司存。然所命同知院事者，亦皆名流貴官爲之，比唐制爲重矣。

真宗咸平四年，舊制，每郊祀推恩，百僚多獲序進，諫官孫何等請罷之。至是，詔：「郊祀禮行慶成，止加勳、階、爵、邑，而命審官院考課朝官殿最，引對遷秩。」京朝官磨勘始此。

景德元年，令諸路轉運使〔六二〕，辨察所部官吏能否爲三等：公勤廉幹、惠及民者爲上，幹事而無廉譽，清白而無治聲者爲次，畏懦貪猥者爲下。四年，初令見任京朝官及三年方得磨勘遷官，後又令京朝官在外任滿三年當考課考者，附驛上狀。

仁宗尤矜憐下吏，以銓法選人有私罪皆未聽磨勘，諭近臣凡銜謝弗至與對揚失儀，舊嘗論罪，其勿論。其後吏部銓引選人九人，瀛州東鹿縣尉王得説歷官寡過，書考最多而無保任者，帝察其孤寒，特擢爲大理寺丞。

天聖時，詔：「自今兩地臣僚，非有勳德善狀，不得非時進秩；非次罷免者，毋以轉官帶職爲例。兩省以上，舊法四年一遷官，今具履歷聽旨。京朝官磨勘年限，有私罪及歷任嘗有罪，先以情重輕及勤績與舉者數奏聽旨。」

慶曆三年，從輔臣范仲淹等所奏，定磨勘保任之法：自朝官至郎中、少卿，須請望官五人保任始得遷。其後御史劉元瑜以爲適長奔競，非所以養士廉恥，乃罷之。

八年詔近臣言時政，翰林學士張方平言：「祖宗之時，文武官不立磨勘年歲，不爲升遷資序〔六三〕。有才用名實之人，或從下位便見超擢；無才用名實之人，有守一官十餘年不改轉者。其任監當或知縣、通判、知州，有至數任不得遷者。故當時人皆自勉，非有勞效，知不得進。自祥符之後，朝廷之議益循寬大，故令自監當入知縣，知縣入通判，通判入知州，皆以兩任爲限；又守官及三年，即例得磨勘。先朝行之，人始知恩，未見有弊。及今歲年深久，習以爲常，皆謂本分合得，無賢不肖，莫知所勸。願陛下稍革此制，其應磨勘敘遷者，必有勞績可褒，或朝廷特敕擇官保任者，即與轉遷；如無勞績，又不因保任者，更增展年考。其保任之法，不當一例，應須選擇清望有才識之人，即命舉之。如此，則是委執政之臣舉清望官，委清望官舉親民官，官有闕員，隨員數舉之，又足以見聖恩急才愛民之意也。」

至和元年，以賈黯判流內銓。時承平日久，百官職業皆有常憲度，樂於因循，而銓衡徒文書備具而已，黯始欲以風義整救其弊。益州推官桑澤在蜀三年，不知其父死。後代還，舉者甚多，應格當遷，方投牒自陳。人皆知其嘗喪父，莫肯爲作文書。澤知不可，乃去，發喪制服，以不得家問爲解。澤既除喪，求磨勘，黯謂：「澤三年不與其父通問，亦有人子之愛於其親乎？使澤雖非匿喪，猶爲不孝也。」言之於朝，澤坐廢歸田里，不齒終身。晉州推官李亢，初以入錢得官，已而有私罪，默自引去，匿所得官，以白衣應舉及第。積十歲，當磨勘〔六四〕，乃自首言其初事。黯以爲此律所謂罔冒也，奏罷之，奪其勞考。

容齋洪氏隨筆曰：「國朝尚存唐制考課之法，慶曆、皇祐中，黃亞夫庶佐一府三州幕，其集所載考詞十四篇，黄司理者曰：『治犴獄歲再周矣〔六五〕，論其罪棄市者五十四，流若徒三百十有四〔六六〕，杖百八十六，皆得其情，無有冤隱不伸。非才也，其孰能？其考可書中。』舞陽尉者曰：『舞陽大約地廣，他盜往往囊橐於其間，居一歲，爲竊與强者凡十一。前件官捕得之，其亡者一而已矣。非才焉，固不能。可書中。』法曹劉昭遠者曰：『法者，禮之防也。其用之以當人情爲得，刻者爲之，則拘而少恩。前件官以通經舉進士，始掾於此，若老於爲法者，每抱具獄，必傳之經義然後處，故無一不當其情。其考可書中。』他皆類此。不知其制廢於何時，今但付之士案吏，据定式書於印紙。比者，又令郡守定縣令臧否高下，人亦不知所從出。若使稍復舊貫，似爲得宜。雖未必人人盡公得實，然思過半矣。」

嘉祐二年，「詔文武官舊皆陳乞磨勘，有傷廉節。截自今，歲滿令審官、三班院舉行之」。

同知諫院司馬光言：「自古得賢之盛，莫若唐虞之際，然稷任播種，益主山林，垂爲共工，龍作納言，契敷五教，臯陶明刑，伯夷典禮，后夔典樂，皆各守一官，終身不易。苟使之更來迭去，易地而居，未必能盡善也。今以群臣之材，固非八人之比，乃使之遍居八人之官，遠者三年，近者數月，輒以易去，如此而望職事之修，功業之成，必不可得也。非特如是而已，設有勤恪之臣，悉心致力，以治其職，群情未洽，績效未著，在上者疑之，同列嫉之，在下者怨之。當是時，朝廷或以衆言而罰之，則勤恪者無不解體矣。姦邪之臣，衒奇以嘩衆，養交以市譽，居官未久，聲聞四達，蓄患積弊，以遺後人。當是之時，朝廷或以衆言而賞之，則姦邪者無不争進矣。所以然者，其失在於國家采名不采實，誅文不誅意。夫以名行賞，則天下飾名以求功；以文行罰，則天下巧文以逃罪矣。」

英宗治平三年，考課院言：知磁州李田再考在劣等，降監淄州鹽酒稅務。坐考劣降等，自田始。

考績之制，舊無審定殿最格法。自發運使率而下之至於知州，皆歸考課院，專以監司所第等級爲據。至考監司，則總其甄別部吏能否〔六七〕，副以採訪才行，合二事爲課，悉書中等，無所高下。神宗即位，凡職皆有課，凡課皆責實，監司所上守臣課不占等者〔六八〕，展年降資，而治狀優異者，增秩賜金帛，以璽書獎勵之。若監司以上，則命御史中丞、侍御史考校。又詔立考課縣令之法，以斷獄平允、賦入不擾、均役止盜、勸課農桑、賑恤饑窮、導修水利、户籍增衍、整治簿書爲最，而參用德義清謹、公平勤恪爲善，參考縣令治行，分定上、中、下等。至其能否尤殊絶者，別立優、劣二等，歲上其狀，以詔賞罰。其入優、劣者，賞罰尤峻。繼又令：一路長吏無甚臧否，不須別爲優、劣二等，止因上、中、下三等區別以聞。隨内外官職司以考覈，而中書皆置之籍。每歲竟，或有除授，則稽差殿最，取其尤甚者而進絀之。

元豐三年，詔御史臺六察案官，以所糾劾官司稽違失職事多寡爲殿最，中書置簿以時書之，任滿取旨升黜。已而中書上所修法，以朝廷用其言斷罰人方爲糾劾，帝批曰：「或上簿亦可。」

高宗紹興二年，臣僚言：「守令有四善四最考課之法，雖具載條格，欲明詔監司守臣遵行。」詔命吏部申明行下。

三年，禮部員外郎舒清國言：「諸道郡縣頃罹兵燬，請以户口增否，別立守令考課，分爲上、中、下三等，每等又爲三甲，置籍考校。縣令課績，知、通考之；知州課績，監司考之；考功會其已成，較其優劣而賞罰焉。」從其議。

六年，王弗請令江淮官久任而課其功過。上曰：「朕昔爲元帥時，見州縣官言：『在官者以三年爲一任，一年立威信，二年守規矩，三年則務收人情，以爲去計。』今止以二年爲任，雖有葺治之心，亦無暇矣。可如所奏。」中興之初，赴調之士萃於東南，令權以二年爲任，以紓留滯，兵休日仍舊。又詔：「自今監司分上下半年，開具所部知縣有無善政顯著、繆懦不職，申省。」

十四年，司封郎中李潤言：「今知縣再任，六考乃陞通判，而丞與諸司屬官，初無吏責，反以四考關陞，故人皆有所擇而不願就。又因民事得罪之人，雖微罪亦終身廢棄，故人皆有所懼而不敢就。請自今應理親民者，並通及六考關陞，而應緣民事之人，自徒以上乃取旨。」

二十五年，監察御史何溥言：「州縣之間，貪吏爲虐，監司不問，郡守不訶，甚失陛下委任之意。臣請郡守不治，而監司得以按之，則郡守當坐縱容之罪；監司不按，而臺諫得以劾之，則監司當受失察之罪。而又每歲校其所按之多寡，以爲殿最之課。」從之。

二十七年，校書郎陳俊卿上言：「人之才性，各有所長。稷、契、皋陶、垂、益、伯夷，在唐、虞之際，各守一官，至終身不易。此數君子者，使之更來迭去，易地而居，未必盡其能，况其餘乎？今也監司、帥臣，小州換大州，東路易西路，送迎擾擾；内而朝廷百執事，亦往往計日待遷，視所居之官有如傳舍。臣嘗考太祖朝，任魏丕掌作坊十年，劉温叟爲臺丞十有二年，太宗朝，劉蒙正掌内藏二十餘年，此祖宗之良法也。望令監司、帥守有政術優異者，或增秩賜金，或待終秩而後遷，使久於其職，察其勤惰而陞黜之，庶幾人安其分，而萬事舉矣。」詔三省行之。

孝宗隆興元年〔六九〕，先時，以恩例減磨勘者，率以四年爲一官，有初改官入部數綱而徑轉朝郎者〔七〇〕。至是，始著對用之令，凡一年減年，對一年實歷乃得。

四年，臣僚言：「有其事斯有其勞，有其勞斯謂之考。今有丐祠於私室，受祿於公家，秩終則計考書歷，用以升改，甚不稱陛下勸勤責實之意。」乃詔：「選人任嶽祠，並不理爲考。」

乾道三年，廷臣上言：「我祖宗盛時，有京朝官考課，有幕職州縣官考課。其後爲審官院，爲考課院，皆命中書或兩制臣僚校其能否，以施賞罰，百餘年如一日也。獨熙寧中始罷之，自此州縣之吏，苟簡自恣，不復知有殿最，雖有批書，徒爲文具。至若身爲侍從，則并與批書俱亡矣，尚何考焉？今陛下勵精庶政，綜核名實，望遵故事，應監司、郡守朝辭日，別給御前歷子，如薦賢才爲幾人，使各録其正犯，若爲治錢穀，若爲理獄訟，興某利，除某害，各爲條目，使之祗奉新書，黽勉從事。每考，令當職官吏從實批書，代還，使藉手以見陛下，然後詔執事精加考覈。其風績有聞者，優與增秩；所莅無狀者，罰自無赦。薄海内外，風俗丕變，賢者效職，而中下之才亦皆强於爲善。」上乃詔經筵官參照祖宗考課之法，講而行之。

廣西提刑張維考察本部守令，以政平訟理爲臧，以政不平訟不理爲否，而臧否之中，復有優劣。凡臧之品有三：臧之最，臧之次，臧之下。否之品有二：否之最，否之次。天子嘉其法，頒之諸道，視以爲式，令監司、帥臣歲終各以其能否之實聞於朝，其有貪墨庸懦，庇而不發，致臺諫論列者，各有罰。其冬，禮部郎官胡元質論其法猶未盡，上問其故，元質曰：「治效赫然，職事廢弛，臧否定矣。其有治狀隱而未著，無功過可書，一切名之以否，則何武之平平，陽城之下下，皆可也？否也？願令監司、帥臣置之臧否之外，無强名之。」上曰：「善。」

八年，詔：「臧否爲三等：治效顯著爲臧，貪刻庸繆爲否，無功無過爲平。令詳加考察，明著事實，如不公，令御史臺彈奏。」

張栻[七二]、胡銓久不理年勞，上嘉其廉静，詔栻特遷兩官，銓磨勘四官。

光宗初，言者謂：「臧否之法，多由請託，繆者營救其入否，平者僥倖其爲臧。况觀其初而未安於政者，先在所否；待久而後見其過者，預以爲臧。臧否一定，則臧者雖有疵而終不指，否者雖有美而終不録。願詔各舉所知，而罷其令。」

寧宗慶元三年，右正言應武言：「祖宗以一郡之官總之太守，諸郡之官總之監司，而又以諸道之監司總之御史。朝廷以殿最三等察監司，監司以三科考郡守而下，皆辨其職而進退之。今郡國按刺之權寖輕，多徇私情而廢公法。臣嘗考承平舊制，於御史臺别立考課職司一司，以刺舉多者爲中，無所刺舉爲下。蓋監司受察，則郡守不得苟安；郡守振職，則僚屬莫敢自肆。願陛下遵而行之，申嚴其令，歲終各以能否之實聞於上，以詔陞黜。其貪墨昏懦，致臺諫奏劾者，坐監司、郡守以容庇之罪。」詔行焉。

校勘記

〔一〕二十七士　「二」原作「一」，據元本、慎本、馮本及通典卷一四選舉典二改。

〔二〕掾史辟　「史」原作「吏」，據東漢會要卷二七選舉下公府辟除改。

〔三〕選舉署置　「署」原作「補」，據後漢書卷六三李固傳改。

〔四〕將以才智爲中官所害　「官」原作「書」，據後漢書卷四八翟酺傳改。

〔五〕而英才俊士以得所依秉爲重　「秉」原作「乘」，據東漢會要卷二七選舉下公府辟除改。

〔六〕高構爲侍郎　「構」原作「搆」，據隋書卷六六高構傳改。

〔七〕則六品以下官吏　「品」原作「部」，據通典卷一四選舉典二改。

〔八〕悉由吏部　「由」原作「是」，據隋書卷七五儒林傳劉炫傳改。

〔九〕請徵今日以明之　「今日」原作「目前」，據北宋本通典卷一八選舉典四改。

〔一〇〕張摶　「摶」原作「搏」，據新唐書卷一九六隱逸傳陸龜蒙傳改。

〔一一〕足未嘗履吏部門　「履」原作「攝」，據宋會要輯稿選舉二五之二三改。

〔一二〕祕書少監傅崧卿預焉　「祕書少監」，建炎以來繫年要録卷五三紹興二年閏四月辛卯條作「祕書監」。

〔一三〕察官郎官爲之　「郎」下「官」字原脱，據宋史卷三八二李彌大傳、建炎以來繫年要録卷五三紹興二年閏四月辛卯條補。

〔一四〕聽其致事　「致」原作「政」，據元本、慎本、馮本及周禮大宰改。

〔一五〕所坐名縣爵里　「名」原作「各」，據漢書卷八宣帝紀改。

〔一六〕上令公卿朝臣與房會議温室　「與」原作「會」，據漢書卷七五京房傳改。

〔一七〕居得以考功法治郡　「居」原作「房」，據漢書卷七五京房傳改。

〔一八〕使人皆可行　「人」原作「一」，據元本、慎本、馮本改。

〔一九〕與計偕上　「上」字原脱，據後漢書卷二明帝紀補。

〔二〇〕事皆先下三公　「先」字原脱，據後漢書卷三三朱浮傳補。

〔二一〕至於有所劾奏　「劾」原作「效」，據後漢書卷三三朱浮傳改。

〔二二〕進令散騎常侍劉劭作都官考課之法七十二條　「劭」原作「邵」，據三國志卷二一劉劭傳改。

〔二三〕殷周無貴伊吕之輔矣　「貴」原作「責」，據三國志卷一六杜恕傳改。

〔二四〕然猶倚明哲之輔　「猶」原作「獨」，據元本、慎本、馮本及晉書卷三四杜預傳改。

〔二五〕主者固當准量輕重　「當」原作「難」，據晉書卷三四杜預傳改。

〔二六〕今黜汝録尚書廷尉　「黜」原作「出」，據魏書卷二一上廣陵王羽傳改。

〔二七〕徐州刺史蕭寶寅又論曰　「寅」又作「夤」，見南齊書、魏書、北史。

〔二八〕朝升夕進　「夕」原作「入」，據魏書卷六七崔鴻傳改。

〔二九〕皆集於尚書省　「集」原作「習」，據新唐書卷四六百官志一改。

〔三〇〕上親閲群臣考績　「群」原作「郡」，據唐會要卷八一考上、册府元龜卷六三五銓選部考課一改。

〔三一〕何以堪當重委　「重委」二字原倒，據唐會要卷八一考上、册府元龜卷六三五銓選部考課一乙正。

〔三二〕初無陳説　「初」原作「切」，據唐會要卷八一考上改。

〔三三〕猶應於見在之内比較其尤善者　「在」，册府元龜卷六三五銓選部考課一、全唐文卷一五五馬周請勸賞疏作「任」。

〔三四〕其次爲上下次爲中上　原作「次爲中上其次爲上下」，據唐會要卷八一考上乙正。

〔三五〕滕王元嬰爲金州刺史　「金」原作「全」，據新唐書卷七九滕王元嬰傳、唐會要卷八一考上改。

〔三六〕考中上　「中」原作「上」，據新唐書卷一〇六盧承慶傳改。

〔三七〕而貪贓蠹害　「贓蠹」原作「賊素」，據元本、慎本、馮本及讀史管見卷一八改。

〔三八〕放歸田里　「里」字原脱，據新唐書卷一二六盧懷慎傳補。

〔三九〕不合成考者　「合成」二字原倒，據唐會要卷八一考上、册府元龜卷六三五銓選部考課一乙正。

〔四〇〕苗晉卿　「晉」原作「進」，據新唐書卷一四〇苗晉卿傳、唐會要卷八一考上、册府元龜卷六三五銓選部考課一改。

〔四一〕代宗寶應元年　「應」原作「慶」，據唐會要卷八一考上、册府元龜卷六三五銓選部考課一改。

〔四二〕二年　「二」，册府元龜卷六三五銓選部考課一作「三」。

〔四三〕考功奏請立京外按察司　「司」字原脱，據唐會要卷八一考上補。

〔四四〕中書門下舉今年正月敕文上言　「敕」原作「赦」，據唐會要卷八一考上改。

〔四五〕於中書置具員簿　「置」原作「直」，據唐會要卷八一考上改。下同。

〔四六〕監察御史依前二十五個月與轉　「二」原作「一」，據唐會要卷八一考上改。

〔四七〕宣宗大中五年　「五」，唐會要卷八二考下、册府元龜卷六三六銓選部考課二作「六」。

〔四八〕則任録其事由中上　「事」字原脱，據唐會要卷八二考下補。

〔四九〕矜衒者則張皇其事　「矜」原作「務」，據唐會要卷八二考下、册府元龜卷六三六銓選部考課二改。

〔五〇〕近年考使容易　「使」原作「事」，據唐會要卷八二考下、册府元龜卷六三六銓選部考課二改。

〔五一〕數處請給　「給」原作「假」，據唐會要卷八二考下、册府元龜卷六三六銓選部考課二改。

〔五二〕班行曾犯贓罪經十年者　「班」原作「五」，據宋朝官制改。

〔五三〕樞密院人亦至訓武郎止　「郎」字原脱，據宋朝官制補。

〔五四〕今儒林郎　「儒」原作「文」，據宋史卷一六九職官志九元豐寄禄格改。

〔五五〕今奉議郎　「奉」原作「承」，據宋史卷一六九職官志九元豐寄禄格改。

〔五六〕今承議郎　「承」原作「奉」，據宋史卷一六九職官志九元豐寄禄格改。

〔五七〕如以公事曠違　「違」原作「遺」，據宋史卷一六〇選舉志六考課改。

〔五八〕六年　按本條叙事見續資治通鑑長編卷九開寶元年二月癸亥條。乾德六年十一月改元開寶，「六年」上當脱「乾德」紀元。

〔五九〕淳化三年　「淳化」原作「端拱」，據續資治通鑑長編卷三三淳化三年十月戊寅條改。按端拱僅二年，無三年。

〔六〇〕翰林學士承旨蘇易簡　「承旨」二字原脱，據續資治通鑑長編卷三四淳化四年五月丁未條補。按蘇易簡於淳化二年已爲翰林學士承旨，見宋史卷二六六蘇易簡傳。

〔六一〕如三年之命王沔謝泌之流是也　「三」原作「五」，「沔」原作「沔」，據續資治通鑑長編卷三三淳化三年十月壬午條改。

〔六二〕令諸路轉運使　續資治通鑑長編卷五七景德元年九月丙戌條「使」下有「副」字。

〔六三〕不爲升遷資序　「資」原作「次」，據續資治通鑑長編卷一六三慶曆八年二月甲寅條改。

〔六四〕當磨勘　「磨」原作「應」，據續資治通鑑長編卷一七六至和元年七月甲午條改。

〔六五〕治犴獄歲再周矣　「犴」原作「許」，據容齋四筆卷七考課之法廢改。

〔六六〕流若徒三百十有四　「徒」原作「徙」，據容齋四筆卷七考課之法廢改。

〔六七〕則總其甄別部吏能否　「部吏」二字原倒，據宋史卷一六〇選舉志六考課乙正。

〔六八〕監司所上守臣課不占等者　「課」原作「謂」，據宋史卷一六〇選舉志六考課改。

〔六九〕孝宗隆興元年　「隆興」二字原倒，據元本、慎本、馮本乙正。

〔七〇〕有初改官入部數綱而徑轉朝郎者　「改」與「入」字原脱，據建炎以來朝野雜記甲集卷一二減年對實歷磨勘補。

〔七一〕張栻　「栻」原作「拭」，據宋史卷四二九張栻傳改。

卷四十　學校考一

太學

王制：「有虞氏養國老於上庠，養庶老於下庠。夏后氏養國老於東序，養庶老於西序。殷人養國老於右學，養庶老於左學。周人養國老於東膠，養庶老於虞庠。虞庠在國之西郊。」皆學名也。異者，四代相變，或上西，或上東，或貴在國，或貴在郊。上庠、右學，大學也，在西郊。下庠、左學，小學也，在國中王宮之東。東序、東膠，亦大學，在國中王宮之東。西序、虞庠，亦小學，西序在西郊，周立小學於西郊。國老謂卿大夫致仕者，庶老謂士及庶人在官者。養國老者爲大學，養庶老者爲小學。」

米廩，有虞氏之庠也。序，夏后氏之序也。瞽宗，殷學也。頖宮，周學也。庠之爲言詳也，於以考禮詳事，魯謂之米廩，虞帝上孝，令藏粢盛之委焉。序，次序王事也。瞽宗，樂師，瞽矇之所宗也〔一〕，古者有道德者使教焉，死則以爲樂祖，於此祭之。頖之爲言班也，於此班政教也。

夏曰校，殷曰序，周曰庠，學則三代共之。校、序、庠皆鄉學；學，國學也。共之，無異名也。

禮書曰：「四代之學，虞則上庠、下庠，夏則東序、西序，商則右學、左學，周則東膠、虞庠，而周則又有辟廱、成均、瞽宗之名。則上庠、東序、右學、東膠，大學也，故國老於之養焉；下庠、西序、左學、虞庠，小學也，故庶老於之養焉。記曰：『天子設四學。』蓋周之制也。周之辟廱即成均也，東膠即東序也，瞽宗即右學也。蓋以其明之以法、和之以道則曰辟廱，鄭氏釋王制謂：「辟，明也；廱，和也，所以明和天下。」毛氏釋詩謂：「水旋丘如璧以節觀者，故曰辟廱。」孔穎達曰：「禮注解其義，詩注解其形。」以其成其虧、均其過不及則曰成均，以習射事則曰序，以糾德行則曰膠，以樂祖在焉則曰瞽宗，以居右焉則曰右學。蓋周之學，成均居中，其左東序，其右瞽宗，此大學也；虞庠在國之西郊，小學也。記曰：『天子視學，命有司行事，祭先聖先師焉。卒事，遂適東序，設三老、五更之席。』又曰：『食三老、五更於大學，所以教諸侯之弟。祀先賢於西學，所以教諸侯之德。』夫天子視學，則成均也。命有司行事，祭先聖先師焉，即祀先賢於西學也，祀先賢於西學，則祭於瞽宗也。有司卒事，適東序，設三老、五更之席，即養國老於東膠也。養國老於東膠，即食三老、五更於大學也。然則商之右學，在周謂之西學〔二〕，亦謂之瞽宗；夏之東序，在周謂之東膠，亦謂之太學。蓋夏學上東而下西，商學上右而下左〔三〕，周之所存，特其上者耳。則右學、東序，蓋與成均並建於一丘之上而已。由是觀之，成均頒學政，右學祀樂祖，東序養老更，右學、東序不特存其制而已，又因其所上之方而位之也。夫諸侯之學，小學在內，大學在外，故王制言『小學在公宮南之左〔四〕，大學在郊』。以其選士由內以升於外，然後達於京故也。天子之學，小學居外，大學居內，故文王世子言『凡語於郊，然後於成均，取爵於上尊』。以其選士由外以升於內，然後達於朝故也。」

江陵項氏松滋縣學記曰：「學制之可見於書者自五帝始，其名曰成均。說者曰，以成性也。然則有民斯可教，有教斯可學，自開闢則既然矣。有虞氏始即學以藏粢而命之曰庠，又曰米廩，則自其孝養之心發之也。夏后氏以射造士，如行葦、矍相之所言，而命之曰序，則以檢其行也。商人以樂造士，如夔與大司樂所言，而命之曰學，又曰瞽宗，則以成其德也。學之音則校，校之義則教也，蓋倣於商人。先王之所以教者備矣。周人脩而兼用之，內即近郊並建四學，虞庠在其北，夏序在其東，商校在西，當代之學居中南面，而三學環之，命之曰膠，又曰辟廱。郊言其地，璧言其象，皆古人假借字也。其外亦以四學之制參而行之。凡侯國皆立當代之學，而損其制，曰泮宮。凡鄉皆立虞庠，凡州皆立夏序，凡黨皆立商校。於是四代之學達於天下，夫人而習聞之。故今百家所記參錯不同者無他，皆即周制雜指而互言之也。」

司徒修六禮以節民性，明七教以興民德，齊八政以防淫，一道德以同俗，養耆老以致孝，恤孤獨以逮不足，上賢以崇德，簡不肖以絀惡。六禮，冠、昏、喪、祭、鄉、相見〔五〕。七教，父子、兄弟、夫婦、君臣、長幼、朋友、賓客。八政，飲食、衣服、事爲、異別、度、量、數〔六〕、制。命鄉簡不率教者以告。耆老皆朝於庠，元日習射上功，習鄉上齒，大司徒率國之俊士與執事焉。朝猶會也。此庠謂鄉學也。鄉謂飲酒也。將習禮以化之。不變，命國之右鄉簡不率教者移之左，命國之左鄉簡不率教者移之右，如初禮。中年考校而又不變，則使轉徙其居也。不變，移之郊，如初禮。郊，鄉界之外。不變，移之遂，遠郊之外。如初禮。不變，屏之遠方，終身不齒。命鄉論秀士，升之司徒，曰選士。移居於司徒也。秀士，鄉大夫所考有德行、道藝者。司徒論選士之秀者而升之學，曰俊士。可使習禮者。學，大學。升於司徒者不征於鄉，升於學者不征於司徒，曰造士。不征，不給其繇役。造，成也，能習禮則爲成士。正義云：「此徭役者，供學及司徒細碎之徭役。」樂正崇四術，立四教，即詩、書、禮、樂。順先王詩、書、禮、樂以造士，春秋教之以禮、樂，冬夏教之以詩、書。王太子，王子，群后之太子，卿、大夫、元士之適子，國之俊選，皆造焉。凡入學以齒。將出學，小胥、大胥、小樂正簡不帥教者以告於大樂正，大樂正以告於王，此所簡者，謂王太子，王子〔七〕，群后之太子，卿、大夫、元士之適子。大胥、小胥皆樂官屬也。出學，謂九年大成，學止也。王命三公、九卿、大夫、元士皆入學。不變王親視學。亦習禮以化之。不變，王親臨，重棄賢者子孫。此習禮皆於大學也。不變，王三日不舉，去食樂。屏之遠方，西方曰棘，東方曰寄，棘，逼也，逼寄於夷戎。不屏於南北，謂其太遠。終身不齒。

禮書曰：「鄉簡不率教者，至於四不變然後屏之，小樂正簡國子之不帥教，止於二不變則屏之者，先王以匹庶之家爲易治，膏粱之性爲難化。以其易治，故鄉遂之所考，常在三年大比之時。以其難化，故國子之出學，常在九年大成之後。三年而考，故必在於四不變，然後屏之。九年而簡，則雖二不變，屏之可也。古之學政，其輕者有觵撻，其重者不過屏斥而已。若夫萬民之不服教，其附於刑者歸於士。」

又曰：「秀於一鄉者謂之秀士，中於所選謂之選士，俊士以其德之敏也，造士以其材之成也，進士以其將進而用之也。選士升於司徒而不征於鄉，俊士升於學而不征於司徒。俊士亦謂之造士，蓋學至於此，材成德敏，非可一名命之也。傳曰：『十人曰選，百人曰俊。』此論其大致然也。古之六卿，其分職也未嘗不通，其聯事也未嘗不分。司徒掌邦教，司馬掌邦政，未嘗不分也。有發則司徒教士以車甲，升造士則司馬辯論官材，未嘗不通也。周官大司馬之屬司士曰：『以德詔爵。』此司馬辨論官材之謂也。」

大樂正論造士之秀者，以告於王，而升諸司馬，曰進士。移名於司馬。進士，可進受爵祿也。司馬辨論官材，辨其論，官其材，觀其所長也。論進士之賢者，以告於王，而定其論。論定然後官之，任官然後爵之，位定然後祿之。

師氏掌以媺詔王，媺，音美。掌國中失之事以教國子弟，教之使識舊事。中，中禮者。失，失禮者。凡國之貴游子弟學焉。

保氏掌諫王惡，而養國子以道。

大司樂掌成均之法，以治建國之學政，而合國之子弟焉。均，調也。樂師主調其音，大司樂主受此成事以調之樂。董仲舒云：成均，五帝之學。凡有道者、有德者使教焉，死則以爲樂祖，祭於瞽宗。祭於學宮中。

大胥掌學士之版，以待致諸子。學士，謂卿大夫諸子學舞者。版，籍也，今時鄉户籍，世謂之户版。大胥主此籍，以待當召聚學舞者。卿大夫之諸子，則按此籍以召之。春入學，舍菜、合舞。秋頒學，合聲。春使之學，秋頒其材藝所爲。合聲亦等其曲折，使應節奏。

文王世子：凡學户孝反，教也。世子及學士必時。學士，謂司徒論俊選所升於學者。春夏學干戈，秋冬學羽籥，皆於東序。干戈，萬舞，象武也，用動作之時學之。籥舞，象文也，用安靜之時以學之。小樂正學干，大胥贊之；籥師學戈，籥師丞贊之。四人皆樂官之屬，通職，秋冬亦學以羽籥。小樂正，樂師也，周禮：「樂師掌國學之政，教國子小舞。」大胥所掌見上。籥師掌教國子舞羽吹籥。疏曰：「此經雜，多有諸侯之禮，故謂之大樂正、小樂正也。小舞即年幼小時教之舞，其舞即帗舞、羽舞、皇舞、旄舞〔八〕、干舞、人舞也。周禮唯有籥師，此云籥師丞者，或諸侯之禮，或異代之法。胥鼓南。南，南夷之樂。胥掌以大樂之會正舞位，旄人教夷樂則以鼓節之。春誦、夏絃，大師詔之瞽宗。秋學禮，執禮者詔之。冬讀書，典書者詔之。禮在瞽宗，書在上庠。誦謂歌樂也。絃謂以絲播詩。陽用事則學之以聲，陰用事則學之以事，因時順氣，於功易也。周立三代之學，學書於有虞氏之學，典謨之教所由興也。學舞於夏后氏之學，文武中也。學禮樂於殷之學，功成治定，與己同也。凡祭與養老乞言、合語之禮，皆小樂正詔之於東序。學以三者之威儀也。合語謂鄉射、鄉飲酒、大射、燕射之屬也。鄉射義曰：「古者於旅也語。」疏曰：合語謂合會義理而語說。詩楚茨論祭祀之事云：「笑語卒獲。」箋云：「古者於旅也語。」是祭有合語也。養老既乞言，自然合語也。周立三代之學，三代學皆立大學、小學。今按：下養老於東序，是周之大學，夏之東序也。又王制之養老於虞庠，是周之小學爲虞庠也。大樂正學舞干戚、語說、命乞言，皆大樂正授數，學以三者之義也。戚，斧也。語說，合語之說。數，篇數。疏云：謂大樂正授世子及學士等篇章之數，爲之講說，使知義理。大司成論說，在東序。論說，課其義之深淺、才能優劣。此云「樂正司業，父師司成」，則大司成，司徒之屬師氏也。凡侍坐於大司成者，遠近間三席可以問。間猶容也。容三席則得指畫相分別也。席之以制，廣三尺三寸三分，則是所謂函丈也。終則負牆。郤就後席相避。列事未盡不問。錯尊者之語不敬也。

樂書曰：「王制之教造士，春秋以禮、樂，冬夏以詩、書，文王世子之教世子，春夏以干戈，秋冬以羽籥者，升於學者之造士，則其才向於有成，其教之也易，故先其難者，而以詩、書後於禮、樂。貴驕之世子，則其性誘於外物，其教之也難，故先其易者，而以干戈、羽籥後於禮、樂、詩、書〔九〕。周官師氏教國子在司徒教民之後，記言教國之子弟在鄉遂之後，其教之難易蓋可見矣。然王制主於教造士，而王太子，王子，群后之太子，卿大夫、元士之適子亦預焉。文王世子主於教世子，而國之學士亦及焉。特其所主者異，教之所施有先後爾。」

凡語於郊者，語謂論説於郊學。疏曰：郊，西郊也，周以虞庠爲小學，在西郊，天子親視學而考課論説也。必取賢斂才焉。或以德進，或以事舉，或以言揚。大樂正論造士之秀者升諸司馬〔一〇〕，曰進士，謂此矣。曲藝皆誓之，曲藝，小技能。誓，謹也。皆使謹習其事。以待又語，又語爲後復論説也。疏：令待後復論説之日〔一一〕，如春待秋時也。三而一有焉，三説之中有一善則取之〔一二〕，以有曲藝，不必盡善。乃進其等，進於衆學者。等，輩。以其序，又以其藝爲次。謂之郊人，遠之。候事官之缺者以代之。遠之者，不曰俊選曰郊人，賤技藝。疏：謂之郊人，以其猶在郊學也。於成均以及取爵於上尊也。天子飲酒於虞庠，則郊人亦得酌於上尊以相旅。

尚書大傳：「使公卿之太子，大夫、元士之適子，十有三年始入小學，見小節焉，踐小義焉；二十入大學，見大節焉，踐大義焉。故入小學知父子之道、長幼之序，入大學知君臣之義、上下之位。故爲君則君，爲臣則臣，爲父則父，爲子則子。」

程子曰：「古者八歲入小學，十五入大學，擇其才之可教者聚之，不肖者復之農畝。蓋士農不易業，既入學則不治農，然後士農判。古之學者自十五入學，至四十方仕，中間自有二十五年學，又無利可趨，則所志可知。須去趨善，便自此成德。後之人自童稚間已有汲汲趨利之意，何由得向善？故古人必使四十而仕〔一三〕，然後志定。只營衣食却無害，惟利禄之誘最害人。」

朱子大學章句序曰：「人生八歲，則自王公以下至於庶人之子弟，皆入小學，而教之以灑掃、應對、進退之節，禮樂射御書數之文。及其十有五年，則自天子之元子、衆子，以至公卿、大夫、元士之適子，與凡民之俊秀，皆入大學，而教之以窮理、正心、修己、治人之道。此又學校之教、大小之節所以分也。」

按：八歲入小學，十五入大學，大戴禮保傅傳及白虎通之說。十三年入小學、二十入大學，尚書大傳之說。程、朱二子從保傅、白虎通。

又按：注云十五年入小學、十八入大學者，謂諸子姓既成者至十五入小學，其早成者十八入大學。內則曰「十年出就外傅，居宿於外，學書計」者，謂公卿已下教子於家也。今以諸書所載及此注詳之，則保傅及白虎通所言八歲入小學者，乃天子世子之禮。所謂小學則在師氏虎門之左，大學則在王宮之東，亦皆天子之學也。尚書大傳所言十三年入小學，乃公卿、大夫、元士適子之禮。蓋公卿已下之子弟年方童幼，未應便入天子之學，所以十年出就外傅，且學於家塾，直至十五，方令入師氏所掌虎門小學。而天子則別無私學，所以世子八歲便入小學歟？

王制：「天子曰辟廱。」辟，明也。廱，和也。所以明和天下。

詩靈臺：「虡業維樅，賁鼓維鏞。於論鼓鐘，於樂辟廱。於論鼓鐘，於樂辟廱。鼉鼓逢逢，矇瞍奏公。」植者曰虡，橫者曰栒。業，大板也。樅，崇牙也。賁，大鼓。鏞，大鐘。論之言倫也，言得其倫理。水旋丘如璧曰辟廱，以節觀者。逢逢，和也。有眸子而無見曰矇，無眸子曰瞍。公，事也。

朱子曰：「王制論學曰：『天子曰辟廱，諸侯曰泮宮。』說者以爲辟廱，大射行禮之處也，水旋丘如璧以節觀者。泮宮，諸侯鄉射之宮也，其水半之。蓋東、西門以南通水，北無也。故振鷺之詩曰：『振鷺於飛，於彼西雝。』説者以雝爲澤，蓋即旋丘之水，而其學即所謂澤宮也。蓋古人之學與今日不同，孟子所謂『序者射也』，則學蓋有以射爲主者矣。蘇氏引莊子言文王有辟廱之樂，遂以辟廱亦爲學名，而曰古人以學教胄子，則未知學以樂而得名歟？樂以學而得名歟？則是又以爲習樂之所也。張子亦曰辟廱古無此名，其制蓋始於此。故周有天下，遂以名天子之學，而諸侯不得立焉。記所謂魯人將有事於上帝，必先有事於泮宮者，蓋射以擇士云爾。」

東萊呂氏曰：「或疑是詩叙臺池苑囿與民同樂，胡爲以辟廱學校勦入之？彼蓋未嘗深考。三代人君與士大夫甚親，遊宴之暬御，征行之扈衛，無往而不與髦俊俱焉。樂正司業，父師司成，則樂者固學士之所常隸也，夫豈有二事哉！」

文王有聲：「鎬京辟廱，自西自東，自南自北，無思不服。皇王烝哉。」

張氏曰：「靈臺辟廱，文王之學也。辟廱之在鎬京者，武王之學也。辟廱至此始爲天子之學。」

江陵項氏枝江縣新學記曰：「古者周天子之居民也，不但天子，諸侯之國自二十五家以上則有學焉。學莫尚於斯矣。方是時，建官三百六十，以張備法而紀衆民，視其中無一事無法者，而獨於建學無制，則其吏非應文也。無一民無養者，而獨無粟士之廩，則其士非爲養也。而上下顧交趨之如裘葛飲食，然則必有不可捨焉者矣。天子之學謂之辟廱，班朝、布令、享帝、右祖則以爲明堂，同律、候氣、治曆、考詳則以爲靈臺。諸侯之學謂之泮宮，大師旅則將士會焉，大獄訟則吏民期焉，大祭祀則始祖享焉。蓋其制皆於國之勝地，披水築宮爲一大有司，國有大事則以禮屬百官、群吏、下民而講行之，無事則國之耆老，子弟游焉，以論鼓鐘而修孝弟。其地尊，其禮大，三百六十官皆不得治其事。意者三公之老而致仕者掌之，謂之鄉老。二鄉而公一人，則六鄉蓋三公矣。故曰三公在朝，三老在學。公與老皆無職於六官，學、序、庠、塾皆無制於六典。古之言道者固如是也。嗚呼，此意深矣。」

漢興，高帝尚有干戈，平定四海，未遑庠序之事。至武帝，始興太學。

徐氏曰：「按三輔黄圖，太學在長安西北七里，有市有獄。」

董仲舒對策曰：「養士莫大乎太學。太學者，賢士之所關也，教化之本原也。今以一郡一國之衆，對亡應書者，謂舉賢良文學之詔書也。是王道往往而絶也。臣願陛下興太學，置明師，以養天下之士，數考問以盡其材，則英俊宜可得矣。」後武帝立學校之官，皆自仲舒發之。

元朔五年，置博士弟子員。

前此博士雖各以經授徒，而無考察試用之法，至是官始爲置弟子員，即武帝所謂興太學也。

太史公曰：余讀功令，名見後。至於廣勵學官之路，未嘗不廢書而嘆也。曰：嗟乎！周室衰而關雎作，韓詩説也。幽、厲微而禮樂壞，諸侯恣行，政由强國。故孔子閔王路廢而邪道興，於是論次詩、書，修起禮、樂。世以渾濁莫能用，是以仲尼干七十餘君無所遇〔一四〕，西狩獲麟，曰「吾道窮矣」。故因史記作春秋，以當王法，其辭微而指博，後世學者多録焉。自孔子卒後，七十子之徒散游諸侯，大者爲師傅卿相，小者及教士大夫〔一五〕，或隱而不見。故子路居衛，子張居陳，澹臺子羽居楚，子夏居西河，子貢終於齊。如田子方、段干木、吴起、禽滑釐之屬，皆受業於子夏之倫，爲王者師。是時獨魏文侯好學〔一六〕。陵遲以至於始皇，天下並爭於戰國，儒術既詘焉，然齊、魯之間，學者獨不廢也。於威、宣之際，孟子、荀卿之列，咸遵夫子之業而潤色之，以學顯於當世。及至秦季世，焚詩、書，坑儒士〔一七〕，六藝從此缺矣。陳涉起匹夫，不滿半歲竟滅亡，其事至微淺，然而搢紳先生之徒，負孔子禮器往委質爲臣孔甲爲涉博士。者，何也？以秦焚其業，積怨而發憤於陳王也。及高皇帝誅項籍，舉兵圍魯，魯中諸儒尚講誦習禮樂，絃歌之聲不絕，豈非聖人之遺化，好禮樂之國哉？夫齊、魯之間於文學，自古以來，其天性也。故漢興，然後諸儒始得修其經藝，講習大射、鄉飲之禮。叔孫通作漢禮儀，因爲太常，諸生弟子共定者，咸爲選首，於是喟然嘆興於學。然尚有干戈，平定四海，亦未遑暇庠序之事也。孝惠、吕后時，公卿皆武力有功之臣。孝文時，頗徵用，然本好刑名之言。及至孝景，不任儒者，而竇太后又好黄、老之術，故諸博士具官待問，未有進者。及今上即位，公孫弘以春秋白衣爲天子三公，自孔子後，公孫弘始以儒者得政。天子學士靡然鄉風矣。公孫弘爲學官，悼道之鬱滯，乃請曰：「丞相、御史言：制曰『蓋聞導民以禮，風之以樂。婚姻者，居室之大倫。是時論學者尚知本如此。今禮廢樂崩，朕甚憫焉。故詳延天下方正博聞之士。太常議，與博士弟子，崇鄉里之化，以廣賢材焉』。」

此武帝制也。而其建請之議，條畫之目，則公孫丞相實發之。

謹與太常臧、博士平臧，孔臧。平，博士之長也。博士，太常之屬。等議曰：聞三代之道，鄉里有教，夏曰校，殷曰序，周曰庠〔一八〕。其勸善也，顯之朝廷；其懲惡也，加之刑罰。故教化之行也，建首善自京師始，由内以及外。今陛下昭至德，開大明，配天地，本人倫，勸學修禮，崇化厲賢，以風四方，太平之原也。

古者政教未洽，不備其禮，請因舊官而興焉。舊官爲博士舊授徒之黌舍也。至是官置弟子員，來者既衆，故因舊黌舍而興修之。爲博士官置弟子五十人，復其身。太常擇民年十八已上，儀狀端正者，補博士弟子。此太常所補也。詔書既曰崇鄉里之化，則太常所補弟子，不過取諸關中而已。郡國縣道邑有好文學，敬長上，肅政教，順鄉里，出入不悖所聞者，令、相、長、丞上屬所二千石，二千石謹察可者，當與計偕，詣太常，得受業如弟子，此郡國所擇也。自好文學已下條目甚詳，而太常弟子止取儀狀端正者，蓋太常天子近臣，常以儒宗爲之，任其選擇，不必立法也。一歲皆輒試，太常所補、郡國所擇，雖有兩途，至於受業一年而後試，則考察無二法也。能通一藝以上，補文學掌故缺〔一九〕；鼂錯以文學爲太常掌故。應劭曰：「掌故，六百石吏，主故事。」按博士秩比六百，不應掌故秩反過之。蓋應劭之誤。其高第可以爲郎中者，太常籍奏。郎中，宿衛之臣，故具名籍以待上選也。即有秀才異等，輒以名聞。非常選也。其不事學若下材及不能通一藝，輒罷之，而請諸不稱者罰。諸不稱者，謂太常之謬選，博士之失教，及郡國之濫以充賦也。臣謹按詔書律令下者，明天人分際，通古今之義，文章爾雅，訓辭深厚，恩施甚美。小吏淺聞，不能究宣，無以明布諭下〔二〇〕。欲爲學者開入仕之路，故以宣布詔書爲名，與三代賓興之意異矣。此俗儒之所喜，而高士所不屑也。治禮掌故，以文學禮義爲官，遷留滯。請選擇其秩比二百石以上，及吏百石通一藝以上，補左右內史、大行卒史；左內史後爲左馮翊，右內史後爲京兆尹、右扶風。大行後爲大鴻臚。比百石以下，補郡太守卒史：皆各二人，邊郡一人。先用誦多者，若不足，乃擇掌故補中二千石屬，掌故尊於文學掌故，即前所謂秩比二百石以上者也。中二千石屬即左右內史、大行卒史也，大行中二千石，左右內史雖二千石亦通言之也。文學掌故補郡屬，文學掌故即博士弟子通一藝所補也。郡屬即郡太守卒史也。備員。既無誦多者，故選掌故彼善於此者以充數。請著功令。新立此條，請以著於功令。功令，篇名，若今選舉令。他如律令。」此外並如舊律令。制曰：「可。」自此以來，則公卿大夫士吏彬彬多文學之士矣〔二一〕。公卿多文學之士，而治效反少於前日，此太史公所嘆也。

先公曰：按漢書此條有「博士弟子通一藝以上者補文學掌故缺」，又有「吏百石通一藝以上者補卒史」，恐是兩樣人。温公通鑑析爲二端，東萊大事記殊未明。武帝崇儒興學只是好名，當時文學布在州郡，極留滯，故弘請選用之爲學官，而復補卒史及郡屬，備員〔二二〕，意輕可知。

竊詳此段自「太常擇民年十八以下」至「請諸不稱」，是指白身受業而通一藝者。自「擇其秩比二百石」至「補郡屬備員」，是指已仕受業而通一藝者。然白身通藝者可以爲郎中，則其官反高，郎中秩比三百石。已仕通藝者只可爲左右内史、太守卒史，則其位反卑，佐史秩百石以下。殊不可曉。考訂精詳者必能知之。按西漢公卿百官表：「博士，秦官，掌通古今。」秦焚詩、書，獨存博士官所職者，則猶令其司經籍。然既曰通古今，則上必有所師承，下必有所傳授，故其徒實繁。秦雖存其官而甚惡其徒，常設法誅滅之。始皇使御史案問諸生，傳相告引，至殺四百六十餘人。又令冬種瓜驪山，實生，命博士諸生就視，爲伏機，殺七百餘人。二世時，又以陳勝起，召博士諸生議，坐以非所宜言者又數十人。然則秦之於博士弟子，非惟不能考察試用之，蓋惟恐其不澌盡泯没矣。叔孫通面諛脱虎口而逃亡，孔甲持禮器發憤而事陳涉，有以也哉。

儒林傳：「自武帝立五經博士，開弟子員，設科射策，勸以官禄。」

師古曰：「射策者，謂爲問難疑義，書之於策，量其大小，置爲甲乙之科，列而置之，不使彰顯，有欲射者，隨其所取而釋之，以知優劣。射之言投射也。」

按：此即後世糊名之意。但糊名則是隱舉人之名以防囑托徇私，此則似是隱問難之條以防假手宿搆，其欲示公一也。

張湯請博士弟子治尚書、春秋補廷尉史。

按：湯本傳：「上方鄉文學，湯決大獄，欲傅古義，乃請博士弟子治尚書、春秋，補廷尉史。湯雖文深意忌不專平，然得此聲譽。而深刻吏多爲爪牙用者，依於文學之士。丞相弘數稱其美。」夫尚書、春秋所言，豈有舞文巧詆、慘酷深刻如湯之爲乎？今以上鄉文學，而令博士弟子以其所學附會緣飾之，則所謂廷尉卒史者，往往皆曲學阿世如公孫丞相之流耳。狄山以博士稍持正論抗湯，則觸禍機矣。賈山所謂「士修之於家而壞之於天子之廷」，此語當爲武帝發。孝文則未嘗壞天下士也。

昭帝舉賢良文學〔三三〕，增博士弟子員滿百人。

宣帝末，增倍之。

元帝好儒，能通一經者皆復。數年，以用度不足，更爲設員千人。郡國置五經百石卒史。

成帝末，或言孔子布衣，養徒三千人，今天子太學弟子少。於是增弟子員三千人。歲餘，復如故。

先公曰：西漢博士隸太常，有周成均隸宗伯之意。州有博士，郡有文學掾，五經之師，儒宮之官，長吏辟置，布列郡國，亦有黨庠遂序之意。然有二失。鄉里學校人不升於太學，而補弟子員者自一項人；好文學、敬長上，儀狀端正。公卿弟子不養於太學，而任子盡隸光祿勳。自有四科，考試殊塗異方，下之心術分裂不一，上之考察馳騖不精。

哀帝時，置博士弟子，父母死，予寧三年。謂處家持喪服。

按：學校禮義之地，博士弟子公卿之儲，則親喪而予寧持服，宜也。然漢時居官者實未嘗行喪禮。薛宣後母死，弟修去官持服，宣謂修三年喪少能行者，由是兄弟不和。翟方進母死，既葬三十六日，起視事，自以爲身備漢相，不敢踰國家之制。注：即文帝遺詔所謂也。宣、方進皆爲相封侯，猶不能捨去祿位，躬行三年之喪，而乃欲立此法以律從學干祿之士乎？

陽朔二年，詔曰：「古之立太學，將以傳先王之業，流化於天下也。儒林之官，四海淵源，宜皆明於古今，温故知新，通達國體，故謂之博士。否則學者無述焉，爲下所輕，非所以尊道德也。『工欲善其事，必先利其器』。丞相、御史其與中二千石、二千石雜舉可充博士位者，使卓然可觀。」

平帝時，王莽秉政，增元士之子得受業如弟子，勿以爲員。常員之外，更開此路。歲課甲科四十人爲郎中，乙科二十人爲太子舍人，丙科四十人補文學掌故云。奏起明堂、辟廱、靈臺，爲學者築舍萬區。

班固儒林傳贊：「自武帝立五經博士，開弟子員，設科射策，勸以官祿，訖於元始，百有餘年，傳業者寖盛，枝葉蕃滋，一經説至百餘萬言，大師衆至千餘人，蓋利祿之路然。」

辟廱　武帝封泰山還，登明堂，兒寬上壽曰：「間者聖統廢絶，陛下發憤，祖立明堂、辟廱。」

河間獻王來朝，獻雅樂，對三雍宮。注：三雍，明堂、辟廱、靈臺也。

成帝時，犍爲郡於水濱得古磬十六枚，劉向因是説上：「宜興辟廱，設庠序，陳禮樂，隆雅、頌之聲，盛揖遜之容，以風化天下。」成帝以向言下公卿議，會向病卒，丞相大司空奏請立辟廱，案行長安城南。營表未作，遭成帝崩，群臣引以定謚，及王莽爲宰衡，欲耀衆庶，遂興辟廱，因以篡位。

按：據此説，則辟廱王莽時方立之。武帝置博士弟子員，不過令其授學，而擇其通藝上第者擢用之，未嘗築宫以居之也。然考兒寬所言與河間獻王對三雍宫之事，則似已立於武帝之時，何也？蓋古者明堂、辟廱共爲一所。蔡邕明堂論曰：「取其宗祀之清貌，則曰清廟。取其正室之貌，則曰太廟。取其尊崇，則曰太室。取其向明〔二四〕，則曰明堂。取其四門之學，則曰太學。取其四面周水圓如璧，則曰辟廱。異名而同事。」武帝時封泰山，濟南人公玉帶上黄帝時明堂圖。明堂中有一殿，四面無壁，以茅蓋，通水，水圜宫垣，爲複道，上有樓，從西南入〔二五〕，名曰「崑崙」，天子從之以入，拜祀上帝。於是上令奉高作明堂汶上，如帶圖，修封時以祠太一、五帝。蓋兒寬時爲御史大夫，從祠東封，還登明堂上壽，所言如此，則所指者疑此明堂耳。意河間獻王所對之地亦是其處，非養士之辟廱也。班固漢書武帝贊有「興太學」之説，然董仲舒傳只言「後武帝立學校之官，皆自仲舒發之」，明元未嘗有庠序也。至成帝時劉向所言，則專爲庠序而設。然班固禮樂志言：「世祖受命中興，乃立明堂、辟廱。顯宗即位，躬行其禮，宗祀光武皇帝於明堂，養三老、五更於辟廱，威儀既盛美矣。然德化未流洽者，禮樂未興，群下無所從説〔二六〕，而庠序尚未設之故也。」則知東都亦未嘗以辟廱爲庠序。然世祖建武五年已立太學，而固之時尚言庠序未設，何邪？當考。

又按：徐天麟西漢會要言：「三輔黄圖：漢辟廱在長安西北七里。」恐即王莽所立。又言：「太學亦在長安西北七里，有市有獄。」豈即辟廱邪？或別一所邪？鮑宣得罪下獄，博士弟子王咸舉旛太學下，曰：「欲救鮑司隸者集此下。」諸生會者千餘人。此亦西都已立太學之一證。當考。

西漢以博士入官：

賈誼吴公薦爲博士。　董仲舒　疏廣　薛廣德　彭宣　貢禹　韋賢　夏侯勝　轅固　后蒼　韓嬰

胡毋生　嚴彭祖　江公

以太常掌故入官：

鼂錯以文學充。

以博士弟子入官：

息夫躬　兒寬　終軍　朱雲　眭弘明經。　蕭望之射策甲科。　匡衡射策甲科。　馬宫射策甲科。

翟方進射策甲科。　何武射策甲科。　王嘉射策甲科。　施讎　房鳳射策乙科。　召信臣射策甲科。

世祖建武五年十月，營起太學，車駕幸太學，賜博士弟子各有差。

洛陽記：太學在洛陽城南開陽門外，去宫八里。講堂長十丈，廣二丈，堂前石經四部。服方領習矩步者委蛇乎其中。

光武中興，先訪儒雅，四方學士雲會京師。於是立五經博士，各以其家法教授〔二七〕，凡十四博士，太常差次總領焉。

十四博士，謂易有施、孟、梁丘、京氏，尚書歐陽、大、小夏侯，詩齊、魯、韓，禮大、小戴，春秋嚴、顔。

太僕朱浮以國學既興〔二八〕，宜廣博士之選，乃上書曰：「夫太學，禮義之宮〔二九〕，教化所興。博士之官，爲天下宗師，使孔聖之言傳而不絶。舊事，策試博士，必廣求詳選，爰自畿夏，延及四方。伏聞詔書更試五人，唯取見在洛陽城者。臣恐自今以往，將有所失。求之密邇，容或未盡，而四方之學，無所勸樂。凡策試之本，貴得其真，非有期會，不及遠方也。及諸所召試，皆私自發遣，非有傷費煩擾於事也。語曰：『中國失禮，求之於野。』臣浮幸得與講圖讖，故敢越職。」帝然之。

東漢之制，太常卿每選試博士〔三〇〕，奏其能否。建武中，太常選試博士四人，陳元爲第一。張玄舉孝廉爲郎，會顔氏博士缺，玄策試第一，拜爲博士。蔡茂試博士，對策陳災異，以高等擢拜議郎。楊仁舉孝廉，除郎，太常上仁經中博士，仁自以年未五十，不應舊科，上府遜選。漢官儀：「博士限年五十以上。」

按：西京博士但以名流爲之，無選試之法。中興以來，始試而後用。蓋既欲其爲人之師範，則不容不先試其能否也。

博士舉狀曰：「生事愛敬，喪没如禮。通易、尚書、孝經、論語，兼綜載籍，窮微闡奥，隱居樂道，不求聞達。身無金痍痼疾三十六屬。不與妖惡交通、王侯賞賜。行應四科，經任博士。」下言某官某甲保舉。

十九年，車駕幸太學，會諸博士論難於前。桓榮被服儒衣，温恭有醖藉，辯明經義，每以禮遜相厭，不以辭長勝人，儒者莫及，特加賞賜。又詔諸生雅吹擊磬，盡日乃罷。

中元元年，初營明堂、辟廱、靈臺，未用事。

明帝永平二年，臨辟廱，初行大射禮。

光武始建三廱，明帝即位，親行其禮。天子始冠通天，衣日月，備法物之駕，盛清道之儀，坐明堂而朝群后，登靈臺以望雲物，袒割辟廱之上，尊養三老、五更。饗射禮畢，帝正坐自講，諸儒執經問難於前，冠帶搢紳之人，圜橋門而觀聽者蓋億萬計。其後復爲功臣子孫、四姓末屬別立校舍〔三一〕，搜選高能以受其業，自期門羽林之士，悉令通孝經章句，匈奴亦遣子入學。濟濟乎，洋洋乎，盛於永平矣。

蔡邕明堂論曰：「明堂者，天子太廟，所以崇禮其祖以配上帝者也。夏后氏曰世室，殷人曰重屋，周人曰明堂。東曰青陽，南曰明堂，西曰總章，北曰玄堂，中曰太室。易曰：『離也者，明也，南方之卦也，聖人南面而聽天下，向明而治。』人君之位，莫正於此焉，故雖有五名而主以明堂也。其正中皆曰太廟〔三二〕。謹承天隨時之令，昭令德宗祀之禮，明前功百辟之勞，起尊老敬長之義，顯教幼誨稚之學。朝諸侯選造士於其中，以明制度〔三三〕。生者乘其能而至，死者論其功而祭。故爲大教之宮〔三四〕，而四學具焉，官司備焉。譬如北辰，居其所而衆星拱之，萬象翼之。政教之所由生〔三五〕，變化之所自來〔三六〕，明一統也。故言明堂，事之大，義之深也。取其宗祀之清貌，則曰清廟。取其正室之貌，則曰太廟。取其尊崇，則曰太室。取其向明〔三七〕，則曰明堂。取其四門之學，則曰太學。取其四面周水圜如璧，則曰辟廱。異名而同事，其實一也。春秋因魯取宋之姦賂則顯之太廟，以明聖王建清廟明堂之義。經曰：『取郜大鼎於宋，戊申納於太廟〔三八〕。』傳曰：『非禮也。君人者，將昭德塞違，故昭令德以示子孫，是以清廟茅屋，昭其儉也。夫德儉而有度，升降有數，文物以紀之，聲明以發之，以臨照百官，百官於是戒懼而不敢易紀律。』所以大明教也。以周清廟論之〔三九〕，魯太廟皆明堂也。魯禘祀周公於太廟明堂，猶周宗祀文王於清廟明堂也。禮記檀弓曰：『王齋禘於清廟明堂也。』孝經曰：『宗祀文王於明堂。』禮記明堂位曰：『太廟，天子曰明堂。』又曰：『成王幼弱，周公踐天子位以治天下，朝諸侯於明堂，制禮作樂，頒度量，而天下大服。成王以周公爲有勳勞於天下〔四〇〕，命魯公世世禘祀周公於太廟，以天子禮樂，升歌清廟，下管象舞，所以異魯於天下。』取周清廟之歌歌於魯太廟，明魯之太廟猶周清廟也〔四一〕，皆所以昭文王、周公之德以示子孫者也。易傳太初篇曰：『天子旦入東學，晝入南學，暮入西學。在中央曰太學，天子之所自學也。』禮記保傅篇曰：「帝入東學，上親而貴仁；入西學，上賢而貴德；入南學，上齒而貴信；入北學，上貴而尊爵；入太學，承師而問道。」與易傳同。魏文侯孝經傳曰：『太學者，中學明堂之位也。』禮記古大明堂之禮曰：『膳夫是相禮，日中出南闈〔四二〕，見九侯門子。日側出西闈，視五國之事。日闇出北闈，視帝節猶。』爾雅曰：『宮中之門謂之闈。』王居明堂之禮，又別陰陽門，東、南稱門，西、北稱闈〔四三〕，故周官有門闈之學，師氏教以三德，守王門，保氏教以六藝，守王闈。然則師氏居東門、南門，保氏居西門、北門也，知掌教國子，與易傳、保傅王居明堂之禮參相發明，爲四學焉。文王世子篇曰：『凡大合樂，則遂養老。天子至，乃命有司行事，興秩節，祭先師、先聖焉。始之養也，適東序，釋奠於先老，遂設三老位焉〔四四〕。春夏學干戈，秋冬學羽籥，皆於東序。凡祭與養老、乞言、合語之禮，皆小樂正詔之於東序。』又曰：『大司成論說在東序。』然則詔學皆在東序。東序，東之堂也，學者詔焉，故稱太學。仲夏之月，令祀百辟卿士之有德於民者。禮記太學志曰：『禮，士大夫學於聖人、善人，祭於明堂，其無位者祭於太學。』禮記昭穆篇曰：『祀先賢於西學，所以教諸侯之德也。』即所以顯行國禮之處也。太學，明堂之東序也，皆在明堂辟廱之内。月令記曰：『明堂者，所以明天氣，統萬物。』明堂上通於天，象日辰，故下十二宮象日辰也。水環四周，言王者動作法天地，德廣及四海，方此水也。名曰辟廱〔四五〕。王制曰：『天子出征，執有罪，反，舍奠於學，以訊馘告。』樂記曰：『武王伐殷，薦俘馘於京太室〔四六〕。』詩魯頌云：『矯矯虎臣，在泮獻馘。』京，鎬京也。太室，辟廱之中明堂太室也。與諸侯泮宮俱獻馘焉，即王制所謂『以訊馘告』者也〔四七〕。禮記曰：『祀乎明堂，所以教諸侯之孝也。』孝經曰：『孝悌之至，通於神明，光於四海，無所不通。』詩云：『自西自東，自南自北，無思不服。』言行孝者則曰明堂，行悌者則曰太學，故孝經合以爲一義，而稱鎬京之詩以明之。凡此皆明堂、太室、辟廱、太學事通合之義也〔四八〕。其制度數各有所法。堂方百四十四尺，坤之策也。屋圜，屋徑二百一十六尺，乾之策也。太廟明堂方三十六丈，通天屋徑九丈，陰陽九六之變也〔四九〕。圓蓋方載，六九之道也。八闥以象八卦，九室以象九州，十二宮以應辰。三十六户、七十二牖，以四户、八牖乘九室之數也。户皆外設而不閉，示天下不藏也。通天屋高八十一尺，黄鍾九九之實也。二十八柱列於四方，亦七宿之象也。堂高三丈，亦應三統。四鄉五色者，象其行。外廣二十四丈，應一歲二十四氣。四周以水，象四海。王者之大禮也。』

按：如蔡邕之説，則古者明堂、辟廱、太學、太廟合爲一所，以朝、以祭、以教、以饗、以射，皆於其地。東漢時辟廱以爲天子養老、大射行禮之所，太學以爲博士弟子授業之所，析爲二處，與古異。要之太學與辟廱固不可析爲二處，養老、大射其與傳道授業亦豈二事哉。

班固辟廱詩：「廼流辟廱，辟廱湯湯。聖皇莅止，造舟爲梁。皤皤國老，乃父乃兄。抑抑威儀，孝友光明。」

致堂胡氏曰：「明帝幸辟廱，遣使者安車迎三老、五更於太學。詳此禮，則知東京太學與辟廱相去亦非近地。蓋漢世辟廱不爲養士之所，顯宗以迎老更而至焉。非此時也，則黌宇之設遂虛之邪？商、周在先代之學，故記言養國老於某庠、養庶老於某序。且食三老、五更於太學矣，不應以爲未足，又建辟廱也。」

永平九年，爲四姓小侯開立學校，置五經師。四姓爲外戚樊氏、郭氏、陰氏、馬氏諸子弟，以非列侯，故曰小侯。

安帝元初六年，鄧太后召和帝弟濟北、河間王子男女年五歲以上四十餘人，又鄧氏近親子孫三十餘人，並爲開邸第，教學經書，躬自監試。尚幼者使置師保，朝夕入宫，撫循詔導，恩愛甚渥。

肅宗建初中，大會諸儒於白虎觀，考詳同異，連月乃罷。帝親臨稱制，如石渠故事，顧命史臣，著爲通義。又詔高才生受古文尚書〔五〇〕、毛詩、穀梁、左氏春秋，雖不立學官，然皆擢高第爲講郎，給事近署，所以網羅逸軼〔五一〕，博存衆家。

和帝永元十二年，賜博士弟子員在太學者布，人三疋。

司徒徐防上疏，以爲：「漢立博士十有四家，設甲乙之科以勸勉。伏見太學試博士弟子，皆以意說，不修家法。臣以爲博士及甲乙策試，宜從其家章句，開五十難以試之。解釋多者爲上第，引文明者爲高說。若不依先師，義有相伐者，皆正以爲非。」上從之。

和帝亦數幸東觀，覽閱書林。及鄧后稱制，學者頗懈。時樊準、徐防並陳敦學之宜，又言儒職多非其人，於是制詔公卿妙簡其選，三署郎能通經術者，皆得察舉。

順帝永建六年，繕太學，更開拓房室。

將作大匠翟酺言：「孝文皇帝始置一經博士，武帝大合天下之書，而孝宣論六經於石渠，學者滋盛，弟子萬數。光武初興，愍其荒廢，起太學博士舍、內外講堂，諸生橫巷，爲海內所集。明帝時辟廱始成，欲毀太學，太尉趙熹以爲太學、辟廱皆宜兼存，故並傳至今。而頃者頹廢，至爲園採芻牧之處〔五三〕。宜更修繕，誘進後學。」帝從之。學者爲酺立碑銘於學。

陽嘉元年，以太學新成，試明經下第者補弟子，增甲乙科員各十人。除郡國耆儒九十人補郎、舍人。左雄又奏召海內名儒爲博士，使公卿子弟爲諸生，有志操者加其俸祿。及汝南謝廉、河南趙建，年始十二，各能通經，雄並奏拜童子郎。於是負書來學，雲集京師。

前漢成帝末，歲課甲科四十人、乙科二十人，今各增十人，則甲科五十人，乙科三十人，並丙科二十人爲一百人。

自安帝覽政，薄於藝文，博士倚席不講，朋徒相視怠散，學舍頹敝。順帝感翟酺之言，更修黌舍，凡所造構二百四十房，千八百五十室。

質帝本初元年，令郡國學明經年五十以上、七十以下詣太學。自大將軍至六百石，皆遣子受業。歲滿課試，以高第五人補郎中，次五人太子舍人。又千石、六百石、四府掾屬、三署郎、四姓小侯，先能通經者各令隨家法，其高第者上名牒，以次賞進。

梁太后詔：令大將軍以下，悉遣子入學，每歲輒於鄉射月一饗會之，以此爲常。漢官儀曰：春三月、秋九月習鄉射禮，禮生皆使太學學生。自是遊學增盛，至三萬餘生。然章句漸疏，而多以浮華相尚，儒者之風蓋衰矣。

桓帝延熹五年，太學西門自壞。襄楷上疏曰：「太學，天子教化之宫，其門無故自壞者，言文德將喪，教化廢也。」

時甘陵有南北部黨人之譏，汝南、南陽又有「畫諾」、「坐嘯」之謡。因此流言轉入太學，諸生三萬餘人，郭林宗、賈偉節爲之冠，並與李膺、陳蕃、王暢更相褒重。學中語曰：「天下模楷李元禮，不畏强禦陳仲舉，天下俊秀王叔茂。」又渤海公族進階、公族，姓也，名進階。扶風魏齊卿，並危言深論，不隱豪强。自公卿以下，莫不畏其貶議，屣履到門。牢修乃上書，誣告膺等養太學遊士，交結諸郡生徒，更相驅馳，共爲部黨，誹訕朝廷，疑亂風俗。天子震怒，下郡國捕黨人，布告天下，使同忿疾，收執膺等。辭所連及，陳寔之徒二百餘人，書名三府，禁錮終身。自是正直廢放，邪枉熾結。海内希風之徒，遂共相標榜，指天下名士，爲之稱號。上曰「三君」，次曰「八俊」，曰「八顧」，曰「八及」，曰「八厨」，猶古之「八元」、「八愷」也。

東坡蘇氏南安軍之學記曰：「學莫盛於東漢，士數萬人，噓枯吹生，自三公九卿皆折節下之，三府辟召常出其口，其取士議政可謂近古。然卒爲黨錮之禍，何也？曰：此王政也。王者不作，士自以其私意行之於下，其禍敗固宜。」

建和初，詔：「諸學生年六十以上〔五三〕，比郡國明經試，次第上名。高第十五人、上第十六人爲郎中〔五四〕，中第十七人爲太子舍人，下第十七人爲王家郎。」永壽二年，詔復課試諸生，補郎、舍人。其後復制：「學生滿二歲，試通二經者，補文學掌故；其不能通二經者，須後試復隨輩試之，通二經者，亦得爲文學掌故。其已爲文學掌故者，滿二歲，試能通三經者，擢其高第爲太子舍人；其不得第者，後試復隨輩試，第復高者亦得爲太子舍人。已爲太子舍人，滿二歲，試能通四經者，擢其高第爲郎中〔五五〕，其不得第者，後試復隨輩試，第復高者亦得爲郎中。已爲郎中〔五六〕，滿二歲，試能通五經者，擢其高第補吏，隨才而用；其不得第者，後試復隨輩試，第復高者亦得補吏。」

其後綱紀隳紊，凡所選用，莫非情故，乃立三互法。詳見舉官門。

靈帝熹平五年〔五七〕，試太學生年六十以上百餘人，除郎中、太子舍人至王家郎、郡國文學吏。黨人既誅，其高名善士多坐流廢〔五八〕。諸博士試甲乙科，爭第高下，更相告訟。亦有私行金貨定蘭臺漆書經字，以合其私文。熹平四年，靈帝乃詔諸儒正定五經，刊於石碑，爲古文、篆、隸三體書法以相參檢，樹之學門。古文，謂孔子壁中書。篆書，秦始皇使程邈所作。隸書，亦程邈所獻，主於徒隸，從簡易也。

鴻都門學　初，靈帝好學，自造皇羲篇五十章，因引諸生能爲文賦者。本頗以經術相招，後諸爲尺牘及工書鳥篆者皆加引召，遂至數十人。侍中祭酒樂松、賈護，多引無行趨勢之徒，並待制鴻都門下，喜陳方俗、閭里小事，帝甚悦之，待以不次之位。蔡邕上封事言：「古者取士，必使諸侯歲貢。孝武之時，郡舉孝廉，又有賢良、文學之選，於是名臣輩出，文武並興。漢之得人，數路而已。夫書畫辭賦，才之小者，匡國理政〔五九〕，未有其能。陛下即位之初，先涉經術，聽政餘日，觀省篇章，聊以游意，當代博奕，非以教化取士之本。而諸生競利，作者鼎沸。其高者頗引經訓風喻之言；下則連偶俗語，有類俳優；或竊成文，虚冒名氏。臣每受詔於盛化門，差次録第，其未及者，亦復隨輩皆見拜擢。既加之恩，難復收改，但守奉禄，於義已弘，不可復使理人及仕州郡。昔孝宣會諸儒於石渠，章帝集學士於白虎，通經釋義，其事優大，文武之道，所宜從之。若乃小能小善，雖有可觀，孔子以爲『致遠則泥』，君子故當志其大者。」光和元年，遂置鴻都門學，畫孔子及七十二弟子像。其諸生皆敕州郡、三公舉用辟召，或出爲刺史、太守，入爲尚書、侍中，乃有封侯賜爵者。士君子皆耻與爲列焉。後又詔中尚方爲鴻都文學樂松、江覽等三十二人圖像立贊，以勸學者。尚書陽球奏曰〔六〇〕：「臣聞傳曰：『君舉必書，書而不法，後嗣何觀！』按松、覽等皆出於微篾，斗筲小人，依憑世戚，附託權豪，俛眉承睫，徼進明時。或獻賦一篇，或鳥篆盈簡，而位升郎中，形圖丹青。亦有筆不點牘，辭不辯心，假手請字，妖僞百品，莫不被蒙殊恩，蟬蜕滓濁。是以有識掩口，天下嗟嘆。臣聞圖象之設，以昭勸戒，欲令人君動鑒得失。未聞豎子小人，詐作文頌，而可妄竊天官，垂象圖素者也。今太學、東觀足以宣明聖化。願罷鴻都之選，以消天下之謗。」書奏不省。

先公曰：「鴻都門，漢宫門也。太子保之廢，來歷與九卿朝臣俱詣鴻都門，證太子無過，即其所也。太學，公學也；鴻都學，私學也。學乃天下公，而以爲人主私，可乎？是以士君子之欲與爲列者則以爲耻，公卿州郡之舉辟也，必敕書强之。人心之公，豈可誣也。雖然，有所由然也。在昔明帝之朝，幸辟廱辯説，講白虎觀，稱制臨決也，先儒戴氏論曰：天下是非析於理，不析於勢，君子論學，無庸於挾貴爲也。天子之尊，群臣承望不及，是是非非，豈能盡斷於天下之理乎？明、章皆崇儒重道之君也，尊禮師傅，是正經義，豈不盡善盡美哉；明帝臨幸辟廱，自爲辯説，已失人君之體矣；章帝患五經同異，博集諸儒會議白虎觀，天子稱制臨決，去聖久遠，六經殘闕，諸儒論難，前後異説，而欲以天子之尊，臨定是非於一言之間，難矣哉。鴻都之興，蔡邕言之，以爲章帝白虎釋義，其事優大。彼靈帝之童心稚識，何足語此。愚謂啟帝之私心者，往往自白虎觀之稱制臨決始。」

按：靈帝之鴻都門學，即西都孝武時待詔金馬門之比也。然武帝時，雖文學如司馬遷、相如、枚皋、東方朔輩，亦俱以俳優畜之，固未嘗任以要職。而靈帝時，鴻都門學之士至有封侯賜爵者，士君子皆耻與爲列，則其人品可知。然當時太學諸生三萬餘人，其持危言覈論，以激濁揚清自負者，誅戮禁錮，殆靡孑遺，而其在學授業者，至争第，更相告訟〔六一〕，無復廉耻。且當時在仕路者，上自公卿，下至孝廉、茂材，皆西園諧價，獻修宮錢之人矣，於鴻都學士乎何誅！

獻帝初平四年九月，試儒生四十餘人，上第即位郎中，次太子舍人，下第者罷之。

詔曰：「孔子嘆學之不講，不講則所識日忘。今耆儒年踰六十，去離本土，營求糧資，不得事業〔六二〕。結童入學，白首空歸，長委農野〔六三〕，永絶榮望，朕甚愍焉。其依科罷者，聽爲太子舍人。時長安中爲之謡曰：「頭白皎然，食不充糧。裹衣褰裳，當還故鄉。聖主愍念，悉用補郎。舍是布衣，被服玄黄〔六四〕。」

十月，太學行禮，車駕幸永福城門，臨觀其儀。賜博士以下各有差。

先公曰：試士，科選也；觀禮，文字也。天下承平，行之可也。是時姦凶亂朝，殺戮宰輔；諸侯據地，戕虐王臣；盗賊未平，道路不通，國家岌岌有危亡之形，而獻帝方爲此舉，何其不知務。漢祚至此時，已如日薄桑榆，如人迫耄荒，乃不自哀，而哀耆儒之不遇邪？

東漢以博士入官：

蔡茂　承宫　郎顗　曹褒　盧植　戴憑　歐陽歙　牟長　楊倫　魏應

校勘記

〔一〕瞽矇之所宗也　「瞽」字原脱，據禮記明堂位鄭注補。

〔二〕在周謂之西學　「在」原作「則」，據下文及陳祥道禮書卷四八改。

〔三〕商學上右而下左　此句原作「商學下右而上左」，據禮書卷四八改。

〔四〕小學在公宫南之左　「在」原作「則」，據禮記王制改。

〔五〕冠昏喪祭鄉相見　「鄉」原作「卿」，據元本、慎本、馮本及禮記王制正義改。

〔六〕數　原作「教」，據禮記王制正義改。

〔七〕王子　「王」原作「三」，據禮記王制鄭注改。

〔八〕旄舞　「旄」原作「秏」，據禮記文王世子正義及周禮春官樂師條改。

〔九〕而以干戈羽籥後於禮樂詩書　陳暘樂書卷三「後」作「先」，疑是。

〔一〇〕大樂正論造士之秀者升諸司馬　「樂」原作「學」，據禮記王制及禮記文王世子鄭注改。

〔一一〕令待後復論説之日　「日」原作「曰」，據禮記文王世子正義改。

〔一二〕三説之中有一善則取之　「取」原作「中」，據元本、慎本、馮本及禮記文王世子鄭注改。

〔一三〕故古人必使四十而仕　「故」原作「其」，據河南程氏遺書卷一五入關語録改。

〔一四〕是以仲尼干七十餘君無所遇　「餘」字原脱，據史記卷一二一儒林列傳、漢書卷八八儒林傳補。

〔一五〕小者及教士大夫　「及」，史記卷一二一儒林列傳、漢書卷八八儒林傳皆作「友」。

〔一六〕是時獨魏文侯好學　「魏」字原脱，據史記卷一二一儒林列傳、漢書卷八八儒林傳補。

〔一七〕坑儒士　史記卷一二一儒林列傳「儒」作「術」。漢書卷八八儒林傳此句作「殺術士」。

〔一八〕殷曰序周曰庠　史記卷一二一儒林列傳同原刊。元本、慎本、馮本及漢書卷八八儒林傳作「殷曰庠，周曰序」。按孟子滕文公作「殷曰序，周曰庠」，原刊不誤。

〔一九〕補文學掌故缺　「缺」原作「事」，據元本、慎本、馮本及史記卷一二一儒林列傳、漢書卷八八儒林傳改。

〔二〇〕無以明布諭下　「明」原作「名」，據史記卷一二一儒林列傳、漢書卷八八儒林傳改。

〔二一〕則公卿大夫士吏彬彬多文學之士矣　「吏」字原脱，據史記卷一二一儒林列傳、漢書卷八八儒林傳改。

〔二二〕而復補卒史及郡屬備員　「屬」原作「國」，據元本、慎本、馮本及上文所引公孫弘奏議改。

〔二三〕昭帝舉賢良文學　「文」原作「太」，據漢書卷八八儒林傳改。

〔二四〕取其向明　此句原作「取其堂」，據蔡中郎集卷一明堂月令論及殿本後漢書祭祀志劉昭注引蔡邕明堂論改。

〔二五〕從西南入　「南」原作「北」，據史記卷二八封禪書、漢書卷二五郊祀志、西漢會要卷一一明堂改。

〔二六〕禮樂未興群下無所從説　漢書卷二二禮樂志「興」作「具」，「從」作「誦」。

〔二七〕各以其家法教授　「家」字原脱，據元本、慎本、馮本及後漢書卷七九儒林傳補。

〔二八〕太僕朱浮以國學既興　「學」原作「家」，據後漢書卷三三及通志卷一〇八朱浮傳改。

〔二九〕禮義之宮　「宮」原作「官」，據後漢書卷三三朱浮傳改。

〔三〇〕太常卿每選試博士　「試」原作「士」，據元本、慎本、馮本及後漢書百官志改。

〔三一〕别立校舍　「立」原作「上」，據後漢書卷七九儒林傳改。

〔三二〕其正中皆曰太廟　「正中」二字原倒，「皆」上原有「焉」字，後漢書祭祀志劉昭注引作「其正中焉皆曰太廟」，該書盧校以爲衍「焉」字。按蔡中郎集明堂月令論作「其正中皆曰太廟」，今據以乙删。

〔三三〕以明制度　「明」字原脱，據蔡中郎集明堂月令論及後漢書祭祀志劉昭注引文補。

〔三四〕故爲大教之宫　「宫」原作「官」，據蔡中郎集明堂月令論及後漢書祭祀志劉昭注引文改。

〔三五〕政教之所由生　「政」字原脱，「生」下原衍「專」字，據蔡中郎集明堂月令論及殿本後漢書祭祀志劉昭注引文補删。

〔三六〕變化之所自來　「變化」原作「受作」，據蔡中郎集明堂月令論及後漢書祭祀志盧校改。

〔三七〕取其向明　此句原作「取其堂」，今改。參見本卷校記〔二四〕。

〔三八〕戊申納於太廟　「戊申」二字原脱，據春秋桓公二年經文及蔡中郎集明堂月令論補。

〔三九〕以周清廟論之　「之」原作「曰」，據蔡中郎集明堂月令論及殿本後漢書祭祀志劉昭注引文改。

〔四〇〕成王以周公爲有勳勞於天下　蔡中郎集明堂月令論「勳」上有「大」字。

〔四一〕明魯之太廟猶周清廟也　「魯」上原衍「堂」字，「太」字原脱，據蔡中郎集明堂月令論及殿本後漢書祭祀志劉昭注引文删補。

〔四二〕日中出南闈　「闈」原訛作「圍」，據蔡中郎集明堂月令論及後漢書祭祀志劉昭注引文改。下文「西闈」、「北闈」同。

〔四三〕東南稱門西北稱闈　此句原作「南門稱門，西門稱闈」，據蔡中郎集明堂月令論及後漢書祭祀志盧校改。

〔四四〕遂設三老位焉　殿本後漢書祭祀志劉昭注引文「三老」下有「五更之席」四字，此句之後又有「言教學始之於養老由東方歲始也又」十五字。

〔四五〕名曰辟廱　殿本後漢書祭祀志劉昭注引文此句上有「禮記盛德篇曰明堂九室以茅蓋屋上圓下方此水」二十字。

〔四六〕薦俘馘於京太室　「薦」原作「爲」，據蔡中郎集明堂月令論及後漢書祭祀志劉昭注引文改。

〔四七〕即王制所謂以訊馘告者也　「者」字原脱，據元本、慎本、馮本補。

〔四八〕凡此皆明堂太室辟廱太學事通合之義也　蔡中郎集明堂月令論及殿本後漢書祭祀志劉昭注引文，「通」下皆有「文」字。

〔四九〕陰陽九六之變也　「也」原作「且」，據蔡中郎集明堂月令論及後漢書祭祀志劉昭注引文改。

〔五〇〕又詔高才生受古文尚書　「才」原作「堂」，據元本、慎本、馮本及後漢書卷七九儒林傳改。

〔五一〕所以網羅逸軼　「逸軼」，後漢書卷七九儒林傳作「遺逸」。

〔五二〕至爲園採芻牧之處　「爲」原作「於」，據後漢書卷四八翟酺傳改。

〔五三〕諸學生年六十以上　「年」原作「言」，據通典卷一三改。「六十」二字原倒，據通典及後文「試太學生年六十以上百餘人」句乙正。

〔五四〕上第十六人爲郎中　「中」字原脱，據册府元龜卷六三九貢舉部及後文補。通典卷一三作「上第十六人爲中郎」亦誤。

〔五五〕擢其高第爲郎中　「擢」原作「推」，據通典卷一三及册府元龜卷六三九改。下「擢其高第補吏」句同。

〔五六〕已爲郎中　四字原脱，據通典卷一三補。

〔五七〕靈帝熹平五年　「五」原作「四」，據元本、慎本、馮本及後漢書卷八靈帝紀改。

〔五八〕其高名善士多坐流廢　「名」原作「明」，據元本、慎本、馮本及後漢書卷七九儒林列傳改。

〔五九〕康國理政　「康」，後漢書卷六〇蔡邕傳作「匡」，此處係避宋諱。

〔六〇〕尚書陽球奏曰　「陽」原作「楊」，據後漢書卷七七陽球傳改。

〔六一〕更相告訟　「更相」二字原倒，據後漢書卷七九儒林傳乙正。

〔六二〕不得事業　「事」，後漢書卷九獻帝紀作「專」。

〔六三〕長委農野　「委」原作「安」，據後漢書卷九獻帝紀改。

〔六四〕被服玄黄　「玄黄」原作「元裳」，據後漢書卷九獻帝紀注改。

卷四十一　學校考二

太學

魏志王肅傳〔一〕：「自初平之元，至建安之末，天下分崩，人懷苟且，紀綱既衰，儒道尤甚。至黄初元年之後，新主乃復始掃除太學之灰炭，補舊石碑之缺壞，備博士之員録，依漢甲乙以考課。申告州郡，有欲學者皆遣詣太學。太學始開，有弟子數百人。至太和、青龍中，中外多事，人懷避就，雖性非解學，多求詣太學。太學諸生有千數，而諸博士率皆麤疏，無以教弟子。弟子本亦避役，竟無能習學，冬來春去，歲歲如是。又雖有精者，而臺閣舉格太高，加不念統其大義，而問字指墨法點注之間，百人同試，度者未十。是以志學之士，遂復陵遲，而來求浮虚者各競逐也〔二〕。正始中，有詔議圜丘，普延學士。時郎官及司徒領吏二萬餘人，雖復分布，見在京師者尚且萬人，而應書與議者略無幾人。又是時朝堂公卿以下四百餘人，其能操筆者未有十人，多皆相從飽食而退。嗟夫！學業沈隕，乃至於此。是以區區私心，常貴乎數公者，各處荒亂之際，而能守志彌篤者也。」數公，謂董遇、賈洪、邯鄲淳、薛夏、隗禧、蘇林、樂詳等七人爲儒宗。

黄初五年，立太學，制五經課試之法，置春秋穀梁博士。時慕學者始詣太學爲門人。滿二歲，試通一經者稱弟子，不通一經者罷遣。選舉補官，並如後漢建和之制。

明帝太和二年，詔申敕郡國貢士以經學爲先。

四年，詔曰：「世之質文，隨教而變。兵亂以來，經學廢絶，後生進趣，不由典謨。豈訓導未洽，將進用者不以德顯乎？其郎吏學通一經，才任牧民，博士課試，擢其高第者，亟用；其浮華不務道本者，皆罷退之。」

齊王正始中，劉馥上言〔三〕：「黄初以來，崇立太學，二十餘年〔四〕，而成者蓋寡。由博士選輕，諸生避役，高門子弟〔五〕，耻非其倫，故無學者〔六〕。雖有其名，而無其實；雖設其教，而無其功。宜高選博士，取行爲人表，經任人師者，掌教國子。依遵古法，使二千石以上子孫，年從十五，皆入太學。明制黜陟，陳榮辱之路。」

明帝時，高柔上疏曰：今博士皆經明行修，一國清選，而使遷除限不過長，懼非所以崇顯儒術，帥勵怠惰也。宜隨學行優劣，待以不次之位，敦崇道教，以勸學者，於化爲弘。

按：兩漢博士皆名儒，而由博士入官者多至公卿。今觀劉馥〔七〕、高柔所言，則知魏時博士之遴選既不精，而博士之遷陞亦復有限矣。

吴主孫休永安元年立學制曰〔八〕：「古者建國，教學爲先，所以遵理，爲時養器也〔九〕。宜按舊制，置學官，立五經博士，覈取應選，加其寵禄。科見吏之中及將吏子弟有志好者〔一〇〕，各令就業。一歲課試，差其品第，加以位賞。使見之者樂其榮，聞之者羨其稱〔一一〕。以惇王化，以正風俗。」

晉武帝初，太學生三千人。泰始八年，有司奏：「太學生七千餘人，才任四品，聽留。」詔曰：「已試經者留之。大臣子弟堪受教者，令入學。其餘遣還郡國。」

咸寧二年，起國子學。法周禮國之貴游子弟所謂國子，受教於師氏者也〔一三〕。

惠帝元康三年〔一三〕，以人多猥雜，欲辨其涇渭，於是制立學官品〔一四〕，第五品以上得入國學。

東晉元帝時，太常賀循言：「尚書被符，經置博士一人。又多故歷紀，儒道荒廢，學者能兼明經義者少。且春秋三傳，俱出聖人，而義歸不同，自前代通儒，未有能通得失兼而學之者也。況今學義甚頹，不可令一人總之。今宜周禮、儀禮二經置博士二人，春秋三傳置三人，其餘則經置一人，合八人。」太常車胤上言〔一五〕：「按二漢舊事，博士之職唯舉明經之士，遷轉各以本資〔一六〕，初無定班。魏及中朝多以侍中、常侍儒學最優者領之，職雖不同漢氏，盡於儒士之用，其揆一也。今博士八人，愚謂宜依魏氏故事，擇朝臣一人經學最優者，不繫位之高下，常以領之。每舉太常共研厥中。其餘七人，自依常銓選。」大興初，欲修立學校，唯周易王氏，尚書鄭氏，古文孔氏，毛詩、周官、禮記、論語、孝經鄭氏，春秋左傳杜氏、服氏，各置博士一人。其儀禮、公羊、穀梁及鄭易皆省，不置博士。

太常荀崧上疏曰：「昔武皇帝崇儒術，以賈、馬、鄭、杜、服、孔、王、何、顏、尹之徒〔一七〕，章句傳注衆家之學，置博士十九人。二十州之中，師徒相傳，學士如林，猶選張華、劉寔居太常之官，以重儒教。伏聞節省之制，皆三分置二。博士舊員十有九人，准古計今，猶未中半。九人以外，猶宜增置。周禮、左氏、公羊、穀梁春秋，臣以爲宜各置一人，以傳其學。」遇王敦難，不行。

征南軍司戴邈上言：「喪亂以來，庠序隳廢。議者或謂平世尚文，遭亂尚武，此言似之而實不然。夫儒道深奧，不可倉卒而成，比天下平泰然後修之，則廢墜已久矣。又貴遊之子，未必有斬將搴旗之才，從軍征戍之役，不及盛年使之講肄道義，良可惜也。世道久喪，禮俗日弊，如火之消膏，莫之覺也。今王業肇建，萬物權輿，宜篤道崇儒，以勵風化。」從之。

成帝咸康三年，國子祭酒袁瓌、太常馮懷以江左浸安，請興學校。帝從之。乃立太學，徵生徒。而士大夫習尚老、莊，儒術終不振。

致堂胡氏曰：「東晉請建學校者，惟戴邈與袁、馮三君子懇懇言之，而終不能革清談之俗，還孔、孟之教，任是責者，其庾亮乎。」

先公曰：「是時趙亦下書，令郡國立五經博士。初，勒置大小博士，至是復置國子博士。南北之學並興，而江左雖微，中原喪亂，則自若也。」

孝武太元初，於中堂立行太學。於時無復國子生，置太學生六十人，國子生權銓大臣子孫六十人。事訖罷。其國子生見祭酒、博士，單衣角巾，執經一卷以代手版。

自穆帝至孝武，並以中堂爲太學。

太元九年，尚書謝石請興復國學，以訓胄子，頒下州郡，普修鄉校。帝納其言。明年〔一八〕，選公卿二千石子弟爲生〔一九〕，增造廟房屋百五十五間。而品課無章，士君子恥與其列〔二〇〕。國子祭酒殷茂上言：「臣聞舊制，國學生皆取冠族華胄，比列皇儲〔二一〕。而中混雜蘭艾，遂令人情恥之。」詔雖褒納，竟不施行。

秦王堅臨太學考學生經義，上第擢敘者八十三人。又作教武堂於渭城，命太學生明陰陽、兵法者教授諸將。陽平公融坐擅起學舍，爲有司所糾。高泰謂王猛曰：「昔魯僖公以泮宮發頌，齊宣王以稷下垂聲，今陽平公開建學宮，追蹤齊、魯，不聞明詔褒美，乃更煩有司舉劾乎？」乃止。自永嘉之亂，庠序無聞。及堅之僭，頗留心儒學。

宋武帝詔有司立學，未就而崩。

文帝元嘉二十年立國學，二十七年廢。

帝雅好藝文，使丹陽尹廬江何尚之立玄學，太子率更令何承天立史學，司徒參軍謝元立文學，散騎常侍雷次宗立儒學，爲四學。

司馬氏曰：「易曰：『君子多識前言往行，以畜其德。』孔子曰：『辭達而已矣。』然則史者，儒之一端；文者，儒之餘事。至於老、莊虛無，固非所以爲教也。夫學者所以求道，天下無二道，安有四學哉！」

齊高帝建元四年〔一三〕，詔立國學，以張緒爲祭酒，置學生百五十人〔一三〕，取王公以下子孫年十五以上，二十以下，家去都二千里爲限〔一四〕。帝崩，乃以國諱廢學。

先公曰：「齊高即位之初，求直言，崔祖思以爲人不學則不知道，此逆亂之所由生，宜開文武二學，使人依方習業，優殊者待以不次。此國學之所以置歟？南史儒林傳敘言：『國學時或建置，而勸課未博，建之不能十年，取文具而已。」宋、齊一也。張緒見謂風流，在清簡寡欲之目，以爲有正始之風。善清言而已，師道恐不止於清言。然當時以爲極選矣。是春置學，秋以國哀罷，曾不及歲。江左之學校如此。

武帝永明三年，詔立學。初，宋太宗置總明觀以集學士，亦謂之東觀。上以國學既立，省總明觀。召公卿以下子弟，置生二百二十人。其年秋中悉集。

時王儉領國子祭酒。詔於儉宅開學士館，以總明四部書充之。又詔儉以家爲府。自宋世祖好文章，士大夫悉以文章相尚，無以專經爲業者。儉少好禮樂及春秋〔二五〕，言論造次必於儒者。由是衣冠翕然，更尚儒術。儉十日一還學，監試諸生，巾卷在庭，劍衛、令史，儀容甚盛。作解散髻，斜插簪，朝野慕之，相與仿傚。儉以宰相領祭酒。令國子生單衣角巾，執經代手版。

東昏侯永元初，詔依永明舊事廢學。時有司奏，國學、太學兩存焉。

國子助教曹思文上表曰：「今制書始下，而廢學先聞，將恐觀國之光者，有所闕也〔二六〕。若以國諱宜廢〔二七〕，昔漢武立學，爰洎元始〔二八〕，百餘年中，未嘗暫廢，其間豈無國諱？永明以無太子故廢〔二九〕，斯非古典。今之國學，即古之太學，天子入國學，以行禮也；太子入國學，以齒讓也。太學之與國學，斯是晉代殊其士庶，異其貴賤耳。然貴賤士庶皆須教，國學、太學兩存之可也。」

梁武帝天監四年，置五經博士各一人，又置胄子律博士。

五年，置集雅館以招遠學。又詔皇太子及王侯之子，年在從師者，皆入學。幸國子學，策試胄子，賜訓授之司各有差。

致堂胡氏曰：「史稱武帝雅好儒術，至是置五經博士，開館宇，招後進，四館所養士踰千人，射策通明者除吏。又修孔子廟以示尊師。他日，又幸國子監，親臨講肄。且令皇太子及王侯之子，年可從師者，皆入學。可謂勤矣。然儒風不振，人才不出，何也？帝心尚佛，自天監改元，即不肉食，此躬行也，故特以美行興學養士，故人不從其令而從其意。意乃身率，令乃文具。其後綱維不立，人紀胥廢，國破身隕，爲萬世笑，蓋始於此。人主心術所尚，可不慎哉！」

陳天嘉以後，稍置學官，雖博延生徒，成業蓋寡。其所采掇，蓋亦梁之遺儒。

後魏道武帝初定中原，始於平城立太學，置五經博士，生員千餘人。天興二年，增國子、太學生員三千人。

帝問博士李先曰〔三〇〕：「天下何物最善，可以益人神智？」對曰：「書籍。」帝曰：「書籍凡有幾何？如何可集？」對曰：「自書契以來，世有滋益，以至於今，不可勝計。苟人主所好，何憂不集？」珪從之，命郡縣大索書籍，送平城。又命集博士、儒生，比衆經文字，義類相從者，凡四萬餘字，號曰「衆文經」。

明年，特改國子爲中書學，立教授、博士。

太武始光三年，别立太學於城東。後徵盧玄、高允等，令州郡各舉才學，於是人多砥礪，儒術轉興。

孝文太和中，改中書爲國子，又開皇子之學，建明堂、辟廱。及遷都洛陽，立國子、太學、四門小學。

又詔求天下遺書，祕閣所無、有裨時用者，加以厚賞。

宣武時，復詔營國學，樹小學於四門，大選儒生以爲小學博士，員四十人。雖黌宇未立，而經術彌顯。時天下承平，學業大盛，故燕、齊、趙、魏之間，横經著録，不可勝數。大者千餘人，小者猶數百。州舉茂異，郡舉孝廉，對揚王庭，每年逾衆。正光三年，始置國子生三十六人。

齊時，師保疑丞皆賞勳舊，國學博士徒有虚名，唯國子一學，生徒數十人耳。冑子以通經進仕者，唯博陵崔子發、廣平宋游卿而已。

周武帝保定三年，幸太學，以太傅燕國公于謹爲三老而乞言焉〔三二〕。

天和元年，詔：「諸冑子入學，但束脩於師，不勞釋奠。釋奠者，學成之祭。自今永以爲式。」

隋文帝開皇中，令國子寺不隸太常。自前代皆屬太常也。

仁壽元年，詔：以天下學校生徒多而不精，唯簡留國子學生七十人，太學、四門及州縣學並廢。前殿内將軍河間劉炫上表切諫不聽。又改國子爲太學。

水心葉氏曰：「仁壽元年減國子學生，止留七十人，太學、四門、州縣學並廢。當時國子千數，則所散遣者數千萬人，豈不駭動。雖有諫者，皆不聽。史臣以爲其暮年精華稍竭致然。時方遣十六使巡省風俗。而詔以爲徒有名録，空度歲時，未有德爲代範，才任國用，良由設學之理多而未精。至三年七月，下詔令州縣搜揚賢哲，則云：『雖求傅巖，莫見幽人；徒想崆峒，未聞至道。惟恐商歌於長夜，抱關於夷門。』旨意懇切，且『限以三旬，咸令進路。徵召將送，必須以禮』。則所謂精華將竭，有所厭怠者亦未然。蓋其心實謂空設學校，未足以得人耳。古之爲教，使材者必由學，舜、周公之論是也。漢以後傳經師章句而已，材者由於學則枉以壞，不材者由於學則揠以成。教之無本而不行，取之雖驟而不獲。則學之盛衰興廢，蓋未易言也。」

先公曰：劉炫上表言學校不宜廢，而帝不納，由其不學故也。牛奇章不可辭其責矣。其後盜賊群起，經籍道息，而炫亦以飢死，哀哉。而水心乃以爲帝心實謂空設學校，未足以得人材，然則廢之誠是歟？

煬帝即位後，開庠序，國子、郡縣之學，盛於開皇之初。徵辟儒生，遠近畢至，使相與講論得失於東都之下，納言定其差次以奏聞。於時舊儒多已凋亡，惟信都劉士元、河間劉光伯拔萃出類，學通南北，博及古今，後生鑽仰。諸經議疏，搢紳咸宗師之。既而外事四夷，戎馬不息，師徒怠散，盜賊群起，方領矩步之徒亦轉死溝壑，經籍湮没於煨燼矣。

唐制：凡學六，皆隸於國子監：國子學，生三百人，以文武三品以上子孫若從二品以上曾孫，及勳官二品、縣公、京官四品帶三品勳封之子爲之；太學，生五百人，以五品以上子孫、職事官五品期親若三品曾孫，及勳官三品以上有封之子爲之；四門學，生千三百人，其五百人以勳官三品以上無封、四品有封及文武七品以上子爲之，八百人以庶人之俊異者爲之；律學，生五十人，書學，生三十人，算學，生三十人，以八品以下子及庶人之通其事者爲之。京都學生八十人，大都督、中都督府、上州各六十人，下都督府、中州各五十人，下州四十人，京縣五十人，上縣四十人，中縣、中下縣各三十五人，下縣二十人。國子監生，尚書省補，祭酒統焉。州縣學生，州縣長官補，長史主焉。凡館二：門下省有弘文館，生三十人；東宮有崇文館，生二十人。以皇緦麻以上親，皇太后、皇后大功以上親〔三二〕，宰相及散官一品、功臣身食實封者、京官職事從三品、中書黄門侍郎之子爲之。凡博士、助教，分經授諸生。未終經者無易業。凡生，限年十四以上，十九以下；律學十八以上，二十五以下。凡禮記、春秋左氏傳爲大經，詩、周禮、儀禮爲中經，易、尚書、春秋公羊傳、穀梁傳爲小經。通二經者，大經、小經各一，若中經二。通三經者，大經、中經、小經各一。通五經者，大經皆通，餘經各一。孝經、論語皆兼通之。凡治孝經、論語，共限一歲；尚書、公羊傳、穀梁傳，各一歲半；易、詩、周禮、儀禮，各二歲；禮記、左氏傳，各三歲。學書，日紙一幅，間習時務策，讀國語、説文、字林、三蒼、爾雅。凡書學，石經三體限三歲，説文二歲，字林一歲。凡算學，孫子、五曹共限一歲，九章、海島共三歲，張邱建、夏侯陽各一歲，周髀、五經算共一歲，綴術四歲，緝古三歲，記遺、三等數皆兼習之。旬給假一日。前假，博士考試，讀者千言試一帖，帖三言，講者二千言問大義一條，總三條通二爲第，不及者有罰。歲終，通一年之業，口問大義十條〔三三〕，通八爲上，六爲中，五爲下。併三下與在學九歲、律生六歲不堪貢者罷歸。諸學生通二經、俊士通三經已及第而願留者，四門學生補太學，太學生補國子學。每歲五月有田假，九月有授衣假，二百里外給程。其不帥教及歲中違程滿三十日，事故百日，緣親病二百日，皆罷歸。既罷〔三四〕，條其狀下之屬所，五品以上子孫送兵部，准蔭配色。每歲仲冬，州、縣、館、監舉其成者送之尚書省。

高祖武德元年，詔皇族子孫及功臣子弟，於祕書外省別立小學。

太宗貞觀五年以後，數幸國學。於門下別置弘文館，於東宮置崇文館，遂增創學舍一千二百間。國學、太學、四門亦增生員，其書、算各置博士〔三五〕，凡三百六十員。其屯營飛騎，亦給博士，授以經業。無何，高麗、百濟、新羅、高昌、吐蕃諸國酋長，亦遣子弟請入國學。於是國學之內八千餘人。國學之盛，近古未有。

高宗龍朔二年，東都置國子監。明年，以書學隸蘭臺，算學隸祕閣，律學隸詳刑。

上元二年，加試貢士老子策，明經二條，進士三條。國子監置大成二十人，取已及第而聰明者爲之。試書日誦千言，并日試策，所業十通七，然後補其禄俸，同直官。通四經業成，上於尚書吏部試之，登第加一階放選。其不第即習業如初，三歲而又試，三試而不中第，從常調。

武后聖曆二年，鳳閣舍人韋嗣立上言：國家自永淳以來，二十餘載，國學廢散，冑子衰缺，時輕儒學之官，莫存章句之選。又垂拱已後〔三六〕，文明在辰，盛典鴻休，日書月至，因藉際會，入仕尤多。陛下誠能下明制，發德音，廣開庠序，大敦學校，三館生徒，即令追集，王公以下子弟，不容別求仕進，皆入國學，服膺訓典，崇飾館廟，尊尚儒師，則四海之内靡然向風矣。

中宗神龍二年，敕學生在學，各以長幼爲序。初入學，皆行束脩之禮禮於師，國子、太學各絹三疋，四門學絹二疋，俊士及律、書、算學、州縣各絹一疋，皆有酒脯。其束脩三分入博士，二分助教。又每年國子監所管學生國子監試〔三七〕，州縣學生當州試，並選藝業優長者爲試官，仍長官監試〔三八〕。

洪氏容齋隨筆曰：「唐六典：『國子生初入，置束帛一篚、酒一壺、脩一案，爲束脩之禮。太學、四門、律學、書學、算學皆如國子之法。其習經有暇者，命習隸書，并國語、說文、字林、三蒼、爾雅，每旬前一日，則試其所習業。』乃知唐世士人多工書，蓋在六館時，以爲常習。其說文、字林、蒼、雅諸書，亦欲貴以結字合於古義，不特銓選之時，方取楷書遒美者也。束脩之禮乃於此見之。開元禮載：皇子束脩，束帛一篚五疋，酒一壺二斗，脩一案三脡。皇子服學生之服，至學門外，陳三物於西南，少進曰：『某方受業於先生，敢請見。』執篚者以篚授皇子，皇子跪，奠篚，再拜，博士答再拜，皇子還避，遂進跪取篚，博士受幣，皇子拜訖，乃出。其儀如此，州縣學生亦然。」

詔宗室三等以下、五等以上未出身，願宿衛及任國子生，聽之。其學業成而堪貢者〔三九〕，宗正寺試，送監舉如常法。三衛番下日，願入學者，聽附國子學、太學及律館習業。蕃王及可汗子孫願入學者，附國子學讀書。

玄宗開元五年〔四〇〕，始令鄉貢明經、進士見訖〔四一〕，國子監謁先師，學官開講問義，有司爲設食，清資五品以上官及朝集使皆往閲禮焉。

七年，又令弘文、崇文、國子生季一朝參。又敕州縣學生年二十五以下、八品子若庶人二十一以下〔四二〕，通一經及未通經而聰悟有文詞、史學者，入四門學爲俊士。即諸州貢舉省試不第，願入學者聽。

開元十一年，上置麗正書院，聚文學之士。祕書監徐堅、太常博士會稽賀知章等，或修書，或侍講，以張說爲修書使以總之。有司供給優厚。中書舍人陸堅以爲此屬無益於國〔四三〕，徒爲靡費，欲悉奏罷之。張說曰：「自古帝王於國家無事之時，莫不崇宮室，廣聲色。今天子獨延禮文儒，發揮典籍，所益者大，所損者微。陸子之言，何不達也。」上聞之，重説而薄堅。

帝愛鄭虔之材，欲置左右，以其不事事，更爲置廣文館，以虔爲博士。虔聞命，不知廣文曹司何在，訴宰相。宰相曰：「上增國學，置廣文館以居賢者，令後世言廣文博士自君始，不亦美乎？」虔乃就職。久之，雨壞廡舍，有司不復修完，寓治國子館，自是遂廢。

天寶十二載，敕天下罷鄉貢舉人不由國子及郡縣學者，勿舉選。

十四載〔四四〕，復鄉貢。

代宗廣德二年，詔曰：「古者設太學，教冑子，雖年穀不登，兵革或動，而俎豆之事不廢。頃年戎車屢駕，諸生輟講，宜追學生在館習業，度支給厨米。」

蕭昕時爲國子祭酒，建崇太學以樹教本。帝悟其言，詔群臣有籍於朝及神策六軍子弟肄業者，聽補生員。

二月，釋奠於國子監，命宰相帥常參官，魚朝恩率六軍諸將往聽講，子弟皆服朱紫爲諸生。朝恩既貴顯，乃學講經爲文，僅能執筆、辨章句，遽自謂才兼文武，人莫敢與之抗。

國子監成，以魚朝恩行内侍監、判國子監事。中書舍人常衮言：「成均之任，當用名儒，不宜以宦者領之。」不聽。命宰相以下送朝恩上。

先公曰：先王之禮，受成獻馘於學，漢期門、羽林之士悉通一經，然則釋奠講經，宰相帥常參官、武臣率六軍諸將往聽，未爲失也。而魚朝恩判監事則非也。以薰腐之餘而列之熊羆之士、不二心之臣之上，豈惟章甫逢掖羞之，介胄之夫亦以爲辱矣。

德宗貞元六年，時弘文、崇文生未補者，務取闕員以補，速於登第，而用蔭乖實，至有假市門資、變易昭穆及假人試藝者。乃詔宜據式考試，假代者論如法。

歸崇敬爲國子司業，皇太子欲臨國學行齒胄禮。崇敬以學與官名皆不正，乃建議：「古天子學曰辟廱，以制言之，壅水環繚如璧然；以誼言之，以禮樂明和天下云爾。在禮爲澤宮。故前世或曰璧池，或曰璧沼，亦言學省。漢光武立明堂、辟廱、靈臺，號『三廱宮』。晉武帝臨辟廱，行鄉飲酒禮，別立國子學，以殊士庶。永嘉南遷，惟有國子學。隋大業中，更名國子監。今聲明之盛〔四五〕，辟廱獨闕，請以國子監爲辟廱省。祭酒、司業之名，非學官所宜。業者，栒簴大板，今學不教樂，於義無當。請以祭酒爲太師氏，位三品；司業爲左師、右師，位四品。近世明經，不課其義，先取帖經，顓門廢業，傳授義絶。請以禮記、左氏春秋爲大經，周官、儀禮、毛詩爲中經，尚書、周易爲小經，各置博士一員。公羊、穀梁春秋共准一中經，通置博士一員。博士兼通孝經、論語，依章疏講解。德行淳潔、文詞雅正、形容莊重可爲師表者，委四品以上各舉所知，在外給傳，七十者安車蒲輪敦遣。國子、太學、四門、三館，各立五經博士，品秩、生徒有差。舊博士、助教、直講、經直，律館、算館助教，請皆罷。教授法：學士謁師，贄用腶脩一束，酒一壺，衫布一裁，色如師所服。師出中門，延入，與坐，割脩酙酒，三爵止。乃發篋出經，摳衣前請，師爲説經大略，然後就室。朝晡請益。師二時堂上訓授道義，示以文行忠信、孝弟睦友。旬省，月試，時考，歲貢，眂生徒及第多少爲博士考課上下。有不率教者，檟楚之，國子移禮部，爲太學生;太學又不變,徙之四門;四門不變,徙本州之學;復不變,繇役如初,終身不齒。雖率教,九年學不成者,亦歸之本州。禮部考試法:請罷帖經。於所習經問大義二十而得十八,論語、孝經十得八,爲通;策三道,以本經對,通二爲及第。其孝行聞鄉里者,舉解具言,試日義闕一二,許兼收焉。天下鄉貢如之。習業考試,並以明經爲名,得第授官,與進士同。」有詔尚書省集百官議。皆以習俗久,制度難分明,省禁非外司所宜名,周官世職者稱氏,國學非世官,不得名辟廱省、太師氏。大抵憚改作,故無施行者。

憲宗元和二年,置東都監生一百員。自天寶後,學校益廢,生徒流散。永泰中,雖置西監生〔四六〕,而館無定員。於是始定生員:西京國子館生八十人,太學七十人,四門三百人,廣文六十人,律館二十人,書、算館各十人。東都國子館十人,太學十五人,四門五十人,廣文十人,律館十人,書館三人,算館二人而已。

韓愈請復國子監生徒疏曰〔四七〕:「國家典章,崇重庠序。近日趨競,未復本原,至使公卿子弟,恥遊太學,工商凡冗,或處上庠〔四八〕。今聖道大明,儒風復振,恐須革正,以贊鴻猷。今請國子館並依六典,其太學館量許取常參官八品以上子弟充,其四門館亦量許取無資蔭有才業人充〔四九〕。如有資蔭不補學生應舉者,請禮部不在收試限;其新補人有冒蔭者〔五〇〕,請牒送法司科罪。緣今年舉期已近,伏請去上都五百里内,特賜非時收補;其五百里外,且任鄉貢,至來年春,一時收補。其厨糧度支,先給二百七十四人,今請准新補人數,量加支給。」又論新注學官牒:「准今年赦文,委國子祭酒選擇有經藝、堪訓導生徒者，以充學官。近年吏部所注，多循資叙，不考藝能，至令生徒不自勸勵〔五一〕。伏請非專通經傳、博涉墳史，及進士、五經諸色登科人，不以比擬。其新授官，上日必加研試，然後放行〔五二〕。上以副聖朝崇儒尚學之意。」

文宗太和七年赦節文：「應公卿士族子弟，取來年正月已後，不先入國學習業者，不在應明經、進士之限。」

武宗會昌五年制：「公卿百官子弟，及京畿内士人寄客修明經、進士業者，並隷名太學。外州寄士人並隷名所在官學〔五三〕。」

咸通中，劉允章爲禮部侍郎，請諸生及進士第並謁先師，衣青衿、介幘，以還古制。又建言：「群臣輸光學錢治庠序，宰相五萬，節度使四萬，刺史萬。」詔可。

梁開平三年，國子監奏：「修建文宣王廟，請率在朝及天下見任官俸錢，每貫剋留一十五文。」

後唐天成三年正月，中書門下奏：「伏以祭酒之資，歷朝所貴，爰從近代，不重此官。況屬聖朝，方勤庶政，須弘雅道，以振儒風〔五四〕。望令宰臣一員兼判國子祭酒。」敕：「宜令宰臣崔協兼判。」其年八月十一日，宰臣兼判國子祭酒崔協奏：「請國子監每年秖置監生二百員，候解送至十月三十日滿數爲定。又請頒下諸道州府，各置學官〔五五〕。如有鄉黨備諳、文行可舉者，録其事實申監司，方與解送。但一身就業，不得影庇門户。兼太學書生，亦依此例，不得因此便取公牒，輒免本户差役。又每年於二百人數内，不繫時節，有投名者，先令學官考試，校其學業深淺，方議收補姓名。」敕：「宜依。」

五年正月五日，國子監奏：「當監舊例，初補監生有束脩錢二千，及第後光學錢一千。竊緣當監諸色舉人及第後，多不於監司出給光學文抄，及不納光學錢，祇守選限，年滿便赴南曹參選。南曹近年磨勘選人，並不收竪監司光學文抄爲憑。請自今後欲准往例，應諸色舉人及第後〔五六〕，並先於監司出給光學文抄，並納光學錢，等各自所業等第〔五七〕，以備當監逐年公使。」奉敕：「宜准往例，自今後凡補監生，須令情願於監中修學，則得給牒收補，仍據所業次第，逐季考試申奏。如收補年深未聞藝業，虚占補牒〔五八〕，不赴試期，亦委監司具姓名申奏。」

按：五代弊法，凡官府公使錢，多令居官者自出其費，宰相則有光省錢，御史則有光臺錢，至於監生亦令其出光學錢，則貧士何所從出？既徵其錢，復不蠲其役，待士之意，亦太薄矣。然史所言，多有未曾授業輒取解送者，往往亂離之際，其居學者亦皆苟賤冒濫之士耳。

校勘記

〔一〕魏志王肅傳　按此下所引是三國志卷一三魏書王肅傳裴注所引魏略文。

〔二〕而來求浮虚者各競逐也　「來」，三國志卷一三魏書王肅傳注引魏略作「末」。疑「來求」二字有訛，或當作「末學」。

〔三〕齊王正始中劉馥上言　據三國志卷一五魏書劉馥傳，馥卒於建安十三年，此疏實爲其子靖所上。通考係仍宋書卷一四禮一、通典卷五三禮一三之誤。

〔四〕二十餘年　「二」原作「一」，據三國志卷一五魏書劉馥傳、宋書卷一四禮一、通典卷五三禮一三改。

〔五〕高門子弟　「弟」原作「孫」，據三國志卷一五魏書劉馥傳、宋書卷一四禮一改。

〔六〕故無學者　「無」字原脱，據三國志卷一五魏書劉馥傳補。

〔七〕今觀劉馥　「劉馥」當作「劉靖」，見本卷校記三。

〔八〕吴主孫休永安元年立學制曰　「安」原作「壽」，據三國志卷四八吴書三嗣主傳及宋書卷一四禮一改。

〔九〕所以遵理爲時養器也　三國志卷四八吴書三嗣主傳及宋書卷一四禮一俱作「所以道世治性爲時養器也」。「世」、「治」皆通典所避唐諱，通考仍通典文。

〔一〇〕科見吏之中及將吏子弟有志好者　「科」字原脱，據三國志卷四八吴書三嗣主傳、宋書卷一四禮一改。

〔一一〕聞之者羨其稱　「稱」，三國志卷四八吴書三嗣主傳作「譽」，通典避唐代宗嫌名改，通考仍通典文。

〔一二〕法周禮國之貴游子弟所謂國子受教於師氏者也　「所謂」、「氏」三字原脱，據宋書卷一四禮一補。按周禮，師氏掌教國子。

〔一三〕惠帝元康三年　「三」原作「元」，據南齊書卷九禮上、通典卷五三禮一三、玉海卷一一二改。

〔一四〕於是制立學官品　「品」字原脱，據南齊書卷九禮上、通典卷五三禮一三、玉海卷一一二補。

〔一五〕太常車胤上言　按晉書卷八三車胤傳，胤於孝武帝太元以後遷太常，其時去元帝年代已久，此處有訛脱。

〔一六〕遷轉各以本資　「遷」原作「選」，據通典卷五三禮一三改。

〔一七〕以賈馬鄭杜服孔王何顔尹之徒　「服」原作「伏」，據晉書卷七荀崧傳、宋書卷一四禮一、通典卷五三禮一三、冊府元龜卷六〇二學校部奏議一改。又「顔尹」二字原脱，據上引晉書、宋書、冊府元龜補。按王國維觀堂集林漢魏博士考謂魏十九博士中有公羊顔氏、穀梁尹氏。

〔一八〕明年　宋書卷一四禮一作「其年」。

〔一九〕選公卿二千石子弟爲生　「爲」字原脱，據宋書卷一四禮一補。

〔二〇〕士君子耻與其列　「士」字原脱，據宋書卷一四禮一補。

〔二一〕比列皇儲　「列」原作「例」，據元本、慎本、馮本及宋書卷一四禮一、通典卷五三禮一三改。

〔二二〕齊高帝建元四年　「元」原作「和」，據南齊書卷九禮上、資治通鑑卷一三五齊紀改。按齊高帝無「建和」年號。

〔二三〕置學生百五十人　南齊書卷九禮上同。通典卷五三禮一三作「置學生五十人」，資治通鑑卷一三五齊紀作「置學生二百人」。

〔二四〕家去都二千里爲限　「去」原作「上」，據南齊書卷九禮上、通典卷五三禮一三改。

〔二五〕儉少好禮樂及春秋　「禮樂」，資治通鑑卷一三六齊紀作「禮學」，按南齊書卷二三王儉傳亦謂「儉長禮學」。

〔二六〕有所闕也　此句南齊書卷九禮上作「有以擬議也」，疑是。

〔二七〕若以國諱宜廢　「宜」原作「官」，據南齊書卷九禮上及通典卷五三禮一三改。

〔二八〕昔漢武立學爰洎元始　此句原作「昔晉武立學爰洎建元」，據通典卷五三禮一三改。按漢書卷八八儒林傳贊「自武帝立五經博士，開弟子員，設科射策，勸以官禄，迄於元始，百有餘年」云云，當爲此數句所本。

〔二九〕永明以無太子故廢　「無」原作「德」，據南齊書卷九禮上改。按齊武帝無「德太子」，文惠太子長懋卒于永明十一年，後即立皇太孫。

〔三〇〕帝問博士李先曰　「先」原作「光」，據元本、慎本、馮本及魏書卷三三、北史卷二七李先傳改。

〔三一〕以太傅燕國公于謹爲三老而乞言焉　「國」字原脱，據周書卷一武帝紀、卷一五于謹傳補。

〔三二〕皇后大功以上親　「后」字原脱，據新唐書卷四四選舉上補。

〔三三〕口問大義十條　此句原作「口問十義大條」，據新唐書四四選舉上改。

〔三四〕既罷　「罷」上原衍「歸」字，據新唐書卷四四選舉上删。

〔三五〕其書算各置博士　唐會要卷三五學校「算」下有「等」字。

〔三六〕又垂拱已後　「又」原作「入」，據舊唐書卷八八韋嗣立傳、唐會要卷三五學校改。

〔三七〕又每年國子監所管學生國子監試　「年」原作「言」，據唐會要卷三五學校改。

〔三八〕仍長官監試　「仍長官」三字原脱，據唐會要卷三五學校補。

〔三九〕其學業成而堪貢者　「貢」原作「貴」，據新唐書卷四四選舉上改。又「學業成」，新唐書作「家居業成」，義優。

〔四〇〕玄宗開元五年　「玄宗」二字原脱，據元本、慎本、馮本及新唐書卷四四選舉上補。

〔四一〕始令鄉貢明經進士見訖　「始令」二字原脱，據元本、慎本、馮本及新唐書卷四四選舉上補。

〔四二〕八品子若庶人二十一以下　「二」上原衍「以」字，據新唐書卷四四選舉上删。

〔四三〕中書舍人陸堅以爲此屬無益於國　新唐書卷一二五張説傳、資治通鑑卷二一二唐紀八同。舊唐書卷九七張説傳「陸堅」作「徐堅」，下文「陸生之言」亦作「徐子之言」。

〔四四〕十四載　「載」原作「年」，據元本、慎本、馮本改。

〔四五〕今聲明之盛　「明」原作「名」，據舊唐書卷一四九、新唐書卷一六四歸崇敬傳改。

〔四六〕永泰中雖置西監生　新唐書卷四四選舉上同。校點本新唐書校勘記謂：「唐會要卷六六云：『至永泰後，西監置五百五十員，東監近置一百員，未定每館員額。』是永泰後仍東、西監並置。按東、西監習稱兩監，本卷上文亦有『舊重兩監』語，疑此處『西監』爲『兩監』之誤。」

〔四七〕韓愈請復國子監生徒疏曰　「請復」原作「復請」，據元本、慎本、馮本及韓昌黎先生集卷三七改。

〔四八〕或處上庠　「處」原作「取」，據韓昌黎先生集卷三七、全唐文卷五四九改。

〔四九〕其太學館量許取常參官八品以上子弟充其四門館亦量許取無資蔭有才業人充　「常參官八品以上子弟充其四門館亦量許取」十八字原脱，據韓昌黎先生集卷三七、全唐文卷五四九補。

〔五〇〕其新補人有冒蔭者　此句原脱，據韓昌黎先生集卷三七、全唐文卷五四九補。

〔五一〕至今生徒不自勸勵　「令」原作「今」，據元本、慎本、馮本及韓昌黎先生集卷四〇改。

〔五二〕然後放行　「行」字原脱，據韓昌黎先生集卷四〇、全唐文卷五五四補。

〔五三〕外州寄士人並隸名所在官學　殿本唐會要卷三五學校作「外州縣寄學及士人並宜隸各所在官學」。

〔五四〕以振儒風　「儒」，元本、慎本、馮本作「時」。

〔五五〕各置學官　「學官」原作「州學」，據五代會要卷一六國子監改。

〔五六〕應諸色舉人及第後　「諸」字原脱，據五代會要卷一六國子監補。

〔五七〕各自所業等第　「自」原作「有」，據五代會要卷一六國子監改。

〔五八〕虚占補牒　「占」原作「沾」，據五代會要卷一六國子監改。

卷四十二　學校考三

太學

宋初，增修國子監學舍，周顯德二年，以天福普利禪院建國子監。修飾先聖十哲像，畫七十二賢及先儒二十一人像於東西廊之板壁。

太祖皇帝開寶八年，國子監上言：「生徒舊數七十人，先奉詔令分習五經，内有繫籍而不至者，又有住京進士、諸科，常赴講席〔一〕。緣監生元有定數，欲以在監習業之人補充生徒。」詔：「令元繫籍而聽習不闕，得干秋試；繫籍而不至者，聽於本貫請。其未入於籍而聽習者，或有冠裳之族不居鄉里，令補監生之闕。」

仁宗慶曆二年，天章閣侍講王洙言：「國子監每科場詔下，許品官子弟投保官家狀量試藝業，給牒充廣文、太學、律學三館學生，多或致千餘人，即隨秋試召保取解。及科場罷日，則生徒散歸，講官倚席〔二〕，若此但爲遊士寄應之所，殊無國子肄習之法。居常講筵，無一二十人聽講者〔三〕。欲望自今應國子監，每遇科場敕下，授納取解家狀日已前，須實曾附本監聽學滿五百日者，許投狀。令本授官取文簿勘會詣實，依例召京朝官委保，方得取應。每十人之中，與解三人。其未係監生欲求試補者，亦不限時月投狀試業收補。每日講筵應係聽讀生徒，並於本授業學官前親書到曆〔四〕。如遇私故出入，或疾告、歸寧，並具狀給假。若滿周年不來參假者〔五〕，除落名籍。」事下國子監，本監請：「自今試補學生聽讀五百日，方許取解；已得國學文解省試下者，止聽讀一百日，許再請解。又國子監除七品以上子孫，許召保官試補外，八品以下至庶人子弟，例不收補，以此每遇科場，多有冒稱品官子孫，難以詳別，或興詞訴。請倣唐制，立四門學，以八品以下至庶人子孫，補充學生。自今每歲一補試，差學官鎖宿、封彌，精加考校，取文理稍通者具名聞奏，給牒收補。內不合格者，且令理日依舊聽讀，後次與試。若三試不中，不在試補之限。」從之。四月，詔國子監、太學、天下州縣學生，更不立聽讀日限，以諫官余靖極言其非便故也。

按：古人所謂中年考校，九年大成者，進德修業之事也。至漢人之補博士弟子員，則只限以通一經，而後授之官。唐人之法尚彷彿如此。至宋熙、豐後立三舍之法，則不過試之以浮靡之文，而誘之以利祿之途。然明經而必至於通一藝，試文而必至於歷三舍，皆非旦暮可就，故國家雖未嘗嚴其法制，稽其去留，而爲士者，內恥於習業之未精，外誘於榮途之可慕，其坐學之日自不容不久。今慶曆之法，所謂習業者，雖有講肄聽讀，而未嘗限以通經之歲月；所謂榮途者，止於拔解赴省，而未嘗別有優異之捷徑。此所以科場罷日，則生徒散歸，講官倚席，雖限以聽學之歲月，而不能强其久留，反以淹滯爲困，故不久而遂廢也。

慶曆三年，立四門學，以士庶子弟爲生員。

四年，判國子監王拱辰等言：「首善當自京師〔六〕，漢太學二百四十房，千八百餘室，生徒三萬人。唐學舍亦千二百間。今國子監才二百楹，不足以容學者，請以錫慶院爲太學。」從之。明年，三司言，更造錫慶院乏財費多，而虜使錫宴之所不可闕，乃復以太學爲錫慶院。

皇祐末，以胡瑗爲國子監講書，專管勾太學。數年，進天章閣侍講，猶兼學正。其初人未甚信服，乃使其徒之已仕者盛僑、顧臨輩分治其事，又令孫覺説孟子，中都士人稍稍從之。一日，升堂講易，音韻高朗，指意明白，衆方大服。然在列者皆不喜，謗議蜂起。瑗不顧，强力不倦，卒以有立〔七〕。迨今三十餘年，猶用其規模不廢。瑗在學時，每公私試罷，掌儀率諸生會於首善，令雅樂歌詩，乙夜乃散。諸齋亦自歌詩，奏琴瑟之聲徹於外。瑗在湖學，教法最備。始建太學，有司請下湖學取瑗之法以爲太學法，至今爲著令。

神宗熙寧元年，增太學生員，慶曆中嘗置内舍生二百人，至是又增置一百，尋詔以九百人爲額〔八〕。

四年，侍御史鄧綰言：「國家治平百餘年，雖有國子監，僅容釋奠齋庖，而生員無所容。至於太學，未嘗營建，止假錫慶院廊廡數十間，生員纔三百人。請以錫慶院爲太學，仍修武成王廟爲右學，上以擬三王四代膠、庠、序、學東西左右之制，下則無後於漢、唐生員學舍之盛。」乃詔盡以錫慶院及朝集院西廡建講書堂四，諸生齋舍、官掌事者直廬略具〔九〕，而太學棟宇始僅足用〔一〇〕。自主判官外，益置直講〔一一〕，總而爲十員，率二員共講一經，委中書選差，或主判官奏舉〔一二〕。生員釐爲三等：初入學爲外舍，外舍升内舍，内舍升上舍。上舍員以百，内舍二百，外舍不限員。各以其經從所講官受學，月考試舉業，優等上中書。其正、録、學諭，以上舍生爲之，經各二員；學行卓異者，主判、直講復保上中書審察，奏除官。先有職掌者，已受官，仍與舊職，俟直講、教授有闕，次第選用。

議學校貢舉。見舉士門。

初，蘇頌子嘉在太學，顔復嘗策問王莽、後周變法事，嘉極論爲非，在優等。蘇液密寫以示曾布曰：「此輩唱和，非毁時政。」布大怒，責張琥曰：「君爲諫官判監，豈容學官與生徒非毁時政而不彈劾。」遂以告安石。安石大怒，遂逐諸學官，以李定、常秩同判監，選用學官，非執政所喜者不與。陸佃、黎宗孟、葉濤、曾肇、沈季良與選。季良，安石妹婿；濤，其侄婿；佃，門人；肇，布弟也。佃等夜在安石齋授口義，旦至學講之，無一語出己。其設三舍，皆欲引用其黨耳。

八年，頒王安石詩、書、周禮義於學。詳見舉士門。太學安惇等已升上舍，皆特免解。其自發解者，即免禮部試。時三舍未有推恩定法，故特降命也。

仁宗時嘗置武學，既而中輟，至是復置，尋詔生員以百人爲額。又置律學，置教授四員。公試，習律令生員義三道，習斷案生員一道，刑名五事至七事。私試，義二道，案一道，刑名五事至三事。

元豐二年，頒學令：太學置八十齋，齋容三十人。外舍生二千人，内舍生三百人，上舍生百人，總二千四百。月一私試，歲一公試，補内舍生；間歲一舍試〔三〕，補上舍生。封彌、謄録如貢舉法。而上舍試則學官不與考校〔一四〕。公試，外舍生入第一、第二等，參以所書行藝與籍者，升内舍；内舍生試入優、平二等〔一五〕，參以行藝，升上舍。上舍分三等：俱優爲上，一優一平爲中，俱平若一優一否爲下。上等命以官，中等免禮部試，下等免解。學正增爲五人，學録增爲十人，學録參以學生爲之。

太學生虞蕃訟學官升舍偏曲，下御史臺核實，何正臣請置獄，辭所及，雖非蕃所嘗言者，皆得究治。於是追逮遍四方，踰年獄始成。判監沈季長坐受學生竹簟、陶器〔一六〕，削職停官。判監黄履失察，陳襄受請，皆降罰。直講王沇之削籍，太常丞余中貶秩，皆有賕也。

又詔歲賜緡錢至二萬五千。又益郡縣田租、屋課、息錢之類，以爲學費。

學制所言，國子監以國子名，而實未嘗教養國子。乃詔許清要官親戚入監爲國子生聽讀，額二百人。仍盡以開封府解額歸諸太學，其國子生解額，以太學分數取之，毋過四十人。

七年，用司業朱服言，四方來試禮部者，雖不籍於太學，或有顯過，若造飛語謗朝政，許監官以聞，用學規殿罰。

按：子産不以鄭人議執政之然否而毁鄉校，蓋以學校所以來公論也。今熙寧之建太學，蘇嘉言變法事忤介甫，則學官并坐其罪，而改用李定、常秩之徒，試文則宗新經，策時務則誇新法。今又立飛語謗朝政者以學規殿罰之條。則太學之設，乃箝制羅織之具耳，以是爲一道德，可乎？

哲宗元祐六年〔一七〕，岑象求等言：「國學設師生而禁其謁見，無從叩問。」禮部詳度，許從長貳請益，仍立講訓考課之式。私試既不鎖宿，則是日講説亦不廢。

七年，置廣文館解額。先是，開封解額稍優，四方士子多冒畿縣户以試。又有隸太學不及一年，不該解試者，亦往往冒户。禮部案舊制，凡試國子監者，先補中廣文館生，乃得以牒求試。遂依倣其法，立廣文館生二千四百員。除開封府元解百人則許自試，其嘗撥取諸科二百、國子額四十，通二百四十人者，今皆取諸開封府以爲本館解額。遇科場年試補館生，中者執牒詣國子監驗試。凡試者十人取一，開封考取亦如其數。試者不及千人，即以率減取，仍嚴禁重試。禮部言：「國子生應解已有定額在法，試者滿百人，即如額取二十人，若不滿百，即與國子混試通取〔一八〕，以元祐五年計之，凡五人有奇而解一人。」詔：「自今太學及國子生發解，並以是年分數准取〔一九〕。」

帝既親政，群臣多言元祐所更學校科舉制度非是。帝念宣仁保祐功久，不許改。至是議者益多。監察御史郭知章言：「先帝立三舍法，以歲月稽其行實，故入上舍而中上等者，得不經禮部試，特命以官。責備而持久，故其得也難，自元豐以來，應格特命官者，林自一人而已。誘進激勸，莫善於此。元祐新令，遂罷推恩之制。宜復元豐法，以廣樂育之德。」知章又請三學補外舍生，依元豐令一歲四試。皆從之〔二〇〕。罷五路經歷通禮科。太學生中上舍者，悉用元豐制推恩，上等即該注官者，歲毋過二人；免禮部試者，每舉五人而止；免解試者二十人而止。仍計數對除省試發解額，其元祐法勿用。諸三舍升補等法，悉推行舊制。苟合增損，即條具以聞。

紹聖元年，國子監奏罷廣文館發解，其額本取之開封府、諸科及國子，悉復還之。凡學生自外路參假及新補中未該撥填入學者，權附國子監別號試，取一次。

詔五路禮部奏名額，以十分之三與府、監，諸路進士通取二分，合五路通取，餘五分監自取。罷春秋科。

元符元年，詔以命官人許爲國子生，毋過四十人。凡試，優取二禮，兩經許占全額之半，而以其半及他經。復置春秋博士，崇寧間復罷之。

徽宗崇寧元年，命將作少監李誡，即城南門外相地營建外學，是爲辟廱。蔡京又奏：「古者國内外皆有學，周成均蓋在邦中，而黨庠、遂序則在國外。臣親承聖詔，天下皆興學貢士，即國南建外學以受之，俟其行藝中率，然後升諸太學。凡此聖意，悉與古合。今上其所當行者：太學專處上舍、内舍生〔二一〕，而外學則處外舍生。太學上舍本額一百人，内舍二百人，今貢士盛集，欲增上舍至二百人，内舍六百人，外舍三千人。外學爲四講堂，百齋，齋列五楹，一齋可容三十人。士初貢至，皆入外學，經試補入上、内舍，始得進處太學。太學外舍，亦令出居外學。俟學成奏行之。其敕、令、格、式，悉用太學見制。國子祭酒總治學事。外學官屬，司業、丞各一人，稍減太學博士、正、録員歸外學，仍增博士爲十員，正、録爲五員，學士充學諭者十人，直學二人。俟貢士至爲之。」置諸王宮大、小學教授，立考選法。

詔取士皆從學校、三舍，廢科舉法。見舉士門。

内侍劉公度、鄭諶肄業國庠〔二二〕，文粗可采，特減磨勘以旌之。

令學生實非資問輒見師長，因而干請，用學規榧等罰之。凡奉祠及仕而解官或待次，悉許入内、外學。任子不繫州土，隨所寓入學，仍別齋居處，別號試考。曾升補三舍生，後從獻助得官〔二三〕，其入學視任子法。

大觀三年，提舉淮東常平徐畛言：「蔭補入官人須隸學及一年，不犯上三等罰，方許就銓試；嘗再入等，即免銓試。公、私試嘗爲第一人，比銓試推恩。」從之。

政和七年〔二四〕，臣僚言：「進士之中銓格者，每一百人而得占注優恩不過五七人〔二五〕，去年中、上二等皆闕不取。今取隸學國子試格，用之銓法〔二六〕，五年而得上二等優恩者二百四十人〔二七〕，免試者尚在其外。是蔭補隸學者，優於累試得第之人。」詔在學嘗魁一試者，許如舊恩，餘止令免試注官。

欽宗靖康元年，右諫議大夫楊時言：「王安石著爲邪説，以塗學者耳目，使蔡京之徒，得以輕費妄用，極侈靡以奉上，幾危宗社。乞追奪安石王爵，毁去配饗之像，使邪説淫辭不能爲學者惑〔二八〕。」詔：「王安石從祀孔子廟廷，禮部其改位置在鄭康成以下。」

御史中丞陳過庭言：「五經義微，諸家因而異見，所不能免也。以所是者爲正，所否者爲邪，此乃一偏之大失也。頃者指蘇軾爲邪學而加禁切，已弛其禁，許采其長而用之，實爲通論。祭酒楊時矯枉太過，復詆王氏以爲邪説，此又非也。諸生習用王學，率衆見時而詆詈之，時引避不出，乃得散退。齋生又自互黨王、蘇，至相追擊，附從者紛紛。凡爲此者，足以明時之不能服衆也。」詔時罷兼祭酒。

正言崔鶠言：「近詔諫臣直論得失，以求實是，陛下求治切矣。然數十年來〔二九〕，王公卿相及居要路者，皆自蔡京出，則安有實是之言聞於陛下乎〔三〇〕？且舉馮澥所上之言曰：『士無異論，太學之盛也。』此姦言也。昔王安石斥除異己，名臣如韓琦、司馬光輩既以異論逐，而其所著三經之説〔三一〕，士子宗之者得官，不用者黜落，則天下靡然，無一人敢可否矣。陵夷以至大亂，則無異論之禍也，尚敢爲此熒惑也乎？其言曰：『崇寧以來，博士各徇其黨，而言皆偏異，附王學則詆元祐之文，附元祐則詆王氏之說。』此猶欺罔也。此時士夫豈有敢學元祐而詆王氏者乎？自京賊用事，借學法以鉗士人，如用軍法以脅卒伍，大小相制，内外相轄，一有異論，則學官亦皆黜廢矣。此非徒劫持學校也，疑有異論則己過且暴聞焉爾。而何博士先生稍敢詆王氏乎？前日博士講解具在，取而覆視，則瀰之誕信見矣。至如蘇軾、黄庭堅之文集，范鎮、沈括之雜說，或記祖宗典故，或載名臣談論，慮其鑒照己罪，一切禁錮，嚴刑重賞，使不敢藏，則其禁異亦已極矣，而元祐能與王氏兩立乎？其欺罔亦已甚矣。」

律學　熙寧六年，置教授四員，凡命官舉人皆得自占入學〔三二〕，舉人須命官二員任其平素。先入學聽讀而後試補。習斷案，人試案一道；習律令，人試大義五道。月一公試，三私試。需用古今刑書，許於所屬索取。凡朝廷新頒條令，刑部畫日關送。

算學　崇寧三年立。其業以九章、周髀及假設疑數爲算問，仍兼海島、孫子、五曹、張丘建、夏侯陽算法，并曆算、三式、天文書爲本科。本科外，人占一小經，願占大經者聽。公私試、三舍法略如太學。上舍三等推恩，以通仕、登仕、將仕郎爲次。

容齋洪氏隨筆曰：「大觀中，置算學如庠序之制。三年三月，詔以文宣王爲先師，兗、鄒、荆三國公配饗，十哲從祀，而列自昔著名算數之人繪像於兩廊，加賜五等之爵。於是中書舍人張邦昌定其名：風后、大橈、隸首、容成、箕子、商高、常儀〔三三〕、鬼臾區、巫咸九人封公，史蘇、卜徒父、卜偃、梓慎〔三四〕、卜楚丘、史趙、史墨、裨竈、榮方、甘德、石申、鮮于妄人、耿壽昌、夏侯勝、京房、翼奉、李尋、張衡、周興、單颺、樊英、郭璞、何承天、宋景業、蕭吉、臨孝恭〔三五〕、張胄玄〔三六〕、王朴二十八人封伯，鄧平、劉洪、管輅、趙達、祖冲之、殷紹、信都芳、許遵、耿詢、劉焯、劉炫、傅仁均、王孝通、瞿曇羅、李淳風、王希明、李鼎祚、邊岡、郎顗、襄楷二十人封子〔三七〕，司馬季主、洛下閎、嚴君平、劉徽、姜岌、張丘建、夏侯陽、甄鸞、盧太翼九人封男。考其所條具，固有於傳記無聞者，而高下等差，殊爲乖謬。如司馬季主、嚴君平止於男爵，鮮于妄人、洛下閎同定太初曆，而妄人封伯，下閎封男，尤可笑也。

十一月，又改以黄帝爲先師云。」

書學　篆、隸、草三體字，説文、字説、爾雅、博雅、方言五書，仍兼通論語、孟子義，願占大經者聽。三舍試補、升降略同算學法，推恩差降一等。

畫學　曰佛道、人物、山水、鳥獸、花竹、屋木。以説文、爾雅、方言、釋名教授。説文則令書篆字〔三八〕，著音訓，餘書皆設問答〔三九〕，以所解義，觀其能通畫意與否。仍分士流、雜流，別其齋以居之。士流兼習一大經一小經〔四〇〕，雜流則誦小經或讀律。考畫之等〔四一〕，以不倣前人，而物之情態、形色俱若自然，筆韵高簡爲工。三舍試補、升降以及推恩略同書學。惟雜流授官，止自三班借職以下三等。

醫學　初隸太常寺，神宗時置提舉判局，始不隸太常。亦置教授一員〔四二〕，翰林醫官以下與上等學生及在外良醫爲之。學生常以春試，取三百人爲額，三學生願預者聽。倣三學之制，立三舍法，爲三科以教諸生。有方脉科、鍼科、瘍科。方脉以素問、難經、脉經爲大經，病源、千金翼方爲小經。考察升補等略如諸學之法，其選用最高者爲尚藥醫師以次醫職，餘各以等補官，爲本學博士、正、録及外州醫學教授云。

小學見童科門。

高宗建炎初，詔即駐蹕所置國子監，立博士二員，以隨駕之士三十六人爲監生。

國子監生員皆胄子也。舊制，行在職事官同姓緦麻親、釐務官大功親，聽補試入學，每三年科場舉三人取一，若未補中則七人取一。然太學生皆得以公私試積校定分數升舍，惟國子生以父兄嫌，但寄理而已，須父兄外補，乃移入太學而得陞。

紹興八年，葉𬘛上書言〔四三〕：「西漢奪於大盜，天下非漢有矣，光武起於河朔，五年而建太學。西晉滅於狂胡，天下非晉有矣，元帝興於江左，一年而建太學。光武時十分天下有其四，元帝時十分天下有其二，然二君急於教養，未嘗以恢復爲辭，饋餉爲解。我宋以儒立國，垂二百年，懿範閎規，非漢、晉比也。今中興聖祚駐蹕東南，百司庶府經營略備，若起太學，計官吏、生徒姑養五百人〔四四〕，不過費陛下一觀察使之月俸。願謀之大臣，咨之宿學，亟復盛典以昌文治。」而廷臣皆曰：「若倣元豐則軍食未暇而削弱，非禮也。請徐議之。」

十三年，始建太學，置祭酒、司業各一員，博士三員，正、録各一員，養士七百人：上舍生三十員，內舍生百員，外舍生五百七十員。凡諸道住本貫學滿一年，三試中選，不犯第三等已上罰，或雖不住學，而曾兩預釋奠及齒於鄉飲酒者，聽取應充弟子員。是歲秋季始開補，就試者五千人。自後春秋兩補。三舍舊法凡四百十條，紹興重修，視元豐尤密。諸齋長、諭月書學生行藝於籍，行謂帥教不戾規矩，藝謂治經程文。每季終論可選者考於學諭，仲月後入學者，次季選考。十日考於學録，二十日考於學正，三十日考於博士，四十日考於長貳〔四五〕，歲終校定。三經季選者准此校定，至陞補日，展一季。外舍百人、内舍三十人注於籍。如逐舍與校定，生不滿元額，即計分數取。内舍仍分優、平二等，於次年六月以前聞奏。諸補内舍附公試，以外舍上二等同考選，簿參定，若簿内所選者，據闕陞補。闕多就試人少者，以就試人所爲率，不得過一分五釐；上舍准此，不得過三分。若簿未成，其合理陞補年月聽以試中日爲始。即試雖入上二等而考選不預者，候補一歲。私試入三等及不犯三等已上罰，或預選而試不入上二等者，候再試。入三等已上聽補。諸補上舍，以間歲九月五日鎖院，發解年，候試畢，別爲一甲附試。考校合格，分優、平二等奏號，長貳同拆號。官入院以所奏行藝參定，俱優爲上，一優一平爲中，俱平或一優一否爲下。否謂已經三季已上選，或校考不預聞奏，而試入優等，及有優等校定而試不入等者。注籍訖，具名聞奏。上等命以官，中等免省，下等免解。中、下等補及一年，並申尚書禮部。若下等自該免解，及已經免解而再該免者，即與免省。其不自該免者許再試。入優與陞等。

王喚知臨安府，括民間冒占白地錢，歲入十二萬緡有畸〔四六〕，爲太學養士之費。

十八年，詔太學在籍外舍生，若入學已及五年不預校定及不曾請到國學解，或不曾公試入等，自紹興十九年爲始，歲終檢校除籍，免請本州公據，止召本學生二員委保再補。以後歲終，依此檢校。

權禮部侍郎陳誠之言：「國庠立額不爲不廣，然有待闕之士者，臣嘗得其説矣。京師視四方爲甚遠，非身隸業上庠者不能取應，其請假歸省即就鄉舉，故額常有餘。今首善之地，江、浙士人便於往來，一補中外舍，即無假滿不參之人，故未嘗有闕，後來之士將何以待之。國子監勘會，昨京師上庠外舍生以二千人爲額，自來未嘗滿額。蓋緣四方士人請假歸鄉，道途既遠，往往止就鄉舉；又舊法，或三經試而不與升補，或兩經試而曾犯規罰，自有除籍之法，所以闕額週流，源源不塞。今來上庠見以一千人爲額，江、浙士人往還既無告假逾限除籍之慮，得以故作規避，占據學籍，使有司補試不行，有妨後進。」故有是命。

按：自崇、觀以來，三舍之法大備，議者病其立捷徑之塗，長奔競之風。然觀此疏，則知當時尚有參假而歸，復取鄉舉者。如後來之法，以資望言則舍選尊而鄉舉卑，以名額言則舍選優而鄉舉窄，蓋未嘗有以太學生退就鄉舉者。非惟國家無此法，而士亦决不肯辭尊而居卑，舍優而就窄矣。

二十七年，詔自今以春季放補，省試年即以孟夏，立爲定制。

孝宗隆興元年，始三歲一補。

太學遇覃恩，舊無免解法，帝始創行之，自是爲例，省額增數十人。

乾道二年詔：下省併曾請舉赴補人，以太學遇省闕額收補〔四七〕，額外勿增。在朝清要官期親許牒子弟作待補國子〔四八〕，別號考校。如太學生遇有期親任清要官，更爲國子生〔四九〕，不預校定、外補及差職事〔五〇〕，惟得赴公試、私試，科舉則混試焉。舊公、私試皆學官主之，自淳熙後公試仍鎖院，降敕差官，學官不預。

太學補弟子員，故例，每三歲科舉後，朝廷差官鎖院，凡四方舉人皆得就試，取合格者補入之，謂之混補。淳熙後朝議以就試者多，欲爲之限制，乃立待補之法，諸路漕司及州、軍，皆以解試終場人數爲準，每百人而取六人許赴補試，率以開院後十日揭榜。然遠方士人多不就試，則爲他人取其公據代之，冒濫滋甚。慶元中遂罷之。嘉泰二年，復行混補，就試者至三萬七千餘人〔五一〕，分六場、十八日引試云。

三年，黄倫以兩優釋褐。自紹興建學，至是始有兩優，用崇寧恩例，授承務郎、國子録。

朝野雜記：「舊制，太學上舍生積校已優而舍試又入優等者，就化原堂釋褐，號釋褐狀元，例補承事郎、太學正録。淳熙初，鄭鑑自明由此選，不四年而爲著作郎，補郡。自明數言事，上甚喜，久而稍厭之。六年，劉純叟堯夫復以解褐除國子正。時王仲行爲兵部尚書，奏言：『今兩優釋褐，初授京秩即授學官，視狀元、制科恩數過之，事理不當，乞先與外任。』時知滁州張商卿亦言：『今中上舍爲學官，不數年便可作監司、郡守，獄訟財賦非所素習，豈能保其不謬，乞先注職官。』上然之。十月丙申，詔與殿試第二人恩例。」

光宗紹熙三年，禮部侍郎倪思請混補以徠多士。詔兩省、臺諫可否。於是吏部尚書趙汝愚等合奏曰：「伏奉詔書，講論混補之法，蓋有根本之論。稍師古始而言，我國家恢儒右文，列聖一揆，内自京師，外至郡縣，皆有學，慶曆以後，文物彬彬，幾與三代同風。迨至崇、觀〔五二〕，創行舍法，誠得黨庠遂序之遺意。故一時學者粗知防檢，非冠帶不敢行於道路，遇鄉曲之長上及學校之職事〔五三〕，則斂容而避之，習俗誠美矣。而其失也，在於專習新義〔五四〕，崇尚老、莊，廢黜春秋，絶滅史學。又罷去科舉，遂使寒畯之士，進取無他塗，事理俱違。旋行廢革。炎祚中興，始建太學於行都，行貢舉於諸郡。然奔競之風勝，忠信之俗微，亦惟榮辱升沈，皆不由乎學校，至於德行道藝，惟取決於糊名，苟爲雕篆之文，無復進修之志，視庠序如傳舍，目師儒如路人，季考月書，盡成文具。臣請遠稽古制，近酌時宜，不煩朝廷建官，不勞有司增費，惟重教官之選，仍假守貳之權，做舍法以育才，因大比而取士，考終場之數，定所貢之員，期以次年，試於太學。庶幾士修實行，不事虛文，漸復淳風，仰裨大化，有三舍之利而無三舍之害。其諸州教養、課試、陞貢之法，下有司條上。」思議遂寢。時朱熹門人或問三舍法如何，熹曰：「欠去根頭理會。若太學無非望之恩，又於鄉舉額窄處增之，則人自安鄉里矣。」

朱子學校貢舉私議曰：「學校必選實有道德之人使爲學官，以來實學之士，裁減解額、舍選謬濫之恩，以塞利誘之塗。蓋古之太學主於教人，而因以取士，故士之來者爲義而不爲利。且以本朝之事言之，如李廌所記元祐侍講吕希哲之言曰：『仁宗之時，太學之法寬簡，國子先生必求天下賢士真可爲人師者，就其中又擇其尤賢者如胡翼之之徒，使專教導規矩之事。故當是時，天下之士不遠萬里來就師之〔五五〕，其遊太學者端爲道藝，稱弟子者中心悦而誠服之。』蓋猶有古法之遺意也。熙寧以來，此法浸壞，所謂太學者，但爲聲利之場，而掌其教事者，不過取其善爲科舉之文，而嘗得雋於場屋者耳。士之有志於義理者既無求於學，其奔趨輻輳而來者，不過爲解額之濫、舍選之私而已。師生相視漠然如行路之人，間相與言，亦未嘗開之以德行道藝之實，而月書季考者，又祇以促其嗜利苟得冒昧無恥之心，殊非國家之所以立學教人之本意也。欲革其弊，莫若一遵仁皇之制，擇士之有道德可爲人師者以爲學官，而久其任，使之講明道藝以教訓其學者，而又痛減解額之濫以還諸州，罷去舍選之法，而使爲之師者考察諸州所解德行之士與諸生之賢者，而特命以官，則太學之教不爲虚設，而彼懷利干進之流，自無所爲而至矣。如此，則待補之法固可罷去，而混補者又必使與諸州科舉同日引試，則彼有鄉舉之可望者自不復來，而不患其紛冗矣。至於取人之數，則又嚴爲之額，而許其補中之人從上幾分，特赴省試，則其舍鄉舉而來赴補者，亦不爲甚失職矣。其計會監試、漕試、附試之類，亦當痛減分數，嚴立告賞，以絶其冒濫。其諸州教官，亦以德行人充，而責以教導之實，則州縣之學，亦稍知義理之教，而不但爲科舉之學矣。」

寧宗慶元二年，以國子生員多僞濫，制：自今職事官期親、釐務官子孫乃得試補。凡監學生皆給綾牒。若告諭在外，遇科舉則試於曹司〔五六〕。嘉定七年，祭酒請以外舍分數及五分或六分最優者一人，與次年升内舍。後二年，家擯始以外優升。歲爲定例。

宗學　紹興十四年建於臨安，學生以百員爲額：太學生五十人，小學生四十人，職事各五人。置諸王宫大、小學教授一員。在學者皆南宫、北宅子孫。若親賢宅近屬，則别選館職以教授焉。

寧宗嘉定九年，詔諸王宫學改作宗學，參之國朝典故，仍隸宗正寺，以宫教授改爲博士、宗諭。

葉適論學校曰：「何謂京師之學？有考察之法而以利誘天下。三代、漢儒，其言學法盛矣，皆人耳目之熟知，不復論。若東漢太學，則誠善矣。唐初猶得爲美觀。本朝其始議建學，久而不克就，至王安石乃卒就之，然未幾而大獄起矣。崇、觀間以俊秀聞於學者，旋爲大官，宣和、靖康所用誤朝之臣，大抵學校之名士也。及諸生伏闕搥鼓以請起李綱，天下或以爲有忠義之氣，而朝廷以爲倡亂動衆者無如太學之士。及秦檜爲相，務使諸生爲無廉耻以媚己，而以小利啗之，陰以拒塞言者。士人靡然成風，獻頌拜表，希望恩澤，一有不及，謗議喧然，故至於今日，太學尤弊，遂爲姑息之地。夫秉誼明道〔五七〕，以此律己，以此化人，宜莫如天子之學，而今也何使之至此？蓋其本爲之法，使月書季考，校定分數之毫釐，以爲終身之利害，而其外又以勢利招來之，是宜其至此而無怪也。何謂州縣之學？無考察之法，則聚食而已。往者崇觀、政和間，蓋嘗考察州縣之學如天子之學，使士之進皆由此，而罷科舉，此其法度未必不善，然所以行是法者，皆天下之小人也，故不久而遂廢。今州縣有學，宮室廩餼無所不備，置官立師其過於漢、唐甚遠，惟其無所考察而徒以聚食，而士之俊秀者不願於學矣〔五八〕。州縣有學，先王之餘意幸而復見，將以造士，使之俊秀，而其俊秀者乃反不願於學，豈非法度之有所偏而講之不至乎？今宜稍重太學，變其故習，無以利誘，擇當世之大儒久於其職，而相與爲師友講習之道，使源流有所自出，其卓然成德者，朝廷官使之，爲無難矣。而州縣之學，宜使考察，上於監司，聞於禮部，達於天子，其卓然成德者，或進於太學，或遂官之。人知由學，而科舉之陋稍可洗去；學有本統，而古之文憲庶不墜失〔五九〕。若此類者，更法定制，皆於朝廷非有所難，顧自以爲不可爲耳。雖然，治道不明，其紀綱度數不一一揭而正之〔六〇〕，則宜有不可爲者；陛下一揭而正之，則如此類者雖欲不爲〔六一〕，亦不可得也。」

東萊呂氏曰：「先王之制度，雖自秦、漢以來皆弛壞廢絕，然其他如禮樂法度，尚可因影見形，因枝葉可以尋本根；惟是學校，幾乎與先王全然背馳，不可復考。且如禮，後世所傳固非先王之舊，如射饗、宗廟、明堂，雖是展轉參雜，而有識之者猶自可見；且樂如韶樂、文始、五行之舞，全然非舊，然知鍾律者尚自可以推尋，復先王六律五音之舊；且如官名，後世至體統斷絶，然而自上臨下，以大統小，左右相司，彼此相參，推此尚可以及先王之舊。惟是學校一制，與古大不同。前此數者猶是流傳差誤，然學校不特流傳差誤，乃與先王之學全然背馳。且如唐、虞、三代設教，與後世學校大段不同，只舉學官一事可見。在舜時，命夔典樂教胄子；在周時，大司樂掌成均之法，以治建國之學政，而合國之子弟焉。何故？皆是掌樂之官掌教，蓋其優游涵養、鼓舞動蕩，有以深入人心處，却不是設一箇官司。自秦、漢以後，錯把作官司看了，故與唐、虞、三代題目自别，雖足以善人之形，而不足以善人之心，雖是法度具舉，然亦不過以法制相臨，都無深入人心道理。大抵教與政自是兩事，後世錯認，便把教做政看。若後世學校，全不可法。大率因枝葉可以見本根，今則但當看三代所以設教命官教養之意。且如周禮一書，設官設教所以便民，若師氏、保氏、大司樂、大胥、小胥之類，所教者不過是國子，然當時所謂鄉遂所以興賢能，在周三百六十之官，並不見有設教之官，雖是州序、黨遂略見於周禮，然而未嘗見其州序是何人掌之，其法又如何。只看此，亦是學者所當深思。且如周公設官，下至於射夭鳥至微至纖之事，尚皆具載，豈於興賢能國之大教不見其明文？其他大綱小紀，表裏如此備具。學者須要識先王之意，只緣不是官司。凡領於六官者，皆是法之所寓，惟是學校之官，不領於六官，非簿書期會之事。其上者三公論道不載於書，其下者學官設教不領於六官，蓋此二者皆是事大體重，非官司所領。惟是國子是世禄之官，鮮克由禮，以蕩凌德，實悖天道，不可不設官以教養之。然而所以教養之意，上與三公，其事大體重，均非有司簿書期會之可領。要當識先王之意，雖非六官之所掌，而所以設教，未嘗有理無事、有體無用，本末亦自備見，但不在官聯、官屬之中。舜之時，自國子之外，略不見其掌教之官，然『庶頑讒説，若不在時，侯以明之，撻以記之，書用識哉，欲並生哉。工以納言，時而颺之。』如此之備。在周人，學官雖不領於一屬，然而『比年入學，中年考校，一年視離經辨志，三年視敬業樂群，五年視博習親師，七年視論學取友，謂之小成；九年知類通達，强立而不反，謂之大成。』終始備具。至於不率教者屏之遠方，終身不齒，這又見體用本末無窮。大抵學校大意，唐、虞、三代以前不做官司看，秦、漢以後却做官司看了。所以後世之學不可推尋，求之唐、虞、三代足矣，秦、漢之事當束之不觀。今所詳編者，要當推此意。大抵看後世秦、漢一段，錯認教爲政，全然背馳。自秦至五代，好文之君，時復能舉，如武帝表章六經，興太學，不足論；如光武爲諸生投戈講義，初建三雍〔六二〕，亦不足論；如後魏孝文遷都洛陽，欲改戎狄之俗，亦不足論；如唐太宗貞觀之初，功成治定，將欲文飾治具，廣學舍千二百區，遊學者至八千餘人，亦不足道。這箇都是要得鋪張顯設以爲美觀。惟是擾攘之國、僻陋之邦、剛明之君，其視學校若弊屣斷梗，然而有不能已者，見得理義之在人心不可已處。今時學者，多是去看武帝、光武、魏孝文、唐太宗做是，不知這箇用心内外不同，止是文飾治具，其去唐、虞、三代學校却遠。却是擾攘之時、剛武之君、偏迫之國本不理會，如南、北朝，雖是草創，若不足觀，却不是文飾，自有一箇不能已處，其去唐、虞、三代學校却遠。惜乎，無鴻儒碩師發明之。這般處學者須深考，其他制度一一能考，亦自可見學校之所以得失，三代以上所以設教命官至理精義，要當深考。」

校勘記

〔一〕又有住京進士諸科常赴講席　宋史卷一五七選舉三「住」作「在」，又「講席」下有「肄業」二字。

〔二〕講官倚席　「講」原作「考」，據宋史卷一五七選舉三、宋會要崇儒一之二九改。

〔三〕無二十人聽講者　「講」，宋會要崇儒一之二九作「讀」。

〔四〕並於本授業學官前親書到曆　宋會要崇儒一之二九「本」下有「監」字。

〔五〕若滿周年不來參假者　宋會要崇儒一之二九「周年」下有「已上」二字。

〔六〕首善當自京師　「當」字原脱，據續資治通鑑長編卷一四八仁宗慶曆四年壬子下、玉海卷一一二慶曆太學補。

〔七〕卒以有立　「卒以」二字原倒，據宋史卷一五七選舉三乙正。

〔八〕尋詔以九百人爲額　「以」字原脱，據元本、慎本、馮本及宋史卷一五七選舉三、宋會要崇儒一之三一補。

〔九〕諸生齋舍官掌事者直廬略具　宋史卷一五七選舉三無「官」字。

〔一〇〕而太學棟宇始僅足用　「用」下原衍「者」字，據宋史卷一五七選舉三、宋會要崇儒一之三一删。

〔一一〕益置直講　「置」原作「至」，據宋史卷一五七選舉三、宋會要職官二八之七改。

〔一二〕或主判官奏舉　「舉」原作「學」，據宋史卷一五七選舉三、宋會要職官二八之七改。

〔一三〕間歲一舍試　「一舍試」，續資治通鑑長編卷三〇一、宋會要職官二八之九、玉海卷一一二學令皆作「又一試」。

〔一四〕而上舍試則學官不與考校　續資治通鑑長編卷三〇一、宋會要職官二八之九無「試」字。

〔一五〕內舍生試入優平二等　「生」字原脱，據續資治通鑑長編卷三〇一、宋會要職官二八之九補。

〔一六〕判監沈季長坐受學生竹簟陶器　「沈」原作「李」，據續資治通鑑長編卷三〇〇、宋會要職官六六之九改。又，「判監」，長編作「管勾國子監」，宋會要作「主管國子監」。按其時判監爲黄履，疑季長之繫銜涉下而誤。

〔一七〕哲宗元祐六年　「六年」，宋史卷一六五職官五、宋會要職官二八之一一皆作「五年」，下文「禮部詳度」云云則在六年。

〔一八〕即與國子混試通取　「即」字原脱，據元本、慎本、馮本補。

〔一九〕並以是年分數准取　「取」原作「此」，據元本、慎本、馮本改。

〔二〇〕皆從之　「之」字原脱，據元本、慎本、馮本補。

〔二一〕太學專處上舍內舍生　「生」字原脱，據宋史卷一五七選舉三補。

〔二二〕內侍劉公度鄭諶肄業國庠　「諶」原作「禄」，據元本、慎本、馮本改。按宋人傳記無鄭禄，有鄭諶，宋詩紀事補遺謂諶爲徽宗時宦者，粗能詩，與此處合。

〔二三〕後從獻助得官　「後從」二字原倒，據宋史卷一五七選舉三乙正。

〔二四〕政和七年　「政和」二字原脱，據宋史卷一五八選舉四補。按徽宗大觀僅四年。

〔二五〕每一百人而得占注優恩不過五七人　「一百」，宋史卷一五八選舉四作「二百」。

〔二六〕用之銓法 「銓法」，宋史卷一五八選舉四作「銓注」。

〔二七〕五年而得上三等優恩者二百四十人 宋史卷一五八選舉四「五年」上有「及今」二字。

〔二八〕使邪説淫辭不能爲學者惑 「辭」原作「亂」，據宋史卷四二八楊時傳、諸臣奏議卷八三儒學門改。

〔二九〕然數十年來 「十」原作「千」，據元本、慎本、馮本及宋史卷三五六崔鶠傳、諸臣奏議卷八三改。

〔三〇〕則安有實是之言聞於陛下乎 「之言」二字原脱，據宋史卷三五六崔鶠傳、諸臣奏議卷八三補。

〔三一〕而其所著三經之説 「之説」二字原脱，據宋史卷三五六崔鶠傳、諸臣奏議卷八三補。

〔三二〕凡命官舉人皆得自占入學 「舉」原作「學」，據宋史卷一五七選舉三、宋會要崇儒三之七、三之八改。下文「舉人須命官二員任其平素」亦可證。

〔三三〕常儀 「儀」原作「僕」，容齋三筆大觀算學條同。今據宋史卷一〇五禮八改。史記五帝本紀索引所引系本、吕氏春秋審分覽皆作「常儀占月」可證。

〔三四〕梓慎 「慎」原作「貞」，據容齋三筆大觀算學條、宋史卷一〇五禮八、宋會要崇儒三之四及春秋左傳改。

〔三五〕臨孝恭 此下原衍「張恭」二字，據容齋三筆大觀算學條、宋史卷一〇五禮八删。下文云「二十八人」可證。

〔三六〕張胄玄 「胄玄」原作「曾元」，宋會要崇儒三之四作「胄元」，「元」係避清諱。隋書卷一七曆律志、卷七八藝術傳作「胄玄」，據改。

〔三七〕襄楷二十人封子 「封子」二字原脱，據容齋三筆大觀算學條及宋史卷一〇五禮八補。

〔三八〕説文則令書篆字 「書」字原脱，據宋史卷一五七選舉三補。

〔三九〕餘書皆設問答 「問」字原脱，據宋史卷一五七選舉三補。

〔四〇〕士流兼習一大經一小經　宋史卷一五七選舉三「一大經」下有「或」字。

〔四一〕考晝之等　「之」原作「文」，據宋史卷一五七選舉三改。

〔四二〕亦置教授一員　此句宋史卷一六四職官四作「科置教授一」，疑是。

〔四三〕葉綝上書言　「綝」原作「林」，據宋史卷一五七選舉三、建炎以來繫年要録卷一二二改。

〔四四〕計官吏生徒姑養五百人　建炎以來繫年要録卷一二二、續資治通鑑卷一二〇略引葉綝之言作「且養士五百人」，太學官吏似不計於五百人内。

〔四五〕四十日考於長貳　「四十」，元本、慎本、馮本作「三十」。

〔四六〕歲入十二萬緡有畸　宋會要崇儒一之三四作「月得二千八百餘貫」，建炎以來繫年要録卷一四九作「歲入三萬緡有奇」，兩書數字相符，疑原刊有誤。

〔四七〕以太學遇省闕額收補　「遇」，宋會要崇儒一之三九作「過」。

〔四八〕在朝清要官期親許牒子弟作待補國子　宋史卷一五七選舉三作「在朝清要官許牒期親子弟作待補國子」，疑是。

〔四九〕更爲國子生　「爲」原作「有」，據宋史卷一五七選舉三改。

〔五〇〕不預校定外補及差職事　「外」，宋史卷一五七選舉三作「升」。

〔五一〕就試者至三萬七千餘人　「千」原作「十」，據元本、慎本、馮本及宋會要崇儒一之三九改。

〔五二〕迨至崇觀　「觀」原作「寧」，據宋會要崇儒一之四七、趙忠定奏議卷四請施行諸州教養課試升貢之法奏改。

〔五三〕遇鄉曲之長上及學校之職事　「上」、「事」二字原脱，據宋會要崇儒一之四七、趙忠定奏議卷四請施行諸州教養課試升貢之法奏補。

〔五四〕在於專習新義　「新義」原作「經義」，據宋會要崇儒一之四七、趙忠定奏議卷四請施行諸州教養課試升貢之法奏改。

〔五五〕不遠萬里來就師之　「就」原作「悦」，據元本、慎本、馮本、朱文公文集卷六九、李廌師友談記改。

〔五六〕遇科舉則試於曹司　「則」字原脱，據元本、慎本、馮本及宋會要崇儒一之四九補。

〔五七〕夫秉誼明道　「秉」原作「正」，據元本、慎本、馮本及水心集卷三學校改。

〔五八〕而士之俊秀者不願於學矣　「俊秀者」，水心集卷三學校作「負俊氣者」。

〔五九〕而古之文憲庶不墜失　「之」原作「人」，據水心集卷三學校改。

〔六〇〕其紀綱度數不一一揭而正之　「一」字原不重，「之」字原脱，據水心集卷三學校補。

〔六一〕則如此類者雖欲不爲　「則」字原脱，據元本、慎本、馮本及水心集卷三學校補。

〔六二〕初建三廱　「建」原作「見」，據元本、慎本、馮本改。

卷四十三　學校考四

祠祭褒贈先聖先師録後

文王世子：「凡學，春官釋奠於其先師，秋冬亦如之。」官謂禮、樂、詩、書之官。周禮曰：「凡有道者有德者使教焉，死則以爲樂祖，祭於瞽宗。」此之謂先師之類也。若漢禮有高堂生，樂有制氏，詩有毛公，書有伏生，亦可以爲之也。不言夏，夏從春可知也。釋奠者，設薦饌酌奠而已，無迎尸以下之事。疏云：以其釋奠直奠置於物，無食飲酬酢之事。釋奠所以無尸者，以其主於行禮，非報功也。

正義曰：「所教之官，若春誦、夏絃，則太師釋奠也；教干戈，則小樂正、樂師等釋奠也；教禮，即執禮之官釋奠也。皇氏云：『其教雖各有時，其釋奠則四時各有其學〔一〕，備而行之。』四時在學釋奠，猶若教書之官，春時於虞庠之中，釋奠於先代明書之師，四時皆然〔二〕，教禮之官，秋時於瞽宗之中，釋奠於其先代明禮之師，如此之類是也。」

「凡始立學者，必釋奠於先聖、先師。及行事，必以幣。謂天子命之教，始立學官者也。先聖，周公若孔子。疏云：立學爲重，故及先聖；常奠爲輕，故唯祭先師。凡釋奠者，必有合也。注謂：「國無先聖、先師，則所釋奠者，當與鄰國合。」朱文公禮書謂：「以下文大合樂考之，有合當爲合樂。」有國故則否。注謂：「若唐、虞有夔、伯夷，周有周公，魯有孔子，則各自奠之，不合。」

朱文公禮書謂：「國故當爲喪紀凶札之類。」凡大合樂，必遂養老。」大合樂，謂春入學舍菜、合舞，秋頒學合聲，於是時也〔三〕，天子視學。遂養老，謂用其明日也。

長樂劉氏曰：「周有天下，立四代之學，虞庠則以舜爲先聖，夏學則以禹爲先聖，殷學則以湯爲先聖，東膠則以文王爲先聖，各取當時左右四聖成其德業者爲之先師，以配享焉。此天子立學之法也。」

臨邛魏氏曰：「記曰：『凡學，春官釋奠於其先師。』釋者曰：『若禮有高堂生，樂有制氏，詩有毛公，書有伏生。』又曰：『凡釋奠者，必有合也。』曰：『若周有周公，魯有孔子，各自奠之，不合也。』至於祀先賢於西學，祭樂祖於瞽宗，傳者亦謂各於所習之學祭先師。夫周公、孔子，非周、魯之所得而專也，而經各立師，則周典安有是哉？古者民以君爲師，仁鄙、壽夭，君實司之，而臣則輔相人君以師表萬民者也。自孔子已前，曰聖曰賢，有道有德，則未有不生都顯位，没祭大烝者，此非諸生所得祠也。自君師之職不修，學校廢，井牧壞，民散而無所係，於是始有師、弟子群居以相講授者。所謂各祭其先師，疑秦、漢以來始有之，而詩、書、禮、樂各立師，不能以相通，則秦、漢以來爲士者斷不若是之隘也。此亦可見世變日降，君師之職下移，而先王之道分裂矣。然而春秋、戰國之亂，猶有聖賢爲之師，秦、漢以來，猶有專門爲之師，故所在郡國尚存先師之號，奠祠於學，故記人識於禮，而傳者又即其所聞見以明之也。」

王制：「天子將出征，類乎上帝，宜乎社，造乎禰，禡於所征之地。禡，師祭也。其禮亡。受命於祖，告祖也。受成於學。定兵謀也。出征，執有罪，反，釋奠於學，以訊馘告。」釋菜、奠幣，禮先師也。訊馘，所生獲斷耳者。

文王世子：「天子視學，大昕鼓徵。乃命有司行事，興秩節，祭先師、先聖焉。有司卒事，反命。始之養也，適東序，釋奠於先老。」

周禮：「凡有道、有德者使教焉，死則以爲樂祖，祭於瞽宗。」太祝「大會同，造於廟，宜於社，過大山川則用事焉，反，行舍奠。」曾子問曰：「凡告必用牲幣，反亦如之。」甸祝「舍奠於祖廟，禰亦如之」。賈公彥曰：「非時而祭曰奠，以其不立尸也。奠之言停，停饌具而已〔四〕。」

儀禮：「賓朝服，釋幣於禰，又釋幣於行，遂受命。上介釋幣亦如之。」「釋幣於門。乃至於禰，筵几於室，薦脯醢，觴酒陳，主人酌進奠一獻。言陳者，將復有次也。先薦後酌，祭禮也。行釋幣，反釋奠，略出謹入也〔五〕。席於阼，薦脯醢，三獻。」

禮書曰：奠者，陳而奠之也。鄭氏曰：「釋奠者，設薦饌酌奠而已，無迎尸以下事。」賈公彥曰：「奠之爲言停，停饌具而已。」考之儀禮，聘賓歸「至於禰，薦脯醢，觴酒陳」，陳者，所以奠之也，則釋奠，設薦饌酌奠而已，可知也。特牲饋食「奠觶於尸」，未至之前則釋奠無迎尸，可知也。古者釋奠，或施於山川，或施於廟社，或施於學。周官太祝「大會同，造於廟，宜於社，過大山川則用事焉，反，行舍奠」，甸祝「舍奠於祖廟，禰亦如之」，此施於山川廟社者也。大司樂「凡有道者、有德者使教焉，死則以爲樂祖，祭於瞽宗」。文王世子：「凡學，春官釋奠於先師，秋冬亦如之。凡始立學者，必釋奠於先聖、先師，及行事，必以幣。凡釋奠者，必有合也。」「天子視學，大昕鼓徵，乃命有司行事，興秩節，祭先聖、先師焉。有司卒事，反命。適東序，釋奠於先老。」王制：「出征，執有罪，反，釋奠於學，以訊馘告。」此施於學者也。山川、廟社之祭，不止於釋奠，學之祭，釋奠而已。賈公彥曰：「非時而祭曰奠。」此爲山川、廟社而言之也。學之釋奠則有常時者，有非時者。文王世子：「凡學，春官釋奠於先聖、先師，秋冬亦如之。」鄭氏曰：「不言夏，夏從春可知。」此常時之釋奠也。凡始立學，天子視學，出征，執有罪，反，以訊馘告，必釋奠焉，此非時之釋奠也。釋奠之禮，有牲幣，有合樂，有獻酬。太祝「造于廟，宜于社，過大山川則用事，反，則釋奠」，此告祭也。曾子問曰：「凡告，必用牲幣。」文王世子：「凡始立學，釋奠，行事，必以幣。」此釋奠有牲幣之證也。文王世子：「凡釋奠者，必有合也。」此釋奠有合樂之證也。聘禮：「觴酒陳，席於阼，薦脯醢，三獻。一人舉爵，獻從者，行酬，乃出。」此釋奠有獻酬之證也。然山川、廟社之釋奠皆有牲幣，學之釋奠非始立學則不必有幣也。學之釋奠有合樂，則山川、廟社不必有合也。聘賓釋奠有三獻，則天子諸侯之於山川、廟社，不止三獻也。凡始立學與天子視學，釋奠於先聖、先師，四時則釋奠先師而已。文王世子謂春釋奠於先師，鄭氏釋王制亦謂釋奠禮先師，其説是也。然鄭氏以王制之釋奠，爲釋菜奠幣，以文王世子之釋奠者必有合，爲與鄰國合，孔穎達以學記之釋菜爲釋奠，其説誤也。

「始立學者，既興器，用幣，興當爲釁。禮樂之器，成則釁之。又用幣告以器成。然後釋菜。告先聖、先師以器成，有時將用也[六]。疏云：「釋菜惟釋蘋藻而已，無牲牢幣帛。」不舞，不授器。釋菜禮輕也。釋奠則舞，舞則授器。司馬之屬司兵、司戈、司盾，祭祀授舞者兵也。乃退，儐於東序，一獻，無介語，可也。言乃退者，謂得立三代之學者，釋菜於虞庠，則儐賓於東序。魯之學，有米廩、東序、瞽宗也。疏云：「東序與虞庠相對，東序在東，虞庠在西，既退，儐於東序，明釋菜在於虞庠。語即前經合語之等。言可也，明釋菜時未可語，禮尚嚴也。」

大胥「春入學，舍菜、合舞，舍菜即釋菜，禮先師也。菜，蘋藻之屬。春始以其學士入學宮而學之。合舞，等其進退，使應節奏。秋頒學，合聲。」春使之學，秋頒其才藝所爲。合聲亦等其曲折，使應節奏。

月令：「仲春之月，上丁，命樂正習舞釋菜。樂正，樂官之長。命習舞者，順萬物始出地，鼓舞也。將舞，必釋菜於先師以禮之。夏小正曰：「丁亥，萬舞入學。」天子乃帥三公、九卿、諸侯、大夫親往視之。仲丁，又命樂正入學習舞。」爲季春將習合樂也。習樂者，習歌與八音。

學記：「大學始教，皮弁祭菜，示敬道也。」皮弁，天子之朝服也。祭菜，禮先聖、先師。疏謂：天子使有司服皮弁，祭先聖、先師以蘋藻之菜。

正義曰：「凡釋奠有六：始立學釋奠，一也；四時釋奠有四，通前五也；王制師還釋奠於學，六也。釋菜有三：春入學釋菜合舞，一也；釁器釋菜，二也；學記皮弁祭菜，三也。」

禮書曰：周禮大胥「春入學，舍菜合舞」，學記「皮弁祭菜，示敬道也」，月令仲春「上丁，命樂正習舞釋菜」，文王世子「始立學者，既興器，用幣，然後釋菜，不舞不授器，乃退，儐於東序，一獻，無介語，可也」，然則釋菜之禮猶摯也。婦見舅姑〔七〕，其摯也棗栗、腶脩，若沒而廟見則釋菜。弟子見師，其摯也束脩，若禮於先師則釋菜。大胥釋菜合舞，而文王世子釋菜不舞、不授器者，以釋奠既舞故也。士喪禮君視斂，「釋菜入門」，喪大記「大夫、士既殯而君往焉，釋菜於門内」，占夢「季冬乃舍萌於四方」，舍萌，釋菜也，則釋菜之禮豈特子弟之見先師，婦之廟見而已哉〔八〕。婚禮有奠菜儀，弟子之見先師其儀蓋此類歟？鄭氏謂婚禮奠菜蓋用堇，入學釋菜蘋藻之屬，始立學釋菜芹藻之屬，蓋以泮宮有芹藻，子事父母有堇荁，故有是説也。菜之爲摯則菜而已。采蘋教成之祭，毛氏謂牲用魚，芼之用蘋藻。則詩所謂「湘之」者，芼之也，與釋菜異矣。

漢高祖十二年十一月，上行自淮南，還過魯，以太牢祠孔子。

元帝時，孔霸以帝師賜爵，號褒成君，奉孔子後。

成帝綏和元年，封殷後孔子世吉適子孔何齊爲殷紹嘉侯，千六百七十户。後六月，進爵爲公，地滿百里。

梅福上書曰：「武王克殷，未及下車，存五帝之後，封殷於宋，紹夏於杞，明著三統，示不獨有也。是以姬姓半天下，遷廟之主，流出於户，所謂存人以自立者也。今成湯不祀，殷人無後，陛下繼嗣久微，殆爲此也。春秋經曰：『宋殺其大夫。』穀梁傳曰：『其不稱名姓，以其在祖位，尊之也。』此言孔子故殷後也。雖不正統，封其子孫以爲殷後，禮亦宜之。何者？諸侯奪宗，聖庶奪適。傳曰『賢者子孫宜有土』，而況聖人，又殷之後哉！昔成王以諸侯禮葬周公而皇天動威，雷風著災。今仲尼之廟不出闕里，孔氏子孫不免編户，以聖人而歆匹夫之祀，非皇天之意也。今陛下誠能據仲尼之素功，以封其子孫，則國家必獲其福，又陛下之名與天亡極。何者？追聖人素功，封其子孫，未有法也，後聖必以爲則。不滅之名，可不勉哉！」福孤遠，又譏切王氏，故終不見納。初，武帝時封周後姬嘉爲周子南君。至元帝時尊周子南君爲周承休侯，位次諸侯王。使諸大夫、博士求殷後，分散爲十餘姓，郡國往往得其大家，推求子孫，絶不能紀。時康衡議〔九〕，以爲「王者存二王後，所以尊其先王而通三統也。其犯誅絶之罪者，絶而更封他親爲始封君，上承其王者之始祖。春秋之義，諸侯不能守其社稷者絶。今宋國已不守其統而失國矣，則宜更立殷後爲始封君，而上承湯統，非當繼宋之絶侯也，宜明得殷後而已。今之故宋，推求其嫡，久遠不可得；雖得其嫡，嫡之先已絶，不當得立。禮記孔子曰：『丘，殷人也。』先師所共傳，宜以孔子世爲湯後。」上以其語不經，遂見寢。至成帝時，梅福復言宜封孔子後以奉湯祀。綏和元年，立二王後，推迹古文，以左氏、穀梁、世本、禮記相明，遂下詔封孔子世爲殷紹嘉公。

平帝元始初，追謚孔子曰褒成宣尼公，追封孔均爲褒成侯。

光武建武五年，上幸魯，使大司空祠孔子，封殷後孔安爲殷紹嘉公，周後姬常爲周承休公。十三年，改封常爲衛公，安爲宋公，以爲漢賓，在三公上。十四年〔一〇〕，封孔均子志爲褒成侯。

按：西漢時孔氏之裔侯者二人，紹嘉侯奉殷後也，褒成侯奉孔子之後也。建武中興，襲爵如故。紹嘉之後，不知所終。褒成之後，則志卒，子損嗣，至和帝永元四年，徙封褒尊侯〔一一〕；損卒，子曜嗣；曜卒，子元嗣。相傳至獻帝初國絶。魏時再襲封，世世不絶。

明帝永平二年，養三老、五更於辟雍，郡縣行鄉飲酒禮於學校，皆祀聖師周公、孔子，牲以犬。十五年三月，幸孔子宅，祠仲尼及七十二弟子，親御講堂，命皇太子、諸王説經。

章帝元和二年春，帝東巡狩，還過魯，幸闕里，以太牢祠孔子及七十二人，作六代之樂，大會孔氏男子二十以上者六十三人，命儒者講論語。帝謂孔僖曰：「今日之會，於卿宗有光榮乎？」對曰：「臣聞明王聖主，莫不尊師貴道。今陛下親屈萬乘，辱臨敝里，此乃崇禮先師，增輝聖德，至於光榮，非所敢承。」帝笑曰：「非聖者子孫，焉有斯言乎！」遂拜僖郎中，賜褒成侯損及孔氏男女錢帛。

安帝延光三年，幸泰山，祀孔子及七十二弟子於闕里，自魯相、令、丞、尉及孔氏親屬、婦女、諸生悉會，賜褒成侯以下帛各有差。

歐陽氏集古録漢魯相置孔子廟卒史碑云：「司徒臣雄、司空臣戒稽首言：魯前相瑛書言：『詔書崇聖道，孔子作春秋，制孝經，演易繫辭，經緯天地，故特立廟。褒成侯四時來祠，事已即去。廟有禮器，無常人掌領，請置百石卒史一人，典主守廟。』謹問太常祠曹掾馮牟、史郭玄。辭對：故事，辟雍祠先聖，太宰、太祝各一人，備爵，太常丞監祠，河南尹給牛、羊、豕，大司農給米。臣愚以爲如瑛言可許。臣雄等稽首以聞。制曰可。」讀此可見漢祠孔子其禮如此。雄，吴雄；戒，趙戒。魯相瑛，據碑言姓乙字仲卿。

徐氏曰：「按文王世子曰：『凡學，春官釋奠於先聖、先師，秋冬亦如之。』又曰：『凡始立學者，必釋奠於先聖、先師，既釁器用幣，然後釋菜。』則知古人建立學校，未嘗不以祀禮爲先也。高皇帝雖在倥偬，猶能修其祠於過魯之日。武帝興太學，而獨未聞釋奠之禮焉。明帝行鄉飲於學校，祀聖師周公、孔子，初似未知所以獨崇宣聖之意；至永平十五年，幸孔子宅，祠仲尼。章帝、安帝皆幸闕里，祠孔子，作六代之樂，則所以崇文重道者至矣。使當時儒學之臣，能以古人釋奠之禮而推廣之，則又何以加焉。」

魏文帝黄初二年，詔曰：「昔仲尼資大聖之才，懷帝王之器，當衰周之末，無受命之運，在魯、衛之朝，教化乎洙、泗之上，悽悽焉，遑遑焉，欲屈己以存道，貶身以救世。於時王公終莫能用之，乃退考五代之禮，修素王之事，因魯史而制春秋，就太師而正雅、頌，俾千載之後，莫不宗其文以述作，仰其聖以成謀咨，可謂命世之大聖，億載之師表者也。遭天下大亂，百祀墮壞，舊居之廟，毁而不修，褒成之後，絶而莫繼，闕里不聞講頌之聲，四時不睹烝嘗之位，斯豈所謂崇禮報功，盛德百世必祀者哉！其以議郎孔羨爲宗聖侯，邑百户，奉孔子祀。」令魯郡修起舊廟，置百石吏卒以守衛之〔一二〕；又於其外廣爲室屋，以居學者。

齊王正始七年，令太常釋奠，以太牢祀孔子於辟雍，以顔淵配。

晉武帝泰始三年〔一三〕，改封孔子二十三代孫宗聖侯震爲奉聖亭侯，又詔太學及魯國四時備三牲以祀孔子。

七年，皇太子講經，親釋奠於太學，如正始禮。

惠帝元康三年，皇太子講經，行釋奠禮於太學。

元帝大興二年，皇太子講經，行釋奠禮於太學。

明帝太寧三年〔一四〕，詔給奉聖亭侯四時祠孔子祭，宜如泰始故事〔一五〕。

成、穆、孝武三帝，皆以講經親釋奠，唯成帝在辟雍，自是一時制也。孝武以太學在水南懸遠，有司議依穆帝升平元年，於中堂權立太學。釋奠禮畢，會百官六品以上。

宋文帝元嘉八年，奉聖侯有罪奪爵。至十九年，又授孔隱之。隱之兄子熙先謀逆，又失爵。二十八年，更以孔惠雲爲奉聖侯，後有重疾，失爵。孝武大明二年，又以孔邁爲奉聖侯。邁卒，子莑詡俱切。嗣〔一六〕，有罪失爵。

元嘉二十二年〔一七〕，太子釋奠，採晉故事。裴松之議應舞六佾，宜設軒懸之樂，牲牢器用悉依上公〔一八〕。祭畢，親臨學宴會，太子以上悉在。

齊武帝永明三年，有司奏：「宋元嘉舊事，學生到，先釋奠先聖、先師，禮又有釋菜，未詳今當行何禮？用何樂及禮器？」時從喻希議，用元嘉故事，設軒懸之樂，六佾之舞，牲牢、器用悉依上公。尚書令王儉議：「周禮：『春入學，釋菜合舞。』記云：『始教皮弁祭菜，示敬道也。』又云：『始入學，必釋奠先聖、先師。』中朝以來，釋菜禮廢，金石俎豆，皆無明文。方之七廟則輕，比之五祀則重。陸納、車胤謂宣尼廟宜依亭侯之爵；范甯欲依周公之廟，用王者儀；范宣謂當其爲師則不臣之，釋奠日，宜備帝王禮樂。此則車、陸失於過輕，二范傷於太重。喻希云：『若王者自設禮樂，則肆賞於致敬之所；若欲嘉美先聖，則須所況非備〔一九〕。』細尋此說，守附情理。皇朝屈尊弘教，推以師資〔二〇〕，引同上公，即事惟允。元嘉裴松之議，故事可依也。」

梁武帝天監八年，皇太子釋奠。周捨議：既惟大禮，請依東宮元會，太子著絳紗襮，音博，衣領也。樂用軒懸。合升殿坐者，皆服朱衣。帝從之。又有司以爲，禮云「凡爲人子者，升降不由阼階」。吏部郎徐勉議：鄭玄云：「由命士以上，父子異宮。」宮室既異，無不由阼階之禮。請釋奠及宴會，太子升堂，並宜由東階。若鑾駕幸學，自然中階。其會賓客，依舊西階。大同七年，皇太子表其子寧國、臨城公入學，時議者以與太子有齒胄之義〔二一〕，疑之。侍中臣纘等以爲〔二二〕：「參、點、回、路，並事尼父，鄒、魯稱盛，洙、汶無譏。師道既光，得一資敬，無虧亞二。」制可。

後魏封孔子二十七葉孫乘爲崇聖大夫。

孝文太和十九年，改封二十八葉孫珍爲崇聖侯。

文成帝詔：宣尼之廟，當别敕有司行薦享之禮。

北齊改封三十一代孫爲恭聖侯。

北齊將講於天子。講畢，以一太牢釋奠孔宣父，配以顔回，列軒懸樂，六佾舞。皇太子每通一經及新立學，必釋奠禮先聖、先師，每歲春、秋二仲，常行其禮。每月朔〔二三〕，制：祭酒領博士以下及國子諸學生以上，太學、四門博士升堂，助教以下、太學諸生階下，拜孔聖，揖顔回。日出行事。郡學則於坊内立孔、顔廟，博士以下亦每月朝。張憑議曰：「不拜顔子者，按學堂舊有聖賢之象，既備禮盡敬，奉尼父以爲師，而未詳顔子拜揖之儀。臣以聖者，君道也；師者，賢臣道也。若乃堯、舜、禹於君位，則稷、契與我並爲臣矣。師玄風於洙、泗，則顔子吾同門也。夫大賢恭己，既揖讓於君德；回也如愚，豈越分於人師哉！是以王聖佐賢，而君臣之義著；拜孔揖顔，而師資之分同矣。」

後周武帝平齊，改封孔子後爲鄒國公。

隋文帝仍舊，封孔子後爲鄒國公。

煬帝改封爲紹聖侯。

隋制，國子寺每歲四仲月上丁，釋奠於先聖、先師，年别一行鄉飲酒禮。州縣學則以春、秋仲月釋奠，亦每年於學一行鄉飲酒禮〔二四〕。

唐高祖武德二年，詔國子學立周公、孔子廟各一所，四時致祭。仍博求其後，具以名聞，詳考所宜，當加爵土。

七年，幸國子學，親臨釋奠，引道士、沙門與博士雜相駁難久之。

太宗貞觀二年，左僕射房玄齡等建議：「武德中，詔釋奠於太學，以周公爲先聖，孔子配享。臣以爲周公、尼父俱稱聖人，庠序置奠，本緣夫子，故晉、宋、梁、陳及隋大業故事，皆以孔子爲先聖，顔回爲先師，歷代所行，古今通允。伏請停祭周公，升孔子爲先聖，以顔回配。」詔從之。

十一年，封孔子裔德倫爲褒聖侯，修宣尼廟於兗州，給户二十充享祀。

十四年，幸國子學，親釋奠〔二五〕。

二十年，詔皇太子於國學釋奠於先聖、先師，皇太子爲初獻，國子祭酒爲亞獻，攝司業爲終獻。

初，釋奠以儒官自爲祭主，直云博士姓名。至是，中書侍郎許敬宗等奏：「按禮記文王世子：『凡學，春官釋奠於先師〔二六〕。』鄭玄注曰：『官謂詩、書、禮、樂之官也。』彼謂四時之學，將習其道，故儒官釋奠，各於其師，既非國家行禮〔二七〕，所以不及先聖。至於春、秋二時合樂之日，則天子視學，命有司興秩節，總祭先聖先師焉。秦、漢釋奠，無文可檢。至於魏氏，則使太常行事。自晉、宋以降，時有親行，而學官爲主，全無典實。且名稱國學，樂用軒懸，樽俎威儀，並皆官備，在於臣下，理不合專。況凡在小神，猶皆遣使行禮，釋奠既准中祀，據禮必須稟命。今請國學釋奠，令國子祭酒爲初獻，祝詞稱『皇帝謹遣』，仍令司業爲亞獻，國子博士爲終獻。其諸州，刺史爲初獻，上佐爲亞獻，博士爲終獻。縣學，縣令爲初獻，縣丞爲亞獻，博士既無秩，請主簿通爲終獻。若闕，並以次差攝。州縣釋奠，既請遣刺史、縣令親爲獻主，望准祭社，給明衣。修附禮令，爲永式。」學令祭以太牢，樂用軒懸，六佾之舞，并登歌一部。與大祭祀相遇，改用中丁。州縣常用上丁，無樂，祭用少牢。

二十一年，詔以左丘明、卜子夏、公羊高、穀梁赤、伏勝、高堂生、戴聖、毛萇、孔安國、劉向、鄭衆、杜子春、馬融、盧植、鄭康成、服子慎、何休、王肅、王輔嗣、杜元凱、范甯、賈逵等二十二人代用其書，垂於國冑，自今有事於太學，並令配享尼父廟堂。

高宗永徽中，制改周公爲先聖，孔子爲先師，顏回、左丘明從祀。

顯慶二年，太尉長孫無忌等議曰：「按新禮，孔子爲先聖，顏回爲先師；又准貞觀二十一年，以孔子爲先聖，更以左丘明等二十二人與顏回俱配尼父於太學。今據永徽令文，改用周公爲先聖，遂黜孔子爲先師，顏回、左丘明並爲從祀。謹按禮記云：『凡學，春官釋奠於其先師。』鄭玄注曰：『官謂詩、書、禮、樂之官也。先師者，若漢禮有高堂生〔二八〕，樂有制氏，詩有毛公，書有伏生，可以爲師者。』又禮記曰：『始立學，釋奠於先聖。』鄭玄注曰：『若周公、孔子也。』據禮爲定，昭然自別，聖則非周即孔，師則偏善一經。漢、魏以來，取捨各異。顏回、孔子互作先師，宣父、周公迭爲先聖。求其節文，遞有得失。所以貞觀之末，親降綸言，依禮記之明文，酌康成之奧說，正孔子爲先聖，加衆儒爲先師，永垂制於後昆，革往代之紕繆。而今新令，不詳制旨，輒事刊改，遂違明詔。但成王幼年，周公踐極，制禮作樂，功比帝王，所以禹、湯、文、武、成王、周公爲六君子。又説明王孝道，乃述周公嚴配，此即姬旦鴻業，合同王者祀之。儒宮就享〔二九〕，實貶其功。仲尼生衰周之末，拯文喪之弊，祖述堯、舜，憲章文、武，弘聖教於六經，闡儒風於千世，故孟軻稱生民以來，一人而已。自漢已降，奕葉封侯，崇奉其聖，迄於今日，胡可降兹上哲，俯入先師？且丘明之徒，見行其學，貶爲從祀，亦無故事。今請改令從詔，於義爲允。其周公仍依別禮配享武王。」詔從之。

三年，文宣王廟詔用宣和之舞。國子博士范頵撰樂章。

總章元年〔三〇〕，皇太子弘釋奠於國學。開耀元年、景雲二年、永隆二年並行此禮〔三一〕。

乾封元年，追贈孔子爲太師。

天授元年，封孔子爲隆道公。

總章元年，顔回贈太子少師，曾參贈太子少保，並配享孔子廟。

玄宗開元七年，以貢舉人將謁先師，質問疑義，敕皇太子及諸子宜行齒胄禮。乃謁先聖，太子初獻，亞、終獻並以胄子充。右散騎常侍褚無量講孝經並禮記文王世子篇。初，詔侍中宋璟亞獻，中書侍郎蘇頲終獻。及臨享，上思齒胄之義，乃改焉。又詔春、秋釋奠用牲牢，其屬縣用酒脯而已〔三二〕。

八年，國子司業李元瓘奏言：「兩京國子監廟堂〔三三〕，先聖孔宣父，配坐先師顔子，今其像見立侍。准禮，『授坐不立，授立不跪』，況顔子道亞生知，才光入室，既當配享，其像見立〔三四〕，請據禮文，合從坐侍。又四科弟子閔子騫等，並伏膺儒術，親承聖教，雖復列像廟堂，不參享祀。謹按祠令，何休等二十二賢，猶霑從祀，豈有升堂入室之子，獨不霑配享之餘？望請春、秋釋奠，列享在二十二賢之上。七十子者，則文翁之壁尚不闕如，豈有國庠遂無圖繪？請命有司圖形於壁，兼爲立贊，庶敦勸儒風，光崇聖烈。

曾參孝道可崇，獨受經於夫子，望准二十二賢從享。」詔曰：「顏子等十哲宜爲坐像，悉令從祀。曾參大孝，德冠同列，特爲塑像，坐於十哲之次。」因圖畫七十弟子及二十二賢於廟壁。上以顏子亞聖，親爲製贊，書於石。閔損以下〔三五〕，仍令當朝文士分爲之贊，題其壁焉。

按：自禮記「釋奠於先聖、先師」之說，鄭康成釋先師，以爲如樂有制氏，詩有毛公，禮有高堂生，書有伏生之類，自是後儒言釋奠者本禮記，言先師者本鄭氏注。唐貞觀時，遂以左丘明以下至賈逵二十二人爲先師，配食孔聖。夫聖，作之者也；師，述之者也。述夫子之道，以親炙言之，則莫如十哲、七十二賢；以傳授言之，則莫如子思、孟子。必是而後可以言先師，可以繼先聖。今捨是不録，而皆取之於釋經之諸儒！姑以二十二子言之，獨子夏無以議爲，左丘明、公羊高、穀梁赤猶曰受經於聖人而得其大義，至於高堂生以下，則謂之經師可矣，非人師也。如毛、鄭之釋經，於名物固爲該洽，而義理間有差舛；至王輔嗣之宗旨老、莊，賈景伯之附會讖緯，則其所學已非聖人之學矣。又況戴聖、馬融之貪鄙，則其素履固當見擯於洙、泗，今乃俱在侑食之列，而高第弟子，除顏淵之外反不得預。李元瓘雖懇懇言之，而僅能升十哲、曾子儕於二十二子之列，而七十二賢俱不霑享祀。蓋拘於康成之注，而以專門訓詁爲盡得聖道之傳也。

二十七年，詔曰：「弘我王化，在乎儒術。能發此道，啟迪含靈，則生人以來，未有如夫子者也。所謂自天攸縱，將聖多能，德配乾坤，身揭日月。故能立天下之大本，成天下之大經，美政教，移風俗，君君臣臣，父父子子，人到於今受其賜，不其猗歟！於戲！楚王莫封，魯公不用，俾夫大聖，才列陪臣，棲遑旅人，固可嘆矣〔三六〕。年祀寖遠，光靈益彰，雖代有褒稱，而未爲崇峻，不副於實，人其謂何！夫子既稱先聖，可追謚爲文宣王，令三公持節册命，其後嗣褒聖侯改封嗣文宣王。昔周公南面，夫子西坐，今位既有殊，豈宜依舊，宜補其墜典，永作成式。其兩京國子監及天下諸州，夫子南面坐，十哲等東西行列侍。且門人三千，見稱十哲，包夫衆美，實越等夷，暢玄聖之風規，發人倫之耳目，並宜褒贈，以寵賢明。其顔子既云亞聖，須優其秩。

顔子贈兖國公　閔子騫贈費侯

冉伯牛贈鄆侯　冉仲弓贈薛侯

冉子有贈徐侯　仲子路贈衛侯

宰子我贈齊侯　端木子貢贈黎侯〔三七〕

言子游贈吴侯　卜子夏贈魏侯

又孔子格言，參也稱魯，雖居七十之數，不載四科之目。頃雖參於十哲，終未殊於等倫，久稽先旨，俾修舊位〔三八〕，庶乎禮得其序，人焉式瞻〔三九〕。」命尚書左丞相裴耀卿攝太尉，持節就國子廟册。册畢，所司奠祭，亦如釋奠之禮。又遣太子少保崔琳往東都，就廟行册禮。又敕兩京及兖州舊宅廟像，宜改服衮冕；其諸州及縣，廟宇既小，但移南面，不須改衣服。兩京樂用宫懸。春、秋二仲上丁，令三公攝行事。七十子並宜追贈。

曾參贈郕伯　顓孫師贈陳伯

澹臺滅明贈江伯
原憲贈原伯
南宮子容贈郯伯〔四〇〕
曾點贈宿伯
商瞿贈蒙伯
漆雕開贈滕伯
司馬牛贈向伯
有若贈卞伯
巫馬期贈鄫伯
顏柳贈蕭伯
曹卹贈曹伯
公孫龍贈黄伯
秦子南贈少梁伯
顏子驕贈琅琊伯
壤駟赤贈北徵伯
石作蜀贈石邑伯

宓子賤贈單伯
公冶長贈莒伯
公晳哀贈郳伯
顏路贈杞伯
高柴贈共伯
公伯寮贈任伯
樊遲贈樊伯
公西赤贈郜伯
梁鱣贈梁伯
冉孺贈紀伯
伯虔贈聊伯
冉季贈東平伯
漆雕子斂贈武城伯
漆雕徒父贈須句伯
商澤贈睢陽伯
任不齊贈任城伯

公夏守贈亢父伯〔四一〕
公良孺贈東牟伯
后處贈營丘伯
秦子開贈彭衙伯
奚容蒧贈下邳伯〔四二〕
公肩定贈新田伯
顏襄贈臨沂伯
鄡單贈銅鞮伯
句井疆贈淇陽伯
罕父黑贈乘丘伯
秦商贈上洛伯
申黨贈邵陵伯
公祖子之贈期思伯
榮子期贈雩婁伯〔四三〕
縣成贈鉅野伯
左人郢贈臨淄伯
燕伋贈漁陽伯
鄭子徒贈滎陽伯
顏之僕贈東武伯
原亢贈萊蕪伯
樂欬贈昌平伯
廉潔贈莒父伯
顏何贈開陽伯
叔仲會贈瑕丘伯
狄黑贈臨濟伯
邽巽贈平陸伯〔四四〕
孔忠贈汶陽伯
公西輿如贈重丘伯〔四五〕
公西箴贈祝阿伯〔四六〕
蘧瑗贈衛伯
施常贈乘氏伯〔四七〕
林放贈清河伯

秦非贈汧陽伯　　陳亢贈潁伯

申棖贈魯伯　　琴牢贈□□伯

顔噲贈朱虚伯　　步叔乘贈淳于伯

琴張贈南陵伯

右孔子弟子姓名之可見者。史記、家語所載，并十哲，共七十七人。内公伯寮、秦商、鄡單，家語不載，而别有琴牢、陳亢、縣亶三人。唐贈典見禮樂志及唐會要所載，並七十七人。姓名與史記同。獨杜氏通典所載則除十哲外，自計七十三人，係增入蘧瑗、林放、陳亢、申棖、琴牢、琴張六人。若以爲七十二賢在十哲之外，則史記、家語所載少五人，通典所載多一人。然太史公作仲尼弟子傳序，言孔子之所嚴事，於周則老子，於衛蘧伯玉，於齊晏平仲，於楚老萊子，於鄭子産，於魯孟公綽，數稱臧文仲、柳下惠、銅鞮伯華、介山子然，孔子皆後之，不並世。又史稱孔子適衛主蘧伯玉，及反魯，伯玉使人至，孔子禮其使，而稱以夫子，則尊之者如此，然則瑗雖賢，蓋非門弟子之列也。

國子祭酒劉瑗奏：「准故事，釋奠之日，群官道俗皆合赴監觀禮，請依故事。」制可。

肅宗上元中，以歲旱罷中、小祀，而文宣王之祭，至仲秋猶祠之於太學。

永泰二年八月，修國學祠堂成，祭酒蕭昕始奏釋奠，宰相元載、杜鴻漸、李抱玉及常參官、六軍將軍就觀焉。

自復二京，惟正會之樂用宮縣，郊廟之享，登歌而已，文、武二舞亦不能具。至是，魚朝恩典監事，乃奏宫縣於論堂，而雜以教坊工伎。憲宗時，夔州刺史劉禹錫嘗嘆天下學校廢，乃奏記宰相曰：「言者謂天下少士，而不知養材之道鬱堙不揚，非天不生材也。是不耕而嘆廪庾之無餘，可乎？貞觀時，學舍千二百區，生徒三千餘，外夷遣子弟入附者五國。今室廬圮廢，生徒衰少，非學官不振，病無貲以給之也。凡學官春、秋釋奠於先師，斯止辟雍、頖宫，非及天下。今州縣咸以春、秋上丁有事孔子廟，其禮不應古，甚非孔子意。漢初群臣起屠販，故孝惠、高后間，置原廟於郡國，逮元帝時，韋玄成遂議罷之。夫子孫尚不敢違禮饗其祖，況後學師先聖道而欲違之。傳曰：『祭不欲數。』又曰：『祭神如神在。』與其煩於薦饗，孰若行其教令？教令頽靡，而以非禮之祀媚之，儒者所宜疾。竊觀歷代無有是事。武德初，詔國學立周公、孔子廟，四時祭。貞觀中，詔修孔子廟兖州。後許敬宗等奏，天下州縣置三獻官，其他如立社。玄宗與儒臣議，罷釋奠牲牢，薦酒脯。時王孫林甫爲宰相，不涉學，使御史中丞王敬從以明衣牲牢，著爲令，遂無有非之者。今夔四縣歲釋奠費十六萬，舉天下州縣歲費凡四千萬，適資三獻官飾衣裳，飴妻子，於學無補也。請下禮官、博士議，罷天下州縣牲牢衣幣，春秋祭如開元時。籍其資，半畀所隸州，使增學校；舉半歸太學，猶不下萬計，可以營學室，具器用，豐饌食，增掌故，以備使令。儒官各加稍食，州縣進士皆立程督，則貞觀之風，粲然可復。」當時不用其言。

德宗建中三年，以文宣王三十七代孫齊卿爲兖州司馬，襲文宣王。貞元二年二月釋奠，自宰臣已下畢集於國學，學官升講座，陳五經大義及先聖之道。

九年九月，太常奏，以十一月貢舉人謁先師，合與親饗太廟日同〔四八〕。准六典，上丁釋奠，若與大祠同日，即用中丁。其謁先師，請别擇日。從之。

十五年，膳部郎中歸崇敬奏：「時議每年春秋釋奠，祝版御署訖，北面而揖。臣以爲其禮太重。按大戴禮，師尚父授周武王丹書，武王東面受之。請參酌輕重，庶得其宜。」

憲宗元和四年，以文宣王三十八代孫惟昉爲兖州參軍。

十三年，以文宣王三十八代孫惟晊襲文宣王。

武宗會昌二年，以文宣王三十九代孫榮爲國子監丞，襲文宣王。

後唐長興三年，國子博士蔡同文奏：「伏見每年春、秋二仲月上丁釋奠於文宣王，以兖公顔子配坐，以閔子騫等爲十哲排祭奠，其有七十二賢圖形於四壁，面前皆無酒脯。自今後，乞准本朝舊規，文宣王四壁諸英賢畫像前面，請各設一豆、一爵祠饗。」中書帖太常禮院檢討禮例，分析申者。今禮院檢郊祀録，釋奠文宣王並中祠，例祭以少牢，其配座十哲，見今行釋奠之禮。伏自喪亂以來，廢祭四壁英賢。今准帖，爲國子博士蔡同文所奏文宣王四壁諸英賢，各設一豆、一爵祠享。當司詳郊祀録，文宣王從祀諸座，各籩二，實以栗、黄牛脯；豆二，實以葵菹、鹿醢；簠、簋各一，實以黍、稷飯；酒爵一。禮文所設，祭器無一豆、一爵之儀者。奉敕：其文宣王廟四壁英賢，自此每釋奠，宜准郊祀録，各陳脯、醢等諸物以祭〔四九〕。

周廣順二年六月，以文宣王四十三代孫、前曲阜縣令孔仁玉復爲曲阜縣令，仍賜緋魚袋。以亞聖顔淵裔孫顔涉爲曲阜縣主簿。仍敕兖州修葺祠宇，墓側禁樵採。時車駕親征，兖州初平〔五〇〕，遂幸曲阜，謁孔子祠。

既奠，將致敬，左右曰：「仲尼，人臣也，無致敬之禮。」上曰：「文宣百代帝王師，得無拜之！」即拜奠於祠前。

致堂胡氏曰：「人爲諂諛，趨利而不顧義者也。孔子大聖，途之人猶知之，豈以位云乎？如以位，固異代之陪臣也；如以道，則配乎天地；如以功，則賢乎堯舜。卒伍一旦爲帝王，而以異代陪臣臨天下之大聖，豈特趨利導諛，又無是非之心矣。斯臣也，當周太祖時以拜孔子爲不可，則當石高祖時必以拜契丹爲可者。是故君子有言：天下國家所患，莫甚於在位者不知學。在位者不知學，則其君不得聞大道，則淺俗之論易入，理義之言難進，人主功德高下一係於此。然則學乎學乎，豈非君臣之急務哉！」

宋初，增修先聖及亞聖、十哲塑像，七十二賢及先儒二十一人，皆畫像於東西廊之板壁。太祖親撰先聖及亞聖贊，從祀賢哲先儒，並命當時文臣爲之贊。其春、秋二丁及仲冬上丁，貢舉人謁先聖、先師，命官行釋奠之禮，皆如舊典。

太祖皇帝建隆三年，詔廟門准令立戟十六枝。

乾德四年，以文宣王四十四代陵廟主〔五一〕、進士孔宜爲兗州曲阜縣主簿。

太宗太平興國三年，詔孔宜可授太子右贊善大夫，襲封文宣公。十月，詔免兗州曲阜縣襲封文宣公家租税。

先是，歷代以聖人之後不預庸調。周顯德中，遣使均田，遂抑爲編户。至是，孔氏訴於州以聞，帝特免之。

真宗咸平三年，詔曲阜縣令、襲封文宣公孔延世，許於廳上見知州、通判及轉運使，仍留三年。又賜以祭器、經書及銀帛各五十兩。兗州舊以七户守孔子墳，至是增二十户。大中祥符元年，以將東封泰山，詔兗州宣尼宜令判州事王欽若致祭。又詔封祀日，文宣王四十六代孫賜同學究出身孔聖祐，令衣緑，次京官陪班位。十一月，東封禮畢，幸曲阜縣，謁文宣王廟。上服韡袍，詣廟酌獻，廟内外設黄麾仗，孔氏家屬陪列。初，有司定儀止肅揖，上特展拜〔五二〕。又幸叔梁紇堂，命刑部尚書温仲舒等，分奠七十二弟子、先儒暨叔梁紇、顔氏〔五三〕，上製贊，刻石廟中。復幸孔林，以樹木擁道，降輿乘馬，至文宣王墓奠拜。追謚曰玄聖文宣王。

先是，詔有司檢討漢、唐褒崇宣聖故事。初，欲追謚爲帝，或言宣父，周之陪臣，周止稱王，不當加帝號，故第增美名。春秋演孔圖曰：「孔子母夢感黑帝而生，故曰『玄聖』。」莊子曰：「恬澹，玄聖、素王之道。」遂取以爲稱。

又詔以御香一合並爐及親奠祭器留廟中，賜其家錢二百千、綵三百疋，録親屬五人，並賜出身，又賜太宗御製書百五十卷及銀器八百兩，製宣聖冕服、玉圭，廟給守兵四十人。

詔封叔梁紇齊國公，顔氏魯國太夫人，亓官氏鄆國夫人〔五四〕。

詔追封孔子弟子兗公顔回兗國公，費侯閔損琅琊公，鄆侯冉耕東平公，薛侯冉雍下邳公，齊侯宰予臨淄公，黎侯端木賜黎陽公，徐侯冉求彭城公，衛侯仲由河内公，吴侯言偃丹陽公，魏侯卜商河東公，郕伯曾參瑕丘侯，陳伯顓孫師宛丘侯，江伯澹臺滅明金鄉侯，單伯宓不齊單父侯，原伯原憲任城侯，莒伯公冶長高密侯，郯伯南宫縚龔丘侯，郳伯公晳哀北海侯，宿伯曾點萊蕪侯，杞伯顔無繇曲阜侯，蒙伯商瞿須昌侯，共伯高柴共城侯，滕伯漆雕開平輿侯，任伯公伯寮壽張侯，向伯司馬耕楚丘侯，樊伯樊須益都侯，鄗伯公西赤鉅野侯，卞伯有若平陰侯，鄫伯巫馬期東阿侯，潁伯陳亢南頓侯，梁伯梁鱣千乘侯，蕭伯顔辛陽穀侯，紀伯冉孺臨沂侯，東平伯冉季諸城侯，聊伯伯虔沭陽侯，黄伯公孫龍枝江侯，彭衙伯秦寧新息侯〔五五〕，少梁伯秦商鄄城侯，武城伯漆雕哆濮陽侯，琅琊伯顔驕雷澤侯，須句伯漆雕徒父高苑侯，北徵伯壤駟赤上邽侯，清河伯林放長山侯，睢陽伯商澤鄒平侯，石邑伯石作蜀成紀侯，任城伯任不齊當陽侯，魯伯申棖文登侯，東牟伯公良孺牟平侯，曹伯曹恤上蔡侯，下邳伯奚容蒧濟陽侯，淇陽伯句井疆滏陽侯，邵陵伯申黨淄川侯，期思伯公祖句兹即墨侯，雩婁伯榮期厭次侯，鉅野伯縣成城武侯，臨淄伯左人郢南華侯，漁陽伯燕伋汧源侯，滎陽伯鄭國朐山侯，汧陽伯秦非華亭侯，乘氏伯施之常臨濮侯，朱虚伯顔噲濟陰侯，淳于伯步叔乘博昌侯，東武伯顔之僕冤句侯，衛伯蘧瑗内黄侯，瑕丘伯叔仲會博平侯，開陽伯顔何堂邑侯，臨濟伯狄黑林慮侯，平陸伯邽巽高堂侯，汶陽伯孔忠鄆城侯，重丘伯公西舉如臨朐侯，祝阿伯公西箴徐城侯，南陵伯琴張頓丘侯。

又詔封玄聖文宣王廟配饗先魯史左丘明瑕丘伯，齊人公羊高臨淄伯，魯人穀梁赤龔丘伯，秦博士伏勝乘氏伯，漢博士高堂生萊蕪伯，九江太守戴聖楚丘伯，河間博士毛萇樂壽伯，臨淮太守孔安國曲阜伯，中壘校尉劉向彭城伯，後漢大司農鄭衆中牟伯，河南杜子春緱氏伯，南郡太守馬融扶風伯，北中郎將盧植良鄉伯，大司農鄭康成高密伯，九江太守服虔滎陽伯，侍中賈逵岐陽伯，諫議大夫何休任城伯，魏衛將軍、太常、蘭陵亭侯王肅贈司空，尚書郎王弼封偃師伯，晉鎮南大將軍、開府儀同三司、當陽侯杜預贈司徒，豫章太守范甯封鉅野伯。命三司使、兩制、待制、館閣官作贊。

大中祥符二年，詔太常禮院定州縣釋奠禮器數，禮院言：「先聖、先師每座酒罇二、籩八、豆八、簋二、簠二、俎三、罍一、洗一、篚一、罇皆加勺、羃，各置於坫。巾共二、燭一〔五六〕、爵共四、坫共二，或有從祀之處，諸座各籩二、豆一、簋一、簠一、俎一、燭一、爵一，乞頒下。」從之。

紹興七年，有司奏，釋奠初依奏告制，後比擬舊例，視感生帝而加鉶鼎三、實以鉶羹。登一。實以脂肝。十哲、從祀九十八位，其用羊、豕各一，每位籩二、栗、鹿脯。簠一、稷。簋一、黍。俎一、羊、豕腥肉。爵一。實以清酒。

五年，詔改玄聖文宣王謚爲至聖文宣王，避聖祖名也。

天禧元年，以文宣王四十六代孫光禄寺丞聖祐襲封文宣公。

判國子監孫奭言：「釋奠，舊禮以祭酒、司業、博士爲三獻，新禮以三公行事。近年只差獻官二員通攝，伏恐未副崇祀郷學之意。望令備差太尉、太常、光禄卿以充三獻。」詔可。又詔釋奠儀注及祭器圖，令崇文館雕印，頒行下諸路。

歐陽氏襄州穀城縣夫子廟記：「釋奠、釋菜，祭之略者也。古者士之見師，以菜爲摯，故始入學者必釋菜以禮其先師。其學官四時之祭乃皆釋奠。釋奠有樂無尸，而釋菜無樂，則其又略也。故其禮亡焉。而今釋奠幸存，然亦無樂，又不徧舉於四時，獨春、秋行事而已。自孔子没，後之學者莫不宗焉，故天下皆尊以爲先聖，而後世無以易。學校廢久矣，學者莫知所師，一有則字。又取孔子門人之高弟曰顔回者而配焉以爲先師。隋、唐之際，天下州縣皆立學，置學官、生員，而釋奠之禮遂以著令。其後州縣學廢，而釋奠之禮，吏以其著令，故得不廢。學廢矣，無所從祭，則皆廟而祭之。荀卿子曰：『仲尼，聖人之不得勢者也。』然使其得勢，則爲堯、舜矣。不幸無時而没，特以學者之故，享弟子春秋之禮。而後之人不推所謂釋奠者，徒見官爲立祠而州縣莫不祭之，則以爲夫子之尊由此爲盛，甚者乃謂生雖不得位，而没有所享，以爲夫子榮，謂有德之報，雖堯舜莫若，何其謬論者歟！祭之禮，以迎尸、酌鬯爲盛，釋奠薦饌，直奠而已，故曰祭之略者。其事有樂舞、授器之禮，今又廢，則於其略者又不備焉。然古之所謂吉、凶、鄉射、賓燕之禮，民得而見焉者，今皆廢失，而州縣幸有社稷釋奠、風雨雷師之祭，民猶得以識先王之禮器焉。其牲酒器幣之數，升降俯仰之節，吏又多不能習，至其臨事，舉多不中而色不莊，使民無所瞻仰，見者怠焉，因以爲古禮不足復用，可勝嘆哉！」

按：古者入學則釋奠於先聖、先師，明聖賢當祠之於學也。自唐以來，州縣莫不有學，則凡學莫不有先聖之廟矣。然考之前賢文集，如柳子厚柳州文宣王廟碑與歐公此記及劉公是新息縣、鹽城縣夫子廟記，皆言廟而不及學，蓋衰亂之後，荒陋之邦，往往庠序頽圮，教養廢弛，而文廟獨存。長吏之有識者，以興學立教其事重而費鉅，故姑葺文廟，俾不廢夫子之祠，所謂猶賢乎已。然聖賢在天之靈，固非如釋、老二氏與典祀百神之以驚動禍福、炫耀愚俗爲神，而欲崇大其祠宇也，廟祀雖設而學校不修，果何益哉！

校勘記

〔一〕其釋奠則四時各有其學　「學」原作「教」，據禮記文王世子正義改。

〔二〕四時皆然　「皆」原作「各」，據禮記文王世子正義改。

〔三〕於是時也　「時」字原脱，據禮記文王世子鄭注補。

〔四〕奠之言停停饌具而已　九字原脱，據元本、慎本、馮本及周禮春官甸祝條賈疏補。

〔五〕略出謹入也　「略」原作「客」，據儀禮聘禮鄭注改。

〔六〕有時將用也　「有時」、「也」原脱，據禮記文王世子鄭注補。

〔七〕婦見舅姑　「舅姑」二字原倒，據禮書卷九四乙。

〔八〕婦之廟見而已哉　「廟見」二字原倒，據禮書卷九四乙。

〔九〕時康衡議　「康衡」，據漢書卷六七梅福傳當作「匡衡」，此處避宋諱改。

〔一〇〕十四年　「四」原作「三」，據後漢書卷一光武帝紀改。

〔一一〕徙封褒尊侯　「尊」，後漢書卷七九孔僖傳作「亭」。按隸釋卷一孔廟置守廟百石碑條曰：「此碑與史晨碑皆在永元之後，仍稱褒成，又安帝紀延光三年賜褒成侯帛，韓敕碑陰有『褒成侯建壽』，即損也。疑損未嘗徙封，傳之誤耳。」

〔一二〕置百石吏卒以守衛之　「石」原作「户」，據隸釋魏修孔子廟碑改。

〔一三〕晉武帝泰始三年　「泰」原作「太」，據晉書卷三武帝紀、卷九禮上改。下「宜如泰始故事」同改。

〔一四〕明帝太寧三年　「太」原作「大」，據通典卷五三禮一三改。按晉明帝年號爲「太寧」。

〔一五〕詔給奉聖亭侯四時祠孔子祭宜如泰始故事　宋書卷一七禮四、通典卷五三禮一三同。標點本晉書卷一九禮上「宜」作「直」，屬上讀，似優。

〔一六〕子莠嗣　「莠」原作「荼」，按字書無「荼」字，今據標點本宋書卷一七禮四改。

〔一七〕元嘉二十二年　「元嘉」二字原脱，據元本、慎本、馮本及通典卷五三禮一三補。

〔一八〕裴松之議應舞六佾宜設軒懸之樂牲牢器用悉依上公　「裴松之議應」五字、「宜」字、「牲牢」二字原脱，據元本、慎本、馮本及通典卷五三禮一三補。

〔一九〕則須所況非備　南齊書卷九禮上無「須」字。

〔二〇〕推以師資　「推」，南齊書卷九禮上作「待」。

〔二一〕時議者以與太子有齒胄之義　「義」原作「議」，據隋書卷九禮儀四改。

〔二二〕侍中臣纘等以爲　「侍」原作「議」，隋書卷九禮儀四作「侍中尚書令臣敬容、尚書僕射臣纘……等」，今據改。

〔二三〕每月朔　「朔」，隋書卷九禮儀四作「旦」，通典避唐諱改「旦」爲「朔」，通考仍通典舊文。

〔二四〕亦每年於學一行鄉飲酒禮　「一」字原脱，據元本、慎本、馮本補。

〔二五〕親釋奠　「親」，元本、慎本、馮本及新唐書卷二太宗本紀、卷一五禮樂五作「觀」，舊唐書卷二四禮儀四作「親觀釋典」。

〔二六〕春官釋奠於先師　「春官」二字原倒，據禮記文王世子乙正。

〔二七〕既非國家行禮　「家」，舊唐書卷二四禮儀四作「學」，疑是。

〔二八〕若漢禮有高堂生　「漢」字原脱，據馮本及禮記文王世子鄭注補。元本、慎本及册府元龜卷六〇四學校部奏議三有「漢」字，無「禮」字。

〔二九〕儒宫就享　「宫」原作「官」，據册府元龜卷六〇四學校部奏議三改。

〔三〇〕總章元年　「元」原作「三」，據舊唐書卷二四禮儀四、新唐書卷一五禮樂五、玉海卷一一三改。

〔三一〕開耀元年景雲二年永隆二年並行此禮　按舊唐書卷五高宗紀下云：「冬十月……改永隆二年爲開耀元年。」資治通鑑卷二〇二唐紀一八同。據此則開耀與永隆之釋奠實爲一事，不應重出。又「景雲」原作「景龍」，據舊唐書卷二四禮儀四、唐會要卷三五釋奠、册府元龜卷五八八掌禮部奏議一六改。

〔三二〕其屬縣用酒脯而已　「脯」原作「酺」，據舊唐書卷二四禮儀四及下文改。

〔三三〕兩京國子監廟堂　「兩」字原脱，據文淵閣本唐會要卷三五補。按舊唐書卷二四禮儀四載開元二十七年八月制書：「自今以後，兩京國子監，夫子皆南面而坐。」是「京」上當有「兩」字。

〔三四〕其像見立　「像」原作「儀」，據唐會要卷三五改。按上文亦云「其像見立侍」。

〔三五〕閔損以下　四字原脱，據通典卷五三禮一三、舊唐書卷二四禮儀四補。

〔三六〕固可嘆矣　「嘆」原作「知」，據唐會要卷三五褒崇先聖改。

〔三七〕宰子我贈齊侯端木子貢贈黎侯　此十三字本在「冉子有贈徐侯仲子路贈衛侯」之前，據舊唐書卷二四禮儀四、唐會要卷三五、玉海卷一一三乙正。按上三書與史記仲尼弟子列傳合。

〔三八〕久稽先旨俾修舊位　通典卷五三禮一三同。按舊唐書卷二四禮儀四、唐會要卷三五褒崇先聖「久」作「允」，「修」作「循」，疑是。

〔三九〕人焉式瞻　「人」原作「久」，據元本、慎本、馮本及舊唐書卷二四禮儀四、唐會要卷三五褒崇先聖、通典卷五三禮一三改。

〔四〇〕南宫子容贈郯伯　「子容」，新唐書卷一五禮樂五、唐會要卷三五褒崇先聖俱作「适」，通典卷五三禮一三避德宗諱改稱字，此處係仍通典之舊文。

〔四一〕公夏守贈亢父伯　通典卷五三同。史記卷六七仲尼弟子列傳、唐會要卷三五、玉海卷一一三「守」皆作「首」，孔子家語卷九七十二弟子解作「守」。

〔四二〕奚容蒧贈下邳伯　「蒧」，原作「箴」，新唐書卷一五禮樂五、通典卷五三禮一三作「蒧」。按標點本史記卷六七仲尼弟子列傳作「奚容箴字子皙」，既字「子皙」，當以名「蒧」是，下同。

〔四三〕榮子期贈雩婁伯　通典卷五三禮一三同。「榮子期」，新唐書卷一五禮樂五作「榮子旗」，玉海卷一一三引史記作「榮旂」，又引唐禮樂書作「榮子旗」，注：「一作旗。」孔子家語卷九七十二弟子解作「榮祈，字子祺」。

〔四四〕邽巽贈平陸伯　新唐書卷一五禮樂五、通典卷五三禮一三同。標點本史記卷六七仲尼弟子列傳「邽巽」作「邦巽」。按玉海卷一一三引史記作「邽巽」，今本史記或誤。孔子家語卷九七十二弟子解作「邽選」。

〔四五〕公西舉如贈重丘伯　「舉」，史記卷六七仲尼弟子列傳作「輿」，新唐書卷一五禮樂五、通典卷五三禮一三作「與」。

〔四六〕公西箴贈祝阿伯　「箴」，新唐書卷一五禮樂五、唐會要卷三五褒崇先聖、通典卷五三禮一三皆作「蒧」。

〔四七〕施常贈乘氏伯　新唐書卷一五禮樂五、通典卷五三禮一三同。史記卷六七仲尼弟子列傳、唐會要卷三五褒崇先聖「施常」作「施之常」。

〔四八〕合與親饗太廟日同　「合」，唐會要卷三五褒崇先聖作「今」，疑是。

〔四九〕各陳脯醢等諸物以祭　「脯」原作「醐」，據五代會要卷八釋奠改。

〔五〇〕兖州初平　「兖」原作「衮」，據五代會要卷八褒崇先聖、資治通鑑卷二九〇後周紀一太祖廣順二年六月乙酉條改。

〔五一〕以文宣王四十四代陵廟主　「主」原作「王」，據元本、馮本改。

〔五二〕上特展拜　「展」原作「再」，據宋史卷一〇五禮八、玉海卷一一三改。

〔五三〕分奠七十二弟子先儒暨叔梁紇顔氏　「二」原作「六」，「暨」字原脱，據宋史卷一〇五禮八、續資治通鑑長編卷七〇真宗大中祥符元年十一月戊午條、太常因革禮卷七七、玉海卷一一三改補。玉海同卷云：「祥符二年五月……案史記、唐會要凡七十七人，今曲阜廟唯七十二人，帝曰何故不同。王旦言國學七十二弟子經太祖定議，曲阜准國學画像。」是此處當作七十二。

〔五四〕丌官氏鄆國夫人　「丌」，國家圖書館藏清抄本宋大詔令集卷一五六追命叔梁紇齊國公作「并」，錢大昕廿二史考異卷七〇據漢禮器碑、曲阜孔廟宋石刻及句容縣元石刻以爲當作「并」。

〔五五〕彭衙伯秦寧新息侯　「秦寧」，史記卷六七仲尼弟子列傳作「秦冄字開」。

〔五六〕燭一　宋史卷一〇五禮八作「燭二」，疑是。

卷四十四　學校考五

祠祭褒贈先聖先師録後

仁宗景祐元年，詔釋奠用登歌。

陳暘樂書曰：「成周之制，大胥春入學，釋菜、合舞，秋頒學，合聲。故禮記文王世子：凡釋奠，必有合也，有國故則否。凡大合樂，必遂養老。又曰：釋奠於先聖、先師、先老，終之，遂發咏焉，登歌清廟，下管象，舞大武而已。月令：仲春上丁，命樂正習舞、釋菜。蓋學校之於天下，禮樂之所自出，小有釋菜，而以食爲主，大有釋奠，而以飲爲主，其習舞與聲，而大合六代之樂一也。北齊天子講畢，以太牢釋奠孔子，配以顏回，設軒架之樂，六佾之舞。唐開元中釋奠文宣王始用宮架之樂。然孔子，人臣也，用軒架足以爲禮，用宮架則過矣。宮架，天子之制，四面皆縣鐘磬，備六律、六吕，如宮室之有牆，故謂之宮架。軒架，諸侯之制，三面縣，去中吕、蕤賓、林鍾，缺其一面，如軒車之有藩，故謂軒架。圖見樂書。聖朝春秋上丁釋奠於東序，上戊釋奠於西序，並設登歌之樂，不用軒架，而用判架。判架只東西兩面縣而已，南北皆缺，又去黄鍾、大吕、應鍾也。抑又不施於堂下而施於堂上，於其庭又不設舞焉，是有歌奏而無舞，非古人習舞合樂之意。釐而正之，以廣禮樂之教於天下，實聖朝急務也。」

皇祐三年，詔：「兗州仙源縣自國朝以來，世以孔氏子孫知縣事，使奉承廟祀。近歲廢而不行，非所以尊先聖也，今後宜復以孔氏子弟充選。」

至和二年，詔封孔子後爲衍聖公。

集賢殿學士劉敞言：「據祠部員外郎、直集賢院祖無擇奏：『伏見至聖文宣王四十七代孫孔宗愿襲封文宣公，乃是其人未死已賜謚矣。臣竊觀前史，孔子之後襲封者衆，在漢魏則曰褒成、宗聖〔一〕，在晉宋曰奉聖〔二〕，後魏曰崇聖，北齊曰恭聖，後周及隋並封以鄒國〔三〕，唐初曰褒聖，或爲君，或爲侯，爲公，爲大夫，使奉祭祀。唯漢平帝追謚孔子爲褒成宣尼公，遂以均爲褒成君；至唐開元二十七年，追謚爲文宣王，又以其後爲文宣公。是皆以祖之美謚而加後嗣，生而謚之，不經甚矣。欲乞明詔有司，詳求古訓，或封以小國，或取尊儒褒聖之義別定美號，加於封爵，著於令式，使千古之下無以加於我朝之盛典也。』奉聖旨，送兩制詳議。臣等謹按：漢元帝初元元年，以師孔霸爲關內侯，食邑八百户，號褒成君，而霸上書求奉孔子祭祀，元帝下詔曰：『其令師褒成君關內侯霸以所食八百户祀孔子。』及霸卒，子福嗣；福卒，子房嗣；房卒，子莽嗣，皆稱褒成君。至平帝元始元年，始更以二千户封莽爲褒成侯，而追謚孔子曰褒成宣尼公。以此觀之，則褒成者，國也；宣尼者，謚也；公爵者，爵也。褒成宣尼公猶曰河間獻王云耳。蓋推宣尼以爲褒成祖，非用褒成以爲宣尼謚也。唐世不深察此義，而以褒成爲夫子之謚，因疑霸等封褒成者〔四〕，皆襲其祖之舊耳，故遂封夫子文宣王，而爵其後文宣公。考校本末，甚失事理。先帝既封泰山，親祠闕里，又加文宣以『至聖』之號，則人倫之極致，盛德之顯名，盡在此矣，尤非其子孫臣庶所宜襲處而稱之者也。臣等以爲無擇議是，可用。其文宣王四十七代孫孔宗愿，伏乞改賜爵名若褒成、奉聖之比，上足以尊顯先聖，有不可階之勢，下不失優孔氏，使得守繼世之業。改唐之失，法漢之舊。傳曰『必也正名』，又曰『正稽古立事，可以永年』，此之謂也。」

英宗治平元年，詔勿以孔氏子弟知仙源縣。其襲封人如無親屬在鄉里，令常任近便官，不得遠去家廟。

京東提刑王綱乞慎重長民之官，故有是詔。

神宗熙寧八年，判國子監常秩等言：本監宣聖神像舊用冕服九旒，七十二賢、二十一先儒並用朝服。檢會唐開元中尊孔子爲文宣王，內出王者衮冕之服以衣之。詳此，則孔子之冕宜用天子之制十二旒。孔子既用冕旒，則七十二賢、二十一先儒各依本爵用冕服。今來所修殿屋已成，見裝飾塑像，欲乞改正。下太常禮院詳定。禮院檢會，國朝文宣王廟，自建隆三年詔廟門準儀制，令立戟十六枝，用正一品之禮。大中祥符二年，賜曲阜縣文宣王廟桓圭一，從上公之制，冕九旒，服九章。按衣服今王爵之服，春、秋釋奠則用中祠，皆今朝之制也。其兖國公顏子等皆以本朝郡、國、縣封爵。緣古今禮制不一，難以追用周之冕服，宜如舊制，依官品衣服令，文宣王冕用九旒，顏子已下各依郡、國、縣公、侯、伯正一品至正四品冠服制度，庶合禮令。從之。

元豐六年，吏部尚書曾孝寬言，孟軻有廟在鄒，未加爵命。詔封鄒國公。

七年，禮部言：「乞以鄒國公同顏子配食宣聖，荀况、揚雄、韓愈並從祀於左丘明等二十二賢之間。」

從之。封荀况蘭陵伯，楊雄成都伯，韓愈昌黎伯，頒行天下，學、廟塑像，春、秋釋奠行禮。

容齋洪氏隨筆曰：「自唐以來，相傳以孔門高弟顔淵至子夏爲十哲，故坐祀於廟堂上。其後升顔子配享，則進曾子於堂，居子夏之次以補其闕。然顔子之父路、曾子之父點，乃在廡下從祀之列，子處父上，神靈有知，何以自安？所謂『子雖齊聖，不先父食』，正謂是也。又孟子配食，與顔子並，而其師子思，子思之師曾子亦在下，此兩者於禮、於義，實爲未然。特相承既久，莫之敢議耳。」

相臺岳氏愧郯録曰：「蘇文忠公軾集私試策問曰：『古者坐於席，故籩豆之長短、簠簋之高下，適與人均。今土木之像既已巍然於上，而列器皿於地，使鬼神不享則不可知，若其享之，則是俯伏匍匐而就也。』珂按：今世國學、郡縣學，禮殿坐像皆正席南向，顔、孟而下列侍，所措設與前不殊。私竊疑之。慶元己未，朱文公熹始作白鹿禮殿塑像説，其文曰：『古人之坐者，兩膝著地，因反其蹠而坐於其上，正如今之胡跪者；其爲肅拜，則又拱兩手而下之至地也；其爲頓首，則又以頭頓手上也；其爲稽首，則又卻其手而以頭著地，亦如今之禮拜者。皆因跪而益致其恭也。故儀禮曰「坐取爵」，曰「坐奠爵」〔五〕，禮記曰「坐而遷之」，曰「一坐再至」，曰「武坐軒右軒左」，老子曰「坐進此道」之類，凡言坐者，皆謂跪也。漢文帝與賈生語，不覺膝之前於席；管寧坐不箕股，榻當膝處皆穿，皆其明驗。然記又云「授立不跪，授坐不立」，莊子又云「跪坐而進之」，則跪與坐又自有少異處〔六〕。又詩云疑跪有危義，故兩膝著地、伸腰及股而勢危者爲跪，兩膝著地、以尻著蹠而稍安者爲坐也。又詩云「不遑啓居」，而傳以啓爲跪；爾雅以妥爲安，而疏以爲安定之坐〔七〕。夫以啓對居，而訓啓爲跪，則居之爲坐可見；以妥爲安定之坐，則跪之爲危坐亦可知。蓋兩事相似，但一危一安爲小不同耳。至於拜之爲禮亦無所考，但杜子春説太祝九拜處，解奇拜皆當齊屈兩膝，如今之禮拜明矣。凡此三事，書傳皆無明文，亦不知其自何時而變，而今人有不察也。頃年屬錢子言作白鹿禮殿，欲據開元禮，不爲塑像而臨祭設位。子言不以爲然，而必以塑像爲問。予既略考禮如前之云，又記少時聞之先人云：「嘗至鄭州謁列子祠，見其塑像席地而坐。」則亦并以告之，以爲必不得已而塑像，則當放此，以免於蘇子俯伏匍匐之譏。子言又不謂然。會予亦辭浙東之節，遂不能强，然至今以爲恨也。其後乃聞成都府學有漢時禮殿，諸像皆席地而跪坐，文翁猶是當時琢石所爲，尤足據信。不知蘇公蜀人，何以不見而云爾也。及楊方子直入蜀帥幕府，因使訪焉，則果如所聞者，且爲寫放文翁石像爲土偶以來，而塑手不精，或者猶意其或爲加趺也。去年又屬蜀漕楊玉休子美，今乃並得先聖、先師三像，木刻精巧，視其坐後兩蹠，隱然見於帷裳之下，然後審其所以坐者，果爲跪而亡疑也。惜乎，白鹿塑像之時，不得此證以曉子言，使東南學者未得復見古人之像，以革千載之謬，爲之喟然太息。姑記本末，寫寄洞學諸生，使書而揭之廟門之左，以俟來者考焉〔八〕。』又注其下曰：『老子云：雖有拱璧以先駟馬，不如坐進此道。蓋坐即跪也，進猶獻也，言以重寶厚禮與人，不如跪而告之以此道也。今説者乃以爲坐禪之意，誤也。然後古意遺像粲然可考而知。』珂按：符子曰：『太公涓釣於隱溪，跽而隱崖，不餌而釣，仰咏俯吟，暮則釋竿，其膝所處，石皆若臼，其跗觸崖若路。』此尤足以驗前説。或謂國朝景靈宫設塑之制亦坐於椅，所不當輕議。珂竊以爲原廟用時王之禮，裀席器皿皆與今同，則其爲像反不當以泥古矣。珂在朝時，以攝奉常丞奉祠太廟，得立阼階，見室中之用亦不以高几。蓋古今器服各適其宜以便於事，是亦求神之義也。」

哲宗元祐元年，朝議大夫孔宗翰辭司農少卿，請依家世例知兖州，以奉孔子祀。從之。宗翰又言：「孔子後襲封疏爵，本爲侍祠，今乃兼領他官，不在故郡。請自今不使襲封之人更兼他職，終身使在鄉里。」事下禮部太常寺。禮官議，欲依所請，釐定典禮，命官以司其用度，立學以訓其子孫，襲封者專主祠事，增賜田百頃，供祭祀之餘，許均贍族人。其差墓户並如舊法。賜書，置教授一員，教諭其家子孫，鄉鄰或願從學者聽。改衍聖公爲奉聖公，及删定家祭冕服等制度頒賜。詔可。

六年，帝幸太學，行釋奠禮，一獻再拜。

元符元年，吏部言：「請下兖州，於孔子家衆議承襲之人，不必子繼，所貴留意祖廟，敦睦族人。」從之。

徽宗崇寧元年，詔追封孔鯉爲泗水侯，孔伋爲沂水侯。三年，太常寺言：「國朝祀儀，諸壇祠祭，正位居中南面，配位在正位之東南西面，若兩位亦爲一列，以北爲上，其從祀之位又在其後。今國子監顔子、孟子配享之位，即與閔子騫等從祀之位同作一列，雖坐次少出，而在文宣王帳座之後，於配食之禮未正。請改正顔子而下從享位次，爲圖頒示天下。」從之。

紹熙間，項安世爲越州教授，告先師文曰：「常平使者朱熹爲安世言：『開元禮，先聖東向，先師南向，故三獻官皆西向，則稽古尚右也。今祀典正位南向，配位西向，三獻官猶西向，則兼而用之也。獨此府廟、學，有司以私意復古，使配位皆東向，此古者先聖之位也，拂今之法，戾古之義，先師其不妥於此也。』安世用惕然不敢寧處，謹擇日奉安先師於西向故位，不敢不告，惟先師鑒之。」

六月，詔以王安石配享孔子廟，設位於鄒國公之次，仍令國子監圖其像頒之天下。

大觀元年，大司成强淵明言〔九〕：「考禮經，士始入學釋菜〔一〇〕，請自今每歲貢士始入辟雍，並以元日釋菜於先聖。」從之。

二年，詔躋子思從祀。

四年，詔先聖廟用戟二十四，文宣王執鎮圭，並如王者之制。

議禮局言：「文宣王自開元追謚之初，則內出王者衮冕之服以衣之，樂用宮架，其禮制蓋嘗增崇矣。國朝會要，國子監神像舊用冕九旒，服九章，而不載其更易之端。崇寧四年八月，詔從國子司業蔣靜之請，改用冕十二旒，服九章，而又圖繪，頒之天下郡邑。其執圭、立戟，乞並從王者制度。」又言：「弟子公夏首、后處、公肩定、顏祖、鄡單〔一一〕、罕父黑、秦商、原抗、樂欬、廉絜從祀文宣王，考之史記，皆有其名。唐開元禮亦載祀典。乞皆贈侯爵，使與祭享。」從之。

九月十二日，詔公夏首封鉅平侯，后處膠東侯，公肩定梁父侯，顏祖富陽侯，鄡單聊城侯，罕父黑祁鄉侯，秦商馮翊侯，原抗樂平侯，樂欬建城侯，廉絜胙城侯。

政和元年六月二十七日，大常寺奉詔：「孔子高弟子所封侯爵與宣聖名同，失弟子尊師之禮。今乞以瑕丘侯曾參改封爲武城侯，宛丘侯顓孫師爲潁川侯，龔丘侯南宮縚爲汶陽侯，楚丘侯司馬耕爲睢陽侯〔一二〕，頓丘侯琴張爲陽平侯，瑕丘伯左丘明爲中都伯，龔丘伯穀梁赤爲雎陵伯，楚丘伯戴聖爲考城伯。」從之。

政和三年，封王安石爲舒王，配享；王雱爲臨川伯，從祀。　五年，太常寺言：「兗州鄒縣孟子廟〔一三〕，詔以樂正子配享，公孫丑以下從祀，皆擬定其封爵：樂正子克利國侯，公孫丑壽光伯，萬章博興伯，告不害東阿伯〔一四〕，孟仲子新泰伯，陳臻蓬萊伯，充虞昌樂伯，屋廬連奉符伯，徐辟僊源伯，陳代沂水伯，彭更雷澤伯，公都子平陰伯，咸丘蒙須城伯，高子泗水伯，桃應膠水伯，盆城括萊陽伯，季孫豐城伯，子叔承陽伯。」從之。

欽宗靖康元年，右諫議大夫楊時言王安石學術之謬，乞追奪王爵，毁去配享之像。　詔王安石依鄭康成例從祀。

高宗紹興八年，詔衢州於係官田内撥賜五頃，賜主奉先聖祠事、襲封衍聖公孔玠。　以孔氏渡江，子孫隔絶林廟，故賜田以奉先聖烝嘗也。

十三年，上幸學，止輦大成殿門外〔一五〕。　入幄，群臣班列於庭。　上出幄，升東階，跪上香，執爵三祭酒，再拜，如常儀。詳見幸學門。

二十四年，以文宣王五十代孫搢補右承奉郎，襲封衍聖公，奉祠事。

孝宗淳熙四年，幸太學，如紹興之儀。

光宗紹熙四年，以文宣王五十一代孫孔文遠爲承奉郎，襲封衍聖公〔一六〕。

皇太子釋奠於孔宣父

齋戒

皇太子散齋三日於別殿，致齋二日於正殿。前致齋一日，典設郎設皇太子幄座於正殿東序及室内，俱西向。又張帷於前楹下〔一七〕。殿若無室，張帳爲之。致齋之日，質明，諸衛率各勒所部，屯門列仗如常。晝漏上水一刻〔一八〕，左庶子版奏：「請中嚴。」近仗就陳於閤外，通事舍人引宮臣文武七品以上袴褶陪位如式。諸侍衛之官各服其器服，諸侍臣並結佩，俱詣閤奉迎。左庶子版請「外辦」。上水三刻，皇太子服通天冠、絳紗袍，結佩以出，侍御如常。皇太子即座西向坐，侍臣夾侍如常。一刻頃，左庶子前跪奏稱：「左庶子臣某言，請降就齋室。」俛伏，興，還侍位。皇太子降座，入室。文武侍臣各還本司，直衛者如常，典謁引陪位者以次出。凡應享之官，散齋三日，致齋二日。散齋皆於正寢。致齋一日於本司〔一九〕，一日於享所。其無本司者皆於享所。近侍之官應從升者，及從享群官、監官、學官、諸學生等，各於本司及學館，俱清齋一宿，並如別儀。國學及齊太公廟將享，館司先申享日〔二〇〕，本司散下其禮〔二一〕。所司隨職供辦。凡應享之官，散齋三日，致齋二日，如別儀，無皇太子散齋以下儀。

陳設

前享三日，典設郎設皇太子便次於廟東，西向；又設便次於學堂之後，隨地之宜。守宮設文武侍臣次各於便次之後，文左武右。設諸享官次於齋坊之内〔二二〕，從享之官於廟東門之外，隨地之宜。國學設獻官以下次於齋坊。太公儀同國學。前享二日，太樂令設軒懸之樂於廟庭：東方、西方磬簴起北，鐘簴次之；北方磬簴起西〔二三〕，鐘簴次之。設三鎛鐘於編懸之間，各依辰位。樹路鼓於北懸之間道之左右，植建鼓於三隅。置柷、敔於懸内，柷在左，敔在右。設歌鐘、歌磬於廟堂之上前楹間，北向，磬簴在西，鐘簴在東。其匏竹者立於堂下階間，重行北向，相對爲首。凡懸皆展而編之〔二四〕。諸工人各位於懸後。右校掃除内外，又爲瘞埳於院内堂之壬地，方深取足容物，南出陛。自設軒懸以下，國學、太公儀並同。前享一日，奉禮設皇太子位於東陛東南，西向。國學三獻設位於東門之内道北〔二五〕，執事則道南，西向北上。太公儀同國學。又設望瘞位於廟堂東北，當埋埳西向。望瘞與國學同，太公儀並同。設亞獻、終獻位於皇太子東南〔二六〕，執事者各位於後，俱重行，西向北上。國學無亞獻以下儀，太公並同。設御史位於廟堂之下西南，東向，令史陪其後。設奉禮位於樂懸東北，贊者二人在南差退，俱西面。又設奉禮、贊者位於埋埳東北，南面東上。設協律郎位於廟堂上前楹之間近西，東向。設太樂令位於北懸之間，北向。自御史位以下，與國學同。太公儀同國學。設從享官七品以上位國學則館官位，太公儀設廟官位。於樂懸之東，當執事西，南向；監官、學官位於樂懸之西，當宮官東向。國學則設學官位於懸西，當館官東向。太公廟設廟官位同。設學生位於宮官、監官、學官之後，俱重行北上。國學學生位於學官、館官後，有觀者於南門内道左、右，相對爲首。太公無學生。設門外位：爲亞獻、終獻位於東門之外道南，執事位於後，每等異位，俱北向西上。國學設三獻門外位如常儀，太公儀與國學同。監官、學官位於獻官東南，國學則館官、學官位，太公儀廟官位。從享宮官位於學官之東，俱重行北面，以西爲上。設酒罇之位於廟堂之上：先聖犧罇二、象罇二、山罍二，在前楹間北向；先師犧罇二、象罇二、山罍二，在先聖酒罇之東，俱西上。罇皆加勺、冪，有坫以置爵，其先師之爵同置於一坫。太公及留侯同上。設洗於東階東南，亞獻之洗又於東南，俱北向；罍水在洗東，篚在洗西，南肆。篚實以巾、爵。執罇、罍、篚、冪者各位於罇、罍、篚、冪之後。設幣篚二，各於罇、坫之所。典設郎設皇太子座於學堂之上東壁下，西向。監司設講榻於北壁下，南向；又設執讀者座於前楹間，當講榻北向。守宮設太傅少傅座於皇太子西北，南面東上。若有令、詹事以下座，則設座於皇太子西南，北向東上。侍講者座於執讀西北。執如意者一人立於侍講之西。三館學官非侍講者座於侍講者之西，皆北面東上。若有上臺三品以上觀講者，設座於侍講之北，南面東上。設論議座於講榻之前近南，北面。設脱履席於西階之南，東向。掌儀設版位：宮官七品以上於東階東南〔二七〕，西向北上。執經、侍講等於西階西南。監官及學官非侍講者於侍講者之後；若有上臺三品以上觀講者，位於執經之北，少退，重行，皆東面北上。學生分位於宮官、學官之後，皆重行北上。又設掌儀位於宮官西北，贊者二人在南，俱西向。國學無設皇太子座下至此儀。晡後，郊社令率齋郎以罇坫罍洗篚冪入設於位。升堂者自東階〔二八〕。謁者引祭酒、司業詣厨視濯溉〔二九〕。凡導引者每一曲一逡巡。太公儀引三獻視濯溉。贊引引御史詣厨省饌具。司業以下每事訖，各還齋所。享日，未明十五刻，太官令率宰人以鸞刀割牲，祝史以豆取毛血置於饌所，遂烹牲。其牲用太牢二，正座及先師首俎皆升右胖十一體，左丘明以下折分餘體升之〔三〇〕，國學、太公並同。未明五刻，郊社令帥其屬及廟司各服其服，升設先聖神座於堂上西楹間〔三一〕，東向。國學設神座於廟室內西楹間，東向。太公儀拂神幄〔三二〕。設先師神座於先聖神座東北，南向西上。若前堂不容，則又於堂外之東至陳而北〔三三〕，東向南上。席皆以莞。設神位各於座首。太公儀無先聖神座以下至此。

出宮國學無此儀。太公同。

前出宮二日，本司宣攝內外，各供其職。守宮設從享宮官次於東宮朝堂如常。其日未明，所司依鹵簿，陳設於重明門之外〔三四〕。奏禮設從享宮官位於東宮朝堂如常。文武宮臣七品以上，依時刻俱集於次，各服公服。諸衛率各勒所屬，陳設如式。左庶子版奏：「請中嚴。」典謁引宮臣各就位。諸侍衛官各服其器服，左庶子負璽如式。俱詣閤奉迎。僕進軺車於西閤外，南向。若須乘輦，則聽臨時進止。內率一人執刀立於車前，北向。中允一人在侍臣之前，贊者二人在中允之前。左庶子版請：「外辦。」僕奮衣而升〔三五〕，正立執轡。皇太子著具服、遠遊冠，乘輿以出。左右侍衛如常式。內率前執轡，皇太子升車，僕立授綏，左庶子以下夾侍如常儀。中允進，當車前跪奏稱：「請發引。」俛伏，興，退復位。凡中允奏請，皆當車前跪，奏稱「具官臣某言」。訖，俛伏，興。車動，中允與贊者夾引以出，內率夾車而趨。出重明門，至侍臣上馬所，中允奏稱：「請車權停，令侍臣上馬。」左庶子前，承令。退稱：「令曰諾。」中允退稱：「侍臣上馬。」贊者承傳，文武侍臣皆上馬。庶子以下夾侍於車前，贊者在供奉宮人內。侍臣上馬畢，中允奏稱：「請令車右升。」左庶子前承令，退稱：「令曰諾。」中允退復位。內率升訖，中允奏稱：「請發引。」退復位。皇太子車動，太傅乘車訓導，少傅乘車訓從，出延喜門，不鳴鼓吹，從享宮臣乘馬陪從如常儀。

饋享

享日，未明三刻，諸享官各服祭服，諸陪祭之官皆公服，學生青衿服。郊社令、良醞令各率其屬入實罇、罍及幣。犧罇、罍實以醴齊，象罇實以盎齊，山罍實以清酒。齊加明水，酒加玄酒，各實於上罇。其幣以帛，各長一丈八尺。太官令帥其屬，實諸籩、豆、簠、簋等。未明二刻，奉禮帥贊者先入就位。贊引引御史、太祝及令史、祝史與執罇罍篚冪者入自東門，當階間重行，北向西上。立定，奉禮曰：「再拜。」贊者承傳，凡奉禮有辭，贊者皆承傳。御史以下皆再拜訖，執罇罍篚冪者各就位。贊引引御史、太祝詣東階升堂，行掃除於上，令史、祝史行掃除於下，訖，引降還齋所。奉禮以下次還齋所。國學掃除於下訖，引就位，謁者引享官以下俱就門外位，學生就門內位。太公儀無學生位，餘同國學。皇太子將至，謁者、贊引各引享官及從享學官等俱就門外位，學生皆入就門內位。皇太子至廟門外，迴車南向，內率降立於車右。左庶子進，當車前跪奏稱：「左庶子臣某言，請降車。」俛伏，興，還侍位。皇太子降車，乘輿之便次，侍衛如常。郊社令以祝版進，皇太子署訖，近臣奉出，郊社令受，各奠於坫。國學無皇太子將至以下至此儀。太公並同。未明一刻，謁者、贊引引從享宮官就門外位〔三六〕，奉禮帥贊者先入就位，贊引引御史以下入就位。國學無謁者以下儀。太公同。太常令帥工人、二舞次入就位，文舞入陳於懸內〔三七〕，武舞立於懸南道西。其升堂坐者皆脱履於下，降納如常。謁者引祭酒入就位，立定，奉禮曰：「再拜。」祭酒再拜訖〔三八〕，謁者引祭酒詣東階升堂，行掃除於上，降，行樂懸於下訖，引還本位。初，祭酒行樂懸，謁者、贊引各引祭官及陪祭之官次入就位。國學則謁者引司業，太公儀引亞獻。皇太子停便次半刻頃，率更令於便次門外〔三九〕，東向。左庶子版奏：「外辦。」皇太子出便次，侍衛如常儀。率更令引太子至廟東門，中允進笏，皇太子執笏，近侍者從入如常儀。皇太子至版位，西向立。每立定，率更令退立於左〔四〇〕。率更令前啓：「再拜。」退復位。皇太子再拜。奉禮曰：「衆官再拜。」衆官在位者及學生皆再拜。其先拜者不拜。率更令前啓：「有司謹具，請行事。」退復位。國學，初司業行掃除訖，謁者、贊引各引享官以下、學官以上次入就位。立定，奉禮曰：「衆官再拜。」衆官及學生皆再拜，其先拜者不拜。謁者進祭酒之左白：「有司謹具，請行事。」退復位。無停便次以下儀。太公儀，亞獻掃除訖位〔四一〕，至入拜訖，謁者白初獻。協律郎跪，俛伏，舉麾。凡取物者皆跪俛伏而取以興。奠物則跪〔四二〕，奠訖，俛伏而後興。鼓柷奏永和之樂，以姑洗之均，自後堂下接神之樂，皆奏姑洗。作文舞之舞，樂舞三成，偃麾，戛敔，樂止。凡樂，皆協律郎舉麾，工鼓柷而後作，偃麾、戛敔而後止。率更令前啓：「再拜。」退復位。皇太子再拜。國學無率更下至再拜。太公儀並同。奉禮曰：「衆官再拜。」在位者及學生皆再拜。太祝各跪取幣於篚，立於罇所。率更令引皇太子，永和之樂作。皇太子每行，皆作永和之樂。國學引祭酒升東階，無樂。下放此。太公廟謁者引初獻官。皇太子自東階升，左庶子以下及左右侍衛、量人從升。以下皆如之。皇太子升堂，進先聖神座前，西向立，樂止。太祝以幣授左庶子，左庶子奉幣北向進，皇太子搢笏授幣。每受物，搢笏，奠訖執笏，俛伏，興。登歌，作肅和之樂，以南吕之均。率更令引皇太子進，西面跪奠於先聖神座前，俛伏，興，率更令引皇太子少退，西向再拜。訖，率更令引皇太子進先師首座前，北向立。又太祝以幣授左庶子，左庶子奉幣西向進，皇太子受幣，率更令引皇太子進，北向跪奠於先師首座，俛伏，興，率更令引皇太子少退，北向再拜。登歌止。率更令引皇太子，樂作，皇太子降自東階，還版位，西向立，樂止。初，群官拜訖，祝史各奉毛血之豆立東門外〔四三〕；於登歌止，祝史奉毛血升自東階，太祝迎取於階上，進奠於先聖及先師首座前，太祝與祝史退立於罇所。初，皇太子既奠幣，太官令出，帥進饌者奉饌陳於東門之外。初，皇太子既至位，樂止，太官令引饌入。俎初入門，奏雍和之樂，自後酌獻皆奏雍和之樂。饌至階，樂止。祝史各進，跪徹毛血之豆，降自東階以出。饌升，太祝迎引於階上，各設於神座前。籩豆，蓋、冪先徹乃升；簠簋既奠，却其蓋於下。設訖，太官令以下降復位，太祝還罇所。率更令引皇太子詣罍洗，樂作；皇太子至罍洗，樂止。左庶子跪取匜，興，沃水；又左庶子跪取盤，興，承水〔四四〕；皇太子盥手。中允跪取巾於篚，興，進，皇太子帨手訖，中允受巾跪奠於篚，遂取爵於篚，興，進，皇太子受爵。左庶子酌罍水，又左庶子奉盤，皇太子洗爵，中允又授巾，皆如初。皇太子拭爵訖，左庶子奠盤匜，中允受巾奠於篚，皆如常。率更令引皇太子，樂作，皇太子升自東階，樂止。詣先聖酒罇所，執罇者舉冪，左庶子贊酌醴齊訖，樂作，率更令引皇太子進先聖神座前，西向跪奠爵，俛伏，興，率更令引皇太子少退，西向立，樂止。太祝持版進於神座之右，北面跪讀祝文曰：「維某年歲次月朔日，子皇太子某，國學云：「開元神武皇帝謹遣祭酒某封姓名。」下同。太公儀云：「謹遣某官某封。」敢昭告於先聖孔宣父：惟夫子固天攸縱，誕降生知，經緯禮樂，闡揚文教，餘烈遺風，千載是仰，俾兹末學，依仁遊藝。謹以制幣牲齊，粢盛庶品，祗奉舊章，式陳明薦，以先師顏子等配座。尚饗。」訖，興。太公祝云：「爰定六韜，載成七德，功業昭著，生靈攸仰，俾兹末學，克奉舊章」至「以張留侯等配」。皇太子再拜。初，讀祝文訖，樂作，太祝進，跪奠版於神座，興，還罇所，皇太子拜訖，樂止。率更令引皇太子詣先師酒罇所，執罇者舉冪，左庶子取爵於坫，進，太子受爵，左庶子贊酌醴齊，樂作，率更令引皇太子進先師首座前，北向跪奠爵，俛伏，興，率更令引皇太子少退，北向立，樂止。皇太子既奠首座爵，餘座皆齋郎助奠，相次而畢〔四五〕。其亞獻、終獻，齋郎助奠亦如之。太祝持版進於先師神座之左，西面跪讀祝文曰：「維某年歲次月朔日，子皇太子某敢昭告於先師顏子等七十二賢：爰以仲春、仲秋，率遵故實，敬修釋奠於先聖孔宣父。惟子等或服膺聖教，德冠四科，或光闡儒風，貽範千載。謹以制幣牲齊，粢盛庶品，式陳明薦，從祀配神。尚饗。」訖，興。齊太公配座張留侯等祝云「惟子等宣揚武教，光贊韜鈐，大濟生靈，貽範千載」云云。皇太子再拜。初，讀祝文訖，樂作，太祝進，跪奠版於神座，興，還罇所，皇太子拜訖，樂止。率更令引皇太子詣東序，西向立〔四六〕，樂作〔四七〕，太祝各以爵酌上罇福酒，合置一爵，一太祝持爵授左庶子，左庶子奉爵北向進，皇太子再拜，受爵，跪，祭酒，啐酒，奠爵，興。太祝各帥齋郎進俎，太祝跪減先聖及先師神座前三牲胙肉，皆取前脚第二骨。加於俎。又以籩取稷黍飯〔四八〕，興。以胙肉各共置一俎上，又以飯共置一籩。太祝以飯籩授左庶子，左庶子奉飯北向進，皇太子受以授左右。太祝又以俎授左庶子，左庶子以次奉進，皇太子每受以授左右。訖，皇太子跪取爵，遂飲卒爵。左庶子進，受爵以授太祝，太祝受爵復於坫，皇太子俛伏，興，再拜，樂止。率更令引皇太子，樂作，皇太子降自東階，還版位西向立，樂止。文舞出，鼓柷，作舒和之樂，出訖，戛敔，樂止。武舞入，鼓柷，作舒和之樂，立定，戛敔，樂止。初，皇太子將復位，謁者引國子祭酒國學謁者引司業，下放此。太公儀引亞獻〔四九〕。詣罍洗，盥手洗爵訖〔五〇〕，謁者引祭酒升自東階，詣先聖酒罇所，執罇者舉冪，祭酒酌盎齊訖，武舞作，謁者引祭酒進先聖神座前，西向跪奠爵，興，謁者引祭酒少退，西向再拜。謁者引祭酒詣先師酒罇所，取爵於坫，執罇者舉冪，祭酒酌盎齊，謁者引祭酒進先師首座前，北向跪奠爵，興，謁者引祭酒少退，北向再拜訖〔五一〕，謁者引祭酒詣東序，西向立。太祝各以爵酌罍福酒，合置一爵，一太祝持爵進祭酒之左，北向立。祭酒再拜，受爵，跪祭酒，遂飲卒爵。太祝進受爵，復於坫。祭酒興，再拜。謁者引祭酒降復位。初，祭酒獻將畢，謁者引司業國學謁者引博士，下放此。太公儀引終獻。詣罍洗，盥洗訖〔五二〕，升酌盎齊，終獻如亞獻之儀。訖，謁者引司業降復位，武舞止。太祝等各進，跪徹豆，興，還罇所。徹者，籩、豆各一少移於故處。奉禮曰：「賜胙。」贊者唱：「衆官再拜〔五三〕。」在位者及學生皆再拜。已飲福者不拜。永和之樂作，率更令前啓：「再拜。」退復位。皇太子再拜。國學無率更令至再拜。太公儀同國學。奉禮曰：「衆官再拜。」在位者及學生皆再拜，樂一成止。率更令前啓：「請就望瘞位。」率更令引皇太子就望瘞位，西向立。國學謁者引祭酒。太公儀引初獻。奉禮帥贊者轉就瘞埳東北位〔五四〕。初，在位者將拜，太祝各執篚進神座前〔五五〕，跪以篚取幣，降自西階，詣瘞埳，以幣置於埳訖，奉禮曰：「可瘞。」埳東西廂各四人寘土。半埳，率更令前啓：「禮畢。」國學、太公儀進初獻之左白云。率更令引皇太子出門，還便次，樂作。國學謁者遂引祭酒出，無率更下至樂作。太公儀同。皇太子出門，樂止。中允進受笏，侍衛如常儀。國學無皇太子出門等儀。太公儀同。謁者、贊引各引亞獻以下以次出。初，白「禮畢」〔五六〕，奉禮率贊者還本位。贊引引御史、太祝以下俱復執事位，立定，奉禮曰：「再拜。」御史以下皆再拜訖，贊引引出。學生以次出。其祝版燎於齋坊。

諸州釋奠於孔宣父縣釋奠附

前享三日，刺史縣則縣令，下放此。散齋於別寢二日，致齋於廳事一日。亞獻以下應享之官，散齋二日，各於正寢；致齋一日，於享所。上佐爲亞獻，博士爲終獻。若刺史、上佐有故，並以次差攝；博士有故，次取參軍事以上攝〔五七〕。縣丞爲亞獻，主簿及尉通爲終獻〔五八〕。縣令有故，並以次差充當。縣闕則差比縣及州官替充〔五九〕。其日，助教及諸學生皆清齋於學館一宿。前享二日，本司掃除内外。又爲瘞埳於院内堂之壬地，方深取足容物，南出陛。本司設刺史以下次於門外，隨地之宜。前享一日晡後，本司帥其屬守門。本司設三獻位於東階東南，每等異位，俱西面；設掌事位於三獻東南，西面北上。設望瘞位於堂之東北〔六〇〕，當瘞埳西向。設助教位縣學官位，下放此。於西階西南，當掌事位〔六一〕，學生位於助教之後，俱東面北上。設贊唱者位於三獻西南〔六二〕，西面北上。又設贊唱位於瘞埳東北，南向東上。設三獻門外位於道東，每等異位，俱西面；掌事位於終獻之後，北上。祭器之數與祭社同。掌事者以罇、坫升設於堂上前楹間，北向；先聖之罇在西，先師之罇在東，俱西上，皆加勺、羃；先聖爵一，配座爵四，各置於坫。設幣篚於罇所。設洗直東榮，南北以堂深；罍水在洗東，加勺、羃；篚在洗西，南肆，實爵三、巾二於篚，加羃。執罇、罍、洗、篚者，各位於罇、罍、洗、篚之後〔六三〕。享日未明，烹牲於厨。夙興，掌饌者實祭器。其實與祭社同。本司帥掌事者設先聖神座於堂上西楹間，東向，設先師神座於先聖神座東北，南向，席皆以莞。質明，諸享官各服祭服，助教儒服，學生青衿服。本司帥掌事者入實罇、罍及幣，每座罇二，一實玄酒爲上，一實醴齊次之。禮神之幣用帛，各長丈八尺。祝版各置於坫。贊唱者先入就位。祝二人與執罇、罍、篚者入立於庭，重行，北面西上。立定，贊唱者曰〔六四〕：「再拜。」祝以下皆再拜〔六五〕。執罇、罍、篚者各就位。祝升自東階，行掃除訖，降自東階，各還齋所。刺史將至，贊禮者引享官以下俱就門外位，助教、學生並入就門內位。刺史至，參軍事引之次〔六六〕。縣令，贊禮者引，下放此。贊唱者先入就位。祝入升自東階〔六七〕，各立於罇後。刺史停於次，少頃，服祭服出次，參軍事引刺史入就位，西向立，參軍事退位立於左〔六八〕。贊禮者引享官以下次入就位。凡導引者每曲一逡巡。立定，贊唱者曰：「再拜。」刺史以下皆再拜。參軍事少進刺史之左，北面白：「請行事。」退復位。祝俱跪取幣於篚，興，各立於罇所。凡取物者皆跪俛伏而取以興〔六九〕，奠物則跪奠訖〔七〇〕，俛伏而後興。

本司帥執饌者奉饌陳於門外。參軍事引刺史升自東階，進先聖神座前，西向立，祝以幣北向授，刺史受幣，參軍事引刺史進，西向跪奠於先聖神座前，興，少退，西向再拜。訖，參軍事引刺史當先師神座前〔七一〕，北向立。祝又以幣西向授〔七二〕，刺史受幣，參軍事引刺史進，北向跪奠於先師神座，興，少退，北向再拜。參軍事引刺史降復位。本司引饌入，升自東階，祝迎引於階上，各設於神座前。籩豆，蓋冪先徹乃升；簠簋既奠，却其蓋於下。籩居右，豆居左，簠簋居其間。羊、豕二俎橫而重於右〔七三〕，腊特陳於左〔七四〕。設訖，本司與執饌者降出〔七五〕，祝還罇所。參軍事引刺史詣罍洗〔七六〕，執罍者酌水，執洗者跪取盤，興，承水，刺史盥手，執篚者跪取巾於篚，興，進，刺史帨手訖，執篚者受巾，跪奠於篚，遂取爵，興以進，刺史受爵，執罍者酌水，刺史洗爵，執篚者又跪取巾於篚，興，進，刺史拭爵訖，執篚者受巾〔七七〕，跪奠於篚，奉盤者跪奠盤，興。參軍事引刺史升自東階，詣先聖酒罇所，執罇者舉冪，刺史酌醴齊。參軍事引刺史詣先聖神座前，西向跪奠爵，興，少退，西向立。祝持版進於神座之右，北面跪讀祝文曰：「維某年歲次月朔日，子刺史縣令，下放此。具官姓名，敢昭告於先聖孔宣父：惟夫子固天攸縱，誕降生知，經緯禮樂，闡揚文教，餘烈遺風，千載是仰，俾兹末學，依仁遊藝。謹以制幣牲齊，粢盛庶品，祇奉舊章，式陳明薦，以先師顏子配神〔七八〕。尚饗。」祝興，刺史再拜，祝進跪奠版於神座，興，還罇所。刺史拜訖，參軍事引刺史詣先師酒罇所，取爵於坫，執罇者舉冪，刺史酌醴齊。參軍事引刺史詣先師神座前，北向跪奠爵，興，少退，北向立。祝持版進於神座之左，西向跪讀祝文曰：「敢昭告於先師顏子：爰以仲春，仲秋〔七九〕。率遵故實，敬修釋奠於先聖孔宣父〔八〇〕。惟子庶幾具體，德冠四科，服道聖門，實臻壼奧。謹以制幣牲齊，粢盛庶品，式陳明薦，從祀配神，尚饗。」祝興，刺史再拜〔八一〕，祝進〔八二〕，跪奠版於神座，興，還罇所。刺史拜訖，參軍事引刺史詣東序，西向立。祝各以爵酌福酒，合置一爵，一祝持爵進刺史之左〔八三〕，北面立。刺史再拜受爵，跪祭酒〔八四〕，啐酒，奠爵，俛伏，興。祝各帥執饌者進俎，跪減先聖神座前胙肉〔八五〕，各取前脚第二骨。共置一俎上。又以籩取稷黍飯，共置一籩。興，祝先以飯進〔八六〕，刺史受以授執饌者；又以俎進，刺史受以授執饌者〔八七〕。刺史跪取爵，遂飲卒爵，祝進受爵，復於坫。刺史興，再拜，參軍事引刺史降復位。初，刺史獻將畢，贊禮者引亞獻詣罍洗，盥手洗爵，升獻飲福如刺史之儀。唯不讀祝文，亦不受胙。訖，降復位。初，亞獻將畢〔八八〕，贊禮者引終獻詣罍洗盥手，升獻飲福如亞獻之儀〔八九〕。訖，降復位〔九〇〕。自此下至燔祝版，如祭社儀，唯祝取幣降西階爲異。

侯國通祀儀禮州縣釋奠至聖文宣王儀

時日

州縣以春、秋二仲上丁釋奠至聖文宣王。前一月，檢舉關所屬排辦。新潭本增云：「釋奠前期，行事、執事官集肄儀，祝習讀祭文及視幣，贊者分引行事於學之講堂訖，退。」

齋戒

前釋奠五日，應行事官、執事官散齋三日，治事如故，宿於正寢，不弔喪、問疾、作樂、判書刑殺文書、決罰罪人及與穢惡。致齋二日，一日於廳事，其一日質明赴祠所宿齋，唯釋奠事得行，其餘悉禁。獻官各以州縣長吏，闕以次官充。已齋而闕者，通攝行事。新潭本增云：「其陪位諸學生皆齋於學館。」

陳設

前釋奠三日，有司設行事、執事官次於廟門外，隨地之宜。今定此日再滌祭器。前二日，有司牽牲詣祠所。前一日，掃除廟之内外，設登歌之樂於殿上稍南，北向。應須樂州府則設。釋奠日丑前五刻，執事者陳幣篚各於神位之左，幣以白絹，長一丈八尺。祝版各於神位之右，置於坫。祝版長尺二寸，廣八寸，梓楸或柏爲之。次設祭器，掌饌者實之，每位各左十籩，爲三行，以右爲上；第一行乾撩在前，乾棗、形鹽、魚鱐次之；第二行鹿脯在前，榛實、乾桃次之；第三行菱在前，芡、栗次之。右十豆，爲三行，以右爲上〔九一〕；第一行芹菹在前，筍菹、葵菹、菁菹次之；第二行韭菹在前，魚醢、兔醢次之；第三行豚拍在前，鹿臡、兔醢次之〔九二〕。俎二，一在籩前，實以羊腥七體：兩髀、兩肩、兩脅并脊。兩髀在兩端，兩肩、兩脅次之，脊在中。一在豆前，實以豕腥七體，其載如羊。又俎六，在豆右，爲三重，以北爲上；第一重：一實以羊腥腸、胃、肺，離肺一，在上端，刌肺三次之，腸三、胃三又次之。一實以豕腥膚九，橫載。第二重：一實以羊熟腸、胃、肺。一實以豕熟膚，其載如腥。第三重：一實以羊熟十一體：肩、臂、臑、肫、胳、正脊一、直脊一、橫脊一、長脅一、短脅一、代脅一〔九三〕，皆二骨以並，肩、臂、臑在上端，肫、胳在下端，脊、脅在中。一實以豕熟十一體，其載如羊，皆羊在左，豕在右。簠二、簋二，在籩、豆外二俎間，簠在左，簋在右。簠實以稻、粱，粱在稻前。簋實以黍、稷，稷在黍前。設犧罇四、象罇四爲二重，在殿上東南隅，北向西上，配位即於正位酌罇之東。犧罇在前，皆有坫，加勺、冪，爲酌罇。犧罇一實明水，爲上罇，餘實汎齊，初獻酌之。象罇一實明水，爲上罇，餘實醴齊，亞、終獻酌之。又設太罇二、山罇二在神位前，太罇一實汎齊，山罇一實醴齊，各以一罇實明水。著罇二、犧罇二、象罇二、壺罇六，著罇一實盎齊，犧罇一實醍齊，象罇一實沈齊，各以一罇實明水。壺罇三實玄酒，三實三酒。明水、玄酒皆在上，五齊、三酒皆以本處酒充。在殿下，皆北向西上，加冪。五齊三酒皆設而不酌。又設諸從祀位祭器〔九四〕，每位各左二籩，栗在前，鹿脯次之。右二豆，菁菹在前，鹿臡次之。俎一，在籩豆間，實以羊、豕腥肉。簠一，在籩前，實以稷。簋一，在豆前，實以黍。爵一，在籩豆之前。兩廡各設象罇二。實以法酒。有司設燭於神位前。洗二，於東階之東，盥洗在東，爵洗在西。罍在洗東，加勺，篚在洗西，南肆，實以巾。若爵洗之篚，則又實以爵，加坫。執罍、篚者位於其後。設揖位於廟南門外，初獻在西，東向，亞、終獻及祝在東，西向北上。祝位稍却。又設三獻官席位於殿上東階東南，西向北上。分獻官位其後。祝位二，於庭中稍北。學生位於庭中，北向西上。設初獻飲福位於東序，西向。又設祝位於殿上前楹間，西向。開瘞坎於廟殿之北壬地，方深取足容物，南出陛。設望瘞位於瘞坎之南，三獻官在南，北向西上，祝在東，西向。

省饌

前釋奠一日，釋奠官帥其屬，常服，閱饌物，視牲充腯〔九五〕，詣厨視滌溉，訖，各還齋所。晡後，掌廟者掃除廟之内外。

行事

釋奠日丑前五刻，行事，仲春用丑時七刻，仲秋用丑時一刻。行事、執事官各入就次。掌饌者帥其屬實饌具畢，贊禮者引，初獻常服。凡行事、執事官皆贊禮者引。升自東階，凡行事、執事官升降皆自東階。點視陳設訖，退就次，各服其服。學生先入就位。贊禮者引。三獻官詣廟南門外揖位立定。新潭本注云：「據士相見禮『主人揖，入門右，賓奉贄入門左』，疏曰：『凡門，出以西爲右，以東爲左；入則以東爲右，以西爲左。』故儀禮十七篇，主人出入門皆由闑東，賓出入皆由闑西，此不易之論也。今釋奠儀設揖位於廟門之外，初獻位於闑西東面〔九六〕，亞、終獻立於闑東西面，誤也。當以儀禮賓西、主東之位爲正。」贊禮者贊揖。次引祝入就殿下席位〔九七〕，西向立，贊者對立於三獻之前。少定，贊請行事，凝安之樂作，三成，止，贊唱者曰：「再拜。」初獻以下皆再拜。贊者引祝升殿就位。贊者引初獻詣盥洗位，同安之樂作，初獻升降行止皆作同安之樂。至位，北向立，執罍者酌水，初獻搢笏，盥手，帨手，執笏升，詣至聖文宣王神位前，北向立，樂止。明安之樂作，搢笏跪，祝立於神位之左，西向搢笏跪，執事以幣授祝，祝奉幣授初獻，祝執笏興，先詣兗國公神位前〔九八〕，北向立，初獻受幣奠訖，執笏，俛伏，興，再拜。次詣郕國公、沂國公、今咸淳三年升配郕國公、沂國公位在兗國公下，合增入。亞獻、終獻放此〔九九〕。鄒國公神位前，東向奠幣，並如上儀。樂止，祝復位。初獻降階，樂作，復位，樂止。少頃，贊者引初獻再詣盥洗位，樂作，至位，北向立，搢笏，盥手，帨手，執笏。次詣爵洗位，北向立，搢笏，洗爵，拭爵，以授執事者，按王氏凡三。執笏升殿，詣至聖文宣王酌罇所，南向立，樂止。成安之樂作，執事者以爵授初獻，初獻搢笏跪執爵，執罇者舉冪，執事者酌犧罇之汎齊，初獻以爵授執事者，興，執笏詣至聖文宣王神位前，北向立，搢笏跪，執事者以爵授初獻，初獻執爵，三祭酒，奠爵，執笏俛伏，興，樂止。次引祝詣神位前，東向，直祝捧版在左右〔一〇〇〕。搢笏，跪讀祝文。讀訖，執笏興，先詣配位前，南向立。初獻再拜，成安之樂作，次詣兗國公、郕國公、沂國公、鄒國公神位前，東向，酌獻、讀祝並如初儀〔一〇一〕，俱復位。初獻降階，樂作，復位，樂止。贊者引亞獻詣盥洗、爵洗位，升詣酌罇所立，已上儀節及樂，並同初獻。酌象罇之醴齊，亞獻以爵授執事者，執笏詣神位前，搢笏跪，執爵三祭酒，奠爵，執笏俛伏，興，再拜。次詣兗國公、郕國公、沂國公、鄒國公神位前，並如上儀，降復位，樂止。贊者引終獻詣洗，升殿，酌獻，並如亞獻之儀，降復位。終獻將升，次引分獻官詣洗，盥手帨手，分獻殿内及兩廡諸神位，朱文公云：「獻十哲者由東階升，獻兩廡者由兩廡之階升。」搢笏跪，執爵三祭酒，奠爵，執笏俛伏，興，再拜。分獻訖，俱復位。贊者引初獻升階，詣東序，西向立，執事者以爵酌正、配位福酒合置於一爵，持爵詣初獻之左，北向立，初獻再拜，搢笏，跪受爵，祭酒，啐酒，奠爵。執饌者以俎進，減正、配位胙肉合置一俎，按王氏胙俎各減正脊、横脊〔一〇二〕。又以豆取黍稷飯合置一豆，先以飯授初獻，初獻受訖，以授執饌者，又以俎授初獻，初獻受爵，飲卒爵，執事者受虚爵復於坫，初獻執笏俛伏，興，再拜，降復位。贊禮者曰：「執事者各復位。」贊唱者曰：「賜胙，再拜。」在位者皆再拜。已飲福受胙者不拜。贊禮者引初獻以下就望瘞位，執事者取幣、祝版寘於瘞坎，贊禮者曰：「可瘞。」寘土半坎。初獻以下詣南門外揖位立定，贊禮者贊曰：「揖。」禮畢，退。有司監徹禮饌，闔户以降，乃退。

朱子曰：「夫子像設置於椅上，已不是，又復置在臺座上〔一〇三〕，到春、秋釋奠，却乃陳簠簋、籩豆於地，是甚義理？某幾番説要塑宣聖坐於地上，如設席模様，祭時却自席地。此有甚不可處？每説與人，却道差異，不知如何。某記在南康，欲於學中整頓宣聖，不能得。後説與交代云云。宣聖本不當設像，春秋祭時〔一〇四〕，只設主祭可也；今不可行，只得設像坐於地，方始是禮。」又曰：「孔子居中，顔、孟當列東坐西向。七十二人，先是排東廡三十六人了却，方自西頭排起，當初如此。自升曾子於殿上，下面趲一位，次序都亂了。此言漳州，未知他處如何〔一〇五〕。又云：「某經歷諸處州縣學，都無一个合禮序。」釋奠散齋，因云：「陳膚仲以書問釋奠之儀。今學中儀，乃禮院所頒，多參差不可用。如唐開元禮却好，開寶禮只是全録開元禮，易去其帝號耳。若政和五禮則甚錯。今釋奠有伯魚而無子思，又十哲亦皆參差，仲弓反在上。且如紹興中作七十二子贊，只據唐爵號，不知後來已經加封矣。近嘗申明之。」又曰：「謁先聖拈香不是古禮。拜進將捻香不當叩首，只直上捻香了却，出笏叩首而降拜。」

朱子滄洲精舍釋菜儀：「前期，獻官以下皆盛服。今用深衣、凉衫。掌儀設神座，用席，先聖南向，配位西向，從祀位東、西向。設祝版於先聖位之右，設香爐、香案、香合於堂中，設祭器於神座前，每位各左一籩、今用漆盤，實以脯、果。右一豆。今用漆盤，實以筍、菜。設犧罇一於堂上東南隅，今以瓦罇代。加以勺、冪。設燭四於堂中，二於東西從祀位之前。設洗二於東階之東，盥洗在東，爵洗在西。卓一於洗東，卓上箱二。巾東，爵西。設獻官位於堂下北面，分奠者二人次之，諸生又次之，皆北向西上。及期，獻官以下序立於東廊下，掌儀帥執事者升堂實酒饌。贊者一人引獻官升堂點閲，降就堂下位。分奠官及諸生各就位。贊者一人離位少前，再拜訖，進立於主人之右，西向曰：『再拜。』在位者皆再拜。掌儀、祝、司罇者皆升，掌儀立於東序，西向；祝立於阼階上，西向；司罇者立於罇南，北向。贊引獻官詣盥洗之南，北向立，盥手，帨手，升，焚香，再拜，降。再詣盥帨如初。詣爵洗南，北向立，洗爵以授贊，升，詣罇所，西向立，贊以爵授獻官，司罇舉冪酌酒，獻官以爵授贊，俱詣先聖前，獻官北向跪，贊跪授爵，獻官執爵三祭，奠爵於籩之間，俛伏，興，少立。祝詣獻官之左，東向跪讀祝訖，興，復位。獻官再拜。次詣盥洗爵如初。洗諸配位爵訖，贊者以盤兼捧升，酌，詣配位如初儀，但不讀祝。獻官復位。當獻官詣配位酌獻時，贊者二人各引分奠官分行東西從祀禮，盥洗以下並如配位之儀。東先西後。分奠訖，復位。在位者皆再拜，退。獻贊者。分奠二人贊者二人。祝 掌儀者 司罇。」

校勘記

〔一〕在漢魏則曰褒成宗聖　「褒成」下原有「褒聖」二字，據續資治通鑑長編卷一七九仁宗至和二年三月丙子條、玉海卷一三五、宋朝事實類苑卷三二引祖無擇文删。按史書無漢、魏封孔子後「褒聖侯」事，僅後漢書卷七九孔僖傳有永元四年褒成侯孔損徙封褒亭侯事，隸釋卷一已考證其屬誤記。「褒亭」于宋或作「褒尊」，故宋史卷一一九禮二二引祖無擇此文作「在漢、魏曰褒成、褒尊、宗聖」，通考卷四三云「至和帝永元四年，徙封褒尊侯」。此處「褒聖」當又因「褒尊」而誤。

〔二〕在晉宋曰奉聖　「曰」上原衍「亦」字，據宋史卷一一九禮二二、續資治通鑑長編卷一七九仁宗至和二年三月丙子、玉海卷一三五、宋朝事實類苑卷三二删。

〔三〕後周及隋並封以鄒國　「並」字原脱，據宋史卷一一九禮二二、續資治通鑑長編卷一七九仁宗至和二年三月丙子、玉海卷一三五補。

〔四〕因疑霸等封褒成者　「封褒成者」原作「號封褒」，據劉敞公是集卷三二改。

〔五〕曰坐奠爵　「奠」字原脱，據朱文公集卷六八補。

〔六〕則跪與坐又自有少異處　「自」，愧郯録卷九禮殿坐像、朱文公集卷六八作「似」。又「少」，朱文公集作「小」。

〔七〕而疏以爲安定之坐　「疏」原作「跪」，據元本、慎本、馮本及愧郯録卷九禮殿坐像、朱文公集卷六八改。

〔八〕以俟來者考焉　「者」字原脱，據愧郯録卷九禮殿坐像、朱文公集卷六八補。

〔九〕大司成强淵明言　「明」字原脱，據宋史卷一〇五禮八補。按强淵明宋史卷三五六有傳，曾官大司成。

〔一〇〕士始入學釋菜　宋史卷一〇五禮八作「士始入學有釋菜之儀」。

〔一一〕鄡單　「鄡」原作「鄵」，據元本、慎本、馮本及史記卷六七仲尼弟子列傳改。下文「鄡單聊城侯」句同。

〔一二〕楚丘侯司馬耕爲雒陽侯　「雒」，宋史卷一〇五禮八作「睢」。按司馬耕爲宋人，疑作「睢」是。

〔一三〕兖州鄒縣孟子廟　「縣」原作「學」，據宋史卷一〇五禮八改。

〔一四〕告不害東阿伯　「告」原作「浩」，據元本、慎本及宋史卷一〇五禮八改。「阿」原作「河」，據慎本、馮本及上引宋史改。

〔一五〕止輦大成殿門外　「門」原作「内」，據宋史卷一〇五禮八改。

〔一六〕襲封衍聖公　「襲」原作「褒」，「衍」原作「兖」，據上文改。殿本考證亦謂「刊本襲訛褒，衍訛兖」。

〔一七〕又張帷於前楹下　「前楹」原倒，據大唐開元禮卷五三吉禮齋戒、通典卷一一七禮七七乙正。

〔一八〕晝漏上水一刻　「漏」原作「刻」，據大唐開元禮卷五三吉禮齋戒、通典卷一一七禮七七改。

〔一九〕致齋一日於本司　「一」原作「二」，據大唐開元禮卷五三吉禮齋戒、通典卷一一七禮七七改。

〔二〇〕館司先申享日　「館」原作「宮」，據通典卷一一七禮七七改。

〔二一〕本司散下其禮　「散」，殿本通典一一七禮七七作「請」。

〔二二〕設諸享官次於齋坊之内　「次」原訛在「享」上，據大唐開元禮卷五三吉禮陳設改。

〔二三〕北方磬簴起西　「北方」二字原脱，據大唐開元禮卷五三吉禮陳設、通典卷一一七禮七七補。

〔二四〕凡懸皆展而編之　「凡」原作「此」，據大唐開元禮卷五三吉禮陳設、通典卷一一七禮七七改。「編」原作「懸」，據上引開元禮改。

〔二五〕國學三獻設位於東門之内道北　通典卷一一七禮七七「設」字在「三」字上。疑是。

〔二六〕設亞獻終獻位於皇太子東南　「南」原作「西」，據大唐開元禮卷五三吉禮陳設、通典卷一一七禮七七改。

〔二七〕宮官七品以上於東階東南　「品」原作「位」，據大唐開元禮卷五三吉禮陳設、通典卷一一七禮七七改。「於」字原脱，據上引開元禮補。

〔二八〕升堂者自東階　「堂」原作「東」，據大唐開元禮卷五三吉禮陳設、通典卷一一七禮七七改。

〔二九〕謁者引祭酒司業詣厨視濯溉　「詣」原作「設」，據大唐開元禮卷五三吉禮陳設、通典卷一一七禮七七改。

〔三〇〕左丘明以下折分餘體升之　「丘」原作「俎」，據大唐開元禮卷五三吉禮陳設、通典卷一一七禮七七改。

〔三一〕升設先聖神座於堂上西楹間　「堂」原作「座」，據大唐開元禮卷五三吉禮陳設、通典卷一一七禮七七改。

〔三二〕太公儀拂神幄　「公」原作「子」，據通典卷一一七禮七七改。

〔三三〕則又於堂外之東至陳而北　「堂」原作「室」，「至陳而北」四字原脱，據通典一一七禮七七改補。文淵閣本大唐開元禮卷五三吉禮陳設「堂」作「室」，「至」作「屋」。公善堂本開元禮「堂」字同通典，「至」作「屈」。又「北」，元本、慎本、馮本作「尸」。

〔三四〕陳設於重明門之外　「門之」二字原倒，據大唐開元禮卷五三吉禮出宮、通典卷一一七禮七七乙正。

〔三五〕僕奮衣而升　「升」原作「出」，據大唐開元禮卷五三吉禮出宮、通典卷一一七禮七七改。

〔三六〕謁者贊引引從享宮官就門外位　「從」字原脱，據大唐開元禮卷五三吉禮饋享補。

〔三七〕文舞入陳於懸内　「内」原作「間」，據大唐開元禮卷五三吉禮饋享、通典卷一一七禮七七改。

〔三八〕祭酒再拜訖　「再拜」一詞原重，與上下文例不合，據大唐開元禮卷五三吉禮饋享、通典卷一一七禮七七删。

〔三九〕率更令於便次門外　大唐開元禮卷五三吉禮饋享「於」上有「立」字，義優。

〔四〇〕率更令退立於左　「退」原作「進」，據大唐開元禮卷五三吉禮饋享、通典卷一一七禮七七改。

〔四一〕亞獻掃除訖位　「訖」，通典卷一一七禮七七作「就」，疑句當作「亞獻掃除訖就位」。

〔四二〕奠物則跪　「跪」字原脱，據大唐開元禮卷五三吉禮饋享補。

〔四三〕祝史各奉毛血之豆立東門外　「祝史」二字原脱，據大唐開元禮卷五三吉禮饋享及下文「祝史奉毛血升自東階」句補。

〔四四〕左庶子跪取匜興沃水又左庶子跪取盤興承水　二「興」字原皆作「盥」，據大唐開元禮卷五三吉禮饋享改。

〔四五〕相次而畢　「相次」上原有「引」字，據大唐開元禮卷五三吉禮饋享删。

〔四六〕西向立　「立」字原脱，據大唐開元禮卷五三吉禮饋享補。

〔四七〕樂作　二字原倒，據大唐開元禮卷五三吉禮饋享、通典卷一一七禮七七乙正。

〔四八〕又以籩取稷黍飯　「籩」下原有「豆」字，據大唐開元禮卷五三吉禮饋享删。

〔四九〕太公儀引亞獻　「儀」原作「同」，據大唐開元禮卷五三吉禮饋享、通典卷一一七禮七七改。

〔五〇〕盥手洗爵訖　「手」原作「水」，據大唐開元禮卷五三吉禮饋享、通典卷一一七禮七七改。

〔五一〕謁者引祭酒少退北向再拜訖　此十二字原脱，據大唐開元禮卷五三吉禮饋享、通典卷一一七禮七七補。

〔五二〕盥洗訖　「盥洗」二字原脱，據大唐開元禮卷五三吉禮饋享補。

〔五三〕衆官再拜　「再」原作「各」，據大唐開元禮卷五三吉禮饋享、通典卷一一七禮七七改。

〔五四〕奉禮帥贊者轉就瘞埳東北位　「位」原作「向」，據大唐開元禮卷五三吉禮饋享改。

〔五五〕太祝各執篚進神座前　「進」字原脱，據大唐開元禮卷五三吉禮饋享、通典卷一一七禮七七補。

〔五六〕白禮畢　「白」原作「自」，據大唐開元禮卷五三吉禮饋享、通典卷一一七禮七七改。

〔五七〕次取參軍事以上攝　「次」、「事」原脱，據大唐開元禮卷六九吉禮諸州釋奠於孔宣父補。

〔五八〕主簿及尉通爲終獻　「主簿及尉」原作「及簿尉」，據大唐開元禮卷七二吉禮諸縣釋奠於孔宣父改。

〔五九〕縣令有故並以次差充當縣闕則差比縣及州官替充　此數句大唐開元禮卷七二吉禮諸縣釋奠於孔宣父作「若縣令以下有故並以次差攝縣官不足以州官判佐以下及比縣官充」，義優。

〔六〇〕設望瘞位於堂之東北　「堂」下原衍「上」字，據大唐開元禮卷六九吉禮諸州釋奠於孔宣父删。上書卷七二吉禮諸縣釋奠於孔宣父亦無「上」字。

〔六一〕當掌事位　「當」、「位」二字原脱，據大唐開元禮卷六九吉禮諸州釋奠於孔宣父補。

〔六二〕設贊唱者位於三獻西南　「唱」，大唐開元禮卷六九吉禮諸州釋奠於孔宣父、卷七二吉禮諸縣釋奠於孔宣父皆作「禮」。

〔六三〕各位於罇罍洗篚之後　「篚」字原脱，據大唐開元禮卷六九吉禮諸州釋奠於孔宣父補。

〔六四〕贊唱者曰　「曰」字原脱，據大唐開元禮卷六九吉禮諸州釋奠於孔宣父及上下文義補。

〔六五〕祝以下皆再拜　「祝」字原脱，據大唐開元禮卷六九吉禮諸州釋奠於孔宣父、通典卷一二一禮八一補。

〔六六〕參軍事引之次　「之次」二字原倒，據大唐開元禮卷六九吉禮諸州釋奠於孔宣父及通典卷一二一禮八一乙正。

〔六七〕祝入升自東階　大唐開元禮卷六九吉禮諸州釋奠於孔宣父、七二吉禮諸縣釋奠於孔宣父「祝」下皆無「入」字。按上文祝行掃除之後既已還齋所，此處似當有「入」字。

〔六八〕參軍事退位立於左　大唐開元禮卷六九吉禮諸州釋奠於孔宣父「退」下無「位」字。

〔六九〕凡取物者皆跪俛伏而取以興　「俛」、「而」二字原脱，據大唐開元禮卷六九吉禮諸州釋奠於孔宣父補。

〔七〇〕奠物則跪奠訖　「物」、「跪」二字原脱，據大唐開元禮卷六九吉禮諸州釋奠於孔宣父補。「訖」原作「就」，據上書及通典卷一二一禮八一改。

〔七一〕興少退西向再拜訖參軍事引刺史當先師神座前　此二十字原脱，據元本、慎本、馮本及大唐開元禮卷六九吉禮諸州釋奠於孔宣父、通典卷一二一禮八一補。

〔七二〕祝又以幣西向授　「祝又」二字原倒，據大唐開元禮卷六九吉禮諸州釋奠於孔宣父、通典卷一二一禮八一補。

〔七三〕羊豕二俎橫而重於右　大唐開元禮卷六九吉禮諸州釋奠於孔宣父、七二吉禮諸縣釋奠於孔宣父「橫」下有「陳」字。

〔七四〕腊特陳於左　「左」原作「右」，據大唐開元禮卷六九吉禮諸州釋奠於孔宣父、通典卷一二一禮八一改。

〔七五〕本司與執饌者降出　「與」，大唐開元禮卷六九吉禮諸州釋奠於孔宣父作「引」，疑是。

〔七六〕參軍事引刺史詣罍洗　「洗」字原脱，據大唐開元禮卷六九吉禮諸州釋奠於孔宣父及通典卷一二一禮八一補。

〔七七〕執篚者受巾　「執篚者」三字原脱，據大唐開元禮卷六九吉禮諸州釋奠於孔宣父、七二吉禮諸縣釋奠於孔宣父及上下文例補。

〔七八〕以先師顔子配神　「神」字原脱，據大唐開元禮卷六九吉禮諸州釋奠於孔宣父、七二吉禮諸縣釋奠於孔宣父補。

〔七九〕仲秋　此二字原作正文，通典卷一二一禮八一、大唐開元禮卷六九吉禮諸州釋奠於孔宣父、七二吉禮諸縣釋奠於孔宣父皆作小字注文，今據改。

〔八〇〕敬修釋奠於先聖孔宣父　「先聖孔宣父」原作「先師顔子」，據大唐開元禮卷六九吉禮諸州釋奠於孔宣父、七二吉禮諸縣釋奠於孔宣父改。

〔八一〕刺史再拜　「拜」下原衍「訖」字，據大唐開元禮卷六九吉禮諸州釋奠於孔宣父刪。

〔八二〕祝進　此二字上原衍「參軍事引」四字，據大唐開元禮卷六九吉禮諸州釋奠於孔宣父、通典卷一二一禮八一刪。

〔八三〕一祝持爵進刺史之左　「祝」上原衍「太」字，「爵」上原衍「一」字，據大唐開元禮卷六九吉禮諸州釋奠於孔宣父、七二吉禮諸縣釋奠於孔宣父刪。

〔八四〕跪祭酒　「祭」字原脱，據大唐開元禮卷六九吉禮諸州釋奠於孔宣父、通典卷一二一禮八一補。

〔八五〕跪減先聖神座前胙肉　「先聖」原作「先師」，據馮本及大唐開元禮卷六九吉禮諸州釋奠於孔宣父、七二吉禮諸縣釋奠於孔宣父改。通典卷一二一禮八一作「先聖先師」，疑是。

〔八六〕興祝先以飯進　「興祝」二字原倒，據大唐開元禮卷六九吉禮諸州釋奠於孔宣父、七二吉禮諸縣釋奠於孔宣父及通典卷一二一禮八一乙正。

〔八七〕又以俎進刺史受以授執饌者　此十二字原脱，據大唐開元禮卷六九吉禮諸州釋奠於孔宣父補。上書卷七二吉禮諸縣釋奠於孔宣父亦有「又以俎進縣令受以授執饌者」文。

〔八八〕亞獻將畢　「亞」、「將」二字原脱，據大唐開元禮卷六九吉禮諸州釋奠於孔宣父、七二吉禮諸縣釋奠於孔宣父補。

〔八九〕升獻飲福如亞獻之儀　「飲福」二字原脱，據大唐開元禮卷六九吉禮諸州釋奠於孔宣父、七二吉禮諸縣釋奠於孔宣父補。

〔九〇〕降復位　「降」字原脱，據大唐開元禮卷六九吉禮諸州釋奠於孔宣父、七二吉禮諸縣釋奠於孔宣父及通典卷一二二禮八一補。

〔九一〕以右爲上　「右」，文淵閣本朱熹紹熙州縣釋奠儀圖同，但指海本作「左」。

〔九二〕鹿臡兔醢次之　「兔」，紹熙州縣釋奠儀圖作「醢」。

〔九三〕代脅一　「一」字原脱，據紹熙州縣釋奠儀圖補。

〔九四〕又設諸從祀位祭器　「位」上原衍「神」字，據元本、慎本、馮本及紹熙州縣釋奠儀圖删。

〔九五〕視牲充腯　「視」原作「祝」，據紹熙州縣釋奠儀圖改。

〔九六〕初獻位於闑西東面　「位」，紹熙州縣釋奠儀圖作「立」。

〔九七〕次引祝入就殿下席位　「就」字原脱，據紹熙州縣釋奠儀圖補。

〔九八〕先詣兖國公神位前　「先」字原脱，據元本、慎本、馮本及紹熙州縣釋奠儀圖補。

〔九九〕亞獻終獻放此　紹熙州縣釋奠儀圖「放」上有「文」字，義優。

〔一〇〇〕直祝捧版在左右　「祝」原作「視」，據元本及紹熙州縣釋奠儀圖改。

〔一〇一〕酌獻讀祝並如初儀　「初」，紹熙州縣釋奠儀圖作「上」，義優。

〔一〇二〕按王氏胙俎各减正脊橫脊　末「脊」字原訛在「減」字上，據元本、慎本、馮本及紹熙州縣釋奠儀圖乙正。

〔一〇三〕又復置在臺座上　「復」原作「後」，據朱子語類卷九〇改。

〔一〇四〕春秋祭時　「秋」原作「欲」，據元本、慎本、馮本及朱子語類卷九〇改。

〔一〇五〕此言漳州未知他處如何　朱子語類卷九〇此十字爲小字注文。

卷四十五　學校考六

幸學養老

按：古者天子之視學，多爲養老設也，雖東漢之時猶然。自漢以後，養老之禮浸廢，而人主之幸學者，或以講經，或以釋奠，蓋自爲一事矣。故今以二事合爲一門云。

有虞氏深衣而養老，凡養老之服，皆其時王所與群臣燕之服也。有虞氏質，深衣而已。孔穎達云：「人君養老有四種：一是養三老、五更；二是子孫爲國死難，而王養死者父祖；三是養致仕之老；四是引户校年，養庶人之老。四代皆然。」養國老於上庠，養庶老於下庠，而用燕禮。庠，養也。上庠，右學，大學也，在西郊。下庠，左學，小學也，在國中王宫之東也〔一〕。其禮尚矣。憲，養氣體而不乞言。憲，法也，養之爲法其德行，曰五帝則有斯也。有善則記之，爲惇史。惇史，史孝厚者也。

夏氏燕衣而養老，改虞制而尚黑衣裳。養國老於東序，養庶老於西序，而用饗禮。東序，東膠也，亦大學，在國中王宫之東。西序在西郊〔二〕。

殷人縞衣而養老，殷尚白而縞衣裳。養國老於右學，養庶老於左學，而用食禮。食音似。下同。

周制，玄衣而養老，玄衣、素裳。養國老於東膠，膠之言糾也。養庶老於虞庠。虞庠在國之西郊。皆學名也。異者，四代相變耳。或上西，或上東，或貴在國，或貴在郊。周之小學爲有虞氏之庠制，是以謂之虞庠云。其所謂立鄉學亦如之。兼用虞燕，夏饗，殷食之禮。兼用之，備陰陽也。凡飲養陽氣，凡食養陰氣。陽用春、夏，陰用秋、冬。夏官羅氏，仲春羅春鳥，獻鳩以養國老。月令：仲秋，天子「養衰老，授几杖，行麋粥飲食」。五十養於鄉，六十養於國，七十養於學，達於諸侯，八十拜君命，一坐再至，九十使人受。凡三王養老，皆引年。乞言、合語之禮，皆小樂正詔之於東序。凡大合樂，必遂養老。

外饔，邦饗耆老、孤子，則掌其割亨之事。酒正，饗耆老、孤子，皆共其酒，無酌數。凡有秩酒者，以書契授之。有秩酒謂老臣。王制九十曰有秩。遺人，門關之委積以養老孤。門關出入皆有稅，所稅得者，國用之外，留之以養老孤。司門，以其財養死政之老與其孤。財即門關之委積。死政之老，乃死國政事者之父母也。槁人，若饗耆老、孤子、士、庶子，共其食。禮運：三公在朝，三老在學。内則：凡養老，五帝憲，憲，法也，養之爲法其德行。三王有乞言。又從之求善言可施行也。五帝憲，養氣體而不乞言，有善則記之，爲惇史。三王亦憲，既養老而後乞言，亦微其禮，皆有惇史。惇史，史孝厚者也。微其禮者，依違之，言求而不切也。樂記：食三老五更於太學，天子袒而割牲，執醬而饋，執爵而酳，冕而總干，所以教諸侯之弟也。三老、五更，互言耳，皆老人更知三德五事者也。冕而總干，親在舞位也。周名大學曰東膠。祭義：貴老爲其近於親也。昔者有虞氏貴德而尚齒，夏后氏貴爵而尚齒，殷人貴富而尚齒，周人貴親而尚齒。貴，謂燕賜有加於諸臣也。尚，謂有事尊之於其黨也。虞、夏、殷、周，天下之盛王也，未有遺年者。年之貴乎天下久矣，次乎事親也。是故朝廷同爵則尚齒；七十杖於朝，君問則席；八十不俟朝，君問則就之，而弟達乎朝廷矣。君問則席，爲之布席於堂上而與之言。就之，就其家也。天子巡守，諸侯待於境，天子先見百年者。八十、九十者東行，西行者弗敢過；西行，東行者弗敢過。欲言政者，君就之可也。壹命齒於鄉里，再命齒於父族，三命而不齒。族有七十者，弗敢先。此謂鄉射、飲酒時也。齒者，謂以年次立若坐也。三命，列國之卿也。不復齒，席之於賓東。不敢先族之七十者，謂既一人舉觶乃入也，雖非族亦然，承齒於族，故言族爾。七十者不有大故不入朝；若有大故而入，君必與之揖讓，而後及爵者。謂致仕在家者，其入朝，君先與之爲禮，而後乃揖其所謂卿大夫。中庸：燕毛所以序齒也。燕，謂既祭而燕也，燕以髮色爲坐。祭時尊之也，至燕親之也。齒亦年也。

禮書曰：「天子之於老也，其所養也三：國老也，庶老也，死政者之老也。歲養之也三：仲春也，季春也，仲秋也。周禮羅氏羅春鳥獻鳩以養國老在仲春，月令養衰老授几杖在仲秋，文王世子曰『凡大合樂，必遂養老』，鄭氏云：『大合樂，謂春入學釋菜、合舞，秋頒學合聲。於是時也，天子則眡學焉，遂養老。』此養老於仲春、仲秋者也。月令：季春之末，『擇吉日，大合樂，天子乃率三公、九卿、諸侯、大夫親往視之』。大合樂亦必養老，此又養老於季春者也。若夫簡不帥教，出征受成以訊馘告，凡天子入學莫不養老，此又不在歲養之數也。夫貴冑謂之國子，則貴而老者謂之國老；賤者謂之庶人，則賤而老者謂之庶老。國子與庶人之俊者同其學，所以一道德；國老與庶老異其學，所以別分義。故有虞氏養國老於上庠，養庶老於下庠；夏后氏養國老於東序，養庶老於西序；殷人養國老於右學，養庶老於左學；周人養國老於東膠，養庶老於虞庠。而又有死政者之老焉。故羅氏獻鳩以養之者，國老也；司徒以保息養之者，庶老也；司門以其財養之者，死政者之老也。若夫外饔、酒正、槁人所謂耆老者，總三者而言之也。鄭氏謂三老、五更各一人，皆年老更事致仕者也，名三五者，取象三辰、五星，天所因以照明天下者。皇氏謂人君養老有四種：一是養三老、五更，二是子孫爲國難而死者父祖，三是養致仕之老，四是引户校年，庶人之老。熊氏云天子視學養老一歲有七：鄭氏云凡飲養陽氣，凡食養陰氣，陽用春、夏，陰用秋、冬，是四時養老凡四也；文王世子凡大合樂，必遂養老，大合樂謂春入學舍菜、合舞，秋頒學合聲；又季春大合樂，天子視學，亦養老，是七也。然則古者建國必立三卿，鄉飲酒必立三賓，而養老必立三老。故禮曰：『三公在朝，三老在學。』三公非一人，則三老、五更非各一人矣。漢志以德行年高老者一人爲老，次一人爲更，故永平中拜桓榮爲五更，建初中拜伏恭爲三老，而鄭氏以此爲三代之制，誤矣。晉亦以王祥爲五更。先王父事三老，兄事五更，則三老、五更乃群老之尤者，而致仕之老固在其間。皇氏離而二之，亦誤矣。月令無冬、夏養老之文，周禮、禮記特言春饗秋食而已〔三〕，熊氏謂養老歲有七，亦誤矣。又禮記言『天子視學，遂適東序養老』，則視學、養老皆同日也，鄭氏謂用其明日，亦誤矣。養老之禮，外饔掌割亨，酒正共酒，槁人共食，羅氏共鳩。方其養也，必先釋奠於先老，遂設三老、五更、群老之席位，適饌，省醴，養老之珍具，遂發咏焉，登歌清廟，下管象、武，天子袒而割牲，執醬而饋，執爵而酳，冕而總干，則乞言、憲行之養著，而孝悌之化行矣。有司告以樂闋，王乃命公侯伯子男及群吏曰：『反養老幼於東序。』而終之以仁。此所謂一舉事而衆皆知其德之備也。禮言凡養老，有虞氏以燕禮而服深衣，夏后氏以饗禮而服燕衣，殷人以食禮而服縞衣，周人修而兼用之而服玄衣〔四〕。蓋虞氏以燕則以恩勝禮，夏后氏以饗則以禮勝恩，殷人以食則趣恩、禮之中，而周則文備，故修而兼用之。周官外饔言饗耆老，此周人以饗禮養老也；行葦言飲射而繼之以祈黄耇，此周人以燕禮養老也；祭義曰食三老、五更於大學，此周人以食禮養老也。然玄衣，燕衣也，燕衣非冕服，及總干而舞必冕服者，以舞者樂之成，故特服冕以明至誠，有加而無殺也。冕而總干施於食禮，而記稱食嘗無樂者，考之於詩，商頌言『顧予烝嘗』，而有『鞉鼓淵淵，嘒嘒管聲』，小雅言『以往烝嘗』，而有『鍾鼓既戒』，『鼓鍾送尸』，則嘗有樂矣。樂師『饗食諸侯，序其樂事〔五〕，令奏鍾鼓』，鍾師『凡享食，奏燕樂』，籥師『賓客享食』『鼓羽籥之舞』。則食有樂矣。其曰食嘗無樂，蓋非商、周之制也。漢明帝養老之禮，其曰：『乘輿先到辟雍禮殿，御坐東廂，遣使者安車迎三老、五更。天子迎於門屏，交禮，道自阼階，三老升自賓階。至階，天子揖如禮。三老升，東面，三公設几，九卿正履〔六〕，天子親袒割牲，執醬而饋，執爵而酳，祝哽在前，祝噎在後。五更南面，公進供禮，亦如之。明日皆詣闕謝。』其養特三老、五更二人而已，群老不與焉，非古禮之意也。」

文王世子：「天子視學，大昕鼓徵，所以警衆也。昧爽擊鼓以召衆。衆至，然後天子至，乃命有司行事，興秩節，祭先聖、先師焉。興，舉也。秩，常也。節猶禮也。使有司攝其事，舉常禮，祭先聖、先師。不親祭之者，視學觀禮耳，非爲彼報也。有司卒事反命。告祭畢，天子乃入。始之養也，又之養老之所。適東序，釋奠於先老，親奠之者，已所有事也〔七〕。疏曰：時天子視學，在虞庠之中，有司釋奠既畢，天子乃從虞庠入反於國。明日，乃之東序而養老，故曰「始之養也」。周立三代學，又立周之大學於東，謂之東膠；立小學於西郊，謂之虞庠。天子尋常視學，則於東膠中，唯行養老之禮；若始立學，則既視學畢，然後適東序養老之處，親釋奠於先世之老，既畢，遂設三老、五更、群老之席位焉。若非始立學，則不釋奠於先老也。遂設三老、五更、群老之席位焉。三老、五更各一人也，皆年老更事致仕者也。天子以父兄養之，示天下之孝弟也。各以三、五者，取象於三辰、五星，天所因以照明天下者。群老無數，其禮亡，以鄉飲酒禮言之，席位之處，則三老如賓〔八〕，五更如介，群老如衆賓。疏：蔡邕以更字爲叟，叟，老稱。又以三老爲三人，五更爲五人。適饌，省醴，養老之珍具，遂發咏焉，退修之，以孝養也。發咏，謂以樂納之。退修之，謂既迎而入，獻之以醴，獻畢而樂闋。反，登歌清廟。反，謂獻群老畢，皆升就席也。反就席，乃使工登歌清廟以樂之。既歌而語，以成之也。言父子、君臣、長幼之道，合德音之致，禮之大者也。既歌，謂樂正告正歌備也〔九〕。語，談説也，歌備而旅，旅而説父子、君臣、長幼之道，説合樂之所美以成其意。鄉射記曰：「古者於旅也語。」下管象，舞大武。大合衆以事，達有神，興有德也。象，武王伐紂之樂也，以管播其聲，又爲之舞，皆於堂下。衆，謂所合學士也。達有神，明天授命周家之有神也。興有德，美文王、武王有德。師樂爲用，前歌後舞。正君臣之位，貴賤之等焉，而上下之義行矣。有司告以樂闋，闋，終也。告君以歌舞之樂終，此所告者謂無算樂。王乃命公侯伯子男及群吏曰：『反養老幼於東序。』終之以仁也。」群吏，鄉遂之官。王於燕末而命諸侯時朝會在此者曰：各反養老幼，如王家東序之禮。

王制：「將出學，小胥、大胥、小樂正簡不率教者〔一〇〕，以告於大樂正，大樂正以告於王。王命三公、九卿、大夫、元士皆入學。不變，王親視學。不變，王三日不舉。」注見太學考。

「天子出征，受成於學。出征執有罪，反，釋奠於學，以訊馘告。」

仲春之月，上丁，命樂正習舞，釋菜，天子乃帥三公、九卿、諸侯、大夫親往視之。季春之末，擇吉日，大合樂，天子乃帥三公、九卿、諸侯、大夫親往視之。

禮書曰：「天子視學四：養老也，簡不帥教也，出征受成也，以訊馘告也。養老必於仲春、季春、仲秋〔一一〕，而簡不帥教、出征受成、以訊馘告者無常時。雖有常時，其入學也亦必養老焉。」

書大傳：「宣王問於子春曰：『寡人欲行孝弟之義，爲之有道乎？』子春曰：『昔者衞聞之樂正子曰：文王之治岐也，五十者杖於家，六十者杖於鄉，七十者杖於國，見君揖；八十者杖於朝，見君揖，君曰：「趣見客，毋俟朝。」以朝乘車輲輪，御爲僕，送至於家，而孝弟之義達於諸侯；九十杖於朝，見君建杖，君曰「趣見，毋俟朝」。以朝送之舍，卜筮、巫醫御於前，祝哽祝噎以食，乘車輲輪，胥與就膳徹，送至於家，君如有欲問，明日就其室，以珍從，而孝弟之義達於四海。學禮：帝入東學，上親而貴仁，則親疏有序，而恩相及矣。帝入南學，上齒而貴信，則長幼有差，而民不誣矣。帝入西學，上賢而貴德，則聖智在位，而功不匱矣。帝入北學，上貴而尊爵，則貴賤有等，而下不隃矣。隃與踰同，謂越制。成王年十五，亦入諸學觀禮布政。四學者，東序、瞽宗、虞庠及四郊之學也。春氣温養，故上親；夏物盛，小大殊，故尚齒；秋物成實，故貴德；冬時物藏於地，爲象於天，半見也，故尚爵。帝入太學，承師問道，退習而考於太傅，太傅罰其不則而達其不及，則德智長而治道得矣。此五學者既成於上，則百姓黎民化輯於下矣。』」

傳曰：天子入太學，祭先聖則齒，嘗爲臣者弗臣，所以見敬學與尊師也。

後漢顯宗永平二年三月，上始帥群臣養三老、五更於辟雍，行大射之禮。郡、縣、道行鄉飲酒於學校，皆祀聖師周公、孔子，牲以犬。於是七郊禮樂三雍之義備矣。養三老、五更之儀，先吉日，司徒上太傅若講師故三公人名〔三〕，用其德行年耆高者一人爲老，次一人爲更。皆服都紵大袍單衣，皁緣領袖中衣，冠進賢，扶玉杖。五更亦如之，不杖。皆齋於太學講堂。其日，乘輿先到辟雍禮殿，御座東廂，遣使者安車迎三老、五更。天子迎於門屏，交禮，道自阼階，三老升自賓階。至階，天子揖如禮。三老升，東面，三公設几，九卿正履〔一三〕，天子親袒割牲，執醬而饋，執爵而酳，祝哽在前，祝噎在後。五更南面，三公進供禮亦如之〔一四〕。明日，皆詣闕謝恩，以見禮遇大尊顯故也。

中元元年，初建三雍。顯宗即位，親行其禮。天子始冠通天，衣日月，備法物之駕，盛清道之儀，坐明堂而朝群后，登靈臺以望雲物，袒割辟雍之上，尊養三老、五更。饗射禮畢，帝正坐自講，諸儒執經問難於前。冠帶縉紳之人圜橋門而觀聽者，蓋億萬計。乃下詔曰：「光武皇帝建三朝之禮，而未及臨饗。眇眇小子，屬當聖業。間暮春吉辰，初行大射；令月元日，復踐辟雍。尊事三老，兄事五更，安車輭輪，供綏執授。侯王設醬，公卿饌珍，朕親袒割，執爵而酳。祝哽在前，祝噎在後。升歌鹿鳴，下管新宮，八佾具修，萬舞於庭。朕固薄德，何以克當？易陳負乘，詩刺彼己，永念慚疚，無忘厥心。三老李躬，年耆學明。五更桓榮，授朕尚書。詩曰：『無德不報，無言不酬。』其賜榮爵關内侯〔一五〕，食邑五千户。三老、五更以二千石禄養終厥身。其賜天下三老酒人一石，肉四十斤。有司其存耆耄〔一六〕，恤幼孤，惠鰥寡，稱朕意焉。」

永平八年十月，臨辟雍，養三老、五更。三老，老人知天地人事者。五更，老人知五行更代之事。

安帝以魯丕爲三老，又以李充爲三老。

楊統位至光禄大夫，爲國三老。

元初四年，詔曰：「月令，仲秋『養衰老，授几杖，行糜粥』。方今八月，按比之時，郡縣多不奉行，雖有糜粥，糠粃、泥土相半〔一七〕，不可飲食，長吏怠事，莫有躬親，甚違詔書養老之意。其務崇仁恕，賑護寡獨，稱朕意焉。」

按：古人養老之禮，有養於鄉者，所謂「五十養於鄉」，「王命公侯伯子男及群吏曰，反養老於東序」，大司徒以保息六養萬民〔一八〕，二曰養老是也。有養於國者，天子視學，設三老、五更、群老之席位，執醬親饋，執爵親酳是也。漢初，每鄉及縣皆有三老，歲首則使人存問，賜以束帛、酒肉，或賜以爵，乃古人養於鄉之意。而國學養老、天子親講之禮，則至東漢始行之。然東漢亦時有下郡縣存問養老之詔，此其一也。餘不悉録。

靈帝以袁逢爲三老，賜以玉杖。玉杖長九尺，端以鳩爲飾。鳩者，不噎之鳥，欲令老人不噎也。

譙周曰：「漢中興定禮儀，群臣欲令三老答天子拜。城門校尉董鈞駁曰：『養三老所以教事父之道也，若答拜，是使天下答子拜也。』詔從鈞議。」譙周論之曰：「禮，尸服上服，猶以非親之故答子拜，士見異國君亦答拜，是皆不得視猶子也。」虞喜曰：「且據漢儀，於門屏交禮，交禮即答拜，中興謬從鈞議，後革之，深得其意。」

魏高貴鄉公甘露二年，天子親帥群司行養老之禮於太學，命王祥爲三老，鄭小同爲五更〔一九〕。祥南面几杖，以師道自居。天子北面乞言。祥陳明王聖帝君臣政化之要以訓之，聞者莫不砥礪。

東晉成、穆、孝武三帝，皆以講經親詣學釋奠。孝武以太學在水南懸遠，有司議依穆帝升平元年，於中堂權立太學釋奠。禮畢，會百官六品以上。

後魏孝文帝太和十六年，詔以前司徒尉元爲三老，前大鴻臚卿游明根爲五更，於明堂設國老位、庶老位於階下。皇帝再拜三老，親袒割牲，執醬而饋，執爵而酳。於五更行肅拜之禮。賜國老、庶老衣服有差。既而三老言曰：「自古人所崇，莫重於孝順，然五孝六順，天下之所先。願陛下重之，以化四方。」帝曰：「孝順之道，天地之經，今承三老明言，銘之朕懷。」五更言曰：「夫至孝通靈，至順感幽，故詩云『孝弟之至，通於神明，光於四海』。願陛下念之，以濟黎庶。」帝曰：「五更助三老以言至範，敷展德音，當克己復禮，以行來授。」禮畢，乃賜步輓一乘。詔曰：「三老可給上公之禄，五更可食元卿之俸〔二〇〕，供養之味亦同其例。」

北齊制，仲春令辰，陳養老禮。先一日，三老、五更齋於國學。皇帝進賢冠，玄紗袍，至辟雍，入總章堂。列宫懸。王公以下及國老、庶老各定位。司徒以羽儀、武賁、安車迎三老、五更於國學。並進賢冠，玄服，黑舄，素帶。國子生黑介幘，青衿，單衣，乘馬從以至。皇帝釋劍執珽，迎於門内。三老至門，五更去門十步，皆降車以入。皇帝拜，三老、五更攝齊答拜。皇帝揖進，三老在前，五更在後，升自右階，就筵，三老坐，五更立。皇帝升堂，北面。公卿升自左階，北面。三公授几杖，卿正履，國老、庶老各就位。皇帝拜三老，群臣皆拜。不拜五更。乃坐。皇帝西向，肅拜五更。進珍羞酒食〔二一〕，親袒割牲，執醬而饋，執爵而酳，以次進五更。又設酒酏於國老、庶老。皇帝升御座，三老乃論五孝六順典訓大綱，皇帝虚躬請受。禮畢而還。又都下及外州，人年七十以上，賜鳩杖黄帽。有敕則給，不爲常也。

後周武帝保定三年，詔以太傅、燕國公于謹爲三老，賜延年杖。皇帝幸太學以食之。三老入門，皇帝迎拜門屏之間，三老答拜。設三老席於中楹，南面。太師晉國公宇文護升階，設几於席。三老升席，南面，憑几而坐。大司寇楚國公豆盧寧升階，正舄。皇帝升，立於斧扆之前，西向。有司進饌，皇帝跪設醬豆〔二三〕，親袒割牲。三老食訖，皇帝又親跪授爵以酳，撤去。皇帝北面立，訪道，三老乃起，立於席後。皇帝曰：「猥當天下重任，自惟不才，不知政理之要〔二三〕，公其誨之。」三老答曰：「木從繩則正，后從諫則聖。自古明王聖主，皆虚心納諫，以知得失，天下乃安。惟陛下念之。」又曰：「爲國之本，存乎忠信，是以古人云去食、去兵，信不可失。國家興廢，在於賞罰，若有功必賞，有罪必罰，則爲善者日益，爲惡者日止；若有功不賞，有罪不罰，則天下善惡不分，下人無所措手足。」又曰：「言行者，立身之本，言出行隨，誠宜相顧。願陛下三思而言〔二四〕，九慮而行，若不思不慮，必有過失。天子之過，事無大小，如日月之蝕，莫不知者，願陛下慎之。」三老言畢，皇帝再拜受之，三老答拜。禮成而出。

唐高祖武德七年，幸國子學，親臨釋奠。

唐制，仲秋吉辰，皇帝親養三老、五更於太學。所司先奏定三師、三公致仕者，用其德行及年高者一人爲三老，次一人爲五更。設三老座於西楹之東，近北南面。設五更座於西階上，東向。設國老三人座於三老座西。俱不屬焉。設衆國老座於堂下西階之西，東面北上。五品以上致仕者爲國老，六品以下致仕者爲庶老。

天寶八載閏六月制：其天下百姓，丈夫七十五以上，婦人七十以上，宜各給中男一人充侍，仍任自簡擇。至八十以上，依常式處分。餘並如開元禮。

宋太祖皇帝建隆元年，幸國子監，詔加飾祠宇及塑繪先聖、先賢、先儒之像。帝親製文宣王、兖國公二贊。

太宗端拱元年，幸國子監，謁文宣王畢，升輦將出西門，顧見講座，左右言學官李覺方聚徒講書，即召覺，令對御講説。覺曰：「陛下六飛在御，臣何敢輒陞高座。」帝爲降輦，令有司張帟幕，設別座，詔覺講易之泰卦。從臣皆列坐。覺因述天地感通、君臣相應之旨，帝甚悦，特賜帛百疋。

真宗咸平二年，幸國子監，召學官説書，賜以金帛。

仁宗天聖二年，幸國子監，召直講兼諸王府侍講馬龜符講説，賜判監馮元以下及學官器幣有差。

高宗紹興十三年，國學大成殿成。明年，國子司業高閌請幸學，上從之。詔略曰：「偃革息民，恢儒建學，聲明丕闡，輪奐一新。爾等攄望幸之忱，述諸儒之志，遠繼橋門之盛，願觀雲輿之臨。請既方堅，理宜從欲。將款謁於先聖，仍備舉於舊章。」三月，上服靴袍，乘輦入監，止輦於大成殿門外。入幄，群臣列班於庭。上出幄，升東階，跪上香，執爵三祭酒，再拜，群臣皆再拜，上降入幄。分奠從祀如常儀。尚舍先設次於崇化堂之後，及堂上之中，南向設御座。閤門設群臣班於堂下，如月朔視朝之儀。宰輔、從臣次於中門之外。上乘輦幸太學，降輦於堂，入次更衣。講官入就堂下講位，北向；執經官、學生皆立於堂下，東西相向。上出次，升御座，群臣起居如儀。乃命三公、宰輔以下升堂，皆就位，左右史侍立。講書及執經官北面起居再拜，皆命之升，立於御座左右。學生北面再拜，分立於兩廡，北上。内侍進書案牙籤，以經授執經官，賜三公、宰輔以下坐。講畢〔二五〕，群臣皆起，降階，東西相向立。執經官降，講官進前致詞，乃降，北面再拜。左右史降。乃賜茶。三公以下北面再拜，升，各立於位後。學生北面再拜，分兩廡立。上下皆就坐。賜茶畢，三公以下降階，學生自兩廡降階，北面再拜，群臣以次出。上降座還次，乘輦還宫。時命禮部侍郎秦熺執經，司業高閌講易之泰，遂幸養正、持志二齋，賜閌三品服，學官遷秩，諸生授官免舉〔二六〕。賜帛有差。上既奠拜，注視貌像，翼翼欽慕。覽唐明皇及太祖、真宗、徽考所製贊文，命有司悉取從祀諸贊，皆録以進。上遂作先聖及七十二子贊，冠以序文，親灑宸翰，以方載之，五月丙辰，登之綵殿，備儀衛，作樂，命監學之臣自行宫北門迎置學宫，揭之大成殿上及二廡。

孝宗淳熙四年，幸太學，如紹興之儀。命禮部侍郎李燾執經，祭酒林光朝講大學。

唐開元禮

皇帝皇太子視學儀

視學前一日，所司灑掃學堂之内外。尚舍設大次於學堂之後，守宫設皇太子次於大次之東，皆隨地之宜，並如常儀。尚舍設御位學堂上北壁下，當中南向。監司設講榻於御座之西，南向。設執讀座於前楹間，當講榻北向。尚舍又設皇太子座於御座東南，西向。設文官三品以上座於皇太子之南，少退，重行，西向北上；設武官三品以上座於講榻西南，當文官，重行，東面北上。設侍講座於執讀西北、武官之前，東向北上。其執如意者一人立於侍講之南，東面。設論議座於講榻之前，北面，三館學官座於武官之後。設脱屨席於西階下〔二七〕。典儀設版位：皇太子於東階東南，西面；執經於西階西南，東面。文官三品以上於皇太子東南，重行，西面北上；武官三品以上於執經西南。侍講、執讀、執如意等於執經之後，重行，東面北上。學生分於文武官之後，皆重行北上。設典儀位於東階之西，贊者二人在南，差退，俱西面。

出宫

前出宫三日，本司宣攝内外，各供其職。其日應從駕文武官依時刻集朝堂，諸衛陳設仗衛。侍中版奏：「外辦。」皇帝乘馬，文武侍從，並如常行幸之儀。駕將至，祭酒帥監官、學官、學生等奉迎於路左。學生青衿服。駕至大次門外，降入如常。

視學

皇帝既入大次，執經、侍講、執讀、執如意等及學官各服公服，典儀帥贊者先入就位。謁者、贊引引文武三品以上及執經以下學生等入就堂下位。皇太子立於學堂門外之東，西向，侍衛如常〔二八〕。侍中版奏：「外辦。」皇帝出大次，升自北階，即御座南向坐。侍臣及近侍量人從升。典儀一人升就東階上，西面立。舍人引皇太子就位立。諸衛率、庶子等量人從入，立於皇太子東南，西向北上。奉禮曰：「再拜。」贊者承傳，皇太子以下在位者皆再拜。侍中跪奏稱：「請敕皇太子及公王等升坐。」又侍中稱：「制曰可。」侍中詣東階上，西面稱：「敕皇太子及公王等升。」殿上典儀承傳，階下贊者又承傳，皇太子以下應坐者皆再拜。訖，通事舍人引皇太子及群官應坐者各升座〔二九〕。訖，其公服者脱履於階下及降納皆如常。執讀讀所講經，執經釋義。

訖，遂行如意。侍講者執如意就論議坐，以次論難。訖〔三〇〕，侍中跪奏：「禮畢。」群官皆起，通事舍人各降堂下位。若有敕賜會，則侍中前承制，降詣堂下宣敕，及太官下食案等，並如常儀。皇帝降座，還大次。侍衛如常儀。群官以下會訖皆出。執經以下改服常服。學生仍青衿服。

鑾駕還宮

皇帝既還大次，侍中量時刻版奏：「外辦。」皇帝出次，文武官陪從還宮，如來儀。初，駕出，國子祭酒帥監官、學官、學生等奉辭於路左，如常式。

皇帝養老於太學儀

陳設

前三日，尚舍直長設大次於學堂之後，隨地之宜。設三老、五更次於學堂南門外之西，群老次於其後，俱東向。設群官次：文官於門外之東，重行西向；武官於群老之西，重行東向，皆北上。前一日，尚舍奉御設御座於堂上東序，西向，莞筵紛純，加藻席畫純，次席黼純。設三老座於西楹之東，近北，南向；設五更座於西階上，東向；設國老三人座於三老座西，俱不屬焉，皆莞筵紛純，加藻席畫純。設衆國老座於堂下西階之西，東面北上，皆蒲筵緇布純，加莞席元帛純。若三品以上，則莞筵紛純，加藻席畫純。凡五品以上致仕者爲國老。設庶老座於國老之後，皆蒲筵緇布純〔三一〕。六品以下致仕者爲庶老。太樂令展宫懸於學堂之庭，設登歌於堂上及舉麾位等，皆準元會之儀。典儀設文官五品以上位於懸東，六品以下在其南，俱重行，西向北上。武官五品以上位於懸西，六品以下在其南，當文官，俱重行，東向北上。蕃客分方位於文武官六品之南。若有諸州使人，分方位於文武官九品之後〔三二〕。學生分位於文武官之後。奉禮設門外位如設次之式〔三三〕。尚舍奉御設鐏於東楹之西，北向，左玄酒，有坫以置爵。

養老

仲秋之月，擇吉辰，皇帝親養三老、五更於太學。所司先奏定三師、三公致仕者，用其德行及年高者一人爲三老，次一人爲五更。尚食先具牢饌。鑾駕將至，通事舍人引先置之官皆就門外位，學生俱青衿服入就位。鑾駕至太學門，迴輅南向。侍中跪奏：「請降輅〔三四〕。」俛伏，興。皇帝降輅，乘輿入大次，繖扇侍衛如常。通事舍人引文武五品以上從駕之官皆就門外位〔三五〕。太樂令帥工人、二舞入就位如正會之禮〔三六〕。通事舍人引群官、客使入就位。初〔三七〕，鑾駕出宫，量時刻遣使迎三老、五更於其第。三老、五更俱服進賢冠，具服，乘安車，前後導從如常禮。其國老、庶老則有司先戒之。鑾駕既至太學，三老、五更及群老等俱赴集其次，群老各服其服。太常少卿贊三老、五更俱出次，引立於學堂南門外之西，東面北上。奉禮贊群老出次，引立於三老五更之後。太常博士引太常卿升立於學堂北户之内，當户北向。侍中版奏：「外辦。」皇帝出户，侍衛如常。侍中負寶陪從如式。殿中監進大珪，皇帝執大珪，博士引太常卿，太常卿引皇帝，每太常卿前導，皆博士先引。協律郎跪，俛伏，舉麾，太和之樂作。皇帝降，迎三老於門内之東〔三八〕，西面立，侍臣從立皇帝之後，太常卿與博士退立於左。皇帝立定，樂止。三老、五更皆杖，各二人夾扶左右，太常少卿引道，惇史執筆以從。三老入門，舒和之樂作。三老、五更立於門西，東面北上，奉禮引群老入立於其後。初，三老立定，樂止。太常卿前奏：「請再拜。」退復位。皇帝再拜，三老、五更去杖，攝齊以答再拜畢，皇帝揖進，三老在前，五更從，仍杖，夾扶如初。至階，皇帝揖升，俱就座後揖立，樂止。侍衛之官量人從升。皇帝西面再拜三老，三老南面答再拜；皇帝西向再拜五更，五更答再拜〔三九〕。休和之樂作，三老、五更俱坐，三公授几，九卿正履訖，殿中監、尚食奉御進珍羞及黍稷等，皇帝省之，遂設於三老前，樂止。太常卿引皇帝詣三老座前，執醬而饋訖，太常卿引皇帝詣酒罇所，取爵，侍中贊酌酒訖，太常卿引皇帝進，執爵而酳。尚食奉御以次進珍羞酒食於五更前。國老、庶老等皆坐，又設酒食於國老、庶老前。國老、庶老等皆食。皇帝即座。太樂令引工升，奏韶和之樂，三終。三老乃論五孝六順，典訓大綱，格言宣於上，惠音被於下。皇帝乃虚躬請受，惇史執筆録善言善行。終，二舞作於懸中，訖，禮畢。三老以下降筵，太常少卿及奉禮引導皆如初。太常卿引皇帝從以降階〔四〇〕，太和之樂作。皇帝逡巡立於階前，樂止。三老、五更出，舒和之樂作，太常卿引皇帝升立於階上，三老、五更出門，樂止。侍中前奏：「禮畢。」退復位。太常卿引皇帝降，還大次。三老、五更升安車，導從而還。通事舍人引群官及學生等以次出。明日，三老詣闕表謝。

鑾駕還宫如常儀。

校勘記

〔一〕在國中王宮之東也　「東」原作「中」，據禮記王制鄭注改。

〔二〕西序在西郊　「郊」原作「北」，據禮記王制鄭注改。

〔三〕周禮禮記特言春饗秋食而已　「饗」原作「養」，據禮記郊特牲改。

〔四〕周人修而兼用之而服玄衣　「衣」原作「服」，據禮書卷五〇改。按禮記王制：「周人冕而祭，玄衣而養老。」鄭注：「周則兼用之，玄衣素裳。」即禮書所據。

〔五〕序其樂事　「樂」字原脱，據周禮春官樂師條補。

〔六〕九卿正履　「履」原作「屨」，據後漢書禮儀上改。禮書卷五〇作「九卿正履舄」。

〔七〕己所有事也　「所有」二字原倒，據禮記文王世子鄭注乙正。

〔八〕則三老如賓　「賓」下原衍「主」字，據禮記文王世子鄭注删。

〔九〕謂樂正告正歌備也　「正歌」原作「工歌」，據元本、慎本、馮本及禮記文王世子鄭注改。

〔一〇〕簡不率教者　「者」字原脱，據禮記王制補。

〔一一〕仲秋　二字原脱，據禮書卷五〇補。

〔一二〕司徒上太傅若講師故三公人名　「名」原作「各」，據元本、慎本、馮本及後漢書禮儀上改。

〔一三〕九卿正履　「履」原作「屨」，據元本、慎本、馮本及後漢書禮儀上改。

〔一四〕三公進供禮亦如之　「三」字原脱，據通典卷六七禮二七補。按後漢書校補引錢大昭説謂後漢書或本有

「三」字。

〔一五〕其賜榮爵關内侯　「榮」上原有「躬」字，據元本、慎本、馮本及後漢書卷二明帝紀删。

〔一六〕有司其存耆耄　「耄」，後漢書卷二明帝紀作「耋」。

〔一七〕糠粃泥土相半　「半」原作「雜」，據後漢書卷五安帝紀、通典卷六七禮二七改。

〔一八〕大司徒以保息六養萬民　「養」原作「保」，據周禮地官大司徒條改。

〔一九〕鄭小同爲五更　「小」字原脱，據三國志魏書三少帝紀、通典卷六七禮二七補。

〔二〇〕五更可食元卿之俸　「元」原作「九」，據魏書卷五〇、北史卷二五尉元傳改。

〔二一〕進珍羞酒食　「酒」字原脱，據隋書卷九禮儀四補。

〔二二〕皇帝跪設醬豆　「設」原作「授」，據周書卷一五于謹傳改。

〔二三〕不知政理之要　「理」，周書卷一五于謹傳作「治」，通典避唐諱改，通考仍通典之舊。

〔二四〕願陛下三思而言　「願」字原脱，據周書卷一五于謹傳補。

〔二五〕講畢　「畢」原作「席」，據宋史卷一一四禮一七、建炎以來繫年要録卷一五一改。

〔二六〕諸生授官免舉　「舉」，建炎以來繫年要録卷一五一、建炎以來朝野雜記甲集卷三皆作「解」。

〔二七〕設論議座於講榻之前北面三館學官座於武官之後設脱屨席於西階下　自「北面」至「設脱屨席於」十七字原脱，據大唐開元禮卷五二吉禮皇帝皇太子視學補。

〔二八〕侍衛如常　「侍衛」二字原脱，據大唐開元禮卷五二吉禮皇帝皇太子視學補。

〔二九〕通事舍人引皇太子及群官應坐者各升座　「應」字原脱，據大唐開元禮卷五二吉禮皇帝皇太子視學補。

〔二〇〕訖　原脱，據大唐開元禮卷五二吉禮皇帝皇太子視學補。

〔二一〕皆蒲筵緇布純　「緇」原作「繬」，據大唐開元禮卷一〇四嘉禮皇帝養老於太學、通典卷一二四禮八四改。

〔二二〕分方位於文武官九品之後　「方」字原脱，據元本、慎本、馮本及大唐開元禮卷一〇四嘉禮皇帝養老於太學、通典卷一二四禮八四補。

〔二三〕奉禮設門外位如設次之式　「位」字原脱，據大唐開元禮卷一〇四嘉禮皇帝養老於太學、通典卷一二四禮八四補。

〔二四〕請降輅　「輅」字原脱，據大唐開元禮卷一〇四嘉禮皇帝養老於太學補。

〔二五〕通事舍人引文武五品以上從駕之官皆就門外位　「武」原作「官」，據大唐開元禮卷一〇四嘉禮皇帝養老於太學改。

〔二六〕太樂令帥工人二舞入就位如正會之禮　「入」字原脱，據大唐開元禮卷一〇四嘉禮皇帝養老於太學補。

〔二七〕初　原脱，據大唐開元禮卷一〇四嘉禮皇帝養老於太學及上下文義補。

〔二八〕迎三老於門内之東　大唐開元禮卷一〇四嘉禮皇帝養老於太學「三老」下有「五更」二字。

〔二九〕皇帝西向再拜五更五更答再拜　「五更」二字原不重，據元本、慎本、馮本及大唐開元禮卷一〇四嘉禮皇帝養老於太學、通典卷一二四禮八四補。

〔四〇〕太常卿引皇帝從以降階　「從以降階」，大唐開元禮卷一〇四嘉禮皇帝養老於太學作「從階以降」。

卷四十六　學校考七

郡國鄉黨之學

學記：「古之教者，家有塾，黨有庠，術有序，國有學。術當爲遂。古者仕焉而已者，歸教於閭里，朝夕坐於門。門側之堂謂之塾。五百家爲黨，萬二千五百家爲遂。黨屬於鄉，遂遠郊外。比年入學，每年來入也。中年考校。中猶間也。鄉遂大夫間歲則考學者之德行道藝。周禮三歲大比乃考焉。一年視離經辨志，三年視敬業樂群〔一〕，五年視博習親師，七年視論學取友，謂之小成。九年知類通達，强立而不反，謂之大成。離經，斷句絶也。辨志，謂别其心意所趣向也。知類，知事義之比。强立，臨事不惑也。」

禮書曰：「説文：『閭，里門也。』爾雅曰：『門側之堂謂之塾。』尚書大傳曰：『上老平明坐於右塾，庶老坐於左塾。』班固食貨志曰：『里胥平旦坐於右塾，鄰長坐於左塾。』詳見下文。蓋古者合二十五家而爲之門塾，坐上老、庶老於此，所以教之學也；坐里胥、鄰長於此，所以教之耕也。書云：『先路在左塾之前，次路在右塾之前。』先路，象路也；次路，木路也。象路貴於木路，而象路在左塾，木路在右塾〔二〕，則左塾者西塾也；里胥尊於鄰長，而里胥在右塾，鄰長在左塾，則右塾者西塾也。何則？自内視外，則左東而右西；自外視内，則左西而右東也。曲禮曰：『主人入門而右，客入門而左。』此左西而右東也；又曰：『公事自闑東，私事自闑西。』此左東而右西也。然則書言左塾，史言右塾，皆西塾也，自内外言之異耳。漢之時，閭里亦有門，史稱石慶入里門是也。孟子曰：『庠者養也，序者射也。』鄉飲酒尊兩壺於房户之間，鄉射尊於賓席之東。蓋鄉飲在庠，而庠有房室，故尊於房户之間；鄉射在序，而序無房室，故尊於賓席之東而已。鄉射禮：『豫鄭氏曰：今文豫爲序。則鉤楹内，堂則由楹外〔三〕。』堂，序也〔四〕。『序則物當棟，堂則物當楣。』是於其有室，則所揖、所履之位淺而前；於其無室，則所揖、所履之位深而後。爾雅曰：『東西墻謂之序。』序之名蓋本於此。」

州長，正月之吉，各屬其州之民而讀法〔五〕，以考其德行道藝而勸之，以糾其過惡而戒之。若以歲時祭祀州社，則屬其民而讀法亦如之。春、秋以禮會民，而射於州序。序，州、黨之學。

黨正，「四時之孟月吉日，則屬民而讀邦法以糾戒之。春、秋祭禜亦如之。國索鬼神而祭祀，則以禮屬民而飲酒於序，以正齒位。」

尚書大傳：「大夫七十而致仕，老其鄉里。大夫爲父師，士爲少師。所謂里庶尹也。耰鉏已藏，祈樂已入，歲事已畢，「祈樂」當爲「新穀」。餘子皆入學。年十五始入小學，見小節，踐小義焉。年十八始入大學，見大節，踐大義焉。餘子猶衆子。古者適子恒代父而仕。距冬至四十五日，始出學，傅農事。立春學止。上老平明坐於右塾，庶老坐於左塾，上老，父師。庶老，少師。餘子畢出，然後皆歸。夕亦如之，餘子皆入。父之齒隨行，兄之齒雁行，朋友不相踰，輕任并，重任分，頒白者不提攜。出入皆如之。」

王制：諸侯「天子命之教，然後爲學。小學在公宫南之左，太學在郊。尚書傳曰：「百里之國，二十里之郊；七十里之國，九里之郊；五十里之國，三里之郊。」天子曰辟廱，諸侯曰泮宮。」

長樂陳氏曰：「夫諸侯之學，小學在内，大學在外，故王制言『小學在公宫南之左，大學在郊』，以其選士由内以升於外，然後達於京故也。天子之學，小學居外，大學居内，故文王世子言『凡語於郊，然後於成均，取爵於上尊』，以其選士由外以升於内，然後達於朝故也。」

魯頌泮水，「頌僖公能修泮宫也。」「思樂泮水，薄采其芹。魯侯戾止，言觀其旂。其旂茷茷，鸞聲噦噦。無小無大，從公于邁。」八章，章八句。

江陵項氏枝江縣新學記曰：「古之爲泮宫者，其條理不見於經，而有詩在焉。予嘗反覆而推之，其首三章則言其君相之相與樂此而已，自四章以下始盡得其學法：自敬其德而至於明其德，明其德而至於廣其心，廣其心而至於固其道終焉，此則學之本也。自威儀、孝弟之自修而達於師旅、獄訟之講習，自師旅、獄訟之講習而極於車馬器械之精能，此則學之事也。自烈祖之鑒其誠而至於多士之化其德，自多士之化其德而至於遠夷之服其道，此則學之功也。」

明堂位：「米廩，有虞氏之庠也；序，夏后氏之序也；瞽宗，殷學也；頖宫，周學也。」言魯得立四代之學。注見大學考。

班固漢書食貨志曰：「五家爲鄰，五鄰爲里，四里爲族，五族爲黨，五黨爲州，五州爲鄉。鄉，萬二千五百户也。鄰長位下士，自此以上，稍登一級，至鄉而爲卿也。於是里有序而鄉有庠〔六〕，序以明教，庠以行禮而視化焉。春令民畢出在壄，冬則畢入於邑。其詩曰：『四之日舉趾，同我婦子〔七〕，饁彼南畝。』又曰：『十月蟋蟀入我牀下。嗟我婦子，聿爲改歲，入此室處。』所以順陰陽，備寇賊，習禮文也。春將出民，里胥平旦坐於右塾，鄰長坐於左塾，里胥，如今里吏。門側之堂曰塾。畢出然後歸，夕亦如之。入者必持薪樵，輕重相分，班白不提挈。冬，民既入，婦人同巷相從夜績，女工一月得四十五日。一月之中又得夜半爲十五日，凡四十五日也。必相從者，所以省費燎火，同巧拙而合習俗也。男女有不得其所者，因相與歌詠，各言其傷。怨刺之詩也。是月，餘子亦在於序室。餘子，庶子也，未任役者。八歲入小學，學六甲、五方、書計之事，蘇林曰：「五方異書，如今祕書學外國書也。」臣瓚曰：「辨五方之名及書藝也。」始知室家長幼之節。十五入大學，學先聖禮樂，而知朝廷君臣之禮。其有秀異者，移鄉學於庠序；庠序之異者，移國學於少學。諸侯歲貢少學之異者於天子，學於大學，命曰造士。行同能偶，則別之以射，然後爵命焉。孟春之月，群居者將散，行人振木鐸以徇於路，以采詩，獻之太師，比其音律以聞於天子。故曰王者不窺牖戶而知天下。此先王制土處民，富而教之之大略也。」

漢文翁爲蜀郡守，仁愛好教化。見蜀地僻陋有蠻夷風，文翁欲誘進之，乃選郡縣小吏開敏有材者張叔等十餘人，親自飭厲，遣詣京師，受業博士，或學律令。減省少府用度，買刀布蜀物，齎計吏以遺博士。少府，郡掌財物之府，以此而供太守者。數歲，郡生皆成就還歸，文翁以爲右職，用次察舉，官有至郡守、刺史者。又修起學官於成都市中，學官，學之官舍也。招下縣子弟以爲學官弟子，爲除更繇，高者以補郡縣吏，次爲孝弟力田。常選學官僮子，使在便坐受事。便坐，別坐，可以視事，非正廷也。每出行縣，益從學官諸生明經飭行者與俱，使傳教令，出入閨閤。縣邑吏民見而榮之，數年，爭欲爲學官弟子，富人至出錢以求之。繇是大化，蜀地學於京師者比齊魯焉。至武帝時乃令天下郡國皆立學校官，自文翁爲之始云。師古曰：「文翁學堂在今益州城內。」

按：武帝時始爲博士、學官置弟子員，前此所謂博士者，雖有弟子，要皆京師自授其徒，其徒自願受業，朝廷未嘗有舉用之法，郡國亦無薦送之例。而蜀地僻陋，非齊魯諸儒風聲教化之所被，故文翁遣其民就學，必以物遺博士而使教之。及武帝既興學校，則令郡國縣官謹察可者，與計偕，詣太常受業如弟子，則郡縣皆有以應詔，而博士弟子始爲國家選舉之公法也。

元帝時郡國置五經百石卒史。

平帝元始三年立學官，郡國曰學，邑、侯國曰校，校、學置經師一人。鄉曰庠，聚曰序，序、庠置孝經師一人。

何武爲刺史，行部必先即學宮見諸生，試其誦論，問以得失。

西漢以郡文學入官：

梅福、雋不疑、韓延壽、王章、蓋寬饒、諸葛豐、鄭崇、張禹。

世祖建武六年，李忠爲丹陽太守。忠以丹陽越俗，不好學，乃爲起學校，習禮容，春、秋鄉飲，選用明經。郡中向慕之。

明帝永平十年，幸南陽，召校官弟子作雅樂，奏鹿鳴，帝自御塤篪和之，以娛嘉賓。

宋均調辰陽長，爲立學校。

寇恂爲汝南太守，修學校，教生徒，聘能爲左氏春秋者，親受學焉〔八〕。

衛颯爲桂陽太守，下車修庠序之儀〔九〕。

任延爲武威太守，造立校官，自掾吏子孫皆令詣學受業〔一〇〕，復其徭役。章句既通，悉顯拔榮進之。郡遂有儒雅之士。

秦彭爲泰山太守〔一一〕，崇好儒雅，修明庠序。每春、秋饗祀，輒修升降揖遜之儀。

鮑德爲南陽太守，時郡學久廢，德乃修起黌舍，備俎豆、黻冕，行禮奏樂。又尊饗國老，宴會諸儒。百姓觀者莫不勸服。

班固東都賦曰：「四海之内，學校如林，庠序盈門，獻酬交錯，俎豆莘莘，下舞上歌，蹈德咏仁。」

魯丕爲趙相，趙王商嘗欲避疾，便時稍住學官〔一二〕，學官，學舍也。丕止不聽。曰：「學官傳五帝之道，修先王禮樂教化之處，王欲廢塞以廣遊讌，事不可聽。」詔從丕言。

魏明帝時，延壽亭侯高柔上疏曰：「漢末陵遲，禮樂崩壞，太祖初興，愍其如此，在於撥亂之際，並使州縣立教學之官。高祖即位，遂闡其業，興復辟雍，州立課試，於是天下之士復聞庠序之教，親俎豆之禮焉。」

晉虞溥，太康時爲鄱陽内史，大修庠序，廣招學徒，移告屬縣，具爲條制。於是至者七百餘人，溥乃作誥以奬諭之曰：「文學諸生皆冠帶之流，年盛志美，始涉學庭，講修典訓，此大成之業，立德之基也。夫聖人之道淡而寡味，故始學者不好也。及至期月，所觀彌博，所習彌多，日聞所不聞，見所不見，然後心開意朗，敬業樂群，忽然不覺大化之陶己，至道之入神也。故學之染人，甚於丹青。丹青吾見其久而渝矣，未見久學而渝者也〔一三〕。夫工人之染，先修其質，後事其色，質修色積〔一四〕，而染工畢矣。學亦有質，孝弟忠信是也。君子内正其心，外修其行，行有餘力，則以學文，文質彬彬，然後爲德。夫學者不患才不及，而患志不立，故曰希驥之馬，亦驥之乘，希顏之徒，亦顏之倫。又曰鍥而舍之，朽木不知，鍥而不舍，金石可虧。斯非其效乎！」時祭酒求更起屋行禮，溥曰：「君子行禮，無常處也，故孔子射於矍相之圃而行禮於大樹之下。況今學庭庠序，高堂顯敞乎！」

右係鄱陽郡學事迹之見於前史者。溥之言有味可書，郡志殊欠登載。

穆帝永和中，征西將軍庾亮在武昌開置學官，起立講舍，亮家子弟及參佐大將子弟悉令入學。四府博學識義，通涉文學經綸者，建儒林祭酒，使班同三署，厚其供給。皆妙選邦彦，必有其宜者以充此舉。近臨川、臨賀二郡，並求修復學校〔一五〕。若非束脩之流，禮教所不及，而欲階緣免役者，不得爲生。明爲條制，令法清而人貴。

梁武帝選學生，遣就會稽雲門山，受業於廬江何胤。分遣博士、祭酒到州郡立學。

後魏獻文帝天安初，立鄉學，郡置博士二人，助教二人，學生六十人。後令大郡立博士二人，助教四人，學生百人；次郡立博士二人，助教四人〔一六〕，學生八十人；中郡博士一人，助教二人，學生六十人；下郡立博士一人，助教一人，學生四十人。郡縣學始乎此矣。

北齊制：諸郡並立學，置博士、助教授經，學生俱被差逼充員，士流及豪富之家皆不從調。備員既非所好，墳籍固不關懷，又多被州郡官人驅使。縱有游惰，亦不檢察，皆由上非所好之所致也。諸郡俱得察孝廉，其博士、助教及游學之徒通經者，推擇充舉。射策十條，通八以上，聽九品出身。其尤異者亦蒙抽擢。

隋仁壽元年，詔廢州縣學。詳見太學門。

唐制：京都學生八十人，大都督、中都督府、上州各六十人，下都督府、中州各五十人，下州四十人，京縣五十人，上縣四十人，中縣、中下縣各三十五人，下縣二十人。州縣學生，州縣長官補，長史主焉。每歲仲冬，州縣館監舉其成者送之尚書省。詳見太學門。

武德七年，詔諸州縣及鄉並令置學，有明一經以上者，有司試册加階。

玄宗開元二十一年敕：「諸州縣學生年二十五以下，八品九品子若庶人並年二十一已下，通一經已上及未通經，精神聰悟，有文詞史學者，每年銓量，舉送所司簡試，聽入四門學，充俊士。即諸州人省試不第，情願入學者聽。國子監所管學生，尚書省補；州縣學生，州縣長官補。州縣學生取郭下人充。諸州縣學生習正業之外，仍兼習吉凶禮，公私有禮事處〔一七〕，令示儀式，餘皆不得輒使。許百姓任立私學〔一八〕，其欲寄州縣受業者亦聽。」

二十六年正月十九日敕：「古者鄉有序，黨有塾，將以弘長儒教，誘進學徒。化人成俗〔一九〕，率由於是。其天下州縣，每鄉之内，里別各置一學〔二〇〕，仍擇師資，令其教授。」

貞元三年正月〔二一〕，右補闕宇文炫上言，請京畿諸縣鄉村廢寺並爲鄉學〔二二〕，并上制書事二十餘件〔二三〕，疏奏不報。

後唐天成三年，宰臣兼判國子祭酒崔協奏：「請頒下諸道州府，各置官學〔二四〕。如有鄉黨備諳、文行可舉者，録其事實申監司，方與解送。但一身就業，不得影庇門户。」

宋太宗皇帝太平興國二年，知江州周述言：廬山白鹿洞學徒常數千百人，乞賜九經肄習。詔國子監給本，仍傳送之。

先時南唐昇元中，白鹿洞建學館，以李善道爲洞主〔二五〕，掌其教授。

又賜石鼓書院敕額。

書院唐元和間衡州李寛所建，國初賜額。

真宗大中祥符二年，應天府民曹誠，即楚丘戚同文舊居，造舍百五十間，聚書數千卷，博延生徒，講習甚盛。府奏其事，詔賜額曰「應天府書院」，命奉禮郎戚舜賓主之，仍令本府幕職官提舉，以誠爲府助教。

八年，賜潭州嶽麓書院額。始，開寶中郡守朱洞，首度基創宇，以待四方學者。李允則來爲州，請於朝，乞以書藏。方是時，山長周式以行義著，八年，召見便殿〔二六〕，拜國子學主簿，使歸教授。詔賜書院名，增賜中祕書。

右宋興之初，天下四書院建置之本末如此。此外則又有西京嵩陽書院，賜額於至道二年；江寧府茅山書院，賜田於天聖二年。嵩陽、茅山後來無聞，獨四書院之名著。是時未有州縣之學，先有鄉黨之學。蓋州縣之學，有司奉詔旨所建也，故或作或輟，不免具文；鄉黨之學，賢士大夫留意斯文者所建也，故前規後隨，皆務興起。後來所至，書院尤多，而其田土之錫，教養之規，往往過於州縣學，蓋皆欲倣四書院云。

仁宗即位之初，賜兗州學田。已而又命藩輔皆得立學。其後諸旁郡多願立學者，詔悉可之，稍增賜之田如兗州。由是學校之設遍天下。皇祐四年，詔自今須藩鎮乃得立學，他州勿聽。

慶曆四年，參知政事范仲淹等建議精貢舉，請興學校，本行實。乃詔州縣立學，本道使者選屬部官爲教授〔二七〕，不足則取於鄉里宿學之有道業者。士須在學三百日〔二八〕，乃聽預秋賦〔二九〕；舊嘗充者〔三〇〕，百日而止。見舉士門。

安定先生胡瑗，自慶曆中教學於蘇、湖間二十餘年，束脩弟子前後以數千計。是時方尚辭賦，獨湖學以經義及時務。學中故有經義齋、治事齋。經義齋者，擇疏通有器局者居之；治事齋者，人各治一事，又兼一事，如邊防、水利之類。故天下謂湖學多秀彦，其出而筮仕往往取高第，及爲政，多適於世用，若老於吏事者，由講習有素也。歐陽公詩曰：「吳興先生富道德，詵詵子弟皆賢才。」王荆公詩曰：「先收先生作梁柱，以次收拾桷與榱。」慶曆四年，詔州縣皆立學，於是建太學於京師，而有司請下湖州，取先生之法以爲太學，至今著爲令。

五年，詔曰：「頃者嘗詔方夏增置學官，而吏貪崇儒之虚名，務增室屋，使四方游士競起而趨之，輕去鄉閭，浸不可止。今後有學官州縣〔三一〕，毋得輒容非本土人居止聽習。若吏以繕修爲名而斂會民財者，按舉之。」

神宗熙寧四年，詔置京東西、河東北、陝西五路學，以陸佃等爲諸州學官。仍令中書采訪逐路有經術行誼者各三五人，雖未仕亦給簿尉俸，使權教授。他路州、軍，命近日選薦京朝官有學行可爲人師者，堂除逐路官，令兼所任州教授。州給田十頃爲學糧。仍置小學教授。

八年秋，詔諸州學官先赴學士院，試大義五道，取優通者選差。

元豐元年，詔諸路州府學官共五十三員。

京東路兖、徐、曹、鄆、青、密州、應天府各一員，京西路西京國子監、許、陳、襄、鄧州各一員，河北路北京國子監、定、相、滄、衛、棣、瀛州、真定府各一員，陝府西路陝、華、耀、邠、秦、熙州、永興軍、鳳翔、河中府各一員，河東路潞、晉、代州、太原府各一員，淮南路揚州、亳州各一員，兩浙路杭、越、蘇三州各一員，江南東路饒州、江寧府各一員，江南西路洪州、吉州各一員，荆湖南路潭州一員，荆湖北路江陵府一員，福建路建州一員，成都府路眉州、成都府各一員，梓州路梓州、普州各一員，利州路利州一員，夔州路夔州一員，廣南東路廣州一員，廣南西路桂州一員。

按：是時大興學校，而天下之有教授者只五十三員，蓋重師儒之官，不肯輕授濫設故也。觀其所用者，既是有出身人，然又必試中而後授，則與入館閣翰苑者同科，其遴選至矣。哲宗元祐初，齊、盧、宿、常、虔、潁、同、懷、澶、河陽等州始相繼置教授。三舍法行而員額愈多，至大觀時，吉州、建州皆以養士數多，置教授三員。宣和時罷州縣學三舍法，始令諸州教授若係未行三舍已前置者依舊，餘並減罷；如贍學田産、房廊等係行三舍後添給者，亦復拘收云。

哲宗元祐元年，詔近臣擇經明行修、堪内外學官者，人舉二員。遂罷試補法。

二年，中丞胡宗愈言，學者初登科遂顓師席，非是。詔内外學官經任，年至三十，方得在選。

三年，又詔：宫學教授闕，選諸嘗被舉可爲學官，及中十科中可爲師表，或可備講讀者，仍官已升朝，年及四十乃得爲之。

四年，以舉薦頗衆，詔須命舉乃得奏上。

紹聖元年，三省立格：「侍從、臺諫、國子長貳，歲舉堪任諸州學官一員，須嘗中進士或制科，年及三十者。若制科及進士第在上五人，禮部奏名在上三人，府、監、廣文館第一人，或從太學上舍得第，即皆不試而用，餘並召附吏部春秋試。凡試，兩經大義各一道，以通經、善作文爲合格。已經舉試，中書籍其姓名，俟有闕則選授焉。」於是内外見學官，非制科、進士出身及由上舍生入官者並罷。時學官已立試法，潭、廣已下十一州教授本付吏部擬注者，令三省選差。

監察御史黄慶基奏：「先朝以經術設爲三舍以考察其行藝，始自太學，著爲定令，而未及頒於四方。請州學皆立學，期以一年，考察無玷，乃許應舉。方之前日結保投牒以較一日之長者有間矣。」

元符二年，初令諸州推行三舍法。應嘗置教授州，考選、升補悉如太學。州許上舍一人、内舍二人，歲貢入之京師。其上舍即附太學補外舍，試中補内舍生，通三試不升舍者遣還其州。其内舍免試，至則補爲外舍生。諸路選監司一員提舉學校，守貳董幹其事。遇試補上、内舍生〔三〕，選有出身官一人同教授考選，仍彌封、謄録。

徽宗崇寧元年，宰相蔡京建議：「天下皆置學，郡小或應舉人少〔三三〕，即合二三州共置一學。學悉置教授二員。縣亦置學，州、縣皆置小學。推三舍法徧行天下。自縣選考升諸州，爲州學生。每三年貢入太學，爲太學生，至則附上舍試，別立號。考取分三等：試入上等補上舍生〔三四〕，入中等補下等上舍生，入下等補内舍，餘爲外舍。諸州、軍解額，各以三分之一充貢士，開封府量留五十五額，解士人之不入學者，餘盡均給諸州以爲貢額。任外官者子弟、親戚許入學，若於法應避所任親者，聽隨便學於他州，即不得升補與貢。在學及一年，給牒至太學，用國子生額解試。若所貢士至太學試中上等或預升舍人多，其本貫監司、太守推賞有差。州給常平或係省田宅充養士費，縣得用地利所出及非係省錢。州學職掌學諭、學長，許差特奏名人某。毋得以非經史子書教授〔三五〕。」詔令講議司立法頒降。

二年，先是，諸州縣學補弟子無定員，有司病費廣難贍，詔諸州用前一舉試者爲則，嘗踰二百人許置百員數，減乎此則以三分之二爲額，上舍、内舍立額亦如之。縣學則裁其見籍，率三而汰一。提學司通一路才計，均給學費，仍行部摘試文檢括當否。生員嘗試公私試，雖不中，亦復其身勿事。臣僚言：神宗尚經術，將以明道德，一風俗，元祐姦朋暨其殘黨之在元符者立異説壞之，今餘習未殄。乞立法禁天下刊寫，庶其可息。詔付國子監，其有上書及三舍生言涉誣訕并異論者，悉遣歸其鄉自訟齋拘之。

三年，令州縣學用三舍法陞太學，罷科舉。見舉士門。

舊法，隸學三年，經兩試不預升貢，即除其籍，法涉太嚴。自今三年内三經公試不與選，兩經補内舍、貢上舍不及格，且曾犯三等以上罰，若外舍即除籍歸縣，内舍降外舍〔三六〕。已降而私試不入等，若曾犯罰亦除籍，再赴歲升試。每上舍生升舍已，其秋即貢入辟廱，長吏集闔郡官、提學官〔三七〕，即本所燕設，以禮津遣，限歲終悉集闕下。自川、廣、福建入貢者給借職券，過二千里給大將券，續其路食，皆以學錢給之。選士入貢其自今年始。如有孝、弟、婣、睦、任、恤、忠、和，若行能尤異爲鄉里所推，縣上之州，免試入學。教授、知通詢審無謬，即保任入貢，仍具實以聞，不實者坐罪有差。

八行者，孝、弟、睦、婣、任、恤、忠、和。凡有八行實狀，鄉上之縣，縣延入學，審考無僞，即以上州。州第其等，孝、弟、忠、和爲上，睦、婣爲中，任、恤爲下。苟備八行，不俟終歲即奏貢入太學，免試補爲上舍。司成以下審考不誣，即釋褐，命之官，仍優加升擢；不能全備者，爲州學上等上舍，餘有差。八刑則反八行而麗於罪，各以其罪名之〔三八〕。縣上其名於州，州籍於學，毋得補弟子員。

詔崇寧五年貢士至辟廱不如令者，凡三十有八人，皆遣歸，而提學官皆罰金。建州浦城縣丞徐秉哲以其縣學生隸籍者至千餘人，爲一路最，特遷一官。

詔縣學生三不赴歲升試者除其籍〔三九〕。諸路賓興會試辟廱，獨常州中選者多，知州、教授特遷一官。

詔諸州學生員及五百人以上，許置教授二員；不及八十人，罷置教授官，以在州有科名官兼莅學事。

吴氏能改齋漫録曰：「政和四年，臣僚上言：『欲望應見任教授不得爲人撰書啟、簡牘、樂語之類，庶幾日力有餘，辦舉職事，以副陛下責任師儒之意。』奉聖旨依。嘗聞陳瑩中初任潁昌教授官，時韓持國爲守，開宴用樂語，左右以舊例必教授爲之，公因命陳，陳曰：『朝廷師儒之官，不當撰俳優之文。』持國遂薦諸朝，不以爲忤。」

四年〔四〇〕，鮑耀卿言：「今州縣學考試，未校文字精弱，先問時忌有無，苟語涉時忌，雖甚工不敢取。時忌如曰『休兵以息民，節用以豐財』，『罷不急之役，清入仕之流』。諸如此語，熙、豐、紹聖間試者共用不忌，今悉絀之。宜禁止。」詔可。

三年，臣僚言：「比者試文，有以聖經之言輒爲時忌而避之者，如曰『大哉堯之爲君』，以爲哉與災同；『制治于未亂』，『安不忘危』，『吉凶悔吝生乎動』，則以爲危、亂、凶、悔皆當避。不諱之朝，豈宜有此！」詔禁之。

按：熙寧之立學校，養生徒，上自天庠，下至郡縣，其大意不過欲使之習誦新經，附和新法耳。紹聖、崇觀而後，群憸用事，醜正益甚，遂立元祐學術之禁，又令郡縣置自訟齋以拘誹謗時政之人。士子志於進取，故過有拘忌，蓋言「休兵節用」，則恐類元祐之學，言災、凶、危、亂，則恐涉誹謗之語，所謂轉喉觸諱者也，則惟有迎逢謟佞而已。

七年〔四一〕，給事中毛友言：「比守郡，見訴役者，言：富家子弟初不知書，第捐數百緡錢求人試補入學，遂免身役。比其歲升不中，更數年而始除籍，則其倖免已多矣。請初試補入縣學人，並簾試以別僞冒。」從之。

宣和三年，罷天下州縣學三舍法，惟太學用之。

臣僚言：「元豐六年，學官召試六十人，而所取纔四人，皆一時知名之士，故學者厭服。近觀大觀、政和所試，率三人取一，既非遴選，故投牒自請試者逾多，其選益輕。欲自今試者十人始取一人，以重其選。」從之。

又詔：「比取諸州教授，並令三省選差。合天下三百餘州，州嘗有兩教授者，則爲員闕且五百矣。大臣五七人，豈能盡察才否，不過破格律，應親故請求而已。比又嘗命八行之教授諸州者，止許大藩員外置之，不以莅職。夫八行老成，有行實，又經廷試登科，顧不得實與諸生講學。前詔皆未詳審，其罷勿行。」

高宗建炎初，復教官試。紹興中，議者謂，欲爲人師而自納所業於有司，以幸中度。乃詔罷其試，而教授自朝廷選差。已而復之。凡有出身許應，先具經義、詩，試各三首，赴禮部，乃下省闈，分兩場試之。而取其文理優長者，不限其數。初任爲諸州教官，繇是爲兩學之選。十五年，國子監丞文浩言：「師儒之官，與諸生難疑答問，於群經宜無所不通。請自今並於六經中，臨期取二經，各出兩題，無拘義式，以貫穿該贍爲合格。」詔行焉。其後四川制置司遇類省試年，亦放禮部附試，自嘉泰元年始。

紹興三年，詔：「建炎二年内復置教授處共四十三州，至建炎三年並罷〔四二〕，任滿更不差人。今將二年復置教授窠闕並行存留。」

又詔淮西路州縣教授並行減罷，令逐州有出身官兼。

十八年，江西轉運賈直清奏〔四三〕，請立縣學，於縣官内選有出身人兼領教導。尋下國子監參酌措置，欲比附舊法，縣學委知、通於令佐内選有出身官一員，兼領教導職事；及諸州軍如未差教授處，即令本路提舉司於本州有出身官選差一員兼領。若州縣官俱無出身，只令本學長、諭專主教導，却令知州、縣令覺察點檢。從之。

二十一年，大理寺主簿丁仲京奏：「贍學田土多爲勢家侵佃，望令提舉學士官覺察。」上謂大臣曰：「既不度僧，常住多有絶産，其併撥以贍學。」既而户部請令提舉司置籍拘管，其無敕額庵院一體行。

朱子崇安縣學田記曰：「予惟三代盛時，自家以達於天子、諸侯之國，莫不有學，而自天子之元子以至於士庶人之子，莫不入焉，則其士之廩於學官者宜數十倍於今日。而考之禮典，未有言其費出之所自者，豈當時爲士者之家各已受田，而其入學也有時，故得以自食其食而不仰給於縣官也歟？至漢元、成間，乃謂『孔子布衣，養徒三千』，而增學官弟子至不復限以員數，其後遂以用度不足，無以給之，而至於罷。夫謂三千人者聚食於孔子之家，則已妄矣，然養士之需至於以天下之力奉之而不足，則亦豈可不謂難哉。蓋自周衰，田不井授，人無常産，而爲士者尤厄於貧，反不得與爲農工商者齒。上之人乃欲聚而教之，則彼又安能終歲裹飯而學於我？是以其費雖多，而或取之經常之外，勢固有不得已也。」

校勘記

〔一〕三年視敬業樂群　「三」原作「二」，據禮記學記改。

〔二〕木路在右塾　「木」原作「次」，據禮書卷四九改。

〔三〕堂則由楹外　「楹」原作「檻」，據禮書卷四九及儀禮鄉射禮改。

〔四〕庠也　「庠」原作「序」，據禮書或本卷四九改。儀禮鄉射禮鄭注：「周以有虞氏之庠爲鄉學。」「庠之制，有堂有室也。」可證。

〔五〕各屬其州之民而讀法　「屬」原作「率」，據周禮地官州長條改。

〔六〕於是里有序而鄉有庠　「是」原脱，據漢書卷二四食貨志補。

〔七〕同我婦子　「婦」原作「父」，據元本、慎本、馮本、漢書卷二四食貨志及詩經豳風七月改。

〔八〕親受學焉　「學」原作「舉」，據後漢書卷一六寇恂傳改。

〔九〕下車修庠序之儀　「儀」，後漢書卷七六衛颯傳作「教」。

〔一〇〕自掾吏子孫皆令詣學受業　「詣學」原作「習業」，據後漢書卷七六任延傳改。

〔一一〕秦彭爲泰山太守　「泰山」，後漢書卷七六秦彭傳作「山陽」。

〔一二〕便時稍住學官　「稍」，後漢書卷二五魯丕傳作「移」。

〔一三〕未見久學而渝者也　「者」字原脱，據晉書卷八二虞溥傳補。

〔一四〕質修色積　「質」字原脱，據晉書卷八二虞溥傳補。

〔一五〕並求修復學校　「求修」原作「束脩」，據宋書卷一四禮志改。

〔一六〕助教四人　「四」，魏書卷八四儒林傳作「二」。

〔一七〕公私有禮事處　「有禮」，唐會要卷三五學校作「禮有」。

〔一八〕許百姓任立私學　「許」原作「諸」，據唐會要卷三五學校改。

〔一九〕化人成俗　「人」，唐會要卷三五學校作「民」，通典避唐諱，通考仍通典舊文。

〔二〇〕里別各置一學　文淵閣本唐會要卷三五學校此句作「各增置一學」。

〔二一〕貞元三年正月　「貞元」原作「正元」，係避宋仁宗嫌名，今據唐會要卷三五學校改回。

〔二二〕並爲鄉學　「鄉」原作「縣」，據唐會要卷三五學校改。

〔二三〕并上制書事二十餘件　「制書」，唐會要卷三五學校作「置書」，册府元龜卷六〇四學校部奏議三作「制置」，文「二」作「三」。

〔二四〕各置官學　「官學」，文淵閣本五代會要卷一六國子監作「學官」。

〔二五〕以李善道爲洞主　「李善道」，原作「本道」，元本、慎本、馮本作「李道」，今據朱文公集卷九九白鹿洞牒、白鹿洞書院志卷三、卷四，陳舜俞廬山記改。

〔二六〕召見便殿　「召」原作「詔」，據元本、慎本、馮本及宋會要崇儒二之四一改。

〔二七〕本道使者選屬部官爲教授　「官」字原脱，據續資治通鑑長編卷一四七仁宗慶曆四年三月甲戌條、宋史卷一五七選舉三、宋史紀事本末卷三八學校科舉之制補。

〔二八〕士須在學三百日　續資治通鑑長編卷一四七仁宗慶曆四年三月甲戌條、太平治迹統類卷二八祖宗科舉取人，「學」下皆有「習業」二字。

〔二九〕乃聽預秋賦　太平治迹統類卷二八、宋史紀事本末卷三八學校科舉之制「秋賦」皆作「秋試」。

〔三〇〕舊嘗充者　續資治通鑑長編卷一四七仁宗慶曆四年三月甲戌條、宋史卷一五五選舉一，「充」下皆有「賦」字。

太平治迹統類卷二八、宋史紀事本末卷三八學校科舉之制，「充」下皆有「試」字。

〔三一〕今後有學官州縣　「官」字原脱，據宋大詔令集卷一五七州縣學許本土人聽習外遊學人勒歸本貫詔補。

〔三二〕遇試補上内舍生　「内」字原脱，據宋史卷一六五職官五、續資治通鑑長編卷五一八哲宗元符二年十一月乙未補。

〔三三〕郡小或應舉人少　「小」原作「少」，「舉」原作「書」，據宋會要崇儒二之七、續資治通鑑長編紀事本末卷一二六改。

〔三四〕試入上等補上舍生　宋會要崇儒二之八作「若試入上等，補充太學上舍中等」。此處「上舍」上似脱「中等」二字。

〔三五〕毋得以非經史子書教授　續資治通鑑長編紀事本末卷一二六同。馮本「子」作「之」。

〔三六〕内舍降外舍　「外」字原脱，據宋史卷一五七選舉三補。

〔三七〕提學官　原作「提舉司官」，據宋史卷一五七選舉三、續資治通鑑卷八八宋紀徽宗崇寧元年甲戌條改。

〔三八〕各以其罪名之　「各」原作「名」，據宋史卷一五七選舉三改。

〔三九〕詔縣學生三不赴歲升試者除其籍　「歲」字原在「不」上，據元本、慎本、馮本及卷一五七選舉三乙正。

〔四〇〕四年　按上文已具崇寧五年事，又引能改齋漫録所述政和四年事，疑此處脱年號。

〔四一〕七年　據宋史卷一五七選舉三、宋會要崇儒二之二九，此條爲政和七年事。

〔四二〕至建炎三年並罷　「三」原作「二」，據馮本及宋會要崇儒二之三三改。

〔四三〕江西轉運賈直清奏　建炎以來繫年要録卷一五八紹興十八年七月乙丑條作「江西轉運判官賈直清奏」，疑此處「轉運」下脱「判官」二字。